Der Europäische Verwaltungsverbund

Der Europäische Verwaltungsverbund

Formen und Verfahren der
Verwaltungszusammenarbeit in der EU

herausgegeben von

Eberhard Schmidt-Aßmann

und

Bettina Schöndorf-Haubold

Mohr Siebeck

Eberhard Schmidt-Aßmann, geboren 1938; Professor für Öffentliches Recht an der Universität Heidelberg; Direktor des Instituts für deutsches und europäisches Verwaltungsrecht.

Bettina Schöndorf-Haubold, geboren 1972; wissenschaftliche Assistentin am Institut für deutsches und europäisches Verwaltungsrecht, Universität Heidelberg.

ISBN 3-16-148612-9

Die Deutsche Bibliothek verzeichnet diese Publikation in der Deutschen Nationalbibliographie; detaillierte bibliographische Daten sind im Internet über *http://dnb.ddb.de* abrufbar.

© 2005 Mohr Siebeck Tübingen.

Das Werk einschließlich aller seiner Teile ist urheberrechtlich geschützt. Jede Verwertung außerhalb der engen Grenzen des Urheberrechtsgesetzes ist ohne Zustimmung des Verlags unzulässig und strafbar. Das gilt insbesondere für Vervielfältigungen, Übersetzungen, Mikroverfilmungen und die Einspeicherung und Verarbeitung in elektronischen Systemen.

Das Buch wurde von Gulde-Druck in Tübingen auf alterungsbeständiges Werkdruckpapier gedruckt und von der Buchbinderei Held in Rottenburg gebunden.

Vorwort

Wer sich mit dem Europäischen Verwaltungsrecht beschäftigen will, muß sich zunächst mit der Vielfalt der Verwaltungsvorgänge auseinandersetzen, in denen das Recht der Europäischen Union administrativ vollzogen wird. Dieser Vollzug erfolgt bekanntermaßen entweder zentral durch unionseigene Verwaltungsinstanzen oder – in den weitaus meisten Fällen – dezentral durch die Verwaltungen der Mitgliedstaaten. Die beiden Vollzugsebenen agieren jedoch nicht isoliert voneinander. Ihrer Trennung in organisatorischer steht die Zusammenarbeit in funktioneller Hinsicht gegenüber. Ein unionsweit wirksamer Vollzug des Europäischen Rechts setzt die Zusammenarbeit aller beteiligten Verwaltungen voraus: Informationen müssen ausgetauscht, Amtshilfevorgänge organisiert, Entscheidungen in abgestimmten Verfahren getroffen werden. Die Kooperationszüge verlaufen vertikal zwischen unionseigenen und mitgliedstaatlichen Verwaltungen, aber ebenso auch horizontal zwischen den nationalen Exekutiven. Sie haben eine Vielfalt und Dichte erreicht, die es rechtfertigt, von einem die Ebenen übergreifenden *Europäischen Verwaltungsverbund* zu sprechen.

Die Verflechtungsbeziehungen des Europäischen Verwaltungsverbundes schaffen ihre eigenen *verbundspezifischen* Rechtsfragen. Zur Verwaltungskooperation gehört ein Verwaltungskooperationsrecht (Schmidt-Aßmann, Verwaltungskooperation und Verwaltungskooperationsrecht in der Europäischen Gemeinschaft, EuR 1996, S. 270 ff.). Es findet sich positiviert in den einschlägigen Rechtsakten, muß aber wissenschaftlich in systematischer Weise erst noch entfaltet werden. Diese Thematik hat uns in den zurückliegenden Jahren gemeinsam beschäftigt. Die Autoren des vorliegenden Bandes – zur Zeit oder früher am Institut für deutsches und europäisches Verwaltungsrecht der Juristischen Fakultät der Universität Heidelberg tätig – berichten über ihre Forschungsarbeiten: Sie schildern die Zusammenarbeit in einzelnen Gebieten, z.B. im Umweltrecht, im Produktsicherheitsrecht, im Recht der Strukturfonds. Sie beschäftigen sich mit verbundtypischen Rechtsinstituten wie der Amtshilfe, der Entscheidung als Steuerungsinstrument im Mehrebenensystem oder den Inspektionen als Mittel der Vollzugskontrolle. Sie gehen den besonderen Problemen nach, die die Verwaltungszusammenarbeit für den Rechtsschutz und das Haftungsrecht aufwerfen. Gemeinsam geht es ihnen darum, die Vielfalt der Vollzugsformen zu erfassen und sie mit dem Ordnungsanspruch des Rechts zu konfrontieren. Rechtsstaatlich akzeptable Regelungen für Rechtsformen, Verfahren und Organisation des Europäischen Verwaltungsverbundes bereitzustellen ist eine wichtige Aufgabe des Europäischen Verwaltungsrechts.

Heidelberg, im Februar 2005

Eberhard Schmidt-Aßmann   Bettina Schöndorf-Haubold

Inhaltsverzeichnis

Vorwort V

Eberhard Schmidt-Aßmann
Einleitung: Der Europäische Verwaltungsverbund und die Rolle
des Europäischen Verwaltungsrechts 1

I. Rechtsgebiete

Bettina Schöndorf-Haubold
Gemeinsame Europäische Verwaltung: die Strukturfonds
der Europäischen Gemeinschaft 25

Julia Sommer
Informationskooperation am Beispiel des
europäischen Umweltrechts 57

Klaus Knipschild
Europäisches Veterinär- und Lebensmittelrecht 87

Daniel Riedel
Die Europäische Agentur für Flugsicherheit im System
der Gemeinschaftsagenturen 103

Lothar Harings
Grenzüberschreitende Zusammenarbeit der Polizei- und
Zollverwaltungen 127

Hans Christian Röhl
Konformitätsbewertung im Europäischen Produktsicherheitsrecht 153

II. Rechtsinstitute

Florian Wettner
Das allgemeine Verfahrensrecht der gemeinschaftsrechtlichen
Amtshilfe 181

Matthias Vogt
Die Rechtsform der Entscheidung als Mittel abstrakt-genereller
Steuerung 213

Antje David
Inspektionen als Instrument der Vollzugskontrolle im
Europäischen Verwaltungsverbund 237

Wolfgang Schenk
Die Leistungsverwaltung der EG als Herausforderung für das
Europäische Verwaltungsrecht 265

III. Verwaltungsstrukturen und Rechtsschutz

Christoph Möllers
Tertiäre exekutive Rechtsetzung im Europarecht 293

Hans Christian Röhl
Die anfechtbare Entscheidung nach Art. 230 Abs. 4 EGV
als Rechtsschutzform 319

Jens Hofmann
Rechtsschutz und Haftung im Europäischen Verwaltungsverbund 353

Stichwortverzeichnis 383

Autorenverzeichnis 395

Einleitung: Der Europäische Verwaltungsverbund und die Rolle des Europäischen Verwaltungsrechts[*]

EBERHARD SCHMIDT-ASSMANN

A. Europäische Verwaltung als Informations-, Entscheidungs- und Kontrollverbund
    I. Aufgabentypen Europäischer Verwaltung
    II. „Kodependentes" Verwaltungshandeln
B. Die Modellierung der Europäischen Verwaltung: Gewaltenteilende Strukturen zwischen Kooperation und Hierarchie
    I. Das Verbundmodell
    II. Gewaltenteilende Strukturen
        1. Die Kontrollaufgaben
        2. Die Vollzugsaufgaben
    III. Die Verbindung divergenter Gestaltungsprinzipien
C. Bauformen der Europäischen Verwaltung
    I. Informationsnetzwerke
    II. Ausschußwesen: Komitologie und Expertenausschüsse
        1. Komitologie-Praxis
        2. Wissenschaftliche Ausschüsse
    III. „Gemeinschaftsaufsicht"
    IV. Europäisches Verwaltungsrecht – strukturierendes Recht für ein institutionelles Gefüge

---

[*] Ergänzte und aktualisierte Fassung meines Beitrags zur Festschrift für H. Steinberger, Berlin u.a. 2002, 1375 ff.

A. Europäische Verwaltung als Informations-, Entscheidungs- und Kontrollverbund

Das Gemeinschaftsrecht wird in den meisten Fällen von den Exekutiven der Mitgliedstaaten vollzogen; die Gemeinschaft selbst verfügt nur über wenige eigene Verwaltungskompetenzen und Verwaltungsressourcen. Dieses ist die erste Standardaussage zum Thema „Verwaltung und Verwaltungsrecht in der Europäischen Gemeinschaft". Sie stellt die *organisatorische* Seite des Vollzugs heraus und trennt dabei zwischen den beteiligten Verwaltungsträgern: entweder die Mitgliedstaaten oder die Gemeinschaft. Damit ist jedoch nur die *eine* Seite des Vollzugsproblems umschrieben. Zu ihr muß die andere, die *funktionelle* Seite treten, die nicht durch Trennung, sondern durch Zusammenarbeit bestimmt ist. Der wirksame Vollzug des Gemeinschaftsrechts ist auf Kooperation der Exekutiven angewiesen[1]. Dieses ist die *zweite* notwendige Standardaussage. Erst Trennung *und* Verbindung, Alleinzuständigkeit *und* Zusammenarbeit machen das Vollzugskonzept des Gemeinschaftsrechts aus.

Die Eckpfeiler dieses Konzepts sind Art. 5 und Art. 10 EGV: die begrenzte Einzelermächtigung und das Subsidiaritätsprinzip einerseits, die umfassende gegenseitige Loyalitätspflicht der Mitgliedstaaten und der Gemeinschaftsorgane andererseits. Seinen Regelungsgegenstand bildet jenes Gefüge von nationalen und gemeinschaftlichen Behörden, Ämtern, Dienststellen, Körperschaften und anderen juristischen Personen, die nach den einschlägigen Kompetenzvorschriften das EG-Recht und das von ihm harmonisierte mitgliedstaatliche Recht – getrennt in ihren organisatorischen Zuordnungen, funktionell geeint im Auftrag wirksamer und gleichmäßiger Verwaltungsführung – zu vollziehen haben. Dieses Gefüge soll hier als *Europäischer Verwaltungsverbund* oder kürzer als *Europäische Verwaltung* bezeichnet werden. Der Begriff ist nicht auf die Bezeichnung der Verwaltungseinheiten der Gemeinschaft, die „Eigenverwaltung" oder „EG-Administration", beschränkt, sondern umgreift gemeinschaftliche *und* mitgliedstaatliche Verwaltungen. Gemeinschaftliche und mitgliedstaatliche Verwaltungen sind als „kodependente Organismen" zu verstehen[2].

I. Aufgabentypen Europäischer Verwaltung

Die Europäischen Gemeinschaften waren von Anfang an (auch) Verwaltungsgemeinschaften. Europäische Verwaltung zeigt sich in den vielfälti-

---

[1] *Schmidt-Aßmann*, Das allgemeine Verwaltungsrecht als Ordnungsidee, 2. Aufl. 2004, 381 ff.

[2] *Cassese*, Der Einfluß des gemeinschaftsrechtlichen Verwaltungsrechts auf die nationalen Verwaltungsrechtssysteme, Der Staat 33 (1994), 25 (26); ebenso *v. Bogdandy*, in: Grabitz/Hilf (Hrsg.), Das Recht der Europäischen Union, Altband I, Art. 5 EGV Rn. 43.

gen Aktivitäten, in denen nationale und gemeinschaftliche Verwaltungsinstanzen täglich das EG-Recht vollziehen[3]. Die aus dem nationalen Recht bekannten Verwaltungstypen finden sich auch hier: die Abgabenverwaltung, die Ordnungsverwaltung, die Lenkungs- und die Leistungsverwaltung. Eine genauere Analyse hätte die einzelnen Verwaltungsaufgaben, den Zuschnitt des zu vollziehenden Rechts und die Vollzugsstrukturen zueinander in Beziehung zu setzen. Das kann hier nur in Form einer Skizze geleistet werden:

– *Abgabenverwaltung* ist schon deshalb ein wesentlicher Bestandteil der Europäischen Verwaltung, weil die Gemeinschaft selbst als Zollunion gegründet worden ist, die ohne kräftige administrative Tätigkeiten nicht gewährleistet werden kann. Europäische Verwaltung ist in diesem Bereich dezentrale Verwaltung durch nationale Zollbehörden[4]. Die erforderliche Einheitlichkeit wird durch ein gemeinsames Vollzugsrecht, den Zollkodex, und durch die einheitlichen substantiellen Vorgaben des Gemeinsamen Zolltarifs nach Art. 26 EGV sichergestellt. Die Bedeutung der Zusammenarbeit im Zollwesen wird durch Art. 135 EGV besonders herausgestellt. Zugleich ist die Zollverwaltung ein wichtiger Transformator weiterer wirtschaftsverwaltungsrechtlicher Steuerungsaufgaben[5].

– Die *Ordnungsverwaltung* hat im Gemeinschaftsrahmen zahlreiche Gesichter: Sie ist zum einen Verwaltung zu Zwecken konkreter Gefahrenabwehr. Den wichtigsten Beispielbereich dafür bildet die Gewährleistung der Produktsicherheit. Der Vollzug des harmonisierten Rechts erfolgt vorrangig dezentral, in weiten Bereichen unter Einbeziehung selbstregulativer Mechanismen der Zertifizierung und Akkreditierung[6], in herausgehobenen Fällen allerdings auch unter Einsatz administrativer Aufsichtsbefugnisse und Genehmigungsvorbehalte[7]. Europäische Ordnungsverwaltung ist zum zweiten Marktordnungsverwaltung. Ihre Erscheinungsformen sind die Wettbewerbsaufsicht und die Beihilfeaufsicht, die vorrangig bzw. voll-

---

[3] Ein anschauliches Bild geben die Beiträge zu den einzelnen Politikfeldern in *Dauses* (Hrsg.), Handbuch des EU-Wirtschaftsrechts (HbEUWiR), Lsbl. Stand Mai 2004; *Reich*, Europäisches Verbraucherrecht, 4. Aufl. 2003; speziell zum Umweltrecht *Rengeling* (Hrsg.), Handbuch zum europäischen und deutschen Umweltrecht (EUDUR), 2 Bände, 2. Aufl. 2003; zum Sozialrecht *Haverkate/Huster*, Europäisches Sozialrecht 1999. Politikwissenschaftlich die Beiträge in *Wallace/Wallace* (ed.), Policy-Making in the European Union, 1996.

[4] *Witte/Wolffgang*, Lehrbuch des europäischen Zollrechts, 4. Aufl. 2003.

[5] *Grabitz/v. Bogdandy/Nettesheim*, Europäisches Außenwirtschaftsrecht, 1994.

[6] Grundlegend *Röhl*, Akkreditierung und Zertifizierung im Produktsicherheitsrecht, 2000; *ders.*, in diesem Band, 153 ff.

[7] Dazu z.B. *Royla*, Grenzüberschreitende Finanzmarktaufsicht in der EG, 2000; *Wagner*, Europäisches Zulassungssystem für Arzneimittel und Parallelhandel, 2000; *Schlag*, Grenzüberschreitende Verwaltungsbefugnisse in EG-Binnenmarkt, 1998.

ständig in der Hand der EG-Kommission liegen, sowie die Tätigkeit nationaler Regulierungsbehörden in den deregulierten Bereichen der Energieversorgung, des Telekommunikationswesens und des Eisenbahn- und Luftverkehrs[8].

– Die *Lenkungsverwaltung* benutzt teilweise die klassischen ordnungsrechtlichen Mittel von Verboten und Geboten, teilweise die Mittel finanzieller Anreize durch Subventionen und Abschöpfungen. Der wichtigste Referenzbereich ist insofern das Agrarrecht (Art. 32 – 38 EGV)[9]. Die konkreten Vollzugsvorgänge liegen bei den mitgliedstaatlichen Behörden. Der einzelne Vorgang ist jedoch in ein enges Netz von Rechts- und Finanzvorgaben eingebunden. Die inter-administrativen Beziehungen zwischen Mitgliedstaaten und Gemeinschaft sind hier besonders eng. Interessante Mechanismen dieses Verbundes stellen die gemeinsamen Inspektionen und das Rechnungsabschlußverfahren dar. Im Fischereiwesen als Teilbereich der Agrarpolitik zeichnet sich eine neue Aufgabe der Lenkungsverwaltung als „ressourcenschonende Verwaltung" ab.

– *Leistungsverwaltung* ist die Europäische Verwaltung vor allem bei der Vergabe der Strukturfondsmittel[10]. Die politischen Vorgaben zu den Förderkriterien und zum Fördervolumen sind Gegenstand multipolarer Verhandlungsprozesse. Auf ihrer Basis sind die Allokations- und die konkreten Förderentscheidungen einem bilateralen administrativen Verteilungssystem zugewiesen, das sich in Formen gemeinsamer Programmplanung, Evaluation und Kontrolle darstellt. Hier dominiert das Bild einer „Mischverwaltung". Ein zweiter Bereich europäischer Leistungsverwaltung, die Forschungsförderung (Art. 163 – 173 EGV), bietet ein Beispiel für den zentralen direkten Vollzug[11]. Die Förderentscheidungen werden in unmittelbarem Kontakt zu den zu fördernden Einrichtungen von der EG-Kommission selbst – oft unter Einschaltung privater Institutionen als Vollzugsmittler – getroffen.

Die Aufgabenfelder Europäischer Verwaltung reichen also über die Materien, die üblicherweise dem direkten Vollzug zugerechnet werden[12], weit

---

[8] *Eifert*, Grundversorgung mit Telekommunikationsleistungen im Gewährleistungsstaat, 1998; *Schneider*, Liberalisierung der Stromwirtschaft durch regulative Marktorganisation, 1999.

[9] Dazu *Priebe/Mögele*, in: Dauses, HbEUWiR (Fn. 3), Abschnitt G.

[10] Dazu *Oppermann*, Europarecht, 2. Aufl. 1999, Rn. 968 ff.; *Schöndorf-Haubold*, Die Strukturfonds der EG, 2005; *dies.*, in diesem Band, 25 ff.; allgemein zur Leistungsverwaltung *Schenk*, in diesem Band, 265 ff.

[11] Dazu *Oppermann*, Europarecht (Fn. 10), Rn. 1941 ff.; *Spannowsky*, in: Rengeling, EUDUR (Fn. 3), § 86; ausführlich *Pfeiffer*, Die Forschungs- und Technologiepolitik der Europäischen Gemeinschaft als Referenzgebiet für das europäische Verwaltungsrecht, 2003.

[12] Vgl. *Schwarze*, Europäisches Verwaltungsrecht, Bd. 1, 1988, 25 ff.

hinaus. Sie sind freilich auch mit jenem Bereich nicht vollständig identisch, auf dem sich die heute viel behandelte „Europäisierung des Verwaltungsrechts" abspielt[13]. Die Europäisierung erfaßt auch einige Gebiete, die nahezu ausschließlich von nationalen Behörden ohne Einbindungen in Formen der Zusammenarbeit vollzogen werden. Das gilt etwa für das Vergaberecht im öffentlichen Beschaffungswesen. Auch die Umweltpolitik war zunächst vorrangig eine Politik der Rechtsharmonisierung ohne Ausbildung einer europäischen Verwaltungsdimension. Spätestens mit der Schaffung einer Europäischen Umweltagentur hat sich dieses jedoch geändert[14]. Heute ist das Umweltrecht durchzogen von einer Vielzahl administrativer Kooperationsaufgaben[15].

II. „Kodependentes" Verwaltungshandeln

Europäische Verwaltung erweist ihre Besonderheit darin, daß sie die Einbettung ihrer Aktivitäten in gemeinsame Informations-, Unterstützungs- und Abstimmungsvorgänge zwischen den beteiligten Verwaltungen herausstellt[16]. Erst diese Zusammenarbeit gewährleistet eine wirksame „Verwaltung des Gemeinschaftsraums". Dafür gibt es viele Beispiele: Ohne Mitwirkung der nationalen Verwaltungen kann die Kommission ihre Aufgaben der Wettbewerbs- und Beihilfeaufsicht nicht wahrnehmen. Ohne gemeinschaftsweite Verfügbarkeit zentral aufgearbeiteter Umwelt- oder Produktinformationen sind mitgliedstaatliche Behörden auf ein Entscheiden auf unzulänglicher Datenbasis zurückgeworfen. Das Außenhandels- und Zollrecht kann nur durch gemeinsames Handeln der nationalen Verwaltungen im gesamten Gemeinschaftsraum einheitlich durchgesetzt werden.

Die Vorgänge der Zusammenarbeit sind teilweise *vertikal* zwischen EG-Instanzen und Mitgliedstaaten, teilweise *horizontal* zwischen den Verwaltungen der Mitgliedstaaten organisiert. Die Kooperation kann sich in punktuellem Kontakt erschöpfen. Oft hat sie sich jedoch zu dauerhaften Verbindungen fortentwickelt. Bilaterale Kooperationen finden sich ebenso wie tri- und multilaterale Formen. Gelegentlich ist die Zusammenarbeit zu ei-

---

[13] Dazu grundlegend *v. Danwitz*, Verwaltungsrechtliches System und Europäische Integration, 1996; *Kadelbach*, Allgemeines Verwaltungsrecht unter europäischem Einfluß, 1999; *Schoch*, DV Beiheft 2, 2000, 135 ff.

[14] *Ladeur*, NuR 1997, 7 ff.

[15] Vgl. *Sommer*, Verwaltungskooperation am Beispiel administrativer Informationsverfahren im Europäischen Umweltrecht, 2001; *dies.*, in diesem Band, 57 ff.

[16] Vgl. *Schmidt-Aßmann/Hoffmann-Riem* (Hrsg.), Strukturen des Europäischen Verwaltungsrechts, 1999; vgl. auch *Scheuing*, in: Hoffmann-Riem/Schmidt-Aßmann (Hrsg.), Innovation und Flexibilität des Verwaltungshandelns, 1994, 289 (331 f.); *Kahl*, DV Bd. 29 (1996), 341 (373, 379 ff.); *Sydow*, Verwaltungskooperation in der Europäischen Union, 2004.

ner gemeinschaftsweiten komplexen Struktur ausgebaut, in der Informations-, Abstimmungs- und Entscheidungselemente, Einzelentscheidungen und Kollegialentscheidungen, Vollzugsakte und Kontrollmechanismen miteinander verbunden sind. Das Arzneimittelrecht mit seinen Formen dezentraler und zentraler Zulassung und Überwachung bietet dafür ein Beispiel[17].

Kooperation erfüllt im Gemeinschaftsrecht mehrere Aufgaben: Ihre Grundfunktion ist es, den beteiligten Verwaltungen die erforderlichen Informationen zu erschließen (*informationelle Kooperation*). Hierher gehören der punktuelle und gelegentliche Datenaustausch ebenso wie der Aufbau zentraler Netze; besondere Formen sind das Berichtswesen und die Statistik (Art. 285 EGV). Kooperation zeigt sich zum zweiten in vielfältigen Formen gegenseitiger Unterrichtung, Abstimmung und gemeinsamer Verfahrensführung (*prozedurale Kooperation*). So können z.B. Pflichten gegenseitiger Anerkennung von Diplomen oder Produktzulassungen praktisch nicht ohne begleitende Verfahren normiert werden, die für Eil- oder Streitfälle schnell greifende Klärungsmechanismen verfügbar machen. Schließlich kann Kooperation in eigens dazu gebildeten Gremien geleistet werden (*institutionelle Kooperation*). Beispiele dafür sind die Verwaltungsräte der Europäischen Agenturen und das auf Gemeinschaftsebene breit entwickelte Ausschußwesen, insbesondere das System der Komitologie (dazu unter C II). Insgesamt kann die Europäische Verwaltung als ein Informations-, Entscheidungs- und Kontrollverbund beschrieben werden.

B. Die Modellierung der Europäischen Verwaltung: Gewaltenteilende Strukturen zwischen Kooperation und Hierarchie

Die Systematik des Verwaltungsrechts hat bekanntermaßen *zwei* Regelungsaufträge zu erfüllen: Sie muß – erstens – das Bürger-Staat-Verhältnis ordnen, und sie muß – zweitens – die innreadministrativen Beziehungen regeln[18]. Das nationale Verwaltungsrecht rückt traditionell den ersten Auftrag in den Vordergrund; denn es hat sich historisch aus dem Bemühen entwickelt, eine vorgefundene Exekutive zugunsten bürgerlicher Freiheiten rechtsstaatlich zu disziplinieren. Für das europäische Verwaltungsrecht gelten andere Ausgangsbedingungen: Hier mußte eine „Verwaltung des Gemeinschaftsraumes" erst nach und nach aufgebaut und gegen manche

---

[17] *Wagner*, Europäisches Zulassungssystem (Fn. 7), bes. 169 ff. und 233 ff.
[18] *Schmidt-Aßmann*, Ordnungsidee (Fn. 1), 1 ff.; zum Europäischen Verwaltungsrecht ebda., 377 ff.

Widerstände der Mitgliedstaaten durchgesetzt werden. Die auf Wirksamkeit eines gemeinschaftsweit einheitlichen Vollzuges angelegte effet-utile-Rechtsprechung hat hierin ihre Ursache[19]. Sie muß mit fortschreitender Integration und einer zunehmenden Verdichtung der Vollzugsvorgänge gegenüber Unionsbürgern und Unternehmen heute durch einen (noch) stärkeren Ausbau der Rechtsgrundsätze rechtsstaatlichen Verwaltens ergänzt werden. Trotzdem wird aber der Auftrag, *inter-administrative Konflikte* zu lösen, auch in Zukunft eine herausragende Aufgabe des Europäischen Verwaltungsrechts bleiben. Die rechtssystematische Entfaltung der administrativen Verbundstrukturen steht erst in den Anfängen.

I. Das Verbundmodell

Verwaltungen in Mehrebenen-Systemen lassen sich nicht einfach mit dem Formenkanon des klassischen Staats- und Verwaltungsorganisationsrechts einfangen. Begriffe wie „Weisung", „Fachaufsicht" oder „Selbsteintrittsrecht" wollen für das administrative Gefüge so wenig passen wie „Staatenbund" und „Bundesstaat" zur Bezeichnung der Gemeinschaft insgesamt. Das heißt aber nicht, daß damit auf das Analyse- und Erklärungspotential der überkommenen Theoriebestände gänzlich verzichtet werden könnte; denn Verwaltungen in Mehrebenen-Systemen sind keineswegs Produkte nur spontaner, zufälliger oder ungeordneter Aktionen und Begegnungen, sondern regelhafte Vorgänge, die zueinander in Bezug gesetzt und rechtlich abgebildet werden müssen. Der Begriff des *Verbundes* soll das ermöglichen. Der Verbund ist eine Ordnungsidee, die die notwendige Handlungseinheit durch die Verschränkung zweier Organisationsprinzipien, der Prinzipien der Kooperation und der Hierarchie, herstellen will. Im Gedanken des Verbundes sind Eigenständigkeit, Rücksichtnahme und Fähigkeit zu gemeinsamem Handeln gleichermaßen angelegt. In den Einzelheiten ist der Begriff noch variabel: Das Bundesverfassungsgericht nutzt ihn in der Wortverbindung des „Staatenverbundes" mit einer deutlichen Betonung der nationalstaatlichen Legitimation[20]. Die Literatur spricht vom „Verfassungsverbund" und hebt damit stärker auf die integrative Komponente ab[21].

Beide Varianten indizieren eine Schwebelage, die – wenn sie nicht einseitig aufgelöst werden soll – durch Verwendung gegensätzlicher Ord-

---

[19] Zu ihrer Interpretation vgl. *Ladeur*, EuR 1995, 227 (236 ff.).
[20] BVerfGE 89, 155 (182 ff.); *Kirchhof*, in: Isensee/Kirchhof (Hrsg.), Handbuch des Staatsrechts, Bd. 7, 1992, § 183 Rn. 39 ff.
[21] *Pernice*, JöR Bd. 48 (1999), 205 ff.; kritisch jüngst *Jestaedt*, in: GS für W. Blomeyer, 2004, 637 ff.

nungsgesichtspunkte geordnet und stabilisiert werden muß[22]. Die meisten Kenntnisse dazu dürften in einer komparatistisch ausgerichteten Bundesstaatslehre vorhanden sein. Deren Ergebnisse sind – um es nochmals zu betonen – für die Europäische Verwaltung nicht einfach zu übernehmen. Aber ihre Fragestellungen können die Probleme zu analysieren erleichtern, und ihre Bauformen können beim Auffinden neuer „bündischer" Regelungsinstrumente helfen; denn die Grundfragen nach der Eigendynamik der Interessen, nach zentrifugalen und zentripetalen Kräften, nach dem Verhältnis von „Integration und Subsidiarität"[23] stellen sich auch hier[24].

Näherhin muß sich das Recht mit einer eigentümlichen triadischen Rollenstruktur auseinandersetzen, in der die Mitgliedstaaten im Gemeinschaftsrahmen agieren: als „Herren der Verträge", als „Partner der Kommission" und als „kontrollunterworfene Adressaten" von Aufsichtsmaßnahmen. Die Spannungen zwischen diesen Rollen lassen sich am Beispiel der Beihilfeaufsicht nach Art. 87 – 89 EGV nachzeichnen. Jedenfalls verbietet sich angesichts dieses Befundes jedes simplifizierende Rechtskonzept. In ihrer Gesamtheit müssen die Regelungsmechanismen des Europäischen Verwaltungsrechts vielmehr drei Perspektiven zu verbinden suchen:

– Die *intergouvernementale* Seite: Sie ist durch den Ministerrat repräsentiert, dessen Meinungsbildung den Prinzipien föderaler Verhandlungssysteme folgt und in denen es um Kompromißfindung und Interessenausgleich geht[25]. Für die Europäische Verwaltung bildet diese Seite den Rahmen und die Vorgaben, um deren Vollzug es ihr gehen muß. Doch finden sich einzelne Elemente intergouvernementalen Entscheidens auch bei politisch bedeutsamen Einzelaktionen. Auch der Rat ist (gelegentlich) Verwaltungsinstanz. Vor allem zeigen sich in der Komitologiepraxis Tendenzen einer abgeschwächten intergouvernementalen Nachsteuerung auf mittlerer Ebene (vgl. unter C II).

– Die *integrative* Seite: Hier geht es darum, ein gemeinschaftsweit zentral definiertes „Gemeinwohl" bei der Gemeinschaftsrechtsetzung und beim wirksamen Vollzug von EG-Recht zu gewährleisten. Der Verhandlungsrationalität des Rates tritt damit eine auf Entscheidungen angelegte Rationalität gegenüber. Ihre Repräsentanten sind, was die administrative Seite betrifft, die Kommission und die fachlich ausdifferenzierten Europäischen Agenturen und Ämter. Längere Zeit hat sich auch der Europäische Ge-

---

[22] Dazu *v. Bogdandy*, Supranationaler Föderalismus als Wirklichkeit und Idee einer neuen Herrschaftsform, 1999; *Badura*, in: FS für Leisner, 1999, 695 ff.

[23] Vgl. *Oeter*, Integration und Subsidiarität im deutschen Bundesstaatsrecht, 1998.

[24] Vgl. *Giegerich*, Europäische Verfassung und deutsche Verfassung im transnationalen Konstitutionalisierungsprozeß: Wechselseitige Rezeption, konstitutionelle Evolution und föderale Verflechtung, 2003, bes. 304 ff.

[25] Dazu am Beispiel der regionalen Strukturpolitik *Benz*, in: Schmidt-Aßmann/Hoffmann-Riem (Hrsg.), Strukturen (Fn. 16), 45 ff.

richtshof als „Integrationsmotor" dieser Option verbunden gefühlt. Die stärkere Herausarbeitung der Kompetenzgrenzen der Gemeinschaft in jüngeren Urteilen deutet aber wohl an, daß das Gericht künftig eher eine neutrale Stellung zwischen den Optionen einnehmen will.

– Die *einzelstaatliche* Seite: Das aggregierte Handeln der Mitgliedstaaten darf mit den einzelstaatlichen Interessen nicht verwechselt werden. Das ist für die Bundesstaatstheorie zutreffend herausgearbeitet worden[26]. Es gilt mindestens ebenso nachdrücklich für den Europäischen Verwaltungsverbund. Die einzelnen Mitgliedstaaten stellen die größten Teile der Vollzugsstruktur und sind in ihrem organisatorischen Zuschnitt, ihren Verwaltungstraditionen und ihrem Verwaltungsselbstverständnis nach wie vor durchaus unterschiedlich[27]. Schon das gibt dieser Perspektive ein außerordentliches Gewicht. Rechtlich anerkannt ist sie zudem in einer Reihe von Schutzklauseln und Reservatsrechten[28]. Auch hier herrscht Entscheidungsrationalität; es ist die aus isoliert einzelstaatlicher Sicht getroffene Entscheidung, die über Kooperationsmechanismen in das Gesamtsystem vermittelt werden muß.

II. Gewaltenteilende Strukturen

Läßt sich im Rahmen des EG-Rechts überhaupt von einer „Verwaltung" sprechen, wo die Gemeinschaft selbst doch nicht nach den Regeln klassischer Gewaltenteilung organisiert ist[29]? Für das Verwaltungsrecht des Nationalstaats hat sich das Teilungsprinzip, unbeschadet seiner unterschiedlichen Ausformungen in den einzelnen Verfassungsordnungen, immerhin als der zentrale systembildende Markstein erwiesen[30]. Es formt die Anliegen des Rechtsstaats- und Demokratieprinzips in verwaltungsrechtlich handhabbare Münze um, indem es mit seiner Unterscheidung von Gesetzgebung und Gesetzesvollzug parlamentarische Steuerung ebenso wie rechtsstaatliche Berechenbarkeit sicherstellt und beide mit einer Kontrollkompetenz der Gerichte sanktioniert. Im Mehrebenen-System der Europäischen Union liegen die Dinge komplizierter: Einer Mehrzahl von Rechtsetzungsorganen auf gemeinschaftlicher und mitgliedstaatlicher Ebene steht eine Vielzahl von Instanzen gegenüber, die mindestens auch administrative Funktionen erfüllen. Daß darin ein beachtliches Steuerungs- und Kontrollpotential liegt, kann bei abstrakter Betrachtung ernstlich nicht bestritten werden. Die

---

[26] *Lerche*, Aktuelle föderalistische Verfassungsfragen, 1968.
[27] Vgl. *Schwarze*, Europäisches Verwaltungsrecht (Fn. 12), 33 ff.; *Stettner*, in: Dauses, HbEUWiR (Fn. 3), Abschnitt B III.
[28] Dazu *Pühs*, Der Vollzug von Gemeinschaftsrecht, 1997, 186 ff.
[29] Vgl. *Steinberger*, VVDStRL Bd. 50, 1991, 9 (29 ff.); *Möllers*, Gewaltengliederung. Legitimation und Dogmatik im nationalen und übernationalen Rechtsvergleich, Heidelberger Habilitationsschrift, 2004, § 7.
[30] Dazu *Schmidt-Aßmann*, Ordnungsidee (Fn. 1), 179 ff.

Frage ist, inwieweit sich die Funktionen in den konkreten Machtkonstellationen hinreichend trennen und Organen zuordnen lassen, die unabhängig genug sind, um den Verbundmechanismen und deren Verhandlungslogik die notwendige Distanz und Transparenz entgegenzusetzen. Das ist für die Kontrollfunktion einigermaßen verläßlich zu bejahen (1). Die Hauptschwierigkeiten liegen bei der Rechtsetzung und in ihrem Gefolge bei der Abgrenzung der Vollzugsfunktion (2).

1. Die Kontrollaufgaben

„Von allen Strukturelementen der Gemeinschaft weist ihre Gerichtsbarkeit die geringste Wertdifferenz zum Verfassungsstaat auf"[31]. *Gerichtskontrollen* werden durch den Europäischen Gerichtshof und die mitgliedstaatlichen Gerichte ausgeübt, die insofern als „Gemeinschaftsgerichte" wirken[32]. Der Europäische Gerichtshof ist zum einen „Verwaltungsgericht", insofern er vor allem in den Verfahren der Nichtigkeits- und der Untätigkeitsklage nach Art. 230 und 232 EGV (auch) administrative Entscheidungen der Gemeinschaftsorgane zu kontrollieren hat. Die Kontrolle der nationalen Exekutiven liegt dagegen bei den mitgliedstaatlichen Verwaltungsgerichten, die die Rechtmäßigkeit der Verwaltungshandlungen auch nach Maßgabe des EG-Rechts zu beurteilen haben; durch das Vorabentscheidungsverfahren des Art. 234 EGV tragen sie mittelbar auch zur Sicherung der Rechtmäßigkeit gemeinschaftsrechtlicher Rechtsakte bei[33].

Wichtig ist ferner die Tätigkeit des Europäischen Gerichtshofs bei der Austragung von Aufsichtskonflikten zwischen EG-Organen und Mitgliedstaaten. Einer solchen Austragung, die auch dem Bundesstaatsrecht nicht unbekannt ist, dient vor allem das Vertragsverletzungsverfahren, das die Kommission gegenüber Mitgliedstaaten nach Art. 226 EGV anstrengen kann[34]. Das aufwendige Verfahren ist bisher vor allem gegen mitgliedstaatliche Legislativen, insbesondere wegen unterlassener Richtlinienumsetzung, genutzt worden. Es steht jedoch auch für die Kontrolle von Verwaltungsvorgängen, z.B. spektakuläre Vergabe- oder Ansiedlungsentscheidungen wie auch diskriminierende Entscheidungen in telekommunikationsrechtlichen Genehmigungsverfahren, zur Verfügung[35]. Ganz im Sinne ei-

---

[31] *Steinberger*, VVDStRL Bd. 50, 1991, 9 (37).
[32] *Burgi*, Verwaltungsprozeß und Europarecht, 1996, 58 f.; *Kadelbach*, in: Schmidt-Aßmann/Hoffmann-Riem (Hrsg.), Verwaltungskontrolle, 2001, 205 ff.
[33] Eine ausführliche Darstellung des „Europäischen Verwaltungsrechtsschutzes" bietet *Dörr*, in: Sodan/Ziekow (Hrsg.), Nomos-Kommentar zur Verwaltungsgerichtsodnung (Lsbl. Stand: Januar 2003), Bd. 1.
[34] *Pühs*, Vollzug (Fn. 28), 220 ff.
[35] Vgl. den 17. Jahresbericht der Kommission über die Kontrolle der Anwendung des Gemeinschaftsrechts – 1999, ABl. EG 2001 Nr. C 30, 1 (23 f.); allgemein zu Vertrags-

nes verschränkten Modells existiert daneben ein zweiter Typ eines Vertragsverletzungsverfahrens, das ein Mitgliedstaat gegen einen anderen Mitgliedstaat nach Art. 227 EGV anstrengen kann. So betrachtet besitzt das gerichtliche Kontrollsystem eine dem Verwaltungssystem des Gemeinschaftsraumes entsprechende Komplexität, die es zu wirksamer Kontrolle in die Lage versetzt. Daß an einzelnen Stellen immer wieder einzelne Rechtsschutzlücken aufscheinen[36], spricht nicht gegen die Eignung des Systems als solches, sondern hängt mit der schnellen Wandelbarkeit der administrativen Handlungsformen im Verwaltungsverbund zusammen. Strukturell noch nicht befriedigend gelöst erscheinen heute vor allem Rechtsschutzfragen der horizontalen Verbundbeziehungen. Die nach der bisherigen Dogmatik hier allein zuständigen nationalen Gerichte verfahren nach einem Trennungsprinzip, das den Verflechtungen horizontal kooperierender Verwaltungen nicht in allen Punkten gerecht wird[37].

Die *Haushalts- und Wirtschaftlichkeitskontrollen* liegen vor allem bei den Rechnungshöfen und Einrichtungen vergleichbarer Selbständigkeit. Für die EG-Ebene ist diese Kontrollaufgabe in jüngerer Zeit verstärkt herausgearbeitet worden und hat zu der heute vertraglich anerkannten Organstellung des Rechnungshofs gem. Art. 7 iVm 246 – 248 EGV geführt[38]. Das neue Haushaltsrecht sieht ergänzend eine Reihe interner Kontroll- und Finanzkorrekturverfahren vor[39]. In den gleichen systematischen Kontext gehört die Verselbständigung des Amtes für Betrugsbekämpfung (OLAF), die die Notwendigkeit einer ebenenübergreifenden und in die vernetzten Verwaltungsvorgänge hineinwirkenden eigenständigen Kontrollkompetenz belegt[40].

Ein Problem bleiben die *parlamentarischen Kontrollen*: Ihre Schwächung auf mitgliedstaatlicher Ebene wird durch verstärkte Kontrollen der Gemeinschaftsgewalt durch das Europäische Parlament nur unzulänglich ausgeglichen. Daß parlamentarische Kontrolle gegenüber Verbundstruktu-

---

verletzungen dort, 67 ff.; 20. Jahresbericht der Kommission über die Kontrolle der Anwendung des Gemeinschaftsrechts – 2002, vom 21.11.2003, KOM (2003) 669 endg.

[36] Vgl. nur die divergierenden Entscheidungen zu Rechtsschutz gegen Verordnungen EuG, Rs. T-177/01, Slg. 2002, II-2365 (Jégo-Quéré); EuGH, Rs. C-50/00 P, Slg. 2002, I-6677 (Unión de Pequeños Agricultores); EuGH, Rs. C-263/02 P, NJW 2004, 2006 (Jégo-Quéré); *Röhl*, Jura 2003, 830 ff.; *ders.*, GPR 2004, 178.

[37] Dazu *Schmidt-Aßmann*, in: FS für Bernhardt, 1995, 1238 ff.; *Burgi*, Verwaltungsprozeß (Fn. 32), 55 f.; *Ehlers*, Die Europäisierung des Verwaltungsprozeßrechts, 1999, 8 ff., 14 ff.; ausführlich jetzt *Jens Hofmann*, Rechtsschutz und Haftung im Europäischen Verwaltungsverbund, 2004; vgl. auch *dens.*, in diesem Band, 353 ff.

[38] Vgl. Nr. 21 der Erklärungen zum Unionsvertrag von Maastricht.

[39] Vgl. *Schöndorf-Haubold*, in diesem Band, 25 (43).

[40] *Mager*, ZEuS 2000, 177 ff.; *Uerpmann*, AöR Bd. 125 (2000), 551 (566 f.); ferner *Wolffgang/Ulrich*, EuR 1998, 616 ff.

ren weitgehend leerliefe, läßt sich allerdings nicht sagen. So hat sich das Enquêterecht des Art. 193 EGV in jüngerer Zeit mehrfach als durchaus folgenreiches Instrument erwiesen, weil es anders als in der mißgeleiteten deutschen Praxis nicht zur Bekämpfung des politischen Gegners, sondern zu wirklichen Kontrollaufgaben genutzt wurde. Der Rücktritt der Santer-Kommission zeigt, daß das Parlament Verwaltungskontrolle wirksam ausüben kann. Die Krise war keine Krise der hohen Politik, sondern eine „Verwaltungskrise".

2. Die Vollzugsaufgaben

Größere Schwierigkeiten ergeben sich, wenn man nach der Abschichtung der Vollzugs- von der Rechtsetzungsfunktion fragt[41]. Die Probleme sind schon auf nationaler Ebene nicht einfach zu lösen. Die Doppelstellung der Rechtsverordnung als Gegenstand des Staats- und des Verwaltungsrechts zeigt das. „Vollziehende Gewalt" ist mehr als das Abarbeiten gesetzlich strikt programmierter Aufträge, mehr als der Erlaß von Einzelakten mit Hilfe juristischer Subsumtionstechniken[42]. Trotzdem hängt die überkommene Dogmatik des Verwaltungsrechts der Idee nach an diesem *Grundtypus* eines hierarchisch strukturierten simplen Vollzuges, weil die Rückbindung an das abstrakt-allgemeine Gesetz politische Entlastung und weil die Einbindung in die Form des Einzelakts rechtsstaatliche Handhabbarkeit garantiert.

Für die EG-Ebene verwirren sich die Trennlinien noch stärker[43]: Der Rat als Rechtsetzungsorgan trifft (freilich nur gelegentlich) auch Einzelentscheidungen; die Kommission als Exekutivorgan ist intensiv in die Rechtsetzungsprozesse eingebunden; und die nationalen Regierungen schaffen sich durch ihr Zusammenwirken im Rat selbst eben jene Rechtsgrundlagen, die ihnen eigentlich politische Entlastung für ihre Vollzugstätigkeit bieten sollen. Schließlich wird die Unübersichtlichkeit dadurch erhöht, daß das gemeinschaftsrechtliche Formenarsenal des Art. 249 EGV nicht die Trennschärfe besitzt, die der Unterscheidung von Gesetz und Verwaltungsakt entspricht. Die damit manifeste Vermischung der Machtpositionen und Organfunktionen auf der EG-Ebene strahlt auf den gesamten Verbund aus, erfaßt also auch die mitgliedstaatliche Verwaltungsebene. Angesichts dieses Befundes gewaltenteilende Strukturen und insbesondere eine spezifische Administrativfunktion herauszuarbeiten, ist nicht einfach[44]. An drei Punkten soll es gleichwohl versucht werden:

---

[41] Dazu *Winter* (ed.), Sources and Categories of European Union Law, 1996, 38 ff.
[42] Dazu *Schmidt-Aßmann*, Ordungsidee (Fn. 1), 198 ff.
[43] *Steinberger*, VVDStRL Bd. 50, 1991, 9 (31 ff.).
[44] Ausführlich jetzt *Möllers*, Gewaltengliederung (Fn. 29).

– Sieht man sich die oben skizzierten Aufgabenfelder europäischen Verwaltens im einzelnen an, so wird deutlich, daß es trotz aller Grenzverwischungen in weiten Bereichen realiter unbestreitbar möglich ist, Verwaltungsaktivitäten des klassischen Vollzugstyps auszumachen. Das gilt für die Zollverwaltungen der Mitgliedstaaten im Vollzug des Zollkodex und des Gemeinsamen Zolltarifs ebenso wie z.B. für die Entscheidungen der Kommission im Beihilfe- und Wettbewerbsrecht. Daß dabei Rechtsbegriffe anzuwenden sind, die erhebliche Bewertungs- und Gestaltungsspielräume umgreifen, ist aus dem nationalen Verwaltungsrecht bekannt und spricht als solches noch nicht gegen die Qualifizierung als exekutivische Tätigkeit.

– Eine andere große Gruppe von Tätigkeiten betrifft den interadministrativen Geschäftsverkehr. Hierher gehören vor allem die vielfältigen Aktivitäten informationaler Zusammenarbeit. Auch sie lassen sich in einem weiteren Sinne als Vollzugstätigkeiten einstufen, insofern sie wenigstens durch prozedurale Regeln determiniert sind und der vorrangig rechtsstaatlich motivierten Form der Entscheidung im Sinne des Art. 249 Abs. 4 EGV nicht bedürfen.

– Schließlich führt der Kompetenzgewinn des Europäischen Parlaments zu einer Entflechtung. Die *sekundärrechtlichen Basisrechtsakte*, Grundverordnungen und Rahmenrichtlinien, gewinnen dadurch eigenständiges politisches Profil und werden mehr und mehr zu einer europäischen „Gesetzgebung"[45], die jene Entlastungswirkungen freisetzen kann, die ein Grundanliegen des Gewaltenteilungsprinzips sind. Basisrechtsakte treffen, einer Formulierung des Europäischen Gerichtshofs entsprechend, „die wesentlichen Elemente" einer zu regelnden Materie[46]. Wesentlich sind „nur solche Bestimmungen, durch die grundsätzliche Ausrichtungen der Gemeinschaftspolitik umgesetzt werden"[47]. Mit der deutschen Wesentlichkeitslehre, die vor allem nach der Grundrechtsrelevanz fragt, kann das nicht gleichgesetzt werden. In dem so vorgezeichneten Rahmen können sich aber die der Kommission nach Art. 202 EGV zu übertragenden *Durchführungskompetenzen* entwickeln[48]. Die Durchführung im Sinne dieser Bestimmung umfaßt „sowohl die Ausarbeitung von Durchführungsvorschriften als auch die Anwendung von Vorschriften auf den Einzelfall durch Erlaß individueller Rechtsakte"[49]. Unter den Durchführungsvorschriften der Kommission finden sich zahlreiche Verordnungen und Richtlinien, die im Formenspektrum des deutschen Verwaltungsrechts weniger

---

[45] *Winter,* Sources (Fn. 41), 22 ff.
[46] EuGH, Rs. 25/70, Slg. 1970, 1161 (Tz. 6).
[47] EuGH, Rs. C-240/90, Slg. 1992, I-5383 (Tz. 37).
[48] Vgl. dazu *Möllers,* in diesem Band, 293 ff.
[49] EuGH, Rs. 16/88, Slg. 1989, 3457 (Tz. 11).

der Rechtsetzung als dem Rechtsinstitut der Allgemeinverfügung zuzuordnen wären. Jedenfalls kann ein beträchtlicher Teil der Durchführungsrechtsetzung der administrativen Funktion zugeordnet werden[50]. Es bleiben freilich Durchführungsregelungen, die einen großen Gestaltungsspielraum ausfüllen und damit praktisch der Gesetzgebung näher stehen als dem Vollzug. Sie – aber auch *nur* sie – bilden eine rechtsstaatlich-demokratische Herausforderung, der mit zusätzlichen Konkretisierungsmechanismen begegnet werden muß.

III. Die Verbindung divergenter Gestaltungsprinzipien

Wie die Verbundidee insgesamt auf einer Koppelung hierarchischer und kooperativer Elemente beruht, so gilt dieses auch für die Europäische Verwaltung als Informations-, Entscheidungs- und Kontrollverbund[51]. Da sie innerhalb eines vorgegebenen Rahmens und auf der Basis formulierter Vorgaben handelt, die sie vollzieht, kann man vielleicht von einer „kooperativ abgefederten Hierarchie" sprechen. Darin wird die zentrale Position der Kommission deutlich, die zwar nur wenige Entscheidungen direkten Vollzuges trifft, dafür aber die Schaltstellen des Vollzugssystems besetzt hält. Einer starken kooperativen Abfederung bedarf es, um die intergouvernementale und die einzelstaatliche Option zu ihrem Recht kommen zu lassen. Die Regelungsmechanismen und Verfahren des Europäischen Verwaltungsrechts sind folglich durchgängig *Kombinationen* beider Prinzipien. Um einen Kern hierarchischen bzw. kooperativen Rechtsvollzuges lagert sich ein Hof weiterer Elemente, die dem gegensätzlichen Prinzip folgen. Einzelentscheidungen sind in Verständigungsformen eingebettet, Verhandlungszirkel mit Letztentscheidungsvorbehalten kombiniert. Ein Europäisches Verwaltungsrecht kann folglich die aus dem nationalen Recht bekannten Institute nicht einfach „linear" fortschreiben. Es muß aber auch nicht völlig neu entwickelt werden. Die Grundlinien sind vorgezeichnet; denn auch für Verwaltungen in Mehrebenen-Systemen müssen die anzuwendenden Rechtssätze geordnet, muß gegenseitiges Vertrauen der beteiligten Amtsträger sichergestellt und muß der Umgang mit den gemeinsamen Finanzmitteln verantwortungsbewußt gestaltet sein. Mindestens folgende Punkte müssen durch Rechtsregeln eines *Europäischen Verwaltungsrechts* festgelegt sein:
– die Rangordnung der Rechtsquellen,

---

[50] Vgl. die statistischen Angaben zu den im Amtsblatt der EG veröffentlichten Rechtsakte bei *Falke*, in: Joerges/Falke (Hrsg.), Das Ausschußwesen der Europäischen Union, 2000, 43 ff.

[51] Aus politikwissenschaftlicher Sicht ähnliche Überlegungen zu einer „Fusionsverwaltung" bei *Wessels*, in: Jachtenfuchs/Kohler-Koch (Hrsg.), Europäische Integration, 2. Aufl. 2003, 353 ff.

- die Autonomie und die Gebundenheit der Mitglieder bei der Ausgestaltung der Vollzugsorganisation,
- die informationale Zusammenarbeit und die gegenseitige Kontrolle der beteiligten Verwaltungsinstanzen,
- Formen und Verfahren gemeinsamer Meinungs- und Entscheidungsbildung,
- Vorbehalte für Eil-, Not- und Letztentscheidungskompetenzen,
- die Zurechnung von Verantwortlichkeiten in Rechtsschutz- und Haftungsfragen.

Europäisches Verwaltungsrecht als Recht kodependenter Verwaltungen im europäischen Mehrebenen-System ist also vor allem an Entscheidungs- und Organisationsstrukturen ausgerichtet[52]. Es muß das zu diesen Fragen verfügbare Repertoire von Lösungen sichten, die den verbundprägenden Vorgaben des gemeinschaftlichen und des mitgliedstaatlichen Verfassungsrechts entsprechenden Elemente auswählen und zu verbundspezifischen Arrangements zusammenstellen. Dabei wird sich zeigen, daß die bundesstaatlichen Lösungen, wie sie das Grundgesetz für die deutsche Verwaltung trifft, nicht notwendig in jedem Punkte die Obergrenze der zentralisierenden Ingerenzrechte bilden. Das in seinen Grundlagen geringer vergemeinschaftete Verbundmodell bedarf zum Ausgleich für seine flexible Struktur punktuell u.U. schärferer Steuerungs- und Kontrollmechanismen.

C. Bauformen der Europäischen Verwaltung

Analysiert man das Sekundärrecht unterschiedlicher Referenzgebiete, das Umwelt- und das Agrarrecht ebenso wie das Produktsicherheits- und das Zollrecht, dann zeigen sich zahlreiche immer wieder verwendete Bauformen. Ihr Zuschnitt ist zunächst durch die Sachprobleme des jeweiligen Politikbereichs geprägt. Darüber hinaus weisen sie aber so weitreichende Ähnlichkeiten auf, daß sie als allgemeiner Ausdruck typischer Funktionsmechanismen des Verbundgedankens genommen werden können. Von ihnen sollen hier die Informationsnetzwerke (I), das Ausschußwesen (II) und einige Instrumente einer „Gemeinschaftsaufsicht" (III) vorgestellt werden.

I. Informationsnetzwerke

Alle Verwaltung des Gemeinschaftsraumes ist zuallererst Informationsverwaltung. Die Zahl der Vorschriften, in denen das sekundäre EG-Recht den Mitgliedstaaten gegenüber der Kommission Unterrichtungs- und Mit-

---

[52] Vgl. *Hoffmann-Riem*, in: Schmidt-Aßmann/Hoffmann-Riem, Strukturen (Fn. 16), 317 (331 ff.).

teilungspflichten auferlegt, die gegenseitige Unterrichtung zwischen Mitgliedstaaten vorsieht oder EG-Instanzen zur Information der Mitgliedstaaten anhält, ist kaum zu überschauen[53]. Sie übertrifft das, was das deutsche Bundesstaatsrecht in diesem Punkte für notwendig hält, bei weitem. In ihr drückt sich der Grundtatbestand europäischen Verwaltens aus, daß nämlich Einheit erst geschaffen werden muß. Einheit ist zunächst einmal Informationseinheit. Der Grundgedanke des europäischen Verwaltungsinformationsrechts ist die gegenseitige Angewiesenheit aller beteiligten Verwaltungsstellen auf gemeinschaftsweit verfügbare Informationen. Sein Grundkonzept basiert folglich auf dem Prinzip der *Reziprozität*. Angesichts der Bedeutung des Informationswesens wundert es nicht, daß sich auf diesem Felde die spontanen und punktuellen Formen des Informationsaustausches mehr und mehr institutionell verfestigen. Dabei lassen sich zwei Formen, die hochintegrierten Informationsagenturen und die horizontal angelegten Informationsverbünde, unterscheiden[54].

Informationsagenturen sind u.a. die Europäische Umweltagentur in Kopenhagen (EUA) und die Beobachtungsstelle für Drogen in Lissabon (EBDD)[55]. Sie stellen mit eigener Rechtspersönlichkeit ausgestattete verselbständigte Verwaltungseinheiten dar, deren Ziel die Sammlung und Aufbereitung von Informationen zum Zwecke politischer Beratung ist. Sie genießen eine gewisse Unabhängigkeit, die die Objektivität der Informationsgewinnung garantieren soll. Organisatorisch bilden sie einen Teil der EG-Eigenverwaltung, sind aber keine nachgeordneten Instanzen. Binnenorganisatorisch üben die Mitgliedstaaten in den Verwaltungsräten entscheidenden Einfluß aus, während die Rolle der Kommission zurückgenommen ist. Trotzdem gelten die Informationsagenturen als hoch aggregierte Einrichtungen. Der ihnen eigene Mechanismus der Zentralisierung ist die Struktur der Datennetze. Sie ist einheitlich festgelegt, und in sie sind die entsprechenden mitgliedstaatlichen Informationsnetze von vornherein eingebunden.

Eine schwächere Form der Vergemeinschaftung sind die horizontal ausgerichteten *Informationsverbünde*. Beispiele dafür bilden das im Zuge der Agrarrechtsreform von 1992 geschaffene Verwaltungs- und Kontrollsystem INVEKOS, in dem alle Anträge auf Agrarbeihilfen erfaßt und abgeglichen werden können, und das Zollinformationssystem ZIS. INVEKOS bie-

---

[53] Für das Umweltrecht systematisch *Sommer*, Verwaltungskooperation (Fn. 15), 73 ff.; *dies.*, in diesem Band, 57 ff.

[54] Systematisch *v. Bogdandy*, in: Hoffmann-Riem/Schmidt-Aßmann (Hrsg.), Verwaltungsrecht in der Informationsgesellschaft, 2000, 133 (172-193).

[55] Zu Agenturen allgemein *Fischer-Appelt*, Agenturen der Europäischen Gemeinschaft, 1999, zu Informationsagenturen dort 55 ff. Zur EUA auch *Brenner*, in: Rengeling, EUDUR (Fn. 3), Bd. 1, § 20 Rn. 7 ff.; *Kahl*, JbUTR Bd. 36 (1996), 119 ff.; zur Europäischen Agentur für Flugsicherheit *Riedel*, in diesem Band, 103 ff.

tet keine gemeinschaftliche Datenerfassung, sondern verpflichtet die mitgliedstaatlichen Verwaltungen zu Datenerhebung und Datenaustausch, während ZIS die mitgliedstaatlichen Informationen auf einem zentralen Rechner speichert. Für dessen technischen Betrieb ist die Kommission zuständig. Rechtlich aber untersteht sie einem Exekutivausschuß aus Vertretern der Mitgliedstaaten[56]. Die Fragen der Haftung und des Individualrechtsschutzes richten sich bei den Informationsverbünden allein nach nationalem Recht.

II. Ausschußwesen: Komitologie und Expertenausschüsse

Ein Spezifikum Europäischer Verwaltung ist ein breit ausgebautes Ausschußwesen[57]. Die Ausschüsse bilden institutionalisierte Formen des Informationsaustausches und der Kommunikation, die für die Europäische Verwaltung immer wieder neu organisiert werden müssen, während sie bei den nationalen Verwaltungen gleichsam naturwüchsig vorhanden sind. Über das Ausschußwesen werden Wissensbestände und Erfahrungen aktiviert, die die EG-Instanzen angesichts beschränkter personeller Ressourcen nicht verfügbar halten können. Eine herausgehobene Aufgabe des Ausschußwesens ist es zudem, der täglichen intergouvernementalen Abstimmung ein Forum zu bieten. Die Ausschüsse sind zu großen Teilen sog. Beamtenausschüsse, teilweise sog. Sachverständigenausschüsse oder aber aus beiden Bestandteilen gemischte Gremien. Daß das rechtlich zunächst wenig beachtete Ausschußwesen für die Europäische Verwaltung durchaus eine konstitutionelle Dimension besitzt, wird in jüngerer Zeit zutreffend erkannt[58]. Grundfragen der Legitimation, der Transparenz und der Verantwortungsklarheit lassen sich gerade an ihm konkret aufzeigen.

1. Komitologie-Praxis

Innerhalb des Ausschußwesens spielt die Komitologie-Praxis die wichtigste Rolle[59]. Sie steht im Zusammenhang mit der Übertragung von Durchführungsaufgaben, die sich gem. Art. 202 Spiegelstrich 4 EGV vollzieht. Schon früh hatte es sich hier eingebürgert, daß sich der Rat in den entsprechenden Basisrechtsakten gewisse Einwirkungsmöglichkeiten auf den Erlaß der Durchführungsmaßnahmen sicherte. Eine Schaltstelle dazu sind die in den jeweiligen Basisrechtsakten vorgesehenen Ausschüsse aus Vertretern der Mitgliedstaaten, denen ein Vertreter der Kommission vorsitzt.

---

[56] Vgl. *Harings*, Grenzüberschreitende Zusammenarbeit der Polizei- und Zollverwaltungen und Rechtsschutz in Deutschland, 1998, 100 ff.
[57] Grundlegend *Joerges/Falke,* Ausschußwesen (Fn. 50), mit statistischen Angaben 76 ff.; *Winter*, Sources (Fn. 41), 541 ff.
[58] *Joerges*, in: Joerges/Falke, Ausschußwesen (Fn. 50), 349 ff.
[59] Dazu *Falke*, in: Joerges/Falke, Ausschußwesen (Fn. 50), 5 ff.

Diese Praxis ist seit der Entscheidung des Europäischen Gerichtshofs in der Rechtssache Köster als rechtmäßig anerkannt[60]. Der Ausschuß selbst ist kein Zustimmungsgremium, sondern hat eine prozedurale Stellung. Sein negatives Votum gegenüber einem Kommissionsvorschlag löst – den drei verfügbaren Verfahrenstypen entsprechend – in unterschiedlicher Weise die Mitwirkungsmöglichkeiten des Rates aus. Trotzdem liegt die politische Bedeutung in den Ausschüssen selbst. Für den Agrarsektor wird berichtet, daß die Komitologie-Ausschüsse von 1973 – 1994 in mehr als 50.000 Fällen um Stellungnahmen ersucht wurden, von denen mehr als 90 % positiv ausfielen. Insgesamt hat der Rat nur in 47 Fällen die Entscheidung an sich gezogen[61]. Selbst wenn in anderen Bereichen, z.B. in der Umweltpolitik, die Zahl der Konfliktfälle höher sein dürfte, so wird die Komitologie-Praxis doch als ein wichtiges Element des Konfliktausgleichs angesehen. Kritiker lasten ihr dagegen gerade dieses an, weil sie befürchten, die Kommission formuliere schon ihre ersten Vorschläge vorauseilend ausschußgerecht. Überhaupt galt die Komitologie im Schrifttum lange als Erscheinung einer undurchsichtigen, bürokratisch-technokratischen Herrschaftsausübung[62]. Neuere Untersuchungen unterstreichen jedoch ihre positiven Funktionen.

Die rechtliche Ordnung der Komitologie ist ein wichtiges Anliegen des Verwaltungsrechts. Organisationsrechtlich ist heute immerhin klargestellt, daß die Ausschüsse weder Hilfsorgane des Rates noch sonstige Gemeinschaftsinstitutionen bilden, sondern dem Organisations- und Verantwortungsbereich der Kommission zugeordnet sind[63]. Die Modalitäten der Mitwirkung des Rates an Durchführungsmaßnahmen, die die einzelnen Basisrechtsakte vorsehen, müssen gem. Art. 202 EGV „den Grundsätzen und Regeln" entsprechen, die der Rat auf Vorschlag der Kommission nach Stellungnahme des Europäischen Parlaments vorher einstimmig festgelegt hat. Der neue Komitologie-Beschluß vom 28.6.1999 nimmt einen Teil der Kritik auf[64]. Bei der Schaffung der Basisrechtsakte stehen nur noch drei Verfahrenstypen zur Verfügung, das Beratungs-, das Verwaltungs- und das Regelungsverfahren. Es herrscht insofern Auswahlfreiheit mit Typenzwang. Für die Auswahl werden zudem Leitlinien festgelegt (Art. 2). Das Verwaltungsverfahren ist danach vor allem für Maßnahmen zur Umsetzung der gemeinsamen Agrar- und Fischereipolitik und zur Durchführung von

---

[60] EuGH, Rs. 25/70, Slg. 1970, 1161 (Tz. 9, 13 ff.).
[61] Vgl. *Demmke/Haibach*, DÖV 1997, 710 (712 f.).
[62] *Demmke/Haibach*, DÖV 1997, 710 (712 f.); *Mensching*, EuZW 2000, 268 (269 f.) mwN.; *Hofmann/Töller*, StaatsWiss. und StaatsPr. 1998, 209 ff.
[63] EuG, Rs. T-188/97, Slg. 1999, II-2463 (Tz. 58 ff.) betr. Zugang zu Dokumenten.
[64] Beschluß 1999/468/EG, ABl. EG 1999 Nr. L 184, S. 23 ff. Vgl. die Darstellung bei *Falke*, in: Joerges/Falke, Ausschußwesen (Fn. 50), 101 ff.

Programmen mit erheblichen Auswirkungen auf den Haushalt vorgesehen, während dem Regelungsverfahren Maßnahmen von allgemeiner Tragweite zugeordnet werden, mit denen wesentliche Bestimmungen von Basisrechtsakten wie Maßnahmen zum Schutze der Gesundheit oder Sicherheit von Menschen, Tieren oder Pflanzen ausgeführt werden sollen. Das Regelungsverfahren trifft also in Sonderheit Durchführungsvorschriften, die nach der oben getroffenen Feststellung im Grenzbereich zwischen administrativer und legislativer Rechtsetzung angesiedelt sind. Gerade für diese Fälle ist das Bestreben des Rates, sich einen nachhaltigen Einfluß zu sichern, verständlich. Im Interesse einer klareren Gewaltenteilung sind solche Kompetenzenmischungen und die Einbeziehung der intergouvernementalen Verhandlungsrationalität in Durchführungsmaßnahmen nicht unproblematisch. Es ist daher zu begrüßen, daß der neue Komitologie-Beschluß die Stellung der Kommission im Regelungsverfahren insgesamt gestärkt hat[65]. Der bisherigen Kritik mangelnder Transparenz des Verfahrens soll künftig dadurch begegnet werden, daß die für die Kommission geltenden Grundsätze über den freien Zugang der Öffentlichkeit zu Dokumenten auch für die Komitologie-Ausschüsse gelten[66]. Insgesamt erweisen sich die Komitologie-Ausschüsse als Bestandteil des obengenannten Konzepts „kooperativ abgefederter hierarchischer Verwaltung".

2. Wissenschaftliche Ausschüsse

Dieser Bereich des Ausschußwesens ist rechtlich weniger durchgebildet. Als Experten werden sowohl ausgewiesene Fachwissenschaftler als auch Interessenrepräsentanten angesehen. Die Notwendigkeit wissenschaftlich informierten Entscheidens hat der Europäische Gerichtshof wiederholt hervorgehoben und die Beteiligung eines wissenschaftlichen Ausschusses als zwingendes Verfahrenserfordernis eingestuft[67]. Besonders im Bereich des Risikorechts fällt Expertenausschüssen eine wichtige Funktion zu[68]. Gleichzeitig sind gerade in diesen Bereichen aber auch die Schwachstellen der älteren Ausschußpraxis deutlich geworden, die vor allem die Besetzungs- und Verfahrensfragen der Ausschüsse weitgehend ungeregelt ließ. Die BSE-Krise hat die entsprechenden Mißstände aufgedeckt[69]. Im Gefol-

---

[65] Vgl. *Mensching,* EuZW 2000, 268 (270).

[66] So Art. 7 Abs. 2 des Beschlusses 1999/468; im Ergebnis bisher schon EuG, Rs. T-188/97, Slg. 1999, II-2463 (Tz. 62).

[67] EuGH, Rs. C-212/91, Slg. 1994, I-171 (Tz. 31 ff.); vgl. auch EuGH, Rs. C-269/90, Slg. 1991, I-5469 (Tz 14 ff.).

[68] Vgl. *Knipschild,* ZLR 2000, 693 ff.; *Schlacke,* Risikoentscheidungen im europäischen Lebensmittelrecht, 1998; *Neyer,* in: Joerges/Falke, Ausschußwesen (Fn. 50), 257 ff.

[69] Vgl. *Falke,* in: Joerges/Falke, Ausschußwesen (Fn. 50), 108 ff., 117: „Die BSE-Krise ist zugleich eine Krise des europäischen Ausschußwesens".

ge dieser Krise sind wichtige Verbesserungen vorgenommen worden. Die Literatur hat die rechtliche Strukturierung weitergetrieben[70]: die Kriterien für die Bestimmung der Ausschußmitglieder, das Auswahlverfahren, die interne Meinungsbildung (unter Einschluß des Rechts zum abweichenden Votum) und Unabhängigkeitsgarantien müssen rechtlich festgelegt sein. Gerade das Ausschußwesen belegt die Notwendigkeit eines systematisch entwickelten Europäischen Verwaltungsrechts, das sich vor allem mit Organisations- und Verfahrensstrukturen beschäftigen muß.

III. „Gemeinschaftsaufsicht"

Aufsicht und Kontrolle waren auch bisher schon ein Thema des EG-Rechts[71]. Dabei ging es einerseits vor allem um Kontrollen der mitgliedstaatlichen Gesetzgebung bei der Umsetzung von EG-Richtlinien und andererseits um Kontrollen der Eigenverwaltung der EG durch das Europäische Parlament, den Rechnungshof und die Europäischen Gerichte. Je deutlicher die *Verwaltung des Gemeinschaftsraumes* als gemeinsame Aufgabe der Exekutiven auf EG-Ebene *und* mitgliedstaatlicher Ebene in das Bewußtsein tritt[72], desto deutlicher wird auch, daß die Vielfalt neuer administrativer Kooperationsbeziehungen Konsequenzen für das Kontrollkonzept des Gemeinschaftsrechts haben muß.

Kontrollen dieser Verwaltung lassen sich von vornherein nicht nach einem hierarchischen Aufsichtskonzept entwickeln, wie es für einen zentral regierten Nationalstaat angängig sein mag. Sie sind vielmehr ein pluralistisches Gefüge, das vielfältige Ansätze aufnehmen muß. Auf den ersten Blick erscheint es als eine unübersichtliche Gemengelage von Instrumenten und Institutionen. Die genauere Analyse zeigt jedoch, daß gerade das Fehlen eines hermetischen Kontrollmodells hilfreich auch für das Überdenken der mitgliedstaatlichen Kontrollsysteme sein kann. Bei alledem geht es an erster Stelle darum, durch Kontrollverschränkungen *gegenseitiges Vertrauen* in die Unbestechlichkeit, Kompetenz und Leistungsfähigkeit

---

[70] Grundlegend *Knipschild*, ZLR 2000, 693 (706 ff.); *Joerges*, in: Joerges/Falke, Ausschußwesen (Fn. 50), bes. 363 ff.

[71] *Ipsen*, Europäisches Gemeinschaftsrecht, 1972, 220 ff., 677 ff.; *Hatje*, Die gemeinschaftsrechtliche Steuerung der Wirtschaftsverwaltung: Grundlagen, Erscheinungsformen, verfassungsrechtliche Grenzen am Beispiel der Bundesrepublik Deutschland, 1998, 154 ff.; *Pühs*, Vollzug (Fn. 28), 307 ff.; *Scheuing*, in: Hoffmann-Riem/Schmidt-Aßmann, Innovation (Fn. 16), 335; *Kahl*, DV Bd. 29 (1996), 341 (361 f.); *Albin*, Die Vollzugskontrolle des europäischen Umweltrechts, 1999, bes. 237 ff.; *Suerbaum*, Die Kompetenzverteilung beim Verwaltungsvollzug des Europäischen Verwaltungsrechts in Deutschland, 1998, 184 ff.; vgl. auch die Beiträge in *Streinz* (Hrsg.), Die Kontrolle der Anwendung der europäischen Wirtschaftsrechts in den Mitgliedstaaten, 1998.

[72] Zu Begriff und Struktur dieser Verwaltung vgl. *Schmidt-Aßmann*, in: Schmidt-Aßmann/Hoffmann-Riem (Hrsg.), Strukturen (Fn. 16), 12 ff.

aller beteiligten Verwaltungen aufzubauen. Folglich verlaufen die Kontrollbeziehungen nicht nur von oben nach unten, sondern nutzen auch das Gegenstromprinzip. Zudem beziehen sie die horizontalen Vernetzungen zwischen den mitgliedstaatlichen Verwaltungen ein. Folgende Elemente sollen hier besonders herausgestellt werden:

– Die *Beihilfeaufsicht* nach Art. 87 – 89 EGV ist ein spezifischer Kontrollmechanismus gegenüber der mitgliedstaatlichen Subventionspraxis[73]. Sie bildet eine dringend notwendige Ergänzung der im deutschen Recht bisher wenig wirksamen Grenzen und Kontrollen gegenüber einer zu großzügigen Vergabe staatlicher Leistungen. Gerichtskontrollen haben sich in diesem Gebiet bisher nur selten als griffig erwiesen. Die Gerichte können schon die Rechtskontrollen und erst recht können sie die erforderlichen ausgreifenderen Erfolgskontrollen nicht leisten. Das liegt nicht nur an den zu hohen Anforderungen, die bisher an die Klagebefugnis gestellt wurden, sondern auch an der mangelnden Bereitschaft konkurrierender Unternehmen, offen gegen die Subventionsverwaltung vorzugehen. Die Betrauung der EG-Kommission mit der Beihilfeaufsicht verhilft den Konkurrenten zu einer mediatisierten Stellung, die ihnen den offenen Konflikt mit der nationalen Exekutive erspart und ein neues Kontrollpotential ins Spiel bringt.

– Das *Rechnungsabschlußverfahren* des Agrarrechts gestattet es der Kommission, die mitgliedstaatlich vorfinanzierten Agrarsubventionen am Jahresende anhand der vorgelegten Unterlagen sehr genau auf ihre Ordnungsgemäßheit zu überprüfen und dabei auch die Rechtmäßigkeit des Verwaltungsvollzugs zu kontrollieren[74]. Dominierende hierarchische Elemente wechseln mit Phasen der Verständigungssuche ab. Durch die Praxis der „Anlastungen" ist dieses Verfahren zu einer wirksamen indirekten Rechtsaufsicht geworden[75], dessen Ausdehnung auf die Strukturfonds erwogen wird[76].

– *Inspektionen* (Kontrollen vor Ort) sind konkrete Aufsichtsmaßnahmen der EG-Kommission, die im Lebensmittel- und Veterinärrecht der Gefahrenvorbeugung, im Fischereirecht der Ressourcenschonung und im Agrarrecht dem Schutz der finanziellen Gemeinschaftsinteressen dienen[77]. Inspektionen werden gegenüber mitgliedstaatlichen Verwaltungen, aber auch gegenüber Privaten durchgeführt. Sie verbinden damit Wirtschaftsauf-

---

[73] *Rodi*, Die Subventionsrechtsordnung, 2000, 141 ff., auch 752 f.

[74] *Mögele*, Die Behandlung fehlerhafter Ausgaben im Finanzierungssystem der gemeinsamen Agrarpolitik, 1997, 209 ff.

[75] *Hatje*, Wirtschaftsverwaltung (Fn. 71), 167.

[76] *Pühs*, Vollzug (Fn. 28), 238 ff., 251; *Schöndorf-Haubold*, Strukturfonds (Fn. 10), 345 f.

[77] Dazu *David,* Inspektionen im Europäischen Verwaltungsrecht, 2003, pass.; *dies.*, in diesem Band, 237 ff.; ferner *Ulrich*, Kontrollen der EG-Kommission bei Wirtschaftsbeteiligten zum Schutz der finanziellen Interessen der Gemeinschaft, 1999.

sichts- und Verwaltungskontrolle. In letzterer Hinsicht sind sie regelmäßig als Systemkontrollen ausgestaltet. An ihnen werden neben EG-Beamten u.U. auch Amtsträger anderer Mitgliedstaaten beteiligt, um externen Sachverstand zu nutzen und Multiplikatoren für Vertrauen zu gewinnen.

– *Reflexive Kontrollstrukturen* in den Mitgliedstaaten: Angesichts sehr begrenzten eigenen Personals muß es der EG-Kommission darum gehen, in den Mitgliedstaaten Kontrollmechanismen anzuregen, die ein Eigeninteresse an Überprüfungen haben oder mindestens in hinreichender Distanz zu den mitgliedstaatlichen Verwaltungen stehen. Diesem Ziel dient die in einigen Rechtsakten vorgesehene Schaffung unabhängiger Verwaltungsstellen der Mitgliedstaaten. Vor allem aber wird versucht, die Öffentlichkeit als Kontrollmedium zur Durchsetzung des EG-Rechts zu aktivieren. So ist im Umweltrecht das „Modell der informierten Öffentlichkeit" ein Basiselement reflexiver Verwaltungskontrollen[78].

IV. Europäisches Verwaltungsrecht – strukturierendes Recht für ein institutionelles Gefüge

Die Europäische Verwaltung ist ein Informations-, Entscheidungs- und Kontrollverbund, an dem die gemeinschaftlichen und die mitgliedstaatlichen Verwaltungsträger mit ihren Aktivitäten beteiligt sind. Der Verbund wird nicht von einer zentralen Stelle dirigiert. Er erschöpft sich aber auch nicht in spontanen Aktionen des Zusammenwirkens, sondern hat längst dauerhafte Ordnungsmuster ausgebildet. Diese bestehen in einer Verbindung hierarchischer und kooperativer Elemente. Verhandlungsrationalität kollegialer Gremien und Entscheidungsrationalität zentraler oder dezentraler Vollzugsinstanzen wechseln sich im Prozeß der Rechtskonkretisierung mehrfach ab: Verhandlungsprozesse münden in Ergebnisse, die für die folgenden Stufen Entscheidungsvorgaben darstellen. Entscheidungen sind in Vorgänge gegenseitiger Information und Verständigung eingebettet. Die so gebildeten Ordnungsmuster rechtlich zu stabilisieren ist die zentrale Aufgabe eines Europäischen Verwaltungsrechts. Ein solches Recht läßt sich freilich nicht einfach aus der Systematik des nationalstaatlichen Verwaltungsrechts heraus fortschreiben. Die Verwaltungsrechtsvergleichung ist ein wichtiger Entwicklungsschritt[79]. Hinzukommen muß die Rücksichtnahme auf die Besonderheiten der Verbundverwaltung: So sehr die Aufga-

---

[78] Dazu *Schmidt-Aßmann/Ladenburger*, in: Rengeling, EUDUR (Fn. 3), Bd. 1 § 18 Rn. 4 ff.; *Scherzberg*, Die Öffentlichkeit der Verwaltung, 2000, 255 ff. Vgl. auch *Rossen-Stadtfeldt*, in: Schmidt-Aßmann/Hoffmann-Riem (Hrsg.), Verwaltungskontrolle (Fn. 32), 117 ff.

[79] Vgl. dazu nur *Ladenburger*, Verfahrensfehlerfolgen im französischen und im deutschen Verwaltungsrecht, 1999; *Maier*, Befangenheit im Verwaltungsverfahren, 1998; *Trantas*, Akteneinsicht und Geheimhaltung im Verwaltungsrecht, 1998; *ders.*, Die Anwendung der Rechtsvergleichung bei der Untersuchung des öffentlichen Rechts, 1998.

ben der Gemeinschaft den Aufgaben nationaler Verwaltungen entsprechen (vgl. oben A I), so sehr divergieren die Organisationsformen. In ihren organisationsrechtlichen Arrangements liegt das Spezifikum Europäischer Verwaltung. Ein Europäisches Verwaltungsrecht muß folglich wesentlich mehr, als das für das nationale Verwaltungsrecht gilt, ein Recht der Organisation und der inter-administrativen Verfahren sein. Verfahrens- und Organisationsrecht avancieren gerade hier zu wichtigen Steuerungsressourcen[80].

---

[80] Dazu die Beiträge in *Schmidt-Aßmann/Hoffmann-Riem* (Hrsg.), Verwaltungsorganisationsrecht als Steuerungsressource, 1997.

Gemeinsame Europäische Verwaltung: die Strukturfonds der Europäischen Gemeinschaft[*]

Bettina Schöndorf-Haubold

A. Strukturfondsverwaltung als Gemeinsame Europäische Verwaltung
    I. Die Strukturfonds
    II. Ziele und Grundsätze der Förderung
        1. Ziele
        2. Grundsätze
    III. Rechtsregime
    IV. Gemeinsame Verwaltung als Verwaltungsmodell

B. Das Verfahren der Strukturfondsförderung
    I. Planungsphase
        1. Verfahren der Programmaufstellung
        2. Funktionen der Pläne und Programme
    II. Durchführungsphase
        1. Verfahrenselemente der Durchführung
        2. Kooperation und Aufsicht

C. Gemeinsame Handlungs- und Organisationsformen als Charakteristika Gemeinsamer Verwaltung
    I. Programme als gemeinsame Handlungsform
        1. Kooperative Handlungsform der einvernehmlichen Entscheidung
        2. Pläne und Programme zwischen rechtsverbindlichem und informellem Verwaltungshandeln
    II. Prinzip der Partnerschaft und Begleitausschüsse
    III. Gemeinsame Verwaltung: ein Fazit

---

[*] Der Beitrag basiert auf meiner Dissertation „Die Strukturfonds der Europäischen Gemeinschaft – Rechtsformen und -verfahren europäischer Verbundverwaltung –", C.H. Beck, München 2005.

Das Recht der Europäischen Strukturfonds stellt ein wichtiges Referenzgebiet für das Europäische Verwaltungsrecht dar. Faktisch von erheblicher Bedeutung, da ein Drittel des Haushalts der Europäischen Gemeinschaften für die Förderung im Rahmen von Strukturfondsprogrammen aufgewendet wird, bietet das die Strukturfonds betreffende Rechtsregime, das vor allem durch die allgemeine Strukturfondsverordnung des Rates (EG) Nr. 1260/1999[1] bestimmt wird, ein anschauliches Beispiel für eine weitgehende Verfahrenskodifikation Gemeinsamer europäischer Verwaltung[2].

Die Förderung mit Mitteln der Strukturfonds ist durch eine hohe Komplexität der Verwaltungsvorgänge und eine weitgehende Verrechtlichung auf der Gemeinschaftsebene gekennzeichnet. Sie erfolgt in enger Zusammenarbeit der Kommission mit den nationalen bzw. regionalen Behörden. Diese Art der verfestigten Verwaltungskooperation kann als *Gemeinsame Verwaltung* bezeichnet werden (A). Das Verwaltungsverfahren läßt sich grob in eine Planungs- und eine Durchführungsphase unterteilen, in der Kommission und der jeweils betroffene Mitgliedstaat bilateral auf vielfältige Art und Weise zusammenwirken (B). Kennzeichnend für diese Gemeinsame Europäische Verwaltung sind gemeinsame Handlungs- und Organisationsformen, wie sich am Beispiel der einvernehmlich erstellten Programme und der gemischt besetzten Begleitausschüsse aufzeigen läßt (C).

A. Strukturfondsverwaltung als Gemeinsame Europäische Verwaltung

I. Die Strukturfonds

Die strukturpolitischen Maßnahmen der Gemeinschaft beruhen in erster Linie auf der Gewährung gemeinschaftlicher Beihilfen. Hauptinstrument

---

[1] VO (EG) Nr. 1260/1999 des Rates vom 21.6.1999 mit allgemeinen Bestimmungen über die Strukturfonds (ABl. EG 1999 Nr. L 161, S. 1), zuletzt geändert durch VO (EG) Nr. 1105/2003 des Rates vom 26.5.2003 (ABl. EU 2003 Nr. L 158, S. 3).

[2] Gleichwohl führen die Strukturfonds in der deutschen Rechtswissenschaft eher ein Schattendasein; aus jüngerer Zeit siehe lediglich *Holzwart*, Der rechtliche Rahmen für die Verwaltung und Finanzierung der gemeinschaftlichen Strukturfonds am Beispiel des EFRE, 2003; *Schöndorf-Haubold*, Die Strukturfonds der Europäischen Gemeinschaft – Rechtsformen und Verfahren europäischer Verbundverwaltung –, 2005; für andere Mitgliedstaaten siehe *Monti*, I fondi strutturali per la coesione europea, 1996; *Ordóñez Solís*, Fondos estructurales europeos, 1997; *Comijs*, Europese structuurfondsen, 1998; *Evans*, The E.U. Structural Funds, 1999.

hierzu sind die *Strukturfonds*³. Art. 159 Abs. 1 S. 3 EGV zufolge handelt es sich bei den Strukturfonds um den Europäischen Fonds für regionale Entwicklung (EFRE), den Europäischen Sozialfonds (ESF) und den Europäischen Ausrichtungs- und Garantiefonds für die Landwirtschaft, Abteilung Ausrichtung (EAGFL – Abt. Ausr.). Hinzu kommt das Finanzinstrument für die Ausrichtung der Fischerei (FIAF), das in Art. 2 Abs. 2 StrukturfondsVO⁴ ausdrücklich ebenfalls als Strukturfonds bezeichnet wird⁵.

Die Strukturfonds der Europäischen Gemeinschaft können allgemein als die dauerhaft eingerichteten Finanzinstrumente umschrieben werden, mit deren Hilfe Strukturpolitik auf dem Gebiet der Gemeinschaft in Zusammenarbeit von Kommission und Mitgliedstaaten formuliert, durchgesetzt und finanziert wird. Es handelt sich also um europäische Fonds mit einer gezielten strukturpolitischen Aufgabenstellung, die sich nicht auf das reine Geben finanzieller Mittel beschränkt. Aus den Fonds werden nach festgelegten Grundsätzen und Verfahren aufgrund gemeinsam mit den Mitgliedstaaten erstellter Pläne und Programme Förderprojekte in den Mitgliedstaaten unterstützt. Die Förderung erfolgt in erster Linie durch die Gewährung von Gemeinschaftsbeihilfen, die vorrangig zur Kofinanzierung nationaler Beihilfen dienen. Insgesamt stehen für den Zeitraum von 2000 bis 2006 Mittel in Höhe von etwa 195 Mrd. Euro für die 15 alten Mitgliedstaaten zur Verfügung⁶. Hinzu kommen bereits für diesen Programmplanungszeitraum 47 Mrd. Euro für strukturelle Fördermaßnahmen in den neuen Beitrittsstaaten, von denen 7 Mrd. seit dem 1.1.2000 über das Strukturpolitische Instrument zur Vorbereitung auf den Beitritt (ISPA) eingesetzt wurden. Der Anteil der Strukturfondsausgaben am jährlichen Gesamthaushalt beläuft sich damit auf rund ein Drittel aller Ausgaben⁷.

Die verschiedenen Fonds beruhen auf unterschiedlichen primärrechtlichen Grundlagen und haben sich zunächst unabhängig voneinander entwi-

---

³ Strukturpolitische Ziele werden außerdem von der Europäischen Investitionsbank (EIB) durch die gezielte Gewährung von Darlehen (Art. 267 a) und b) EGV) und durch die sonstigen vorhandenen Finanzierungsinstrumente wie z.B. den Europäischen Investitionsfonds verfolgt.

⁴ VO (EG) Nr. 1260/1999 (Fn. 1).

⁵ Bisher zählt der Kohäsionsfonds nicht zu den Strukturfonds im eigentlichen Sinne. Zukünftig soll er aber in das Rechtsregime mit einbezogen werden; siehe den Vorschlag der Kommission für eine Verordnung des Rates mit allgemeinen Bestimmungen über den EFRE, den ESF und den Kohäsionsfonds vom 14.7.2004, KOM(2004)492 endg.

⁶ Vgl. *Europäische Kommission*, Strukturpolitische Maßnahmen 2000-2006, 3 sowie die indikative jährliche Aufschlüsselung der Strukturfondsmittel in der Tabelle im Anhang der StrukturfondsVO (Fn. 1).

⁷ Im Vergleich dazu entsprechen die Ausgaben für die Gemeinsame Agrarpolitik (EAGFL Abteilung Garantie) mit rund 41 Mrd. Euro (im Jahr 2000) etwa 44,5 % aller Haushaltsmittel. Siehe *Europäische Gemeinschaft*, Haushaltsvademecum 2000, 81.

ckelt[8]. Gemeinsam sind ihnen die rechtlichen Rahmenbedingungen: Sie besitzen keine eigene Rechtspersönlichkeit und auch kein eigenes Fondsvermögen, sind vielmehr Teil des allgemeinen Haushalts, in dem sie lediglich gesondert ausgewiesen sind, und werden aus den allgemeinen Einnahmen der Gemeinschaft bestritten. Alle Fonds werden durch die Kommission verwaltet[9]. Seit der grundlegenden Reform von 1988[10] gilt ein einheitliches rechtliches Rahmenregime für die Verwaltung der drei bzw. nach Gründung des FIAF vier Strukturfonds. Die Besonderheiten jedes einzelnen Fonds zur Verfolgung der ihm eigenen Zielrichtung im Gesamtrahmen des Kohäsionsziels werden jeweils durch spezielle Fondsverordnungen geregelt.

II. Ziele und Grundsätze der Förderung

Seit den Reformen von 1988 wurden die Grundzüge der Strukturfondsverwaltung im wesentlichen beibehalten. Die Förderung erfolgt nach vier Grundprinzipien und ist sekundärrechtlich umfassend geregelt. Primärrechtlich sind die Vorgaben hingegen sehr weit gefaßt und stellen eher politische Zielvorgaben denn rechtlich zwingende Planungsleitsätze dar.

1. Ziele

Zielvorgaben für die Strukturfondsförderung finden sich zunächst im Primärrecht. Art. 158 EGV stellt die Strukturfonds in den Dienst des sog. Kohäsionsziels, d.h. des Ziels der Stärkung des wirtschaftlichen und sozialen Zusammenhalts. Dieses Ziel soll insbesondere dadurch erreicht werden, daß die Unterschiede im Entwicklungsstand der verschiedenen Regionen und der Rückstand der am stärksten benachteiligten Gebiete verringert werden (Art. 158 Abs. 2 EGV). Als Querschnittsaufgabe formuliert, ist es sowohl von der Gemeinschaft als auch von den Mitgliedstaaten im Rahmen der übrigen Politiken zu beachten.

Konkretisierungen dieser offenen und eher vagen primärrechtlichen Politikvorgaben enthält das Sekundärrecht. Die allgemeine Strukturfondsverordnung des Rates (EG) Nr. 1260/1999[11] formuliert drei vorrangige Einzelziele, die mit der Strukturfondsmittelvergabe verfolgt werden sollen.

---

[8] Zur Entwicklung der europäischen Strukturpolitik siehe nur *Holzwart*, Strukturfonds (Fn. 2), 25 ff. mwN.

[9] Primärrechtlich wird dies in Art. 147 Abs. 1 EGV lediglich für den ESF ausdrücklich bestimmt.

[10] Weitere Reformen fanden jeweils zum Ende eines Programmplanungszeitraums 1993 und 1999 statt. Zur nun für 2007 anstehenden Reform vgl. den Vorschlag der Kommission für eine neue StrukturfondsVO KOM(2004)492 endg. (Fn. 5). Zur Entwicklung der Strukturförderung in der Vergangenheit siehe *Holzwart*, Strukturfonds (Fn. 2), 25 ff. mwN.

[11] Fn. 1.

Ziel 1 dient der Förderung der Entwicklung und der strukturellen Anpassung der Regionen mit Entwicklungsrückstand, Ziel 2 zielt auf die Unterstützung der wirtschaftlichen und sozialen Umstellung der Gebiete mit Strukturproblemen, und Ziel 3 bezweckt die Unterstützung der Anpassung und Modernisierung der Bildungs-, Ausbildungs- und Beschäftigungspolitiken und -systeme[12]. Neben der Verfolgung dieser drei Ziele stehen die beiden Politikfelder der Entwicklung des ländlichen Raums sowie der Anpassung der Fischereistrukturen, welche die Förderung im Rahmen der drei Ziele flankieren und nach ähnlichen Verfahren erfolgen[13].

In den speziellen Fondsverordnungen werden die Aufgabenbereiche der einzelnen Fonds weiter präzisiert[14]: So ist Hauptaufgabe des EFRE, die Unterschiede in der Entwicklung zwischen den Regionen der Gemeinschaft zu verringern. Der ESF trägt dazu bei, die Beschäftigungsmöglichkeiten in der Gemeinschaft zu verbessern. Der EAGFL Abt. Ausrichtung beteiligt sich einerseits an der Kofinanzierung nationaler Beihilferegelungen für die Landwirtschaft und zum anderen an der Entwicklung und an der Diversifizierung der ländlichen Gebiete. Über das Finanzinstrument für die Ausrichtung der Fischerei (FIAF) wird der strukturpolitische Teil der Fischereipolitik – die Umstrukturierung des Fischerei-Sektors – durchgeführt.

Gemeinsam sind den Zielformulierungen inhaltliche Offenheit und ein breiter Interpretationsspielraum, der erst im Rahmen der Planung durch Kommission und Mitgliedstaaten näher ausgestaltet wird.

2. Grundsätze

Die Verwaltung der Strukturfondsmittel beruht seit der Reform von 1988 auf vier bzw. fünf im wesentlichen unverändert beibehaltenen Grundsätzen[15]:

---

[12] Bei Ziel 1 und Ziel 2 ist die Förderung dabei gebietsbezogen: Ziel-1-Gebiete sind nach Art. 3 Abs. 1 StrukturfondsVO (Fn. 1) die Regionen, deren Pro-Kopf-BIP weniger als 75 % des Gemeinschaftsdurchschnitts beträgt, Ziel-2-Gebiete werden nach in der StrukturfondsVO vorgegebenen Kriterien von der Kommission auf Vorschlag der Mitgliedstaaten festgesetzt (Art. 4 StrukturfondsVO).

[13] Vgl. speziell zur Agrarstrukturpolitik *Priebe*, in: Dauses (Hrsg.), Handbuch des EU-Wirtschaftsrechts (HbEUWiR), Lsbl. Stand Mai 2004, G Rn. 137 ff.

[14] VO (EG) Nr. 1783/1999 über den EFRE (ABl. EG 1999 Nr. L 213, S. 1); VO (EG) Nr. 1784/1999 betreffend den ESF (ABl. EG 1999 Nr. L 213, S. 5); VO (EG) Nr. 1257/1999 über die Förderung der Entwicklung des ländlichen Raums durch den EAGFL (ABl. EG Nr. L 160, S. 80), zuletzt geändert durch VO (EG) Nr. 583/2004 (ABl. EU 2004 Nr. L 91, S. 1); VO (EG) Nr. 1263/1999 über das FIAF (ABl. EG 1999 Nr. L 161, S. 54).

[15] Aktuelle Darstellungen bei *Europäische Kommission*, Strukturpolitische Maßnahmen 2000 – 2006, 9 ff.; *Priebe*, in: Schwarze (Hrsg.), EU-Kommentar, 2000, Art. 161 EGV Rn. 6 ff.; *Puttler*, in: Magiera/Sommermann (Hrsg.), Verwaltung in der Europäi-

– Die Vergabe der Mittel erfolgt aufgrund einer zwischen der Kommission und den Mitgliedstaaten abgestimmten, mehrjährigen gemeinsamen *Programmplanung*. Sie stellt den Kern der Strukturfondsverwaltung dar. Die Programmplanungsperioden (derzeit von 2000 bis 2006) sind dabei an die Geltungsdauer der jeweiligen Finanziellen Vorausschau angelehnt, die die finanzielle Rahmenplanung für den gesamten Haushalt der Gemeinschaft vorgibt.

– Alle Reformen des Strukturfondsregimes waren und sind gekennzeichnet durch ein Bemühen um eine größtmögliche *Konzentration* des Mitteleinsatzes. In dreierlei Hinsicht soll sichergestellt werden, daß die geförderten Maßnahmen den am stärksten benachteiligten Regionen zugute kommen: Eine thematische Konzentration erfolgt zunächst über die Bindung an die drei vorrangigen Ziele. Geographisch ist die Förderung im Rahmen von Ziel 1 und Ziel 2 zusätzlich an bestimmte Fördergebiete gebunden. Finanziell wird der Einsatz der Mittel weiter auf Ziel 1 konzentriert: 69,7 % der Strukturfondsmittel stehen für diese Gebiete zur Verfügung, deren Pro-Kopf-Bruttoinlandsprodukt weniger als 75 % des Gemeinschaftsdurchschnitts beträgt und die daher als am bedürftigsten eingestuft werden[16].

– Weiter ist die Verwaltung am *Prinzip der Partnerschaft* ausgerichtet, das ein wichtiges Verfahrens- und Organisationsprinzip für alle Phasen der Strukturfondsverwaltung darstellt. Es wird in Art. 8 Abs. 1 Strukturfonds-VO legaldefiniert als „enge Konzertierung [...] zwischen der Kommission, dem Mitgliedstaat und den Behörden und Stellen, die der Mitgliedstaat im Rahmen seiner einzelstaatlichen Regelungen und seiner einschlägigen Praxis benennt, insbesondere den regionalen und lokalen Behörden und den übrigen zuständigen öffentlich-rechtlichen Behörden; den Wirtschafts- und Sozialpartnern; [und den] sonstigen zuständigen Einrichtungen, die in diesem Rahmen relevant sind"[17]. Dieser Grundsatz ist vor allem eine rechtli-

---

schen Union, 2001, 171 (174 ff.); für die früheren Verordnungen insb. *Priebe*, in: Randelzhofer/Scholz/Wilke (Hrsg.), GS Grabitz, 1995, 551 (558 ff.). Zu Grundlagen und Bedeutung der Strukturfondsförderung *Mehde*, NWVBl. 2002, 178 ff.; *Jung/Hassold*, DÖV 2000, 190 (194); *Holzwart*, Strukturfonds (Fn. 2), 160 ff.

[16] Art. 3 Abs. 1 UAbs. 1 und 7 Abs. 2 StrukturfondsVO (Fn. 1). Der Kommissionsentwurf für eine neue StrukturfondsVO wird diese Konzentration auf die Ziel-1-Gebiete unter dem neuen Namen „Konvergenzziel" fortsetzen; vgl. Art. 3 Abs. 2a und Art. 5 des Verordnungsvorschlags (Fn. 5). Der beitrittsbedingte Rückgang des Pro-Kopf-BIP wird allerdings zu erheblichen Veränderungen der Fördergebietskulisse führen.

[17] Allgemein zur Partnerschaft *Priebe*, in: Schwarze, EU-Kommentar, Art. 161 EGV Rn. 16 ff.; *ders.*, in: Hill/Pitschas (Hrsg.), Europäisches Verwaltungsverfahrensrecht, 2004, 337 (346 ff.); *Poth-Mögele*, Prinzip der Partnerschaft, 1993; *Monti*, Fondi strutturali (Fn. 2), 66 ff.; *Ordóñez Solís*, Fondos estructurales (Fn. 2), 72 ff.; *Gil Ibáñez*, Commission Tools For The Supervision and Enforcement Of EC Law, Jean Monnet Working

che Kooperationsregel, die die Zusammenarbeit von Kommission und Mitgliedstaat sowohl während der Planung als auch während der Durchführung anordnet[18]. Nicht auf die Mitgliedstaaten als klassische Interaktionspartner der Kommission begrenzt bezieht das Prinzip der Partnerschaft einerseits auch gesellschaftliche Akteure in die Zusammenarbeit ein und begründet andererseits direkte Kontakte der Kommission zu den jeweils zuständigen nationalen Verwaltungen, die regelmäßig auf regionaler Ebene angesiedelt sind. Damit führt die Partnerschaft zu einem Durchgriff der Gemeinschaftsebene auf unterstaatliche Ebenen mitgliedstaatlicher Verwaltung[19].

– Dem Grundsatz der *Zusätzlichkeit* oder Komplementarität zufolge stellt die Gemeinschaftsförderung lediglich einen Beitrag zur eigenen nationalen Förderung der Mitgliedstaaten dar, darf diese jedoch nicht ersetzen oder an ihre Stelle treten[20]. Über den Grundsatz der Kofinanzierung führt das Prinzip der Zusätzlichkeit auch im Rahmen jeder einzelnen Intervention zu einer Mischfinanzierung aus gemeinschaftlichen, nationalen und gegebenenfalls privaten Finanzmitteln[21] und begründet damit einen Finanzierungsverbund zwischen der Gemeinschaft und dem jeweiligen Mitgliedstaat.

– Als Grundsatz erst 1999 ausdrücklich formuliert, aber auch für die früheren Reformen von Bedeutung ist das Bestreben nach größtmöglicher *Wirksamkeit* der Interventionen[22]. Die allgemeine Strukturfondsverordnung sieht dazu Mittel regelmäßiger Begleitung, Kontrolle und Bewertung vor.

Papers, No. 12/1998, unter 6.; *Hummer*, in: FS für Schwind, 1993, 269 ff., sieht das Prinzip der Partnerschaft als besondere Ausprägung des Subsidiaritätsgrundsatzes an.

[18] Primärrechtlich läßt sich dieser Grundsatz aus dem Subsidiaritäts- und dem Kooperationsprinzip ableiten, ohne allerdings zugleich ein allgemeiner Rechtsgrundsatz zu sein; *Schöndorf-Haubold*, Strukturfonds (Fn. 2), 437 ff., 456 ff. Soweit ersichtlich wird das Modell der Partnerschaft, wie es die StrukturfondsVO festlegt, in anderen Bereichen bisher noch nicht praktiziert; vgl. *Gil Ibáñez*, Supervision and Enforcement Of EC Law (Fn. 17), 6.1. ff.

[19] *Schöndorf-Haubold*, Strukturfonds (Fn. 2), 455 f.; *Puttler*, in: Magiera/Sommermann, Verwaltung in der EU (Fn. 15), 171 (181 f.).

[20] Das kommt bereits in Art. 159 Abs. 1 EGV zum Ausdruck, der die Kohäsionsbestrebungen zunächst als Aufgabe der Mitgliedstaaten ansieht, an der sich die Gemeinschaft ergänzend beteiligt.

[21] *Holzwart*, Strukturfonds (Fn. 2), 188.

[22] So heißt im 25. Erwägungsgrund der allgemeinen StrukturfondsVO (Fn. 1): „Insbesondere sind die Bemühungen um Effizienz als ein Grundprinzip anzusehen." Zum Effizienzprinzip als Rechtsprinzip im Sinne eines Optimierungsgebotes *Hoffmann-Riem*, in: Hoffmann-Riem/Schmidt-Aßmann (Hrsg.), Effizienz als Herausforderung an das Verwaltungsrecht, 1998, 11 (23); „Effizienz als Entscheidungsregel für eine optimale Ressourcenallokation" *Schmidt-Aßmann*, ebda., 245 (248); zur Verankerung im EG-Recht, dort, 245 (257).

Neu eingeführt wurde die sogenannte leistungsgebundene Reserve[23]. Mit der erforderlichen Zwischenbewertung der Programme wird nunmehr eine zurückbehaltene Reserve in Höhe von 4 % aller einem Mitgliedstaat ursprünglich zugewiesenen Mittel auf die Programme verteilt, die sich in bezug auf die Verwirklichung der Ziele, die Verwaltung und die finanzielle Abwicklung als besonders leistungsstark erwiesen haben. Damit läßt die Gemeinschaft zwar nicht die Verwaltungen der Mitgliedstaaten, doch aber die Programme und damit in der Regel auch die Regionen eines Mitgliedstaates miteinander konkurrieren.

III. Rechtsregime

Die primärrechtlichen Vorgaben für die Strukturfondsmittelvergabe sind gering: Die europäischen Verträge sehen lediglich allgemeine Ziele sowie die Rechtsgrundlagen für die Fonds und die das Verfahren regelnden Verordnungen vor. Art. 158 EGV formuliert das Kohäsionsziel und bildet damit die „strukturpolitische Generalklausel"[24]. Daneben werden in Art. 34 Abs. 3 EGV (EAGFL), Art. 146 – 148 EGV (ESF) und in Art. 159 – 162 EGV die primärrechtlichen Grundlagen der Strukturfondsförderung gelegt.

Das eigentliche Rechtsregime der Strukturfondsverwaltung ergibt sich in erster Linie aus der Verordnung (EG) Nr. 1260/1999 des Rates vom 21. Juni 1999 mit allgemeinen Bestimmungen über die Strukturfonds[25] und aus den auf ihr beruhenden Durchführungsverordnungen der Kommission. Einige wenige Spezialregelungen sind daneben in den speziellen Fondsverordnungen geregelt. Die im Komitologieverfahren erlassenen Durchführungsbestimmungen der Kommission betreffen zum größten Teil Verwaltungsmodalitäten wie die Verwaltungs- und Kontrollsysteme, die Finanzkorrekturen, die Informations- und Publizitätsmaßnahmen oder die Verwendung des Euro, aber auch Konkretisierungen zur Zuschußfähigkeit konkreter Ausgaben[26]. Sie tragen wesentlich zu der weitgehenden Verfahrenskodifizierung bei. Insbesondere die zahlreichen Verfahrens- und Organisationsregeln, die die mitgliedstaatlichen Verwaltungsbehörden betreffen, stellen ein Spezifikum dar, da eine Befugnis der Gemeinschaft zu Ein-

---

[23] Art. 44 StrukturfondsVO (Fn. 1).
[24] *Priebe*, in: Schwarze, EU-Kommentar (Fn. 17), Art. 158 EGV Rn. 7; *Borchardt*, in: Lenz/Borchardt (Hrsg.), EUV/EGV, 3. Aufl., 2003, Art. 158 Rn. 9 ff.; *Stabenow*, in: Grabitz/Hilf (Hrsg.), Das Recht der Europäischen Union, Lsbl. Stand 2004, Art. 158 Rn. 3.
[25] ABl. EG 1999 Nr. L 160, S. 1 (Fn. 1).
[26] Siehe z.B. VO (EG) Nr. 438/2001 mit Durchführungsvorschriften zur allgemeinen StrukturfondsVO (Fn. 1) in Bezug auf die Verwaltungs- und Kontrollsysteme bei Strukturfondsinterventionen (ABl. EG 2001 Nr. L 63, S. 21), geändert durch VO (EG) Nr. 2355/2002 (ABl. EG 2002 Nr. L 351, S. 42); ausführliche Darstellung bei *Schöndorf-Haubold*, Strukturfonds (Fn. 2), 86 ff.

griffen in die Organisationshoheit der Mitgliedstaaten nicht selten unter Berufung auf das Subsidiaritätsprinzip des Art. 5 Abs. 2 EG-Vertrag oder den sog. Grundsatz der Verfahrens- und Organisationsautonomie der Mitgliedstaaten umfänglich verneint wird[27]. Da aufgrund der unterschiedlichen Staats- und Verwaltungsorganisation der einzelnen Mitgliedstaaten jedoch gezielte organisationsrechtliche Vorgaben, die sich in alle Systeme einfügen lassen, nur schwer gefunden werden, überwiegen offene Zuständigkeitsformulierungen und -vorbehalte, die die Auswahl der Behörde, welche das entsprechende Pflichtenprogramm zu befolgen hat, den Mitgliedstaaten überlassen. – Ob allerdings der Verzicht auf die konkrete Benennung der jeweils zuständigen nationalen Behörde zur Sicherung angeblicher mitgliedstaatlicher Autonomie ausreichend und zuträglich ist, erscheint angesichts der mitunter sehr detaillierten Pflichtenregelungen fraglich.

Unterhalb der Stufe des Primär- und Sekundärrechts werden die Strukturfondsregelungen durch eine Vielzahl von Leitlinien, Themen- und Arbeitspapieren der Kommission ergänzt und präzisiert[28]. Mit ihnen steuert die Kommission mitgliedstaatliches Verwaltungshandeln im Rahmen der Verwaltungskooperation. Die Bindungswirkungen dieser normähnlichen Texte sind im einzelnen unklar und differieren hinsichtlich ihrer möglichen Adressaten. In der Regel richten sie sich unverbindlich an die Mitgliedstaaten, zuweilen aber auch an die Kommission selbst. Nur ausnahmsweise haben sie über einen gesetzlichen Anwendungsbefehl oder infolge einer Selbstbindung der Kommission auch rechtliche Bindungswirkung. Ihnen kommt jedoch große faktische Steuerungswirkung für die Planung und Durchführung der Strukturfondsinterventionen zu. Sie stellen daher typische Instrumente weicher Steuerung im Verwaltungsverbund dar[29].

IV. Gemeinsame Verwaltung als Verwaltungsmodell

Die Verwaltung der Strukturfonds ist durch die durchgängige enge Zusammenarbeit der Kommission mit den mitgliedstaatlichen Verwaltungen geprägt. Die gemeinsame Finanzierung begründet umfangreiche Abstimmungserfordernisse, führt zu der gemeinsamen Programmplanung und schließlich auch zu einer in weiten Teilen gemeinsamen Programmverwaltung, so daß von einem Planungs-, Finanzierungs- und Verwaltungsverbund gesprochen werden kann.

---

[27] Siehe nur *Kadelbach*, Allgemeines Verwaltungsrecht unter europäischem Einfluß, 1999, 110 ff.; *v. Danwitz*, DVBl 1998, 421 ff. (insb. 429 ff.).

[28] Z.B. Leitlinien für die Programme des Zeitraums 2000 – 2006 (ABl. EG 1999 Nr. C 267, S. 2); Arbeitspapier 2 „*Die Ex-ante-Bewertung der Strukturfondsinterventionen*" (http://europa.eu.int/comm/regional_policy/sources/docoffic/working/doc/exante_de.pdf; Stand: Januar 2005).

[29] Zur Frage der Rechtsverbindlichkeit atypischer Kommissionsdokumente und ihren Steuerungswirkungen ausf. *Schöndorf-Haubold*, Strukturfonds (Fn. 2), 399 ff. mwN.

Die Verwaltungszusammenarbeit beschränkt sich dabei nicht auf praktischen Erfordernissen geschuldete, in erster Linie informelle Kooperation zum Zwecke des Informationsaustauschs[30]. Die allgemeine Strukturfondsverordnung enthält vielmehr ein Kooperationsregime, das die Zusammenarbeit anordnet und zugleich rechtlich strukturiert, prozeduralisiert und institutionalisiert. Ansätze der Herausbildung gemeinsamer Handlungsformen sind erkennbar.

Dieses Verwaltungsmodell einer kooperativen, gestuften Subventionsvergabe läßt sich in den herkömmlichen Kategorien der direkten und indirekten Verwaltung nicht mehr präzise abbilden[31]. Treffender scheint es, für den Bereich der Strukturfondsverwaltung von Gemeinsamer Verwaltung zwischen der Gemeinschaft und den Mitgliedstaaten zu sprechen. Diese Entwicklung ist zugleich mit einem Zugewinn an gemeinschaftsrechtlichen Einfluß- und Steuerungsmöglichkeiten verbunden, die zu einer eingeschränkten Aufsicht der Kommission bzw. zumindest zu punktuellen bereichsspezifischen aufsichtsähnlichen Strukturen führen[32].

B. Das Verfahren der Strukturfondsförderung

Die eigentliche Verwaltung der Strukturfonds, d.h. die Vergabe der Strukturfondsmittel durch Kommission und Mitgliedstaaten, kann in zwei Phasen unterteilt werden: Zunächst wird in der Planungsphase in enger Zusammenarbeit ein strategisches Konzept für den Einsatz der Mittel erstellt, das in der Durchführungsphase in erster Linie von den Mitgliedstaaten gegenüber den Endbegünstigten als Empfängern der Mittel vollzogen wird. Für die Förderung aus den vier Fonds im Rahmen der drei Ziele gelten weitgehend die einheitlichen Verfahrensregeln der allgemeinen Strukturfondsverordnung und der Durchführungsverordnungen der Kommission.

Die Unterteilung in zwei Phasen läßt sich auf die komplexe Struktur der Förderung zurückführen. Aus Sicht der Gemeinschaft handelt es sich trotz der vielfältigen Zusammenarbeit mit den nationalen Behörden um ein indi-

---

[30] Zu den Ursprüngen der Verwaltungskooperation und des Verwaltungskooperationsrechts *Schmidt-Aßmann*, EuR 1996, 270 ff.; zur Fortentwicklung *ders.*, in diesem Band, 1 ff.; *ders.*, in FS für Häberle, 2004, 395 ff.; *Sommer*, Verwaltungskooperation am Beispiel administrativer Informationsverfahren im europäischen Umweltrecht, 2003; *dies.*, in diesem Band, 57 ff.

[31] Diese Beobachtung ist nicht auf den Bereich der Strukturfonds beschränkt; *Schmidt-Aßmann*, Das allgemeine Verwaltungsrecht als Ordnungsidee, 2. Aufl. 2004, 7/7; *Chiti*, Diritto Amministrativo Europeo, 1999, insb. 113 f., 125 ff., 176 ff., 331 ff. Auch in die Zwischenkategorien von *P. M. Huber*, in: FS für Brohm, 2002, 127 ff., insb. 134 ff. läßt sich die Strukturfondsverwaltung nicht hinreichend abbilden.

[32] Dazu sogleich unter B.II.2.

rektes Fördermodell: Beteiligt sind die Kommission, der jeweilige Mitgliedstaat sowie ein Endempfänger, d.h. ein öffentlicher oder privater Projektträger. Direkte Beziehungen bestehen jeweils nur zwischen der Kommission und dem Mitgliedstaat bzw. der zuständigen Behörde sowie zwischen dem Mitgliedstaat und dem Endbegünstigten, nicht aber zwischen dem Endempfänger und der Kommission. Vorgeschaltet sind Entscheidungen finanzieller und geographischer Art über die Mittelzuteilung auf Mitgliedstaaten und Regionen, die von der Kommission nach vorgegebenen Kriterien getroffen werden[33].

I. Planungsphase

Dem Grundsatz der Programmplanung zufolge beruht die Strukturfondsförderung nicht auf der Förderung einzelner Projekte, sondern auf der Ausarbeitung von Programmen, in deren Rahmen sich konkrete nationale Fördermaßnahmen einfügen müssen. Die Subventionen werden im Rahmen einer umfassenden Planung zwischen der Gemeinschaft und dem jeweiligen Mitgliedstaat vergeben. Über die verschiedenen Verfahrensschritte wird eine stufenweise Problemabschichtung und Plan-Konkretisierung erreicht. Diese erfolgt in enger Abstimmung zwischen der Kommission und den beteiligten nationalen und regionalen Behörden.

1. Verfahren der Programmaufstellung

Für die eigentliche Planung sieht die allgemeine Strukturfondsverordnung ein dreistufiges bzw. ein vereinfachtes zweistufiges Verfahren vor: Das Grundmodell geht von drei Planungsstufen aus: Die Mitgliedstaaten legen der Kommission einen Regionalentwicklungsplan vor, der als Entwurf eines Gemeinschaftlichen Förderkonzepts dient. Dieses wird durch Operationelle Programme umgesetzt. Das beschleunigte Verfahren faßt Gemeinschaftliche Förderkonzepte und Operationelle Programme in Einheitlichen Programmplanungsdokumenten zusammen. Beide Planungsformen werden um Ergänzungen zur Programmplanung erweitert.

a) Gemeinschaftliches Förderkonzept (GFK)

Zunächst muß der Mitgliedstaat der Kommission einen Entwurf für ein Förderprogramm vorlegen, den sog. *Regionalentwicklungsplan*. Dieser Plan enthält basierend auf einer sozioökonomischen Analyse der betref-

---

[33] Es handelt sich hierbei um multilaterale Entscheidungen über die Verteilung der Mittel auf die Mitgliedstaaten und bilaterale Entscheidungen über die förderfähigen Gebiete eines Mitgliedstaates im Rahmen von Ziel 1 und Ziel 2. Während letztere nach mehr oder weniger klaren Kriterien der StrukturfondsVO bestimmt werden, sind Verfahren und Kriterien zur Festlegung der Mittelverteilung auf die verschiedenen Mitgliedstaaten äußerst intransparent, was angesichts der Bedeutung der Entscheidung erstaunt; zu diesem Problem *Schöndorf-Haubold*, Strukturfonds (Fn. 2), 144 ff.

fenden Region das Grobkonzept für die Förderung in dieser Region im Rahmen eines der drei Ziele der Strukturpolitik. Auf der Grundlage des Plans entwickelt die Kommission in Absprache mit dem Mitgliedstaat, der die betroffenen Regionen und Sozialpartner partnerschaftlich mit einbezieht, ein sog. *Gemeinschaftliches Förderkonzept* (GFK). Das GFK ist folglich der mit den Vorstellungen der Kommission zur Deckung gebrachte, genehmigte Plan, d.h. das nunmehr konsentierte Grobkonzept der Förderung in einer bestimmten Region.

Inhaltlich beschränken sich die Gemeinschaftlichen Förderkonzepte neben der Beschreibung der Ausgangssituation einer Region auf die Entwicklung einer Förderstrategie zur Erreichung der jeweils gesetzten Ziele und die Benennung der geplanten Schwerpunkte, ohne auch Maßnahmen und konkrete Projekte zu deren Umsetzung zu präzisieren[34]. Zur Gewährleistung größtmöglicher Effizienz wird bereits auf dieser Planungsebene eine erste Ex-ante-Bewertung der Förderstrategie vorgenommen und in das Programm integriert[35]. Neben einem indikativen Finanzierungsplan mit Angaben zur jährlichen Beteiligung der einzelnen Fonds an den jeweiligen Schwerpunkten sowie zur nationalen Kofinanzierung enthalten die Programme ferner Bestimmungen über Verfahren und Zuständigkeiten bei der Durchführung sowie einen Überblick über die Operationellen Programme, die zur Umsetzung der GFK vorgesehen sind[36].

Nach der Vorlage des Plans treten die Kommission und die zuständigen Behörden des betreffenden Mitgliedstaats[37] in eine Dialogphase ein, die in der einvernehmlichen Festsetzung des GFK und der Genehmigungsentscheidung der Kommission ihren Abschluß findet. Die Fondsausschüsse werden dabei im Komitologieverfahren angehört. Auch die EIB kann gegebenenfalls hinzugezogen werden.

Im Anschluß an die Ausschußbeteiligung beschließt die Kommission endgültig in der Rechtsform der Entscheidung nach Art. 249 Abs. 4 EGV über die Gemeinschaftlichen Förderkonzepte. Gemäß Art. 15 Abs. 4 U-

---

[34] Kritisch zur insgesamt „blumigen Sprache" der Verordnung *Priebe,* in: Schwarze, EU-Kommentar (Fn. 15), Art. 158 Rn. 4.

[35] Vgl. Art. 41 StrukturfondsVO (Fn. 1).

[36] Art. 16 und 17 StrukturfondsVO (Fn. 1); als Schwerpunkte werden nach Art. 9 h StrukturfondsVO die „Prioritäten der Strategie in einem gemeinschaftlichen Förderkonzept oder einer Intervention" verstanden. Vgl. z.B. das deutsche GFK „Ziel 1 und Ziel 1-Übergangsunterstützung in Deutschland 2000 – 2006" vom 12.6.2000, 9 ff. (http://europa.eu.int/comm/regional_policy/funds/ prord/document/gfk_de.pdf; Stand: Januar 2005); ausführlich zu Inhalt und Zustandekommen der GFK *Schöndorf-Haubold,* Strukturfonds (Fn. 2), 174 ff.

[37] Auf dieser Planungsebene regelmäßig Ministerialbehörden, so z.B. für das deutsche Ziel-1-GFK (Fn. 36) das Bundeswirtschaftsministerium und das Bundesfinanzministerium.

Abs. 1 S. 3 StrukturfondsVO trifft sie diese Entscheidung spätestens fünf Monate nach Eingang des entsprechenden Plans, sofern dieser alle erforderlichen Einzelheiten enthält. Durch die Entscheidung der Kommission wird ein Gemeinschaftliches Förderkonzept explizit genehmigt. Die Entscheidung richtet sich an den betreffenden Mitgliedstaat und ist nur in der jeweiligen Landessprache verbindlich. Sie wird dem Europäischen Parlament auf Antrag zusammen mit den genehmigten Programmen zur Unterrichtung übermittelt[38] und im Amtsblatt der EG veröffentlicht[39].

Inhaltlich sind die Entscheidung der Kommission zur Genehmigung des GFK und das GFK als Planungsdokument selbst zu unterscheiden[40]. Den Charakter einer förmlichen Entscheidung im Sinne von Art. 249 Abs. 4 EGV hat lediglich die Entscheidung der Kommission über die Beteiligung der Fonds mit dem im Amtsblatt veröffentlichten Inhalt[41]. Das Förderkonzept erhält mit der Genehmigung nicht zugleich selbst Entscheidungskraft. Weder ist es als Ganzes Gegenstand der förmlichen Entscheidung, noch wird es im Amtsblatt veröffentlicht. Die Programme selbst haben daher nur eine eingeschränkte Bindungswirkung; auch ohne Entscheidungen im eigentlichen Sinne zu sein, müssen sie von den Mitgliedstaaten bei der weiteren Planung wie auch bei der Durchführung der Interventionen berücksichtigt werden. Zwar kann ihre Umsetzung nicht positiv erzwungen wer-

---

[38] Siehe auch Nr. 1.1. des Verhaltenskodexes für die Durchführung der Strukturpolitiken durch die Kommission, Anlage II zum Protokoll der Sitzung des Europäischen Parlaments vom 6.5.1999 (ABl. EG 1999 Nr. C 279, S. 488), in dem sich die Kommission zur Unterrichtung des Parlaments hinsichtlich zahlreicher die Strukturfondsverwaltung betreffender Vorgänge verpflichtet.

[39] Art. 15 Abs. 7 StrukturfondsVO (Fn. 1). Das jeweilige Gemeinschaftliche Förderkonzept selbst wird nicht im Amtsblatt veröffentlicht. Siehe nur die Entscheidung der Kommission vom 19.6.2000 zur Genehmigung des GFK für Deutschland K(2000) 1475 (ABl. EG 2002 Nr. L 156, S. 1; geändert durch Entscheidung der Kommission vom 29.3.2001 K(2001) 800, ABl. EG 2002 Nr. L 156, S. 54).

[40] Anders *Holzwart*, Strukturfonds (Fn. 2), 207 f., der „die GFK und OP als an den betreffenden Mitgliedstaat gerichtete – zustimmungsbedürftige – Entscheidungen im Sinne des Art. 249 Abs. 4 EG-Vertrag" qualifiziert; ähnlich *Comijs*, Europese structuurfondsen (Fn. 2), 146 ff., derzufolge sich Programm und Programmgenehmigung nicht trennen lassen.

[41] Zur rechtlichen Qualifikation als Entscheidung und zur Abgrenzung zu einer vertraglichen Einigung *Schöndorf-Haubold*, Strukturfonds (Fn. 2), 387 ff. Inhalt der förmlichen Entscheidung sind lediglich die wesentlichen Elemente der Gemeinschaftlichen Förderkonzepte wie z.B. die jeweiligen Schwerpunkte, die im indikativen Finanzierungsplan bezifferten Gesamtkosten, der Betrag der Beteiligung der Strukturfonds und der daraus resultierende nationale Finanzierungsbedarf.

den[42]. Verstöße gegen die Programme können im Rahmen der Durchführung jedoch mit Sanktionen geahndet werden[43].

b) Operationelles Programm (OP)

Jedes GFK wird durch ein oder mehrere sog. *Operationelle Programme* (OP) durchgeführt[44]. Auch diese konkretisierende Planungsstufe ist nicht den Mitgliedstaaten überlassen, sondern vollzieht sich ebenfalls auf der Ebene kooperativer Zusammenarbeit zwischen dem jeweiligen Mitgliedstaat und der Kommission.

Ein *Operationelles Programm* ist nach Art. 9 f) StrukturfondsVO „das von der Kommission genehmigte Dokument zur Durchführung eines gemeinschaftlichen Förderkonzepts mit einem kohärenten Bündel von Schwerpunkten, bestehend aus mehrjährigen Maßnahmen, zu dessen Durchführung ein oder mehrere Fonds und ein oder mehrere sonstige vorhandene Finanzinstrumente sowie die EIB eingesetzt werden können." Inhaltlich orientieren sich die Operationellen Programme stark an den jeweils zugrundeliegenden Gemeinschaftlichen Förderkonzepten, deren Strategie und Schwerpunkte sie aufnehmen und für einen bestimmten thematischen oder regionalen Bereich konkretisieren[45]. Im Unterschied zu den GFK werden in den Operationellen Programmen Maßnahmen zur Verwirklichung der Schwerpunkte zusammenfassend beschrieben und vorab bewertet. Maßnahmen sind dabei nicht als einzelne Aktionen, sondern als Aktionsbündel, wie z.B. ein nationales Beihilfenprogramm, zu verstehen[46].

Das Verfahren zur Genehmigung der Operationellen Programme gleicht dem der Genehmigung des GFK: Der Mitgliedstaat[47] reicht den Entwurf des Operationellen Programms als Antrag auf Intervention im Sinne von

---

[42] So auch *Holzwart*, Strukturfonds (Fn. 2), 191.

[43] Zum rechtlichen Charakter der Programme *Schöndorf-Haubold*, Strukturfonds (Fn. 2), 392 ff.; zu Sanktionen im Rahmen der Durchführung ebda., 332 ff.

[44] Im Rahmen des deutschen Ziel-1-GFK wurden neun Operationelle Programme verabschiedet, darunter sechs regionale Programme (die von den Behörden in den betreffenden Ländern und in Ostberlin verwaltet werden) und drei multiregionale Programme (Verkehr, Humanressourcen und Fischzucht); siehe Inforegio Mitteilungsblatt Nr. 76 (Juli 2000), 1.

[45] Zum Inhalt der Operationellen Programme siehe Art. 18 Abs. 2 StrukturfondsVO (Fn. 1).

[46] In Art. 9 j) StrukturfondsVO (Fn. 1) werden *Maßnahmen* als Mittel der mehrjährigen Umsetzung eines Schwerpunktes definiert, die die Finanzierung konkreter Einzeloperationen ermöglichen; Beihilferegelungen iSv Art. 87 EGV werden explizit als Beispiele genannt.

[47] Auch in Deutschland reichen die Länder ihre Pläne für Operationelle Programme über den Bund (das Bundesfinanzministerium) bei der Kommission ein.

Art. 28 StrukturfondsVO bei der Kommission ein[48]. Da die Entscheidung über das Programm wie bereits die Entscheidung über die Gemeinschaftlichen Förderkonzepte nur einvernehmlich mit dem Mitgliedstaat getroffen werden kann, tritt die Kommission nach der Prüfung der Entwürfe in Verhandlungen mit dem Mitgliedstaat ein. Lediglich eine Beteiligung der Fondsausschüsse ist auf dieser Planungsstufe nicht mehr vorgesehen[49].

Mit der Entscheidung über die Operationellen Programme werden auf der Gemeinschaftsebene Haushaltsmittel gebunden und damit einer bestimmten Aktion zugewiesen[50]: Nach Art. 15 Abs. 4 UAbs. 2, 28 Abs. 1 StrukturfondsVO stellt diese Entscheidung der Kommission den – wesentlichen – Beschluß über die finanzielle Beteiligung der Fonds dar. In ihr wird für jeden Schwerpunkt der Intervention eine Höchstbeteiligung der Fonds festgelegt[51]. Gegenstand der Kommissionsentscheidung zur Genehmigung der Programme sind die wesentlichen Elemente der Programme, in erster Linie die gemeinschaftsrechtliche Kofinanzierung der jeweiligen Schwerpunkte.

c) Einheitliches Programmplanungsdokument (EPPD)

Mit der Reform von 1993 wurde dieses Modell fakultativ auf zwei Planungsstufen verkürzt und vereinfacht, indem Regionalentwicklungsplan und Entwurf für die Operationellen Programme in einem einzigen Programm zusammengefaßt wurden. Der Mitgliedstaat legt also nur noch den Entwurf eines Programms mit den Bestandteilen von GFK und OP vor, der nach Verhandlung mit der Kommission als sog. *Einheitliches Programmplanungsdokument* (EPPD)[52] die Grundlage der Förderung wird. EPPD stellen die zweite Hauptinterventionsform neben den Operationellen Pro-

---

[48] Die Ausarbeitung der Programmentwürfe erfolgt für regionale Programme in der Regel in den Regionen selbst, für sektorielle Programme auf der Ebene des betreffenden Mitgliedstaats. In Deutschland wurden die Operationellen Programme im Rahmen von Ziel 1 für die einzelnen Länder zumeist von Landeswirtschaftsministerien erstellt, während die sektoriellen Programme von den jeweils sachlich zuständigen Bundesministerien entworfen wurden. Beispiele für die Ausarbeitung auf Landesebene (Sachsen-Anhalt) bei *Kolb*, LKV 2001, 196 (200).

[49] In der Regel werden nur noch Einzelpunkte der Programme verhandelt. Die Verhandlungen führt offiziell der Mitgliedstaat; inoffiziell werden die Entwürfe häufig auch in direkten Kontakten mit den Regionen als Urhebern diskutiert.

[50] Die erste der jährlichen Mittelbindungen im Sinne von Art. 31 Abs. 2 UAbs. 1 StrukturfondsVO (Fn. 1) erfolgt automatisch mit der Entscheidung über die Programmgenehmigung.

[51] Art. 28 Abs. 1 UAbs. 2 StrukturfondsVO (Fn. 1).

[52] Ein Einheitliches Programmplanungsdokument ist nach Art. 9 g) StrukturfondsVO (Fn. 1) „ein einziges von der Kommission genehmigtes Dokument, das die Bestandteile eines gemeinschaftlichen Förderkonzepts und eines operationellen Programms zusammenfaßt."

grammen dar. In erster Linie kommen sie bei der Verfolgung von Ziel 2 und Ziel 3 zum Einsatz[53]. Sowohl die Planungsvorgaben als auch das Verfahren entsprechen weitgehend dem Verfahren zur Genehmigung der GFK. Auch die EPPD werden nach Abschluß der Verhandlungen und nach Anhörung der Fondsausschüsse von der Kommission durch förmliche Entscheidung genehmigt.

d) Ergänzung zur Programmplanung

Einen Annex zur Planung stellt seit 1999 die sog. *Ergänzung zur Programmplanung* dar: Die Pläne selbst sind noch sehr abstrakt, sie enthalten keine konkreten Maßnahmen, sondern lediglich die Förderstrategie und die Förderschwerpunkte. Daher erarbeiten die Mitgliedstaaten „zur Information der Kommission" sog. Ergänzungen zur Programmplanung, in denen sowohl potentielle Leistungsempfänger als auch die vorgesehenen Maßnahmen selbst spezifiziert werden. Die Planung erfährt also eine zunehmende Konkretisierung von den GFK als Rahmenprogrammen über die OP zur Ergänzung zur Programmplanung bzw. von den EPPD zu den Ergänzungsdokumenten. Mit der Ergänzung zur Programmplanung ist die Planungsphase abgeschlossen[54].

Die planerische erste Phase der Strukturfondsverwaltung kann kurz als gemeinsame Planung unter starker strategischer Beteiligung der Kommission bei gleichzeitiger maßgeblicher Einbindung des betreffenden Mitgliedstaats und damit als gemeinsame Entscheidungsfindung charakterisiert werden.

2. Funktionen der Pläne und Programme

Die Planungsphase bildet das gestalterische Kernelement der Strukturfondsverwaltung. Hier werden die für die Förderung maßgeblichen Festlegungen in einem aus dezentralen und zentralen Elementen bestehenden kooperativen Programmplanungsprozeß getroffen. Die einzelnen aneinander anknüpfenden Entscheidungsabschnitte sind rechtlich ausgeformt und weisen je nach Entscheidungsinhalt wechselnde Beteiligungsstrukturen auf[55]. Im Kern erfolgt die Planung einvernehmlich zwischen dem jeweils

---

[53] In der Praxis werden im Rahmen von Ziel 2 fast ausschließlich und im Rahmen von Ziel 3 größtenteils Einheitliche Programmplanungsdokumente eingesetzt.

[54] Rein zeitlich kann die Ausarbeitung der Ergänzungsdokumente auch in die Durchführungsphase fallen, wie sich aus Art. 32 Abs. 3 a) StrukturfondsVO (Fn. 1) ergibt, demzufolge erst die Zwischenzahlungen der Kommission von ihrem Vorliegen abhängig gemacht werden.

[55] Die Komplexität des Planungsverfahrens ist einer der Kritikpunkte des Europäischen Rechnungshofs in seinem Sonderbericht Nr. 7/2003 über die Durchführung der Programmplanung für die Strukturfondsinterventionen des Zeitraums 2000-2006 (ABl. EU 2003 Nr. C 174, S. 1).

betroffenen Mitgliedstaat und der Kommission. Die übrigen Mitgliedstaaten sind lediglich über Ausschüsse beteiligt. In der Planungsphase verfügt die Kommission über eine starke Position, da ihr ein Letztentscheidungsrecht hinsichtlich der mitgliedstaatlichen Pläne zukommt.

Die Programmplanung ist zugleich Aufgaben- und Ressourcenplanung: Einerseits wird ausgehend von der Analyse des Ist-Zustands ein durch die Förderung zu erreichender Soll-Zustand entworfen, bei dem gemeinschaftliche und nationale bzw. regionale Strukturpolitik kohärent aufeinander abgestimmt werden. Mit der inhaltlichen Planung gehen zwangsläufig finanzplanerische Entscheidungen einher. Über die Pläne werden die Finanzentscheidungen mit inhaltlichen Entscheidungen gekoppelt und die jeweiligen Finanzierungsanteile im großen und kleinen festgelegt. Sowohl der inhaltlichen als auch der Finanzplanung kommt entscheidende Steuerungswirkung für die spätere Förderung zu. Zwar können nur die Genehmigungsentscheidungen der Kommission, nicht aber die Programme selbst rechtliche Verbindlichkeit beanspruchen. Über eine teilweise Verrechtlichung durch sekundärrechtliche Beachtungspflichten und Sanktionsmöglichkeiten werden sie jedoch zu wichtigen Handlungsmaximen für die mitgliedstaatlichen Verwaltungen.

Auf den einzelnen Stufen des Planungsprozesses wird mit zunehmender Konkretisierung eine stufenweise Ausdifferenzierung und Problemabschichtung vorgenommen: Die Ziele der Strukturfondsverordnung werden durch Strategien und Schwerpunkte ausgefüllt, deren Verfolgung ihrerseits zunächst durch Maßnahmenbündel und erst auf der Ebene der Programmergänzung durch konkrete Maßnahmen präzisiert werden; die konkrete Förderentscheidung bleibt der Durchführungsebene überlassen. Durch die Vorgabe einzelner inhaltlicher Elemente wird auch der nationale Planungsprozeß strukturiert und besonderen rechtlichen Anforderungen unterworfen: Die der Planung zugrunde liegende sozioökonomische Lage ist zu beschreiben, eine Strategie ist zu entwickeln, Schwerpunkte sind zu setzen. Der Planungsprozeß ist im Wege einer Ex-ante-Bewertung gleichzeitig zu evaluieren, d.h. auf Schlüssigkeit und Alternativen zu überprüfen. Jedes Element muß im Plan selbst dokumentiert werden. Die strukturierenden Wirkungen des Planungsprozesses erleichtern so die Interessenabstimmung zwischen der Gemeinschaft und den Mitgliedstaaten und führen zugleich zu einer größeren Rationalität, Transparenz und damit Kontrollierbarkeit des Planungsergebnisses[56]. Auf diese Weise werden Pläne und Programme erzeugt, die flexible und konsensorientierte Instrumente zur

---

[56] Für nationale Planungen *Schmidt-Aßmann*, in: FS für Schlichter, 1995, 3 (6); die Überlegungen lassen sich aber auch auf europäische Planung übertragen; so auch *Holzwart*, Strukturfonds (Fn. 2), 198; zur rechtsstaatlichen Rationalisierungsfunktion der Planung *Schmidt-Aßmann*, Ordnungsidee (Fn. 31), 2/75 ff.

Erreichung sowohl des gemeinschaftsrechtlichen Kohäsionsziels als auch mitgliedstaatlicher regionalpolitischer Ziele darstellen.

II. Durchführungsphase

Die Zuweisung der Mittel an die Endempfänger ist eine Frage der Durchführung der Programme durch die und in den Mitgliedstaaten. Sie richtet sich in erster Linie nach dem jeweiligen nationalen Subventionsrecht. Die gemeinschaftsrechtliche kooperative Planung wird also im Rahmen des jeweiligen nationalen Förderregimes umgesetzt.

1. Verfahrenselemente der Durchführung

a) Durchführung im eigentlichen Sinne

In der Regel werden die Strukturfondsmittel zur Kofinanzierung nationaler Beihilfen, die sich in die Programme einfügen (müssen), eingesetzt. In Deutschland wird beispielsweise ein Teil der Strukturfondsmittel zur Kofinanzierung der deutschen Regionalförderung im Rahmen der Gemeinschaftsaufgabe „Verbesserung der regionalen Wirtschaftsstruktur" genutzt. Die Vergabe der Mittel erfolgt dann nach den diesbezüglichen deutschen Förderregeln. Die Anträge sind an die jeweilige zuständige nationale Behörde zu richten; Kontakte zu den Endempfängern bestehen lediglich auf der Ebene des Mitgliedstaats oder der Regionen.

In der Durchführungsphase folgt die Strukturfondsförderung aus der Sicht der Gemeinschaft daher einem indirekten Fördermodell: Die Gemeinschaftsmittel werden über die Mitgliedstaaten, die die konkreten Vergabeentscheidungen treffen, an den Endbegünstigten weitergeleitet. Direkte Rechtsbeziehungen zu den Empfängern der Gemeinschaftsmittel bestehen nicht; sie kommen nur im Dreieck zwischen Kommission und nationalen Behörden einerseits und zwischen nationalen Behörden und Begünstigten andererseits zustande. Dennoch wird die Kommission über vielfältige Beteiligungsstrukturen auch in die Vollzugsphase eingebunden. Zudem verfügt sie über eine Vielzahl an weichen und harten, größtenteils kooperativen Einfluß- und Kontrollmöglichkeiten in Gestalt dieser Beteiligungsrechte oder aber konkreter Kontroll- und Aufsichtsbefugnisse.

b) Begleitung und Bewertung

Neben der Projektauswahl und der finanziellen Abwicklung der Förderung gehören auch die Begleitung, Bewertung und Kontrolle der Interventionen, d.h. Maßnahmen der Effizienz-, Finanz- und Rechtskontrolle, zur Durchführungsphase. Über die Begleitung und Bewertung der Programmausführung wird eine weiche Nachsteuerung der Planung erreicht. Teil dieses

Verfahrenskonzepts sind einerseits die regelmäßigen Bewertungen[57], andererseits eine kontinuierliche Beobachtung, die prozedural über jährliche Berichtspflichten und institutionell über die Schaffung spezieller Gremien, der sog. Begleitausschüsse sichergestellt wird. Durch die fortgesetzte und systematische Sammlung, Dokumentation und Aufbereitung der wesentlichen Entwicklungen und Ergebnisse einer Intervention anhand festgelegter materieller und finanzieller Indikatoren wird insbesondere eine aussagekräftige und vergleichbare Bewertung überhaupt erst ermöglicht. Über Bemerkungen und begründete Empfehlungen der Kommission in einem Dialog- oder Schlichtungsverfahren kann diese gegebenenfalls auf eine Anpassung der mitgliedstaatlichen Verwaltung hinwirken[58].

Das Konzept der Begleitung und Bewertung, das einem Verwaltungscontrolling ähnlich zu einer ständigen Erfolgskontrolle der Verwaltung der Strukturfonds führt, integriert damit Elemente moderner Verwaltung in das Verfahren. Stete Selbstreflexion soll zu einer Effizienzsteigerung der Verwaltungsvorgänge durch fortwährendes Lernen und daran anknüpfende Revisionsmöglichkeiten führen. In diesen Kontext gehört auch das neue Instrument der leistungsgebundenen Reserve, die einen Wettbewerb der leistungsstärksten Programme um weitere Strukturfondsmittel bezweckt.

c) Kontrolle und Finanzkorrekturen

Angesichts der Zuständigkeitsverteilung in der Durchführungsphase, die in der neuen Haushaltsordnung (HO) als „*geteilte Mittelverwaltung*" bezeichnet wird[59], verpflichtet Art. 53 Abs. 5 HO die Kommission dazu, sich durch Kontroll- und Finanzkorrekturverfahren[60] davon zu überzeugen, daß die Mittel entsprechend der anwendbaren Regelungen verwendet worden sind. Die Kontrollstrukturen sind dabei ähnlich charakteristisch wie die Kooperationsstrukturen: Parallel zu den Zuständigkeiten für die Durchführung der Programme liegt die operative Hauptlast der Kontrollen bei den

---

[57] Ex-ante-Bewertung im Rahmen der Planung, Zwischenbewertung zur Halbzeit der Programmausführung und Ex-post-Bewertung bei Abschluß (Art. 40 – 43 Strukturfonds-VO (Fn. 1)).

[58] Vgl. Art. 34 Abs. 2 UAbs. 2 StrukturfondsVO (Fn. 1). Zu diesen „weichen Weisungen", die zwar nicht in Form einer Entscheidung ergehen und daher rechtlich unverbindlich sind, die von den Mitgliedstaaten aber gleichwohl nicht gänzlich unberücksichtigt gelassen werden dürfen und die unter Umständen zur Aussetzung von Zwischenzahlungen führen, *Schöndorf-Haubold*, Strukturfonds (Fn. 2), 293 ff. und 320 ff.

[59] Art. 53 Abs. 1 b) und Abs. 3 HO (VO (EG, Euratom) Nr. 1605/2002, ABl. EG 2002 Nr. L 248, S. 1); dazu siehe eingehend *Schenk*, in diesem Band, 265 ff.; *Craig*, ELRev 2003, 840 (856 ff.).

[60] Bzw. im Rahmen der GAP über das Rechnungsabschlußverfahren als parallelen Korrekturmechanismus. Siehe dazu nur *Pache*, Der Schutz der finanziellen Interessen der Europäischen Gemeinschaften, 1994, 278 ff.; *Mögele*, Die Behandlung fehlerhafter Ausgaben im Finanzierungssystem der gemeinsamen Agrarpolitik, 1997, 15 ff., 68 ff.

Mitgliedstaaten, während die Kommission im Rahmen der sog. Kontrolle der Kontrolle die Verwaltungssysteme der Mitgliedstaaten überprüft. Flankierende weisungsähnliche Befugnisse sowie die Möglichkeit, Finanzkorrekturen in Form von Kürzungen und Streichungen gegenüber den Mitgliedstaaten zu verhängen, lassen es gerechtfertigt erscheinen, von der Herausbildung einer Gemeinschaftsaufsicht im Rahmen der Verwaltungskooperation zu sprechen.

Während die nationalen Behörden die ordnungsgemäße Mittelverwendung durch die Endempfänger überprüfen müssen (*First-Line-Kontrollen*), kann die Kommission ihrerseits aufgrund ihrer Letztverantwortung für die Ausführung des Gemeinschaftshaushalts gemäß Art. 274 Abs. 1 EGV auf eigene Kontrollen nicht verzichten. Sie ist dabei aufgrund der Aufgabenverteilung allerdings auf die Kontrolle der Kontrolle (*Second-Line-Kontrolle*) beschränkt[61]. Dieses System der geteilten Kontrollzuständigkeit, das sich auch in anderen Bereichen des Gemeinschaftsrechts findet[62], läßt die gemeinschaftsrechtliche Verantwortung der Kommission für den Haushalt unberührt: Zwar liegt die Durchführung konkreter Kontrollen im Einzelfall größtenteils bei den Mitgliedstaaten. Die Kommission kann sich jedoch nicht auf Mißstände in den einzelnen Mitgliedstaaten berufen, um sich ihrer eigenen Haushaltsverantwortung zu entziehen. Sie muß vielmehr ihrerseits durch Systemkontrollen gewährleisten, daß die Mitgliedstaaten eine geeignete Kontrollverwaltung einrichten. Zur Gewährleistung bestimmter Mindeststandards der nationalen Kontrollsysteme hält das Gemeinschaftsrecht allgemein, aber auch das Strukturfondsrecht im besonderen eine Vielzahl normativer harmonisierender Vorgaben bereit[63].

Hinsichtlich der im Falle von Unregelmäßigkeiten zu verhängenden Finanzkorrekturen besteht ebenfalls eine zweigeteilte Zuständigkeit. Gegenüber den Endempfängern sind wie bei den Finanzkontrollen die Mitgliedstaaten zuständig, während die Kommission mit Finanzkorrekturen in

---

[61] Zu diesem System der Kontrollzuständigkeiten *David*, Inspektionen im Europäischen Verwaltungsrecht, 2003, 117 ff. mwN.; *dies.*, in diesem Band, 237 ff.; *Vervaele*, in: ders. (Hrsg.), Compliance and Enforcement of European Community Law, 1999, 361 (364). Zu den Kontrollstrukturen speziell im Rahmen der Strukturfondsverwaltung *Holzwart*, Strukturfonds (Fn. 2), 289 ff.; *Schöndorf-Haubold*, Strukturfonds (Fn. 2), 298 ff.

[62] Siehe die Beispiele bei *David*, Inspektionen (Fn. 61), 30 ff.

[63] *Jans/de Lange/Prechal/Widdershoven*, Inleiding tot het Europees bestuursrecht, 1999, 243 ff.; *David*, Inspektionen (Fn. 61), 124 ff.; *Lühmann*, DVBl 1999, 752 (759 ff.). Für die Strukturfonds hat die Kommission insbesondere die VO (EG) Nr. 438/2001 (Fn. 26) erlassen. Bilaterale Verwaltungsvereinbarungen unklarer Rechtswirkung dienen weiter zur Abstimmung der Kontrollen; dazu *Schöndorf-Haubold*, Strukturfonds (Fn. 2), 302 ff. Ergänzt werden diese Vorgaben durch ein informelles Handbuch der Kommission zur Prüfung der Verwaltungs- und Kontrollsysteme vom 12.5.1999 (XX/28/99-DE) (http://europa.eu.int/comm/employment_social/esf2000/working_documents/financial_control/de.pdf; Stand: Januar 2005).

Form von Kürzung oder Streichung der Fondsbeteiligung Fehlverhalten der Mitgliedstaaten sanktioniert. Der Vornahme einer Finanzkorrektur geht dabei ein bilaterales Schlichtungsverfahren zwischen der Kommission und dem betreffenden Mitgliedstaat voraus, in dem zunächst eine gütliche Einigung gesucht wird[64].

2. Kooperation und Aufsicht

Die Vielfalt an Kooperationsbeziehungen und verfahrens- und organisationsrechtlich verfestigten Instrumenten der Zusammenarbeit stützen die Charakterisierung der Strukturfondsverwaltung als Gemeinsame Europäische Verwaltung. Die in der Strukturfondsverordnung vorgesehenen Schlichtungsverfahren bieten den Kooperationspartnern eine Handhabe, wie Situationen unterschiedlicher Einschätzung bewältigt werden können. Dialog und Konfliktbewältigung werden rechtlich vorstrukturiert. Dabei wird auch das klassische Beziehungsmuster Gemeinschaft – Mitgliedstaat zugunsten direkter Kontakte der Kommission mit den zuständigen innerstaatlichen Behörden überwunden. Die Regelungen sind daher kennzeichnend für die rechtliche Organisation langfristiger Kooperationsbeziehungen und den Übergang zu einer Verbundverwaltung. Zugleich lassen sich aufgrund der teilweise asymmetrischen Verteilung der Kontroll- und Sanktionsbefugnisse Strukturen einer europäischen Aufsicht erkennen, die sich im Unterschied zu den im nationalen Zusammenhang bekannten Strukturen durch eine Verbindung hierarchischer und kooperativer Elemente auszeichnet[65].

a) Zusammenspiel kooperativer mit Aufsichtsinstrumenten

Ein Beispiel hierfür bietet das komplexe System der Rechts- und Finanzkontrolle, das sich sowohl aufsichtsrechtlicher als auch kooperativer Elemente bedient. Die klassischen Aufsichtsinstrumente der Finanzkorrektur und der Weisung werden durch kooperative Mechanismen flankiert: Neben Einsichtsrechten sowie Mitteilungs- und Berichtspflichten als den typischen Mitteln des Informationsaustauschs sieht das sekundärrechtliche Strukturfondsregime gemeinsame Kontrollen mit Beteiligungsrechten wie auch regelmäßige informelle Treffen und die Abstimmung in Form der bilateralen Kontrollvereinbarungen vor.

Durch die Richtung der Finanzkorrekturen von der Kommission zu den Mitgliedstaaten ist auch die Richtung der Aufsichtsstrukturen vorgegeben. Die Mitgliedstaaten können ihrerseits Korrekturen nur gegenüber den Endempfängern der Strukturfondsmittel vornehmen. Ähnliches gilt für die Weisungen oder weisungsähnlichen Instrumente, die der Kommission zu

---

64 Art. 39 Abs. 2 und 3 StrukturfondsVO (Fn. 1).
65 *Schmidt-Aßmann*, in diesem Band, 1 (20 ff.).

starken punktuellen Einwirkungsmöglichkeiten gegenüber den Mitgliedstaaten verhelfen. Ihre weiche Ausgestaltung verhindert lediglich ihre Rechtsverbindlichkeit, schmälert jedoch das Steuerungspotential angesichts der dahinterstehenden Finanzkorrekturen nur unwesentlich. Beide Instrumente sind jeweils eingebettet in ein Abstimmungs- oder Dialogverfahren, das eine einvernehmliche Lösung ermöglichen soll, bei dessen Ergebnislosigkeit Finanzkorrektur und Weisung jedoch einen vorläufigen Endpunkt bilden. Sie führen daher zu einer punktuell nachrangigen Rolle der Mitgliedstaaten gegenüber der Kommission, ohne zugleich die feste Hierarchie einer einheitlichen Verwaltung vorauszusetzen.

b) Gemeinschaftsaufsicht

Dieser Befund dürfte für eine Gemeinschaftsaufsicht in Bereichen Gemeinsamer Verwaltung charakteristisch sein: Feste Hierarchien sind dem Mehrebenensystem der Europäischen Gemeinschaft gerade fremd[66]. Punktuellen Einwirkungsbefugnissen in kooperativen Verfahren steht die Struktur der Gemeinschaft jedoch nicht entgegen. Klare Weisungsrechte in Form der staatengerichteten Entscheidungen der Kommission sieht der EG-Vertrag sogar ausdrücklich vor[67].

Die Entwicklung einer – punktuellen oder sektoriellen – Gemeinschaftsaufsicht neben dem Vertragsverletzungsverfahren ist innerhalb der primärrechtlichen Vorgaben daher auch zulässig, wenngleich den strengen Anforderungen des EG-Vertrags unterworfen[68]. Auch die beinahe einmütige Auffassung, daß weder ein allgemeines Weisungsrecht der Kommission noch feste Hierarchien zwischen Kommission und Mitgliedstaaten bestehen[69], wird dadurch nicht berührt. Aus der Sicht des umfangreichen Bereichs der Strukturfondsverwaltung ist allerdings die noch ebenso häufig anzutreffende Feststellung, daß Weisungsbefugnisse der Kommission die Ausnahme bilden[70], in ihrer Allgemeinheit nicht mehr zutreffend.

---

[66] Zur Europäischen Union als Mehrebenensystem s. statt vieler *Benz*, in: Schmidt-Aßmann/Hoffmann-Riem (Hrsg.), Strukturen des Europäischen Verwaltungsrechts, 1999, 45, sowie die Nachweise bei *Schöndorf-Haubold*, Strukturfonds (Fn. 2), 44 ff.

[67] Zur Zulässigkeit von Anordnungsbefugnissen in Gestalt staatengerichteter Entscheidungen der Gemeinschaft v. Bogdandy/Bast/Arndt, ZaöRV 62 (2002), 77 (97); *Mager*, EuR 2001, 661 (insb. 677 f.).

[68] *Van Rjin*, in: Curtin/Heukels (Hrsg.), Institutional Dynamics of European Integration, 1994, Vol II, 409 (412 ff.); *Lühmann*, DVBl 1999, 752 ff.

[69] Siehe nur *Kadelbach*, Allgemeines Verwaltungsrecht (Fn. 27), 110; *Scheuing*, in: Hoffmann-Riem/Schmidt-Aßmann (Hrsg.), Innovation und Flexibilität des Verwaltungshandelns, 1994, 289 (334); *Sommer*, Verwaltungskooperation (Fn. 30), 508 ff.; *Kahl*, DV 1996, 341 (360).

[70] Statt vieler *Scheuing*, in: Hoffmann-Riem/Schmidt-Aßmann, Innovation und Flexibilität (Fn. 69), 289 (335); *Pühs*, Der Vollzug von Gemeinschaftsrecht, 1997, 295.

c) Maßstäbe und Grenzen

Die primärrechtlichen Maßstäbe, an denen sich eine so verstandene Gemeinschaftsaufsicht messen lassen muß, sind vor allem der Grundsatz der begrenzten Einzelermächtigung wie auch das Subsidiaritätsprinzip nach Art. 5 Abs. 1 und 2 EG-Vertrag.

Keine Grenze bildet der sog. Grundsatz der Verfahrens- und Organisationsautonomie der Mitgliedstaaten, der lediglich einen beschreibenden Befund der Rechtsprechung wiedergibt, aber keine primärrechtliche Verankerung kennt[71]. Weder kann ein solches Prinzip vor sekundärrechtlichen Detailregelungen für Organisation und Verfahren schützen, wie sie im Bereich der Kontrolle gegeben sind, noch steht es sekundärrechtlich verankerten und primärrechtlich zulässigen Weisungsbefugnissen der Kommission entgegen. Erkennt man ein solches Prinzip an, kann es letztlich nur so weit reichen, wie es der Grundsatz der begrenzten Einzelermächtigung und das Subsidiaritätsprinzip zulassen.

Rechtsstaatliche Überlegungen gebieten im Gegenteil eine Klärung der bereits bestehenden rechtlichen und faktischen punktuellen Hierarchien bei gleichzeitiger Verstärkung auch der mitgliedstaatlichen Befugnisse hin zu einer ausgeglichenen Gemeinsamen Verwaltung. Eine offengelegte Gemeinschaftsaufsicht wäre auch gegenüber den im Rahmen der Dezentralisierung häufig anzutreffenden weichen Steuerungsformen und offenen Formulierungen der Sekundärrechtsakte von Vorteil[72]. Diese können zwar flexible Instrumente zur Anpassung an unterschiedliche mitgliedstaatliche Verwaltungsstrukturen darstellen, überdecken damit aber teilweise die eigentlichen Einflußstrukturen, indem sie – nicht vorhandene Gestaltungsmöglichkeiten – suggerieren. Der Transparenz und Rechtssicherheit sind sie wenig zuträglich.

Erforderlich ist daher in einem ersten Schritt eine klare Aufteilung der Kontrollzuständigkeiten und in einem nächsten Schritt die Schaffung eindeutiger Weisungsbefugnisse der Kommission entsprechend den Finanzkorrekturmechanismen anstelle der weichen Weisungsmechanismen, die in ihren faktischen Wirkungen auch aufgrund der beschriebenen sekundärrechtlichen Ausgestaltung rechtlichen Weisungsbefugnissen sehr nahe

---

[71] *Gil Ibáñez*, The Administrative Supervision and Enforcement of EC Law, 1999, 211 ff.; a.A. *v. Danwitz*, DVBl 1998, 421 ff.; *Kadelbach*, Allgemeines Verwaltungsrecht (Fn. 27), 110 ff.; offen bei *Sommer*, Verwaltungskooperation (Fn. 30), 501 ff.; *Pühs*, Vollzug (Fn. 70), 96, 100. *Nehl*, Europäisches Verwaltungsverfahren und Gemeinschaftsverfassung, 2002, 76, findet die Einräumung direkter Kontrollbefugnisse im Rahmen der Strukturfondsverwaltung aus der Sicht der mitgliedstaatlichen Autonomie „bemerkenswert".

[72] A.A. *Pühs*, Vollzug (Fn. 70), 298.

kommen. Bei praktisch identischen Steuerungswirkungen verdiente das rechtsstaatlich abgesicherte Modell den Vorzug.

Im Gegenzug sollten anstatt der scheinbaren Öffnungen für mitgliedstaatliche Spielräume ebenfalls klare rechtliche Gestaltungsspielräume in Form konkreter Beurteilungsermächtigungen und Ermessensspielräume geschaffen werden, in denen nur die europäischen Gerichte, nicht aber die Kommission über Kontrollbefugnisse verfügten[73]. Solche Spielräume würden, selbst wenn sie nur Einzelfragen beträfen, zu einer Problem- und Regelungsabschichtung führen, wie sie das auf das Subsidiaritätsprinzip gestützte, derzeit praktizierte Dezentralisierungsmodell nicht zu leisten vermag[74].

C. Gemeinsame Handlungs- und Organisationsformen als Charakteristika Gemeinsamer Verwaltung

Die Verwaltung der europäischen Strukturfonds stellt als komplexe gemeinsame Förderverwaltung einen Grundtypus europäischer Verwaltung dar. Ihr Rechtsregime leistet über die Herausbildung charakteristischer Handlungs- und Organisationsformen einen Beitrag zur Weiterentwicklung des Europäischen Verwaltungsrechts[75]. Von besonderem Interesse für eine europäische Handlungsformenlehre sind gemeinsame Handlungsformen, die durch das Zusammenwirken der Gemeinschaft und der Mitgliedstaaten gekennzeichnet sind. Organisatorische Verfestigungen erfährt die Zusammenarbeit im Verwaltungsverbund durch den gezielten Einsatz von Ausschüssen. Das Prinzip der Partnerschaft geht über diese bekannte Form institutionalisierter Kooperation noch hinaus: Dieser Grundsatz führt zu der organisations- und verfahrensrechtlich verankerten Einbeziehung einerseits der unterstaatlichen Ebenen und andererseits gesellschaftlicher

---

[73] Ähnlich *Gil Ibáñez*, Adminstrative Supervision (Fn. 71), 211 ff.

[74] Das Mißtrauen gegenüber den nationalen Verwaltungen, das mit der zunehmenden Dezentralisierung nicht schwächer wird, scheint mit im Trennungsprinzip begründet zu sein, das einer Kontrolle mitgliedstaatlichen Handelns zur Konkretisierung des Gemeinschaftsinteresses immer noch entgegensteht. Echte Gestaltungsspielräume der Mitgliedstaaten in Einzelbereichen könnten aus Gemeinschaftssicht jedoch dann „gefahrlos" eingeräumt werden, wenn sie dem europäischen Richter unterworfen wären; Ansätze zu einer Überwindung des Trennungsprinzips bei *Oliver*, in: Heukels/McDonnell (Hrsg.), The Action for Damages in Community Law, 1997, 285 ff.; *Hofmann*, Rechtsschutz und Haftung im Europäischen Verwaltungsverbund, 2004, 190 ff.

[75] Zum Erfordernis einer stärker ausgeprägten Handlungsformenlehre für das Europäische Verwaltungsrecht *Schöndorf-Haubold*, Strukturfonds (Fn. 2), 351 ff.; *Röhl*, in diesem Band, 319 (348); *Vogt*, in diesem Band, 213 (233 ff.).

Kräfte in allen Phasen des Verfahrens. Er stellt ein wesentliches Strukturelement der Strukturfondsverwaltung dar.

I. Programme als gemeinsame Handlungsform

Die Verwaltung der Strukturfonds ist gekennzeichnet durch eine Vielzahl unterschiedlicher Handlungen der beteiligten Verwaltungen und eine hohe Verfahrenskomplexität. Entscheidungen und Verhandlungsergebnisse wie beispielsweise die Pläne und Programme setzen sich häufig aus mehreren einzelnen Handlungsbeiträgen unterschiedlicher Akteure zusammen und lassen sich nur zum Teil einer der durch den EG-Vertrag vorgegebenen Rechtsformen zuordnen. Gleichwohl haben diese Handlungen Auswirkungen im Verhältnis zwischen der Gemeinschaft und den Mitgliedstaaten. Sind diese Auswirkungen von rechtlicher Relevanz, gebietet es das auch in der Gemeinschaft geltende Rechtsprinzip, die Folgewirkungen eindeutig zu bestimmen und die Handlungen einem festen und vorhersehbaren Rechtsregime zu unterwerfen.

Das Rechtsprinzip fordert Klarheit, Bestimmtheit und Vorhersehbarkeit der Rechtsverbindlichkeit und des anwendbaren Rechtsregimes hinsichtlich aller Handlungen der Gemeinschaftsorgane[76]. Unabhängig von der jeweiligen internen oder externen Wirkung ist daher die rechtsstaatliche Disziplinierung durch Formenlehre nicht nur für das nationale, sondern auch für das Gemeinschaftsrecht geboten[77]. Die handelnden Organe sollen sich mit der Wahl einer Rechts- oder Handlungsform bewußt für oder gegen die Rechtsverbindlichkeit ihres Handelns und damit auch für oder gegen bestimmte an dieses Handeln anzulegende Standards entscheiden.

Gemeinsame Handlungsformen von Kommission und Mitgliedstaaten – außerhalb von Verträgen oder institutionalisierten, einer Kommissionsentscheidung vorgeschalteten Ausschußverfahren – bilden bisher die Ausnahme im Handlungsformensystem Europäischer Verwaltung[78]. In der Strukturfondsverwaltung finden sich gleichwohl Beispiele für Handlungen, die nur im unmittelbaren Zusammenwirken von Kommission und Mit-

---

[76] Zur Geltung des Rechtsprinzips *Schmidt-Aßmann*, Ordnungsidee (Fn. 31), 7/28 ff.; *v. Bogdandy*, in: ders. (Hrsg.), Europäisches Verfassungsrecht, 2003, 149 (165 ff.) „Herrschaft des Rechts"; *Chiti*, Diritto Amministrativo Europeo (Fn. 31), 307 f., 313 ff.

[77] Für das deutsche Recht *Schmidt-Aßmann*, Ordnungsidee (Fn. 31), 6/37; für das Gemeinschaftsrecht *ders.*, aaO., 7/48 ff.; *Chiti*, Diritto Amministrativo Europeo (Fn. 31), 156: „Nell'attesa di una sistemazione della materia, necessaria per assicurare alle istituzioni un corretto funzionamento, e per garantiere adeguatamente le situazioni giuridiche di soggetti coinvolti, [...]"; *Bast*, in: v. Bogdandy, Europäisches Verfassungsrecht (Fn. 76), 479 (537): „Die Reform der Handlungsformen bleibt eine wissenschaftliche Daueraufgabe, der eine Renaissance zu wünschen ist". Siehe auch *Pitschas*, in: Hill/Pitschas, Europäisches Verwaltungsverfahrensrecht (Fn. 17), 301 ff.

[78] *Oliver*, in: Heukels/McDonnell, Action for Damages (Fn. 74), 285 (303).

gliedstaaten zustande kommen: So wird die Planungsphase, die auf dem bilateralen Dialog zwischen der Kommission und dem jeweiligen Mitgliedstaat aufbaut, nach Einigung über ein Programm mit einer einvernehmlich zu treffenden Genehmigungsentscheidung beendet. Kommission und Mitgliedstaat wirken dabei sowohl an der Ausarbeitung des betreffenden Programms wie auch an der abschließenden Entscheidung mit. Wie bereits gezeigt, sind die Programme selbst von den Programmgenehmigungen zu unterscheiden. Gegenstand der Entscheidung sind lediglich die wesentlichen Elemente der Programme, vorrangig die Zurverfügungstellung der Fondsmittel. Ihre rechtliche Einordnung ist daher unabhängig voneinander vorzunehmen[79].

1. Kooperative Handlungsform der einvernehmlichen Entscheidung

Die Regelungswirkungen der Genehmigungen der mitgliedstaatlichen Programme als förmlichen Entscheidungen im Sinne von Art. 249 Abs. 4 EG-Vertrag werden allein der Kommission zugerechnet, so daß auch ausschließlich das Gemeinschaftsrecht Anwendung findet. Die Zusammenarbeit zwischen der Kommission und dem betroffenen Mitgliedstaat findet zwar in dem stark konsensorientierten Verfahren eine rechtsförmliche Ausgestaltung durch die Strukturfondsverordnung[80]. Über das Zustimmungserfordernis schlägt sich die Kooperation auch im Verfahrensergebnis nieder. Im Ergebnis handelt es sich jedoch *nicht* um echte *gemeinsame Entscheidungen* von Kommission und Mitgliedstaaten[81].

Gleichwohl stellen diese zustimmungsbedürftigen Entscheidungen eine weitere Form verrechtlichter Verwaltungszusammenarbeit im Verwaltungsverbund dar. Wenn auch das Ergebnis als einseitiges Handeln qualifiziert werden muß, ist die Verfahrensausgestaltung auf dem Weg zu diesem Ergebnis zweiseitig und auf Zusammenarbeit angelegt.

Dem Rechtsprinzip wird diese Handlungsform im Rahmen der Gemeinsamen Verwaltung dadurch gerecht, daß sie Rechtsunsicherheit hinsichtlich der Zurechnung und des anwendbaren Rechtssystems vermeidet.

---

[79] S.o. B.I.1.a).

[80] *Comijs*, Europese structuurfondsen (Fn. 2), 153 f. („communautair genormeerd onderhandelingsproces"). Zur rechtsförmlichen Ausgestaltung konsensualer Verwaltungsverfahren im deutschen Recht *Schmidt-Aßmann*, Ordnungsidee (Fn. 31), 6/113; *Schulze-Fielitz*, DVBl 1994, 657 (660 ff.).

[81] Die Genehmigung der Programme im Rahmen der Strukturpolitik wird von *Priebe*, in: Schmidt (Hrsg.), Öffentliches Wirtschaftsrecht II, § 11 Rn. 102, als wirksames Aufsichtsmittel der Kommission angesehen. Über das Zustimmungserfordernis und den vorgeschriebenen Verhandlungsprozeß wird diese Aufsicht jedoch stark kooperativ abgefedert; siehe auch *Mögele*, in: Dauses, HbEUWiR (Fn. 13), G Rn. 179.

Zugleich bietet sie einen Effizienzgewinn, indem sie über die Zustimmung die spätere Umsetzung durch die und in den Mitgliedstaaten sichert[82].

2. Pläne und Programme zwischen rechtsverbindlichem und informellem Verwaltungshandeln

Ähnlich wie für die Genehmigungsentscheidungen stellt sich für die Programme, d.h. die Gemeinschaftlichen Förderkonzepte, die Operationellen Programme und die Einheitlichen Programmplanungsdokumente, die Frage nach Handlungsform, Verbindlichkeit, Urheberschaft und Rechtsregime. Bereits die Unterscheidung zwischen der Genehmigung einerseits und den Programmen andererseits legt den Schluß nahe, daß von den Programmen ein schwächerer Regelungsanspruch ausgeht als von den förmlichen Genehmigungen durch die Kommission.

Bei den Programmen handelt es sich nicht um eine vorgegebene gemeinschaftsrechtliche Rechtsform, sondern vielmehr um eine unverbindliche atypische Handlungsform, die durch ein kooperatives Zustandekommen geprägt ist. Positive Verpflichtungswirkungen im Sinne einer Verwirklichungspflicht gehen von den Plänen nicht aus. Allerdings stellen sie den Rahmen für die späteren Durchführungsmaßnahmen dar, für deren ordnungsgemäße Durchführung die Einhaltung des jeweiligen Programms erforderlich ist. Echte Rechtsverbindlichkeit kann jedoch erst die an die Planung anknüpfende Genehmigungsentscheidung der Kommission beanspruchen.

Die Programme bilden eine spezifische Handlungsform sui generis. Ihnen kommt Konzeptcharakter zu[83]. Für komplexe Entscheidungssituationen stellen sie mittelfristige, nicht verpflichtende Ziel- und Gesetzeskonkretisierungen auf einer abstrakt-konkreten Zwischenebene auf, die ihrerseits der Umsetzung durch im Programm angelegte Maßnahmen bedürfen. In den Programmen präzisieren Kommission und der betreffende Mitgliedstaat gemeinsam jeweils für einen geographisch abgeschlossenen Bereich das Gemeinschaftsinteresse des wirtschaftlichen und sozialen Zusammenhalts. Kommission und Mitgliedstaaten kommt dabei aufgrund der Ausfüllungsbedürftigkeit der sekundärrechtlichen Vorgaben ein erheblicher Gestaltungsspielraum zu. Das Programmierungsverfahren verläuft als Verhandlungsprozeß dynamisch und entwicklungsoffen unter fortwährender

---

[82] Auf die „friedensstiftenden Ziele und Wirkungen von Kooperation, Konsens und Akzeptanz" hat *Schoch*, in: Hoffmann-Riem/Schmidt-Aßmann, Innovation und Flexibilität (Fn. 69), 199 (231) hingewiesen. Dieser Befund gilt auch für das Gemeinschaftsrecht.

[83] Zum Konzept als einer von der Planung zu differenzierenden Handlungsform *Müller*, Konzeptbezogenes Verwaltungshandeln, 1992, insb. 255 f.; zum Konzeptgedanken im Europäischen Verwaltungsrecht *Koch*, Arbeitsebenen der EU, 2003, 62.

Beteiligung der relevanten Akteure. Es dient der Koordinierung der zielgerichteten Förderverwaltung von Kommission und Mitgliedstaaten.

Prägende Elemente dieser nicht rechtsförmlichen Handlungsform sind demnach Zukunftsorientierung, Maßnahmenbezug, Prozeßhaftigkeit und Entwicklungsoffenheit, Kooperation und Unverbindlichkeit[84].

II. Prinzip der Partnerschaft und Begleitausschüsse

Klassisches Instrument multilateraler institutioneller Verwaltungskooperation sind auf Gemeinschaftsebene angesiedelte, aus Vertretern der Mitgliedstaaten zusammengesetzte Ausschüsse, die nicht nur im Rahmen der Durchführungsgesetzgebung[85], sondern auch beim Vollzug des Gemeinschaftsrechts durch die Kommission eingesetzt werden. Daneben sieht das Recht der Strukturfondsverwaltung die sog. Partnerschaft als weitere Form organisierter Verwaltungskooperation vor: Bei dem Prinzip der Partnerschaft handelt es sich um eine einfachgesetzliche Organisationsmaxime, die zu einer umfangreichen vertikalen Kooperation der Kommission mit mitgliedstaatlichen und insbesondere auch regionalen Behörden führt, in die darüber hinaus auch private Wirtschafts- und Sozialpartner einbezogen werden[86].

Das Prinzip der Partnerschaft hat eine organisatorische Ausprägung in der Schaffung sog. Begleitausschüsse auf der jeweiligen Programmebene gefunden. Bei den Begleitausschüssen handelt es sich um institutionalisierte Gremien, in denen alle „Partner" im Sinne des Partnerschaftsprinzips vertreten sind. Hauptaufgabe dieser Ausschüsse ist die dauernde Überprüfung der Durchführung des jeweiligen Programms, um dessen größtmögliche Wirksamkeit sicherzustellen[87].

Die im Grundansatz auf die Kommission und die Mitgliedstaaten beschränkte Verwaltungszusammenarbeit in der Gemeinschaft wird über die Einrichtung der Begleitausschüsse nicht nur vertikal und horizontal ausgedehnt, sondern zusätzlich dezentral institutionalisiert[88]: Vertikal wird sie

---

[84] Programme werden auch in anderen Bereichen europäischer Verwaltung mit ganz unterschiedlicher Zielsetzung verwendet; siehe die Beispiele bei *Rengeling*, in: FS für W. Hoppe, 2000, 883 (887 f.); *Kadelbach*, ebda., 879 (898 ff., 911 f. zu kooperativen Planungsformen). Auf die Erforderlichkeit eines europäischen Planungsrechts weist *Wahl*, ebda., 913 ff. hin.

[85] Hierzu siehe *Möllers*, in diesem Band, 293 ff.

[86] Zur Partnerschaft als Grundsatz siehe bereits oben unter A.II.2 sowie ausführlich und mwN. *Schöndorf-Haubold*, Strukturfonds (Fn. 2), 437 ff.

[87] Siehe Art. 35 der allgemeinen StrukturfondsVO (Fn. 1). Ausführlich zu Zusammensetzung, Aufgaben und Funktionen der Begleitausschüsse *Schöndorf-Haubold*, Strukturfonds (Fn. 2), 450 ff.

[88] *Priebe*, in: GS Grabitz (Fn. 15), 551 (567); *Lang/Schwab/Wollmann*, VerwArch 91 (2000), 100 ff.

auf die subnationale, d.h. regionale und lokale Ebene erstreckt, horizontal besteht zumindest fakultativ die Möglichkeit einer Ausdehnung auf Wirtschafts- und Sozialpartner oder sonstige relevante Einrichtungen[89]. Die dezentrale Institutionalisierung wird auf der jeweiligen staatlichen oder unterstaatlichen Programmebene vorgenommen. Die Begleitausschüsse unterscheiden sich daher nicht nur von ihren Aufgaben her, sondern auch strukturell wesentlich von den Komitologieausschüssen, die zentral bei der Kommission angesiedelt sind und sich durch eine Beteiligung aller Mitgliedstaaten wie auch durch eine eher als präventiv zu bezeichnende Aufgabenwahrnehmung auszeichnen.

Die Begleitausschüsse sind grundsätzlich auf nationaler Ebene angesiedelt und unterliegen dem Recht des jeweiligen Mitgliedstaats. Gleichwohl ist die Kommission durch einen Bediensteten der zuständigen Generaldirektion vertreten. Nach der aktuellen Strukturfondsverordnung hat er allerdings weder den Vorsitz inne, noch verfügt er über ein Stimmrecht; die Mitwirkung der Kommission in den Begleitausschüssen ist vielmehr rein beratender Art. Trotz Beteiligung der Kommission können die Begleitausschüssen daher nicht als gemeinschaftsrechtliche Einrichtungen angesehen werden[90].

Die Beteiligung der Kommission in den Begleitausschüssen auf der nationalen und regionalen Ebene der Mitgliedstaaten führt auf der einen Seite dazu, daß das Gemeinschaftsinteresse unmittelbar auf diesen Ebenen artikuliert und geltend gemacht werden kann, ohne daß es eines zentralen Intermediärs bedürfte. Auf der anderen Seite erhält die Kommission so direkteren Einblick in die Verwaltung der Mitgliedstaaten, zum einen über die Bewertung der Interventionen, die die Hauptaufgabe der Begleitausschüsse ist, und zum anderen über die personelle Beteiligung der zuständigen mitgliedstaatlichen Behörden in den Ausschüssen. Dies erleichtert ihr nicht zuletzt die Wahrnehmung ihrer sonstigen Bewertungs- und Kontrollbefugnisse[91].

In den früheren Programmplanungszeiträumen war der Kommission auch ein Stimmrecht eingeräumt. Diese Mischzusammensetzung führte zu Problemen hinsichtlich der rechtlichen Zuordnung der Entscheidungen der

---

[89] Nach *Tömmel*, PVS Sonderheft 23/1992, 185 (191) „gemischt" zusammengesetzte Komitees.

[90] Dies war auch Anliegen der Reform; vgl. den 38. Erwgrd. der StrukturfondsVO (Fn. 1). Im vergangenen Programmplanungszeitraum waren die Befugnisse der einzelnen Mitglieder der Begleitausschüsse weniger klar geregelt, was zu Schwierigkeiten einerseits der Einordnung dieser Gremien, andererseits der aufkommenden Rechtsschutzfragen führte; siehe dazu *Comijs*, Europese structuurfondsen (Fn. 2), 139 ff., 261 ff. sowie unten in Fn. 92.

[91] Zur Funktion der Beteiligung der Kommission siehe auch *Bernard*, Multilevel Governance in the European Union, 2002, 122 ff.

Begleitausschüsse[92]. Daher präzisiert die aktuelle Strukturfondsverordnung, daß die Begleitausschüsse im Rahmen der Zuständigkeit – einschließlich der gerichtlichen Zuständigkeit – des Mitgliedstaats handeln (Art. 35 Abs. 1 UAbs. 3 S. 2 StrukturfondsVO). Der Kommissionsvertreter nimmt lediglich mit beratender Stimme an den Ausschußsitzungen teil. Ein Stimmrecht kommt ihm nicht mehr zu[93]. Das Problem der Zurechnung der Handlungen wird damit zugunsten der Mitgliedstaaten gelöst[94].

Zu ähnlichen Problemen führte auch die Tatsache, daß nach den alten Strukturfondsverordnungen alle Anpassungs- und Änderungsbeschlüsse der Begleitausschüsse von der Kommission bestätigt werden mußten, was die Zuordnung der Handlungen zu einer der Rechtsordnungen (nationaler oder europäischer) ebenfalls erschwerte. Eine Bestätigung der Entscheidungen der Begleitausschüsse ist nun nicht mehr vorgesehen bzw. werden die programmändernden Entscheidungen in der Sache entweder von der Verwaltungsbehörde oder von der Kommission selbst beschlossen. Andererseits ändert auch die Tatsache, daß Änderungsentscheidungen der Kommission dem Wortlaut der Strukturfondsverordnung zufolge von einer Billigung durch den jeweiligen Begleitausschuß abhängen[95], nichts an der klaren Zuordnung dieser Kommissionsentscheidungen zur Gemeinschaftsebene.

III. Gemeinsame Verwaltung: ein Fazit

Gemeinsame Verwaltung, wie sie bei den Strukturfonds vorzufinden ist, stellt ein Modell für Verwaltung im Europäischen Verwaltungsraum dar.

---

[92] Nach mündlicher Auskunft innerhalb der Kommission erklärten sich sowohl das europäische Gericht als auch ein nationales mitgliedstaatliches Gericht für die Anfechtung einer Begleitausschußentscheidung aufgrund der Qualifikation der Handlung als national bzw. gemeinschaftsrechtlich für unzuständig. Zu diesen Rechtsschutzproblemen, die auch aus der Rechtsprechung des EuGH (siehe nur Rs. C-97/91, Slg. 1992, I-6313 ff. – Borelli) bekannt sind, siehe auch *Jans/de Lange/Prechal/Widdershoven*, Europees bestuursrecht (Fn. 63), 109; *Comijs*, Europese structuurfondsen (Fn. 2), 128 ff., insb. 139 ff., 261 ff.; *dies.*, in: Vervaele, Compliance and Enforcement (Fn. 61), 301 (313 ff.); *Nehl*, Europäisches Verwaltungsverfahren (Fn. 71), 432 ff. Sie lassen sich mit dem traditionellen Trennungsprinzip nicht lösen. Zum Prinzip der Transparenz verbindlicher Rechtsfolgen, *Schmidt-Aßmann*, in: FS für Häberle (Fn. 30), 395 (407); zum Gebot der Rechtswegklarheit *J. Hofmann*, Rechtsschutz und Haftung (Fn. 74), 296 f.; *ders.*, in diesem Band, 353 (378 ff.).

[93] Nach den alten Verordnungen war auch der Kommissionsvertreter in den Begleitausschüssen stimmberechtigt: Art. 25 Abs. 3 der DurchführungsVO (EWG) Nr. 4253/88 idF der VO (EWG) 2982/93.

[94] Zurechnungsfragen als ein Problem der Partnerschaft benennt auch *Bernard*, Multilevel Governance (Fn. 91), 100; übergreifend *Hofmann*, Rechtsschutz und Haftung (Fn. 74); *ders.*, in diesem Band, 353 ff.

[95] Art. 34 Abs. 3 StrukturfondsVO (Fn. 1).

Durch die Einbeziehung der Verwaltungen aller Ebenen des Europäischen Verwaltungsraums werden nationale Grenzen zunehmend verwischt. Gemeinsame Verwaltung fügt sich damit in die Entwicklung eines übergreifenden Europäischen Verwaltungsverbundes ein.

Sie ist ein funktionierendes Modell für Verwaltung im europäischen Mehrebenensystem. Vielfältige Formen der Zusammenarbeit der unterschiedlichen Akteure kennzeichnen die unterschiedlichen Verfahrensphasen. Die Kooperation von Gemeinschaft und Mitgliedstaaten erfolgt in einem Planungs-, Finanzierungs- und Verwaltungsverbund: Sowohl die gemeinsame Programmplanung als auch Zusätzlichkeit und Kofinanzierung sind tragende Grundsätze der Strukturfondsförderung. Selbst in die Durchführung der Programme durch staatliche und unterstaatliche Behörden wirkt die Kommission durch eine Vielzahl verbindlicher und unverbindlicher Steuerungsinstrumente und -mechanismen sowohl materieller als auch verfahrens- und organisationsmäßiger Art hinein. Die nicht zuletzt auf ihre Haushaltsverantwortung zurückzuführenden Steuerungsmöglichkeiten implizieren Aufsichtsbefugnisse, ohne Hierarchien im traditionellen Sinne vorauszusetzen.

Im Unterschied zu frühen, klassischen Formen der Zusammenarbeit beruht diese Gemeinsame Verwaltung der Strukturfonds nicht in erster Linie auf informeller, praktischen Bedürfnissen entspringender Kooperation, sondern ist in großem Umfang durch Verfahrens- und Organisationsregeln rechtlich vorstrukturiert. Wenn auch flexibel und offen für die unterschiedlichen Verwaltungsrechtsordnungen der Mitgliedstaaten stellt das Recht der Strukturfondsverwaltung eine weitgehende verwaltungsrechtliche Bereichskodifikation gerade in verfahrens- und organisationsrechtlicher Hinsicht dar, wie die Regelungen über die gemeinsame Planung, die Begleitung und Bewertung, das Informationsregime und die abgestimmte Kontrolle eindrucksvoll belegen. Ein weiteres Charakteristikum Gemeinsamer Verwaltung ist die Herausbildung gemeinsamer Handlungs- und Organisationsformen, die für die Zukunft neben dem Vertrag auch weitere gemeinsame Rechtsformen erwarten lassen.

Eine rechtliche Stütze erfährt das Modell Gemeinsamer Verwaltung durch das Prinzip der Partnerschaft, das die Zusammenarbeit insbesondere auf die unterstaatlichen Ebenen erweitert und diese der Gemeinschaft als Kooperationspartner erschließt. Als sekundärrechtliche Organisationsmaxime beruht dieses Prinzip seinerseits auf den primärrechtlichen Grundsätzen der Subsidiarität und der Kooperation. Letztere sind es auch, die Gemeinsame Verwaltung zwischen Eigenverwaltung und indirektem Vollzug eher ge- als verbieten. Ein dem deutschen Recht vergleichbares Verbot der ebenenübergreifenden Mischverwaltung existiert im Gemeinschaftsrecht daher nicht.

Schranken Gemeinsamer Verwaltung ergeben sich aus den primärrechtlichen Maßstabsnormen der begrenzten Einzelermächtigung, der Subsidiarität und der Verhältnismäßigkeit, die wie bei allem Handeln der Gemeinschaft beachtet werden müssen, ihrerseits aber Gemeinsamer Verwaltung nicht grundsätzlich entgegenstehen. Das gemeinschaftsrechtliche Rechtsprinzip stellt darüber hinausgehende Anforderungen an das Verwaltungshandeln im Verwaltungsverbund und fordert neben einer stringenten Handlungsformenlehre die eindeutige Zurechenbarkeit der Handlungen im Rahmen der Verwaltungskooperation. Hier ist Europäisches Verwaltungsrecht auch in der Zukunft weiter gefordert.

Informationskooperation am Beispiel des europäischen Umweltrechts[*]

JULIA SOMMER

A. Typisierung der Informationskooperation
  I. Mitteilungspflichten
  II. Informationsbeschaffungspflichten
  III. Informelle Informationskooperation und gemischt national-europäische Verwaltungsverfahren
B. Einzelne Rechtsfragen – Warenverkehrsbeschränkungen, Vollzug und Sanktionierung
  I. Verwaltungskooperation zur Vermeidung von Warenverkehrsbeschränkungen
  II. Der Vollzug von Informationspflichten und die beteiligten Institutionen der Gemeinschaft
  III. Unwirksamkeit staatlicher Vorschriften mangels Notifikation
C. Rechtlicher Rahmen

Die inzwischen von den Mitgliedstaaten unterzeichnete und im Ratifizierungsverfahren befindliche Verfassung der Europäischen Union[1] sieht einen eigenen Abschnitt über die Verwaltungszusammenarbeit vor, in dem es heißt: „Die für das ordnungsgemäße Funktionieren der Union entscheidende effektive Durchführung des Unionsrechts durch die Mitgliedstaaten ist als Frage von gemeinsamem Interesse anzusehen. [...] Die Union kann die Mitgliedstaaten in ihren Bemühungen um eine Verbesserung der Fähigkeit ihrer Verwaltung zur Durchführung des Unionsrechts unterstützen.

---

[*] Der Beitrag basiert auf der Dissertation der Verfasserin mit dem Titel „Verwaltungskooperation am Beispiel administrativer Informationsverfahren im Europäischen Umweltrecht", Springer, Berlin u.a. 2003.

[1] Vertrag über eine Verfassung für Europa (ABl. EU 2004 Nr. C 310, S. 1). Allgemein zum Konvent s. nur *Oppermann*, DVBl. 2003, 1165 ff. und 1234 ff.; *Ruffert*, EuR 2004, 166 ff.; *Wuermeling*, EuR 2004, 217 ff. und *Einem*, EuR 2004, 202 ff.

Dies kann insbesondere die Erleichterung des Austauschs von Informationen und von Beamten sowie die Unterstützung von Aus- und Weiterbildungsprogrammen beinhalten. Die Mitgliedstaaten müssen diese Unterstützung nicht in Anspruch nehmen. Durch Europäisches Gesetz werden die erforderlichen Maßnahmen unter Ausschluß jeglicher Harmonisierung der Rechtsvorschriften der Mitgliedstaaten festgelegt"[2].

Der Verfassungsvertrag erwähnt erstmals ausdrücklich die Notwendigkeit des administrativen Informationsaustauschs und zeigt auf, daß Verwaltungskooperation eng mit der Durchführung des Gemeinschaftsrechts verbunden ist. Gleichwohl sind die unterschiedlichsten Formen der Verwaltungskooperation bereits seit Beginn der Europäischen Gemeinschaft elementare Bestandteile ihres Verwaltungsalltags[3]. Die eingangs zitierte Vorschrift erfaßt lediglich unterstützende Maßnahmen der Kommission, läßt jedoch die Möglichkeiten zum Erlaß von weitergehenden Kooperations- und insbesondere Informationspflichten auf der Grundlage anderer Rechtsgrundlagen des EG-Vertrages auch in der Zukunft unberührt[4]. In Ermangelung eines eigenen Behördenunterbaus hat sich die Gemeinschaft über die Jahrzehnte durch vielfältige Verfahren der Verwaltungs- und insbesondere der Informationskooperation subtile Steuerungsmittel geschaffen und ersetzt so die ihr nicht zustehenden Rechts- und Fachaufsichtsbefugnisse[5]. Aber selbst innerhalb von Behördenstrukturen, bei denen Weisungsbefugnisse bestehen, gleicht die Implementation von rechtlichen Vorgaben z.T. einem fortlaufenden „Verhandlungs- und Kommunikationsprozeß" zwischen den beteiligten Verwaltungsträgern, bei dem von den untersten Behörden deren Informationsvorsprung über die Lage vor Ort in die Wagschale geworfen wird[6]. Die Umsetzung von Rechtsnormen setzt somit stets die Kooperation der Behörden und den Austausch von Informationen unter diesen voraus.

---

[2] Titel III Kapitel V Abschnitt 7 „Verwaltungszusammenarbeit", Art. III-285.

[3] Einen Überblick über die Kooperationsstrukturen gibt *Schmidt-Aßmann*, in: FS für Peter Häberle, 2004, 395 ff. *Schmidt-Aßmann* unterscheidet zwischen den Kategorien „(schlichte) Handlungszusammenhänge", „vertikal organisierte Entscheidungszusammenhänge", „horizontal organisierte Entscheidungszusammenhänge" und „institutionalisierte Kooperation" (aaO., 397 ff.). Siehe auch *ders.*, in diesem Band, 1 (5 ff.); *ders.*, in: FS für Helmut Steinberger, 2002, 1375 (1380). *Schmidt-Aßmann* unterteilt hier nach den Kooperationsformen der „informationellen Kooperation", der „prozeduralen Kooperation" und der „institutionalisierten Kooperation".

[4] So ausdrücklich festgelegt in Art. III-285 Abs. 3 des Verfassungsvertrages (Fn. 1).

[5] Eingehender *Sommer*, Verwaltungskooperation am Beispiel administrativer Informationsverfahren im Europäischen Umweltrecht, 2003, insbesondere 508 ff. mwN.

[6] Vgl. *Garlichs*, Politikformulierung und Implementation im föderativen Staat, in: Mayntz (Hrsg.), Implementation politischer Programme, 1980, 20 (25 f.).

Durch die organisatorische Trennung der Verwaltungen der Mitgliedstaaten und der Gemeinschaft sind die Behörden bei der Anwendung des Gemeinschaftsrechts verstärkt auf Kooperation angewiesen. *Schmidt-Aßmann* spricht in diesem Zusammenhang vom „Trennungsprinzip", welches durch das „Kooperationsprinzip" bzw. das „Prinzip der funktionalen Differenzierung" ergänzt werden muß[7]. Die Herstellung eines gemeinsamen binneneuropäischen Verwaltungsraumes erfordert notwendigerweise die Einbeziehung von Informationen aus einer Mehrzahl von Mitgliedstaaten. Die Europäische Verwaltung ist „zuallererst Informationsverwaltung"[8]. Nicht nur die Gemeinschaft, auch die Mitgliedstaaten sind im Zuge transnational wirkender Verwaltungsakte, welche ihre Rechtswirkungen auch in anderen Mitgliedstaaten zeitigen[9], auf Verfahren der Informationskooperation angewiesen. Der Grundsatz der „Herkunftslandkontrolle", wonach im wesentlichen der Mitgliedstaat für die Kontrolle der gesetzeskonformen Beschaffenheit eines Produktes zuständig ist, in dem das Produkt hergestellt wurde, erfordert zudem ein Klima gegenseitigen Vertrauens, weil sich alle anderen Mitgliedstaaten auf diese Kontrollen verlassen können müssen. Vertrauen wiederum setzt offene Kommunikationsbeziehungen voraus – Kommunikation ist Mindestinhalt jeder Kooperation und erhöht gleichzeitig die Bereitschaft hierzu[10].

A. Typisierung der Informationskooperation

Verwaltungskooperation ist ein Sammelbegriff für vielfältige Formen der Zusammenarbeit. Ein wichtiger Bestandteil ist der Informationsaustausch. Informationskooperation setzt sich aus sehr unterschiedlichen Bauelementen zusammen. Diese Bauelemente werden derzeit in der Gesetzgebung der Gemeinschaft eingesetzt und mit den verschiedensten Begriffen umschrie-

---

[7] *Schmidt-Aßmann,* in: FS für Häberle (Fn. 3), 395 (397 und 407 f.); siehe auch *ders.,* in diesem Band, 1 ff.

[8] *Schmidt-Aßmann*, in: FS für Steinberger (Fn. 3), 1375 (1391).

[9] Zum Konzept des transnationalen Verwaltungsaktes *Schmidt-Aßmann*, DVBl. 1993, 924 (935 f.); ausführlich *Neßler*, Europäisches Richtlinienrecht wandelt deutsches Verwaltungsrecht, 1994, 5 ff.; *ders.*, NVwZ 1995, 863 ff.; siehe auch *Ruffert*, DV 2001, 453 ff.

[10] *Storm*, Bericht der Arbeitsgruppe „Begriffe 'Information', 'Konsultation', 'Verhandlung', 'Kooperation', 'Abstimmung'", in: Bothe/Prieur/Ress (Hrsg.), Rechtsfragen grenzüberschreitender Umweltbelastungen, 1984, 279 (282); *Bohnet/Frey*, Ist Reden Silber und Schweigen Gold? Eine ökonomische Analyse, Zeitschrift für Wirtschafts- und Sozialwissenschaften 1995, 169 ff.; *Schmidt-Aßmann*, EuR 1996, 270 (290). Siehe auch *ders.,* in: Schmidt-Aßmann/Hoffmann-Riem (Hrsg.), Strukturen des Europäischen Verwaltungsrechts, 1999, 9 (19 f.).

ben, ohne daß einer einheitlichen Systematik gefolgt würde. Zudem kann aufgrund der unbestimmt gehaltenen Begrifflichkeit der Verpflichtungsgehalt nicht immer eindeutig bestimmt werden[11]. Eine einheitliche rechtliche Begrifflichkeit würde es jedoch erleichtern, den Verpflichtungsgehalt der in den Rechtsakten der Gemeinschaft vorkommenden Informationspflichten zu erfassen. Rechtlich bestimmte Begriffe, die den Auslösungstatbestand, die Initiativlast, den Zeitpunkt, den Umfang und das Informationsmedium benennen, dienen der Rechtssicherheit und fördern so den Vollzug des Gemeinschaftsrechts. Sie stellen Eckpunkte für die Rechtmäßigkeitskontrolle dar, vereinfachen die Rechtsetzung und zeigen gleichzeitig Gestaltungsmöglichkeiten auf[12]. Die Verallgemeinerung und Abstraktion mittels Zuordnung von Verwaltungsvorgängen zu bestimmten Schlüsselbegriffen stellt nach *Schmidt-Aßmann* die „Speicherleistung des Verwaltungsrechts" dar[13].

De lege ferenda böte sich für die Gemeinschaft der Erlaß eines einheitlichen Typenmusters für Informationsverfahren im Sinne eines Baustein-Kataloges an, der in der Rechtsform eines die Gemeinschaftsorgane selbst bindenden Beschlusses gleichzeitig noch genügend Spielraum für die Erprobung neuer Verfahren lassen könnte[14]. Die rechtlichen Möglichkeiten hierfür bieten sowohl der existierende EG-Vertrag mit Art. 284, als auch die neue Europäische Verfassung. Danach sollen der Rahmen und die nähere Maßgabe für Auskünfte und Nachprüfungen durch die Kommission in einer Europäischen Verordnung oder einem Europäischen Beschluß festgelegt werden[15]. Zudem haben die Kommission, das Europäische Parlament und der Rat jüngst eine interinstitutionelle Vereinbarung mit dem programmatischen Titel „Bessere Rechtsetzung" abgeschlossen, in der sich

---

[11] Aus jüngerer Zeit s. nur Art. 9 und 10 der Verordnung (EG) Nr. 850/2004 vom 29.4.2004 über persistente organische Schadstoffe (ABl. EU 2004 Nr. L 158, S. 7), die von einer „engen Zusammenarbeit" und der „Erleichterung" des Austauschs von Informationen spricht. Eine amüsante Darstellung der europäischen Rechtsetzungstechnik findet sich bei *Walter*, Entwurf einer Richtlinie zur sprachlichen Gestaltung europarechtlicher Texte, NJW 2004, 582 ff.

[12] Vgl. *Schmidt-Aßmann*, DVBl. 1989, 533 ff.; *ders.*, in: FS für Peter Lerche, 1993, 513 ff. und *ders.*, in: FS für Häberle (Fn. 3), 395 (406). *Schmidt-Aßmann* weist auf die Bedeutung der Verknüpfung von Handlungsformen mit bestimmten Rechtsfolgen für die Steuerungsfähigkeit rechtlicher Regelungen und damit auch des Verwaltungshandelns hin. Grundlegend zur Systembildung im Verwaltungsrecht *v. Danwitz*, in: Schmidt-Aßmann/Hoffmann-Riem, Strukturen des Europäischen Verwaltungsrechts (Fn. 10), 171 ff. sowie *Hoffmann-Riem*, ebda. (Fn. 10), 317 ff.

[13] *Schmidt-Aßmann*, DV 1994, 137 (139). Siehe auch *ders.*, in: FS für Häberle (Fn. 3), 395 (404 ff.).

[14] Ausführlicher hierzu *Sommer*, Verwaltungskooperation (Fn. 5), 82 ff. mwN.

[15] Art. III-428 der Verfassung (Fn. 1). Der Ministerrat soll hierüber mit einfacher Mehrheit entscheiden können.

das Europäische Parlament und der Rat verpflichten, alle geeigneten Maßnahmen zu ergreifen, um Ungenauigkeiten und Inkohärenzen zu verhindern[16].

Bei einer Typisierung der Bauformen der Informationskooperation kann man zwischen Informationsbeschaffungspflichten und Mitteilungspflichten unterscheiden. Letztere können horizontal, d. h. zwischen den Mitgliedstaaten, oder vertikal, d. h. zwischen den Gemeinschaftsorganen und den Mitgliedstaaten, bestehen. Bei einem sternförmigen Informationsaustausch gibt die Gemeinschaft Informationen gleichzeitig an alle Mitgliedstaaten weiter.

I. Mitteilungspflichten

Unter die Mitteilungspflichten fallen v.a. die einzelfallbezogenen, reaktiven, d. h. von einem vorangehenden Ersuchen abhängigen *Auskunftspflichten* und die aktiven, an einen bestimmten Auslösungstatbestand anknüpfenden *Unterrichtungspflichten*[17]. Wichtige Erscheinungsformen der Unterrichtung sind Warnungen in Notfällen, die Unterrichtung über staatliche Normen und Umsetzungsmaßnahmen sowie die zahllosen Unterrichtungspflichten im Rahmen von Anmelde- und Genehmigungsverfahren für Produkte und Anlagen.

Öffentlichkeitsakzessorisch sind administrative Unterrichtungspflichten dann, wenn sie an die vorherige Unterrichtung dritter Personen – meist der eigenen Bevölkerung – anknüpfen. Die Akzessorietät kann sich auf den Zeitpunkt oder den Umfang der Unterrichtung beziehen. So sieht beispielsweise die *IVU-Richtlinie* vor, daß Genehmigungsanträge für die von der Richtlinie erfaßten Anlagen den Nachbarstaaten zu demselben Zeitpunkt zu übermitteln sind, zu dem sie den eigenen Staatsangehörigen zur Verfügung gestellt werden[18].

In der Gemeinschaft werden kontinuierlich die Informationspflichten der Staaten gegenüber der Öffentlichkeit erweitert und so indirekt auch die zwischenstaatlichen öffentlichkeitsakzessorischen Informationspflichten verstärkt[19]. Im Zusammenhang mit diesen Informationszugangsrechten der

---

[16] Mitteilung des Europäischen Parlaments, des Rates und der Kommission, ABl. EU 2003 Nr. C 321, S. 1, Ziffer 31.

[17] Ausführlich zu den einzelnen Informationspflichten *Sommer*, Verwaltungskooperation (Fn. 5), 102 ff., mit Beispielen aus dem Gemeinschaftsrecht.

[18] Art. 17 Abs.1 der Richtlinie 96/61/EG vom 24.9.1996 über die integrierte Vermeidung und Verminderung der Umweltverschmutzung (ABl. EG 1996 Nr. L 257, S. 26).

[19] So z.B. durch die Richtlinie 2003/35/EG vom 26.5.2003 über die Beteiligung der Öffentlichkeit bei der Ausarbeitung bestimmter umweltbezogener Pläne und Programme (ABl. EU 2003 Nr. L 156, S. 17) sowie durch die neue Richtlinie 2003/4/EG vom 28.1.2003 über den Zugang der Öffentlichkeit zu Umweltinformationen und zur Aufhebung der Richtlinie 90/313/EWG (ABl. EU 2003 Nr. L 41, S. 26). Seit 1990 Richtlinie

Öffentlichkeit könnte argumentiert werden, daß sich die Mitgliedstaaten auf der Grundlage von Artikel 10 EGV stets, d. h. auch ohne spezielle administrative Informationspflicht des betroffenen Mitgliedstaates, auf die Informationszugangsrechte berufen können, welche ihren eigenen Staatsbürgern im Verhältnis zu anderen Mitgliedstaaten zustehen, so v. a. unter der *Richtlinie 90/313/EWG über den Zugang der Öffentlichkeit zu Umweltinformationen* bzw. der neuen Richtlinie 2003/4/EG[20]. Auch wenn diese Informationszugangsrechte nicht für die Mitgliedstaaten gedacht sind, so könnten sich letztere andernfalls eines Bürgers der Gemeinschaft bedienen, um an die benötigten Informationen zu gelangen – ein Verfahren, das nicht nur umständlich ist, sondern auch den Beigeschmack des rechtswidrigen Ausspionierens hat. Spezielle Regelungen zu administrativen Informationspflichten würden selbst bei der Bejahung einer solchen öffentlichkeitsakzessorischen Auskunftspflicht nicht überflüssig werden. Inneradministrative Informationspflichten folgen einem meist formloseren und schnelleren Verfahren, bei dem die Kosten zudem der informationspflichtige Mitgliedstaat trägt und bei denen die Informationsweitergabe idR nicht durch umfangreiche Geheimhaltungsvorschriften verweigert werden kann, weil die Geheimhaltungsinteressen der Betroffenen im inneradministrativen Verhältnis durch die Pflicht zur vertraulichen Behandlung gewahrt werden.

Informationssysteme ersetzen durch den Einsatz der EDV-Technik gerade in jüngerer Zeit in zunehmendem Maße traditionelle Auskunfts- und Unterrichtspflichten[21]. In diese Systeme sind meist Einzelfallinformati-

---

90/313/EWG vom 7.6.1990 über den freien Zugang zu Informationen über die Umwelt (ABl. EG 1990 Nr. L 158, S. 56), die zum 14.2.2005 ersetzt wird durch die Richtlinie 2003/4/EG. Die Ausweitung der Informations- und Beteiligungsrechte der Öffentlichkeit unter der Richtlinie 2003/35/EG hat wiederum zu einer Änderung der IVU-Richtlinie geführt, bei der u.a. Art. 15 nunmehr vorsieht, daß die zuständige Behörde die Öffentlichkeit nach einem näher festgelegten Verfahren unterrichtet und ihr bestimmte, im einzelnen näher aufgeführte Informationen zugänglich macht. Hieran anknüpfend muß ein Mitgliedstaat nach dem bereits erwähnten Art. 17 Abs. 1 der IVU-Richtlinie anderen betroffenen Mitgliedstaaten zum gleichen Zeitpunkt die entsprechenden Informationen zur Verfügung stellen. Allgemein zur Entwicklung der Informationszugangsrechte der Öffentlichkeit im Rahmen des EG-Rechts *Nowak*, DVBl. 2004, 272 ff. sowie umfassend unter den verschiedensten rechtlichen Aspekten *Kloepfer*, Informationsrecht, 2002.

[20] Die Nationalität spielt für die Informationszugangsrechte unter dieser Richtlinie und dementsprechend im Rahmen der diesbezüglichen nationalen Gesetze keine Rolle, s. *Röger*, UIG, Kommentar, 1995, § 4, Rn. 7.

[21] So sieht zum Beispiel die Neufassung der sogenannten Seveso-II-Richtlinie (Richtlinie 96/82/EG zur Beherrschung der Gefahren bei schweren Unfällen mit gefährlichen Stoffen, idF vom 16.12.2003, ABl. EU 2003 Nr. L 345, S. 97) nun auch ausdrücklich eine technische Datenbank vor, welche die von den Mitgliedstaaten übermittelten Informationen enthält (Art. 19), während in der vorangegangenen Fassung ein nicht weiter spezifiziertes „Registrier- und Informationssystem" einzurichten war. Siehe auch *Sommer*, Verwaltungskooperation (Fn. 5), 208 ff.

onen einzuspeisen, welche von der Kommission, den anderen Mitgliedstaaten oder gar den beteiligten Interessengruppen aus Wirtschaft und Gesellschaft per *online* Zugriff abgerufen werden können. Zunehmend werden diese Informationen auch von der Kommission für die allgemeine Öffentlichkeit ins Internet gestellt.

Umfassender als Auskunfts- und Unterrichtungspflichten, aber mit diesen eng verknüpft sind die sich meist über einen längeren Zeitraum erstreckenden *Berichtspflichten*. Sie sind v.a. für die Vollzugskontrolle wichtig, bergen aber gleichzeitig die Gefahr von beschönigenden Sachverhaltsdarstellungen, wenn es darum geht, die eigene Tätigkeit ins rechte Licht zu rücken[22]. Hier stehen Aufwand und Nutzen schnell in keinem angemessenen Verhältnis mehr. Eine eigene Richtlinie, die *Richtlinie 91/692/EWG zur Vereinheitlichung und zweckmäßigen Gestaltung der Berichte über die Durchführung bestimmter Umweltschutzrichtlinien* soll für eine einheitliche Berichterstattung der Mitgliedstaaten über staatliche Durchführungsmaßnahmen sorgen[23]. Darüber hinaus enthalten die einzelnen Richtlinien meist weitere spezielle Berichtspflichten.

Konsultationspflichten wiederum implizieren einen reziproken, ergebnisoffenen Informationsaustausch. Konsultationspflichten treten häufig im Rahmen nachbarrechtlicher Sachverhalte auf und finden ihren Ursprung im Völkerrecht. Sie existieren dort, wo keine hoheitliche Regelungskompetenz besteht und sind im Kern daher meist horizontal, können aber über ein Eintrittsrecht der Kommission zu einem Dreiecksverhältnis ausgebaut werden, in welchem letztere idR auf die Einhaltung des Gemeinschaftsrechts zu achten hat[24]. Als Lückenfüller kann bei nachbarrechtlichen Sachverhalten meist auf das Völkerrecht zurückgegriffen werden. Dort sind sie ein fester Bestandteil eines jeden völkerrechtlichen Abkommens und zum Teil sogar konkreter ausgestaltet als im Gemeinschaftsrecht. Manche Richtlinien verweisen hinsichtlich der Durchführung von Konsultationen gar auf

---

[22] Hierzu mit Einblicken in die Verwaltungspraxis *Haunschild/Opitz*, NdsVBl. 1996, 104 ff.

[23] Richtlinie 91/692/EWG vom 23.12.1991 (ABl. EG 1991 Nr. L 377, S. 48). Die Mitgliedstaaten haben jeweils alle drei Jahre sogenannte sektorale Durchführungsberichte zu erstellen, die alle einschlägigen Gemeinschaftsrichtlinien des jeweiligen Umweltschutzsektors erfassen. Sie sind anhand eines von der Kommission zu erarbeitenden Fragebogens zu erstellen und bei dieser innerhalb von neun Monaten nach Ablauf des erfaßten Dreijahreszeitraumes einzureichen.

[24] Ausführlicher mit weiteren Beispielen *Sommer*, Verwaltungskooperation (Fn. 5), 136 ff. Horizontale Konsultationspflichten mit einem Eintrittsrecht der Kommission sind u.a. enthalten in der Grundwasserrichtlinie (Art. 17 der Richtlinie 80/68/EWG über den Schutz des Grundwassers gegen Verschmutzung durch bestimmte gefährliche Stoffe, ABl. EG 1980 Nr. L 20, S. 43, mehrfach geändert; die Richtlinie wird durch die Wasserrahmenrichtlinie [Fn. 27] zum 21.12.2013 aufgehoben).

die „bilateralen Beziehungen", mithin auf das Völkerrecht[25]. So sieht z.B. die *Ozonrichtlinie 2002* vor, daß, soweit die in der Richtlinie vorgegebenen Zielwerte in einem Mitgliedstaat aufgrund von Emissionen aus anderen Mitgliedstaaten überschritten werden, die betreffenden Mitgliedstaaten „gegebenenfalls zusammen [arbeiten], um gemeinsame Pläne und Programme aufzustellen und damit die Zielwerte [...] zu erreichen". Die Kommission hat diese Bemühungen zu unterstützen und darf allgemein zur Umsetzung der Richtlinie Leitlinien erlassen[26]. Die Ausarbeitung gemeinsamer Pläne impliziert Konsultationen zwischen den Mitgliedstaaten auf der Grundlage der für die Mitgliedstaaten im bilateralen Verhältnis geltenden Rechtsnormen. Soweit das Gemeinschaftsrecht keine eigenen Regeln enthält, ist dies das Völkerrecht. Horizontale Konsultationspflichten scheinen auf der Gemeinschaftsebene jedoch zu Gunsten von unspezifischeren multilateralen Informationsnetzen und einer verstärkten zentralen Regulierung im Rückgang zu sein.

Der in Konsultationspflichten implizierte Informationsaustausch unterliegt einem weiten Gestaltungsspielraum der Beteiligten hinsichtlich Zeitpunkt, Form und Umfang. So enthält die *Wasserrahmenrichtlinie* in Artikel 12 eine derartig weite und hinsichtlich des Verpflichtungsgehaltes unklare Formulierung, daß sie von *Reinhardt* als „Institutionalisierung sozialpädagogischer Gesprächstherapie" bezeichnet wurde[27]. Zumindest dürfen vollendete Tatsachen vor Abschluß der Konsultationen nicht geschaffen werden – die Parteien müssen sich ernsthaft auf die gegenseitigen Argumente einlassen.

Zuletzt fällt die passive Pflicht zur Gewährung des Zugangs zu Informationen im Rahmen von *Inspektionsrechten* fremder Hoheitsträger unter die Mitteilungspflichten. Wenn sie auch selten im Kernbereich des Umwelt-

---

[25] So Art. 17 der IVU-Richtlinie (Fn. 18) und Art. 7 der ersten Fassung der UVP-Richtlinie (Richtlinie 85/337/EWG vom 27.6.1985 über die Umweltverträglichkeitsprüfung bei bestimmten öffentlichen und privaten Projekten, ABl. EG 1985 Nr. L 175, S. 40). Ausführliche Regelungen zu diesbezüglichen Konsultationsverfahren auf der völkerrechtlichen Ebene enthalten insbes. die UVP-Konvention (Übereinkommen über die Umweltverträglichkeitsprüfung im grenzüberschreitenden Rahmen vom 25.2.1991, BGBl. II 2002, 1406) und die Industrieunfällekonvention (Übereinkommen über die grenzüberschreitenden Auswirkungen von Industrieunfällen vom 17.3.1992, BGBl. II 1998, 1527). Die neue Fassung der UVP-Richtlinie (Richtlinie 97/11/EG, ABl. EG 1997 Nr. L 73, S. 5) enthält ein eigenständiges Konsultationsverfahren, durch welches z.T. Vorgaben der UVP-Konvention umgesetzt werden sollen. Letztere enthält aber immer noch detailliertere Verfahrensregeln als die UVP-Richtlinie.

[26] Art. 8 und Art. 12 Abs. 1 der Richtlinie 2002/3/EG vom 12.2.2002 über den Ozongehalt der Luft (ABl. EG 2002 Nr. L 67, S. 14).

[27] Richtlinie 2000/60/EG vom 23.10.2000 zur Schaffung eines Ordnungsrahmens für Maßnahmen der Gemeinschaft im Bereich der Wasserpolitik (ABl. EG 2000 Nr. L 327, S. 1); *Reinhardt*, DVBl. 2001, 145 (154).

rechts vorkommen, sind Inspektionsrechte gerade in den letzten Jahren im Rahmen des Wettbewerbsrechts, des Lebensmittel- und Futtermittelrechts, der Fischereikontrolle, der Betrugsbekämpfung, der Beihilfenkontrolle und der Agrarpolitik gestärkt worden[28]. Inspektionsrechte stellen den einschneidensten Eingriff in die territoriale Souveränität der Mitgliedstaaten dar und unterliegen strengen Anforderungen im Hinblick auf ihre Verhältnismäßigkeit. Dies gilt insbesondere für die Notwendigkeit eines Anfangsverdachts. Flächeninspektionen können z.T. durch die *Satellitenfernerkundung*, d. h. die Datenerhebung mittels Satellit[29], ersetzt werden – soweit Daten durch Satellitenaufnahmen erhoben werden können, bedarf es keiner Augenscheinnahme durch einen Inspektor vor Ort. Gleichzeitig kann die Fernerkundung den Anfangsverdacht für das Vorliegen von Unregelmäßigkeiten und die Durchführung von weiteren Kontrollen liefern.

II. Informationsbeschaffungspflichten

„Entscheidungen von Verwaltungen sind niemals besser als die Datenbasis, auf der sie getroffen werden"[30]. In diesem Sinne ist auch die Ausgestaltung der Pflichten der Mitgliedstaaten zur Beschaffung von Informationen von elementarer Bedeutung für die effektive Verwaltung des Binnenmarktes.

Für die Informationsbeschaffung werden neben den *Umweltmonitoringpflichten* der Mitgliedstaaten, d. h. den Pflichten zur kontinuierlichen Beobachtung und Messung des Umweltzustandes, auch *Anmelde-* und *Ge-*

---

[28] Jüngst ausführlich geregelt für den Lebensmittel- und Futtermittelbereich in Verordnung (EG) Nr. 882/2004 vom 29.4.2004 über amtliche Kontrollen zur Überprüfung der Einhaltung des Lebensmittel- und Futtermittelrechts sowie der Bestimmungen über Tiergesundheit und Tierschutz (ABl. EU 2004 Nr. L 165, S. 1). Siehe auch Art. 20 der Verordnung (EG) Nr. 1/2003 vom 16.12.2002 zur Durchführung der in den Artikeln 81 und 82 des Vertrags niedergelegten Wettbewerbsregeln (ABl. EG 2003 Nr. L 1, S. 1), der im Vergleich zur Vorgängerverordnung Nr. 17 die Nachprüfungsbefugnisse der Kommission noch ausführlicher festlegt; Art. 22 der Verordnung (EG) Nr. 659/1999 vom 22.3.1999 über besondere Vorschriften für die Anwendung von Art. 93 des EG-Vertrages (ABl. EG 1999 Nr. L 83, S. 1) sowie Verordnung (Euratom, EG) Nr. 2185/96 vom 11.11.1996 betreffend die Kontrollen und Überprüfungen vor Ort durch die Kommission zum Schutz der finanziellen Interessen der Europäischen Gemeinschaften vor Betrug und anderen Unregelmäßigkeiten (ABl. EG 1996 Nr. L 292, S. 2). Eingehend zu Inspektionsrechten der Gemeinschaft *David*, Inspektionen im Europäischen Verwaltungsrecht, 2003; *dies.*, in diesem Band, 237 ff.

[29] Besonders arbeitsintensiv ist hierbei die Bearbeitung der Satellitenaufnahmen zu aussagekräftigen Bildern, aus denen man z.B. Informationen über drohende Naturkatastrophen oder die landwirtschaftliche Flächennutzung entnehmen kann. Meist übernehmen private Unternehmen wie Infoterra diese Aufgabe (s. z.B. den Artikel „Wachsende Nachfrage bei Geoinformation, teleCommunication vom 13.8.2001, S. 2). Eingehender zum Ganzen *Sommer*, Verwaltungskooperation (Fn. 5), 662 ff.

[30] *Schmidt-Aßmann*, in: FS für Häberle (Fn. 3), 395 (413).

nehmigungsverfahren eingesetzt. Anmelde- und Genehmigungsverfahren treten v.a. im produkt- und anlagenbezogenen Umweltschutz auf und beziehen sich unabhängig von einer konkreten Gefahrenlage auf potentiell umweltbelastende Tätigkeiten. Hierdurch sollen im Rahmen der präventiven Gefahrenabwehr unter Rückgriff auf die Anlagenbetreiber oder Produzenten Informationen zur Überprüfung der Einhaltung rechtlicher Vorgaben gesammelt werden. Durch die Einbindung privater Wirtschaftssubjekte können solche Verfahren nach *Schmidt-Aßmann* und *Ladenburger* als Erscheinungsform der Verfahrensprivatisierung qualifiziert werden[31]. Im Gefahrenfall können die Kommission und die Mitgliedstaaten schnell auf die zur Gefahrenbeseitigung erforderlichen grundlegenden Daten zurückgreifen. Anmelde- und Genehmigungsverfahren finden sich u.a. im Gefahrstoffrecht, der Gentechnologie, dem Anlagenrecht und dem grenzüberschreitenden Warenverkehr. Eine Vereinheitlichung des Anlagenzulassungsrechts erfolgte durch die 1996 erlassene *IVU-Richtlinie*[32].

Ein weiterer wichtiger Bestandteil der Informationsbeschaffungspflichten sind *Kontrollpflichten* der Mitgliedstaaten. Kontrollpflichten kommt eine vertrauensbildende Funktion zu. Gerade im Zeichen des Grundsatzes der „Herkunftslandkontrolle" obliegt dem Ursprungsmitgliedstaat des Produktes eine besondere Verantwortung bei der Sachverhaltsermittlung, welche dieser in gewissen Umfang stellvertretend für alle anderen Mitgliedstaaten durchführt. Stellenweise sind in diesem Sinne die nationalen Kontrollstrukturen transparent zu machen, zunehmend enthalten die Rechtsakte der Gemeinschaft auch Vorgaben über die personelle und technische Ausstattung der Behörden[33].

Rechtliche Vorgaben für die Qualität der mitgliedstaatlichen Kontrollen finden sich z.T. sehr detailliert in den Rechtsakten selbst, z.T. können sie aus der Rechtsprechung zu Artikel 10 EGV entnommen werden. Danach müssen die Mitgliedstaaten „alle geeigneten Maßnahmen allgemeiner oder

---

[31] *Schmidt-Aßmann/Ladenburger*, Umweltverfahrensrecht, in: Rengeling (Hrsg.), Handbuch zum europäischen und deutschen Umweltrecht (EUDUR), Bd. 1, 2. Aufl. 2003, § 18 Rn. 31.

[32] Fn. 18. Ausführlicher mit weiteren Beispielen *Sommer*, Verwaltungskooperation (Fn. 5), 157 ff.

[33] Ausführlichst geregelt in der Lebensmittelkontrollverordnung Nr. 882/2004 (Fn. 28), Art. 4 ff., welche sogar Vorschriften zur Finanzierung der amtlichen Kontrollen enthält (Art. 26 ff.). Siehe auch die Entscheidung 97/101/EG des Rates vom 27.1.1997 zur Schaffung eines Austauschs von Informationen und Daten aus den Netzen und Einzelstationen zur Messung der Luftverschmutzung in den Mitgliedstaaten (ABl. EG 1997 Nr. L 35, S. 14) sowie die Entschließung 94/C 179/01 des Rates vom 16.6.1994 über die Entwicklung der Zusammenarbeit der Verwaltungen bei der Anwendung und Durchsetzung des Gemeinschaftsrechts im Rahmen des Binnenmarktes (ABl. EG 1994 Nr. C 179, S. 1), in welcher der Rat die Mitgliedstaaten auffordert, die Kommission über ihren Verwaltungsaufbau zu unterrichten.

besonderer Art" zur Erfüllung der gemeinschaftsrechtlichen Verpflichtungen treffen und in diesem Sinne auch Kontrollsysteme einrichten[34]. In Ausnahmefällen – meist im Rahmen von Bereichen, die die Gemeinschaft grundsätzlich auch selbst in Form des direkten Vollzuges verwalten dürfte, so v. a. beim Umweltschutz mit Außenwirtschaftsbezug oder der Leistungsverwaltung – darf die Kommission die Vornahme von nationalen Kontrollen anordnen[35]. Maßgebliches Beispiel hierfür ist außerhalb des Umweltrechts das Wettbewerbsrecht, wo die Mitgliedstaaten auf Ersuchen der Kommission die Nachprüfungen vorzunehmen haben, die die Kommission für erforderlich hält[36]. Im Rahmen produktbezogener Kontrollen existieren vereinzelt gar horizontale Prüfungsverlangen[37].

Der Kommission kommen jedoch nicht die Kompetenzen einer Fach- oder Rechtsaufsichtsbehörde zu[38]. Insbesondere steht ihr kein allgemeines ungeschriebenes Weisungsrecht zu, weshalb eine Anordnungsbefugnis für mitgliedstaatliche Kontrollen hinreichend explizit aus dem jeweiligen Rechtsakt hervorgehen muß. Auch ist den Mitgliedstaaten aufgrund ihrer „institutionellen Autonomie"[39] und grundsätzlichen Vollzugszuständigkeit im Bereich der europäischen Umweltpolitik ausreichend Spielraum für die Gestaltung der eigenen Kontrollstrukturen und -verfahren zu belassen.

Häufig sind die Mitgliedstaaten verpflichtet, für den Umweltschutz bedeutsame Gebiete zu identifizieren und „Notfallpläne", „Sanierungspläne"

---

[34] Siehe nur EuGH Rs. 50/76 (Amsterdam Bulb/Produktschap voor Siergewassen), Slg. 1977, 137 (Rn. 32); Rs. 49/83 (Luxemburg/Kommission), Slg. 1984, 2931 (Rn. 20); ähnlich Rs. 68/88 (Kommission/Griechenland), Slg. 1989, 2965 (Rn. 23); Rs. 33/76 (Rewe/ Landwirtschaftskammer Saarland), Slg. 1976, 1989 (Rn. 5).

[35] Siehe u.a. Art. 20 Abs. 3 der Verordnung (EG) Nr. 2037/2000 vom 29.6.2000 über Stoffe, die zum Abbau der Ozonschicht führen (ABl. EG 2000 Nr. L 244, S. 1): „Die zuständigen Behörden der Mitgliedstaaten führen die Untersuchungen durch, die die Kommission aufgrund dieser Verordnung für erforderlich hält". Art. 40 Abs. 3 lit. b der Lebensmittelkontrollverordnung Nr. 882/2004 (Fn. 28) spricht davon, daß die Kommission die „Verstärkung" der Kontrollen verlangen kann. Ausführlicher mit weiteren Beispielen *Sommer*, Verwaltungskooperation (Fn. 5), 181 ff.

[36] Nunmehr Art. 22 Abs. 2 der Verordnung (EG) Nr. 1/2003 (Fn. 28).

[37] So Art. 12 Abs. 3 der Richtlinie 97/68/EG vom 16.12.1997 zur Angleichung der Rechtsvorschriften der Mitgliedstaaten über Maßnahmen zur Bekämpfung der Emission von gasförmigen Schadstoffen und luftverunreinigenden Partikeln aus Verbrennungsmotoren für mobile Maschinen und Geräte (ABl. EG 1998 Nr. L 59, S. 1, mehrfach geändert).

[38] Einhellige Meinung, s. nur *Zuleeg*, JöR 1971, 3 (42 ff.); *Rengeling*, EuR 1974, 216 (231 ff.); *Hatje*, Die gemeinschaftsrechtliche Steuerung der Wirtschaftsverwaltung, 1998, 156 ff.; *v. Bogdandy*, Rechtsfortbildung mit Art. 5 EG-Vertrag, in: GS Grabitz, 1995, 17 (24).

[39] Aus der Literatur *v. Danwitz*, DVBl. 1998, 421 (429 ff.); *Rengeling*, VVDStRL 53, 1994, 202 (231).

sowie "Vollzugsprogramme" u. ä. zu erstellen[40]. *Planungs- und Identifikationspflichten*, die gleichfalls zu den Informationsbeschaffungspflichten gehören, setzen eine umfangreiche Sachverhaltsermittlung voraus und sind gerade im Hinblick auf deren Korrektheit justiziabel[41]. Vorgaben für das Verfahren sollen hier z.T. die fehlende inhaltliche Bestimmtheit des Normprogramms kompensieren. Häufig werden Planungs- und Identifikationspflichten nicht zur Zufriedenheit der Kommission erfüllt, was u.a. auch in deren inhaltlicher Unbestimmtheit begründet liegt. Gerade diese Unbestimmtheit und der damit einhergehende Gestaltungsspielraum der Mitgliedstaaten ist jedoch ein Hauptmerkmal der Planung.

Einen rechtlichen Rahmen für die Erstellung von Programmen hat der EuGH v.a. mit seinen in Serie erlassenen Urteilen zu den nach Artikel 7 der *Gewässerschutzrichtlinie* zu erstellenden Programmen gezogen. Danach müssen Pläne und insbesondere die noch konkreteren Programme idR einen Zeitplan und einen Katalog mit quantifizierten, konkreten Maßnahmen enthalten, welche sich in einen koordinierten Kontext einordnen[42]. Jüngst entschied der Gerichtshof in Bezug auf die im Rahmen der *Abfallrichtlinie* 75/442/EWG zu erstellenden Abfallbewirtschaftungspläne, daß diese Pläne zudem entweder eine geografische Karte enthalten müssen, in der die genauen Standorte der Anlagen bzw. Flächen festgelegt sind oder aber hinreichend genaue Kriterien zur Bestimmung dieser Orte, daß jedoch bei einem Verstoß gegen diese Pflichten die bereits erteilten Deponiegenehmigungen nicht unwirksam sind[43].

Bei umweltschutzrechtlichen Identifikationspflichten kommt den Mitgliedstaaten zwar ein vom EuGH anerkannter Beurteilungsspielraum im

---

[40] Die Bezeichnungen und Ausgestaltungen hierzu sind vielfältig. Eingehend hierzu mit weiteren Beispielen *Sommer*, Verwaltungskooperation (Fn. 5), 185 ff.

[41] So vorausgesetzt vom EuGH in den Rechtssachen C-384/97 (Kommission/Griechenland), Slg. 2000, I-3823 (Rn. 41) und C-207/97 (Kommission/Belgien), Slg. 1999, I-275 (Rn. 39 ff.); vgl. auch verb. Rs. C-232/95 und C-233/95 (Kommission/Griechenland), Slg. 1998, I-3343 ff. (Rn. 31 ff.). Näher zu den Qualitätsanforderungen bei der Sachverhaltsermittlung *Sommer*, Verwaltungskooperation (Fn. 5), 424 ff. mit Rechtsprechungsnachweisen.

[42] Siehe EuGH, Rs. C-207/97, aaO. und verb. Rs. C-232/95 und C-233/95, aaO., beide zur Erforderlichkeit von Quantifizierungen sowie bereits Rs. C-255/93 (Kommission/Frankreich), Slg. 1994, I-4949 (Rn. 24 ff.) zu Art. 3 der inzwischen aufgehobenen Richtlinie 85/339/EWG über Verpackungen für flüssige Lebensmittel, welche keinerlei quantifizierte Zielvorgaben enthielt. Siehe EuGH, Rs. C-384/97, aaO., Rn. 40; Rs. C-214/96 (Kommission/Spanien), Slg. 1998, I-7661 f. (Rn. 27 ff.) zum Erfordernis eines „kohärenten Gesamtkonzepts" bzw. eines „koordinierten Kontexts"; s. auch Rs. C-184/97 (Kommission/Deutschland), EuZW 2000, 52 ff. (Rn. 56).

[43] EuGH, verb. Rs. C-53/02 und C-217/02 (Braine-le-Château, Tillieut u.a./Région wallonne), Urteil vom 1.4.2004 (noch nicht in der Sammlung veröffentlicht), Rn. 35 und 46.

Hinblick auf die Auswahl der geeignetsten Gebiete zu[44]. Andere als von dem einschlägigen Rechtsakt getragene Kriterien dürfen aber bei der Identifikation nicht berücksichtigt werden[45]. Auch können die Mitgliedstaaten der Gemeinschaft mitgeteilte schutzbedürftige Gebiete nicht unter Bezugnahme auf ihren „Beurteilungsspielraum" willkürlich ändern, weil sie sich andernfalls den sich an die Identifikation der Gebiete anschließenden Pflichten entziehen könnten[46].

III. Informelle Informationskooperation und gemischt national-europäische Verwaltungsverfahren

Zahlenmäßig groß und im Verfahren flexibel ist die informelle Informationskooperation. Sie findet zum einen in Ausschüssen und sonstigen, von der Kommission einberufenen Sitzungen statt. Die Ausschüsse internalisieren externen Sachverstand. Das Sachwissen der nationalen Beamten fördert auf der einen Seite die Qualität des Gemeinschaftsrechts, bedingt gleichzeitig eine gewisse Abhängigkeit der Kommission von diesen und sensibilisiert auf der anderen Seite die Beamten für die Belange der Gemeinschaft. Rechtlich steht der Kommission kein ungeschriebenes Weisungsrecht, insbesondere kein Recht zur Verpflichtung der nationalen Beamten auf Erteilung bestimmter Informationen unter Umgehung der jeweiligen Regierung zu. Entscheidend für den Informationsaustausch in diesen Ausschüssen ist aber weniger das Bestehen von Informationspflichten als ein vertrauensvolles und offenes Arbeitsklima[47].

Als personengebundene *Netzwerke* dienen sie der Koordination einer Vielzahl von Akteuren in Situationen unvollständiger Information, indem sie die Entstehung eines generalisierten Vertrauens fördern, was wiederum den Kontrollbedarf und die hiermit verbundenen, sogenannten Transaktionskosten reduziert[48]. Netzwerke wirken nach den Erkenntnissen der Organisationstheorie sowohl den bei einer hierarchischen Koordination auf-

---

[44] EuGH, Rs. C-57/89 („Leybucht"), Slg. 1991, I-883 f. (Rn. 20); s. auch Rs. C-166/97 (Kommission/Frankreich), Slg. 1999, I-1719 ff. (Rn. 11 ff.); vgl. BVerwG NuR 2001, 382 (383).

[45] EuGH Rs. C-371/98 (First Corporate Shipping Ltd.), DVBl. 2000, 1841 (Rn. 23).

[46] EuGH „Leybucht" (Fn. 44), aaO.

[47] Zum Ganzen eingehend *Schmitt v. Sydow*, EuR 1974, 64 ff. sowie *ders.*, Die Kommission, 1980, 158, 160 f.; ausführlicher zu den Aufgaben und der Arbeitsweise der Ausschüsse *Sommer*, Verwaltungskooperation (Fn. 5), 230 ff.

[48] Transaktionskosten sind die Kosten des In-Kontakt-Tretens und des Betreibens eines Wirtschaftssystems (*Posner*, Economic Analysis of Law, 1999, 427 ff.; Begriff begründet von *Coase*, The Economic Nature of the Firm, Economica 4, 1937, 389 ff.). Nach den Erkenntnissen der Institutionenökonomie stellen Informationskosten einen Hauptbestandteil der Transaktionskosten dar. Transaktionskosten sollen sich schätzungsweise auf 50 - 70 % des Bruttosozialproduktes belaufen (s. nur *Richter*, Institutionen ökonomisch analysiert, 1991, 5 ff.).

tretenden Informations- und Motivationsproblemen als auch dem sogenannten „Verhandlungsdilemma" und dem „Problem der großen Zahl" im Rahmen einer horizontalen Verhandlungskoordination entgegen[49]. Im Rahmen solcher transbürokratischer Beziehungen kann sich über den Informationsaustausch quasi eine Mitverwaltung entwickeln. Für konstante Routinetätigkeiten eignen sich netzartige Informationsstrukturen hingegen nicht.

Bei gemischt national-europäischen Verwaltungsverfahren nimmt die Gemeinschaft Funktionen wahr, die in den Mitgliedstaaten idR eine obere Behörde im Rahmen dienstrechtlicher Anweisung klären würde. So ersetzt sich die Gemeinschaft mittels detaillierter rechtlicher Vorgaben für die Sachverhaltsermittlung – hier *Informationsrahmendaten* genannt – z.B. in Form von Vorgaben für Meß- und Analyseverfahren teilweise den ihr fehlenden Behördenunterbau[50]. Mit Vertretern der mitgliedstaatlichen Behörden und der Kommission besetzte *gemischte Inspektionen* füllen Befugnislücken bei der Informationsbeschaffung oder dienen der Verwaltungsentlastung der Kommission in Bereichen des eigentlich gemeinschaftseigenen Vollzuges. Sie knüpfen idR an nationale Ermittlungsbefugnisse der mitgliedstaatlichen Behörden an[51]. Durch *Zustimmungsverfahren* wird die Gemeinschaft über Einzelheiten des nationalen Vollzuges informiert und an der Entscheidung beteiligt. Mit *Auslegungs- und Anwendungsleitlinien* im Gewand von sogenannten „Informationsvermerken" übt die Kommission faktisch die Funktion einer oberen Fach- oder Rechtsaufsichtsbehörde aus. Auch die in den Rechtsakten teilweise verankerten *Streitbeilegungsverfahren* sind in umfangreiche Informationsverfahren eingebunden, welche häufig aus hintereinander geschalteten Unterrichtungs- und Auskunfts-

---

[49] Das „Verhandlungsdilemma" beschreibt das taktische Verhandlungsverhalten bei unvollständiger Information. Danach laufen Akteure, die gutwillig zur Lösungssuche beitragen, Gefahr, übervorteilt zu werden, was zu suboptimalen Lösungen führt (*Bohnet/Frey*, Zeitschrift für Wirtschafts- und Sozialwissenschaften 1995, 169 ff). Das „Problem der großen Zahl" ergibt sich daraus, daß bei horizontaler Verhandlungskoordination mit mehreren Akteuren die Zahl der Transaktionen, die gleichzeitig zustande kommen müssen, steigt. Dadurch werden die Informationsverarbeitungskapazitäten überfordert, so daß letztlich die Zahl der Beteiligten, unter denen komplexe, interdependente Aufgaben mittels horizontaler Koordination bewältigt werden können, beschränkt ist (*Scharpf*, Positive und negative Koordination in Verhandlungssystemen, in: Kenis/Schneider (Hrsg.), Organisation und Netzwerk – Institutionelle Steuerung in Wirtschaft und Politik, 1996, 497 ff.).

[50] Die Beispiele hierfür sind zahlreich. Siehe nur die Ozonrichtlinie 2002 (Fn. 26), deren ausdrückliches Ziel u.a. „die Sicherstellung der Anwendung einheitlicher Methoden und Kriterien zur Beurteilung der Konzentrationen von Ozon und gegebenenfalls von Ozonvorläuferstoffen [...] in der Luft der Mitgliedstaaten" ist (Art. 1 lit. b).

[51] Besonders deutlich verankert im Wettbewerbsrecht, Art. 20 Abs. 5 und Art. 22 der Verordnung Nr. 1/2003 (Fn. 28).

pflichten der Mitgliedstaaten in Verbindung mit sternförmigen Weiterleitungspflichten der Kommission bestehen und idR im Zusammenhang mit einem transnational wirkenden Verwaltungsakt auftreten[52]. Sie alle stellen subtile Steuerungsmittel dar, die in engem Zusammenhang mit der vertikalen und horizontalen Informationskooperation stehen und vor dem Hintergrund des von *Schmidt-Aßmann* herausgearbeiteten Gebotes der Verantwortungsklarheit[53] in ihren einzelnen Elementen betrachtet werden müssen.

Insgesamt kann eine Tendenz zum umfassenden Einsatz von personengebundenen oder automatisierten *Informationsnetzen* festgestellt werden, die als zwar umfassende, aber rechtlich unspezifische Informationsverfahren z.T. auch in früheren Rechtsakten enthaltene, konkrete Mitteilungspflichten ersetzen. Manchmal werden Informationsaustauschverfahren im Sekundärrecht als „Informationssystem" bezeichnet, um die Einzelheiten des Verfahrens offen zu lassen. Die Organisation des Informationsflusses wird dann häufig der Kommission übertragen[54]. Auch die Beteiligung an solchen Informationssystemen wird – im Zuge der neuen Transparenzpolitik und der *Umweltinformationsrichtlinie* 90/313/EWG bzw. 2003/4/EG[55] –

---

[52] Zum transnationalen Verwaltungsakt s.o., Fn. 9 sowie eingehend zu Verwaltungsverfahren im Produktsicherheitsrecht *Röhl*, Akkreditierung und Zertifizierung im Produktsicherheitsrecht, 2000; *ders.*, in diesem Band, 153 ff. Siehe auch *Schlag*, Grenzüberschreitende Verwaltungsbefugnisse im EG-Binnenmarkt 1998. Im einzelnen zu den administrativen Streitbeilegungsverfahren *Sommer*, Verwaltungskooperation (Fn. 5), 287 ff.; aus jüngerer Zeit s. u.a. Art. 10 Abs. 2 der Verordnung (EG) Nr. 648/2004 vom 31.3.2004 über Detergenzien (ABl. EU 2004 Nr. L 104, S.1). Zum sogenannten mehrstufigen Verwaltungsakt und der damit einhergehenden „Vergemeinschaftung" von Verwaltungsverfahren *Caspar*, DVBl. 2002, 1437 ff.

[53] *Schmidt-Aßmann*, EuR 1996, 270 (296 f.); eingehend zu den Problemen der derzeitigen Kooperationsstrukturen vor dem Hintergrund des Rechtsschutzes der Gemeinschaftsbürger *Nehl*, Europäisches Verwaltungsverfahren und Gemeinschaftsverfassung, 2002, sowie *Schmidt-Aßmann*, in: FS für Häberle (Fn. 3), 395 (403 f.), zum Demokratie- und Rechtsstaatsprinzip.

[54] Siehe z.B. die Ozonrichtlinie 2002 (Fn. 26), wonach die Kommission zur Umsetzung der Richtlinie Leitlinien auszuarbeiten hat (Art. 12 Abs. 1). Hiervon erfaßt sind auch die in der Richtlinie festgelegten Informationspflichten, u.a. die Pflicht der Mitgliedstaaten, gemeinsame Pläne für kurzfristige Maßnahmen auszuarbeiten, die sich auf benachbarte Gebiete verschiedener Mitgliedstaaten erstrecken und die zu gewährleisten haben, daß die benachbarten Mitgliedstaaten „alle zweckdienlichen Informationen erhalten" (Art. 8 Abs. 2). Bei Überschreitung der in der Richtlinie festgelegten Schwellenwerte („Informationsschwelle" und „Alarmschwelle") in Gebieten nahe der Landesgrenzen „sollten den zuständigen Behörden der benachbarten Mitgliedstaaten so bald wie möglich die entsprechenden Informationen übermittelt werden", ebenfalls eine unspezifische Informationspflicht, welche einer näheren Festlegung des zeitlichen und inhaltlichen Rahmens bedürfte (Art. 8 Abs. 3).

[55] Siehe Fn. 19.

zunehmend auf die sogenannten „interessierten Kreise", d. h. auf Industrie, Interessenverbände und Betroffene, oder gar auf die allgemeine Öffentlichkeit ausgeweitet. So ist das *Registrier- und Informationssystem* der *Seveso-II-Richtlinie* aus den Unfallverzeichnissen der ersten *Seveso-Richtlinie*[56] entstanden und enthält nunmehr ein sehr weitreichendes Zugangsrecht für „alle Regierungsstellen der Mitgliedstaaten, Industrie- und Handelsverbände, Gewerkschaften, Nichtregierungsorganisationen im Bereich des Umweltschutzes und sonstigen im Umweltschutz tätigen internationalen Organisationen oder Forschungseinrichtungen"[57]. Das Informationssystem enthält auch Angaben über Stellen, die „hinsichtlich des Auftretens und der Verhütung von schweren Unfällen sowie der Begrenzung der Unfallfolgen informieren und beraten können"[58]. Dadurch wird das Entstehen eines *informellen Netzwerkes* zwischen den interessierten Personen sowie den für die Unfallverhütung und -bekämpfung zuständigen Behörden ermöglicht. Inwieweit diese Systeme dienlicher sind als konkrete Verfahrenspflichten bleibt abzuwarten. Im Rahmen des sogenannten „Gesprächsprogramms über die Binnenmarktverwaltung" ist von den mitgliedstaatlichen Behörden das Bedürfnis nach konkreten Verfahrensregeln für den Informationsaustausch geäußert worden[59].

B. Einzelne Rechtsfragen – Warenverkehrsbeschränkungen, Vollzug und Sanktionierung

Die verschiedenen Instrumente der Informationskooperation werfen eine Vielzahl von Rechtsfragen auf, die hier nur ausschnittsweise angesprochen werden können. Den Instrumenten der Verwaltungskooperation kommt eine Hilfsfunktion zu, sie sind kein Zweck an sich. Sie kommen zum Einsatz, um die Gemeinschaftspolitiken wirksam um- und durchzusetzen, so

---

[56] Richtlinie 82/501/EWG vom 24.6.1982 über die Gefahren schwerer Unfälle bei bestimmten Industrietätigkeiten (ABl. EG 1982 Nr. L 230, S. 1).

[57] Art. 19 Abs. 3 der Richtlinie 96/82/EG vom 9.12.1996 zur Beherrschung der Gefahren bei schweren Unfällen mit gefährlichen Stoffen (ABl. EG 1997 Nr. L 10, S. 13). Nach der Änderungsrichtlinie 2003/105/EG (ABl. EU 2003 Nr. L 345, S. 97) ist die Kommission nunmehr ausdrücklich verpflichtet, eine Datenbank zu errichten, die die von den Mitgliedstaaten übermittelten Informationen enthält, und diese auf dem neuesten Stand zu halten. Der Zugang zur Datenbank ist allerdings Personen vorbehalten, die hierzu von der Kommission oder den zuständigen Behörden der Mitgliedstaaten ermächtigt worden sind (Art. 19 Abs. 1a lit. b n. F. der Seveso-II-Richtlinie).

[58] Art. 19 Abs. 2 lit. d; s. auch Art. 15 Abs. 3.

[59] Bericht der Kommission vom 29.1.1996, Verwaltungszusammenarbeit bei der Anwendung des Gemeinschaftsrechts im Rahmen des Binnenmarktes – Bericht über den Stand der Arbeiten, KOM (96) 20 endg., S. 6 (Nr. 11).

z.B. im Rahmen der Warenverkehrsfreiheit. Dort werden die Verwaltungen angehalten, Warenverkehrsbeschränkungen wie z.B. Kontrollen durch eine Kooperation zwischen den mitgliedstaatlichen Behörden zu vermeiden (hierzu unter I.). Noch nicht ausreichend geklärt sind die Anforderungen, die an den Vollzug von Informationspflichten zu stellen sind (hierzu unter II.). Zur Sanktionierung bestimmter Mitteilungspflichten existiert nunmehr allerdings eine Vielzahl von Urteilen des EuGH, welche die Mitgliedstaaten zur Einhaltung dieser Pflichten wirksam anhalten (hierzu unter III.).

I. Verwaltungskooperation zur Vermeidung von Warenverkehrsbeschränkungen

Auf der Grundlage der *Dogmatik des freien Warenverkehrs* (Art. 28 und 30 EGV) hat der Europäische Gerichtshof Verwaltungskooperationspflichten entwickelt, die der Einhaltung der Verhältnismäßigkeit von nationalen Warenverkehrsbeschränkungen dienen sollen[60]. Die Kooperationspflichten ergeben sich mittelbar aus der Verpflichtung der Mitgliedstaaten, im Rahmen der von der Rechtsprechung entwickelten „zwingenden Erfordernisse" und der weiteren, in Art. 30 EGV ausdrücklich genannten Belange nur verhältnismäßige Maßnahmen zu ergreifen. Verhältnismäßig ist eine Maßnahme u.a. dann nicht, wenn sie durch einen Informationsaustausch zwischen den Behörden vermieden werden kann. Verwaltungskooperation ist hier vornehmlich horizontaler Natur, die mitgliedstaatlichen Behörden tauschen untereinander Produktinformationen und Kontrollergebnisse aus. Dabei handelt es sich nicht um direkt einklagbare Verwaltungskooperationspflichten. Die Rechtsfolge der Verweigerung einer solchen Verwaltungszusammenarbeit besteht in der Feststellung eines Verstoßes gegen Art. 28 EGV.

So geht die einfache, nicht mit unvernünftigen Belastungen verbundene Verwaltungszusammenarbeit der Verhängung von Handelsbeschränkungen – insbesondere dem Verbot des Importes von Waren – wegen fehlender Beibringung von Unterlagen und sonstigen Beweisen vor. Hierunter fällt der Austausch und die Anerkennung von gleichwertigen Kontrollergebnissen und Produktinformationen in Form von Anmelde- und Genehmigungsunterlagen aus anderen Mitgliedstaaten, was nach einer Reihe von Urteilen, angefangen mit *De Peijper*[61], über *Denkavit*[62] zu *Biologische Produkten*[63], *Holzbearbeitungsmaschinen*[64], *Brandsma*[65], *Harpegnies*[66] und *Canal*

---

[60] Ausführlicher hierzu *Sommer*, Verwaltungskooperation (Fn. 5), 439 ff.
[61] EuGH Rs. 104/75, Slg. 1976, 613.
[62] EuGH Rs. 251/78, Slg. 1979, 3369.
[63] EuGH Rs. 272/80, Slg. 1981, 3277. Die Behörden dürfen danach „nicht ohne Not" technische und chemische Analysen verlangen, wenn diese bereits in einem anderen Mit-

Satélite Digital[67] inzwischen als ständige Rechtsprechung bezeichnet werden kann[68]. Gleichwertig sind Kontrollergebnisse dann, wenn sie hinsichtlich des Schutzniveaus den nationalen Regelungen entsprechen. Begleitdokumente dürfen nur bei wesentlichen Fehlern zurückgewiesen und systematische Warenkontrollen nur bei konkreten Anhaltspunkten durchgeführt werden. Die Maßnahmen sind zudem unverzüglich zu ergreifen. Bei der Änderung einer langjährigen Kontrollpraxis besteht eine Pflicht zur Unterrichtung des betroffenen Mitgliedstaates. Die Behörden der Mitgliedstaaten dürfen nicht nur passiv abwarten, daß ihnen die erforderlichen Nachweise vorgelegt werden, sondern müssen ein aktives Verwaltungsgebaren zeigen und diese ggf. von anderen Verwaltungsbehörden oder auch Unternehmen anfordern, die im Besitz der erforderlichen Dokumente sind. Sie haben einen Mangel durch Kooperation mit den Verwaltungen der anderen Mitgliedstaaten primär zu beheben. Dies gilt insbesondere dort, wo für die Verwaltungskooperation ein allgemeiner rechtlicher und institutioneller Rahmen existiert[69], z.B. im Rahmen von Ausschüssen.

II. Der Vollzug von Informationspflichten und die beteiligten Institutionen der Gemeinschaft

Beim Vollzug von Informationspflichten ist zwischen der förmlichen Umsetzung in nationale Rechtsnormen und der tatsächlichen Anwendung zu unterscheiden. Die *förmliche Umsetzung* administrativer Informationspflichten muß bei der auch nur mittelbaren Betroffenheit von Privatpersonen durch eine außenverbindliche Rechtsnorm erfolgen, die mindestens so konkret ist, wie die zugrundeliegende Richtlinie selbst[70]. Sind in dieser konkrete Vorgaben zur Sachverhaltsermittlung enthalten, genügt ein Verweis auf einen allgemein geltenden Amtsermittlungsgrundsatz im nationa-

---

gliedstaat durchgeführt worden sind und auf Anfrage zur Verfügung gestellt werden können (aaO., S. 3291 f.).

64 EuGH Rs. 188/84, Slg. 1986, 419.

65 EuGH Rs. C-293/94, Slg. 1996, I-3159.

66 EuGH Rs. C-400/96, Slg. 1998, I-5121.

67 EuGH, Rs. C-390/99, DVBl. 2002, 459 ff. (Rn. 36 ff.); s. auch EuGH Rs. C-388/00 und C-429/00 (Radiosistemi Sol/Prefetto di Genova), DVBl. 2002, 1336 ff. (Rn. 45).

68 Siehe nunmehr auch die ausdrückliche diesbezügliche Bestimmung in Art. 10 Abs. 1 der Detergenzienverordnung (Fn. 52).

69 Hierzu EuGH Rs. 42/82 (Kommission/Frankreich) „Einfuhr italienischen Weins", Slg. 1983, 1013 ff.

70 Ähnlich ohne Bezugnahme auf Informationspflichten *Rengeling/Gellermann*, JbUTR 1996, 1 (21 f.). Eine eingehende Analyse der Anforderungen an die formelle Umsetzung administrativer Informationspflichten findet sich bei *Sommer*, Verwaltungskooperation (Fn. 5), 480.

len Recht auch in Verbindung mit konkretisierenden Verwaltungsvorschriften nicht.

Bei rein inneradministrativen Informationsvorschriften reicht dagegen – nach hiesiger und nicht unumstrittener Ansicht – eine inneradministrativ verbindliche Rechtsnorm, was auch eine Verwaltungsvorschrift sein kann. Die Rechtsprechung des Gerichtshofes ist in dieser Hinsicht nicht eindeutig. Meist konzentriert er sich auf das Erfordernis der Vorhersehbarkeit und Einklagbarkeit der Rechte und Pflichten der betroffenen Personen[71]. Die Notwendigkeit einer außenverbindlichen Rechtsnorm ergibt sich lediglich aus einer damit im Zusammenhang stehenden Klagemöglichkeit der Gemeinschaftsbürger. Letztere sind aber bei inneradministrativen Informationsverfahren weder nach der Rechtsprechung des EuGH noch nach dem (deutschen) nationalen Recht im Sinne eines *advocatus populus* klagebefugt. Auch steht weder den in diesem Fall betroffenen anderen Mitgliedstaaten, noch der Kommission ein Klagerecht vor den nationalen Gerichten zu. Der einschlägige Rechtsweg ist hier die Vertragsverletzungsklage vor dem EuGH, welcher einer außenverbindlichen nationalen Rechtsnorm als Maßstab für sein Urteil nicht bedarf.

Beim tatsächlichen Vollzug des Informationsaustauschs ist eine Vielzahl von Institutionen der Gemeinschaft beteiligt. Bei der Betrachtung dieser Institutionen sollte man zunächst denken, daß inzwischen die *Europäische Umweltagentur* (EUA) den Hauptteil der Arbeit übernommen hat[72]. Diese verfügt aber nur über sehr begrenzte Befugnisse im Rahmen der Informationsverwaltung[73]. Ihr kommen weder Rechtsetzungs- noch Vollzugsbefugnisse zu. Auch die einst ins Auge gefaßten und immer wieder geforderten Inspektionsbefugnisse sind der Agentur bislang nicht zuerkannt worden. In die Überwachung kann sie seit 1999 von den Mitglied-

---

[71] EuGH Rs. C-131/88 (Kommission/Deutschland), Slg. 1991, I-825 (Rn. 6); Rs. C-361/88 (Kommission/Deutschland) „TA Luft", Slg. 1991, I-2567 (Rn. 15); Rs. C-59/89 (Kommission/Deutschland) „Luftverschmutzung – Blei", Slg. 1991, I-2607 (Rn. 18); Rs. C-58/89 (Kommission/Deutschland) „Oberflächenwasser", Slg. 1991, I-4983 (Rn. 13).

[72] Verordnung (EWG) Nr. 1210/90 vom 7.5.1990 zur Errichtung einer Europäischen Umweltagentur und eines Europäischen Umweltinformations- und Umweltbeobachtungsnetzes (ABl. EG 1990 Nr. L 120, S. 1, geändert durch Verordnung Nr. 933/1999 vom 29.4.1999, ABl. EG 1999 Nr. L 117, S. 1 sowie durch Verordnung EG Nr. 1641/2003 vom 22.7.2003, ABl. EU 2003 Nr. L 245, S. 1).

[73] Hierzu im einzelnen *Sommer*, Verwaltungskooperation (Fn. 5), 519 ff. mwN. *Kahl* ordnet die EUA daher dem „konsultativen Typus" der Umweltagenturen zu (JbUTR 1996, 119 ff., 129); *v. Bogdandy* bezeichnet sie in Schmidt-Aßmann/Hoffmann-Riem (Hrsg.), Verwaltungsrecht in der Informationsgesellschaft, 2000, 133 (172 f.) als „Informationsagentur". Ebenso *Schmidt-Aßmann*, in: FS für Häberle (Fn. 3), 395 (401). Ähnlich *Brenner*, Besondere Einrichtungen, in: Rengeling, EUDUR (Fn. 31), § 20, Rn. 12 ff. Zu Agenturen siehe auch *Riedel*, in diesem Band, 103 ff.

staaten auf freiwilliger Basis lediglich beratend eingeschaltet werden[74]. Aus der *Gründungsverordnung* der EUA ergibt sich bislang weder eine stillschweigende noch eine ausdrückliche Delegation von hoheitlichen Befugnissen. Eine Delegation von Befugnissen wird nicht vermutet. Sie muß nach der sogenannten *Meroni* Rechtsprechung des EuGH hinreichend ausdrücklich aus dem Delegationsakt hervorgehen[75]. Zudem dürfen keine Ermessensbefugnisse delegiert werden, weil hierdurch eine Verlagerung der Verantwortung stattfinden würde – das Ermessen des nach den Verträgen verantwortlichen Organs darf durch das Ermessen der beauftragten Stelle nicht ersetzt werden, damit die Entscheidungen der Verträge darüber, welchen Organen in welchem Verfahren Entscheidungsbefugnisse zukommen sollen, nicht unterlaufen werden[76]. Das gilt insbesondere dann, wenn Drittstaaten an der verselbständigten Organisation beteiligt sind, was bei der EUA der Fall ist[77]. Die Delegation von Befugnissen muß klar und inhaltlich gebunden sein. Hoheitliche, sachbereichsregelnde Ermessensentscheidungen könnten von der Umweltagentur auf keinen Fall getroffen werden.

Die Agentur muß daher auf die Informationen zurückgreifen, welche ihr die Mitgliedstaaten entweder im Rahmen von speziellen Rechtsakten der Gemeinschaft oder auf mehr oder weniger freiwilliger Grundlage zukommen lassen. Die Modalitäten kann sie durch Verwaltungsverträge regeln[78]. Ihrer Funktion nach ist sie daher eher als Dienstleistungsstelle für die Gemeinschaftsorgane und die Mitgliedstaaten denn als Verwaltungsorgan zu qualifizieren und dient als Brückenglied der Informationszusammenarbeit mit internationalen Gremien und Drittstaaten[79]. Sie arbeitet den Gemein-

---

[74] Die Mitgliedstaaten können die EUA „ersuchen", sie bei der „Entwicklung, Einführung und Erweiterung ihrer Systeme zur Überwachung von Umweltmaßnahmen" zu „beraten". Zudem soll die EUA die Mitgliedstaaten bei der „Überwachung von Umweltschutzmaßnahmen durch geeignete Hilfestellung" „unterstützen". Dies bezieht sich aber nur auf die Erfüllung der Berichterstattungspflichten der Mitgliedstaaten durch Beteiligung der EUA bei der Ausarbeitung von Fragebögen, der Bearbeitung der Berichte der Mitgliedstaaten und der Verbreitung der Ergebnisse. Ziel dieser Unterstützung ist die Koordinierung der Berichterstattung, nicht die Ermächtigung der EUA zu eigenständiger Informationserhebung und Kontrolle der Mitgliedstaaten. Siehe Art. 2 Ziff. ii zweiter und dritter Spiegelstrich der Gründungsverordnung idF der Verordnung Nr. 933/1999 (Fn. 72).

[75] EuGH, Rs. 9/56 (Meroni/Hohe Behörde), Slg. 1958, 11 (42).

[76] EuGH Rs. 10/56 (Meroni/Hohe Behörde), Slg. 1958, 53 (81).

[77] So sind neben den Mitgliedstaaten die Staaten Norwegen, Bulgarien, Island, Liechtenstein, Rumänien und die Türkei Mitglied der EUA.

[78] Art. 5 der Gründungsverordnung (Fn. 72).

[79] So hat die EUA z.B. kürzlich zusammen mit der Kommission ein Europäisches Schadstoffemissionsregister (EPER) im Internet zugänglich gemacht, welches die Emissionen bestimmter Industrieanlagen und die Belastungen von Luft und Wasser zeigt (http://www.eper.cec.eu.int). Das EPER geht zurück auf eine Verpflichtung der Kommis-

schaftsorganen und den Mitgliedstaaten zu und kann keine für Mitgliedstaaten, Privatpersonen oder gar für die Gemeinschaft selbst belastenden Entscheidungen nach eigenem Ermessen treffen.

Mit *March* und *Feldman* kann vermutet werden, daß die Agentur vornehmlich als Symbol für die umweltregulierende Kompetenz und Legitimität der Entscheidungen der Gemeinschaft konzipiert wurde[80]. Ob dieses institutionalisierte Symbol eine Eigendynamik entwickelt, welche die Entscheidungsträger zu bislang gemiedenen inhaltlichen Entscheidungen quasi zwingen kann, bleibt abzuwarten[81]. Zumindest stellt die EUA das Forum für ein Netzwerk persönlicher Kontakte dar und kann durch ihre informationsverarbeitende und insbesondere auch wertende Tätigkeit zur Entstehung von sogenannten *epistemic communities* – einer Wissens- und Überzeugungsgemeinschaft in Zeiten der Unsicherheit über gegenwärtige und zukünftige Umstände – beitragen[82].

Hauptorgan der Informationsverwaltung ist immer noch die *Kommission*. Dies bestätigen auch die neueren Rechtsakte, die allesamt der Kommission die informationsverwaltenden Durchführungs- und Regelungskompetenzen zuschreiben und die EUA zum Teil nicht einmal beiläufig erwähnen[83]. Aber selbst der Kommission kommt keine umfassende, gene-

---

sion zur Veröffentlichung eines Verzeichnisses über die wichtigsten Emissionen und Quellen anhand der von den Mitgliedstaaten auf der Grundlage der IVU-Richtlinie (Fn. 18) übermittelten Informationen.

[80] *Feldman/March*, Information and Organizations as Signal and Symbol, in: March (Hrsg.), Decisions and Organizations, 1988, 409 ff.

[81] Vgl. *Feldman/March*, aaO., 421 f.

[82] Zum Begriff der "epistemic communities" *Hampson/Hart*, Multilateral negotiations: Lessons from Arms Control, Trade and the Environment, 1995, 349 ff.

[83] Siehe z.B. Art. 12 Abs. 1 der Ozonrichtlinie 2002 (Fn. 26), wonach die Kommission zur Umsetzung der Richtlinie Leitlinien auszuarbeiten hat und sich dabei (lediglich) auf die „bei der Europäischen Umweltagentur oder anderen kompetenten Stellen verfügbare fachliche Kompetenz" stützen kann. Art. 4 Abs. 3 der Treibhausgasbeobachtungsentscheidung von 2004 (Entscheidung Nr. 280/2004/EG vom 11.2.2004 über ein System zur Überwachung der Treibhausgasemissionen und zur Umsetzung des Kyoto-Protokolls, ABl. EU 2004 Nr. L 49, S.1) sieht vor, daß die EUA die Kommission bei der Erstellung des Gemeinschaftsinventars über Treibhausgase „gegebenenfalls" „unterstützt". Nach der Richtlinie 2001/81/EG vom 23.10.2001 über nationale Emissionshöchstmengen für bestimmte Luftschadstoffe (ABl. EG 2001 Nr. L 209, S. 22) erstellt die Kommission „mit Unterstützung der Europäischen Umweltagentur und in Zusammenarbeit mit den Mitgliedstaaten" Emissionsinventare und -prognosen für die von der Richtlinie erfassten Schadstoffe (Art. 7 Abs. 3). Auch nach der Luftmeßnetzentscheidung von 1997, der Luftqualitätsrichtlinie von 1996 und der Wasserrahmenrichtlinie von 2000 ist die diesbezügliche Durchführungs- und Regelungsbefugnis allein der Kommission übertragen worden. Die Kommission soll oder kann die EUA hinzuziehen und ihre Erfahrungen „nutzen" (Art. 1 Abs. 2 i. V. m. Art. 7 der Entscheidung 97/101/EG vom 27.1.1997 zur Schaffung eines Austauschs von Informationen und Daten aus den Netzen und Einzelstationen zur

relle Regelungsbefugnis diesbezüglich zu. Die verbindliche Auslegung des Gemeinschaftsrechts obliegt dem Gerichtshof. Gemeinschaftsrechtskonkretisierende „Mitteilungen" der Kommission sind entweder unverbindlich oder als intendierte Rechtsakte mangels Rechtsgrundlage anfechtbar und für nichtig zu erklären[84]. Der Kommission können jedoch diesbezügliche Regelungs- und Durchführungskompetenzen übertragen werden. Dies geschieht in zunehmendem Maße im Rahmen des Sekundärrechts explizit in Bezug auf die genaue Ausgestaltung der administrativen Informationsverfahren, kann aber auch implizit in der sekundärrechtlichen Übertragung einer Organisations- und Verfahrenszuständigkeit für die administrative Zusammenarbeit oder einer abstrakten Regelungsbefugnis für den gemeinschaftseigenen Vollzug enthalten sein[85]. So ist die Kommission im Rahmen der *Treibhausgashandelsrichtlinie* ermächtigt worden, Leitlinien für die Überwachung und Berichterstattung zu erlassen. In der Folge hat die Kommission eine Entscheidung mit einem Umfang von 74 Seiten erlassen, in der sowohl allgemeinere Vorgaben wie auch Details über die Meßverfahren enthalten sind[86]. Die allgemeinen Vorgaben enthalten u.a. Ausführungen zu den Grundsätzen der Überwachung und Berichterstattung und führen in diesem Zusammenhang die Vollständigkeit, Konsistenz, Transparenz, Genauigkeit, Kostenwirksamkeit, Wesentlichkeit und Verläßlichkeit an.

III. Unwirksamkeit staatlicher Vorschriften mangels Notifikation

Sich selbst implementierende Sanktionen wie die unmittelbare Anwendung des Gemeinschaftsrechts können nur dort ihre volle Wirkung entfalten, wo Privatpersonen die Anwendung des Gemeinschaftsrechts einklagen kön-

---

Messung der Luftverschmutzung in den Mitgliedstaaten, ABl. EG 1997 Nr. L 35, S. 14), sich, „soweit erforderlich, [...] auf die Fachkenntnisse" der EUA „stützen" (Art. 11 Nr. 3 der Richtlinie 96/62/EG vom 27.9.1996 über die Beurteilung und Kontrolle der Luftqualität, ABl. EG 1996 Nr. L 296, S. 55) oder die Empfehlungen der Agentur schlicht „berücksichtigen" (Art. 16 Abs. 5 der Richtlinie 2000/60/EG, Fn. 27).

[84] EuGH, Rs. 74/69 (Hauptzollamt Bremen/Krohn), Slg. 1970, 451 (Rn. 9); EuGH, Rs. 229/86 (Brother Industries/Kommission), Slg. 1987, 3757; EuGH, Rs. 325/85 (Irland/Kommission), Slg. 1987, 5041 (Rn. 17).

[85] Eine explizite Ermächtigung zum Erlaß von Umsetzungsleitlinien enthalten zum Beispiel die Ozonrichtlinie 2002 (Fn. 26), Art. 12 Abs. 1 sowie Art. 14 Abs. 1 der Richtlinie 2003/87/EG vom 13.10.2003 über ein System für den Handel mit Treibhausgasemissionszertifikaten in der Gemeinschaft und zur Änderung der Richtlinie 96/61/EG des Rates (ABl. EU 2003 Nr. L 275, S. 32). Eingehender zu den diesbezüglichen Kompetenzen der Kommission *Sommer*, Verwaltungskooperation (Fn. 5), 549 ff.

[86] Richtlinie 2003/87/EG, aaO. und Entscheidung 2004/156 der Kommission vom 29.1.2004 zur Festlegung von Leitlinien für Überwachung und Berichterstattung betreffend Treibhausgasemissionen gemäß der Richtlinie 2003/87/EG (ABl. EU 2004 Nr. L 59, S. 1).

nen. Dies ist bei rein inneradministrativen Informationsverfahren mangels subjektiver Klageberechtigung idR nicht gegeben. Ein Sanktionsmittel für Unterrichtungspflichten über staatliche Maßnahmen ist jedoch deren Undurchführbarkeit oder Nichtigkeit bei fehlender Unterrichtung der Gemeinschaft.

Ein Beispiel hierfür ist die sogenannte *Normeninformationsrichtlinie*. Danach sind in nicht harmonisierten Bereichen nationale technische Vorschriften im Entwurfsstadium mitzuteilen[87]. Hieran schließen sich detailliert geregelte Stillhaltefristen für die Mitgliedstaaten an, durch die es der Kommission ermöglicht wird, die Vereinbarkeit der nationalen Normen mit den gemeinschaftsrechtlichen Vorschriften über den freien Warenverkehr zu prüfen.

Mittlerweile ist eine umfangreiche Rechtsprechung zur Stillhaltefrist der *Normeninformationsrichtlinie* vorhanden. In dem Urteil *CIA Security* hat der Gerichtshof die bereits seit längerem vertretene Rechtsansicht der Kommission bestätigt, wonach eine nicht erfolgte Unterrichtung die Unwirksamkeit oder zumindest Undurchführbarkeit der Maßnahme nach sich zieht[88]. Dies gilt nach dem Urteil *Unilever/Central Food* selbst dann, wenn die Maßnahme zwar zunächst mitgeteilt, die in der Richtlinie vorgeschriebenen Stillhaltefristen aber nicht eingehalten wurden[89]. Die Argumentation stützt der Gerichtshof vornehmlich auf das Argument der praktischen Wirksamkeit (*effet utile*)[90]. Daß die „schlichten" Mitteilungspflichten dieser Richtlinie mit der Unwirksamkeitsfolge im Ergebnis übermäßig sanktioniert werden und letztlich über das Ziel einer *Informations*richtlinie, die weder den Erlaß noch die Rechtmäßigkeit der nationalen Normen regelt, hinausschießt, war für den Gerichtshof kein Hinderungsgrund.

---

[87] Art. 8 Abs. 1 der Richtlinie 98/34/EG vom 22.6.1998 über ein Informationsverfahren auf dem Gebiet der Normen und technischen Vorschriften und der Vorschriften im Dienste der Informationsgesellschaft (ABl. EG 1998 Nr. L 204, S. 37, geändert durch Richtlinie 98/48/EG vom 20.7.1998, ABl. EG 1998 Nr. L 217, S. 18), als Neukodifikation der Richtlinie 83/189/EWG vom 28.3.1983 über ein Informationsverfahren auf dem Gebiet der Normen und technischen Vorschriften (ABl. EG 1983 Nr. L 109, S. 8, mehrfach geändert, insbes. durch Richtlinie 94/10/EG vom 23.3.1994, ABl. EG 1994 Nr. L 100, S. 1, wodurch Vorschriften zum Schutz der Umwelt ausdrücklich einbezogen wurden). Zum Verfahren s. nur *v. Bogdandy*, in: Schmidt-Aßmann/Hoffmann-Riem, Informationsgesellschaft (Fn. 73), 133 (151 ff.) sowie mwN. *Sommer*, Verwaltungskooperation (Fn. 5), 118 ff.

[88] EuGH Rs. C-194/94 (CIA Security/Signalson u. Securitel), Slg. 1996, I-2201 (Rn. 40 f.). Die Kommission verweist in ihren Veröffentlichungen von notifizierten technischen Vorschriften im Amtsblatt der Gemeinschaft nunmehr auf dieses Urteil (s. z.B. ABl. EG 2000 Nr. C 281, S. 2).

[89] EuGH Rs. C-443/98 (Unilever/Central Food), EuZW 2001, 153 (Rn. 37 ff.).

[90] Eingehend zu diesem Urteil auch *v. Bogdandy*, in: Schmidt-Aßmann/Hoffmann-Riem, Informationsgesellschaft (Fn. 73), 133 (160 ff.) mwN.

Das Urteil *CIA Security* hat Wirkung gezeigt. Im Anschluß hieran sind die Notifizierungen von technischen Normen sprunghaft angestiegen[91]. Ebenso ist die Klagelust von Privatpersonen angestiegen, die nun bei unliebsamen nationalen technischen Normen zunächst prüfen können, ob diese der Gemeinschaft ordnungsgemäß mitgeteilt worden sind[92]. Als sich schließlich in einem Strafverfahren ein Angeklagter auf die Fehlerhaftigkeit der Beweisführung berief, weil die nationalen Rechtsvorschriften über die Verwendung des eingesetzten Alkoholmeßgerätes der Gemeinschaft nicht mitgeteilt worden waren, zog der EuGH die Notbremse. Lediglich einer Beschränkung des freien Warenverkehrs für nichtkonforme Produkte kann nach dem Urteil *Lemmens* die Unwirksamkeit der nationalen technischen Vorschrift wegen deren Nichtmitteilung entgegen gehalten werden[93]. Die Anwendung einer nicht notifizierten technischen Vorschrift durch eine nationale Behörde, welche nicht zu einer Beschränkung des zwischenstaatlichen Handels führt, wird nicht sanktioniert.

Zu klären bleibt, wie eine solche Vertragsverletzung behoben werden kann. Eine auch für die Zukunft dauerhafte Unwirksamkeit der nicht mitgeteilten nationalen technischen Vorschrift würde die Grenzen der Erforderlichkeit überschreiten, da so die formelle Verletzung der Unterrichtungspflicht in ein materielles Regelungsverbot umschlagen würde. Auf der anderen Seite kann das nationale Rechtsetzungsverfahren aber auch nicht mehr in den Zustand des Entwurfsstadiums – in welchem die Unterrichtungs- und Stillhaltefrist einsetzt – zurückversetzt werden[94]. Hier wird wohl angenommen werden müssen, daß die nationale Vorschrift nur bis zum Zeitpunkt der – nachzuholenden – Unterrichtung einschließlich des Ablaufs der sich anschließenden Stillhaltefrist unwirksam ist.

Die Rechsprechung des EuGH zur *Normeninformationsrichtlinie* ist auf die Informationspflichten über nationale Umsetzungsmaßnahmen für harmonisiertes Gemeinschaftsrecht nicht anwendbar[95]. Denn deren *effet utile* würde konterkariert, wenn die Umsetzungsnormen mangels Mitteilung an die Kommission (zumindest vorerst) im nationalen Recht nicht anwendbar

---

[91] *v. Bogdandy* spricht für das Jahr 1997 im Vergleich zur Zeit vor dem Urteil von einer Verdoppelung der Notifizierungen (aaO., 162).

[92] Siehe u.a. die Urteile Unilever/Central Food (Fn. 89); Rs. C-33/97 (Colim/Bigg's Continent Noord), Slg. 1999, I-3175 sowie verb. Rs. C-425/97, C-426/97 und C-427/97 (Strafverfahren gegen Albers, van den Berkmortel und Nuchelmans), Slg. 1999, I-2947.

[93] EuGH Rs. C-226/97 (Strafverfahren gegen Lemmens), Slg. 1998, I-3711 (Rn. 35 f.).

[94] Vgl. *Fronia*, Anm. zum Urteil *CIA Security,* EuZW 1996, 384.

[95] Derartige Unterrichtungspflichten finden sich standardmäßig in jedem Rechtsakt der Europäischen Gemeinschaft. Danach haben die Mitgliedstaaten die jeweils einschlägigen, bereits existierenden Rechtsnormen sowie die zur Umsetzung erlassenen Rechtsnormen und Maßnahmen mitzuteilen.

wären⁹⁶. Die *ratio* der Rechtsprechung des EuGH könnte aber auf die *Entscheidung zur Einführung eines Verfahrens der gegenseitigen Unterrichtung über einzelstaatliche Maßnahmen, die vom Grundsatz des freien Warenverkehrs in der Gemeinschaft abweichen* anwendbar sein⁹⁷. Danach haben die Mitgliedstaaten der Kommission alle – weiteren – Maßnahmen mitzuteilen, die im grenzüberschreitenden Warenverkehr u.a. ein Verbot von Waren, die Verweigerung einer Genehmigung zum Inverkehrbringen oder deren Rücknahme vom Markt zur Folge haben⁹⁸.

Aus dem Antidumpingrecht und dem Beihilfenverfahren sind zudem als Sanktionsmittel für eine unterlassene Informationskooperation die Entscheidung nach Aktenlage, die Ausdehnung der Bearbeitungszeit und die Vereinfachung der Begründungsanforderungen bekannt⁹⁹. Diese Sanktionsmittel werden meist im Verhältnis zu Unternehmen eingesetzt. Sie sind Ausdruck des Verbotes widersprüchlichen Verhaltens. Lediglich vereinzelt ist die Befugnis zur Festsetzung von Zwangsgeldern vorgesehen, wobei sich die Androhung von Zwangsgeldern gegenüber den Mitgliedstaaten nach Artikel 228 Absatz 2 EGV gerade im Umweltbereich als wirksam erwiesen hat¹⁰⁰.

C. Rechtlicher Rahmen

Informationskooperation bewegt sich selbst beim Fehlen expliziter rechtlicher Vorgaben nicht im rechtsfreien Raum. Von den Gemeinschaftsorganen und den Mitgliedstaaten sind v.a. die zu den allgemeinen Rechtsgrundsätzen des Gemeinschaftsrechts gehörenden Grundsätze der Verhältnismäßigkeit, des rechtlichen Gehörs, der institutionellen Autonomie der

---

⁹⁶ Ähnlich der EuGH im Urteil Braine-le-Château (Fn. 43) in Bezug auf nationale Genehmigungsentscheidungen, die auf der Grundlage eines der Kommission mitzuteilenden Planes hätten erlassen werden müssen, welcher aber im konkreten Fall fehlte.

⁹⁷ Entscheidung Nr. 3052/95/EG vom 13.12.1995 (ABl. EG 1995 Nr. L 32, S. 1).

⁹⁸ Die Unterrichtungspflicht erstreckt sich nur auf Maßnahmen, die sich auf „ein Muster oder eine Art von Waren hinderlich auswirken". Ausgenommen sind also Einzelfallentscheidungen. Ausgenommen sind auch alle Maßnahmen, die aufgrund anderer Gemeinschaftsvorschriften – so insbes. der Normeninformationsrichtlinie – mitzuteilen sind (Art. 3).

⁹⁹ Zum ganzen mit Verweisen *Sommer*, Verwaltungskooperation (Fn. 5), 764 ff.

¹⁰⁰ Siehe nur Sechzehnter Jahresbericht über die Kontrolle der Anwendung des Gemeinschaftsrechts (1998) (ABl. EG 1998 Nr. C 354, S. 1), unter Nr. 2.12 (S. 42 f.). Siehe auch die Mitteilung der Kommission Verfahren für die Berechnung des Zwangsgeldes nach Art. 171 EG-Vertrag (ABl. EG 1997 Nr. C 63, S. 2) sowie *Sach/Simm*, Kontrolle der Durchführung und der Beachtung von Gemeinschaftsrecht, in: Rengeling, EUDUR (Fn. 31), § 44, Rn. 75 ff., die darauf verweisen, daß die ersten Anwendungsfälle bislang alle aus dem Umweltbereich stammen.

Mitgliedstaaten und des Schutzes von Geschäftsgeheimnissen und personenbezogenen Daten zu beachten[101]. Im Rahmen des *Verhältnismäßigkeitsgrundsatzes* kann z.B. die Kosteneffizienz von Informationsverfahren berücksichtigt werden, jedoch nur bei einer offensichtlichen Unverhältnismäßigkeit zwischen den Kosten und dem zu erwartenden Nutzen[102]. Der hierfür zu erbringende Nachweis ist schwierig zu führen, da beide Positionen nur schwer finanziell quantifizierbar sind. Im Zweifel kann die Gemeinschaft durch eine entsprechende finanzielle Förderung der Datenerhebungs- und -verarbeitungstechniken dem Einwand der unverhältnismäßigen Kostenbelastung entgehen. Finden sich zudem im Gemeinschaftsrecht einheitliche Vorgaben für die Sachverhaltsermittlung, kann von diesen nicht wegen des damit verbundenen Aufwands abgewichen werden[103], es sei denn, eine solche Abwägung ist ausdrücklich in dem entsprechenden Rechtsakt enthalten[104].

Kurz erwähnt sei, daß nach dem *Prinzip der begrenzten Einzelermächtigung* (Art. 5 Abs. 1 EGV) für die Festlegung von Informationspflichten der Mitgliedstaaten eine Befugnisnorm im Gemeinschaftsrecht erforderlich ist. Weder die Pflicht zur Zusammenarbeit nach Art. 10 EGV noch ein etwa existierendes Gebot der *Amtshilfe* stellen eine hinreichende Rechtsgrundlage für die Existenz oder gar den Erlaß umfangreicher administrativer Informationspflichten dar[105]. Bei der Wahl der richtigen Rechtsgrundlage für die Festlegung von Informationspflichten kommt zunächst Art. 284 EGV in Betracht. Bei dieser Vorschrift handelt es sich jedoch nicht um eine *lex specialis* für alle Arten der Informationskooperation, sondern vielmehr um eine Generalnorm ohne Sperrwirkung für den Erlaß von Informationsverfahren auf der Grundlage von sachgebietsbezogenen Ermächtigungsgrundlagen, wie z.B. des Art. 175 EGV[106]. Vielmehr gehen letztere vor, wenn Informationsverfahren mit den materiellen Bestimmungen derar-

---

[101] Ausführlicher zu den einzelnen Rechtsgrundsätzen *Sommer*, Verwaltungskooperation (Fn. 5), 681 ff.

[102] EuGH, Rs. C-426/93, „Unternehmensregister", Slg. 1995, I-3723 (Rn. 46 ff.); Rs. C-114/96 (Strafverfahren gegen Kiefer u. Thill), Slg. 1997, I-3629 (Rn. 31 ff.). Siehe auch den durch den Amsterdamer Vertrag eingefügten Art. 285 Abs. 2 EGV, der im Hinblick auf Statistiken ausdrücklich festlegt, daß den Mitgliedstaaten keine übermäßigen Belastungen entstehen dürfen.

[103] Vgl. nur EuGH, Rs. C-237/90 (Kommission/Deutschland) „Deutsche Trinkwasserverordnung", Slg. 1992, I-5973 (Rn. 16).

[104] So z.B. in den Leitlinien für die Treibhausgasemissions-Überwachung und Berichterstattung (Fn. 86), Anhang I, 3.

[105] Ausführlicher *Sommer*, Verwaltungskooperation (Fn. 5), 393 ff. mit einer Darstellung der einzelnen Informationspflichten, die Art. 10 EGV entnommen werden können.

[106] Vgl. EuGH, verb. Rs. 188 bis 190/80 (Frankreich, Italien und Vereinigtes Königreich/Kommission), „Transparenzrichtlinie", Slg. 1982, 2545 (Rn. 10).

tig eng verknüpft sind, daß das Verfahren eindeutig der Durchführung bestimmter materieller Anforderungen dienen soll und von diesen nicht getrennt werden kann, ohne seinen Sinn und seine Verständlichkeit zu verlieren, was v.a. bei Anzeige- und Genehmigungsverfahren und bei Planungs- und Identifikationspflichten gegeben ist. Dann muß der Erlaß der Informationsverfahren dieselben Vorschriften über die Beschlußfassung im Rahmen der Gemeinschaft einhalten, wie sie im EG-Vertrag für das Sachgebiet vorgesehen sind. Andernfalls könnten diese verfahrensrechtlich meist strengeren Vorschriften durch den Rückgriff auf Art. 284 EGV umgangen werden. In diesem Sinne kann Art. 284 EGV eher als eine Auffangvorschrift für alle nicht mit einem speziellen Sachbereich verknüpften Informationsverfahren verstanden werden.

Die gemeinschaftsrechtliche Verwaltungskooperation steht zudem in einem rechtlichen und funktionalen Zusammenhang mit den diesbezüglichen Regeln und Gremien des *Völkerrechts*. Nach der Rechtsprechung des EuGH ist das Gemeinschaftsrecht unter Beachtung des Völkerrechts auszuüben und in dessen Lichte auszulegen[107]. Völkerrechtliche Verträge der Gemeinschaft gehen dem Sekundärrecht vor, dienen als Maßstab für die Rechtmäßigkeit der Handlungen der Gemeinschaft und unterliegen der Dogmatik der unmittelbaren Anwendbarkeit[108].

Völkerrecht kann insbesondere im horizontalen Verhältnis, d. h. zwischen den Mitgliedstaaten, als Lückenfüller dienen[109]. Auch beim Vorliegen gemeinschaftsrechtlicher Normen kann auf die Vorschriften zum Informationsaustausch und die Institutionen des Völkerrechts zurückgegriffen werden, wie z.B. das Verfahren von Irland gegen Großbritannien vor dem Internationalen Seegerichtshof über die nukleare Aufbereitungsanlage in Sellafield zeigt[110]. Internationale Gremien stellen ein Forum für den In-

---

[107] EuGH, Rs. C-162/96 (A. Racke/Hauptzollamt Mainz), Slg. 1998, I-3655 (Rn. 45); EuGH, Rs. C-284/95 (Safety Hi-Tech/S.&T.), Slg. 1998, I-4301 (Rn. 22) und Rs. C-341/95 (Bettati/Safety Hi-Tech), Slg. 1998, I-4355 (Rn. 20).

[108] Art. 300 Abs. 7 EGV; EuGH, Rs. C-416/96 (El-Yassini/Secretary of State for the Home Department), Slg. 1999, I-1209 (Rn. 25 ff.); Urteil Racke, aaO., I-3655 (Rn. 31); Rs. C-103/94 (Krid/CNAVTS), Slg. 1995, I-719 (Rn. 21 ff.).

[109] Zum Beispiel im Rahmen von bilateralen Konsultationen und Abstimmungen, auf die einige der Richtlinien verweisen, wenn es um umweltrechtliche Fragen geht, die das Hoheitsgebiet von zwei oder mehr Mitgliedstaaten betreffen und im grenznachbarschaftlichen Verhältnis geklärt werden können. Siehe Art. 8 der Ozonrichtlinie 2002 (Fn. 26) sowie die unter Fn. 25 zitierten Rechtsakte.

[110] Dort hatte der Seegerichtshof beide Staaten im Rahmen der Anordnung einstweiliger Maßnahmen auf der Grundlage der Seerechtskonvention und des Völkergewohnheitsrechts verpflichtet, zu kooperieren und in Konsultationen einzutreten, um Informationen über die möglichen Konsequenzen der Aufbereitungsanlage für die Irische See auszutauschen, die Risiken zu beobachten und, wenn erforderlich, Präventionsmaßnahmen zu ergreifen (International Tribunal for the Law of the Sea, Fall Nr. 10, 3.12.2001, The

formationsaustausch dar und wirken an der Entstehung der bereits erwähnten *epistemic communities* mit. Völkerrechtliche Informationsverfahren und Institutionen für den Informationsaustausch sind zahlreich und meist älter als das diesbezügliche Gemeinschaftsrecht. In vielen Fällen haben sich beide Regelungsebenen gegenseitig inspiriert. Das Gemeinschaftsrecht ist dabei nicht immer das Fortschrittlichere. Nicht selten dient es ausdrücklich der Umsetzung völkerrechtlicher Abkommen. Dies gilt insbesondere dann, wenn die Gemeinschaft an völkerrechtlichen Informationsverfahren teilnehmen möchte. Die Gemeinschaft fungiert in diesem Fall als Relaisstelle zwischen internationalen Gremien und den Mitgliedstaaten.

Die Beispiele sind zahlreich und betreffen häufig den Außenhandel der EG – die alte wie die jüngst erlassene neue *Chemikalienausfuhrverordnung*[111], die *Ozonschichtverordnung*[112] und die *CITES-Verordnung*[113] basieren mit ihren umfangreichen Informationsverfahren alle auf einem völkerrechtlichen Hintergrund und dienen quasi unter Ausschaltung der Mitgliedstaaten z.T. der unmittelbaren Umsetzung und dem Vollzug entsprechender völkerrechtlicher Pflichten[114]. So sieht die *Chemikalienausfuhrverordnung* 2003 ausdrücklich vor, daß die Kommission im Rahmen des (völkerrechtlichen) PIC-Verfahrens im Namen aller nationaler Behörden

---

MOX Plant Case, Ireland v. United Kingdom, insbes. Rn. 82 ff.). Großbritannien hatte u.a. darauf verwiesen, daß Vorschriften des Gemeinschaftsrechts einschlägig seien und daher die Jurisdiktion des Seegerichtshofes nicht gegeben sei.

[111] Verordnung (EG) Nr. 304/2003 vom 28.1.2003 über die Aus- und Einfuhr gefährlicher Chemikalien (ABl. EU 2003 Nr. L 63, S. 1). Die Verordnung dient der Umsetzung des Rotterdamer Übereinkommens vom 10.9.1998, mit dem ein Verfahren der „vorherigen informierten Zustimmung" („prior informed consent", auch PIC-Verfahren genannt) für den Handel mit bestimmten gefährlichen Chemikalien eingeführt wird. Siehe insbes. Art. 5 der Verordnung. Die Verordnung löst die Verordnung (EWG) Nr. 2455/92 vom 23.7.1992 betreffend die Ausfuhr und Einfuhr bestimmter gefährlicher Chemikalien (ABl. EG 1992 Nr. L 251, S. 13) ab. Diese sah bereits ein gemeinsames Notifikations- und Informationssystem vor.

[112] Verordnung (EG) Nr. 2037/2000 vom 29.6.2000 über Stoffe, die zum Abbau der Ozonschicht führen (ABl. EG 2000 Nr. L 244, S. 1); davor Verordnung Nr. 3093/94 (ABl. EG 1994 Nr. L 333, S. 1) und davor Verordnung Nr. 594/91 (ABl. EG 1991 Nr. L 67, S. 1).

[113] Verordnung (EG) Nr. 338/97 vom 9.12.1997 über den Schutz von Exemplaren wildlebender Tier- und Pflanzenarten durch Überwachung des Handels (ABl. EG 1997 Nr. L 61, S. 1, mehrfach geändert).

[114] Die Ozonschichtverordnung und weitere Nachfolgeverordnungen und Entscheidungen der Kommission setzen EG-einheitlich das Montrealer Protokoll um (Protokoll über Stoffe, die zu einem Abbau der Ozonschicht führen, Montreal, 16.9.1987, BGBl. II 1988, 1014, mehrfach geändert). Mit der CITES-Verordnung wird die Convention on International Trade in Endangered Species of Wild Fauna and Flora (CITES), Washington, 3.3.1973 (BGBl. II 1975, 773), umgesetzt. Dies sind nur einige Beispiele aus einer Reihe von Rechtsakten der EG mit völkerrechtlichem Hintergrund.

tätig wird und dabei insbesondere für die Übermittlung der Notifikationen und sonstiger Informationen verantwortlich ist. Ähnliches gilt für viele Informationssysteme. Die *Treibhausgasbeobachtungsentscheidung* der EG ist nach der Anpassung an das völkerrechtliche *Protokoll von Kyoto* ein Musterbeispiel für das Zusammenwirken der völkerrechtlichen, gemeinschaftsrechtlichen und nationalen Regelungsebenen[115].

Abschließend sei darauf hingewiesen, daß Kommunikation die Bereitschaft zur Kooperation erhöht, so daß durch Verfahren des Informationsaustauschs eine sich selbst verstärkende Dynamik ausgelöst wird. Sich selbst verstärkend kann allerdings auch der Ruf nach mehr Informationen sein: Je mehr Informationen vorhanden sind, desto mehr Fragen stellen sich und desto größer wird der Eindruck, nicht über ausreichende Informationen zu verfügen. Informationen verlieren dann ihre Funktion als Entscheidungsgrundlage. Nicht selten wird die Informationssammlung erst eingeleitet, nachdem eine Entscheidung im Kern bereits getroffen ist oder dient der „Ablenkung" von politisch (noch) nicht durchsetzbaren inhaltlichen Maßnahmen – Informationen werden dann als Signal und Symbol für den politischen Handlungswillen und die Legitimität der Entscheidungen quasi mißbraucht[116].

---

[115] Siehe bereits Entscheidung 93/389/EWG vom 24.6.1993 über ein System zur Beobachtung der Emissionen von CO_2 und anderen Treibhausgasen in der Gemeinschaft (ABl. EG 1993 Nr. L 167, S. 31) idF der Entscheidung 1999/296/EG vom 26.4.1999 (ABl. EG 1999 Nr. L 117, S. 35). Nunmehr Entscheidung Nr. 280/2004 (Fn. 83).

[116] Eingehend *Feldman/March*, in: March, Decisions and Organizations (Fn. 80), 409 ff.

Europäisches Veterinär- und Lebensmittelrecht*

KLAUS KNIPSCHILD

A. Einleitung

B. Verwaltungshandeln der Mitgliedstaaten
   I. Genehmigungen und Zulassungen
   II. Kontrollen
      1. Tier- und Warenkontrollen
      2. Betriebskontrollen
   III. Tötung und Beseitigung von Tieren / tierischen Erzeugnissen

C. Verwaltungshandeln der Gemeinschaft
   I. Genehmigungen und Zulassungen
   II. Kontrollen

D. Kooperation

E. Handeln der Gemeinschaft bei Gefahrenlagen
   I. Vorgehen nach den Veterinärkontroll-RL
   II. Vorgehen nach der VO (EG) 178/2002

F. Schlußbetrachtung

A. Einleitung

Das Veterinär- und Lebensmittelrecht gehört innerhalb der Europäischen Gemeinschaft zu den Rechtsgebieten der ersten Stunde[1]. Schon vor Gründung der Gemeinschaft gab es erste Gespräche zwischen den Veterinär-

---

* Der Beitrag basiert auf der Dissertation des Verfassers mit dem Titel „Lebensmittelsicherheit als Aufgabe des Veterinär- und Lebensmittelrechts", Nomos, Baden-Baden 2003.

[1] Vgl. zur Entstehung und Entwicklung des gemeinschaftlichen Veterinär- und Lebensmittelrechts *Knipschild*, Lebensmittelsicherheit als Aufgabe des Veterinär- und Lebensmittelrechts, 2003, 116 ff.

verwaltungen der späteren sechs Gründungsmitglieder, deren Vorarbeiten später von der EG-Kommission übernommen werden konnten[2]. Mittlerweile ist ein fast unüberschaubarer Normenbestand herangewachsen, der praktisch alle Arten von Lebensmitteln und sämtliche Produktionsstufen umfaßt[3].

Der Sache nach geht es dem Veterinär- und Lebensmittelrecht vorrangig um den Schutz von Mensch und Tier vor Krankheiten, die von Tieren oder tierischen Erzeugnissen, wie z.B. Lebensmitteln ausgehen können[4]. Die möglichen Gefahren und Risiken sind mannigfaltig. Schon im Rahmen der Tierzucht kann die Ursache für übertragbare Krankheiten gelegt werden. Der klassische Übertragungsweg von Tierseuchen ist aber immer noch die Übertragung unter lebenden Tieren. Zusätzliche Gefahren und Risiken können aus den Futter- und Arzneimitteln entstehen, die den Tieren verabreicht werden. Bei der Herstellung von Lebensmitteln tierischer Herkunft stehen vor allem Hygieneprobleme etwa bei der Schlachtung und weiteren Verarbeitung von Fleisch, Fisch und Milch im Vordergrund. Krankheitserreger können des weiteren auch noch auf dem langen Weg vom Hersteller bis zum Verbraucher entstehen, etwa durch Verderben der Ware. Zu beachten ist schließlich noch, daß zahlreiche tierische Abfälle in Tierkörperbeseitigungsanlagen z.B. zu Futtermitteln weiterverarbeitet werden und auf diesem Wege wieder in den Nahrungskreislauf der Tiere und somit letztlich auch der Menschen Eingang finden.

---

[2] Vgl. *Störiko*, Dtsch. Tierärztebl. 1962, 313; *Brühann*, Arch. f. Lebensmittelhygiene 1986, 31.

[3] Kennzeichnend für diesen umfassenden Ansatz sind die von der Kommission verwendeten Schlagworte, wie etwa „from stable to table", „from the farm to the fork", „from plough to plate" oder „from farm to table", vgl. hierzu die englischsprachige Version der Internetseite der Generaldirektion Gesundheit und Verbraucherschutz, die Mitteilung „Verbraucherschutz und Lebensmittelsicherheit", KOM (97) 183 endg., englische Fassung, Teil 1, S. 7 sowie das Weißbuch zur Lebensmittelsicherheit, KOM (1999) 719 endg., englische Fassung, Kapitel 2, Rn. 8; zum Prinzip des umfassenden Ansatzes als Gestaltungsprinzip des Europäischen Veterinär- und Lebensmittelrechts *Knipschild*, Lebensmittelsicherheit (Fn. 1), 230 f.

[4] Dies sind die Hauptaufgaben des Veterinär- und Lebensmittelrechts. Weitere Aufgaben sind der Schutz des Menschen vor Gefahren und Schädigungen durch (nicht über Lebensmittel übertragbare) Tierkrankheiten, der Schutz des Menschen vor Irreführung und Täuschung durch Lebensmittel und Erzeugnisse tierischen Ursprungs, die Erhaltung und Steigerung der Güte vom Tier stammender Lebensmittel, der Schutz der Umwelt vor schädlichen Einflüssen, die von Tieren sowie vom Tier stammenden Erzeugnissen und Abfällen ausgehen sowie der Schutz des Lebens und Wohlbefindens der Tiere (Tierschutz). Vgl. hierzu die Auflistung in den „Grundsätzen über Aufgaben und Aufbau der Veterinärfachverwaltung", herausgegeben von der Arbeitsgemeinschaft der leitenden Veterinärbeamten der Länder (ArgeVet), 1978.

Im Rahmen seiner Schutzfunktion für Mensch und Tier ist das Veterinär- und Lebensmittelrecht ein Teil der Ordnungsverwaltung, der es nach überliefertem Bilde um die Abwehr von Gefahren geht, deren Tätigkeit in jüngerer Zeit aber auch in den Bereich der Risikobewältigung ausgreift[5]. Zu dem auf den Gesundheitsschutz fokussierten Veterinär- und Lebensmittelrecht gehören damit die Rechtsgebiete des Tierzuchtrechts, des Tierseuchenrechts, des Tierarzneimittelrechts, des Futtermittelrechts, des Fleischhygienerechts, des Lebensmittelrechts sowie des Tierkörperbeseitigungsrechts[6].

Die Entwicklung des Europäischen Veterinär- und Lebensmittelrechts läßt sich grob in zwei Phasen einteilen. Bis etwa Mitte der 1990er Jahre stand das Ziel der Errichtung eines gemeinsamen Marktes (Artikel 2 EGV) bzw. die Verwirklichung eines Binnenmarktes (Artikel 14 EGV) für Lebensmittel und deren tierische Ausgangsprodukte im Vordergrund. Die für Tiere und tierische Lebensmittel geltenden Rechtsvorschriften in den einzelnen Mitgliedstaaten wurden Schritt für Schritt harmonisiert, um Handelshemmnisse z.B. in Form von Einfuhrverboten und langwierigen Gesundheitskontrollen an den Grenzen überflüssig zu machen, deren Geltung bzw. Durchführung von einzelnen Mitgliedstaaten unter Hinweis auf die unterschiedlichen Gesundheitsschutzniveaus innerhalb der Gemeinschaft gerechtfertigt wurde[7]. Mit der Vollendung des Binnenmarktes Anfang der 1990er Jahre und beschleunigt durch die verschiedenen Lebensmittelskandale (BSE, dioxinverseuchte Lebensmittel) änderte sich der Fokus des gemeinschaftlichen Veterinär- und Lebensmittelrechts. Die Harmonisierung unterschiedlicher nationaler Regelungen ist in den Hintergrund getreten, die Schaffung einer umfassenden Gemeinschaftsrechtsordnung unter Betonung des Zieles der Lebensmittelsicherheit[8] ist sichtbarer als früher in den

---

[5] Zur Ausdehnung der modernen Ordnungsverwaltung über den Bereich der Gefahrenabwehr hinaus am Beispiel des Atom- und Immissionsschutzrechts und zum damit verbundenen Wandel in der Dogmatik des Verwaltungsrechts *Di Fabio*, Risikoentscheidungen im Rechtsstaat, 1994, insb. 65 ff. u. 445 ff.

[6] Zu den Begriffen Veterinärrecht und Lebensmittelrecht vgl. *Knipschild*, Lebensmittelsicherheit (Fn. 1), 22 ff.

[7] Zutreffend veranschaulicht wurde die damalige Situation durch die Einschätzung, daß nach dem Abbau der Zölle „der Zöllner mehr oder weniger willkürlich durch den Veterinär ersetzt wurde", so eine Meldung in der Schlacht- und Viehhofzeitung 1967, 453. Die Kommission sah somit die Angleichung der Rechtsvorschriften als eine Bedingung „sine qua non" für das endgültige Funktionieren der Gemeinsamen Marktordnungen auf dem Gebiet der Landwirtschaft an (vgl. die Anwort der Kommission auf eine entsprechende Anfrage im Europäischen Parlament, ABl. EG 1964 Nr. 128, S. 2146).

[8] Zum Begriff der Lebensmittelsicherheit *Knipschild*, Lebensmittelsicherheit (Fn. 1), 19 ff.

Vordergrund getreten⁹. Dies kommt auch in organisatorischen Entscheidungen zum Ausdruck, wie z.B. in der Errichtung der Europäischen Behörde für Lebensmittelsicherheit (EBLS), die im Laufe des Jahres 2003 ihre Tätigkeit aufgenommen hat[10].

Nachfolgend soll zunächst überblicksartig das Verwaltungshandeln der Mitgliedstaaten im Bereich des Veterinär- und Lebensmittelrechts, anschließend dasjenige der Gemeinschaft dargestellt und typisiert werden. Damit wird zugleich ein Einblick in den Regelungsgehalt der wichtigsten Normen des Europäischen Veterinär- und Lebensmittelrechts ermöglicht. Der Schwerpunkt wird dabei auf diejenigen Regelungen gelegt, die dem Schutz der menschlichen Gesundheit dienen. Anschließend wird kurz auf die Verwaltungskooperation zwischen den Mitgliedstaaten und der Gemeinschaft sowie zwischen den Mitgliedstaaten untereinander eingegangen, bevor mit dem gemeinschaftlichen Handeln bei besonderen Gefahrenlagen für die menschliche Gesundheit ein bestimmtes Verwaltungshandeln der Gemeinschaft näher betrachtet werden soll.

B. Verwaltungshandeln der Mitgliedstaaten

Die mitgliedstaatlichen Verwaltungen, deren Handeln im Bereich des Veterinär- und Lebensmittelrechts weitgehend von europarechtlichen Normen geprägt wird[11], sind wegen des vorherrschenden Prinzips des indirekten Vollzugs die Stützen des Europäischen Veterinär- und Lebensmittelrechts. Nachfolgend soll versucht werden, dieses Verwaltungshandeln der Mitgliedstaaten zu typisieren. Hinsichtlich der Instrumente zum Schutz der

---

[9] Der Gesundheitsschutz hat sich somit von einer notwendigen Begleitmaßnahme zu einer selbstständigen Aufgabe der Gemeinschaftspolitik entwickelt, vgl. *Berg*, Gesundheitsschutz als Aufgabe der EU, 1997, 364. Im Hinblick auf das Gesundheitsschutzniveau fand die Harmonisierung allerdings keineswegs auf dem kleinsten gemeinsamen Nenner statt.

[10] Vgl. zur Errichtung dieser Behörde die VO (EG) Nr. 178/2002 des Europäischen Parlaments und des Rates vom 28.01.2002 zur Festlegung der allgemeinen Grundsätze und Anforderungen des Lebensmittelrechts, zur Errichtung der europäischen Behörde für Lebensmittelsicherheit und zur Festlegung von Verfahren zur Lebensmittelsicherheit, ABl. EG 2002 Nr. L 31, S. 1 ff. Die Aufgaben dieser Behörde sind jedoch begrenzt auf die wissenschaftliche Beratung sowie die wissenschaftliche und technische Unterstützung für Rechtsetzung und Politik der Gemeinschaft, vgl. die Art. 22 und 23 der vorgenannten Verordnung. Zu Agenturen dieses Typs siehe *Riedel*, in diesem Band, 103 ff. unter C I.

[11] Die europarechtlichen Vorgaben ergehen dabei hauptsächlich in Form der Richtlinie, die dann in der Regel in das jeweilige nationale Recht umgesetzt wird. Eine solche Umsetzung ist jedoch keineswegs zwingend. Denn bestimmte, nunmehr auch im Gemeinschaftsrecht vorhandene Regelungen bestanden schon vorher im nationalen Recht, vgl. *Knipschild*, Lebensmittelsicherheit (Fn. 1), 171.

menschlichen Gesundheit kann dabei grob unterschieden werden zwischen Genehmigungen und Zulassungen (I.), Untersuchungen und Kontrollen (II.) sowie Tötungs- bzw. Beseitigungsmaßnahmen (III.).

I. Genehmigungen und Zulassungen

Der Sache nach handelt es sich hierbei um präventive Verbote mit Erlaubnisvorbehalt, die als regulatorisches Instrument typisch für die Ordnungsverwaltung sind[12]. Derartige Genehmigungen und Zulassungen ergehen im deutschen Recht in Form des Verwaltungsaktes[13]. Als Beispiele für europarechtlich verankerte Genehmigungs- und Zulassungserfordernisse können genannt werden z.B. die Zulassung von Besamungsstationen und Embryoentnahmeeinheiten im Tierzuchtrecht[14], die tierseuchenrechtliche Zulassung von Händlern und Tiersammelstellen für den innergemeinschaftlichen Handel[15], die Zulassung von Tierarzneimitteln durch nationale Behörden[16], die Zulassung von Schlachtbetrieben nach dem Fleischhygienerecht[17] sowie von sogenannten Tierkörperbeseitigungsanstalten nach dem

---

[12] Zu den Instrumenten des Lebensmittel- und Veterinärrechts *Knipschild*, Lebensmittelsicherheit (Fn. 1), 105 ff.

[13] Vgl. zu den Rechtsformen des Lebensmittel- und Veterinärrechts *Knipschild*, Lebensmittelsicherheit (Fn. 1), 110 ff.

[14] Vgl. etwa Art. 3 Abs. 1 der RL 88/407/EWG des Rates vom 14.06.1988 zur Festlegung der tierseuchenrechtlichen Anforderungen an den innergemeinschaftlichen Handelsverkehr mit gefrorenem Samen von Rindern und dessen Einfuhr (ABl. EG 1988 Nr. L 194, S. 10).

[15] Vgl. Art. 11 und 13 der RL 64/432/EWG zur Regelung viehseuchenrechtlicher Fragen beim innergemeinschaftlichen Handelsverkehr mit Rindern und Schweinen (ABl. EG 1964 Nr. L 121, S. 1977); neu kodifiziert durch die RL 97/12/EG des Rates (ABL. EG 1997 Nr. L 109, S. 1).

[16] Vgl. hierzu ursprünglich die RL 81/851/EWG des Rates vom 28.09.1981 zur Angleichung der Rechtsvorschriften der Mitgliedstaaten über Tierarzneimittel (ABl. EG 1981 Nr. L 317, S. 1) sowie jetzt die RL 2001/82/EG des Europäischen Parlaments und des Rates vom 6.11.2001 zur Schaffung eines Gemeinschaftskodexes für Tierarzneimittel (ABl. EG 2001 Nr. L 311, S. 1). Daneben gibt es auch noch ein zentralisiertes Verfahren, bei dem die Zulassung durch die Gemeinschaft erteilt wird. Zu diesem später unter C. Zu den Zulassungsverfahren insgesamt *Hinze*, Tierärztliche Umschau 1992, 690 ff. sowie *Collatz*, Die neuen Europäischen Zulassungsverfahren für Arzneimittel, 1996.

[17] Vgl. Art. 3 Abs. 1 der RL 64/433/EWG über die gesundheitlichen Bedingungen für die Gewinnung und das Inverkehrbringen von frischem Fleisch (ABl. EG 1964 Nr. L 121, S. 2012, abgedruckt in ihrer derzeit aktuellen Fassung bei *Spindler/Theurer*, Fleischhygiene-, Geflügelfleischhygiene- und Lebensmittelrecht, Band 1, A II., Nr. 100), künftig aufgehoben durch RL 2004/41/EG des Europäischen Parlaments und des Rates vom 21.4.2004 (ABl. EU 2004 Nr. L 157, S. 33) zugunsten der VO (EG) Nr. 853/2004 des Europäischen Parlaments und des Rates vom 29.4.2004 mit spezifischen Hygienevorschriften für Lebensmittel tierischen Ursprungs (ABl. EU 2004 Nr. L 139, S. 55, berichtigt ABl. EU 2004 Nr. L 226, S. 22) sowie die allgemeine VO (EG) Nr. 852/2004 des Europäischen Parlaments und des Rates vom 29.4.2004 über Lebensmittelhygiene (ABl.

Tierkörperbeseitigungsrecht[18]. Zulassungen und Genehmigungen werden somit personen-, betriebs- und produktbezogen erteilt.

II. Kontrollen

Hiermit ist das breite Feld des sogenannten schlichten Verwaltungshandelns angesprochen, das sich in Form von Realakten vollzieht. Unterschieden werden kann dabei im Wesentlichen zwischen Tier- und Warenkontrollen sowie Betriebskontrollen[19].

1. Tier- und Warenkontrollen

Tier- und Warenkontrollen spielen vor allem im Handelsverkehr eine große Rolle, unabhängig davon, ob es sich um innergemeinschaftlichen Handel oder um die Einfuhr aus Drittstaaten in die Gemeinschaft handelt. So werden etwa Samen, Embryos, Futtermittel, Tiere und bestimmte Lebensmittel wie z.B. Fleisch Untersuchungen unterworfen. Beim innergemeinschaftlichen Warenverkehr wird im Grundsatz nur noch im Herkunftsland untersucht[20]. Der Einfuhrstaat kann jedoch Stichproben machen und zusätzliche Kontrollen bei begründetem Verdacht einer Gefahr für die menschliche oder tierische Gesundheit durchführen[21]. Bei der Einfuhr aus Drittstaaten findet eine einmalige Kontrolle an den Grenzkontrollstellen desjenigen Mitgliedstaates statt, an dessen Grenze die Ware zum ersten

---

EU 2004 Nr. L 139, S. 1, berichtigt ABl. EU 2004 Nr. L 226, S. 3) und die VO (EG) Nr. 854/2004 des Europäischen Parlaments und des Rates vom 29.4.2004 mit besonderen Verfahrensvorschriften für die amtliche Überwachung von zum menschlichen Verzehr bestimmten Erzeugnissen tierischen Ursprungs (ABl. EU 2004 Nr. L 139, S. 206, berichtigt ABl. EU 2004 Nr. L 226, S. 83). Durch die allgemeine LebensmittelhygieneVO (EG) Nr. 852/2004 wird insbesondere das HACCP (Hazard Analysis on Critical Points) eingeführt.

[18] Vgl. Art. 4 der RL 90/667/EWG des Rates vom 27.11.1990 zum Erlaß veterinärrechtlicher Vorschriften für die Beseitigung, Verarbeitung und Vermarktung tierischer Abfälle und zum Schutz von Futtermitteln tierischen Ursprungs, auch aus Fisch, gegen Krankheitserreger sowie zur Änderung der Richtlinie 90/425/EWG (ABl. EG 1990 Nr. L 363, S. 51); siehe jetzt Art. 10 ff. der VO (EG) Nr. 1774/2002 des Europäischen Parlaments und des Rates vom 3.10.2002 mit Hygienevorschriften für nicht für den menschlichen Verzehr bestimmte tierische Nebenprodukte (ABl. EG 2002 Nr. L 273, S. 1).

[19] Ein übergreifendes Kontrollregime wird künftig durch die VO (EG) Nr. 882/2004 des Europäischen Parlaments und des Rates vom 29.4.2004 über amtliche Kontrollen zur Überprüfung der Einhaltung des Lebensmittel- und Futtermittelrechts sowie der Bestimmungen über Tiergesundheit und Tierschutz festgelegt (ABl. EU 2004 Nr. L 165, S. 1, berichtigt ABl. EU 2004 Nr. L 191, S. 1).

[20] Vgl. Art. 1 und die Art. 3 und 4 der RL 90/425/EWG des Rates vom 26.06.1990 zur Regelung der veterinärrechtlichen und tierzüchterischen Kontrollen im innergemeinschaftlichen Handel mit lebenden Tieren und Erzeugnissen im Hinblick auf den Binnenmarkt (ABl. EG 1990 Nr. L 224, S. 24).

[21] Vgl. Art. 5 der RL 90/425/EWG (Fn. 20).

Mal auf Gemeinschaftsgebiet gelangt[22]. Ergibt die Kontrolle keine Beanstandungen, sind die Tiere bzw. die Ware innerhalb der gesamten Gemeinschaft verkehrsfähig.

Als weiteres Beispiel für Tier- und Warenkontrollen kann die Schlachttier- und Fleischuntersuchung im Fleischygienerecht genannt werden, die bei bestimmten Tieren bei jeder Schlachtung grundsätzlich durchzuführen ist[23]. Die Schlachttier- und Fleischuntersuchung wird dabei unabhängig davon durchgeführt, ob das Fleisch für den innergemeinschaftlichen Handel bestimmt ist oder nicht.

2. Betriebskontrollen

Neben dem einmaligen und somit eher statischen Akt der Zulassung einzelner Betriebe, dem natürlich auch eine entsprechende Untersuchung z.B. der Betriebseinrichtung vorausgeht, sieht das Gemeinschaftsrecht auch nach der Zulassung Betriebskontrollen vor. Dabei geht es aber nicht nur um die Kontrolle der betriebstechnischen Ausrüstung oder ähnlichem. Vielmehr können auf diesem Wege auch Warenproben direkt am Herstellungsort genommen und anschließend kontrolliert werden[24]. Europarechtliche Vorgaben für Kontrollen durch die Mitgliedstaaten finden sich z.B. im gemeinschaftsrechtlichen Lebensmittelrecht[25]. So ist etwa vorgeschrieben, daß die Überwachung der Betriebe regelmäßig und ansonsten bei bestimmten Verdachtsmomenten in der Regel ohne Vorankündigung zu erfolgen hat[26]. Die Mitgliedstaaten haben zudem Vorausschätzungsprogramme zu erstellen, in denen der Kommission Angaben über Art und Häufigkeit der

---

[22] Siehe Art. 4 der RL 91/496/EWG des Rates vom 15.07.1991 zur Festlegung der Grundregeln für die Veterinärkontrollen von aus Drittländern in die Gemeinschaft eingeführten Tieren und zur Änderung der Richtlinien 89/662/EWG, 90/425/EWG und 90/675/EWG (ABl. EG 1991 Nr. L 268, S. 65).

[23] Vgl. Art. 3 Abs. 1 der RL 64/433/EWG (Fn. 17) und zukünftig Art. 5 VO (EG) Nr. 854/2004 (Fn. 17).

[24] Vgl. etwa Art. 9 und Art. 14 der RL 64/433/EWG (Fn. 17), in denen die Anwesenheit eines amtlichen Tierarztes im Rahmen der Schlachttier- und Fleischuntersuchung vorgeschrieben und die Verpflichtung zur Durchführung von Kontrollen bei einem Verdacht auf Verstöße gegen die einschlägigen Bestimmungen oder auf eine Genussuntauglichkeit des Fleisches vorgeschrieben ist; ähnlich Art. 4 und 5 VO (EG) Nr. 854/2004 (Fn. 17).

[25] Die Vorschriften sind bisher im wesentlichen in den RL 89/397/EWG des Rates vom 14.06.1989 über die amtliche Lebensmittelüberwachung (ABl. EG 1989 Nr. L 186, S. 23) und RL 93/99/EWG des Rates vom 29.10.1993 über zusätzliche Maßnahmen im Bereich der amtlichen Lebensmittelüberwachung (ABl. EG 1993 Nr. L 290, S. 14) enthalten. Siehe jetzt die ab 1.1.2006 anwendbare VO (EG) Nr. 882/2004 (Fn. 19).

[26] Vgl. Art. 4 der RL 89/397/EWG (Fn. 25); Art. 3 Abs. 1 und 2 VO (EG) Nr. 882/2004 (Fn. 19).

Kontrollen gemacht werden[27]. Gemeinschaftsrechtlich vorgegeben ist auch die ausreichende Ausstattung der mitgliedstaatlichen Überwachungsbehörden mit qualifizierten und erfahrenen Mitarbeitern aus den Bereichen Veterinärmedizin, Lebensmittelhygiene und Lebensmittelrecht[28].

III. Tötung und Beseitigung von Tieren / tierischen Erzeugnissen

Tötungs- und Beseitigungsmaßnahmen stellen den dritten wichtigen Baustein des auf den Gesundheitsschutz bezogenen Verwaltungshandelns der Mitgliedstaaten dar. Sie sind eine mögliche Konsequenz von Verstößen gegen veterinär- und lebensmittelrechtliche Vorschriften, die im Zuge der vorstehend behandelten Untersuchungen und Kontrollen festgestellt werden. Der Tötung bzw. Beseitigung als schlichtem Realakt geht dabei in Deutschland der Erlaß eines entsprechenden Verwaltungsaktes voraus.

Beispiele für solche Maßnahmen lassen sich in allen Rechtsgebieten des Veterinär- und Lebensmittelrechts finden. Stellvertretend erwähnt seien hier die Tötung von kranken oder verdächtigen Tieren im Tierseuchenrecht[29], die Beseitigung von kontaminierten Futtermitteln[30] sowie die Beseitigung von Fleisch, das von kranken Tieren stammt oder unzulässigerweise mit Rückständen von Arznei- und Futtermitteln belastet ist[31].

C. Verwaltungshandeln der Gemeinschaft

Wenngleich der Schwerpunkt des Verwaltungshandelns im Bereich des Veterinär- und Lebensmittelrechtes immer noch eindeutig bei den Mitgliedstaaten liegt, hat die Europäische Gemeinschaft vor allem seit Beginn der 1990er Jahre zunehmend Kompetenzen an sich gezogen. Auch auf

---

[27] Die Kommission empfiehlt im Gegenzug den Mitgliedstaaten alljährlich ein koordiniertes Überwachungsprogramm, vgl. hierzu Art. 14 der RL 89/397/EWG. Zu diesem Programm *Geßler*, Fleischwirtschaft 1991, 886 ff. und *Heckner*, ZLR 1993, 205 (211). Zu Kontrollplänen und -berichten als Instrumente einer Voraus- und Nachsteuerung auch *David*, Inspektionen im Europäischen Verwaltungsrecht, 2003, 144 ff. sowie jetzt Art. 41 ff. VO (EG) Nr. 882/2004 (Fn. 19).

[28] Siehe Art. 2 der RL 93/99/EWG (Fn. 25); Art. 4, 6 und 51 VO (EG) Nr. 882/2004 (Fn. 19). Die Regelungen machen deutlich, wie die Gemeinschaft auch im Bereich des indirekten Vollzuges das mitgliedstaatliche Organisationsrecht beeinflußt.

[29] Vgl. RL 92/119/EWG des Rates vom 17.12.1992 mit allgemeinen Gemeinschaftsmaßnahmen zur Bekämpfung bestimmter Tierseuchen sowie besonderen Maßnahmen bzgl. der vesikulären Schweinekrankheit (ABl. EG 1993 Nr. L 62, S. 69).

[30] Siehe Art. 8 und 13 der RL 95/53/EG vom 25.10.1995 mit Grundregeln für die Durchführung von amtlichen Futtermittelkontrollen (ABl. EG 1995 Nr. L 265, S. 17) sowie künftig Art. 19 VO (EG) Nr. 882/2004 (Fn. 19).

[31] Vgl. bisher Art. 5 und 7 der RL 64/433/EWG (Fn. 17); künftig Art. 5 Abs. 4 iVm. Anhang 1, Abschnitt II, Kapitel V VO (EG) Nr. 854/2004 (Fn. 17).

Gemeinschaftsebene kann zwischen Genehmigungen und Zulassungen (I.) sowie Kontrollen (II.) durch Verwaltungsstellen der Gemeinschaft unterschieden werden. Auf die Vorgehensweise der Gemeinschaft bei Vorliegen besonderer Gefahrenlagen wird an anderer Stelle (E.) gesondert eingegangen.

I. Genehmigungen und Zulassungen

Besondere Beachtung hat hier vor allem das zentralisierte Zulassungsverfahren für bestimmte Tierarzneimittel erfahren, das in der VO (EG) Nr. 2309/93[32] bzw. zukünftig in der VO (EG) Nr. 726/2004[33] geregelt ist. Das Verfahren gilt für Arzneimittel, die mit bestimmten biotechnologischen Verfahren hergestellt werden sowie für Tierarzneimittel, die als Leistungssteigerungsmittel oder zur Erhöhung von Ertragsleistungen der Tiere vorgesehen sind. Der Zulassungsantrag ist an die 1994 geschaffene Europäische Agentur zur Beurteilung von Arzneimitteln (EMEA) – zunkünftig Europäische Arzneimittel-Agentur – zu richten, die die Zulassungsvoraussetzungen prüft und anschließend ein Gutachten erstellt. Die Zulassungsentscheidung selbst wird von der Kommission unter Beteiligung von Vertretern der Mitgliedstaaten im sogenannten Regelungsausschußverfahren oder durch den Rat erteilt. Bei einer positiven Entscheidung ist die Genehmigung für die gesamte Gemeinschaft gültig und das Arzneimittel somit in der gesamten Gemeinschaft frei verkehrsfähig. Eine negative Entscheidung stellt zugleich ein Verbot für das Inverkehrbringen des Mittels in der gesamten Gemeinschaft dar.

Desweiteren entscheidet die Kommission im Regelungsausschußverfahren oder der Rat noch über die gemeinschaftliche Zulassung von Zusatzstoffen in Futtermitteln[34]. Bisher wurde das Zulassungsverfahren dadurch eingeleitet, daß der Antragssteller bei einem Mitgliedstaat seiner Wahl die Antragsunterlagen einreichte. Diese wurden nach einer ersten Überprüfung

---

[32] VO (EG) Nr. 2309/93 des Rates vom 22.08.1993 zur Festlegung von Gemeinschaftsverfahren für die Genehmigung und Überwachung von Human- und Tierarzneimitteln und zur Schaffung einer europäischen Agentur für die Beurteilung von Arzneimitteln (ABl. EG 1993 Nr. L 214, S. 1). Vgl. hierzu die Literaturhinweise in Fn. 16. Zur Europäischen Agentur zur Beurteilung von Arzneimitteln *Riedel*, in diesem Band, 103 ff.

[33] VO (EG) Nr. 726/2004 des Europäischen Parlaments und des Rates vom 21.3.2004 zur Festlegung von Gemeinschaftsverfahren für die Genehmigung und Überwachung von Human- und Tierarzneimitteln und zur Errichtung einer Europäischen Arzneimittel-Agentur (ABl. EU 2004 Nr. L 136, S. 1), deren das zentrale Zulassungsverfahren betreffende Bestimmungen ab 20.11.2005 Anwendung finden. Zur demokratischen Legitimation zentraler Zulassungsverfahren *Röhl*, in diesem Band, 153 (170 ff.)

[34] Vgl. hierzu die RL 70/524/EWG des Rates vom 23.11.1970 über Zusatzstoffe in der Tierernährung (ABl. EG 1970 Nr. L 270, S. 1) idF der RL 96/51/EG des Rates vom 23.07.1996 zur Änderung der Richtlinie 70/524/EWG über Zusatzstoffe in der Tierernährung (ABl. EG 1996 Nr. L 235, S. 39).

durch den Mitgliedstaat an die Kommission und die anderen Mitgliedstaaten weitergeleitet. Wurden innerhalb einer Frist von 30 Tagen keine Einwände erhoben, erging die Entscheidung der Kommission bzw. des Rates über die gemeinschaftliche Zulassung in Form einer Verordnung im Sinne des Art. 249 EGV. Die Zulassung konnte per Verordnung auch wieder entzogen werden, sofern die Zulassungsvoraussetzungen später nicht mehr erfüllt waren. Nach der neuen VO (EG) Nr. 1831/2003[35] ist der Antrag nunmehr direkt an die Kommission zu richten, die nach Beteiligung der Europäischen Behörde für Lebensmittelsicherheit (EBLS) im Regelungsausschußverfahren die Zulassung durch Verordnung erteilt[36].

II. Kontrollen

Hier liegt eindeutig der Schwerpunkt des Verwaltungshandelns der Gemeinschaft[37]. Die Kontrollen werden durch das Lebensmittel- und Veterinäramt der Kommission (FVO) durchgeführt, das der Generaldirektion für Gesundheit und Verbraucherschutz zugeordnet ist und über eigene Inspektionsteams verfügt[38].

Inspektionen werden von diesen Teams zum einen in Drittländern außerhalb der Europäischen Gemeinschaft durchgeführt[39]. Bewertet werden

---

[35] VO (EG) Nr. 1831/2003 des Europäischen Parlaments und des Rates vom 22.9.2003 über Zusatzstoffe zur Verwendung in der Tierernährung (ABl. EU 2003 Nr. L 268, S. 29), durch die die RL 70/524/EWG (Fn. 34) aufgehoben wird.

[36] Vgl. Art. 7 VO (EG) Nr. 1831/2003 (Fn. 35).

[37] Zu den Inspektionen im Gemeinschaftsrecht insgesamt *David*, Inspektionen (Fn. 27); *dies.*, in diesem Band, 237 ff.

[38] Vgl. hierzu *Lugt*, Enforcing European and National Food Law in the Netherlands and England, 1999, 33. Zur Zeit sind nach den Angaben der Kommission 81 Inspektoren im Einsatz.

[39] Als grundlegendes Beispiel für die Einfuhrregelungen der Gemeinschaft kann die RL 72/462/EWG zur Regelung viehseuchenrechtlicher und gesundheitlicher Fragen bei der Einfuhr von Rindern, Schweinen, Schafen und Ziegen, von frischem Fleisch oder Fleischerzeugnisses aus Drittländern (ABl. EG 1972 Nr. L 302, S. 28) herangezogen werden. Die Richtlinie galt zunächst nur für Rinder und Schweine sowie frisches Fleisch. Ihr Anwendungsbereich wurde unter entsprechender Änderung des Titels Ende der 1980er Jahre auf Fleischerzeugnisse und Anfang der 1990er Jahre auf Schafe und Ziegen ausgedehnt. Für Fleisch und Fleischerzeugnisse gelten mittlerweile wieder gesonderte Regelungen, vgl. die RL 2002/99/EG des Rates vom 16.12.2002 zur Festlegung von tierseuchenrechtlichen Vorschriften für das Herstellen, die Verarbeitung, den Vertrieb und die Einfuhr von Lebensmitteln tierischen Ursprungs (ABl. EU 2003 Nr. L 18, S. 11). Die RL 72/462/EWG wird ab 2006 insgesamt durch die RL 2004/68/EG des Rates vom 26.4.2004 zur Festlegung der Veterinärbedingungen für die Einfuhr und die Durchfuhr bestimmter lebender Huftiere in bzw. durch die Gemeinschaft, zur Änderung der RL 90/426/EWG und 92/65/EWG und zur Aufhebung der RL 72/462/EWG (ABl. EU 2004 Nr. L 139, S. 321, berichtigt ABl. EU 2004 Nr. L 226, S. 128) aufgehoben. Für Gemeinschaftskontrollen in Drittländern gilt ab 1.1.2006 Art. 46 VO (EG) Nr. 882/2004 (Fn. 19).

von den Veterinärsachverständigen der Gemeinschaft dabei zum einen der allgemeine Gesundheitszustand des Viehbestandes in dem jeweiligen Drittstaat sowie die gesetzlichen und administrativen Rahmenbedingungen im Veterinär- und Lebensmittelbereich[40]. Kontrolliert werden aber auch einzelne Betriebe, die z.B. Fleisch in die Europäische Gemeinschaft exportieren wollen. Aufgrund der Inspektionen stellt die Gemeinschaft Listen mit denjenigen Ländern und Betrieben auf, aus denen die Einfuhr von Tieren und Lebensmitteln tierischer Herkunft zulässig ist[41].

Zum anderen überwacht das Lebensmittel- und Veterinäramt mit seinen Mitarbeitern auch die Einhaltung der Vorschriften des Veterinär- und Lebensmittelrechts durch die Mitgliedstaaten[42]. Ein Schwerpunkt liegt dabei in der Überwachung der von den Mitgliedstaaten selbst durchzuführenden Tier- und Warenkontrollen bei der Einfuhr aus Drittstaaten, bei der Versendung von Tieren und Waren in andere Mitgliedstaaten der Gemeinschaft sowie bei Betriebskontrollen. Hierbei handelt es sich um die sogenannte Kontrolle der Kontrolle.

D. Kooperation

An der Schnittstelle zwischen dem Verwaltungshandeln der Mitgliedstaaten und demjenigen der Gemeinschaft liegt die Kooperation zwischen den mitgliedstaatlichen Verwaltungen (sogenannte horizontale Kooperation) sowie zwischen diesen und der Kommission (sogenannte vertikale Kooperation)[43]. Der gemeinschaftsweite Handel mit Tieren und Lebensmitteln bei einem gleichzeitig überwiegend dezentral aufgebauten Vollzug führt fast zwangsläufig zu einer Kooperation zwischen den Mitgliedstaaten,

---

Zum Außenregime der Gemeinschaft *Zwingmann/Rojahn*, Tierärztliche Umschau 1994, 322 (331) und *Bätza*, Dtsch. Tierärztl. Wschr. 1994, S 288 (290).

[40] Vgl. Art. 3 Abs. 2 der RL 72/462/EWG (Fn. 39); Art. 46 Abs. 1 VO (EG) Nr. 882/2004 (Fn. 19).

[41] Vgl. Art. 3 Abs. 1 der RL 72/462/EWG (Fn. 39), bzw. jetzt Art. 8 RL 2002/99/EG (Fn. 39) sowie Art. 3 Abs. 1 RL 2004/68/EG (Fn. 39). Es ergeht auf Vorschlag der Kommission eine Entscheidung im Sinne des Art. 249 EGV durch den Rat. Siehe auch Art. 48 Abs. 2 a VO (EG) Nr. 882/2004 (Fn. 19). Zur Entscheidung als gemeinschaftsrechtlicher Handlungsform *Vogt*, in diesem Band, 213 ff.

[42] Vgl. Art. 45 VO (EG) Nr. 882/2004 (Fn. 19).

[43] Grundlegend zur Verwaltungskooperation und zum Verwaltungskooperationsrecht in der Europäischen Gemeinschaft *Schmidt-Aßmann*, EuR 1996, 270 ff.; ders., in diesem Band, 1 ff.

durch die erst die notwendige Effektivität des Verwaltungshandelns im Gemeinschaftsraum sichergestellt werden kann[44].

Exemplarisch zu nennen sind hier etwa die Amtshilferegelungen nach der sogenannten Amtshilfe–RL 89/608/EWG[45] sowie der RL 93/99/EWG[46] bzw. der VO (EG) Nr. 882/2004[47]. Diese Rechtsakte enthalten insbesondere ausführliche Regelungen über den Informationsaustausch zwischen den Mitgliedstaaten sowie den Mitgliedstaaten und der Kommission[48]. Dies zeigt die Bedeutung des Informationsaustausches als Grundlage jeder Kooperation[49]. Über den reinen Informationsaustausch hinaus kann ein Mitgliedstaat einen anderen jedoch auch mit der Überprüfung von bestimmten Sachverhalten beauftragen, deren Ergebnis im Anschluß mitzuteilen ist[50]. Möglich ist auch, bei einem anderen Mitgliedstaat die Überwachung bzw. verstärkte Überwachung z.B. von einzelnen Betrieben zu beantragen[51]. Als weiteres Beispiel einer vor allem auf Informationsaustausch basierenden Kooperation kann schließlich das Schnellwarnsystem für Lebensmittel (RASFF)[52] genannt werden, das dem schnellen Informationsaustausch über Probleme und Risiken im Zusammenhang mit Lebensmitteln dient, die die Anforderungen an die Lebensmittelsicherheit nicht erfüllen[53]. Die Informationen werden hier vertikal von den einzelnen Mitgliedstaaten über standardisierte Meldeformulare an die Gemeinschaft geleitet, die diese sternförmig an die anderen Mitgliedstaaten weiterleitet.

---

[44] Vgl. *Schmidt-Aßmann*, in: Schmidt-Aßmann/Hoffmann-Riem (Hrsg.), Strukturen des Europäischen Verwaltungsrechts, 1999, 9 ff.

[45] RL 89/608/EWG des Rates vom 21.11.1989 betreffend die gegenseitige Unterstützung der Verwaltungsbehörden der Mitgliedstaaten und die Zusammenarbeit dieser Behörden mit der Kommission, um die ordnungsgemäße Anwendung der tierärztlichen und tierzuchtrechtlichen Vorschriften zu gewährleisten (ABl. EG 1989 Nr. L 351, S. 34). Allgemein zur Amtshilfe *Wettner*, in diesem Band, 181 ff.

[46] Siehe Fn. 25.

[47] Siehe Fn. 19. Die VO (EG) Nr. 882/2004 hebt ab 1.1.2006 die RL 93/99/EWG (Fn. 25) auf.

[48] Vgl. zu den bisher geltenden Richtlinien *Knipschild*, Lebensmittelsicherheit (Fn. 1), 220 ff.

[49] Vgl. *Schmidt-Aßmann*, in diesem Band, 1 (2 ff.)

[50] Art. 4 Abs. 1, 2 der RL 89/608/EWG (Fn. 45).

[51] Vgl. Art. 6 der RL 89/608/EWG (Fn. 45).

[52] Die Abkürzung steht für Rapid Alert System for Foodstuffs. Das System ist seit 1979 in Kraft; es hat eine neue rechtliche Ausgestaltung im Rahmen der VO (EG) Nr. 178/2002 (Fn. 10) erfahren, vgl. dort Art. 50 – 52. Neben den Mitgliedstaaten und der Kommission ist nunmehr auch die Europäische Behörde für Lebensmittelsicherheit in das System integriert.

[53] Vgl. hierzu *Bach*, ZLR 2000, 489 ff. sowie *Eckert*, Gemeinschaftsrechtliche Präventivmaßnahmen in Dringlichkeitsfällen, in: Dannecker (Hrsg.), Lebensmittelstrafrecht und Verwaltungssanktionen in der Europäischen Union, 1994, 151 ff.

E. Handeln der Gemeinschaft bei Gefahrenlagen

Das gemeinschaftliche Veterinär- und Lebensmittelrecht sieht verschiedene Befugnisse der Gemeinschaft für den Fall vor, daß durch Tiere oder Lebensmittel die menschliche Gesundheit gefährdet wird. Die Regelungen ermächtigen sowohl zur Abwehr von Gefahren durch Tiere und Lebensmittel mit Ursprung in der Gemeinschaft als auch bei importierten Tieren und Erzeugnissen. Hier soll exemplarisch nur auf die Abwehr von Gefahren innerhalb der Gemeinschaft eingegangen werden, die Regelungen bei Tieren und Erzeugnissen aus Drittstaaten sind jedoch sehr ähnlich ausgestaltet. Die grundlegenden Befugnisse der Gemeinschaft ergeben sich zum einen aus den sogenannten Veterinärkontrollen–RL 89/662/EWG und 90/425/EWG [54] sowie aus der aus jüngerer Zeit stammenden VO (EG) Nr. 178/2002[55].

I. Vorgehen nach den Veterinärkontroll-RL

Die vorstehend erwähnten Veterinärkontroll-RL enthalten nicht nur Befugnisse der Gemeinschaft, sondern verpflichten und ermächtigen auch die Mitgliedstaaten zur Ergreifung bestimmter Schutzmaßnahmen. Zentrales Element dieser Regelungen ist jedoch die Pflicht der Gemeinschaft, bei Vorliegen einer Gesundheitsgefahr durch die Kommission unter Beteiligung von Vertretern der Mitgliedstaaten die Lage zu prüfen und durch die Kommission (wiederum unter Beteiligung von Vertretern der Mitgliedstaaten) oder durch den Rat die notwendigen Maßnahmen für Tiere, Erzeugnisse von diesen oder Folgeerzeugnisse zu treffen[56]. Auf diese Ermächtigungsgrundlage hat die Gemeinschaft unter anderem die an Großbritannien gerichteten Exportverbote während der BSE-Krise sowie die an Belgien gerichteten Exportverbote im Rahmen des Skandals um dioxinverseuchte Futtermittel gestützt[57]. Voraussetzung für ein Handeln der Gemeinschaft

---

[54] Richtlinie des Rates vom 11.12.1989 zur Regelung der veterinärrechtlichen Kontrollen im innergemeinschaftlichen Handel im Hinblick auf den gemeinsamen Binnenmarkt (ABl. EG 1989 Nr. L 395, S. 13) und Richtlinie des Rates vom 26.06.1990 zur Regelung der veterinärrechtlichen und tierzüchterischen Kontrollen im innergemeinschaftlichen Handel mit lebenden Tieren und Erzeugnissen im Hinblick auf den Binnenmarkt (ABl. EG 1990 Nr. L 224, S. 24).
[55] Vgl. Fn. 10.
[56] Vgl. Art. 10 Abs. 4 der RL 90/425/EWG.
[57] Vgl. etwa die Entscheidung 96/239/EG der Kommission vom 27.03.1996 mit den zum Schutz gegen die Bovine Spongiforme Enzephalopathie (BSE) zu treffenden Dringlichkeitsmaßnahmen (ABl. EG 1996 Nr. L 78, S. 78) sowie die Entscheidung 1999/363/EG der Kommission vom 3.6.1999 über Schutzmaßnahmen in Bezug auf die Dioxin-Kontamination bestimmter tierischer Erzeugnisse, die für die menschliche Ernährung oder die Tierfütterung bestimmt sind (ABl. EG 1999 Nr. L 141, S. 24).

nach den Veterinärkontroll-RL ist das Auftreten einer Krankheit oder anderer Ursachen, die eine Gefahr für die Tiere oder die menschliche Gesundheit darstellen können. Nach der Rechtsprechung des EuGH[58] reicht eine ganz geringe Wahrscheinlichkeit eines Schadens für Mensch und Tier aus. Das tatsächliche Vorliegen einer Gefahr oder gar deren Größe und Umfang müssen nicht feststehen. Maßnahmen können mitunter schon dann ergriffen werden, wenn eine Gefahr nicht abschließend ausgeschlossen werden kann. Auch bei einer Unsicherheit über eine Gefahrenlage soll demnach ein angemessenes Handeln möglich sein. Die Regelung, wonach die Gemeinschaft in einem solchen Fall alle *erforderlichen* Maßnahmen für Tiere, Erzeugnisse und Folgeerzeugnisse erlassen kann, setzt den Befugnissen der Gemeinschaft kaum Grenzen[59]. Zu denken ist etwa an Export- und Importverbote, das Verbot des Inverkehrbringens von Erzeugnissen in den Mitgliedstaaten, die Verpflichtung der Mitgliedstaaten zu verstärkten Kontrollen und zusätzlichen Untersuchungen sowie zur Aufstellung entsprechender Pläne, die Intensivierung der kommissionseigenen Kontrollen, die Auferlegung zusätzlicher Meldeverpflichtungen und das Verlangen zusätzlicher Angaben auf den Transportdokumenten. Die Gemeinschaft kann die Mitgliedstaaten auch verpflichten, innerhalb des Mitgliedstaates Verbringungsverbote zu erlassen sowie Tierbestände töten zu lassen. Begrenzt ist die Gemeinschaftsbefugnis allerdings insoweit, als sich die Maßnahmen nach dem eindeutigen Wortlaut der Regelung nur auf Tiere bzw. Erzeugnisse von diesen beziehen können. Dies schließt etwa aus, daß die Kommission die Mitgliedstaaten verpflichtet, einzelnen Betrieben z.B. die Zulassung für den innergemeinschaftlichen Handelsverkehr zu entziehen[60].

II. Vorgehen nach der VO (EG) Nr. 178/2002

Das mit der VO (EG) Nr. 178/2002 neu eingeführte Verfahren für sogenannte Notfälle[61] unterscheidet sich in mehreren Punkten von den Regelungen in den Veterinärkontroll-RL. Die der Kommission eingeräumten Befugnisse sind auf Lebensmittel und Futtermittel beschränkt, beziehen also anders als die Veterinärkontroll-RL Lebendtiere sowie Samen, Eizellen und Embryonen nicht mit ein.

Hinsichtlich der möglichen Maßnahmen werden in der Verordnung einige ausdrücklich genannt, wie z.B. die Aussetzung des Inverkehrbringens oder der Verwendung des Lebens- bzw. Futtermittels. Darüber hinaus ist

---

58 Vgl. EuGH, Rs. C-157/96, Slg. 1998, I-2211 (2259 und 2261).
59 Siehe auch EuGH, aaO., 2251.
60 Den Mitgliedstaaten bleibt ein solches Vorgehen jedoch bei Vorliegen der Voraussetzungen nach nationalem Recht unbenommen.
61 Vgl. Art. 53 ff. der VO (EG) Nr. 178/2002 (Fn. 10).

die Kommission jedoch auch zur Ergreifung jeder sonst geeigneten vorläufigen Maßnahme befugt. Der Begriff der „Vorläufigkeit" begrenzt den Maßnahmenkatalog der Gemeinschaft jedoch zugleich. Die Vernichtung von Lebens- und Futtermitteln etwa dürfte nach dieser Vorschrift nicht zulässig sein, da es sich hier um eine endgültige Maßnahme handeln würde.

Klärungsbedürftig ist die Eingriffsschwelle, ab der die Gemeinschaft diese vorläufigen Maßnahmen ergreifen kann. Voraussetzung für ein Handeln der Gemeinschaft ist nach dem Wortlaut der Regelung, daß davon auszugehen ist, daß ein Lebens- oder Futtermittel *wahrscheinlich* ein *ernstes Risiko* für die Gesundheit von Mensch oder Tier darstellt. Legt man hinsichtlich des Begriffes *Risiko* die deutsche Rechtsdogmatik zugrunde, reicht die bloße Möglichkeit einer Gesundheitsschädigung von Mensch und Tier für ein Eingreifen der Gemeinschaft aus. Der Begriff des *Risikos* unterscheidet sich insoweit von dem Begriff der Gefahr, für deren Vorliegen eine hinreichende Wahrscheinlichkeit des Schadenseintrittes vorliegen muß[62]. Dieser so verstandene Begriff des *Risikos* wird jedoch dadurch in gewisser Weise konterkariert, daß es sich um ein „ernstes" Risiko handeln und dieses zudem „wahrscheinlich" sein muß. Dies könnte dafür sprechen, daß die Eingriffsschwelle höher als im Rahmen der Veterinärkontroll-RL liegt, wo nach der o.g. Rechtsprechung schon eine ganz geringe Wahrscheinlichkeit eines Schadens für Mensch und Tier für ein Eingreifen der Gemeinschaft ausreicht[63]. Für eine mit den Veterinärkontroll-RL vergleichbare niedrigere Eingriffsschwelle spricht jedoch, daß, wie oben erläutert, auf der Rechtsfolgenseite der Maßnahmenkatalog der Gemeinschaft auf vorläufige Maßnahmen begrenzt ist. Wegen der vergleichsweise geringen Eingriffsintensität mag es vertretbar erscheinen, auch die Eingriffsschwelle entsprechend herabzusenken. Letztlich wird aber wohl der EuGH die Frage der Eingriffsvoraussetzungen klären müssen.

Eingeführt wurde mit der VO (EG) Nr. 178/2002 auch ein Dringlichkeitsverfahren, das in den Veterinärkontroll-RL nicht enthalten ist. Zwar ist grundsätzlich vorgesehen, daß die Kommission nur unter Einbeziehung der Mitgliedstaaten im sogenannten Regelungsausschußverfahren bzw. der Rat entscheiden kann. In dringenden Fällen kann die Kommission jedoch unter Umgehung des Regelungsausschußverfahrens die vorgenannten Maßnahmen ergreifen. Erforderlich ist lediglich eine vorherige Anhörung des oder der betreffenden Mitgliedstaaten und eine Unterrichtung der übrigen Mitgliedstaaten. Eine Blockade durch einzelne Mitgliedstaaten im Regelungsausschußverfahren oder im Rat ist daher in dringenden Fällen nicht

---

[62] Zur Begriffstrias Gefahr – Risiko – Restrisiko vgl. kurz *Knipschild*, Lebensmittelsicherheit (Fn. 1), 33 ff.
[63] Vgl. Fn. 58.

möglich. Die von der Kommission vorläufig erlassenen Maßnahmen sind dann aber wiederum spätestens innerhalb von 10 Arbeitstagen im Regelungsausschußverfahren oder durch den Rat zu bestätigen.

Geregelt wurde mit der VO (EG) Nr. 178/2002 schließlich auch die Möglichkeit zur Bildung eines Krisenstabes, an dem die neu gegründete Europäische Behörde für Lebensmittelsicherheit (EBLS) zu beteiligen ist[64]. Der Krisenstab ist nach den Regelungen der VO (EG) Nr. 178/2002 verantwortlich für die Sammlung und Beurteilung aller relevanten Informationen, die Ermittlung möglicher Abhilfemaßnahmen sowie die Information der Öffentlichkeit. Über die Einrichtung des Krisenstabes kann die Kommission allein entscheiden.

Anwendungsfälle für die mit der VO (EG) Nr. 178/2002 eingeführten Regelungen stehen noch aus. Es bleibt abzuwarten, ob sich die Regelungen als effektives Instrument bewähren. Differenzen mit einzelnen Mitgliedstaaten sind insbesondere dann zu erwarten, wenn die Kommission in dringenden Fällen unter Umgehung des die Mitgliedstaaten einbeziehenden Regelungsausschußverfahrens handelt.

F. Schlußbetrachtung

In den vergangenen knapp 50 Jahren hat das Europäische Veterinär- und Lebensmittelrecht nicht nur die mitgliedstaatlichen Verwaltungen und deren Handeln geprägt. Fast zwangsläufig haben sich auch zahlreiche Verwaltungsbeziehungen zwischen der Gemeinschaft und der Mitgliedstaaten sowie den Mitgliedstaaten untereinander ergeben. Sicherlich ist es noch zu früh, von einer „Europäischen Veterinär- und Lebensmittelverwaltung" zu sprechen. Denn die mitgliedstaatlichen Verwaltungen bleiben wegen des vorherrschenden Prinzips des indirekten Vollzugs die Stützen der Umsetzung des Europäischen Veterinär- und Lebensmittelrechts. Dennoch sind erste Ansätze des Aufbaus einer eigenen Verwaltung zu erkennen, wie das Beispiel der jüngst errichteten Europäischen Behörde für Lebensmittelsicherheit (EFSA) zeigt[65].

---

[64] Vgl. Art. 56 der VO (EG) Nr. 178/2002 (Fn. 10).
[65] Dazu siehe oben bei Fn. 10.

Die Europäische Agentur für Flugsicherheit im System der Gemeinschaftsagenturen[*]

Daniel Riedel

A. Einleitung
B. Die EASA – Aufgaben, Befugnisse und organisatorische Merkmale
   I. Organisatorisches Profil der EASA
   II. Zulassungsaufgaben als Kerntätigkeit der EASA
   III. Normsetzungstätigkeiten – insbesondere Zulassungsspezifikationen
   IV. Mitwirkung an der Rechtsetzung des gemeinschaftlichen Normgebers
   V. Kontrolle des nationalen Vollzugs
   VI. Weitere Befugnisse der EASA
C. Typen europäischer Agenturen
   I. Die Europäische Arzneimittelagentur – Wissenschaftliche Expertise in gemeinschaftlichen Zulassungsverfahren
     1. Aufgabenstellung der Arzneimittelagentur
     2. Wissenschaftliche Ausschüsse als besondere organisatorische Komponente
     3. Ergebnis
   II. Das Harmonisierungsamt für den Binnenmarkt – Selbständige Verwaltung gewerblicher Schutzrechte
     1. Die Aufgabenstellung des Harmonisierungsamtes
     2. Organisationelle und prozedurale Verselbständigung als Charakteristikum
     3. Ergebnis

---

[*] Der Beitrag basiert auf der vor dem Abschluß stehenden Dissertation des Verfassers mit dem Titel „Die Gemeinschaftszulassung für Luftfahrtgerät – Europäisches Verwalten durch Agenturen am Beispiel der EASA".

III. Die Europäische Agentur für die Sicherheit des Seeverkehrs –
        Koordinierung und Kontrolle des nationalen Vollzugs
      1. Die Agentur für die Sicherheit des Seeverkehrs als
         Netzwerkverwalter
      2. Die Agentur für die Sicherheit des Seeverkehrs als
         Inspektionsagentur
      3. Ergebnis
   IV. Die Europäische Beobachtungsstelle für Drogen und Drogensucht –
       Informationsagentur zur Unterstützung mitgliedstaatlicher Politik
    V. Das Übersetzungszentrum für die Einrichtungen der Europäischen
       Union – Zusätzliche Verwaltungsressource der Gemeinschaft
D. Die EASA – Auf dem Weg zu einem europäischen Verwaltungsunterbau
     I. Die Verfahrensautonomie der EASA im Zulassungsverfahren
    II. Die EASA als Fachinstanz für die Luftsicherheit

A. Einleitung

Die europäische Integration kann inzwischen auf eine Geschichte von mehr als vier Dekaden zurückblicken. Was in den 1950er Jahren mit einer primär wirtschaftlichen Zielsetzung begann, entfaltet seine Wirklichkeit inzwischen auch in Bereichen, die stets als Domänen nationalstaatlicher Souveränität galten. Entsprechend wandelte sich auch das Erscheinungsbild der Gemeinschaftsadministration. Geprägt durch dezentralen Vollzug und eng begrenzte Eigenverwaltung durch die Kommission hat es sich zunehmend zu einem differenzierten „Kern-Schalen-Modell"[1] im europäischen Verwaltungsverbund weiterentwickelt. Als eigenständige Komponente der gemeinschaftlichen Verwaltungsorganisation können dabei die europäischen Agenturen gelten. Über das Gebiet der Mitgliedstaaten verteilt, wurden bislang 17 Gemeinschaftsagenturen errichtet, die sich in Aufbau, Zielsetzung und Umfang der ihnen verliehenen Befugnisse mitunter wesentlich unterscheiden[2].

---

[1] *Schmidt-Aßmann*, in: FS für Häberle, 2004, 395 (396).
[2] Vgl. dazu die Darstellungen bei *Fischer-Appelt*, Agenturen der Europäischen Gemeinschaft, 1999, 46 ff.; *Berger*, Vertraglich nicht vorgesehene Einrichtungen des Gemeinschaftsrechts mit eigener Rechtspersönlichkeit, 1999, 32 ff.; *Treeger*, Die Errichtung nachgeordneter Einrichtungen in der Europäischen Gemeinschaft, 1998, 19 ff.

Die Europäische Agentur für Flugsicherheit (EASA)³ mit Sitz in Köln ist dabei eine der jüngsten Agenturgründungen. Sie nimmt vor allem Zulassungsaufgaben im Bereich der Luftfahrzeugtechnik wahr. Ihr Tätigkeitsbereich reicht jedoch weit darüber hinaus. Konzipiert als spezialisierte Fachinstanz⁴ für die Luftverkehrssicherheit soll sie berechtigt sein, ihren Sachverstand auf dem gesamten Gebiet der Flugsicherheit einzubringen⁵. Nicht zuletzt aufgrund dieser umfassenden Aufgabenstellung nimmt sie einen besonderen Platz unter den bestehenden Gemeinschaftsagenturen ein. Nach einem Überblick über ihr Organisations- und Befugnisprofil (B.) stellt sich daher die Frage nach der Verortung der EASA in einem zu entwickelnden System der europäischen Agenturen (C. und D.).

B. Die EASA – Aufgaben, Befugnisse und organisatorische Merkmale

Die Forderung nach einer, der US-amerikanischen *Federal Aviation Authority* (FAA)⁶ nachgebildeten, europäischen Zentralstelle für die Luftverkehrssicherheit ist nicht neu⁷. Wurde von den europäischen Akteuren dabei über lange Zeit die Gründung einer internationalen Organisation auf der Basis eines gemischten Abkommens favorisiert⁸, setzte sich letztendlich, gleichsam als kleine Lösung, die Errichtung einer europäischen Agentur im Rahmen des europäischen Gemeinschaftsrechts durch⁹.

---

[3] Gegründet durch die VO (EG) Nr. 1592/2002 des Europäischen Parlaments und des Rates v. 15.6.2002 zur Festlegung gemeinsamer Vorschriften für die Zivilluftfahrt und zur Errichtung einer Europäischen Agentur für Flugsicherheit, ABl. EG 2002 Nr. L 240, S. 1 („EASA-VO").

[4] So der 11. Erwägungsgrund der EASA-VO (Fn. 3).

[5] Vgl. den Vorschlag der Kommission für eine Verordnung zur Festlegung gemeinsamer Vorschriften für die Zivilluftfahrt und zur Errichtung einer Europäischen Agentur für Flugsicherheit v. 27.9.2000 (KOM(2000) 595 endg.), 7.

[6] Zur FAA ausführlich *Bermann*, Law & Policy in International Business 24 (1993), 669 (674 ff.).

[7] So forderte etwa das Europäische Parlament bereits im Jahre 1991 die Einrichtung einer europäischen Zivilluftfahrtbehörde (vgl. die legislative Entschließung des Europäischen Parlaments vom 12.9.1991, ABl. EG 1991 Nr. C 267, S. 154).

[8] Vgl. die Empfehlung der Kommission für ein Verhandlungsmandat im Hinblick auf die Schaffung einer Europäischen Organisation für die Sicherheit in der Zivilluftfahrt vom 10. 12. 1996 (SEK(96) 2152 endg.).

[9] Zur Entstehung der EASA umfassend *Stiehl*, in: Frohnmeyer/Berry, EG-Verkehrsrecht, Nr. 111, Rn. 115 ff.

I. Organisatorisches Profil der EASA

Entsprechend den Wesensmerkmalen europäischer Agenturen[10] verfügt die EASA über eine eigene Rechtspersönlichkeit[11]. Des weiteren leitet sich ihre Existenz ausschließlich von ihrem sekundärrechtlichen Gründungsakt ab, womit sie der tertiären Organisationsstruktur[12] der Gemeinschaft angehört. Die Spitze der EASA bilden ein vor allem für grundlegende Steuerungsentscheidungen[13] zuständiger Verwaltungsrat und ein als Behördenleiter[14] konzipierter Exekutivdirektor. Sie weist damit eine für alle Gemeinschaftsagenturen typische „dualistische Leitungsstruktur"[15] auf.

Als besonderes organisatorisches Merkmal kann die Existenz von Beschwerdekammern gelten. Zuständig für die Rechtmäßigkeitskontrolle der verbindlichen Agenturhandlungen, können sie von unmittelbar und individuell betroffenen Marktbürgern angerufen werden[16]. Die Entscheidungen der Beschwerdekammern sind dabei ihrerseits vor dem EuGH angreifbar[17], so daß eine zusätzliche, unabhängige Kontrolle der Agenturtätigkeit gewährleistet ist[18].

II. Zulassungsaufgaben als Kerntätigkeit der EASA

Hinsichtlich ihrer Aufgaben und Befugnisse soll die Durchführung von Zulassungsverfahren für neu entwickelte Luftfahrzeuge und -fahrzeugteile die „Kerntätigkeit"[19] der EASA darstellen. Bereits vor Inkrafttreten der EASA-Verordnung erfolgte die Zulassung neuen Fluggeräts grundsätzlich zweistufig[20]. An ein vorgelagertes Musterzulassungsverfahren[21] schloß sich die Stückzulassung als ein selbständiges Verwaltungsverfahren an[22].

---

[10] Siehe die phänotypische Begriffsbestimmung bei *Kreher*, JEPP 4 (1997), 225 (227).

[11] Art. 19 Abs. 1 EASA-VO (Fn. 3).

[12] Zu diesem Begriff *Hilf*, Die Organisationsstruktur der Europäischen Gemeinschaften, 1982, bes. 109.

[13] Dazu gehört etwa die Mitwirkung an der Ernennung der leitenden Agenturbeamten (Art. 30 EASA-VO (Fn. 3)), und an der Festlegung des jährlichen Arbeitsprogramms (Art. 24 Abs. 2 lit. c EASA-VO (Fn. 3)) sowie die Erstellung des Voranschlags der Agenturfinanzen (Art. 48 Abs. 5 EASA-VO (Fn. 3)).

[14] So ausdrücklich Art. 29 Abs. 1 S. 1 EASA-VO (Fn. 3).

[15] *Fischer-Appelt*, Agenturen (Fn. 2), 221.

[16] Art. 35 f. EASA-VO (Fn. 3).

[17] Art. 41 EASA-VO (Fn. 3).

[18] Vgl. dazu 15. Erwägungsgrund der EASA-VO (Fn. 3).

[19] So ausdrücklich der Kommissionsvorschlag zur EASA-VO (Fn. 5), 16.

[20] Vgl. § 2 LuftVG. Zu dem bisherigen nationalen System der Fluggerätezulassung zusammenfassend *Baumann*, Private Luftverkehrsverwaltung, 2002, 257 ff.

[21] §§ 1 ff. LuftVZO.

[22] §§ 6 ff. LuftVZO.

Während im Rahmen der Musterzulassung die Konformität eines Baumusters mit den einschlägigen Lufttüchtigkeits- und Umweltanforderungen festgestellt wurde, diente die anschließende Stückzulassung ihrerseits dem Konformitätsnachweis des einzelnen, dem Muster nachgebauten Stücks. An dieser Zweiteilung hält auch die EASA-Verordnung fest. Nach wie vor sind die nationalen Luftverkehrsbehörden[23] für die Stückzulassung zuständig, während die gesamte Durchführung des Musterzulassungsverfahrens von der Antragstellung bis zur letztendlichen Zulassungsentscheidung allein der EASA obliegt[24].

Diese Verfahrenszuständigkeit bedingt dabei auch eine umfassende Kontroll- und Aufsichtstätigkeit der EASA über den einzelnen Antragsteller. Zu diesem Zweck ist ihr die Befugnis verliehen, Inspektionen in dessen Betrieb und denen seiner Subunternehmer vorzunehmen, um so die Einhaltung der einschlägigen Organisations- und Verfahrensvorgaben zu überwachen[25]. Solches war bisher ausschließlich der Kommission, ihren Dienststellen und nationalen Kontrollstellen vorbehalten. Im Rahmen der EASA-Verordnung kommt es damit zum ersten Mal zur Übertragung von Inspektionsbefugnissen gegenüber einzelnen Marktteilnehmern an eine Gemeinschaftsagentur[26].

III. Normsetzungstätigkeiten – insbesondere Zulassungsspezifikationen

In gewissem Umfang mit ihrer Zulassungstätigkeit verbunden ist des weiteren die Befugnis der EASA zur Herausgabe von Zulassungsspezifikationen (CS)[27]. Unter diesen Sammelbegriff fallen zum einen die sog. Lufttüchtigkeitskodizes, in denen technische Detailregelungen für einzelne Produkte und Produktgruppen enthalten sind[28]. Zum andern umfaßt er auch die sog. annehmbaren Nachweisverfahren, mit denen die Agentur Antragstellern die erforderlichen Arbeits- und Prüfungsschritte erläutert [29].

---

[23] Im Falle der Bundesrepublik ist dies nach § 2 LuftBundAG das Luftfahrtbundesamt in Braunschweig.

[24] Art. 15 Abs. 1 EASA-VO (Fn. 3).

[25] Die Befugnisse der Prüfer nach der EASA-Verordnung stehen dabei den Befugnissen auf anderen Gebieten des europäischen Verwaltungsrechts prinzipiell um nichts nach (vgl. Art. 46 EASA-VO [Fn. 3]).

[26] Vgl. die Darstellung bei *David*, Inspektionen im Europäischen Verwaltungsrecht, 2003, 30 ff.; *dies.*, in diesem Band, 237 ff.

[27] Vgl. Art. 14 Abs. 2 EASA-VO (Fn. 3).

[28] So etwa die CS-APU für Hilfstriebwerke (Decision No. 2003/5/RM of the Executive Director of the Agency of 17/10/2003 for auxiliary power units).

[29] Siehe etwa Decision No. 2003/1/RM of the Executive Director of the Agency of 17/10/2003 on acceptable means of compliance and guidance material for the airworthiness and environmental certification of aircraft and related products, parts and appliances.

Diese Zulassungsspezifikationen finden in erster Linie Anwendung auf die Zulassungstätigkeit der EASA. In Bereichen, in denen der Vollzug der Gemeinschaftsregeln jedoch den mitgliedstaatlichen Behörden obliegt, betreffen sie darüber hinaus auch deren Verwaltungstätigkeit[30]. Ihrer Rechtsnatur nach handelt es sich bei ihnen um unverbindliche Regeln[31]. Dies ist jedoch nicht mit einem gänzlichen Fehlen von Rechtswirkungen gleichzusetzen. Neben ihrer rein faktischen Bedeutung im Zulassungsverfahren können sich aus ihnen, etwa im Wege einer Selbstbindung[32], zumindest auch eingeschränkte Rechtswirkungen ergeben[33].

IV. Mitwirkung an der Rechtsetzung des gemeinschaftlichen Normgebers

Neben dieser in erster Linie exekutiven Normsetzung, soll die EASA ebenfalls an der Rechtsetzung der anderen Gemeinschaftsorgane mitwirken. Dies betrifft zunächst die vertragsunmittelbare Normsetzung nach Maßgabe der Art. 251 f. EGV. Hier sieht ihre Gründungsverordnung eine förmliche Beteiligung der EASA bei Rechtsetzungsvorhaben vor, die eine Änderung der EASA-Verordnung beinhalten[34]. Die Agentur erstellt dazu als Stellungnahmen bezeichnete Regelungsentwürfe und leitet sie an die Kommission weiter, die diese dann als Kommissionsvorschlag in das förmliche Rechtsetzungsverfahren der Gemeinschaft einbringen kann. Mit Rücksicht auf ihr vertragliches Initiativmonopol kann sich daraus allerdings weder eine Verpflichtung der Kommission, ein Rechtsetzungsverfahren einzuleiten, noch eine rechtliche Bindung an den Inhalt der EASA-Stellungnahme ergeben[35].

Teilweise anders ist das hingegen bei der Beteiligung der EASA am Erlaß von Durchführungsrecht nach Art. 211, 4. Sp. EGV. Auch hier erstellt

---

[30] So auch *Groß*, DÖV 2004, 20 (22), der allerdings annimmt, die Zulassungsspezifikationen richteten sich primär an die nationalen Verwaltungen. Daß diese aber in erster Linie die Zulassungstätigkeit der EASA steuern sollen, ergibt sich bereits aus Art. 15 Abs. 1 lit. a EASA-VO (Fn. 3).

[31] Vgl. Kommissionsentwurf zur EASA-VO (Fn. 5), 7. So auch die überwiegenden Stimmen in der Literatur (vgl. *Groß*, DÖV 2004, 20 [23]; ebenso *Giemulla/van Schyndel*, VdL-Nachrichten Hft. 3/2003, 14 ff.).

[32] *Groß*, DÖV 2004, 20 (23).

[33] Hinzuweisen ist in diesem Zusammenhang auf die Rechtsprechung des EuGH, in der dieser der Handlungsform der Empfehlung, trotz ihres unverbindlichen Charakters, bestimmte Rechtswirkungen zuerkennt, EuGH, Rs. C-322/88 (Grimaldi ./. Fonds des Maladies), Slg. 1989, 4407, Rn. 18.

[34] Art. 14 Abs. 1 EASA-VO (Fn. 3).

[35] Dies wird insbesondere daran deutlich, daß das Primärrecht nur wenige eng umgrenzte und stets ausdrücklich geregelte Durchbrechungen des Initiativmonopols der Kommission kennt (dazu vgl. *v. Buttlar*, Das Initiativrecht der Europäischen Kommission, 2003, 29 ff.).

die Agentur „zur Unterstützung der Kommission"[36] Regelungsentwürfe. Anders als im vorigen Fall ordnet die EASA-Verordnung dabei allerdings eine zumindest prozedurale Bindung der Kommission an. So darf diese, soweit es sich um „technische Vorschriften" oder „Vorschriften in Bezug auf operationelle Aspekte" handelt, ohne eine vorherige erneute Konsultation der Agentur nicht von dem Inhalt des Agenturvorschlags abweichen[37].

V. Kontrolle des nationalen Vollzugs

Neben einer grundsätzlichen Zuständigkeit für die Durchführung des Gemeinschaftsrechts[38] konstituiert Art. 211 EGV in seinem 1. Spiegelstrich auch die Rolle der Kommission als Hüterin des Gemeinschaftsrechts. Zur Wahrnehmung der ihr damit zufallenden „umfassenden Kontrollfunktion"[39] ist sie besonders auf die Gewinnung von Informationen über die Umsetzung und den Vollzug des Gemeinschaftsrechts in den Mitgliedstaaten angewiesen. Hierzu sieht das Gemeinschaftsrecht, neben anderen Instrumenten der Informationsgewinnung, wie Mitteilungspflichten und Auskunftsersuchen[40], vielfach auch Inspektionsbefugnisse vor. Eine vergleichsweise junge Entwicklungslinie des europäischen Verwaltungsrechts ist dabei die Betrauung von Agenturen mit Inspektionsaufgaben[41]. Auch der EASA ist die Befugnis eingeräumt, durch die Vornahme von Inspektionen zur Prüfung der Anwendung der gemeinsamen Flugsicherheitsregeln die Kommission bei der Kontrolle des mitgliedstaatlichen Verwaltungsvollzugs zu unterstützen[42]. Nach Abschluß einer Inspektion mitgliedstaatlicher Behörden erstattet die EASA der Kommission über gefundene Vollzugsdefizite Bericht. Auf dieser Grundlage kann die Kommission sodann über das weitere Vorgehen, insbesondere über die Einlegung einer „Aufsichtsklage"[43] nach Art. 226 EGV, befinden[44]; eine Zuständigkeit, die an-

---

[36] Art. 14 Abs. 1 EASA-VO (Fn. 3).
[37] Die EASA-Verordnung benutzt hier den, im europäischen Verwaltungsrecht bisher unbekannten Begriff der „vorherigen Koordinierung" (Art. 12 Abs. 2 lit. b EASA-VO [Fn. 3]).
[38] Dazu *Möllers*, EuR 2002, 483 ff.; *ders.*, in diesem Band, 293 ff.
[39] *Kugelmann*, in: Streinz (Hrsg.), EUV/EGV, 2003, Art. 211 EGV, Rn. 15.
[40] Ein Überblick über diese Instrumente der Verwaltungskooperation bietet *Sommer*, Verwaltungskooperation am Beispiel administrativer Informationsverfahren im Europäischen Umweltrecht, 2003, 102 ff.; *dies.*, in diesem Band, 57 ff.
[41] Vgl. etwa Art. 3 der VO (EG) Nr. 1406/2002 des Europäischen Parlaments und des Rates v. 27.6.2002 zur Errichtung einer Europäischen Agentur für die Sicherheit des Seeverkehrs, ABl. EG 2002 Nr. L 208, S. 1 („Seeverkehrsagentur-VO"). Dazu näher unten unter C III.
[42] Vgl. Art. 16 EASA-VO (Fn. 3).
[43] *Burgi*, in: Rengeling/Middeke/Gellermann, Handbuch des Rechtsschutzes in der Europäischen Union, 2. Aufl. 2003, § 6, Rn. 2.
[44] Kommissionsentwurf zur EASA-VO (Fn. 5), 8.

gesichts der primärrechtlichen Kompetenzordnung allerdings zwingend bei der Kommission selbst verbleiben muß[45].

VI. Weitere Befugnisse der EASA

Wenn eingangs der umfassende Tätigkeitsbereich als eines ihrer Charakteristika bezeichnet wurde, verwundert es nicht, daß sich neben den soeben dargestellten Haupttätigkeiten noch weitere Aufgaben und Befugnisse der EASA finden lassen. Hinzuweisen ist hier etwa auf die Ermächtigung zu eigener Gutachter-[46] und Forschungstätigkeit[47] in allen Bereichen der Luftverkehrssicherheit, ihre Rolle bei der Verwaltung eines zukünftig einzurichtenden Informationsnetzwerkes[48] oder ihre Befugnis zur Aufnahme von Beziehungen und zum Abschluß von Arbeitsvereinbarungen mit Luftfahrtbehörden von Drittländern und internationalen Organisationen[49].

C. Typen europäischer Agenturen

Schon ein kurzer Überblick über die bestehenden Gemeinschaftsagenturen macht klar, daß der Organisationstyp der Agentur mit insgesamt ca. 1.500 ausgewiesenen Planstellen[50] längst nicht mehr einen nur marginalen Platz innerhalb des Verwaltungsapparats der Gemeinschaft einnimmt. Vielmehr kann inzwischen auf empirisch gesicherter Grundlage von einem eigenständigen europäischen Agenturgedanken[51], wenn nicht sogar einer „*explosion of the agency model*"[52] ausgegangen werden. Trotz der eingangs erwähnten Heterogenität der europäischen Agenturlandschaft[53] ist es doch möglich, anhand ihrer spezifischen Tätigkeitsbereiche und den daraus resultierenden übergreifenden Aufgaben- und Organisationsprofilen, die bestehende Vielfalt auf bestimmte Grundformen zu reduzieren[54]. Dies soll im

---

[45] So auch *David*, Inspektionen (Fn. 26), 191.
[46] Art. 12 Abs. 2 lit. a EASA-VO (Fn. 3).
[47] Art. 17 EASA-VO (Fn. 3).
[48] Art. 11 EASA-VO (Fn. 3).
[49] Art. 18 EASA-VO (Fn. 3).
[50] Vgl. dazu den Gesamthaushaltsplan der EU für 2004, ABl. EU 2004 Nr. C 105/II.
[51] So schon *Bangemann*, Arzneimittel und europäischer Binnenmarkt, in: *Schwarze*, Unverfälschter Wettbewerb für Arzneimittel im europäischen Binnenmarkt, 1998, 83 (85).
[52] *E. Chiti*, CMLR 37 (2000), 309 (311).
[53] Diese Heterogenität dürfte in erster Linie darauf beruhen, daß Agenturneugründungen oftmals rein sektoralen Notwendigkeiten entspringen, vgl. *Dehousse*, JEPP 4 (1997), 246 (255)).
[54] Zu Methode und Erkenntniswert der Denkform des „Typus" vgl. *Larenz*, Methodenlehre der Rechtswissenschaft, 6. Aufl. 1991, 461.

folgenden anhand einiger beispielhaft ausgewählter Gemeinschaftsagenturen versucht werden.

I. Die Europäische Arzneimittelagentur – Wissenschaftliche Expertise in gemeinschaftlichen Zulassungsverfahren

Zum einen bedient sich der europäische Normgeber der Organisationsform der Gemeinschaftsagentur im Zusammenhang mit europäischen Produktzulassungsverfahren. Neben der Europäischen Behörde für Lebensmittelsicherheit[55] gehört vor allem die Europäische Arzneimittelagentur mit Sitz in London diesem Agenturtyp an[56].

1. Aufgabenstellung der Arzneimittelagentur

Die Aufgabenstellung der Europäischen Arzneimittelagentur besteht in einer Beteiligung an den gemeinschaftlichen Zulassungsverfahren für Tier- und Humanarzneimittel. Die „Hauptaufgabe"[57] der Agentur in diesem Zusammenhang ist die Erstellung von wissenschaftlichen Gutachten über die Zulassungsfähigkeit des einzelnen zur Prüfung vorgelegten Medikaments[58]. Im Rahmen der zentralen Zulassungsprozedur kommt es dabei stets nach Antragstellung bei der Agentur, im dezentralen Zulassungsverfahren dagegen nur nach erfolgter Hochzonung des zunächst mitgliedstaatlich angelegten Verfahrens zu einer Befassung der Arzneimittelagentur mit dem konkreten Zulassungsantrag[59]. Die Arzneimittelagentur trifft dabei jedoch in keinem der genannten Fälle die abschließende Zulassungsentscheidung selbst. Dieses obliegt der Kommission unter Beteiligung eines Regelungsausschusses[60]. Da die Kommission, will sie von den Feststellun-

---

[55] Gegründet durch VO (EG) Nr. 178/2002 des Europäischen Parlaments und des Rates v. 28.1.2002 zur Festlegung der allgemeinen Grundsätze und Anforderungen des Lebensmittelrechts, zur Errichtung der Europäischen Behörde für Lebensmittelsicherheit und zur Festlegung von Verfahren zur Lebensmittelsicherheit, ABl. EG 2002 Nr. L 31, S. 1 („Lebensmittelsicherheits-VO"); siehe dazu *Knipschild*, in diesem Band, 87 ff.

[56] Gegründet durch die VO (EWG) Nr. 2309/93 des Rates v. 22.7.1993 zur Festlegung von Gemeinschaftsverfahren für die Genehmigung und Überwachung von Human- und Tierarzneimitteln und zur Schaffung einer Europäischen Agentur für die Beurteilung von Arzneimitteln, ABl. EG 1993 Nr. L 214, S. 1. Inzwischen ersetzt durch VO (EG) Nr. 726/2004 des Europäischen Parlaments und des Rates vom 31.3. 2004 zur Festlegung von Gemeinschaftsverfahren für die Genehmigung und Überwachung von Human- und Tierarzneimitteln und zur Errichtung einer Europäischen Arzneimittel-Agentur, ABl. EU 2004 Nr. L 136, S. 1 („Arzneimittelagentur-VO").

[57] So ausdrücklich der 19. Erwägungsgrund der Arzneimittelagentur-VO (Fn. 56).

[58] Vgl. Art. 57 Abs. 1 UAbs. 2 lit. a Arzneimittelagentur-VO (Fn. 56).

[59] Für einen Überblick über die unterschiedlichen Zulassungsprozeduren vgl. *Wagner*, Europäisches Zulassungssystem für Arzneimittel und Parallelhandel, 2000, 169 ff. und 233 ff.

[60] Art. 10 Abs. 2 Arzneimittelagentur-VO (Fn. 56).

gen der Agentur abweichen, eine besondere Begründungspflicht trifft[61], kommt den Gutachten allerdings eine faktische Bindungswirkung zu, die angesichts des regelmäßig überlegenen Fachwissens der Agentur nicht gering zu achten ist[62].

2. Wissenschaftliche Ausschüsse als besondere organisatorische Komponente

Diese Expertisefunktion der Arzneimittelagentur findet ihren Ausdruck in einer organisationsrechtlichen Besonderheit: ihren wissenschaftlichen Ausschüssen. So bestehen unter ihrem Dach inzwischen vier[63] dieser aus mitgliedstaatlichen Behördenvertretern zusammengesetzten[64] Ausschüsse. Innerhalb der Agentur obliegt es ihnen, die Zulassungsgutachten zu erstellen[65]. Dabei handelt es sich bei diesen wissenschaftlichen Kollegien gerade nicht um Neugründungen im Zuge der Agenturerrichtung. Vielmehr bestanden sie bereits bei Gründung der Agentur[66]. Als Koordinierungsgremien dienten sie in erster Linie der „Abstimmung mitgliedstaatlicher Sicherheitsentscheidungen"[67]. Ihren Voten kam dabei allerdings keine Bindungswirkung zu[68].

Durch ihre Einbeziehung in den Organisationsrahmen der Arzneimittelagentur hat sich diese präexistente Ausschußstruktur jedoch in zweierlei Hinsicht verändert. Durch die Einbindung der Ausschüsse in eine, wenn auch teilweise als lückenhaft[69] bezeichnete Zulassungsprozedur läßt sich zum einen bereits eine prozedurale und organisatorische Verfestigung nachweisen. Im Rahmen ihrer Aufgaben können sie sich zudem auf eine umfangreiche Infrastruktur, wie etwa ein permanentes Sekretariat[70] oder ein Netzwerk aus mitgliedstaatlichen Sachverständigen[71], stützen. Neben dieser Verfestigung ihrer Struktur kommt es zweitens zu einer Verstärkung

---

[61] Art. 10 Abs. 1 UAbs. 3 Arzneimittelagentur-VO (Fn. 56).

[62] Dazu *Blattner*, Europäisches Produktzulassungsverfahren, 2003, 152 ff.

[63] Dies sind nach Art. 56 Abs. 1 lit. a-d Arzneimittelagentur-VO (Fn. 56) die Ausschüsse für Arzneimittelspezialitäten, Tierarzneimittel, Arzneimittel für seltene Leiden und der Ausschuß für pflanzliche Arzneimittel.

[64] Art. 61 Abs. 1 UAbs. 1 Arzneimittelagentur-VO (Fn. 56).

[65] Art. 57 Abs. 1 lit. a Arzneimittelagentur-VO (Fn. 56).

[66] Vgl. etwa die RL (EWG) Nr. 75/319 des Rates v. 20.5.1975 zur Angleichung der Rechts- und Verwaltungsvorschriften über Arzneispezialitäten, ABl. EG 1975 Nr. L 147, S. 13.

[67] *Collatz*, Die neuen europäischen Zulassungsverfahren für Arzneimittel, 1996, 42.

[68] Vgl. *Kwizda*, Zulassungsverfahren für Humanarzneimittel in der Europäischen Union, 1998, 22.

[69] So etwa von *E. Chiti*, CMLR 37 (2000), 309 (335).

[70] Art. 56 Abs. 1 lit. e Arzneimittelagentur-VO (Fn. 56).

[71] Art. 62 Abs. 2 Arzneimittelagentur-VO (Fn. 56).

der wissenschaftlichen Ausrichtung der Ausschüsse[72]. Die Sachverständigenposition der Ausschußmitglieder tritt dabei in verschiedenen Bestimmungen der Gründungsverordnung deutlich zu Tage. So bestehen etwa Inkompatibilitätsvorschriften und Offenlegungspflichten der Ausschußmitglieder[73] sowie ein Verbot inkongruenter Weisungen durch die Mitgliedstaaten[74]. Die Benennung der Mitglieder soll sich zudem an dem Maßstab ihrer fachlichen Qualifikation orientieren[75]. Im Rahmen des Zulassungsverfahrens ist darüber hinaus die Risikobewertung durch den Ausschuß und das Risikomanagement durch die letztendliche Zulassungsentscheidung strukturell deutlich getrennt[76], eine Komponente, die im Rahmen des vorherigen Ausschußverfahrens nur undeutlich hervortrat. Mit der Inkorporierung in die Arzneimittelagentur läßt sich also ein Funktionswandel von einem Repräsentantenstatus im Hinblick auf einen Ausgleich der verschiedenen mitgliedstaatlichen Interessen zu einem als Forum für rein technische Fragen gedachten Sachverständigengremium nachweisen[77].

3. Ergebnis

Kennzeichnend für die Arzneimittelagentur ist danach ihre Aufgabenstellung innerhalb der europäischen Arzneimittelzulassungsverfahren. Sie steht damit stellvertretend für einen Typ von europäischen Agenturen, der auf eine fachlich unabhängige Expertisefunktion für einzelne Zulassungsfragen ausgelegt ist. Ihre Errichtung folgt vor allem aus dem Bedürfnis einer Aufstockung der gemeinschaftseigenen Administration um wissenschaftlich-fachlichen Sachverstand, der, angesichts begrenzter Ressourcen der Kommission, ansonsten nicht Teil ihrer normalen bürokratischen Struktur ist[78]. Die Wahl der Organisationsform der Agentur bringt dabei die Verfestigung eines in zunehmenden Maße als intransparent empfundenen Ausschußwesens mit sich[79]. Durch sie gelingt es, wissenschaftliche Beratung unabhängig von der insoweit politischen Ebene der Kommission

---

[72] So ausdrücklich auch der 24. Erwägungsgrund der Arzneimittelagentur-VO (Fn. 56).
[73] Art. 63 Abs. 2 Arzneimittelagentur-VO (Fn. 56).
[74] Art. 61 Abs. 6 Arzneimittelagentur-VO (Fn. 56).
[75] Art. 61 Abs. 1 UAbs. 3 Arzneimittelagentur-VO (Fn. 56).
[76] Für die Behörde für Lebensmittelsicherheit so *Casper*, DVBl. 2002, 1437 (1440).
[77] So auch *E. Chiti*, Le agenzie europee, 2002, 177, der dieses mit der Gegenüberstellung von „*collegi reali*" und „*collegi virtuali*" deutlich macht.
[78] Vgl. *Vos*, CMLR 37 (2000), 1113 (1119); ferner *Craig/de Búrca*, The evolution of EU law, 1999, 45.
[79] *Harlow*, Accountability in the European Union, 2002, 68.

zu halten[80], aber gleichzeitig eine Verpflichtung der tätigen mitgliedstaatlichen Experten auf ein supranationales Interesse sicherzustellen[81].

II. Das Harmonisierungsamt für den Binnenmarkt – Selbständige Verwaltung gewerblicher Schutzrechte

Einen weiteren Tätigkeitsbereich europäischer Agenturen stellt die Verwaltung gewerblicher Schutzrechte dar. Neben dem Gemeinschaftlichen Sortenamt[82] gehört das Harmonisierungsamt für den Binnenmarkt[83] mit Sitz in Alicante zu diesem Typ von Agenturen.

1. Die Aufgabenstellung des Harmonisierungsamtes

Läßt sich die Forderung nach einem einheitlichen Rechtsrahmen für die gemeinschaftsweite Verfolgung von eingetragenen Markenrechten auch bis in die Frühzeit der Europäischen Wirtschaftsgemeinschaft zurückverfolgen[84], kam es erst im Jahre 1994 mit der Gemeinschaftsmarkenverordnung und der darin vorgesehenen Gründung des Harmonisierungsamtes zu einer Überwindung des bis dahin geltenden Territorialprinzips. Nach dem Konzept der Verordnung verdrängt das gemeinschaftliche Markenrecht jedoch nicht die bestehenden mitgliedstaatlichen Eintragungsprozeduren[85]. Es baut vielmehr auf dem Grundsatz der „Koexistenz von nationalem Markenrecht und Gemeinschaftsmarkenrecht"[86] auf; die Wahl des Rechtsrahmens steht also im Belieben des einzelnen Antragstellers[87].

---

[80] Siehe *Geradin/Petit*, The Development of Agencies at EU and National Levels, 2004, 36. Zur Legitimation europäischer Agenturen durch die Abschirmung von politischem Einfluß auch *Uerpmann*, AöR 125 (2000), 551 (565 f.).

[81] Vgl. *E. Chiti*, Le agenzie (Fn. 77), 178; aus politikwissenschaftlicher Sicht zu diesem Mechanismus *Majone*, Theories of regulation, in: *ders.*, Regulating Europe, 1996, 28 (41 f.).

[82] Gegründet durch VO (EG) Nr. 2100/94 des Rates v. 27.7.1994 über den gemeinschaftlichen Sortenschutz, ABl. EG 1994 Nr. L 227, S. 1.

[83] Gegründet durch VO (EG) Nr. 40/94 des Rates v. 20.12.1993 über die Gemeinschaftsmarke, ABl. EG 1994 Nr. L 11, S. 1 („Gemeinschaftsmarken-VO"). Erweiterung seines Aufgabenbereichs durch VO (EG) Nr. 6/2002 des Rates v. 12.12.2001 über das Gemeinschaftsgeschmacksmuster, ABl. EG 2002 Nr. L 3, S. 1.

[84] Vgl. etwa *v.d. Groeben*, GRURInt. 1959, 629 ff.

[85] Vgl. 5. Erwägungsgrund der Gemeinschaftsmarken-VO (Fn. 83). Die fortbestehenden mitgliedstaatlichen Schutzregime waren in der Vergangenheit allerdings bereits Gegenstand materieller Harmonisierung seitens der EG (vgl. etwa RL (EWG) Nr. 89/104 des Rates v. 21.12.1988 zur Angleichung der Rechtsvorschriften der Mitgliedstaaten über die Marken, ABl. EG 1989 Nr. L 40, S. 1).

[86] *v. Kapff*, in: Ekey/Klippel, Heidelberger Kommentar zum Markenrecht, 2003, Art. 1 GMV, Rn. 45.

[87] Es handelt sich also um einen Fall sog. fakultativer Harmonisierung. Zu den verschiedenen Strategien der Rechtsangleichung vgl. nur im Überblick *v. Danwitz*, in: Dau-

Sämtliche administrative Verfahren des gemeinschaftlichen Markenrechts obliegen dabei dem Harmonisierungsamt[88]. Entsprechend weitgehend sind auch die dem Amt eingeräumten Befugnisse, die insbesondere auch die Ermächtigung beinhalten, rechtsverbindlich gegenüber einzelnen Wirtschaftsteilnehmern Entscheidungen zu treffen, die deren Stellung am Markt unmittelbar betreffen[89].

2. Organisationelle und prozedurale Verselbständigung als Charakteristikum

Das herausragende Merkmal des Harmonisierungsamtes ist dabei in seiner Selbständigkeit zu erblicken. Dies gilt zum einen im Hinblick auf die Verfahren des Gemeinschaftsmarkenrechts. Bei der Verfahrensdurchführung durch das Amt ergeben sich weder mit der Kommission noch mit den mitgliedstaatlichen Markenverwaltungen erhebliche Berührungspunkte. Soweit die Verordnung über die Gemeinschaftsmarke eine Mitwirkung der Mitgliedstaaten an der Erteilung der Gemeinschaftsmarke vorsieht, trägt diese stets nur den Charakter einer Unterstützungshandlung[90]. Die Zuständigkeitsbereiche der mitgliedstaatlichen Verwaltungsstellen und des Harmonisierungsamt bleiben deutlich voneinander abgegrenzt[91]. Aber auch organisatorisch ist das Amt gegenüber der Kommission in besonderem Maße verselbständigt. Zwar findet nach der Gründungsverordnung durch sie eine Rechtsaufsicht statt. Diese ist jedoch durch die Existenz von Beschwerdekammern in entscheidenden Bereichen eingeschränkt. So unterliegt das Harmonisierungsamt der Kommissionsaufsicht nur, soweit „keine

---

ses (Hrsg.), Handbuch des EU-Wirtschaftsrechts (HbEUWiR), Lsbl. Stand Mai 2004, 1. Bd., B II, Rn. 83 ff.

[88] Für einen Überblick über den Verlauf und die Stufen dieser Verfahren vgl. *Ingerl*, Die Gemeinschaftsmarke, 1996, 125 ff.

[89] Vgl. etwa Art. 40 Gemeinschaftsmarken-VO (Fn. 83).

[90] Dies ist etwa bei dem Antrag auf Erteilung der Gemeinschaftsmarke der Fall. Dieser kann nach Wahl des Antragstellers beim Harmonisierungsamt oder einer nationalen Zentralbehörde eingereicht werden. In letzterem Fall beschränkt sich die Mitwirkung der mitgliedstaatlichen Behörde lediglich auf die Weiterleitung des Antrags (Art. 25 Gemeinschaftsmarken-VO (Fn. 83)). Vgl. ferner auch die Vorschriften über die Recherche in mitgliedstaatlichen Markenregistern (Art. 39 Abs. 2 Gemeinschaftsmarken-VO (Fn. 83)).

[91] Umgekehrt ist das Harmonisierungsamt ebenfalls nur punktuell in die Registrierung einer mitgliedstaatlichen Marke einbezogen. Siehe dazu etwa die Regeln über die Entgegennahme, Vorprüfung und Weiterleitung eines Antrages auf Umwandlung der Gemeinschaftsmarke in eine nationale Marke (Art. 109 Gemeinschaftsmarken-VO (Fn. 83)). Das Verhältnis von Harmonisierungsamt und nationalen Markenämtern läßt sich daher zutreffend mit dem Begriff gegenseitige Hilfestellung („*reciprocal auxiliarity*") beschreiben, *E. Chiti*, CMLR 37 (2000), 309 (320).

Rechtsaufsicht durch ein anderes Organ vorgesehen ist"[92]. Damit ist der größte und wichtigste Teil der Agenturtätigkeiten, nämlich die Entscheidungen in Markenangelegenheiten, insoweit der Aufsicht der Kommission entzogen, als diese, nach einer Befassung der Beschwerdekammern des Amtes, im weiteren Verlauf einer Prüfung durch die europäische Gerichtsbarkeit unterliegen[93]. Dies mag zum einen aus technischen und praktischen Gründen, insbesondere dem Bestreben, die europäischen Gerichte zu entlasten, motiviert sein[94], markiert aber indirekt die Unabhängigkeit des Amtes von der Kommission. In die gleiche Richtung zielt auch, daß beim Harmonisierungsamt und beim Sortenamt als einzige Agenturen der EG der jeweile Präsident nicht in einem Zusammenspiel von Verwaltungsrat und Kommission, sondern von Verwaltungsrat und Rat ernannt und entlassen wird[95].

3. Ergebnis

Im Fall des Harmonisierungsamtes entsteht somit der Eindruck einer spezialisierten Verwaltungseinheit, die als „fachlich unabhängiges sowie rechtlich, organisatorisch und finanziell hinreichend selbständiges"[96] Amt konzipiert ist. Sein Aufgabenbereich umfaßt dabei den gesamten Bereich der gemeinschaftlichen Markenverwaltung, ohne daß es zu einer prozeduralen Verknüpfung mit anderen Institutionen der Gemeinschaft, insbesondere der Kommission kommt. Es ist demnach weniger als andere europäische Agenturen dem administrativen Umfeld der Kommission zuzuordnen, sondern steht vielmehr neben dieser[97]; eine Verselbständigung, die insoweit auch auf der mitgliedstaatlichen Tradition einer organisatorisch verselbständigten Markenverwaltung aufbaut[98].

---

[92] Art. 118 Abs. 1 Gemeinschaftsmarken-VO (Fn. 83).
[93] Vgl. *v. Mühlendahl/Ohlgart*, Die Gemeinschaftsmarke, 1998, § 31, Rn. 16.
[94] Dazu *Dammann*, Die Beschwerdekammern der europäischen Agenturen, 2004, 21 ff.
[95] Art. 120 Abs. 1 Gemeinschaftsmarken-VO (Fn. 83).
[96] 11. Erwägungsgrund, ferner auch 18. Erwägungsgrund der Gemeinschaftsmarken-VO (Fn. 83).
[97] In diese Richtung bereits *Hilf*, Organisationsstruktur (Fn. 12), 162: „freies und weitgehend selbständiges Glied der Gemeinschaft".
[98] Vgl. etwa die Übersicht im Arbeitsdokument der Dienstellen der Kommission – Arbeitsgruppe „Gemeinschaftsmarke" (III/D/1294/79-DE) vom Oktober 1979, abgedruckt in GRURInt 1980, 33 (42).

*III. Die Europäische Agentur für die Sicherheit des Seeverkehrs –
Koordinierung und Kontrolle des nationalen Vollzugs*

Daneben kennt die Gemeinschaft eine weitere Gruppe von Agenturen, deren gemeinsames Merkmal in ihrer „Koordinierungsfunktion"[99] des vornehmlich dezentralen Einzelvollzugs gemeinschaftlicher Rechtsregeln besteht. Diese Agenturen nehmen dabei gerade in der jüngeren Vergangenheit aber auch darüber hinausgehende Kontrollfunktionen wahr. Als typprägend kann hier sicherlich die Europäische Umweltagentur gelten[100]. In diesem Zusammenhang soll jedoch eine neuere Agenturgründung, nämlich die Europäische Agentur für die Sicherheit des Seeverkehrs herangezogen werden. Im Hinblick auf die Koordinierung und Kontrolle nationalen Vollzugs sind hier vor allem zwei Aufgabenstellungen der Agentur charakteristisch.

1. Die Agentur für die Sicherheit des Seeverkehrs als Netzwerkverwalter

Zum einen zeigt sich die Agentur dem Konzept der Verwaltung in Netzwerken verpflichtet. Dies umfaßt zunächst die Errichtung und den Betrieb des gemeinschaftlichen Überwachungs- und Informationssystems für den Schiffsverkehr[101]. Mittels dieses elektronischen Meldesystems soll es in Zukunft möglich sein, Schiffsbewegungen, Vorkommnisse und Unfälle in der Seeschiffahrt zu erfassen, um so den von den Mitgliedstaaten zu benennenden Stellen eine schnellere Reaktion auf Gefahrensituationen zu ermöglichen[102]. Die Einrichtung dieses Netzwerks mit einer europäischen Agentur als Zentralstelle oder „*Clearinghouse*"[103] zielt auf eine Effektuierung des Vollzuges bestehender gemeinschaftlicher Regeln der Seeschiffahrtssicherheit ab[104]. Ein positiver Effekt kann sich dabei vor allem durch

---

[99] *Uerpmann*, AöR 125 (2000), 551 (562).
[100] Gegründet durch VO (EWG) Nr. 1210/90 des Rates v. 7. 5. 1990 zur Errichtung einer Europäischen Umweltagentur und eines Europäischen Umweltinformations- und Umweltbeobachtungsnetzes, ABl. EG 1990 Nr. L 120, S. 1. Dazu näher *Epiney*, Umweltrecht in der Europäischen Union, 1997, 44 ff.
[101] Art. 2 lit. d ii) Seeverkehrsagentur-VO (Fn. 41).
[102] Zu diesem System vgl. RL (EG) Nr. 2002/59 des Europäischen Parlaments und des Rates v. 27.6.2002 über die Errichtung eines gemeinschaftlichen Überwachungs- und Informationssystems für den Schiffsverkehr, ABl. EG 2002 Nr. L 208, S. 10.
[103] *Sommer*, Verwaltungskooperation (Fn. 40), 211.
[104] Dies ist etwa die RL (EWG) Nr. 93/75 des Rates v. 13.9.1993 über Mindestanforderungen an Schiffe, die Seehäfen der Gemeinschaft anlaufen, ABl. EG 1993 Nr. L 247, S. 19.

eine „kooperative Verstrickung (der beteiligten Stellen) in Informationsverbünde"[105] ergeben[106].

Neben diesem reinen „Austausch von Ergebnissen und Daten ohne personelle Komponente"[107] ist die Agentur für Seeverkehrssicherheit darüber hinaus auch auf die Ermöglichung von Behördennetzwerken[108] angelegt. Dazu ist insbesondere auf ihre Befugnis zur Organisation von Ausbildungsmaßnahmen oder zur technischen Unterstützung für eine verbesserte Zusammenarbeit zwischen den Mitgliedstaaten hinzuweisen[109]. Durch eine sachliche und personelle Verknüpfung der beteiligten nationalen und gemeinschaftlichen Akteure in einem Politikbereich soll es nach dem Konzept der Behördennetzwerke insoweit zur „Verfestigung und Etablierung von Foren (kommen), die für die Gemeinschaft lenkend in das Netz eingreifen können"[110], wodurch die Aussicht auf „überschießende dynamische Bindungseffekte"[111] begründet wird[112].

2. Die Agentur für die Sicherheit des Seeverkehrs als Inspektionsagentur

Die Handlungsbefugnisse der Agentur für Seeverkehrssicherheit beschränken sich indes nicht auf unverbindliches und informatorisches Handeln. Vielmehr ist sie auch befugt, Kontrollbesuche in den Mitgliedstaaten durchzuführen[113]. Diese Kontrollbesuche beziehen sich dabei auf die korrekte Anwendung des Gemeinschaftssystems der Hafenstaatkontrolle, einem harmonisierten System von Überprüfungspflichten und Verpflichtungen zu Mängelkontrollen durch die nationalen Seeschiffahrtsbehörden[114].

---

[105] *v. Bogdandy*, Information und Kommunikation in der Europäischen Union, in: Hoffmann-Riem/Schmidt-Aßmann (Hrsg.), Verwaltungsrecht in der Informationsgesellschaft, 2000, 133 (177).

[106] Die Steuerungswirkung des mitgliedstaatlichen Vollzugs betont auch *Ladeur*, NuR 1997, 8 (10). Ebenso *Fischer-Appelt*, Agenturen (Fn. 2), 548.

[107] *v. Bogdandy*, in: Hoffmann-Riem/Schmidt-Aßmann, Informationsgesellschaft (Fn. 105), 176.

[108] Ausführlich *Schuppert*, Verwaltungswissenschaft, 2000, 384 ff.

[109] So der 5. Erwägungsgrund der Seeverkehrsagentur-VO (Fn. 41).

[110] *Fischer-Appelt*, Agenturen (Fn. 2), 548.

[111] *Ladeur*, NuR 1997, 8 (13).

[112] Dieses Konzept wird freilich deutlicher bei anderen Agenturen dieses Typs. Vgl. etwa Art. 9 Abs. 1 VO (EG) Nr. 881/2004 des Europäischen Parlaments und des Rates v. 29.4.2004 zur Errichtung einer Europäischen Eisenbahnagentur, ABl. EU 2004 Nr. L 164, S. 1 („Eisenbahnagentur-VO"); Art. 3 lit. c VO (EG) Nr. 460/2004 des Europäischen Parlaments und des Rates v. 10.3.2004 zur Errichtung der Europäischen Agentur für Netz- und Informationssicherheit, ABl. EU 2004 Nr. L 77, S. 1 („Informationssicherheitsagentur-VO").

[113] Art. 2 lit. b) Seeverkehrsagentur-VO (Fn. 41).

[114] Vgl. dazu RL (EG) Nr. 95/21 des Rates v. 19.6.1995 zur Durchsetzung internationaler Normen für die Schiffssicherheit, ABl. EG 1995 Nr. L 157, S. 1.

Waren solche Inspektionsbefugnisse zur Vollzugskontrolle in der Vergangenheit ausschließlich bei der Kommission selbst angesiedelt[115], greift der europäische Normgeber inzwischen verstärkt auch auf Agenturen mit eigenen Inspektionsbefugnissen zurück[116]. Das Ziel der Effektuierung nationaler Vollzugsaktivitäten tritt gerade bei diesen Kontrollbefugnissen deutlich zutage.

3. Ergebnis

Die Europäische Agentur für die Sicherheit des Seeverkehrs soll hier stellvertretend für einen Typ europäischer Agenturen stehen, der vor allem auf eine Verbesserung des mitgliedstaatlichen Vollzugs des Gemeinschaftsrechts abzielt[117]. Ihre Gründung erklärt sich dabei in erster Linie vor dem Hintergrund einer in der zweiten Hälfte der 1980er Jahre in vielen Politikbereichen feststellbaren Schwerpunktverschiebung von der Verwirklichung des Legislativprogramms zu Fragen der Implementation des Gemeinschaftsrechts[118]. Der Aufdeckung eines bestehenden Umsetzungs- und Vollzugsdefizits besonders im Umweltrecht[119] stand dabei über lange Zeit der Konsens gegenüber, daß dessen Überwindung weder mit einer personellen Aufstockung der Kommission noch mit einer weitergehenden Übertragung von Vollzugsaufgaben auf die EG verbunden sein sollte[120]. Insoweit stellt gerade der Rückgriff auf Gemeinschaftsagenturen ein Kompromißmodell zwischen der fortgesetzten Ausdehnung gemeinschaftlicher Tätigkeitsfelder und dem Interesse der Mitgliedstaaten an einer Begrenzung der Erosion staatlicher Vollzugsbefugnisse dar[121] – oder wie von *Edoardo Chiti* einprägsam formuliert ein „Instrument zur Übertragung

---

[115] Hier sei wiederum auf die Darstellung von *David*, Inspektionen (Fn. 26), 30 ff. verwiesen.

[116] So spricht inzwischen etwa die Kommission in ihrer Mitteilung zu den Rahmenbedingungen für die europäischen Regulierungsagenturen v. 11.12.2002 (KOM(2002) 718 endg., 5) von der Existenz eines eigenen Typs der Inspektionsagentur.

[117] Dies kommt etwa durchweg in den Erwägungsgründen der betreffenden Agenturen zum Ausdruck, die jeweils die Tätigkeit der Agenturen in den Zusammenhang mit den jeweiligen Harmonisierungs- und Rahmenrichtlinien stellen (vgl. etwa 4. Erwägungsgrund der Seeverkehrsagentur-VO (Fn. 41); Erwägungsgründe 2 ff. der Eisenbahnagentur-VO (Fn. 112); 6.-9. Erwägungsgrund der Informationssicherheitsagentur-VO (Fn. 112)).

[118] So *v. Borries*, in: FS für Everling, 1995, 127 (130); ferner *Magiera*, DÖV 1998, 173 (174); *Snyder*, MLR 56 (1993), 19 ff.

[119] Aus dem umfangreichen Schrifttum dazu vgl. nur *Albin*, Die Vollzugskontrolle des europäischen Umweltrechts, 1999, 73 ff. mwN.

[120] Vgl. *Dehousse* JEPP 4 (1997), 246 (254); *Fischer-Appelt*, Agenturen (Fn. 2), 546; *E. Chiti*, Le agenzie (Fn. 77), 54 f.

[121] So *M. P. Chiti*, in: ders./Greco, Trattato di diritto amministrativo europeo, 1997, 186.

zentraler Kompetenzen an dezentrale gemeinschaftliche Einrichtungen"[122]. In Bezug auf verbindliche Kontrollbefugnisse verspricht das Modell der europäischen Agenturen besonderen Erfolg, da die nationalen Behörden nicht einer Gemeinschaftsbehörde gegenüberstehen, die ihnen fremd ist, sondern einer Einrichtung, in der sie selbst, etwa durch ihre Vertretung im Verwaltungsrat, mitwirken[123]. Gerade in dieser Hinsicht sind sie Ausdruck einer dem Gemeinschaftsrecht eigenen „kooperativ abgefederten Hierarchie"[124].

IV. Die Europäische Beobachtungsstelle für Drogen und Drogensucht – Informationsagentur zur Unterstützung mitgliedstaatlicher Politik

Die Kompetenzen der Gemeinschaft variieren zwischen den einzelnen Politikfeldern. Gerade Bereiche lediglich „flankierender Politiken"[125], insbesondere das Europäische Arbeits- und Sozialrecht, stellen dabei ein großes Betätigungsfeld europäischer Agenturen dar. Als Referenz soll hier die Europäische Beobachtungsstelle für Drogen und Drogensucht[126] mit Sitz in Lissabon dienen. Nach ihrer Gründungsverordnung beschränkt sich ihre Tätigkeit weitestgehend auf die Sammlung und Analyse von bei gemeinschaftlichen und einzelstaatlichen Stellen vorhandenen Daten, die methodische Verbesserung des Datenvergleichs und die Zurverfügungstellung gesammelter Daten[127]. Ebenso wie andere Agenturen dieses Typs ist die Beobachtungsstelle darüber hinaus mit der Verwaltung eines Informationsnetzes betraut[128], das insbesondere mitgliedstaatliche und Drogeninformationssysteme anderer internationaler und europäischer Einrichtungen miteinander verknüpft[129]. Wenn die Gründungsverordnung der Beobach-

---

[122] *E. Chiti*, Le agenzie (Fn. 77), 64: "*strumento di devoluzione di compiti centrali ad uffici comunitari decentrati*".

[123] *Uerpmann*, AöR 125 (2000), 551 (563).

[124] *Schmidt-Aßmann*, in: FS für Steinberger, 2002, 1375 (1388); *ders.*, in diesem Band, 1 (14).

[125] *Constantinesco*, Das Recht der Europäischen Gemeinschaften, 1. Bd., 1977, 256.

[126] Gegründet durch VO (EWG) Nr. 302/93 des Rates v. 8.2.1993 zur Schaffung einer Europäischen Beobachtungsstelle für Drogen und Drogensucht, ABl. EG 1993 Nr. L 36, S. 1 („Drogenbeobachtungsstellen-VO").

[127] Vgl. Art. 2 Drogenbeobachtungsstellen-VO (Fn. 126).

[128] Ebenfalls über Informationsnetze verfügen etwa die Europäische Stelle zur Beobachtung von Rassismus und Fremdenfeindlichkeit (Art. 4 VO (EG) Nr. 1035/97 des Rates v. 2.6.1997 zur Errichtung einer Europäischen Stelle zur Beobachtung von Rassismus und Fremdenfeindlichkeit, ABl. EG 1997 Nr. L 151, S. 1) und das Zentrum zur Krankheitsprävention (vgl. Art. 5 der VO (EG) Nr. 851/2004 des Europäischen Parlaments und des Rates v. 21.4.2004 zur Errichtung eines Europäischen Zentrums für die Prävention und die Kontrolle von Krankheiten, ABl. EU 2004 Nr. L 142, S. 1).

[129] Art. 5 Abs. 1 Drogenbeobachtungsstellen-VO (Fn. 126): Europäische Informationsnetz für Drogen und Drogensucht (REITOX).

tungsstelle darüber hinaus selbst noch einmal ausdrücklich herausstellt, daß die Stelle keine Maßnahmen treffen darf, die „über den Bereich der Information und der Informationsaufbereitung hinausgehen"[130], ist dies nicht allein als Abgrenzung zur auch einzelfallbezogenen Tätigkeit des Europäischen Polizeiamtes zu verstehen, sondern spiegelt auch die kompetentielle Begrenztheit der Gemeinschaft in diesem Politikbereich wider.

Mit dieser vierten Agenturgrundform, die der von *Alexander Kreher* gebildeten Kategorie der Informationsagenturen[131] noch am nächsten kommen dürfte, verfügt die Gemeinschaft also über spezialisierte Einrichtungen, die, allein schon aufgrund der beschränkten Kompetenzen der EG, innerhalb ihrer Tätigkeitsbereiche in besonderem Maße auf den „Steuerungsfaktor Information"[132] angewiesen sind. Diese Beschränkung auf „unterhalb der rechtlichen Regelungsebene"[133] angesiedelte Handlungsbefugnisse ausschließlich als einen Nachteil anzusehen, wird indes dem Stellenwert, den qualitativ hochwertige Informationen gerade im Bereich der Sozialpolitik einnehmen, nicht gerecht[134]. Zeitlich fällt die Gründung der überwiegenden Zahl dieser Agenturen in die sog. „Gründungswelle der 90er Jahre"[135]. Ein Zusammenhang mit der erstmaligen Erweiterung der sozialpolitischen Vorschriften durch die EEA im Jahre 1986[136] und der Entdeckung der sozialen Dimension des Binnenmarkts[137] ist insoweit zu vermuten.

V. Das Übersetzungszentrum für die Einrichtungen der Europäischen Union – Zusätzliche Verwaltungsressource der Gemeinschaft

Mit den bisher dargestellten Typen europäischer Agenturen läßt sich bereits ein Großteil der gemeinschaftlichen Agenturlandschaft erfassen. Einige Agenturen bleiben dabei allerdings noch unberücksichtigt. Dies betrifft etwa das Übersetzungszentrum für die Einrichtungen der Europäischen

---

130 Art. 1 Abs. 4 Drogenbeobachtungsstellen-VO (Fn. 126).
131 Vgl. *Kreher*, JEPP 4 (1997), 225 (236).
132 *Schmidt-Aßmann*, in: FS für Lerche, 1993, 513 (522).
133 *Fischer-Appelt*, Agenturen (Fn. 2), 548.
134 So auch *Majone*, JEPP 4 (1997), 262 (insbes. 264 f.). Auf die Bedeutung von Information im europäischen Verwaltungsgefüge weist auch *Schmidt-Aßmann*, in: ders./Hoffmann-Riem (Hrsg.), Strukturen des Europäischen Verwaltungsrechts, 1999, 9 (16), hin.
135 *Fischer-Appelt*, Agenturen (Fn. 2), 544.
136 Dazu die Darstellung bei *Ketelsen*, in: Röttinger/Weyringer, Handbuch der europäischen Integration, 1991, 770.
137 Vgl. dazu etwa das Arbeitsdokument der Kommission, Die soziale Dimension des Binnenmarkts v. 14.9.1988 (SEK(88) 1148 endg.).

Union[138]. Seine Aufgabe besteht darin, Übersetzungsdienste für verschiedene Einrichtungen, wie andere Agenturen oder Europol, bereitzustellen[139]; eine Tätigkeit also, die als eine reine Unterstützungstätigkeit verwaltungstechnischer und somit unpolitischer Natur einzuordnen ist. Seine Stellung innerhalb des europäischen Verwaltungsrechts beschränkt sich insofern auf die einer erweiterten technischen Ressource für die EG-Administration. Organisatorisch zeigt sich dieses vor allem in einer verstärkten übernationalen Anbindung des Übersetzungszentrums. So setzt sich dessen Verwaltungsrat neben je einem mitgliedstaatlichen Vertreter aus *zwei* Kommissionsvertretern und zusätzlich je einem Vertreter der übrigen an der Arbeit der Agentur beteiligten Gemeinschaftseinrichtungen zusammen[140]. Dieser letzte Typ von Gemeinschaftsagenturen läßt sich daher im wesentlichen durch ihre Rolle als „Subkontrahenten von speziellen, technischen Gemeinschaftsaufgaben"[141] charakterisieren.

D. Die EASA – Auf dem Weg zu einem europäischen Verwaltungsunterbau

Trotz der jeder typologischen Vorgehensweise immanenten Unschärferelation läßt sich also die Vielfalt der Gemeinschaftsagenturen auf fünf Grundmodelle reduzieren. Im Folgenden gilt es nun, sich der eingangs aufgeworfenen Frage, inwieweit auch die EASA diesen Grundtypen verpflichtet ist bzw. inwieweit ihr eine Sonderstellung im System der europäischen Agenturen zukommt, zu nähern. Dies soll anhand von zwei ausgewählten Charakteristika der EASA geschehen: ihrer Verfahrensautonomie bei der Durchführung des Musterzulassungsverfahrens und ihrer bereits erwähnten umfassenden Aufgabenstellung.

I. Die Verfahrensautonomie der EASA im Zulassungsverfahren

Die Durchführung des Musterzulassungsverfahrens ist als die zentrale Aufgabe der EASA angesehen worden. Das Maß der ihr dabei zustehenden Befugnisse und der Verfahrensautonomie findet eine Entsprechung in der Verwaltung des gemeinschaftlichen Markenrechts durch das Harmonisierungsamt für den Binnenmarkt. Diesem obliegt ebenfalls die selbständige Durchführung des Verfahrens von der Antragstellung bis zur letztendli-

---

[138] Gegründet durch VO (EG) Nr. 2965/94 des Rates v. 28.11.1994 zur Errichtung eines Übersetzungszentrums für die Einrichtungen der Europäischen Union, ABl. EG 1994 Nr. L 314, S. 1 („Übersetzungszentrum-VO").
[139] Art. 2 Übersetzungszentrum-VO (Fn. 138).
[140] Art. 4 Abs. 1 Übersetzungszentrum-VO (Fn. 138).
[141] *Fischer-Appelt*, Agenturen (Fn. 2), 47.

chen Entscheidung. Auch organisatorisch ergeben sich deutliche Parallelen. Ebenso wie das Harmonisierungsamt verfügt die EASA über eigene Beschwerdekammern, welche den autonomen Ablauf des Markenverfahrens im Hinblick auf die Rechte der Antragsteller und Drittbetroffener durch „die erforderlichen Rechtsbehelfe"[142] absichern. Das Gemeinschaftsmarkenrecht und die Musterzulassung nach der EASA-Verordnung unterscheiden sich dagegen deutlich in ihrer rechtlichen Struktur und der damit verbundenen Erheblichkeit der verfahrensabschließenden Entscheidungen. Bei der Musterzulassung der EASA handelt es sich, als Entscheidung auf dem Gebiet des technischen Sicherheitsrechts, um eine echte präventive Zulassung[143]. Der Eintragung einer gemeinschaftsweit geschützten Marke kommt mit Blick auf den durch sie gewährten Schutz vor Wettbewerbern zwar auch eine erhebliche wirtschaftliche Bedeutung zu. Sie ist jedoch *rechtlich* gerade keine zwingende Voraussetzung für den Marktzugang des Antragstellers. Dazu kommt, daß neben dem gemeinschaftlichen Markenrecht dem Antragsteller nach wie vor auch die mitgliedstaatlichen Eintragungsprozeduren zur Verfügung stehen, während er zum Inverkehrbringen neu entwickelter Fluggeräte ausschließlich auf die Erlangung einer Musterzulassung durch die EASA verwiesen ist. Den verfahrensabschließenden Entscheidungen der EASA im Fall der Ablehnung eines Zulassungsantrags kann damit eine ungleich größere Eingriffswirkung zukommen als den Entscheidungen des Harmonisierungsamtes.

Mit dieser Eingriffswirkung entspricht die Musterzulassung für Fluggeräte strukturell der europäischen Arzneimittelzulassung, also dem Tätigkeitsgebiet der hier als Vertreter des ersten Agenturtyps angeführten Europäischen Arzneimittelagentur. Diese ist mit der Erstellung des Zulassungsgutachtens zwar prozedural in die supranationale Entscheidungsfindung einbezogen, verfügt selbst aber nicht über verfahrensbeendende Entscheidungsbefugnisse. Ist bei der Arzneimittelzulassung die Risikobewertung durch die Agentur von der Risikoentscheidung durch die Kommission abgegrenzt, findet sich eine vergleichbare Trennung in der EASA-Verordnung nicht[144]. Die EASA stellt also insoweit ein Novum innerhalb des europäischen Verwaltungsrechts dar. Hat der europäische Normgeber in der Vergangenheit bei der Vergemeinschaftung nationaler Produktzulassungsverfahren die Zulassungsentscheidung stets den unmittelbar vertrag-

---

[142] 15. Erwägungsgrund der EASA-VO (Fn. 3).
[143] Zu den strukturellen Unterschieden zwischen Markenrecht und technischem Sicherheitsrecht vgl. auch *E. Chiti*, CMLR 37 (2000), 309 (314).
[144] Dies spiegelt sich organisationsrechtlich auch darin wider, daß die EASA im Binnenbereich nicht einem auf Unabhängigkeit ausgerichtetem Ausschußmodell folgt, sondern über einen eigenen, vom Exekutivdirektor weisungsabhängigen hierarchischen Behördenunterbau verfügt (Vgl. Art. 29 Abs. 2 lit. g EASA-VO (Fn. 3)).

lich legitimierten Organen vorbehalten, stellt die EASA-Verordnung eine echte Fortentwicklung der gemeinschaftlichen Agenturlandschaft in Richtung auf eine Betrauung von Gemeinschaftsagenturen mit weitreichenden Einzelvollzugsaufgaben dar.

II. Die EASA als Fachinstanz für die Luftsicherheit

Aus der Darstellung ihrer Aufgaben und Befugnisse wurde bereits deutlich, daß der Tätigkeitsbereich der EASA sich nicht etwa auf die Durchführung des Musterzulassungsverfahrens beschränkt, sondern daß sie grundsätzlich in sämtliche gemeinschaftliche Aktivitäten im Bereich der Flugsicherheit eingebunden ist. Kennzeichnend für nahezu alle Agenturen der obigen Typologie ist hingegen ihre spezialisierte administrative Aufgabenstellung, die im wesentlichen Einzelaspekte des jeweilgen Politikbereichs umfaßt. Eine Festlegung der EASA auf eines dieser Modelle und dem damit verbundenen spezifischen Handlungsinstrumentarium würde insoweit ihrer Aufgabenstellung nicht gerecht.

Die Errichtung der EASA fällt dabei in eine Phase erneuter verstärkter Agenturgründungsaktivität. Beginnend mit dem Jahr 2002 erreichte diese mit allein sechs Verordnungsvorschlägen der Kommission im Jahr 2003 ihren bisherigen Höhepunkt[145]. Ebenso wie die EASA zeichnen sich einige dieser neuen (teilweise noch im Planungsstadium befindlichen) Agenturen durch eine umfassende Aufgabenstellung innerhalb ihres jeweiligen Politiksektors aus. So soll etwa die geplante Europäische Agentur für chemische Stoffe neben der Erstellung von Sachverständigengutachten im Rahmen eines europäischen Produktzulassungsverfahrens für die selbständige Durchführung von Registrierungsprozeduren für bestimmte chemische Stoffe, den Betrieb von Datenbanken über gefährliche Chemikalien und allgemein für die technisch-wissenschaftliche Unterstützung der Kommission zuständig sein[146]. Der Auslöser dieser erneuten Gründungswelle ist dabei maßgeblich in der Krise der Kommission[147] und der anschließenden Reformdebatte[148] zu erblicken[149]. Einen zentralen Reformpunkt stellt dabei

---

[145] Vgl. die Nachweise bei *Geradin/Petit*, Development of Agencies (Fn. 80), 38.

[146] Art. 4 ff., 52 und 73 des Vorschlags der Kommission für eine Verordnung zur Registrierung, Bewertung, Zulassung und Beschränkung chemischer Stoffe (REACH) und zur Schaffung einer Europäischen Agentur für chemische Stoffe v. 29.10.2003 (KOM(2003) 644 endg.).

[147] Vgl. speziell zur BSE-Krise den Sonderbericht des Rechnungshofs Nr. 19/98, ABl. EG 1998 Nr. C 383, S. 1; dazu auch *Wägenbaur*, EuZW 2000, 738 ff.; umfassend *Lafond*, The Creation of the European Food Authority, 2001, 4 ff.

[148] Erste Früchte dieser Reformdebatte sind etwa das Weißbuch zur Reform der Kommission vom 5.4.2000 (KOM(2000) 200 endg.2), das Weißbuch Europäisches Regieren v. 25.7.2001 (KOM(2001) 428 endg.), die Mitteilung der Kommission über die die Einholung und Nutzung von Expertenwissen durch die Kommission v. 11.12.2002

die „Rückbesinnung der Kommission auf ihre Kernaufgaben"[150], und damit verbunden eine verstärkte Auslagerung laufender Verwaltungstätigkeiten auf verselbständigte Einrichtungen dar[151]. Wenn die Kommission nach eigener Aussage dazu insbesondere auf das Instrument der Agentur zur Erhöhung der europäischen Exekutivkapazitäten in technisch anspruchsvollen Bereichen zurückgreifen will[152], ist die verstärkte Agenturgründungswelle damit Ausdruck dieses Reformkonzepts[153]. Mit ihrer dargestellten Aufgabenpluralität reiht sich die EASA damit in eine neue, dritte Generation[154] von europäischen Agenturen ein. War das Konzept der Verwaltung durch Gemeinschaftsagenturen in der Vergangenheit vor allem durch eine spezialisierte und lediglich punktuelle Aufgabenstellung gekennzeichnet, scheint sich dieses gerade bei diesen neueren Agenturgründungen zunehmend in die Richtung einer umfassenden sektoralen Aufgabenstellung zu erweitern.

(KOM(2002) 713 endg.) oder auch die Mitteilung der Kommission zu den Rahmenbedingungen für Regulierungsagenturen (Fn. 116).
[149] Allgemein zu Krise und Reform der Kommission *Mehde*, ZEuS 2001, 403 ff.
[150] Weißbuch Europäisches Regieren (Fn. 148), 11 f.
[151] Zu dieser Funktion von Agenturen vgl. schon *Craig/de Búrca*, The evolution (Fn. 78), 45.
[152] Mitteilung der Kommission zu den Rahmenbedingungen für Regulierungsagenturen (Fn. 116), 6.
[153] So bezieht sich etwa der 60. Erwägungsgrund der Lebensmittelsicherheits-VO (Fn. 55) explizit auf die „Vorkommnisse im Zusammenhang mit der Lebensmittelsicherheit in der jüngsten Zeit"; vgl. auch *Casper*, DVBl. 2002, 1437 ff.
[154] Diese Bezeichnung fußt auf der von *Fischer-Appelt*, Agenturen (Fn. 2), 46 eingeführten Unterteilung zwischen Agenturen einer ersten und einer zweiten Generation.

Grenzüberschreitende Zusammenarbeit der Polizei- und Zollverwaltungen*

LOTHAR HARINGS

A. Formen der grenzüberschreitenden Zusammenarbeit
  I. Völkerrechtliche Ausgangssituation und Parallelen im nationalen Recht
  II. Die Schengener Übereinkommen
    1. Grenzpolizeiliche Zusammenarbeit nach dem Schengener Durchführungsübereinkommen
    2. Das Schengener Informationssystem (SIS)
  III. Das Europol-Abkommen
  IV. Die Zusammenarbeit der Zollbehörden
  V. Gemeinsame Ermittlungsgruppen im Rahmen des Europäischen Rechtshilfeübereinkommens und von Europol
B. Struktur und Handlungsformen grenzüberschreitender Zusammenarbeit
  I. Bauformen der exekutivischen Kooperation
  II. Institutionalisierter Informationsaustausch
C. Rechtsschutz gegen Maßnahmen im Rahmen der grenzüberschreitenden Zusammenarbeit
  I. Zurechenbarkeit zur deutschen Hoheitsgewalt
  II. Immunitätsverzicht
  III. Rechtsschutz in Deutschland
    1. Rechtsschutz vor den Gerichten Deutschlands als Herkunftsstaat
    2. Primärrechtsschutz vor den Gerichten des Aufenthaltsstaates
    3. Sekundärrechtsschutz vor den Gerichten des Aufenthaltsstaates
  IV. Zusammenfassung und Ausblick

---

* Der Beitrag basiert auf der Dissertation des Verfassers mit dem Titel „Grenzüberschreitende Zusammenarbeit der Polizei- und Zollverwaltungen und Rechtsschutz in Deutschland", Duncker & Humblot, Berlin 1998.

Das Verhältnis der Mitgliedstaaten der Europäischen Gemeinschaft zueinander im Bereich der inneren Sicherheit war lange Zeit bestimmt durch den Souveränitätsgedanken, der einer Kooperation im Bereich der polizeilichen Zusammenarbeit, oder allgemeiner: der Eingriffsverwaltung, Grenzen zog. Es bestand ein Spannungsverhältnis zwischen der formalen Unabhängigkeit der Staaten (Souveränität) einerseits und ihrer faktischen globalen Verflechtung andererseits[1]. Mit dem Fortschreiten der Europäischen Integration ging jedoch die Erkenntnis einher, daß die bestehenden wirtschaftlichen und politischen Verflechtungen begleitet werden müßten von einer verstärkten Zusammenarbeit der Polizei-, Zoll- und Justizbehörden. Während diese lange Zeit auf informeller Kooperation und persönlichen Kontakten der handelnden Beamten beruhte und eine völkervertragliche Grundlage dafür fehlte, setzte Ende des 20. Jahrhunderts eine Verrechtlichung ein[2].

A. Formen der grenzüberschreitenden Zusammenarbeit

Nachfolgend sollen die Formen grenzüberschreitender Zusammenarbeit am Beispiel der Schengener Abkommen, des Europol-Übereinkommens sowie des Neapel II-Übereinkommens dargestellt werden. Zuvor ist jedoch – zum besseren Verständnis – die völkerrechtliche Ausgangsposition der grenzüberschreitenden Kooperation darzustellen.

I. Völkerrechtliche Ausgangssituation und Parallelen im nationalen Recht

Die Befugnisse nationaler Beamter sind grundsätzlich auf das jeweilige Staatsgebiet begrenzt. Hoheitsakte auf fremdem Staatsgebiet sind nur mit Zustimmung des betroffenen Staates zulässig. Davon zu unterscheiden sind Hoheitsakte mit extraterritorialer Wirkung, die auf dem eigenen Staatsgebiet vorgenommen werden, deren Wirkungen jedoch darüber hinaus reichen und Personen oder Sachen auf fremdem Hoheitsgebiet unmittelbar betreffen[3]. Solche Hoheitsakte sind regelmäßig völkerrechtlich zulässig. Soweit mit der Anwesenheit von Beamten auf fremdem Staatsgebiet Eingriffsbefugnisse verbunden sind, muß diese Eingriffsbefugnis einerseits völkerrechtlich – im Verhältnis zwischen den Staaten –, andererseits nach nationalem Recht – im Verhältnis Staat-Bürger – definiert werden; insbe-

---

[1] *Schermers/Blokker*, International Institutional Law, § 3.
[2] Vgl. *Harings*, Grenzüberschreitende Zusammenarbeit der Polizei- u. Zollverwaltungen und Rechtsschutz in Deutschland, 1998, 46 f., 63 f., 113.
[3] Zu dieser Differenzierung *Schlochauer*, Die extraterritoriale Wirkung von Hoheitsakten nach dem öffentlichen Recht der Bundesrepublik Deutschland und nach internationalem Recht, 1962, 10; *Siegrist*, Hoheitsakte auf fremdem Staatsgebiet, 1987, 2 mwN.

sondere ist die Verantwortlichkeit für die von dem ausländischen Hoheitsträger ergriffenen Maßnahmen im Hinblick auf Haftungs- und Rechtsschutzfragen zu klären.

Diese Fragestellungen sind dem föderalen System der Bundesrepublik Deutschland nicht fremd. Sie sind – auf nationaler Ebene – ebenso im Verhältnis der Länderpolizeien zueinander zu bestimmen. Die örtliche Zuständigkeit der Länderpolizei reicht grundsätzlich nicht über das Gebiet des jeweiligen Bundeslandes hinaus. Eine Ausdehnung der örtlichen Zuständigkeit auf das Gebiet eines anderen Landes kann nur durch Gesetz oder Staatsvertrag erfolgen. Werden Polizeibeamte eines Landes auf Grund eines Staatsvertrages mit Zustimmung der zuständigen Behörden eines anderen Bundeslandes auf dessen Gebiet tätig, gelten die Maßnahmen als solche der für dieses Bundesland zuständigen Behörde[4]. Obwohl diese Zurechnung im Grundsatz anerkannt wird, sind die daraus zu ziehenden Schlußfolgerungen selbst innerstaatlich streitig. Umso mehr bedürfen die Rechtsfragen der grenzüberschreitenden polizeilichen Tätigkeit im Verhältnis verschiedener Staaten zueinander einer rechtlichen Regelung.

II. Die Schengener Übereinkommen

Der entscheidende Schritt zur Verrechtlichung der grenzüberschreitenden polizeilichen Zusammenarbeit vollzog sich parallel mit der Abschaffung der Binnengrenzen in Europa. Die Vorstellung einer Abschaffung der Binnengrenzen zur Verwirklichung der Freizügigkeit wurde bereits 1974 auf dem Gipfeltreffen der Staats- und Regierungschefs in Paris behandelt. Erst 10 Jahre später mündete eine Initiative von Bundeskanzler Kohl und dem französischen Staatspräsidenten Mitterand mit dem Beitritt der Benelux-Staaten in das erste Schengener Abkommen über die Erleichterung und den schrittweisen Abbau der Grenzkontrollen[5]. Mit diesem Abkommen wurde das Ziel verfolgt, möglichst bis 1990 einen Abbau der Grenzkontrollen zu erreichen. Konkrete und verbindliche Maßnahmen und Vorschriften zur Verwirklichung dieses Ziels finden sich schließlich im Schengener Durchführungsübereinkommen (SDÜ) vom 19. Juni 1990[6]. Das SDÜ ist am

---

[4] Vgl. § 78 Abs. 2 BWPolG, Art. 11 Abs. 4 u. 5 BayPOG, § 7 Abs. 2 u. 3 BbgPOG, § 81 Abs. 2 u. 3 BremPolG, § 30 a Abs. 2 HbgSOG, § 102 Abs. 2 u. 3 HSOG, § 9 Abs. 2 SOG M-V, § 103 Abs. 2 u. 3 NdsSOG, § 9 Abs. 2 u. 3 POG NRW, § 86 Abs. 2 u. 3 RhpfPOG, § 88 Abs. 2 u. 3 SPolG, § 77 Abs. 2 u. 3 SächsPolG, § 91 Abs. 2 u. 3 SOG LSA, § 170 Abs. 2 LVwG SH, § 11 Abs. 2 bis 4 ThürPOG; vgl. auch das Abkommen zwischen den Ländern der Bundesrepublik Deutschland über die erweiterte Zuständigkeit der Polizei der Länder bei der Strafverfolgung vom 8.11.1991, abgedruckt in: GVBl. NW 1992, S. 58.

[5] GMBl. 1996, S. 79; dazu *Harings*, Grenzüberschreitende Zusammenarbeit (Fn. 2), 63 ff. mwN.

[6] BGBl. 1993 II, S. 1010.

1.9.1993 in Kraft getreten. In einer gemeinsamen Erklärung zu Artikel 139 SDÜ haben die Vertragsstaaten jedoch festgelegt, daß das Übereinkommen tatsächlich erst in Kraft gesetzt werden solle, wenn die Maßnahmen zum Ausgleich des Wegfalls der Grenzkontrollen durchgeführt worden seien, insbesondere das Schengener Informationssystem (SIS) einsatzfähig sei. Die Inkraftsetzung des SDÜ erfolgte für die 5 Gründerstaaten sowie für Spanien und Portugal am 26.3.1995. Zwischenzeitlich sind Italien, Portugal, Spanien, Griechenland, Österreich und die skandinavischen Staaten beigetreten. Weitere Staaten, insbesondere Osteuropas, sind assoziiert. Irland und Großbritannien, die die Abkommen nicht unterzeichnet haben, nehmen nur an Teilen des Schengen-Besitzstandes teil[7].

Mit dem Vertrag von Amsterdam wurde der sogenannte Schengen-Besitzstand, d.h. das Abkommen, das Übereinkommen und alle auf der Grundlage dieser Rechtsakte angenommenen Bestimmungen[8], in Titel IV des EG-Vertrags und Titel VI des EU-Vertrags übernommen und damit in den Rahmen der EU einbezogen[9]. Primärrechtliche Regelungen über die grenzüberschreitende Zusammenarbeit dehnen diese zudem auch über den Rahmen des Schengen-Besitzstandes hinaus aus.

Kernstück der Ausgleichsmaßnahmen zur Kompensation der Grenzkontrollen ist der Aufbau des Schengener Informationssystems (SIS) als gemeinsames Fahndungssystem der Schengen-Staaten. Dieses System besteht aus einem nationalen Teil, der bei jeder Vertragspartei eingerichtet wird, und einer technischen Unterstützungseinheit mit Sitz in Straßburg. Durch einen ständigen Datenabgleich der nationalen Systeme mit dem Zentralcomputer wird die Identität der Daten in allen Vertragsstaaten sichergestellt[10]. Weitere Ausgleichsmaßnahmen sind die verstärkte grenzpolizeili-

---

[7] Sie sind auch nach der Vergemeinschaftung nicht an den Schengen-Besitzstand gebunden; *Jour-Schröder/Wasmeier*, in: von der Groeben/Schwarze (Hrsg.), EU-/EG-Vertrag, 6. Aufl. 2004, Vorb. Art. 29 bis 42 EUV Rn. 37.

[8] Der Schengen-Besitzstand wurde durch Beschluß des Rates vom 20.5.1999 festgelegt (ABl. EG 1999 Nr. L 176, S. 1).

[9] Siehe Protokoll Nr. 2 zum Vertrag über die Europäische Union zur Einbeziehung des Schengenbesitzstandes in den Rahmen der Europäischen Union (1997); dazu nur *Jour-Schröder/Wasmeier*, in: v.d.Groeben/Schwarze, EU-/EG-Vertrag (Fn. 7), Vorb. Art. 29 bis 42 EUV Rn. 35 ff.

[10] Dazu ausführlich *Harings*, Grenzüberschreitende Zusammenarbeit (Fn. 2), 71 f., 81 ff., sowie *Scheller*, JZ 1992, 904 ff. Ergänzt wird das System durch einen direkten bi- oder multilateralen Datenaustausch im Rahmen des sog. SIRENE-Netzes; siehe dazu das SIRENE-Handbuch (ABl. EU 2003 Nr. C 38, S. 1) sowie VO (EG) Nr. 378/2004 vom 19.2.2004 über Verfahren zu seiner Änderung (ABl. EU 2004 Nr. L 64, S. 5). Da das ursprüngliche Schengener Informationssystem aus technischen Gründen nicht in der Lage ist, auch die Beitrittsstaaten mitzuerfassen, soll es durch ein neues System SIS II ersetzt werden. Siehe den Beschluß des Rates vom 6.12.2001 (ABl. EG 2001 Nr. L 328, S. 1), VO (EG) Nr. 2424/2001 des Rates über die Entwicklung des Schengener Informations-

che Zusammenarbeit (grenzüberschreitende Observation und Nacheile) sowie Verbesserungen im Bereich der Rechtshilfe und der Auslieferung.

1. Grenzpolizeiliche Zusammenarbeit nach dem Schengener Durchführungsübereinkommen

Die Artikel 39 ff. SDÜ sehen sowohl einen verbesserten Informationsaustausch zwischen den Polizeibehörden als auch – in begrenztem Umfang – grenzüberschreitende operative Maßnahmen vor.

a) Überblick

Ohne entsprechende völkervertragliche Grundlage findet die Zusammenarbeit zwischen Behörden verschiedener Staaten auf der Grundlage des internationalen Rechtshilfe- bzw. Amtshilferechtes statt[11]. Rechtshilfeersuchen sind dabei grundsätzlich auf dem diplomatischen Wege, d.h. über das zuständige Fachministerium, die Außenministerien der beteiligten Staaten und schließlich auf dem Dienstweg an die beteiligten Behörden, zu stellen. Damit geht ein erheblicher organisatorischer und zeitlicher Aufwand einher, der in der Praxis einer Zusammenarbeit häufig entgegensteht.

Artikel 39 SDÜ sieht demgegenüber eine Verbesserung der polizeilichen Kommunikation im Bereich der vorbeugenden Bekämpfung und der Aufklärung von Straftaten vor[12]. In den Mittelpunkt des Informationsaustausches rücken die mit der grenzüberschreitenden polizeilichen Zusammenarbeit beauftragten zentralen Stellen, doch läßt Artikel 39 Abs. 3 SDÜ in Eilfällen den direkten Kontakt zwischen den betroffenen Polizeidienststellen zu. Artikel 39 Abs. 1 SDÜ enthält eine umfassende Verpflichtung zur gegenseitigen polizeilichen Amtshilfe, soweit diese nach nationalem Recht zulässig ist[13]. Die Befugnisse der nationalen Polizeibehörden im Verhältnis zum betroffenen Bürger werden durch Artikel 39 SDÜ nicht erweitert[14]. Nach Artikel 46 SDÜ können die Polizeidienststellen sich un-

---

systems der zweiten Generation (SIS II) (ABl. EG 2001 Nr. L 328, S. 4) und VO (EG) Nr. 871/2004 des Rates vom 29.4.2004 über die Einführung neuer Funktionen für das SIS (ABl. EU 2004 Nr. L 162, S. 29); kritisch zu den Funktionserweiterungen *Leutheusser-Schnarrenberger*, ZRP 2004, 97 ff.

[11] Zur gemeinschaftsrechtlichen Amtshilfe vgl. *Wettner*, in diesem Band, 181 ff.

[12] Zum Informationsaustausch als „Grundform der Polizeikooperation" *Hecker*, EuR 2001, 824 (834 f.).

[13] Dies wird von *Krüger*, Kriminalistik 1994, 773 ff., und *Wolter*, Kriminalistik 1995, 172 (173), als entscheidendes Novum des Art. 39 SDÜ begrüßt; kritisch dazu *Busch*, Grenzenlose Polizei? Neue Grenzen und polizeiliche Zusammenarbeit in Europa, 1995, 322 f.

[14] Vgl. *Joubert/Bevers*, Schengen investigated – a comparative interpretation of the Schengen provisions on international police-cooperation in the light of the European convention on human rights, 1996, 448.

tereinander ohne vorheriges Ersuchen Informationen mitteilen (sogenannte Spontaninformationen), die für die vorbeugende Bekämpfung von Straftaten oder den Schutz der öffentlichen Sicherheit und Ordnung von Bedeutung sein können. Von dieser Möglichkeit wird nach Auskunft der mit dem Informationsaustausch befaßten zentralen Stellen in großem Umfang Gebrauch gemacht.

Im Mittelpunkt des Titels III., Kapitel 1. SDÜ mit der Überschrift „polizeiliche Zusammenarbeit" stehen jedoch die Artikel 40 und 41 SDÜ über die grenzüberschreitende Observation und Nacheile. Unter bestimmten Voraussetzungen wird darin den Beamten einer Vertragspartei das Recht eingeräumt, eine im Inland begonnene Observation bzw. die Verfolgung eines auf frischer Tat betroffenen Straftäters auf dem Hoheitsgebiet eines Nachbarstaates fortzusetzen. Darin liegt eine gänzlich neue Qualität der grenzüberschreitenden Zusammenarbeit[15], wird doch durch ein Abkommen fremden Hoheitsträgern die Ausübung ihrer hoheitlichen Tätigkeit auf dem eigenen Staatsgebiet gestattet.

b) Die grenzüberschreitende Observation

Das Schengener Durchführungsübereinkommen äußert sich nicht dazu, was unter dem Begriff der Observation zu verstehen ist; es setzt diesen Begriff als bekannt voraus. In Deutschland versteht man darunter überwiegend die planmäßige Beobachtung von Personen, Personengruppen oder Objekten zur Gewinnung von Informationen für die polizeiliche Tätigkeit[16]. Im internationalen Sprachgebrauch gibt es keine einheitliche Definition. *Joubert/Bevers*[17] verwenden die Kurzformel „watching without being watched", beanspruchen aber nicht, dies als allgemein gültige Charakterisierung zu verwenden. Zwar findet regelmäßig die Observation ohne Kenntnis des Betroffenen statt, doch ist die Heimlichkeit der Maßnahmen kein Wesensmerkmal. Vielmehr kann auch eine offene Observation mit dem Ziel durchgeführt werden, den Betroffenen zu verunsichern oder zu einem bestimmten Verhalten zu bewegen. Eine Observation kann sowohl zum Zwecke der Gefahrenabwehr als auch im Rahmen eines Ermittlungs-

---

[15] *O'Keeffe*, Yearbook of European Law 1991, 185 (202): "hot pursuit (Nacheile, d. Verf.) as an infringement of the basic conceptions of sovereignty"; vgl. auch *Martínez Soria*, in: Baldus/Soiné, Rechtsprobleme der internationalen polizeilichen Zusammenarbeit, 1999, 59 ff.

[16] Vgl. die Nachweise bei *Harings*, Grenzüberschreitende Zusammenarbeit (Fn. 2), 73.

[17] Schengen investigated, 127 f., 133, zum internationalen Sprachgebrauch und zum Begriff.

verfahrens stattfinden. Sie wird dann auf unterschiedliche Rechtsgrundlagen gestützt[18].

(i) Die Zulässigkeit des Grenzübertritts

Gemäß Artikel 40 Abs. 1 SDÜ sind Beamte einer Vertragspartei, die im Rahmen eines Ermittlungsverfahrens in ihrem Land eine Person observieren, die einer auslieferungsfähigen Straftat verdächtigt ist, befugt, die Observation auf dem Hoheitsgebiet einer anderen Vertragspartei *fortzusetzen*, wenn diese einem entsprechenden Rechtshilfeersuchen zugestimmt hat. Das Ersuchen ist an die in Artikel 40 Abs. 5 SDÜ bezeichneten Behörden zu richten, die entweder selbst zur Entscheidung befugt sind oder es an die zuständigen Stellen übermitteln. Das Bundeskriminalamt, das von Deutschland als Behörde im Sinne von Artikel 40 Abs. 1 und 2 SDÜ bezeichnet wurde, hat keine eigene Entscheidungsbefugnis. Es muß das Ersuchen an die zuständige Staatsanwaltschaft weiterleiten. Nach Nr. 1 lit c) der Bund-Länder-Zuständigkeitsvereinbarung vom 1. Juli 1993[19] hat die Bundesregierung ihre Befugnisse auf die Landesregierung übertragen, in deren Gebiet der Grenzübertritt stattfinden soll. Die Landesregierungen haben von ihrer Befugnis zur weiteren Übertragung gemäß Nr. 3 der Zuständigkeitsvereinbarung Gebrauch gemacht[20]. Infolge dieser Übertragungskette ist die Staatsanwaltschaft zuständig, in deren Gebiet der Grenzübertritt zu erwarten ist. Ihre Zustimmung zur Observation gilt für das gesamte Bundesgebiet[21]. Einzelheiten der Zusammenarbeit zwischen den Vertragsstaaten können durch bilaterale Vereinbarungen gemäß Artikel 39 Abs. 4, Artikel 40 Abs. 6 und Artikel 41 Abs. 10 SDÜ geregelt werden. So sieht etwa Artikel 5 Abs. 2 der deutsch-luxemburgischen Vereinbarung[22] vor, daß Bewilligungsbehörde für die grenzüberschreitende Observation der Leitende Oberstaatsanwalt ist.

Eine Verpflichtung der Vertragsstaaten, auf eingehende Rechtshilfeersuchen hin die Zustimmung zur grenzüberschreitenden Observation zu erteilen, besteht nach dem SDÜ nicht. Über die Einbettung in das Rechtshilferecht (Artikel 40 Abs. 1 SDÜ setzt im Regelfall ein Rechtshilfeersuchen voraus) gilt jedoch Artikel 1 des Europäischen Rechtshilfeüberein-

---

[18] Vgl. *Harings*, Grenzüberschreitende Zusammenarbeit (Fn. 2), 73, mwN. zur Diskussion um die strafprozessuale Eingriffsgrundlage.

[19] Bundesanzeiger 1993, S. 6383.

[20] Vgl. für Baden-Württemberg etwa die „gemeinsame Verwaltungsvorschrift des Justiz- und Innenministeriums Baden-Württemberg über die Ausübung der Befugnisse im Rechtshilfeverkehr mit dem Ausland in strafrechtlichen Angelegenheiten" vom 9. Dezember 1994, GABl. 1994, 835.

[21] Vgl. Nr. 1 lit c) der Zuständigkeitsvereinbarung.

[22] BGBl. 1996 II, S. 1203.

kommens vom 20. April 1959[23], der die Vertragsstaaten verpflichtet, einander „soweit wie möglich" Rechtshilfe zu leisten. Diese Verpflichtung ist jedoch nicht durchsetzbar. In der Praxis werden die Vertragsstaaten des SDÜ die eingehenden Rechtshilfeersuchen für grenzüberschreitende Observationen eher wohlwollend prüfen, um auf der Basis der Gegenseitigkeit ein entsprechendes Verhalten bei entgegengesetzten Ersuchen erwarten zu können. Die Zustimmung zur Observation kann nach Artikel 40 Abs. 1 Satz 2 SDÜ mit Auflagen verbunden werden; es kann also insbesondere eine zeitliche oder räumliche Begrenzung angeordnet werden.

In Eilfällen bedarf der Grenzübertritt nicht der vorherigen Zustimmung des Nachbarstaates, wenn noch während der Observation eine Mitteilung an die zuständige Behörde erfolgt und ein Rechtshilfeersuchen unverzüglich nachgereicht wird. In diesem sind auch Gründe für die Eilbedürftigkeit anzugeben. In jedem Fall ist die Observation einzustellen, wenn die andere Vertragspartei es verlangt oder wenn die erforderliche Zustimmung nicht 5 Stunden nach Grenzübertritt vorliegt[24]. Der Kreis der Straftaten, derer die zu observierende Person verdächtig sein muß, wird in den Eilfällen nochmals eingeschränkt. Nicht alle auslieferungsfähigen Straftaten, sondern nur die in Artikel 40 Abs. 7 SDÜ enumerativ aufgezählten, schwerwiegenden Straftaten[25] rechtfertigen den Grenzübertritt.

(ii) Modalitäten der grenzüberschreitenden Observation

Nach Artikel 40 Abs. 3 SDÜ ist die Zulässigkeit der grenzüberschreitenden Observation von der Einhaltung bestimmter Voraussetzungen abhängig. Zunächst sind die observierenden Beamten an die Bestimmungen des Artikel 40 SDÜ und an das Recht der Vertragspartei, auf deren Hoheitsgebiet die Observation stattfindet, gebunden. Da solche Observationen regelmäßig von Beamten mobiler Einsatzkommandos durchgeführt werden, müssen diese mit den Grundzügen des Rechts in dem/den Nachbarstaaten vertraut sein. In jedem Fall haben die observierenden Beamten etwaige Anordnungen der örtlich zuständigen Behörden zu befolgen. Ihnen ist das Betreten von Wohnungen und öffentlich nicht zugänglichen Grundstücken nach Artikel 40 Abs. 3 lit e) SDÜ untersagt. Sie sind ferner nicht befugt, die zu observierende Person anzuhalten oder festzunehmen. Ihre Dienstwaffe dürfen sie, vorbehaltlich eines Widerspruchs der ersuchten Vertragspartei auf ein vorheriges Rechtshilfeersuchen hin, mit sich führen; der Ge-

---

[23] BGBl. 1996 II, S. 1386; 1976 II, S. 1799; 1982 I, S. 2021, sowie das Zusatzprotokoll hierzu in BGBl. 1990 II, S. 124; 1991 II, S. 909.

[24] Vgl. Art. 40 Abs. 2 SDÜ.

[25] Dazu zählen insbes. Mord, Totschlag, Vergewaltigung, schwerer Diebstahl, Raub, Erpressung, Entführung und Geiselnahme, unerlaubter Verkehr mit Betäubungsmitteln sowie Waffen- und Sprengstoffdelikte.

brauch ist jedoch nur im Falle der Notwehr zulässig. Die Beamten müssen jederzeit in der Lage sein, ihre amtliche Funktion nachzuweisen.

c) Die grenzüberschreitenden Nacheile

Eine noch differenziertere Regelung als die Observation hat die grenzüberschreitende Nacheile in Artikel 41 SDÜ erfahren. Grundvoraussetzung der Nacheile ist, daß eine Person bei der Begehung einer Straftat auf frischer Tat betroffen und anschließend verfolgt wird. Straftaten, die zur Nacheile berechtigen, sind gemäß Artikel 41 Abs. 4 SDÜ entweder *alle* auslieferungsfähigen Straftaten oder besondere Katalogtaten, die im Wesentlichen denen des Artikel 40 Abs. 7 SDÜ entsprechen. Die Nacheile ist auch zulässig zur Verfolgung einer aus der Untersuchungshaft oder Strafhaft flüchtigen Person. Eine Fortsetzung der Verfolgung auf dem Hoheitsgebiet des anderen Vertragsstaates kann ohne Zustimmung dieses Staates erfolgen, wenn dessen zuständige Behörden nicht rechtzeitig unterrichtet werden konnten oder nicht zur Stelle sind, um die Verfolgung zu übernehmen. Spätestens beim Grenzübertritt müssen die nacheilenden Beamten die zuständige Behörde des Gebietsstaates kontaktieren. Die Verfolgung ist auf Verlangen der Vertragspartei, auf deren Hoheitsgebiet sie stattfindet, einzustellen.

Die Befugnisse der nacheilenden Beamten und die räumlichen Grenzen des Nacheilerechts sind im SDÜ nicht einheitlich festgelegt, sondern ebenso wie die zur Nacheile berechtigenden Straftaten den Erklärungen der Vertragsparteien zu entnehmen[26]. Deutschland hat dabei in weitest möglichem Umfang seinen Nachbarstaaten Rechte zugestanden. Es hat ein zeitlich und räumlich unbegrenztes Nacheilerecht für alle auslieferungsfähigen Straftaten unter Einschluß eines Festhalterechtes eingeräumt. Im Gegensatz dazu haben deutsche Beamte in Frankreich kein Festhalterecht, in Belgien nur während der ersten 30 Minuten nach Grenzübertritt. Luxemburg räumt zwar wie die Niederlande ein Festhalterecht ein, begrenzt aber die Nacheile räumlich auf ein Gebiet von 10 km entlang der Grenze.

Die nacheilenden Beamten sind ebenso wie die observierenden Beamten an die einschlägigen Bestimmungen des SDÜ sowie an das Recht der Vertragspartei, auf deren Hoheitsgebiet sie auftreten, gebunden. Das Betreten von Wohnungen und öffentlich nicht zugänglichen Grundstücken ist unzulässig. Die nacheilenden Beamten müssen eindeutig als Beamte erkennbar und in der Lage sein, ihre amtliche Funktion nachzuweisen. Ihre Dienstwaffe dürfen sie mit sich führen, ihr Gebrauch ist aber nur im Falle der

---

[26] Die Erklärungen der 5 Gründerstaaten sind abgedruckt in Bundesanzeiger vom 23.11.1990, Beilage Nr. 217 a, S. 26 f.; eine Gegenüberstellung findet sich bei *Bonnefoi*, Europe et Sécurité Intérieure, TREVI – Union Européenne – Schengen, 1995, 123, 125.

Notwehr zulässig. Weitere Eingriffsmaßnahmen beschränken sich im Wesentlichen auf die Eigensicherung der Beamten.

d) Die Rechtsstellung der grenzüberschreitend tätigen Beamten und Rechtsgrundlagen für Eingriffsakte

Artikel 42 SDÜ stellt Beamte, die auf dem Hoheitsgebiet einer anderen Vertragspartei gemäß Artikel 40 und 41 SDÜ tätig werden, den Beamten dieser Vertragspartei in Bezug auf Straftaten, denen sie zum Opfer fallen oder die sie begehen würden, gleich. Auffällig an dieser Vorschrift ist die Begrenzung der Gleichstellung auf „Straftaten". Eine vollumfängliche Gleichbehandlung der ausländischen Beamten mit den inländischen Beamten war demnach nicht beabsichtigt. Ihnen soll aber der gleiche Schutz eingeräumt werden, den die Rechtsordnung des Aufenthaltsstaates seinen eigenen Beamten zugesteht. Im Gegenzug werden sie hinsichtlich ihrer strafrechtlichen Verantwortlichkeit den Beamten des Staates gleichgestellt, auf dessen Hoheitsgebiet sie tätig werden. Die Vorschrift zielt insoweit auf die Amtsdelikte der jeweiligen Rechtsordnung. Sie betrifft die persönliche Rechtsstellung der Beamten, die hinsichtlich ihres hoheitlichen Verhaltens an die Rechtsordnung des Aufenthaltsstaates gebunden sind.

Belastende Maßnahmen gegenüber Bürgern, die in den Artikel 40 und 41 SDÜ vorgesehen sind, finden ihre Rechtsgrundlage ummittelbar im Zustimmungsgesetz zum Schengener Durchführungsübereinkommen. Dieses transformiert die völkerrechtliche Vereinbarung in innerstaatliches Recht[27]. Die Artikel 40 und 41 SDÜ sind dergestalt transformabel, daß sie selbst Rechtmäßigkeitsanforderungen an das Handeln der ausländischen Beamten aufstellen. Weitere staatliche Umsetzungsakte sind nicht mehr erforderlich. Da die Befugnisse der ausländischen Beamten zur Fortsetzung einer Ermittlungsmaßnahme nach den Artikeln 40 und 41 auf den Bereich der Strafverfolgung beschränkt sind, hat der Bund – der Gesetzgebungskompetenz folgend – auch gemäß Artikel 32 GG die Kompetenz zum Abschluß des völkerrechtlichen Vertrages. Landesrechtliche Bestimmungen in den Polizeigesetzen[28], die ausdrücklich das Tätigwerden ausländischer Polizeibeamter aufgrund völkerrechtlicher Vereinbarungen erlauben, haben insoweit nur deklaratorischen Charakter; sie würden Bedeutung erlangen, wenn die präventive Tätigkeit ausländischer Beamter vertraglich erlaubt würde.

---

[27] Vgl. für Österreich auch das Bundesgesetz über die internationale polizeiliche Kooperation (Polizei Kooperationsgesetz-Pol KG), Bundesgesetzblatt I. Nr. 104/1997.

[28] So etwa §§ 78 Abs. 4 BwPolG, 102 Abs. 3 HSOG, 103 Abs. 3 NdsSOG, 86 Abs. 3 RhpfPolG, 77 Abs. 4 SächsPolG, 91 Abs. 3 SOG LSA, 170 Abs. 1 LVwG SH.

2. Das Schengener Informationssystem (SIS)

Das Schengener Informationssystem speichert Daten über die in den Artikeln 94 ff. SDÜ näher bezeichneten Personen und Sachen. Die Vertragsstaaten können darin Ausschreibungen vornehmen mit dem Ziel der Festnahme einer Person zur Auslieferung (Artikel 95 SDÜ), zur Einreiseverweigerung von Drittausländern (Artikel 96) sowie – im Rahmen dieses Beitrages von Interesse – zur verdeckten Registrierung oder gezielten Kontrolle (Artikel 99)[29].

Eine Ausschreibung im SIS nach Artikel 95 SDÜ entspricht gemäß Artikel 64 SDÜ einem Ersuchen um vorläufige Festnahme gemäß Artikel 16 des Europäischen Auslieferungsübereinkommens vom 13. Dezember 1957[30]. Ausschreibungen nach Artikel 96 bis 99 SDÜ entsprechen Rechtshilfeersuchen im Sinne des Europäischen Rechtshilfeübereinkommens[31]. Die ersuchende nationale Behörde gibt dazu in ihr nationales Fahndungssystem die Daten der gesuchten Person ein. Diese werden von der nationalen Zentralstelle (in Deutschland das Bundeskriminalamt[32]) an den Zentralrechner des SIS in Straßburg übermittelt. Über den Datenabgleich mit den anderen nationalen Informationssystemen gelangen die Daten der gesuchten Person an alle Vertragsstaaten[33]. Der Vorteil dieser automatisierten Datenübertragung gegenüber der konventionellen Interpol-Fahndung liegt nicht lediglich in der Schnelligkeit der Datenübertragung, sondern auch in den mit einer Ausschreibung verbundenen Rechtswirkungen. Während im Rahmen der Interpol-Fahndung oft keine Reaktion auf ein Ersuchen erfolgt oder Wochen vergehen können, bis die Fahndung im ersuchten Staat ausgelöst wird, enthält die Ausschreibung im SIS eine „Handlungsanweisung" an den ausländischen Polizeibeamten, die erbetene Maßnahme vorzunehmen[34]. Stößt eine Ausschreibung in einem anderen Vertragsstaat auf Be-

---

[29] Zu weiteren Ausschreibungskategorien vgl. Art. 97 und 98 SDÜ.
[30] BGBl. 1964 II, S. 1369; 1976 II, S. 1778; 1982 I, S. 2071; beachte dazu das zweite Zusatzprotokoll, BGBl. 1990 II, S. 118; 1991 I, S. 874, sowie das Europäische Übereinkommen zur Bekämpfung des Terrorismus vom 27. Januar 1977, BGBl. 1978 II, S. 321, 907.
[31] Vgl. *Scheller*, JZ 1992, 904.
[32] Die Zuständigkeit des BKA folgt aus Art. 108 SDÜ in Verbindung mit Art. 6 Nr. a des Gesetzes zu dem Übereinkommen vom 19. Juni 1990 betreffend den schrittweisen Abbau der Kontrollen an den gemeinsamen Grenzen, BGBl. 1993 II, S. 1011.
[33] Zum Betrieb des SIS und den Datenschutzstandards *Gusy/Gimbal*, in: Baldus/Soiné, Rechtsprobleme (Fn. 15), 124 ff.
[34] Vgl. auch *Scheller*, Ermächtigungsgrundlagen für die internationale Rechts- und Amtshilfe zur Verbrechensbekämpfung – Konkretisierung des Gesetzesvorbehalts, 1997, 35; *Busch*, Grenzenlose Polizei, 346: „Rechtshilfeautomatismus"; *Sturm*, Kriminalistik 1997, 99 (102): ein Trefferfall „zwinge" zu abkommenskonformen Reaktionen; *Weichert*, CR 1990, 62 (64): die Ausschreibung entwickle eine nicht überprüfbare Tatbestandswir-

denken, hat dieser die Möglichkeit, sie gemäß Artikel 94 Abs. 4 SDÜ im nationalen Bestand zu kennzeichnen, mit der Folge, daß sie dort nicht vollzogen wird[35].

III. Das Europol-Abkommen

Eine verstärkte informationelle Zusammenarbeit auf der Grundlage des Artikels 29 EUV streben die Mitgliedstaaten der Europäischen Union mit dem Aufbau des Europäischen Polizeiamtes (Europol) an. Das Übereinkommen[36] ist am 26. Juli 1995 unterzeichnet worden. Es enthält die Rechtsgrundlagen für die Tätigkeit des Europäischen Polizeiamtes Europol. Europol ist von den Mitgliedstaaten der EU als eigenständige Einrichtung unter Einräumung von Rechtspersönlichkeit gegründet worden. Das Amt ist eine internationale Organisation, die gegenüber ihren Mitgliedstaaten und deren Bürgern selbständig handelt und Hoheitsrechte wahrnimmt; es ist nicht lediglich ein gemeinsames Organ oder Element der intergouvernementalen Zusammenarbeit[37], sondern eigenes Zurechnungssubjekt[38].

Europol ist in jedem Mitgliedstaat mit einer einzigen nationalen Stelle verbunden[39]. Deren Aufgabe ist es gemäß Artikel 4 Abs. 4 EuropolÜbk, Europol (auch aus eigener Initiative) Informationen zu übermitteln und diese zu aktualisieren, Anfragen an Europol zu richten sowie für die Rechtmäßigkeit des eigenen Informationsaustausches mit Europol Sorge zu tragen. Darüber hinaus entsendet die nationale Stelle mindestens einen Verbindungsbeamten zu Europol, der den Informationsaustausch zu seiner nationalen Stelle unterstützen und deren Interessen bei Europol wahrneh-

---

kung für Zwangsmaßnahmen; ebenso *Würz*, Das Schengener Durchführungsübereinkommen, 1997, Rn. 175.

[35] Weitere Einzelheiten dazu bei *Harings*, Grenzüberschreitende Zusammenarbeit (Fn. 2), 82 f.

[36] Rechtsakt des Rates vom 26. Juli 1995 über die Fertigstellung des Übereinkommens aufgrund von Art. K.3 des Vertrages über die Europäische Union über die Errichtung eines Europäischen Polizeiamts (Europol-Übereinkommen), ABl. EG 1995 Nr. C 316, S. 1.

[37] So aber *Zieschang*, ZRP 1996, 427.

[38] Darin unterscheidet sich Europol von selbständigen Verwaltungseinheiten innerhalb der EG (z.B. dem Harmonisierungsamt für den Binnenmarkt („Markenamt"), ABl. EG 1994 Nr. L 11, S. 1 oder dem Sortenamt, ABl. EG 1994 Nr. L 227, S. 1), denen auch Rechtspersönlichkeit zuerkannt ist und die den Bürgern unmittelbar hoheitlich gegenübertreten; Zurechnungssubjekt ihrer Handlungen ist jedoch die Europäische Gemeinschaft, die über die Kommission auch die Rechtsaufsicht ausübt. Zu Agenturen siehe *Riedel*, in diesem Band, 103 ff.

[39] Zukünftig können die Mitgliedstaaten nach dem geänderten Art. 4 Abs. 2 UAbs. 1 S. 2 EuropolÜbk auch direkte Kontakte zwischen den nationalen zuständigen Behörden und Europol zulassen; siehe Art. 1 Ziff. 3 a des Änderungsprotokolls vom 27.11.2003 (ABl. EU 2004 Nr. C 2, S. 1).

men soll. Nationale Stelle in Deutschland ist gemäß Artikel 2 § 1 des Europol-Gesetzes[40] das Bundeskriminalamt. Im Gegensatz zum Schengener Informationssystem ist das von Europol unterhaltene System kein Fahndungs-, sondern ein Recherchesystem. Europol hat nach den Bestimmungen des Übereinkommens bisher keine Exekutivbefugnisse in dem Sinne, daß es durch Entsendung eigener Beamter Ermittlungen in den Mitgliedstaaten durchführen kann[41]. Der mit dem Amsterdamer Vertrag in den EUV eingefügte Artikel 30 Abs. 2 EUV läßt allerdings eine Ausdehnung der Befugnisse Europols auf operative Aufgaben zu[42]. Erste Ansätze zeigen sich in der künftigen Beteiligung Europols an gemeinsamen Ermittlungsteams und -gruppen[43].

IV. Die Zusammenarbeit der Zollbehörden[44]

Wie bei der grenzüberschreitenden polizeilichen Zusammenarbeit ist auch für die internationale Zollzusammenarbeit zu differenzieren zwischen der Tätigkeit der Zollbehörden in Steuer- und Abgabenangelegenheiten (§ 208 AO) und der Tätigkeit im Rahmen der Strafverfolgung (§§ 385, 404 AO). Grundlage für die grenzüberschreitende Strafverfolgungstätigkeit der Zollbehörden ist nach wie vor das Europäische Rechtshilfeübereinkommen (EuRhÜbk) und als innerstaatliches Recht das Gesetz über die internationale Rechtshilfe in Strafsachen (IRG). Neuere und ergänzende Bestimmungen bauen auf diesen Vorschriften auf, z.B. die Artikel 40 f. und 92 ff. des Schengener Durchführungsübereinkommens (SDÜ). Das Schengener Durchführungsübereinkommen regelt nicht nur die *polizeiliche* Zusammenarbeit, sondern eröffnet auch den Beamten des Zollfahndungsdienstes als Hilfsbeamten der Staatsanwaltschaft für den Bereich des unerlaubten Verkehrs mit Betäubungsmitteln und des unerlaubten Handels mit Waffen die Möglichkeit der grenzüberschreitenden Observation und Nacheile[45].

---

[40] Gesetz zu dem Übereinkommen vom 26. Juli 1995 aufgrund von Art. K.3 des Vertrages über die Europäische Union über die Errichtung eines Europäischen Polizeiamtes (Europol-Gesetz), BGBl. 1997 II, S. 2150.
[41] Zu der diesbezüglichen öffentlichen Diskussion *Harings*, Grenzüberschreitende Zusammenarbeit (Fn. 2), 119.
[42] Dazu *Milke*, Europol und Eurojust, 2003, 5 ff.; *Jour-Schröder*, in: v.d.Groeben/Schwarze, EU-/EG-Vertrag (Fn. 7), Art. 30 EU Rn. 55 ff.
[43] Siehe sogleich unter V.
[44] Die vorliegende Darstellung beschränkt sich auf den Bereich der sicherheitsbehördlichen Tätigkeit der Zollbehörden; nicht erfaßt wird die Zusammenarbeit innerhalb der EG, im engeren Bereich des Zoll- und Verbrauchsteuerrechts oder des Marktordnungsrechts, vgl. etwa die Regelungen der Verordnung (EG) Nr. 515/97 über die gegenwärtige Amtshilfe im Zoll- und Agrarbereich, ABl. EG 1997 Nr. L 82, S. 1 sowie für die Zusammenarbeit im Bereich der Zollpräferenzen; *Harings*, in: Dorsch, Zollrecht, Lsbl. Stand 2003, Art. 27 ZK Rz. 149 ff.
[45] Vgl. Art. 40 Abs. 4 und Art. 41 Abs. 7 SDÜ.

Auch sind die Zollbehörden im Hinblick auf die im Schengener Informationssystem (SIS) gespeicherten Daten gemäß Artikel 101 Abs. 1 SDÜ abrufberechtigt.

Internationale Fahndungsmaßnahmen eröffnen den Zollbehörden zudem das Übereinkommen über den Einsatz der Informationstechnologie im Zollbereich (ZIS-Übereinkommen) vom 26. Juli 1995[46], erlassen im Rahmen der Dritten Säule der Europäischen Union, sowie die Verordnung (EG) Nr. 515/97 des Rates vom 13. März 1997 "über die gegenseitige Amtshilfe zwischen Verwaltungsbehörden der Mitgliedstaaten und die Zusammenarbeit dieser Behörden mit der Kommission im Hinblick auf die ordnungsgemäße Anwendung der Zoll- und der Agrarregelung" (EG-Amtshilfeverordnung)[47]. Bisher noch nicht in Kraft getreten ist das Übereinkommen aufgrund von Artikel K.3 des Vertrags über die Europäische Union über die gegenseitige Amtshilfe und Zusammenarbeit der Zollverwaltungen (Neapel II-Übereinkommen)[48]. Dieses Übereinkommen wird bei seinem Inkrafttreten das sog. Neapel I-Übereinkommen aus dem Jahre 1967[49] ablösen. Es enthält neben Regelungen der Amtshilfe auf und ohne Antrag Bestimmungen zur grenzüberschreitenden Observation und Nacheile, verdeckten Ermittlung und kontrollierten Lieferung.

Maßnahmen der Zollbehörden *mit Auslandswirkung* sind nach dem hier zugrundegelegten Verständnis insbesondere Ausschreibungen der Zollbehörden in den Informationssystemen (SIS, ZIS). Daneben sind aber aus dem Bereich der konventionellen Zusammenarbeit Rechtshilfeersuchen und Kontrollmitteilungen an ausländische Stellen zu beachten. Auch diese können grundrechtsrelevant sein und ein Bedürfnis nach Rechtsschutz auslösen. Von Maßnahmen (nur) mit Auslandswirkung sind alle Fahndungsmaßnahmen zu unterscheiden, die einen persönlichen Grenzübertritt des handelnden Beamten erforderlich machen, so daß die Eingriffshandlung auf fremdem Staatsgebiet stattfindet. Zu erwähnen sind in dieser Fallgruppe – gestützt auf SDÜ oder Neapel II-Übereinkommen – grenzüberschreitende Observation und Nacheile sowie die Durchführung kontrollierter Lieferungen und verdeckter Ermittlungen im Ausland.

---

[46] ABl. EG 1995 Nr. C 316, S. 33.
[47] ABl. EG 1997 Nr. L 82, S. 1. Zur Amtshilfe siehe *Wettner*, in diesem Band, 181 ff.
[48] ABl. EG 1998 Nr. C 24, S. 1, vom Rat erlassen am 18.12.1997; siehe dazu den vom Rat gebilligten Erläuternden Bericht über das Neapel II-Übereinkommen (ABl. EG 1998 Nr. C 189, S. 1); ferner *Jour-Schröder*, in: v.d.Groeben/Schwarze, EU-/EG-Vertrag (Fn. 7), Art. 30 EU Rn. 10 ff. Die Zusammenarbeit der Zollbehörden soll auch zukünftig weiter ausgedehnt werden; vgl. die Entschließung des Rates vom 2.10.2003 über eine Strategie für die Zusammenarbeit im Zollwesen (ABl. EU 2003 Nr. C 247, S. 1).
[49] BGBl. 1969 II, S. 65; 1970 II, S. 987.

V. Gemeinsame Ermittlungsgruppen im Rahmen des Europäischen Rechtshilfeübereinkommens und von Europol

Eine Intensivierung der Zusammenarbeit der Polizei- und Zollbehörden stellt künftig die Möglichkeit der Bildung gemeinsamer Ermittlungsgruppen in Aussicht[50]. Nach Artikel 1 des Rahmenbeschlusses über gemeinsame Ermittlungsgruppen[51] und nach Artikel 13 des – bisher nicht in Kraft getretenen – Europäischen Rechtshilfeübereinkommens vom 29. Mai 2000 (EuRhÜbk)[52] können die zuständigen Behörden von zwei oder mehr Mitgliedstaaten für einen bestimmten Zweck und einen begrenzten Zeitraum eine gemeinsame Ermittlungsgruppe zur Durchführung strafrechtlicher Ermittlungen in einem oder mehreren an der Gruppe beteiligten Mitgliedstaaten bilden, die von einem Vertreter des Einsatzstaates geleitet werden und nach den Rechtsvorschriften dieses Mitgliedstaats zum Einsatz kommen. Entsprechend diesen Regelungen soll auch das Europol-Übereinkommen um einen neuen Artikel 3a ergänzt werden, der Europol eine Beteiligung an den gemeinsamen Ermittlungsgruppen ermöglichen soll[53]. Auch Artikel 24 des Neapel II-Übereinkommens[54] sieht für die Zusammenarbeit der Zollverwaltungen die Bildung „besonderer gemeinsamer Ermittlungsteams" vor.

---

[50] Dazu *Felgenhauer*, in: Wolter/W.-R. Schenke/Rieß/Zöller (Hrsg.), Datenübermittlungen und Vorermittlungen, 2003, 75 (88 ff.); *Hackner/Lagodny/Schomburg/Wolf*, Internationale Rechtshilfe in Strafsachen, 2003, Rn. 210 ff.

[51] Rahmenbeschluß des Rates vom 13.6.2002 über gemeinsame Ermittlungsgruppen (ABl. EG 2002 Nr. L 162, S. 1). Der Beschluß soll eine schnellere Umsetzung von Art. 13 EuRhÜbk 2000 erwirken; vgl. *Felgenhauer*, in: Wolter u.a., Datenübermittlungen (Fn. 50), 75 (89).

[52] Übereinkommen – gemäß Artikel 34 des Vertrags über die Europäische Union vom Rat erstellt – über die Rechtshilfe in Strafsachen zwischen den Mitgliedstaaten der Europäischen Union (ABl. EG 2000 Nr. C 197, S. 1); siehe dazu den vom Rat gebilligten Erläuternden Bericht (ABl. EG 2000 Nr. C 379, S. 7); ferner *Huber*, in: Wolter u.a., Datenübermittlungen (Fn. 50), 135 (142).

[53] Art. 1 Ziffer 2 des Protokolls zur Änderung des Übereinkommens über die Errichtung eines Europäischen Polizeiamtes und des Protokolls über die Vorrechte und Immunitäten für Europol, die Mitglieder der Organe, die stellvertretenden Direktoren und die Bediensteten von Europol vom 28.11.2002 (ABl. EG 2002 Nr. C 312, S. 1). Das Protokoll ist allerdings bisher noch nicht in Kraft getreten. Vgl. auch *Milke*, Europol und Eurojust (Fn. 42), 60 ff.

[54] S.o. Fn. 48.

B. Struktur und Handlungsformen grenzüberschreitender Zusammenarbeit

I. Bauformen der exekutivischen Kooperation

Die Grundentscheidung für die Struktur der Kooperation fällt zwischen der reinen zwischenstaatlichen Zusammenarbeit und der Schaffung einer neuen internationalen Organisation oder Institution. Während das Schengener Durchführungsübereinkommen ebenso wie die Übereinkommen des Zollbereichs an der Staatenkooperation festhalten, wird mit Europol eine eigenständige internationale Organisation geschaffen, die Rechtspersönlichkeit besitzt. Zur horizontalen Kooperation der mitgliedstaatlichen Behörden untereinander tritt die vertikale Kooperation mit der neu geschaffenen Zentralinstanz[55].

Aus dieser strukturellen Divergenz resultieren Unterschiede in der Verantwortlichkeit. Die internationale Organisation tritt als Zurechnungssubjekt neben die Staaten, die für ihre Handlungen weiterhin verantwortlich bleiben.

II. Institutionalisierter Informationsaustausch

Im Mittelpunkt der grenzüberschreitenden Zusammenarbeit der Polizei- und Zollverwaltungen steht der Informationsaustausch als „Basis jeder Verwaltungskooperation"[56]. Im Gegensatz zu der punktuellen Kooperation im traditionellen Amts- und Rechtshilferecht ist die informationelle Zusammenarbeit in dem hier dargestellten Übereinkommen dauerhaft. Dies führt zur Herausbildung eigenständiger informationeller Kooperationsstrukturen. Es findet durch die hervorgerufene institutionelle Verfestigung eine Netzwerkbildung statt. Die Institutionalisierung der Kooperation geschieht auf höchster Ebene im Rat[57]. Diese Institutionalisierung setzt sich über die Einrichtung von Zentralstellen in den Mitgliedstaaten und Kontakt- und Koordinierungsstellen auf regionaler Ebene bis in die unteren Verwaltungsebenen fort.

Die Kooperation der Mitgliedstaaten untereinander wird im Zuge der engeren Zusammenarbeit losgelöst von formalen Akten des betroffenen Staates. Nicht die Stellung eines Rechtshilfeersuchens löst den Informati-

---

[55] Zu den Strukturen polizeilicher Zusammenarbeit und den institutionellen Verzahnungen *Hecker*, EuR 2001, 824 (insb. 836 f.).
[56] *Schmidt-Aßmann*, EuR 1996, 270 (290); *Sommer*, in diesem Band, 57 ff.
[57] Vgl. Art. K.3 Abs. 1 EUV alter Fassung: „In den Bereichen des Art. K.1 unterrichten und konsultieren die Mitgliedstaaten einander im Rat, um ihr Vorgehen zu koordinieren. Sie begründen hierfür eine Zusammenarbeit zwischen ihren zuständigen Verwaltungsstellen."

onsaustausch aus, sondern die materielle Betroffenheit eines anderen Staates. Bestes Beispiel ist die weitgehende Eröffnung der Möglichkeit zur Erteilung von Spontanauskünften an andere Staaten (Titel III der Neapel-II-Konvention). Auch nach Artikel 46 SDÜ kann jede Vertragspartei ohne Ersuchen einer anderen Vertragspartei Informationen übermitteln, die für *diese* zur Bekämpfung oder Verhütung von Straftaten oder zur Gefahrenabwehr von Bedeutung sein können[58].

Mit der Zunahme des Informationsaustausches und der informationellen Verflechtung geht eine Verfeinerung der Konsultationsmechanismen einher. In den Fällen, in denen die Interessen des Staates, von dem eine Information stammt, durch einen Informationsvorgang der Exekutive eines anderen Staates berührt werden, ist dieser Staat am Entscheidungsverfahren der betroffenen Exekutive zu beteiligen. Dabei sind verschiedene Stufen der Einbindung zu unterscheiden, die vom Zustimmungserfordernis bis zur schlichten Mitteilung gehen. Darüber hinaus gibt es besondere Konsultationsverfahren, die sich nicht im Austausch von Willenserklärungen erschöpfen, sondern eine engere Abstimmung der beteiligten Staaten voraussetzen[59].

C. Rechtsschutz gegen Maßnahmen im Rahmen der grenzüberschreitenden Zusammenarbeit

Nach Artikel 19 Abs. 4 GG muß Rechtsschutz immer dann gewährleistet sein, wenn jemand behauptet, durch die öffentliche Gewalt in seinen Rechten verletzt zu sein. Eine ähnliche Garantie enthält Artikel 6 der Europäischen Menschenrechtskonvention (EMRK), der für alle Mitgliedstaaten des Europarates sowie für die Staaten und Organe der Europäischen Union über Artikel 6 Abs. 2 EUV maßgeblich ist[60]. Durch die Verlagerung von Befugnissen an ausländische Hoheitsträger darf der Rechtsschutzstandard nicht wesentlich eingeschränkt werden. In seinem Maastricht-Urteil[61] hat das Bundesverfassungsgericht klargestellt, daß es „Grundrechtsschutz in Deutschland und insoweit nicht nur gegenüber deutschen Staatsorganen"

---

[58] Art. 7 des noch nicht in Kraft getretenen EuRhÜbk von 2000 (Fn. 52) sieht Spontanauskünfte im Zuständigkeitsbereich der empfangenden Behörde vor.
[59] Dazu eingehend *Harings*, Grenzüberschreitende Zusammenarbeit (Fn. 2), 137 ff., 143.
[60] Vgl. jetzt auch Art. II-107 des EU-Verfassungsentwurfs in der Fassung CIG 87/04 vom 6.8.2004.
[61] BVerfGE 89, 155 (174 f.).

gewährleiste[62]. Eine völkerrechtsfreundliche Auslegung des Artikel 19 Abs. 4 GG müßte jedoch die Immunität ausländischer Staaten beachten, wenn nicht die Handlungen ausländischer Beamter in Deutschland der deutschen Hoheitsgewalt zuzurechnen wären[63].

I. Zurechenbarkeit zur deutschen Hoheitsgewalt

Eine Zurechenbarkeit zur deutschen Hoheitsgewalt wäre etwa dann anzunehmen, wenn grenzüberschreitende Ermittlungen ausländischer Beamter auf deutschem Staatsgebiet ein Fall der *völkerrechtlichen Organleihe* wären. Dafür sprechen einige Argumente. Längerfristige Observationen werden in der Praxis nur dann von Beamten des Herkunftsstaates grenzüberschreitend fortgesetzt, wenn eine Übernahme der Observation durch Beamte des Aufenthaltsstaates nicht möglich ist. Die fremden Beamten "vertreten" deshalb die Beamten des Aufenthaltsstaates. Zudem sind die ausländischen Hoheitsträger gemäß Artikel 40 Abs. 3 lit a) SDÜ der Rechtsordnung des Aufenthaltsstaates und den Weisungen der zuständigen Behörden unterworfen. Schäden, die die observierenden Beamten auf dem Gebiet des Aufenthaltsstaates verursachen, werden gemäß Artikel 43 SDÜ von diesem so ersetzt, als ob seine eigenen Beamten gehandelt hätten.

Allerdings sind die Beamten in *Wahrnehmung ihrer eigenen Angelegenheiten* auf dem Gebiet des Aufenthaltsstaates tätig, nicht in dessen Interesse. Die Kooperation geht auch über den Rahmen der Rechtshilfe hinaus. Es ist charakteristisch für die Rechtshilfe, daß der ersuchte Staat Aufgaben des ersuchenden Staates wahrnimmt. Durch seine Zustimmung zur grenzüberschreitenden Tätigkeit ausländischer Beamter ermöglicht der Aufenthaltsstaat aber diesen die Wahrnehmung ihrer eigenen Aufgaben. Die Beamten handeln auch nicht im Namen des Aufenthaltsstaates, sondern lediglich mit dessen Zustimmung. Gerade in den Fällen der Spontanobservation handeln die Beamten völlig selbständig, bis der Kontakt zu der zuständigen Dienststelle hergestellt worden ist. Sie unterliegen zwar der Rechtsordnung des Aufenthaltsstaates, doch innerhalb der dadurch gezogenen Grenzen führen sie ihren Einsatz in alleiniger Verantwortung aus. Artikel 42 SDÜ schließlich stellt die observierenden Beamten nur hinsichtlich ihrer *persönlichen* Rechtsstellung den Beamten des Aufenthaltsstaates gleich, nicht hinsichtlich ihrer gesamten Amtstätigkeit. Dem entspricht es, daß die Be-

---

[62] Vgl. auch *Schmidt-Aßmann*, in: Schoch/Schmidt-Aßmann/Pietzner (Hrsg.), VwGO, Lsbl. Stand 2003, Einleitung, Rn. 9: „Die Begrenzung des Art. 19 Abs. 4 GG auf die deutsche öffentliche Gewalt gehört der Vergangenheit an."

[63] Zum Rechtsschutz gegen grenzüberschreitende polizeiliche Zusammenarbeit in Europa auch *Gleß*, Jura 2000, 400 ff.; *Baldus*, Transnationales Polizeirecht, 2001, 347 ff.; zu Rechtsschutzfragen speziell im Zusammenhang der Verwaltungskooperation *Hofmann*, in diesem Band, 353 ff.; *ders.*, Rechtsschutz und Haftung im Europäischen Verwaltungsverbund, 2004.

fugnisse der ausländischen Beamten gegenüber den der eigenen Beamten des Aufenthaltsstaates eingeschränkt sind.

Auch eine Zurechenbarkeit der Handlungen ausländischer Beamter nach nationalem Recht ist nicht flächendeckend möglich. Zwar enthalten einige Polizeigesetze der Länder (§§ 102 Abs. 3 HSOG, 103 Abs. 2 NdsSOG, 86 Abs. 3 RhpfPOG, 91 Abs. 3 Satz 2 SOG LSA, 170 Abs. 2 LVwG SH) entsprechende Zurechnungsvorschriften. In den meisten Bundesländern fehlen diese jedoch ebenso wie für die Zollverwaltung gänzlich[64]. Folglich ist das Handeln ausländischer Hoheitsträger auf deutschem Staatsgebiet dem deutschen Staat nur dann zuzurechnen, wenn im Einzelfall eine Zurechnungsnorm existiert oder die deutschen Behörden tatsächlich von ihrer Weisungsbefugnis Gebrauch machen.

Im Falle der gemeinsamen Ermittlungsgruppen dürfte die Zurechnung leichter fallen, da sie jeweils nur unter der Leitung eines Beamten des Einsatzstaates tätig werden, so daß Primärrechtsschutz auch vor dessen Gerichten zu suchen wäre[65].

II. Immunitätsverzicht

Die Zuständigkeit deutscher Gerichte für die grenzüberschreitende Tätigkeit ausländischer Beamter ist dann gegeben, wenn deren Entsendestaaten hinsichtlich dieser Tätigkeit auf ihre Immunität verzichtet haben. Ausdrücklich liegt ein solcher Verzicht nicht vor; er könnte jedoch *konkludent* zum Ausdruck gebracht worden sein[66]. Anhaltspunkt dafür wäre dann die Bestimmung des Artikel 40 Abs. 3 lit. a) SDÜ. Die Vorschrift enthält zwei Komponenten, die in diesem Zusammenhang Beachtung verdienen: die Bindung an das Recht des Aufenthaltsstaates und die Pflicht, Anordnungen der örtlich zuständigen Behörden zu befolgen. In der Vereinbarung innerstaatlichen Rechts in einem völkerrechtlichen oder privatrechtlichen Vertrag eines Staates liegt grundsätzlich keine Unterwerfung unter die betreffende Gerichtsbarkeit. Bestimmt wird nur das auf den Vertrag bzw. die Tätigkeit der Beamten anwendbare materielle Recht. Das Bundesverfassungsgericht hat für das Zusatzabkommen zum NATO-Truppenstatut entschieden, daß die Verweisung auf das materielle deutsche Recht keine Unterwerfung unter die Hoheitsgewalt der Bundesrepublik Deutschland in verfahrensrechtlicher Hinsicht bedeute[67]. Ebenso wird für Artikel II NTS

---

[64] Zum Rechtsschutz im Zusammenhang mit der internationalen Zollfahndung *Harings*, in: Baldus/Soiné, Rechtsprobleme (Fn. 15), 167 ff.

[65] Zur sekundärrechtlichen Haftung siehe unten unter C.III.3. Nach Art. 2 des Protokolls zur Änderung des EuropolÜbk und des Protokolls über die Vorrechte und Immunitäten für Europol (Fn. 53) wird Europol-Bediensteten für Handlungen im Rahmen gemeinsamer Ermittlungsgruppen ausdrücklich keine Immunität gewährt.

[66] Dazu *Harings*, Grenzüberschreitende Zusammenarbeit (Fn. 2*)*, 245.

[67] BVerfGE 77, 170 (207 f.).

("eine Truppe und ihr ziviles Gefolge, ihre Mitglieder sowie deren Angehörige haben die Pflicht, das Recht des Aufnahmestaates zu achten ...") lediglich eine *materielle Bindung* an das deutsche Recht angenommen[68]. Ein genereller Verzicht auf die Immunität der Streitkräfte wird darin nicht zum Ausdruck gebracht.

Etwas anderes könnte sich jedoch aus der Unterwerfung der Beamten unter die Anordnungen der örtlich zuständigen deutschen Behörden ergeben. Darin liegt jedenfalls ein ausdrücklicher Verzicht auf die Staatenimmunität hinsichtlich der Hoheitsgewalt der deutschen Exekutive, in diesem Fall der örtlich zuständigen Behörden. Diese Vorschrift betrifft zunächst nicht die Jurisdiktion der deutschen Gerichte. Ein diesbezüglicher Verzicht kann auch nicht konkludent aus der Tatsache abgeleitet werden, daß die örtlich zuständige deutsche Behörde ihrerseits der deutschen Gerichtsbarkeit unterworfen ist. Es ist völkerrechtlich im Hinblick auf den Grundsatz der Staatenimmunität ein wesentlicher Unterschied, ob eine Klage sich gegen einen fremden Staat selbst richtet oder die Bundesrepublik Deutschland zu einer Maßnahme gegenüber einem fremden Staat verurteilt werden soll. Es ist aus Sicht des betroffenen Staates auch weniger einschneidend, im Einzelfall Weisungen der Exekutive unterworfen zu sein als eine gerichtliche Überprüfung der Hoheitsakte hinnehmen zu müssen. Im Ergebnis rechtfertigt daher Artikel 40 Abs. 3 lit. a) SDÜ nicht die Gerichtsbarkeit deutscher Gerichte über fremde Hoheitsakte auf deutschem Staatsgebiet im Rahmen der grenzüberschreitenden Observation.[69]

III. Rechtsschutz in Deutschland

Der Grad der Auslandsberührung in Fällen grenzüberschreitender Ermittlungstätigkeit kann differieren. Beschränkt sich der Aufenthalt auf fremdem Staatsgebiet auf wenige Stunden, ohne daß es dort zu Zwischenfällen kommt, ist die Auslandsberührung eher gering. Auf der anderen Seite kann eine sich wiederholende oder mehrtägige Observation im Ausland ihren eigentlichen Schwerpunkt haben. Je stärker der Auslandsbezug ist, desto stärker rückt die Perspektive des Rechtsschutzes vor den Gerichten des Aufenthaltsstaates in den Blickpunkt. Dies soll nachfolgend für den Rechtsschutz in Deutschland dargestellt werden.

1. Rechtsschutz vor den Gerichten Deutschlands als Herkunftsstaat

Zunächst ist der "Normalfall" der grenzüberschreitenden Observation, die in Deutschland angeordnet wird und beginnt, nach Grenzübertritt mit Zu-

---

[68] VGH Kassel NJW 1989, 470 (473); O. *Lepsius*, Deutsches Recht auf NATO-Truppenübungsplätzen, 1995, 52 ff.; *Kraatz*, DÖV 1990, 382 (383); abschwächend *Randelzhofer/Harndt*, NJW 1989, 425 (429) und *Raap*, ArchVR 29 (1991), 53 (77 f.).

[69] So auch *Martínez Soria*, in: Baldus/Soiné, Rechtsprobleme (Fn. 15), 59 ff.

stimmung der französischen Behörden in Frankreich fortgesetzt wird, zu betrachten. Rechtsschutz in Deutschland wird durch die Auslandsberührung nicht ausgeschlossen.

Drei mögliche Angriffsgegenstände der deutschen Staatsgewalt kommen in Betracht:
– *Anordnung* der Observation durch den Staatsanwalt;
– Stellung des *Rechtshilfeersuchens* durch den Staatsanwalt;
– tatsächliche *Durchführung* der Observation durch Polizeibeamte.

Die Anordnung der Observation durch den Staatsanwalt kann nicht selbständig angegriffen werden, da sie als *innerdienstlicher Akt* nicht in Rechte des Betroffenen eingreifen kann[70]. Nicht sie hat gegenüber dem Betroffenen regelnden Charakter und entfaltet Außenwirkung, sondern erst die Maßnahme der angewiesenen Behörde. Ebenso ist das deutsche Rechtshilfeersuchen einer Anfechtung entzogen, da es im Hinblick auf die spätere Observation nicht unmittelbar in Rechte des Betroffenen eingreift. Dem tatsächlichen Eingriff durch die Observation in Frankreich geht vielmehr eine *autonome Entscheidung* der französischen Behörden über die Bewilligung der beantragten Rechtshilfe voraus. Somit verbleibt als Angriffsgegenstand die tatsächliche Durchführung der Observation in Deutschland und Frankreich. Dabei kann vorgebracht werden, die Voraussetzungen für eine Observation seien nach der StPO nicht gegeben, oder die Observation in Deutschland verstoße gegen sonstiges innerstaatliches Recht. Problematisch ist, ob Verstöße gegen deutsches Recht in Frankreich, gegen die Bestimmungen des SDÜ oder gar gegen französisches Recht, an das die Beamten nach Artikel 40 Abs. 3 lit. a) SDÜ gebunden sind, gerügt werden können. Eine Regel des Inhalts, daß deutsches öffentliches Recht nur auf deutschem Staatsgebiet angewandt werden darf, kann heute nicht mehr aufgestellt werden[71]. Der Anwendungsbereich des deutschen Rechts ist vielmehr aus zwei Perspektiven zu bestimmen: Aus der Perspektive des Völkerrechts ist zu fragen, ob die Anwendung des nationalen Rechts auf Sachverhalte außerhalb des eigenen Hoheitsgebietes völkerrechtlich zulässig ist, während das nationale Recht selbst seinen Anwendungsbereich innerhalb der völkerrechtlichen Grenzen festlegt. Das Völkerrecht macht dabei nur geringe Vorgaben. Es steht den Staaten grundsätzlich frei, Auslandssachverhalte in den Regelungsbereich des nationalen Rechts einzubeziehen, solange und soweit ein gewisser Inlandsbezug vorhanden ist[72].

---

[70] Vgl. BVerwG NJW 1997, 2534, Urt. v. 29.4.1997 (1 C 2.95), und VGH Mannheim DVBl. 1995, 367, für die Anordnung des Einsatzes eines verdeckten Ermittlers.
[71] Dazu *Ehlers*, in: Schoch/Schmidt-Aßmann/Pietzner, VwGO (Fn. 62), Rn. 68 vor § 40.
[72] *Seidl-Hohenveldern*, Völkerrecht, Rn. 1366.

Steht das Völkerrecht einer Geltung des deutschen Rechts im Ausland nicht entgegen, ist nicht ersichtlich, weshalb deutsche Beamte ihrem Heimatrecht nicht mehr unterliegen sollten. Die *Grundrechte* binden deutsche Beamte auch bei Tätigkeiten im Ausland[73]. Ebenso unterliegen die Beamten weiterhin ihrem nationalen Dienstrecht und den einschlägigen Vorschriften, die ihr Handeln gegenüber dem Bürger bestimmen und begrenzen. Die Besonderheit der völkerrechtlichen Befugnisnormen des Schengener Durchführungsübereinkommens liegt darin, daß sie nicht konstitutiv zur eigenständigen Vornahme von Maßnahmen auf fremdem Hoheitsgebiet ermächtigen, sondern nur die *Fortsetzung* einer auf eigenem Staatsgebiet begonnenen Handlung erlauben. Dabei bewirkt der Grenzübertritt keine Suspendierung des Rechts des Herkunftsstaates, sondern unterwirft das Handeln des Beamten einer weiteren Rechtsordnung, der des Aufenthaltsstaates.

Nach der klassischen Auffassung in der Rechtswissenschaft ist Völkerrecht allein *staatenbezogen*, so daß Individuen keine oder nur mittelbare Rechte daraus herleiten können. Diese Auffassung kann in ihrer Allgemeinheit heute als überholt angesehen werden[74]. Es ist weitgehend anerkannt, daß auch dem Individuum unmittelbare völkerrechtliche Rechte und Pflichten erwachsen können. So richtet sich das Klagerecht nach Artikel 111 SDÜ ausdrücklich an jeden einzelnen Bürger und verleiht ihm das Recht, das zuständige Gericht eines jeden Vertragsstaates anzurufen. Auf der anderen Seite bezwecken bestimmte Regelungen des Schengener Durchführungsübereinkommens nur den Schutz der nationalen Souveränität der Vertragsstaaten. Die Einschränkungen der grenzüberschreitenden Ermittlungstätigkeit sind grundsätzlich diesem Bereich zuzuordnen. Sie begründen weder individuelle Rechtspositionen noch treffen sie eine Aussage zum Rechtsschutz. Sie beschränken die Souveränitätspreisgabe infolge der Erlaubnis zur hoheitlichen Tätigkeit auf fremdem Staatsgebiet. Folglich ist davon auszugehen, daß die Artikel 40 ff. SDÜ nur dem Schutz der Souveränität des jeweiligen Aufenthaltsstaates dienen und keine völkerrechtlichen Individualrechte verleihen. Daraus darf indes nicht geschlossen werden, diese Übereinkommen entfalteten keinerlei Drittwirkung zugunsten des betroffenen Bürgers. Vielmehr schließt die völkerrechtliche Staatenbezogenheit eine individualschützende Wirkung im innerstaatlichen Recht nicht von vorneherein aus. Ein Bürger kann sich je-

---

[73] Vgl. nur *Stern*, Staatsrecht, Bd. III/1, 1230 ff.; *Isensee*, HbStR V § 115 Rn. 90; BVerfGE 6, 290 (295) und OVG Münster NVwZ-RR 1997, 174, bejahen eine Grundrechtsbindung in den Fällen, in denen die Wirkungen staatlichen Handelns im Ausland eintreten; a.A. hinsichtlich einer Tätigkeit *im* Ausland noch OVG Münster DVBl. 1983, 37.

[74] *Jennings/Watts*, Oppenheim´s International Law, 848; ausf. *Harings*, Grenzüberschreitende Zusammenarbeit (Fn. 2), 278 ff.

denfalls auf die allgemeinen Regeln des Völkerrechts, die nach Artikel 25 GG Bestandteil des Bundesrechts sind, berufen. Dazu zählen die Verträge über sicherheitsbehördliche Zusammenarbeit zwar nicht; sie sind jedoch durch das deutsche Zustimmungsgesetz innerstaatlich verbindlich und können daher von dem Betroffenen einer Maßnahme, der geltend machen kann, in seinen Rechten verletzt zu sein, gerügt werden. Ein Betroffener eingreifenden Verwaltungshandelns hat Anspruch auf Einhaltung aller das Handeln der Beamten determinierenden Normen[75]. Davon sind allerdings solche Bestimmungen ausgeschlossen, die allein das Verhältnis der beteiligten Staaten zueinander betreffen. So kann etwa nicht mit Erfolg gerügt werden, daß ein Rechtshilfeersuchen nicht in der richtigen Form gestellt worden sei. Der Betroffene kann jedoch die Rechtswidrigkeit einer gegen ihn gerichteten Maßnahme etwa auf eine Verletzung des Artikel 40 Abs. 3 lit f) SDÜ stützen, der den Beamten untersagt, die zu observierende Person *anzuhalten* oder *festzunehmen*. Diese Vorschrift schränkt ebenso wie Artikel 40 Abs. 3 lit. b) und e) SDÜ die Befugnisse der Beamten gegenüber dem Bürger ein.

Dieser Wertung steht nicht entgegen, daß eine Kammer des Bundesverfassungsgerichtes 1994 entschieden hat, daß der völkerrechtswidrige Einsatz eines Lockspitzels kein Verfahrenshindernis in einem Strafverfahren begründe[76]. Unter Hinweis auf eine Entscheidung des US-Supreme-Court führt das BVerfG vielmehr aus, daß selbst bei Vorliegen einer völkerrechtswidrigen Entführung die Einstellung des Strafverfahrens in der Regel *völkerrechtlich* nicht geboten wäre. Diese Entscheidung betrifft das Vorliegen eines Verfahrenshindernisses bzw. eines Beweisverwertungsverbotes im Strafverfahren. Auch wenn das BVerfG diese Konsequenz letztlich ablehnt, kann kein Zweifel daran bestehen, daß die Rechtmäßigkeit von Eingriffshandlungen der öffentlichen Gewalt anders zu beurteilen ist. Im Strafverfahren führt nicht jeder Verfahrensverstoß zu einem Beweisverwertungsverbot und nur in seltenen Ausnahmefällen kommt eine Verfahrenseinstellung in Betracht. Hingegen ist auf der Primärebene gerichtlichen Schutzes die Rechtswidrigkeit der angegriffenen Handlung selbst und nicht nur im Hinblick auf Erfordernisse des völkerrechtlichen Verkehrs zu beurteilen.

Sieht man – wie hier – die Vorschriften, die die Fortsetzung von im Inland eingeleiteten Ermittlungsmaßnahmen im Ausland regeln, als eigenständige Befugnisnormen an, müssen auch Begrenzungen dieser Befugnis zur Beurteilung der Rechtmäßigkeit von Handlungen herangezogen werden. Unterliegt folglich die Handlung eines ausländischen Beamten der

---

[75] Dazu BVerwG NVwZ 1993, 884 (885); *Kopp*, VwGO, § 42 Rn. 47 ff., 79 ff.; *Wahl/Schütz*, in: Schoch/Schmidt-Aßmann/Pietzner, VwGO (Fn. 62), § 42 Rn. 45 ff., 70.
[76] BVerfG NJW 1995, 651.

inländischen Rechtsordnung, muß dessen Handlung auch an dieser gemessen werden. Verstößt ein Beamter gegen das für anwendbar erklärte ausländische Recht, überschreitet er damit gleichzeitig seine *Befugnis* gegenüber dem betroffenen Bürger. Dies unterliegt der Kontrolle durch die zuständigen Gerichte. Das zuständige (deutsche) Gericht muß folglich die Rechtmäßigkeit des Handelns deutscher Beamter (auch) am Maßstab ausländischen Rechts beurteilen[77]. Dabei kann das ausländische Recht nur befugnisbegrenzend, nicht befugniserweiternd wirken, da der handelnde Beamte an sein Heimatrecht gebunden bleibt und Handlungen, die dagegen verstoßen, nicht vornehmen darf.

2. Primärrechtsschutz vor den Gerichten des Aufenthaltsstaates

Rechtsschutz vor den Gerichten des Aufenthaltsstaates kommt sicher dann in Betracht, wenn Bürger dieses Staates von Maßnahmen der ausländischen Beamten betroffen sind; er ist aber darauf nicht beschränkt. Grund für das Rechtsschutzbegehren kann auch sein, daß in Deutschland der Individualrechtsschutz in besonderem Maße ausgeprägt ist und ein ausländischer Bürger sich durch die Anrufung deutscher Gerichte eine Verbesserung seiner Rechtsposition erhofft (forum shopping).

Rechtsschutz gegen Maßnahmen ausländischer Beamter in Deutschland besteht nur, wenn deren Handeln einer deutschen Behörde zugerechnet wird. Eine solche Zurechnungsnorm existiert nicht in allen Polizeigesetzen (siehe oben C. I.). Eine einheitliche Aussage ist daher nicht möglich. Selbst bei Geltung einer entsprechenden Zurechnungsnorm bleibt die Rechtsschutzsituation unübersichtlich. Rechtsschutz gegen die Observation wäre hier im Rahmen der §§ 23 ff. EGGVG zu suchen. Dazu hat jedoch das OLG Stuttgart[78] entschieden:

"Die Entscheidung eines Gerichtes des Landes Rheinland-Pfalz im Verfahren nach den §§ 23 ff. EGGVG wäre jedoch für eine Justizbehörde des Landes Baden-Württemberg nicht verbindlich, da in diesem Verfahren ebenso wenig wie im Verfahren nach §§ 109 ff. Strafvollzugsgesetz [...] deren Beiladung vorgesehen ist."

Folgt man dieser Auslegung, könnte ein Gerichtsurteil, das die Observation in Rheinland-Pfalz verbietet, nicht verhindern, daß diese nach Überschreiten der Landesgrenzen in Hessen wieder aufgenommen würde. In den Bundesländern, die eine Zurechnung des Handelns ausländischer Beamter nicht vorsehen, kann die Observation selbst nicht angegriffen werden. Rechtsschutz muß hier gegen die weisungsbefugte örtlich zuständige Behörde gesucht werden.

---

[77] Anders § 17 Abs. 4 PolKG für den Rechtsschutz in Österreich.
[78] NStZ 1997, 103 (104).

3. Sekundärrechtsschutz vor den Gerichten des Aufenthaltsstaates

Gemäß Artikel 43 Abs. 2 SDÜ ist der Aufenthaltsstaat verpflichtet, einen Schaden, den ausländische Beamten bei ihrem Einschreiten verursacht haben, so zu ersetzen, wie er ihn ersetzen müßte, wenn seine eigenen Beamten gehandelt hätten. Ähnliche Regelungen sind auch für das Handeln gemeinsamer Ermittlungsgruppen vorgesehen[79].

a) Rechtsgrundlage im materiellen Recht

Haftungsgrund im Verhältnis zum betroffenen Bürger sind nicht unmittelbar die Vorschriften der Übereinkommen. Einschlägig in Deutschland sind § 839 BGB in Verbindung mit Artikel 34 GG sowie entsprechende Bestimmungen der Polizeigesetze. Nicht gerügt werden kann vor deutschen Gerichten ein Verstoß gegen das ausländische Recht des Herkunftsstaates der Beamten. Der Bundesrepublik Deutschland kommt für die Einhaltung dieses Rechtes durch ausländische Beamte auf *ihrem* Hoheitsgebiet keinerlei Verantwortlichkeit zu.

b) Prozessuale Fragen

Zuständig zur Entscheidung über Amtshaftungsansprüche sind gemäß Artikel 34 Satz 3 GG, § 40 Abs. 2 Satz 1 VwGO die ordentlichen Gerichte. Nach der Rechtsprechung des Bundesgerichtshofes ist Klagegegner einer Amtshaftungsklage grundsätzlich die Anstellungskörperschaft, i.e. die Körperschaft, die dem Amtsträger das Amt, bei dessen Ausübung er fehlsam gehandelt hat, anvertraut hat[80]. Im Rahmen der polizeilichen Zusammenarbeit kommt es bereits beim Einsatz von Beamten aus anderen Bundesländern zu Problemen der Zurechnung. Im Falle einer Schadensverursachung durch bayerische Polizeibeamte auf dem Gebiet des Landes Hessen hat das OLG Frankfurt am Main[81] eine Schadensersatzpflicht des Landes Hessen abgelehnt, obwohl § 102 Abs. 2 HSOG die Maßnahmen der bayerischen Beamten dem Land Hessen zurechnet. Zur Begründung hat es ausgeführt, die Wahrnehmung vollzugspolizeilicher Aufgaben für das Land Hessen nach § 102 HSOG führe nicht dazu, das Land als weiteren Dienstherren der auswärtigen Beamten anzusehen. Eine Ausnahme will das Gericht nur für den Fall zulassen, daß die Amtspflichtverletzung durch eine konkrete Weisung hessischer Behörden veranlaßt worden wäre. Die Auffassung des OLG Frankfurt ist in der Literatur zu Recht kritisiert wor-

---

[79] Siehe Art. 3 des Rahmenbeschlusses über gemeinsame Ermittlungsgruppen (Fn. 51); Art. 16 EuRhÜbk von 2000 (Fn. 52); Art. 39a EuropolÜbk idF des Änderungs-Protokolls vom 28.11.2002 (Fn. 53).
[80] Vgl. nur BGHZ 99, 326 (330); BGH VersR 1991, 1135 (1136).
[81] NVwZ-RR 1995, 553 (554).

den[82]. Die Zurechnungsnorm des § 102 Abs. 2 HSOG überlagert die allgemeinen Erwägungen zum Anspruchsgegner im Rahmen des Artikels 34 GG.

IV. Zusammenfassung und Ausblick

Die dargestellte Rechtsschutzsituation im Hinblick auf die polizeiliche Zusammenarbeit in Europa ist nicht befriedigend[83]. Überkommene völkerrechtliche Grundsätze wie der Grundsatz der Staatenimmunität stehen einem kohärenten und wirksamen Rechtsschutzmodell entgegen. Ein solches Rechtsschutzmodell könnte vorsehen, daß ein ausländischer Hoheitsakt mit grenzüberschreitenden Wirkungen im Inland angefochten werden kann. Dazu müßten die Staaten gegenseitig auf ihre Immunität verzichten und sich der Gerichtsbarkeit der Nachbarstaaten unterwerfen. Für die Hoheitsakte auf fremdem Staatsgebiet nach den Artikeln 40, 41 SDÜ läge ein dahingehender Immunitätsverzicht nicht in allzu weiter Ferne, da die Vorschriften bereits in materieller Hinsicht eine Unterwerfung unter das Recht des Aufenthaltsstaates und in formeller Hinsicht gegenüber Weisungen der Exekutive vorsehen. Die Anerkennung auch der Gerichtsbarkeit des jeweiligen Aufenthaltsstaates könnte die bestehenden Rechtsschutzlücken schließen. Ebenso wäre eine allgemeine Zurechnungsvorschrift für die Tätigkeit ausländischer Beamter an die zuständige nationale Behörde[84] geeignet, wirksamen Rechtsschutz in Fällen grenzüberschreitender Tätigkeit sicherzustellen. Dies wäre ein echtes Symbol für einen einheitlichen "Raum der Freiheit, der Sicherheit und des Rechts", den die Europäische Union gemäß Artikel 2, 4. Gedankenstrich des EU-Vertrages anstrebt.

---

[82] Pointiert *Rachor*, in: Lisken/Denninger, Handbuch des Polizeirechts, 3. Aufl. 2001, Abschnitt L Rn. 124.

[83] Anders wohl *Martínez Soria*, in: Baldus/Soiné, Rechtsprobleme (Fn. 15), 59 (63, dort Fn. 64).

[84] Vgl. § 17 Abs. 2 und 3 PolKG für Österreich; dazu *Drobesch*, in: Baldus/Soiné, Rechtsprobleme (Fn. 15), 206 ff.

Konformitätsbewertung im Europäischen Produktsicherheitsrecht[*]

HANS CHRISTIAN RÖHL

A. Das Produktsicherheitsrecht nach Neuem Konzept und Gesamtkonzept
    I. Grundlage: Verwirklichung der Warenverkehrsfreiheit
    II. Grundlinien des Neuen Konzepts und des Gesamtkonzepts
    III. Konformitätsbewertungsverfahren aufgrund des Gesamtkonzepts
    IV. Umsetzung in Deutschland

B. Konformitätsbewertung durch Benannte Stellen als Europäische Verwaltungstätigkeit
    I. Einseitige Regelungsbefugnisse der Benannten Stellen
    II. Europarechtliche Verankerung der Regelungsbefugnisse
    III. Neue Strukturen Europäischen Verwaltens

C. Demokratieprinzip und gemeinschaftsweite Regelungsbefugnisse
    I. Demokratische Legitimation
    II. Legitimationsprobleme mitgliedstaatlicher Verwaltungen
    III. Das Legitimationskonzept im Falle der Benannten Stellen

D. Umsetzung und Weiterentwicklung des Neuen Konzepts und des Gesamtkonzepts
    I. Vorgaben für die Benannten Stellen und ihre Umsetzung
        1. Voraussetzungen für die Benennung
        2. Laufende Überwachung
        3. Tatsächliche Ausgestaltung: Keine Erfahrungen
    II. Die Rolle der Marktüberwachung im Rahmen des Neuen Konzepts
    III. Weiterentwicklung

E. Fazit

---

[*] Dieser Beitrag ist eine Weiterentwicklung der in meiner Schrift: „Akkreditierung und Zertifizierung im Produktsicherheitsrecht, Heidelberg u.a. 2000" vorgestellten Überlegungen.

Verwaltung in der Europäischen Union bedeutet nach wie vor vorrangig Verwaltung durch mitgliedstaatliche Administrationen mit ihren unterschiedlichen, durch Recht, Organisation und Kultur geprägten Strukturen. Eigene Verwaltungskompetenzen der EG-Organe („Eigenverwaltung") bleiben nicht zuletzt aus Gründen der Subsidiarität die Ausnahme. Für die Durchsetzung europäischen Rechts stellt dies ein ernsthaftes Problem dar, weil der Vollzug die Verwirklichung des Normzwecks wesentlich determiniert und die Harmonisierung mitgliedstaatlicher Verwaltungsstrukturen aus rechtlichen und politischen Gründen noch in weiter Ferne steht. Angesichts dessen erstaunt es nicht, daß die EU im Herzstück des europäischen Vereinigungsprozesses, der Warenverkehrsfreiheit, eine genuin europäische Verwaltungsstruktur geschaffen hat. Deren tragendes Element bilden Private, die als „Benannte Stellen" über den Marktzugang von Produkten abschließend und bindend entscheiden. Die staatlichen Verwaltungen bilden für diese Benannten Stellen nur noch einen Ankerpunkt, der ihre Gemeinwohlausrichtung garantiert.

A. Das Produktsicherheitsrecht nach Neuem Konzept und Gesamtkonzept

I. Grundlage: Verwirklichung der Warenverkehrsfreiheit

Das System dieses Produktsicherheitsrechts auf der Grundlage des „Neuen Konzepts"[1] („new approach") und des „Gesamtkonzepts"[2] dient als Harmonisierungsmaßnahme zur Verwirklichung der Warenverkehrsfreiheit des Art. 28 EGV. Allein auf der Grundlage des Art. 28 EGV kann die Warenverkehrsfreiheit nicht verwirklicht werden, solange Gründe des öffentlichen Interesses i.S.d. Art. 30 EGV bzw. zwingende Erfordernisse i.S.d. Cassis-Rechtsprechung eine Regulierung durch den einzelnen Mitgliedstaat rechtfertigen[3]. Jeder Mitgliedstaat könnte aus diesen Gründen das Schutzniveau der Produktsicherheit selbst festlegen und über die Verwal-

---

[1] Dazu die Entschließung des Rates v. 7.5.1985 über eine neue Konzeption auf dem Gebiet der technischen Harmonisierung und der Normung, ABl. EG 1985 Nr. C 136, S. 1. Die Bezeichnung variiert: teilweise auch als „Neue Konzeption" bezeichnet.

[2] Ein Globales Konzept für Zertifizierung und Prüfwesen, KOM (89) 209 endg. v. 15.6.1989, ABl. EG 1989, Nr. C 267, S. 3; dazu Ratsentschließung v. 21.12.1989 zu einem Gesamtkonzept für die Konformitätsbewertung, ABl. EG 1990, Nr. C 10, S. 1. Auch hier variieren die Bezeichnungen: teilweise auch als Globales Konzept bezeichnet, engl.: „Global approach".

[3] Vgl. EuGH v. 28.1.1986, Rs. 188/84, Slg. 1986, 419 (Rn. 15-22) - Holzbearbeitungsmaschinen.

tungsstruktur zu dessen Durchsetzung selbst bestimmen[4]. Die primärrechtliche Grundlage des Art. 28 EGV verpflichtet die Mitgliedstaaten lediglich dazu, ausländische Normen und Verwaltungsstrukturen dort als gleichwertig anzusehen[5], wo eine solche Gleichwertigkeit tatsächlich vorliegt[6]. Aus diesem Grunde ist auf dem Gebiet der Produktsicherheit ohne eine Harmonisierung des Schutzniveaus sowohl auf der Normebene als auch auf der Ebene der Verwaltungsstrukturen nicht auszukommen[7].

II. Grundlinien des Neuen Konzepts und des Gesamtkonzepts

Die Richtlinien des Produktsicherheitsrechts[8] lösen das Harmonisierungsproblem auf der Grundlage des Neuen Konzepts und des Gesamtkonzepts durch Ausdifferenzierung in drei getrennte Regulierungsbereiche unter Einbeziehung privater Akteure[9]: Auf der *Normsetzungsebene* werden die Anforderungen an die Produkte abstrakt festgelegt, auf der Ebene des *Marktzugangs* wird der Zutritt zum europäischen Markt für das einzelne Produkt geregelt, die *Marktüberwachung* reagiert auf Gefahren, die von Produkten ausgehen, welche sich bereits auf dem Markt befinden.

– Auf der *Normsetzungsebene* wurde in Abkehr von der bis dahin angestrebten und z.B. im Kfz-Bereich verwirklichten Detailharmonisierung durch den Ansatz des Neuen Konzepts[10] darauf verzichtet, alle Produktsicherheitsanforderungen in Rechtsakten zu normieren. Die Richtlinien legen vielmehr nur noch „grundlegende Anforderungen" fest[11]. Diesen müssen die Produkte genügen, um in Verkehr gebracht werden zu können. De-

---

[4] *Götz*, in: ders./Selmer/Wolfrum (Hrsg.), Lib. Am. Jaenicke, 1998, 763 (766).
[5] Zu Gleichwertigkeitsklauseln *v. Borries/Petschke*, DVBl. 1996, 1343 ff.
[6] EuGH v. 17.12.1980, Rs. 272/80, Slg. 1980, 3277 (Rn. 13-15) - Biologische Producten; v. 28.1.1986, Rs. 188/84, Slg. 1986, 419 (Rn. 15-17) - Holzbearbeitungsmaschinen.
[7] Deutlich *Steindorff*, in: FS für W. Lorenz, 1991, 561 (569-571).
[8] Die folgenden Darstellung übergeht Unterschiede im Detail, die in einzelnen Produktbereichen z.B. aufgrund ihrer internationalen Bezüge [Richtlinie über Schiffsausrüstung (96/98/EG)] oder ihrer technischen oder regulatorischen Besonderheiten [Richtlinie RL 89/106/EWG (Bauprodukte); Richtlinie 96/48/EG (Interoperabilität des europäischen Hochgeschwindigkeitsbahnsystems)] bestehen, ohne daß sie an dem Prinzip etwas ändern würden. Zu den Einzelheiten vgl. z.B. *Röhl*, Akkreditierung und Zertifizierung im Produktsicherheitsrecht, 2000, 4 ff.
[9] Am Beispiel der Maschinenrichtlinie *Scheel*, Privater Sachverstand im Verwaltungsvollzug des europäischen Rechts, 1999, 55 ff.
[10] Dazu z.B. *Bruha*, ZaöRV 46 (1986), 1 ff.; *Falke*, JBStVwW 3 (1989), 217 ff.; *Joerges*, JBUTR 1994, 141 ff.; *Marburger/Enders*, JBUTR 1994, 333 (359-367); *Di Fabio*, Produktharmonisierung durch Normung und Selbstüberwachung, 1996, 6 ff.; *Marburger*, in: FS für Feldhaus, 1999, 387 (390-396).
[11] Z.B. Art. 3 RL 1999/5/EG (Funkanlagen und Telekommunikationsendeinrichtungen); Art. 3 i.V.m. Anhang I RL 93/42/EWG (Medizinprodukte).

tailliertere Anforderungen sind in „harmonisierten" technischen Normen enthalten, die im Rahmen besonderer Verfahren durch die Europäischen Normungsorganisationen erstellt werden. Diese Normen sind anders als die grundlegenden Anforderungen der Richtlinien nicht verbindlich, die Richtlinienkonformität eines Produkts wird jedoch vermutet, wenn es den harmonisierten Normen entspricht[12].

– Im Mittelpunkt der folgenden Überlegungen steht die zweite, durch das Neue Konzept[13] und das Gesamtkonzept eingeführte Änderung: Die Neugestaltung des *Marktzugangs*. Mit beachtenswerter Konsequenz ist das gesamte Marktzugangsregime in den Mitgliedstaaten, soweit die Produkte von den Richtlinien erfaßt sind, einem weitgehend einheitlichen System unterworfen. Für alle diese Produkte gilt als Regel, daß sie nur dann in Verkehr gebracht werden dürfen, wenn ihnen die *Konformität* mit den Anforderungen der Richtlinien – nicht mit den harmonisierten Normen![14] – *bescheinigt* wird und diese Konformität durch die Anbringung des *CE-Zeichens* bestätigt ist[15]. Mit der Anbringung des CE-Zeichens unterfällt das jeweilige Produkt der Freiverkehrsklausel, es ist EG-weit verkehrsfähig, weitere Zulassungsverfahren oder systematische Kontrollen durch einen Mitgliedstaat sind unzulässig[16], ebenso mittelbare Beschränkungen[17].

In einem großen Teil der Fälle kann bereits der Hersteller selber eine solche Konformität mit den Richtlinien bescheinigen und das CE-Zeichen anbringen. Für Produkte mit einem höheren Gefahrenpotential hat er zu diesem Zweck eine „Benannte Stelle" hinzuzuziehen, die die Konformität des Produkts mit den Anforderungen der jeweiligen Richtlinie beurteilt. Ohne deren Mitwirkung kann das Produkt nicht in Verkehr gebracht werden.

---

[12] Als EG-vertragswidrig qualifiziert z.B. von *Breulmann*, Normung und Rechtsangleichung in der Europäischen Wirtschaftsgemeinschaft, 1993, 175 ff.; *Rönck*, Technische Normen als Gestaltungsmittel des Europäischen Gemeinschaftsrechts, 1995, 170 ff.; *Schulte*, in: Rengeling (Hrsg.), Handbuch zum europäischen und deutschen Umweltrecht (EUDUR), Bd. 1, 2. Aufl. 2003, § 17 Rn. 104-120; krit. auch *Klindt*, EuZW 1998, 426. Dagegen überzeugend *Di Fabio*, Produktharmonisierung (Fn. 10), 6 ff.; vor allem *v. Danwitz*, in: Rengeling (Hrsg.), Umweltnormung, 1998, 187 (205 ff.); ferner *Marburger*, in: FS für Feldhaus (Fn. 10), 387 (395).

[13] Ratsentschließung zum neuen Konzept (Fn. 1) unter Anhang II 1 B V, S. 5 f.

[14] Insofern müssen die Fragen des Konformitätsbewertungsverfahrens von den Problemen der Europäischen Normung deutlich getrennt werden, anders *Di Fabio*, Produktharmonisierung (Fn. 10), 24 ff. und 126. Die Beachtung der Normen führt immerhin zu einer Vermutung für die Richtlinienkonformität, zusätzlich kann das Konformitätsbewertungsverfahren vereinfacht sein.

[15] Z.B. Art. 11, 17 RL 93/42/EWG (Medizinprodukte), entspr. § 6 Abs. 1 MPG; *Di Fabio*, Produktharmonisierung (Fn. 10), 59 f.

[16] Vgl. Art. 4 Abs. 1 RL 93/42/EWG (Medizinprodukte).

[17] EuGH v. 25.3.1999, Rs. C-112/97, Slg. 1999, I-1821 (Rn. 43-45) – KOM/Italien.

– Die mitgliedstaatlichen Verwaltungen kommen mit den Produkten erst auf der dritten Stufe des durch die Produktsicherheitsrichtlinien gestalteten Marktzugangsregimes in Berührung, im Rahmen der *Marktüberwachung*[18]. Die Behörden der Mitgliedstaaten überwachen den Markt auf das Auftreten von Produkten, die nicht mit den Anforderungen der Richtlinien übereinstimmen oder nicht korrekt mit dem CE-Zeichen gekennzeichnet sind. Dementsprechend treffen sie die erforderlichen Maßnahmen, die bis zu einem Verbot des Produkts reichen können. Im Rahmen dieser Überwachungstätigkeit sind ausdifferenzierte Kooperationsmechanismen vorgesehen[19], die von informeller Zusammenarbeit[20], institutionalisierter Kooperation in Gremien unter dem Dach der Kommission sowie förmlichen Mechanismen zum Informationsaustausch[21] bis zu einem formalisierten Entscheidungszusammenhang, dem Schutzklauselverfahren[22], reichen.

Diese Regulierungsbereiche sind im Grundsatz voneinander getrennt. Sie werden über Rückkoppelungsmechanismen untereinander verklammert: So sind die im Rahmen des Marktzugangs zu erstellenden Produktdokumentationen ein wichtiger Anknüpfungspunkt für die Marktüberwachungsbehörden. Auch sonst ist eine enge Zusammenarbeit zwischen diesen und den Benannten Stellen erforderlich[23]. Der wichtigste und zugleich für das Verständnis des Systems der Richtlinien nach dem Neuen Konzept bedeutsame Rückkoppelungsmechanismus ist das Schutzklauselverfahren: Danach muß ein durch einen Mitgliedstaat im Rahmen der Marktüberwa-

---

[18] Z.B. Art. 8 Abs. 1 RL 93/42/EWG (Medizinprodukte); § 25 ff. MPG; §§ 8 ff. GPSG. Zum MPG noch unten Fn. 53, zum GPSG unten Fn. 39.

[19] Ausdrückliche allgemeine Bestimmungen zur Zusammenarbeit unter den Mitgliedstaaten finden sich nur in Art. 17 RL 97/23/EG (Druckgeräte) sowie Erwägungsgrund 29, Art. 20 RL 98/79/EG (In-vitro-Diagnostika).

[20] Z.B. im Product Safety Enforcement Forum for Europe, einem freiwilligen Zusammenschluß der Marktüberwachungsbehörden.

[21] Das allgemeine Produktsicherheitsinformationssystem RAPEX aufgrund Art. 12 Abs. 3 i.V.m. Anh. II der Richtlinie 2001/95/EG über die allgemeine Produktsicherheit; für Medizinprodukte das Beobachtungs- und Meldesystem aufgrund Art. 10 RL 93/42/EWG und Art. 11 RL 98/79/EG, vgl. § 29 MPG, sowie die Regulierungsdatenbank, Art. 14a RL 93/42/EWG i.d.F. 98/79/EG.

[22] Grundlagen sind Art. 95 Abs. 10, auch Art. 174 Abs. 2 UAbs. 2 EGV und die Ratsentschließung zum Neuen Konzept (Fn. 1), Anhang II 1 B V, S. 6 f. Ein Schutzklauselverfahren ist in allen Richtlinien zur Produktsicherheit vorgesehen, z.B. Art. 8 RL 93/42/EWG (Medizinprodukte); Art. 9 RL 1999/5/EG (Telekommunikationsendgeräte). Dazu EuGH v. 5.10.1977, Rs. 5/77, Slg. 1977, 1555 (Rn. 35 ff.) - Tedeschi; v. 2.12.1980, Rs. 815/79, Slg. 1980, 3583 (Rn. 10-12) - Cremonini. Die fehlende Effektivität des Schutzklauselverfahrens, insbesondere dessen hohe Zeitdauer wird zur Zeit nachhaltig bemängelt.

[23] Kommission, Leitfaden für die Umsetzung der nach dem Neuen Konzept und dem Gesamtkonzept verfaßten Richtlinien, 2000, Nr. 6.3., S. 76 (der sog. „Blue Guide").

chung ausgesprochenes Produktverbot der Kommission notifiziert werden. Es hat nur Bestand, wenn es nach einem „gemeinschaftlichen Kontrollverfahren" (Art. 95 Abs. 10 EGV) unter Beteiligung aller Mitgliedstaaten und in der Regel des Herstellers durch die Kommission bestätigt wird. In diesem Falle sind die anderen Mitgliedstaaten verpflichtet, entsprechende Maßnahmen zu ergreifen[24]. Stellt sich in dem Verfahren ein Mangel einer technischen Norm heraus, kann deren Vermutungswirkung[25] zurückgezogen werden, indem Kommission und Mitgliedstaaten die Norm aus der veröffentlichten Liste streichen. Beruht die Produktgefahr auf Mängeln der Benannten Stelle, muß der Mitgliedstaat deren Anerkennung überprüfen[26].

III. Konformitätsbewertungsverfahren aufgrund des Gesamtkonzepts

Mit den Konformitätsbewertungsverfahren wird überprüft und bescheinigt, daß die den Richtlinien unterfallenden Produkte den Anforderungen der jeweils einschlägigen Richtlinie entsprechen. Die Konformitätsbewertungsverfahren, die in der Regel sowohl die Entwurfsphase als auch die Produktionsphase abdecken, folgen grundsätzlich dem Schema, wie es der Rat basierend auf der Kommissionsmitteilung „Ein globales Konzept für Zertifizierung und Prüfwesen"[27] in seinem Modul-Beschluß[28] festgelegt hat. Welche der unterschiedlichen Verfahren aus diesem Schema für bestimmte Produkte Anwendung finden, ist in den jeweiligen Richtlinien festgelegt. Diese eröffnen in der Regel den Herstellern die Wahl zwischen verschiedenen Verfahren[29]. Das anzuwendende Verfahren und damit die Intensität der Prüfung wird im Hinblick auf das Gefahrenpotential des Produkttyps bestimmt; sie kann weiterhin davon abhängig sein, ob auf die Beurteilung des jeweiligen Produkts harmonisierte Normen angewendet werden können.

Die Durchführung dieser Konformitätsbewertungsverfahren durch Hersteller oder Benannte Stelle und die Anbringung des CE-Zeichens ist zwingende[30], im deutschen Recht durch Ordnungswidrigkeitentatbestände

---

[24] Ratsentschließung zum Neuen Konzept (Fn. 1), Anhang II B VII 3, S. 7.

[25] Die einer anderen Regelung durch einen Mitgliedstaat entgegensteht, EuGH v. 25.3.1999, Rs. C-112/97, Slg. 1999, I-1821 (Rn. 36-39) - KOM/Italien.

[26] Zu den Problemen mit der Umsetzung siehe unten 175 ff.

[27] Oben Fn. 2.

[28] Beschluß v. 22.7.1993 über die in den technischen Harmonisierungsrichtlinien zu verwendenden Module für die verschiedenen Phasen der Konformitätsbewertungsverfahren und die Regeln für die Anbringung und Verwendung der CE-Kennzeichnung (93/465/EWG), ABl. EG 1993, Nr. L 220, S. 23 (ersetzt Beschluß 90/683/EWG, ABl. EG 1990, Nr. L 380, S. 13).

[29] Z.B. Art. 11 Abs. 1-3 RL 93/42/EWG (Medizinprodukte).

[30] Z.B. Art. 11, 17 RL 93/42/EWG (Medizinprodukte); anders *Peine*, Gesetz über technische Arbeitsmittel (Gerätesicherheitsgesetz), 3. Aufl. 2002, § 9 Rn. 18 ff.

abgesicherte Voraussetzung für den Zugang zum europäischen Markt[31]. In die Konformitätsbewertungsverfahren sind als Dritte Benannte Stellen mit verschiedenen Aufgaben eingeschaltet[32]. In der Regel handelt es sich dabei um Private, die für diese Zwecke von den Mitgliedstaaten anerkannt und der Kommission „benannt" sind. Sie zertifizieren Produkte durch die Ausstellung von Konformitätsbescheinigungen und eröffnen ihnen damit den Zugang zum Markt[33]. Die wichtigsten dieser Zertifizierungen sind Prüfungen von Dokumentationen (Modul A + a), Baumustern (Modul B), Qualitätssicherungssystemen (Module D, E + H), Auslegungsdokumentationen (Modul H in besonderen Fällen[34]) und sogar einzelner Produkte (Modul F). Im Rahmen dieser Zertifizierungen wird auf die Ergebnisse von Prüftätigkeiten (z.B. Stichproben) und Überwachungstätigkeiten (z.B. Überprüfung von Qualitätssicherungssystemen) zurückgegriffen. Die Benannten Stellen können ihre Zertifizierungstätigkeiten europaweit ausüben, jeder Hersteller kann sich an eine Benannte Stelle seiner Wahl in jedem Mitgliedstaat wenden[35], die Bescheinigungen gelten europaweit. Ist die Einschaltung einer Benannten Stelle vorgeschrieben, darf das Verfahren nur vor einer einzigen Stelle durchgeführt werden[36]. Die hierzu erforderlichen Prüfungen und Überwachungstätigkeiten werden schließlich auch außerhalb der EG durchgeführt, wenn sich die Produktionsanlagen eines Herstellers dort befinden[37].

---

[31] Z.B. §§ 40 ff. MPG; § 5 Maschinenverordnung (9. GPSGV) i.V.m. § 19 GPSG.

[32] Lediglich die Druckgeräterichtlinien kennen für bestimmte Eigenprüfungen Hersteller- oder Betreiberprüfstellen, Art. 14 RL 97/23/EG (Druckgeräte), Art. 9 RL 1999/36/EG (ortsbewegliche Druckgeräte). Zu einem Grund für diese Eigenüberwachung *Becker*, in: FS für O. Wlotzke, 1996, 445 (460 f.).

[33] Einen Sonderfall stellt die europäische Werkstoffzulassung nach Art. 11 RL 97/23/EG (Druckgeräte) dar, die durch eine zu diesem Zweck speziell benannte Stelle erteilt wird. Hierbei handelt es sich nicht um eine Konformitätsbewertung eines Produkts, sondern um einen (vorläufigen) Ersatz für eine technische Norm: Für Werkstoffe, die den Zulassungen entsprechen, gilt eine Vermutung der Übereinstimmung mit den grundlegenden Anforderungen (Art. 11 Abs. 4 RL). Wegen dieser besonderen Bedeutung muß die Benannte Stelle vor der Erteilung der Zulassung EG-Kommission und Mitgliedstaaten konsultieren und eventuelle Stellungnahmen berücksichtigen. Die erteilte Zulassung wird im Amtsblatt veröffentlicht. Nach Ergehen einer technischen Norm zu diesem Thema muß die europäische Werkstoffzulassung zurückgezogen werden, Art. 11 Abs. 5 RL.

[34] Z.B. Anhang II Nr. 4 RL 93/42/EWG (Medizinprodukte).

[35] Z.B. Art. 11 Abs. 9 RL 93/42/EWG (Medizinprodukte).

[36] Z.B. Anhang II Nr. 3.1. tir. 3 RL 93/42/EWG (Medizinprodukte).

[37] Ausdrücklich z.B. Anhang III Nr. 5 RL 98/96/EG (Schiffsausrüstung): „Eine benannte Stelle ist berechtigt, Konformitätsbewertungsverfahren für alle in und außerhalb der Gemeinschaft ansässigen Unternehmen durchzuführen. Eine benannte Stelle ist berechtigt, Konformitätsbewertungsverfahren in jedem Mitgliedstaat oder jedem Staat außerhalb der Gemeinschaft mit den an ihrem Standort zur Verfügung stehenden Mitteln oder mit dem Personal einer Zweigstelle im Ausland durchzuführen."

IV. Umsetzung in Deutschland

Die Ausgestaltung der Konformitätsbewertungsverfahren nach den Vorgaben der jeweiligen Richtlinien im deutschen Recht ergibt sich im einzelnen aus einem komplexen Miteinander von EG-Richtlinien, Gesetzes- und Verordnungsvorschriften. Diese Anforderungen sind in der Regel zwingende Voraussetzung für das Inverkehrbringen eines Produkts. Der größte Bereich an Produkten ist unter dem Dach des Geräte- und Produktsicherheitsgesetzes erfaßt (unter 1), bedeutende Produktsegmente fallen unter das Medizinproduktegesetz (unter 2)[38].

1. Geräte- und Produktsicherheitsgesetz

Unter dem Dach des Geräte- und Produktsicherheitsgesetzes (GPSG)[39] sind mittels spezieller Verordnungen die Anforderungen einer großen Zahl von Richtlinien in das deutsche Recht umgesetzt worden[40]. Nach diesen Verordnungen, die weitgehend auf die Erfordernisse der Richtlinien verweisen, richten sich die Voraussetzungen des Inverkehrbringens von Produkten.

Damit ist aufgrund der Richtlinien ein für eine Vielzahl von Produkten geltendes, EG-weit einheitliches Zulassungssystem entstanden. Nicht nur wird das bisher schon in Deutschland heterogene System des Inverkehrbringens von Produkten vereinheitlicht, diese Vereinheitlichung erstreckt sich zusätzlich auf den gesamten europäischen Markt. Die innovative Kraft wird deutlich, wenn man sich vergegenwärtigt, daß allein im Rahmen des GPSG eine zweistellige Zahl von Produktbereichen nunmehr einem einheitlichen System des Marktzugangs unterliegt. Staatliche Zulassungsverfahren bzw. Pflichtprüfungen durch Dritte waren in Deutschland bislang – anders als in anderen EG-Staaten – nur für einige Produkte vorgeschrieben, vor allem für zulassungsbedürftige Anlagen nach § 24 GewO

---

[38] Die Produktbereiche der durch andere Gesetze umgesetzten Richtlinien bleiben hier aus Platzgründen unberücksichtigt.

[39] Gesetz über technische Arbeitsmittel und Verbraucherprodukte (Geräte- und Produktsicherheitsgesetz - GPSG) v. 6.1.2004, BGBl. I, 2. Dieses Gesetz führt das alte Gerätesicherheitsgesetz (GSG) und das Produktsicherheitsgesetz (ProdSG) zusammen, ohne für den hier interessierenden Bereich grundlegende Änderungen vorzusehen; dazu *Klindt*, NJW 2004, 465. Zum GSG *Kollmer*, Arbeitsrecht-Blattei, SD 210.3; *ders*., Richtlinien zur Geräte- und Anlagensicherheit, in: Oetker/Preis, Europäisches Arbeits- und Sozialrecht, 1999, B 6300; *Sattler*, EuZW 1992, 764.

[40] Z.B. RL 73/23/EWG (Niederspannungsrichtlinie); RL 88/378/EWG (Spielzeug); RL 87/404/EWG (Einfache Druckbehälter); RL 90/396/EWG (Gasverbrauchseinrichtungen); RL 89/686/EWG (Persönliche Schutzausrüstungen); RL 98/37/EG (Maschinen); RL 94/25/EG (Sportboote); RL 94/9/EG (Geräte und Schutzsysteme für explosionsgefährdete Bereiche); RL 95/16/EG (Aufzüge).

wie Aufzüge und Druckgeräte[41]. Der Schwerpunkt der Prüfung lag allerdings auch hier in der Hand Privater, vor allem des TÜV. Für die meisten Produktbereiche war dagegen eine Zulassung bislang nicht erforderlich, die Einhaltung der vor allem in DIN-Normen niedergelegten Sicherheitsanforderungen wurde privater Selbstregulierung überlassen (Maschinen[42], z.B. Spielzeug), teilweise durch die staatliche Einrichtung eines freiwilligen Zeichensystems abgestützt („GS", vgl. jetzt § 7 GPSG). Eine effektive Selbstregulierung bestand (und besteht) vor allem für elektrotechnische Erzeugnisse[43], die durch das VDE-Prüf- und Zertifizierungsinstitut einer freiwilligen Überprüfung anhand der VDE-Normen[44] unterzogen werden, ein freiwilliges Zertifizierungssystem, das überdies den Bestandteil eines (privaten) europäischen gegenseitigen Anerkennungsverfahrens bildet[45]. Insgesamt zeichnete sich jedoch die Regelungssituation in den EG-Mitgliedstaaten durch große Heterogenität aus. Vor allem waren in anderen Staaten häufig Drittprüfungen zwingend vorgeschrieben[46].

Für die Mehrzahl der dem GPSG und dessen Verordnungen unterfallenden Produkte, insbesondere für die meisten Maschinen[47], genügt nunmehr eine interne Fertigungskontrolle samt technischer Dokumentation durch den Hersteller nach Modul A[48]. Die Beteiligung der hierzu gem. § 11

---

[41] *Eckstein*, in: Hansen (Hrsg.), Zertifizierung und Akkreditierung von Produkten und Leistungen der Wirtschaft, 1993, 99 (104). Vgl. die AufzV v. 1980 und die DruckgasV v. 1968. Nach der AufzV in der Fassung von 1980 konnten einzelne Bauteile für Aufzüge nur durch in § 17 genau bezeichnete Technische Überwachungsvereine geprüft werden. Aufgrund der RL 84/528/EWG (Hebezeuge und Fördergeräte) und 84/529/EWG (Elektrisch betriebene Aufzüge) und deren Umsetzung in § 17 Abs. 3 der AufzV in der ab 1988 gültigen Fassung hatten die Bauteilprüfungen anderer Prüfstellen innerhalb der EG dieselbe Wirkung. Insofern findet sich in diesen Aufzugsrichtlinien ein Vorläufermodell zu den Benannten Stellen des Gesamtkonzepts, ebenso in der RL 76/767/EWG (Druckbehälter). Letztere wurde durch § 9 Abs. 5 DruckbehV v. 1980 umgesetzt, wonach Baumusterprüfungen benannter Stellen aus allen Mitgliedstaaten der EG Prüfungen deutscher Stellen ersetzen können.

[42] Dazu *Eckstein*, in: Hansen, Zertifizierung und Akkreditierung (Fn. 41), 99 ff.

[43] Dazu *Dreger*, in: Hansen, Zertifizierung und Akkreditierung (Fn. 41), 109 ff.

[44] Diese abgestützt durch eine Vermutungswirkung in § 1 Abs. 1 der 2. Durchführungsverordnung zum EnWG, BGBl. I 1987, 146.

[45] *Dreger*, in: Hansen, Zertifizierung und Akkreditierung (Fn. 41), 114 ff.

[46] *Eckstein*, in: Hansen, Zertifizierung und Akkreditierung (Fn. 41), 99 (104); *Dreger*, ebda. 109 (112).

[47] § 3 Abs. 1 Nr. 2 der 9. GPSGV iVm Art. 8 Abs. 2 lit. a) RL 98/37/EG (Maschinen).

[48] Elektrische Betriebsmittel im Niederspannungsbereich, gem. § 3 Abs. 1 1. GPSGV; Spielzeug, wenn der Hersteller harmonisierte Normen beachtet, § 3 Abs. 1 2. GPSGV; einfache persönliche Schutzausrüstungen, § 3 8. GPSGV. Dazu *Klindt*, EWS 2000, 298 ff.; krit. *Marburger/Enders*, JBUTR 1994, 333 (367 f.); *Marburger*, in: FS für Feldhaus (Fn. 10), 387 (395).

Abs. 1 GPSG zugelassenen Stellen ist für risikoreichere Produkte erforderlich, z.B. für gefährlichere Maschinen[49]. Erforderlich sind in der Regel eine Baumusterprüfung und Produktionskontrollen. In bestimmten Fällen kann ein Dokumentenprüfverfahren genügen, wenn harmonisierte Normen vorliegen und beachtet werden[50]. An die Baumusterprüfung schließen sich Verfahren zur Produktionskontrolle an.

2. Medizinproduktegesetz

Für Medizinprodukte stellt das systematische, alle Produkte erfassende Marktzugangsregime ebenfalls ein Novum dar: Nach der früheren Rechtslage unterlagen nur implantierbare und einige speziell aufgezählte Medizinprodukte dem Erfordernis einer behördlichen Zulassung[51]. Alle anderen Medizinprodukte waren zulassungsfrei, der Hersteller konnte sie aber einer freiwilligen GS-Prüfung unterziehen lassen. Nunmehr ist vor jedem Inverkehrbringen von Medizinprodukten[52] ein Konformitätsbewertungsverfahren vorgeschrieben, § 6 Abs. 1 Medizinproduktegesetz – MPG[53]. Zu diesem Zweck sind Medizinprodukte in bestimmte Klassen eingeteilt[54]. Hiernach richtet sich gem. Art. 11 der Richtlinie, welches der Konformitätsbewertungsverfahren der Anhänge II-VI erforderlich ist[55]. Die in diesem

---

[49] Die in Anhang IV der RL 98/37/EG aufgeführt sind. Ebenso z.B. für einfache Druckgeräte, § 3 Abs. 3 6. GPSGV, Gasverbrauchseinrichtungen (Art. 8 Abs. 1 RL 90/396/EWG und § 3 Abs. 1 7. GPSGV), Sicherheitsbauteile für Aufzüge (Art. 8 Abs. 2 RL 95/16/EG) und (i.d.R.) persönliche Schutzausrüstungen, § 6 der 8. GPSGV.

[50] Z.B. Art. 8 Abs. 2 lit. c RL 98/37/EG (Maschinen) oder einfache Druckgeräte (§ 3 Abs. 3 S. 2 6. GPSGV).

[51] § 5 der früheren MedGV (Verordnung über die Sicherheit medizinisch-technischer Geräte - Medizingeräteverordnung - v. 14.1.1985, BGBl. I 93). Auch hier lag das Schwergewicht der Prüfung auf dem Gutachten einer (privaten) Prüfstelle, § 5 Abs. 2 der VO.

[52] Dazu die Richtlinien über aktive implantierbare medizinische Geräte und über Medizinprodukte (90/385/EWG und 93/42/EWG, zul. geänd. jeweils VO (EG) Nr. 1882/2003). Die RL über In-vitro-Diagnostika (98/79/EG, zul. geänd. VO (EG) Nr. 1882/2003) gleicht dem System der ersten beiden Richtlinien.

[53] Medizinproduktegesetz - MPG - i.d.F. v. 7.8.2002, BGBl. I, 3146. Dazu *Schlund*, ArztR 1995, 235 ff.; *Meyer-Lüerßen/Will*, PharmaRecht 1995, 34 ff.; *Deutsch/Spickhoff*, Medizinrecht, 5. Aufl. 2003, Rn. 1196 ff., 1213 ff.

[54] Nach den Kriterien des Anhangs IX der RL 93/42/EWG (Medizinprodukte).

[55] Klasse I: Interne Fertigungskontrolle des Herstellers, verbunden mit der Erstellung einer Dokumentation (Modul A), Art. 11 Abs. 5 RL 93/42/EWG iVm Anhang VII.
Klasse IIa: EG-Konformitätserklärung, verbunden mit einer Einzelprüfung der Produkte oder der Zulassung eines Qualitätssicherungssystems, Art. 11 Abs. 2 RL iVm Anhang IV, V oder VI (entspricht Modul A, verbunden mit D, E oder F).
Klasse IIb: vollständiges Qualitätssicherungssystem (Anhang II, entspricht Modul H) oder EG-Baumusterprüfung, verbunden mit einer Einzelprüfung der Produkte oder der Zulassung eines Qualitätssicherungssystems (Anhang III, verbunden mit Anhang IV, V

Rahmen tätigen Stellen werden gem. § 15 Abs. 1 MPG nach Durchführung eines Akkreditierungsverfahrens der EG-Kommission benannt.

B. Konformitätsbewertung durch Benannte Stellen als Europäische Verwaltungstätigkeit

Die vereinheitlichende Leistung des europäischen Produktsicherheitsrechts ist bereits auf nationaler Ebene im Hinblick auf die naturwüchsige Vielfalt des abgelösten technischen Sicherheitsrechts beachtlich. Mit dem Begriff der Deregulierung wäre das Ergebnis allerdings falsch etikettiert. Schon die nunmehr in Rechtssatzform vorliegenden grundlegenden Anforderungen an Produkte sind in der Regel deutlich präziser als die bisherigen Vorschriften[56]. Vor allem ergibt sich insgesamt eine Steigerung der Verfahrenspflichten für die Hersteller: In jedem Fall ist die Anfertigung einer Produktdokumentation vorgeschrieben, häufiger als bisher sind Produkte, die nach altem Recht zulassungsfrei waren, von einem Prüfverfahren erfaßt. Diese Zulassungsverfahren sind ent-staatlicht, gleichwohl dürfte die Einstufung als Selbstregulierung das Besondere dieser Konstruktion nicht treffen[57]: Die Zulassungsverfahren werden aufgrund zwingenden Rechts durch Dritte, in erster Linie durch Private, durchgeführt, die ihre Rechtsstellung und Ausgestaltung EG-rechtlichen Vorgaben verdanken, nicht etwa einer Selbstorganisation Privater.

---

oder VI, entspricht Modul B, verbunden mit F, D oder E), Art. 11 Abs. 3 RL.

Klasse III: vollständiges Qualitätssicherungssystem (Anhang II, entspricht Modul H, ergänzt um eine EG-Auslegungsprüfbescheinigung) oder EG-Baumusterprüfung, verbunden mit einer Einzelprüfung der Produkte oder der Zulassung eines Qualitätssicherungssystems (Anhang III, verbunden mit Anhang IV oder V, entspricht Modul B, verbunden mit F oder D), Art. 11 Abs. 1 RL.

[56] *v. Danwitz*, in: Rengeling, Umweltnormung (Fn. 12), 187 (204). Dazu Anhang I der RL 93/42/EWG (Medizinprodukte) und im Vergleich dazu § 3 Abs. 1 der früheren MedGV (Fn. 51): „Medizinisch-technische Geräte dürfen gewerbsmäßig oder selbständig im Rahmen einer wirtschaftlichen Unternehmung nur in den Verkehr gebracht oder ausgestellt werden, wenn sie den Vorschriften dieser Verordnung, den allgemein anerkannten Regeln der Technik sowie den Arbeitsschutz- und Unfallverhütungsvorschriften entsprechen. Dabei muß sichergestellt sein, daß Patienten, Beschäftigte oder Dritte bei der bestimmungsgemäßen Verwendung der Geräte gegen Gefahren für Leben und Gesundheit so weit geschützt sind, wie es die Art der bestimmungsgemäßen Verwendung gestattet. Von den allgemein anerkannten Regeln der Technik sowie den Arbeitsschutz- und Unfallverhütungsvorschriften darf abgewichen werden, soweit die gleiche Sicherheit auf andere Weise gewährleistet ist."

[57] So aber z.B. *Di Fabio*, Produktharmonisierung (Fn. 10), 64; *Schmidt-Preuß*, VVDStRL 56 (1997), 160 (173 Fn. 38); *Seidel*, Privater Sachverstand und staatliche Garantenstellung im Verwaltungsrecht, 2000, 269 f.

Die Benannten Stellen bilden das administrative Kernstück des hier vorgestellten europäischen Produktzulassungsrechts. Als eigenständige Struktur zum Vollzug europäischer Normen stellen sie ein Novum dar, dessen Einordnung in die hergebrachten Kategorien des öffentlichen Rechts nicht leicht fällt. Die genaue Analyse ihrer EG-rechtlich vorgeprägten und durch das nationale Recht ausgeformten Rechtsstellung zeigt, daß sie einseitige Regelungsbefugnisse im öffentlichen Interesse wahrnehmen (unter I). Diese sich auf den gesamten Gemeinschaftsraum erstreckenden Befugnisse finden ihre Grundlage in einer Zuweisung durch den Gemeinschaftsgesetzgeber (unter II). Insofern nehmen die Benannten Stellen europäische Verwaltungsaufgaben wahr und bilden damit Bestandteile einer neuen europäischen Verwaltungsstruktur.

I. Einseitige Regelungsbefugnisse der Benannten Stellen

Diese Einstufung als „Verwaltungs-"struktur ist begründungsbedürftig, handelt es sich doch bei den Benannten Stellen in der Regel um Private, die auf der Grundlage einer vertraglichen Beziehung zum Hersteller des Produkts tätig werden[58]. Dementsprechend wird teilweise angenommen, bei ihren Zertifizierungstätigkeiten nähmen sie Aufgaben wahr, die im Verantwortungsbereich des Herstellers liegen[59]. Eine Analyse des Rechtsverhältnisses zwischen Hersteller und Benannter Stelle sowie der Rechtsfolgen des Konformitätsbewertungsverfahrens zeigt jedoch, daß den Benannten Stellen einseitige Regelungsbefugnisse zugewiesen sind, die sich nicht als Ausdruck privater Selbstregulierung verstehen lassen:

Der Hersteller hat zwar die freie Auswahl unter den zur Verfügung stehenden Benannten Stellen, auch solchen im Ausland. Gleichwohl läßt sich nicht von einer „Verantwortung" des Herstellers sprechen[60]. Er kann eine Beauftragung einer Benannten Stelle nämlich nicht vermeiden. Kraft Gesetzes sind Dritte obligatorisch in das Verfahren des Marktzugangs einzuschalten. Die jeweils angerufene Stelle entscheidet dann als einzige Stelle abschließend und bindend über die Marktzulassung[61]. Die Bindungswirkung erstreckt sich im Ablehnungsfalle ebenfalls auf die der Konformitäts-

---

[58] § 16 Abs. 3 MPG spricht daher davon, der Hersteller vereinbar(e) mit der Benannten Stelle die Durchführung des Konformitätsbewertungsverfahrens; nach § 3 Abs. 2 MPV beauftragt der Hersteller eine Benannte Stelle seiner Wahl.

[59] *J. Hofmann*, Rechtsschutz und Haftung im Europäischen Verwaltungsverbund, 2004, 28 f., insbes. Fn. 123; *Schmidt-Aßmann*, Das Allgemeine Verwaltungsrecht als Ordnungsidee, 2. Aufl. 2004, Kap. 3 Tz. 57. Ähnlich auch *Peine*, Gerätesicherheitsgesetz (Fn. 30), § 9 Rn. 21; ihm folgend *Schmidt-Preuß*, VVDStRL 56 (1997), 160 (167 dort Fn. 18).

[60] So aber *Seidel*, Privater Sachverstand (Fn. 57), 270.

[61] Z.B. Anhang II Nr. 3.1. tir. 3 RL 93/42/EWG (Medizinprodukte).

bescheinigung zugrundeliegende Entscheidung über die Richtlinienkonformität: Andere Stellen dürfen keine Marktzulassung mehr erteilen.

Im Rahmen der dem Konformitätsbewertungsverfahren nachgeschalteten Marktüberwachung darf eine auf jedes einzelne Produkt bezogene Behördenentscheidung[62] von EG-Rechts wegen als systematische Kontrolle nicht mehr folgen[63]. Zulässig ist sie nur in einzelnen besonderen Verdachtsfällen. Die Marktüberwachungsbehörden der Mitgliedstaaten können dann zwar von der Beurteilung der Richtlinienkonformität abweichen und den Vertrieb des Produkts untersagen, dies jedoch nur vorläufig bis zum Abschluß eines Schutzklauselverfahrens[64].

Die Benannte Stelle ist weiterhin befugt, ihre Konformitätsbescheinigung *einseitig aufzuheben*. Im Medizinprodukterecht ist diese Befugnis gesetzlich verliehen, § 18 MPG. In den anderen Produktbereichen findet diese Befugnis ihre Grundlage zwar nur in der vertraglichen Vereinbarung mit dem Hersteller, die Benannten Stellen sind zur Verwendung einer derartigen Vertragsklausel jedoch in aller Regel aufgrund EG-Rechts[65], nationalen Rechts oder kraft der Vorgaben der Akkreditierungsstellen bzw. der benennenden Ministerien gezwungen. Ihnen ist es untersagt und daher einem Hersteller in der Regel unmöglich, einen Vertrag über die Konformitätsbewertung abzuschließen, der eine derartige Klausel nicht enthält. Damit unterscheidet sich die Position des Herstellers nicht von einer Situation, in der eine solche Aufhebungsmöglichkeit unmittelbar durch Gesetz eingeräumt wäre[66]. Zu diesen einseitigen Entscheidungsbefugnissen hinzu tritt die durch EG-Recht geforderte und durch den Auftrag zur Zertifizierung begründete Befugnis der Benannten Stellen zum Betreten und zur

---

[62] Eine solche nachfolgende Entscheidung war Anlaß zu Zweifeln an der Belieheneneigenschaft von Prüfern nach der DruckgasV v. 1968 [so *Thieme*, Das Prüfungsmonopol bei überwachungsbedürftigen Anlagen, 1987, 14 f.; für hoheitliches Handeln *Steiner*, Staatliche Gefahrenvorsorge und technische Überwachung, 1984, 24 ff.; BGHZ 122, 85 = NJW 1993, 1784 (1785 - für § 839 BGB); ebenso für die Tätigkeit des TÜV nach §§ 21, 29 StVZO BGH a.a.O., die Entscheidung sei durch das Gutachten „praktisch gefallen"].

[63] Dementsprechend sieht z.B. § 8 Abs. 2 Nr. 2 GPSG lediglich eine stichprobenartige Kontrolle vor; nicht unproblematisch die weitere Fassung des § 26 Abs. 2 MPG: „in angemessenem Umfang".

[64] Vgl. oben Abschnitt A.II bei Fn. 22. Insofern unterscheidet sich diese Residualbefugnis der mitgliedstaatlichen Verwaltungen wenig von jener der Sitzlandbehörden im Zusammenhang mit der Bankrechtskoordinierungsrichtlinie 2000/12/EG.

[65] Ausdrücklich nunmehr in Art. 16 Abs. 6 RL 93/42/EWG (Medizinprodukte) und Art. 15 Abs. 6 RL 98/79/EG (In-vitro-Diagnostika).

[66] *Hiltl*, PharmaRecht 1997, 408 (411).

Besichtigung von Betriebsräumen des Herstellers im Rahmen der Qualitätskontrolle[67].

Insgesamt zeigt sich, daß die Benannten Stellen durch den Hersteller ausgewählt auf der Grundlage einseitiger Regelungsbefugnisse europäisches Recht „vollziehen". Insofern geht die Konformitätsbewertung über eine Eigen- bzw. Fremdüberwachung deutlich hinaus[68]. Sie unterscheidet sich aus diesem Grunde z.B. auch von der Tätigkeit eines Wirtschaftsprüfers[69]. Diese einseitigen, im Kern auf gesetzlicher Zuweisung, nicht auf der Zustimmung des Herstellers beruhenden Entscheidungs- und Überwachungsbefugnisse der Benannten Stellen richten sich gegen Dritte. Sie tragen damit trotz ihrer privatrechtlichen Einkleidung hoheitlichen Charakter[70].

II. Europarechtliche Verankerung der Regelungsbefugnisse

Aus einer rein nationalen Perspektive spräche daher manches dafür, die Benannten Stellen als Beliehene zu qualifizieren[71]. In Anbetracht der euro-

---

[67] Vgl. z.B. Anhang VI Nr. 4.3. und 4.4. RL 93/42/EWG (Medizinprodukte); eine gesetzliche Ermächtigung besteht nicht. Das Recht zur derartigen Inspektionen wird aber auch vom deutschen Gesetzgeber vorausgesetzt, vgl. § 15 Abs. 2 MPG.

[68] So jedoch *Peine*, Gerätesicherheitsgesetz (Fn. 30), § 9 Rn. 21; *Di Fabio*, VVDStRL 56 (1997), 235 (244); *Schmidt-Preuß*, VVDStRL 56 (1997), 160 (167 dort Fn. 18); *Seidel*, Privater Sachverstand (Fn. 57), 270 f.; *K. Weber*, Europäische Einwirkungen auf die Aufgabenerfüllung von Ordnungsbehörden, 2003, 202.

[69] Ein solcher muß zwar ebenfalls herangezogen werden (§§ 316 ff. HGB), seine Nicht-Einschaltung (§ 316 Abs. 1 S. 2 HGB) bzw. Versagung des Bestätigungsvermerks (§ 322 HGB) führen jedoch nur zu zivilrechtlichen Konsequenzen im Innenverhältnis der Gesellschaft; anders die Einstufung bei *Seidel*, Privater Sachverstand (Fn. 57), 270. Im übrigen riefe ein Verständnis der Benannten Stellen als Private das Kartellrecht auf den Plan: Die Benannten Stellen werden durch das Europäische Recht dazu angehalten, sich regelmäßig in ihrem Vorgehen untereinander abzustimmen. Solche abgestimmte Verhaltensweisen wären unter Privaten in kartellrechtlicher Hinsicht bedenklich; zulässig sind sie nur, weil die Benannten Stellen als Teil einer Europäischen Vollzugsstruktur tätig werden.

[70] Der Begriff des „hoheitlichen" Handelns ist hier im Sinne einer durch die Staatsgewalt bzw. die EU zugewiesenen *einseitigen Entscheidungsbefugnis* zu verstehen, nicht als *behördliches* Handeln. In diesem Sinne zum Verständnis des Merkmals „hoheitlich" in § 35 VwVfG *Erichsen*, in: ders., Allgemeines Verwaltungsrecht, 12. Aufl. 2002, § 12 Rn. 22; anders z.B. *Maurer*, Allgemeines Verwaltungsrecht, 15. Auflage 2004, § 9 Rn. 11: dem öffentlichen Recht zurechenbar. Anders wiederum *Stelkens/Stelkens*, in: Stelkens/Bonk/Sachs, VwVfG, 6. Auflage 2001, § 35 Rn. 68 a.E.: dem Staat zugerechnet, das bezieht sich allerdings nur auf die Abgrenzung zum Handeln kirchlicher Körperschaften.

[71] Konsequent in diesem Sinne *Scheel*, DVBl. 1999, 442 (446 f.); *ders.*, Privater Sachverstand (Fn. 9), 97 f., für das GPSG; *Kadelbach*, Allgemeines Verwaltungsrecht unter europäischem Einfluß, 1999, 329 f. Vgl. auch BVerwG, NVwZ-RR 1991, 330 f., zur Bergbau-Versuchsstrecke als - jedoch noch nicht nach dem Gesamtkonzept - benann-

paweiten Tätigkeit der Benannten Stellen und der europaweiten Regelungswirkung ihrer Zertifikate kann das Rechtsregime, das die Beziehungen zum Hersteller regelt, jedoch kein nationales öffentliches Recht sein, wie es mit einer Beleihung einhergehen würde[72]. Ein eigenständiges europäisches Recht steht nicht zur Verfügung. Daher müssen die Rechtsbeziehungen in den in allen Mitgliedstaaten vorhandenen Mantel des Privatvertragsrechts eingekleidet werden. Damit ist jedoch in verfassungsrechtlicher, europarechtlicher und völkerrechtlicher Hinsicht keine Festlegung getroffen, weil diese Rechtsschichten die jeweilige Konstruktion autonom qualifizieren müssen.

Hier hilft ein Blick auf die internationale Tätigkeit der Benannten Stellen weiter: Nach den einschlägigen Vorschriften kann sich der Hersteller an eine Benannte Stelle seiner Wahl, auch eine solche aus einem anderen EG-Mitgliedstaat, wenden[73]. Die Zertifikate dieser Stellen entfalten unmittelbare Rechtswirkung auch in Deutschland. Es handelt sich um eine gemeinschaftsweite Ausübung von Regelungsbefugnissen durch die Benannten Stellen, wie sie vergleichbar an anderer Stelle mit dem Phänomen des transnationalen Verwaltungsaktes anzutreffen ist[74]. Die Entscheidungen der Mitgliedstaaten oder ihrer beauftragten Einrichtungen, eine Konformitätsbewertungsstelle zu Zwecken des EG-Rechts anzuerkennen, gelten für die gesamte EG und stellen transnationale Verwaltungsakte dar. Eine derartige Ausübung von Regelungsbefugnissen durch ausländische Stellen als Teil der deutschen Rechtsordnung („Verschränkung")[75] steht verfassungsrechtlich unter dem Vorbehalt der Art. 23 bzw. 24 GG.

Dieses Phänomen gemeinschaftsweit geltender Entscheidungen ist mit dem Begriff der „Anerkennung" nur unklar bezeichnet[76]. Es geht um den

---

ter Prüfstelle. Ähnlich für das niederländische Recht *G. Evers*, Tilburg Foreign Law Review 2003, 342 (355).

[72] Gleiches wird man entgegen *Kadelbach*, Allgemeines Verwaltungsrecht (Fn. 71), 331 auch für das Verhältnis des Umweltgutachters nach der Öko-Audit-/EMAS-VO zum überprüften Unternehmen anzunehmen haben, da dieser ebenfalls europaweit tätig werden kann, Art. 4 Abs. 5 VO 761/2001 (EMAS).

[73] § 15 Abs. 3 MPG und § 2 Abs. 15 Nr. 2 GPSG stellen die ausländischen Stellen den deutschen gleich.

[74] Soweit es sich bei den Benannten Stellen um ausschließlich zuständige Behörden bzw. Beliehene handelt, hat der deutsche Gesetzgeber die Zertifikate ohnehin als transnationale Verwaltungsakte ausgestaltet.

[75] So BVerfGE 73, 339 (374), dazu *Cremer*, ZaöRV 60 (2000), 103 (131 ff.).

[76] Wie hier *Götz*, in: ders. u.a., Lib. Am. Jaenicke (Fn. 4), 763 (763 f., 777 f.), der gleichwohl an einer einheitlichen Bezeichnung festhält; auch *Beyer*, Rechtsnormanerkennung im Binnenmarkt, 1998, 25 ff. Anders z.B. *Happe*, Grenzüberschreitende Wirkung von nationalen Verwaltungsakten, 1987, passim; *Bleckmann*, JZ 1985, 1072 (bes. 1074 f.); *ders.*, NVwZ 1986, 1 ff.; *v. Danwitz*, Verwaltungsrechtliches System und europäische Integration, 1996, 407 ff., insbes. 414; *Schwarze*, in: ders., Verwaltungsrecht

Zwang zur Hinnahme von Regelungen aus anderen Mitgliedstaaten als unmittelbar *rechtserheblich*[77], geht es um die Ausübung von gemeinschaftsweiten Regelungsbefugnissen[78]. Zertifikate der Benannten Stellen oder transnationale Verwaltungsakte wie die Anerkennung der Benannten Stellen gewinnen Geltung unmittelbar in der Rechtsordnung der anderen Mitgliedstaaten, ohne daß ein besonderer Anerkennungsakt dazwischentritt. Sie gelten kraft der Richtlinie zusammen mit dem sie umsetzenden Gesetz („echte Transnationalität"[79]); die Richtlinien etablieren eine „europäische Zuständigkeitsordnung"[80]. Das verfassungsrechtliche Fundament für die gemeinschaftsweit entscheidenden Verwaltungen und Benannten Stellen ist daher in Art. 23 Abs. 1 GG zu finden.

Den maßgeblichen Geltungsgrund für die transnationale Wirkung der Entscheidungen bildet die Richtlinie[81], die ihr Fundament wiederum in der Hoheitsgewalt der EU findet[82]. Kraft dieser Hoheitsgewalt überträgt die EU Kompetenzen auf die öffentlich-rechtlich organisierten sowie rechtsstaatlich und demokratisch verfaßten Mitgliedstaaten bzw. das Ensemble der Benannten Stellen. Der Gemeinschaftsgesetzgeber schafft eine europäische Zuständigkeitsordnung, indem die Gemeinschaft den Mitgliedstaaten bzw. den Benannten Stellen Kompetenzen zur Ausübung zuweist[83], nicht jedoch etwa eigene Kompetenzen auf die Mitgliedstaaten delegiert. Diese Verteilung der Verwaltungskompetenzen ist nach dem EGV – von einigen Spezialzuweisungen wie Art. 85 oder Art. 88 EGV abgesehen – Aufgabe des Gemeinschaftsgesetzgebers[84], der sich hierbei an allgemeinen Vorga-

---

unter europäischem Einfluß, 1996, 123 (135 f.); *Hatje*, Die gemeinschaftsrechtliche Steuerung der Wirtschaftsverwaltung, 1998, 433 f.

77 *Götz*, in: ders. u.a., Lib. Am. Jaenicke (Fn. 4), 763 (778 f.); vgl. auch *Steindorff*, in: FS für W. Lorenz (Fn. 7), 561 (566).

78 *E. Klein*, in: Starck (Hrsg.) Rechtsvereinheitlichung durch Gesetze, 1992, 117 (140 f.); *Neßler*, Europäisches Richtlinienrecht wandelt deutsches Verwaltungsrecht, 1992, 79; *Schlag*, Grenzüberschreitende Verwaltungsbefugnisse im EG-Binnenmarkt, 1998, 172; *Royla*, Grenzüberschreitende Finanzmarktaufsicht in der EG, 2000, 58 f.

79 *Schmidt-Aßmann*, EuR 31 (1996), 270 (301).

80 *Götz*, in: ders. u.a., Lib. Am. Jaenicke (Fn. 4), 763 (779, 787 f.); vgl. bereits *Seidel*, in: Magiera (Hrsg,), Entwicklungsperspektiven der Europäischen Gemeinschaft, 1985, 169 (182).

81 *Ehlers*, Die Europäisierung des Verwaltungsprozeßrechts, 1999, 11.

82 Gleichermaßen ist das Bundesgesetz die Grundlage für eine überregionale Wirkung von Verwaltungsakten der Länder, so zutreffend *Isensee*, HStR IV, § 98 Rn. 35; vgl. auch (teilw. krit.) *Lerche*, in: Maunz-Dürig, GG Kommentar, Art. 83 Rn. 50.

83 Zur Differenzierung *Rengeling*, Rechtsgrundsätze beim Verwaltungsvollzug des Europäischen Gemeinschaftsrechts, 1977, 30 f.

84 *H.P. Ipsen*, Europäisches Gemeinschaftsrecht, 1972, § 9 Tz. 26; vgl. auch *Jarass*, AöR 121 (1996), 173 (181-183).

ben des Primärrechts wie vor allem dem Subsidiaritätsprinzip zu orientieren hat.

Die Qualifikation als Zuweisung von Kompetenzen, nicht als Delegation, hat zunächst zur Konsequenz, daß die den mitgliedstaatlichen Verwaltungen zugewiesenen Maßnahmen solche der nationalen Rechtsordnungen bleiben[85] und damit grundsätzlich dem nationalen Prozeß-, Verfahrens- und Haftungsrecht unterliegen. Vor allem ruft diese Qualifikation die richtige Perspektive für die juristische Analyse einer solchen Kompetenzzuweisung auf: Es geht um Maßstäbe für die Errichtung einer europäischen Verwaltungsstruktur. Hierbei macht der EGV dem Gemeinschaftsgesetzgeber entgegen der allgemeinen Vorstellung[86] keine präzisen Vorgaben über die Art der Verwaltungsstrukturen, auf die dieser Verwaltungsbefugnisse zu übertragen hat[87], anders als das Grundgesetz, das in Art. 83 ff. für den Regelfall die Landes- oder Bundesverwaltung vorsieht. Der deutschen Verfassung ist eine solche dynamische Verteilung von Verwaltungskompetenzen durch den einfachen Gesetzgeber im Grundsatz fremd[88]. Hingegen mag es im EGV eine Priorität für die vorhandenen mitgliedstaatlichen Verwaltungsstrukturen geben, exklusiv vorgeschrieben ist deren Verwendung oder die der EG-Eigenverwaltung nicht.

III. Neue Strukturen Europäischen Verwaltens

Die Übertragung einseitiger Regelungsbefugnisse durch den europäischen Gesetzgeber auf das Ensemble der Benannten Stellen ergänzt die überkommene Verwaltungsorganisation um neue Strukturen[89], deren Behandlung durch das Verwaltungsorganisationsrecht nicht in enger Parallele zu staatlichen Strukturen geführt werden muß[90]. Die Antworten auf die Frage nach Verfahrensanforderungen, hinreichendem Rechtsschutz gegen Maßnahmen Benannter Stellen, nach Eingreifen der Staatshaftung und der Grundrechtsgeltung können daher durchaus differenziert ausfallen[91], solange das durch die einseitige Regelungsbefugnis erzeugte asymmetrische Verhältnis zwischen Benannter Stelle und Hersteller hinreichend berück-

---

[85] *Schmidt-Aßmann*, DVBl. 1993, 924 (935 f.).

[86] Z.B. *Pühs*, Der Vollzug von Gemeinschaftsrecht, 1997, 73 f.; *Streinz*, HStR VII, § 182, Rn. 1 ff. *V. Danwitz*, Verwaltungsrechtliches System (Fn. 76), 486, bezeichnet die mitgliedstaatliche Vollzugsverantwortung als „verfassungsrechtliches Gegenprinzip zum Imperativ einer einheitlichen Geltung des EG-Rechts".

[87] *Di Fabio*, Produktharmonisierung (Fn. 10), 89.

[88] Art. 87 Abs. 3 S. 1 GG erlaubt weitgehend ungehindert die Verlagerung von Verwaltungskompetenzen auf die Bundesebene durch einfaches Bundesgesetz. Dazu mit deutlich restriktiver Tendenz *Britz*, DVBl. 1998, 1167 ff.

[89] *Schmidt-Aßmann*, Ordnungsidee (Fn. 59), Kap. 3 Tz. 57.

[90] *Röhl*, Akkreditierung (Fn. 8), 97.

[91] Dazu im einzelnen *Röhl*, Akkreditierung (Fn. 8), 79 ff.

sichtigt wird. Zutreffende Konsequenzen zieht etwa die Neufassung des MPG, das in § 18 für einseitige Maßnahmen gegenüber dem Hersteller das Verhältnismäßigkeitsprinzip aufruft und Anhörungspflichten festlegt.

C. Demokratieprinzip und gemeinschaftsweite Regelungsbefugnisse

I. Demokratische Legitimation

Der EG-Vertrag ermöglicht eine Zuweisung gemeinschaftsweiter Regelungsbefugnisse an die mitgliedstaatliche Ebene. Die konkret gewählte Ausgestaltung muß jedoch mit den Grundsätzen des EG-Vertrages vereinbar sein, wie sie insbesondere durch Art. 23 Abs. 1 GG ihre Absicherung erfahren haben. Im Mittelpunkt der folgenden Überlegungen steht das Demokratieprinzip (Art. 6 Abs. 1 EUV, Art. 23 Abs. 1 GG): Übereinstimmend wird im Zusammenhang mit gemeinschaftsweiten Entscheidungswirkungen von dem „Risiko"[92], der „Gefahr"[93] gesprochen, die in dem Vollzug europäischen Rechts durch andere Mitgliedstaaten liege. Verwaltungsvollzug sei ein „folgenreicher Verwirklichungsvorgang und vor allem kräftige Quelle unterschiedlichster Ergebnisse der Rechtsanwendung"[94]. Damit ist das Problem der Verwaltungslegitimation im EG-Raum beschrieben.

Nach einem an der Ministerialverwaltung orientierten Legitimationsmodell[95] läßt sich eine Verwaltungslegitimation für gemeinschaftsweite Entscheidungen in Europa nicht konzipieren, weil dieses eine möglichst enge Anbindung der Verwaltung an die Behördenspitze fordert. Für gemeinschaftsweite Verwaltungstätigkeit müßte dies dementsprechend die Europäische Kommission sein. Eine solche, die Legitimation der EG-Organe nutzende Zentralisierung, wie sie sich etwa für bestimmte Zulassungsverfahren des Arzneimittelrechts findet[96], muß jedoch wegen der Verpflichtungen auf Dezentralität und Subsidiarität die Ausnahme blei-

---

[92] *Götz*, in: ders. u.a., Lib. Am. Jaenicke (Fn.4), 763 (783 f.).
[93] *Hatje*, Gemeinschaftsrechtliche Steuerung (Fn. 76), 42 f.
[94] *Wahl/D. Groß*, DVBl. 1998, 2 (3); vgl. allgemein *Di Fabio*, VVDStRL 56 (1997), 235 (266); *Hatje*, Gemeinschaftsrechtliche Steuerung (Fn. 76), 111-114; zu einzelnen Vollzugsmodellen eingehend jetzt *Sydow*, Verwaltungskooperation in der Europäischen Union, 2004, 117 ff.
[95] Explizit *Jestaedt*, Demokratieprinzip und Kondominialverwaltung, 1993, 302 ff.; *Axer*, Normsetzung der Exekutive in der Sozialverwaltung, 2000, 296.
[96] Art. 4 ff. VO 726/2004 für bestimmte hoch- bzw. höhertechnologische Arzneimittel.

ben[97]. Als alternativer Mechanismus käme eine Kooperation aller nationalen Verwaltungen in Betracht, wie etwa im Falle der Arzneimittelzulassung oder der Zulassung gentechnisch veränderter Organismen.

Ein an die Verwaltungsspitze(n) der EG oder der Mitgliedstaaten anknüpfendes Legitimationsmodell wird jedoch verlassen, wenn aufgrund EG-Rechts gemeinschaftsweit wirkende Entscheidungen ohne Beteiligung der anderen Mitgliedstaaten oder der Kommission ergehen können. Ein solches Regelungsmodell findet sich bislang vor allem für die Zulassung zur Erbringung von Dienstleistungen, seltener im Rahmen von Produktzulassungen, so etwa die Genehmigungen zur Erbringung von Bank-, Versicherungs- oder Wertpapierdienstleistungen[98] oder die Erteilung von Betriebsgenehmigungen an Eisenbahn-[99] oder Luftfahrtunternehmen[100], sowie die Zulassung als Umweltgutachter[101]. Transnationale Wirkung hat vor allem auch die Akkreditierung bzw. Zulassung von Benannten Stellen. Eine hergebrachtem Verständnis folgende Verwaltungslegitimation durch alle Mitgliedstaaten, auf die sich die Wirkung der Entscheidung erstreckt, oder durch die Organe der EG[102] findet sich hier nicht. Daß der Gemeinschaftsgesetzgeber dies nicht mehr für erforderlich hält, mag an der geringeren politischen Bedeutung der Entscheidungen, mithin einem niedrigeren Legitimationsbedarf, liegen: Die zugrundeliegenden Rechtsvorschriften sind gemeinschaftsrechtlich harmonisiert[103], zudem kann nach einer Zulassung zu Dienstleistungen das spätere Verhalten des Unternehmers noch kontrolliert werden[104], im Falle der Produktzulassung ist allerdings der Zugriff auf das Verhalten des Produzenten mit dem Inverkehrbringen des Produkts beendet.

---

[97] *v. Danwitz*, Verwaltungsrechtliches System (Fn. 76), 410 f.; *Kadelbach*, Allgemeines Verwaltungsrecht (Fn. 71), 110 ff.; *Götz*, in: ders. u.a., Lib. Am. Jaenicke (Fn. 4), 763 (783, 785).

[98] Nachweise bei *Ehlers*, Europäisierung (Fn. 81), 10.

[99] Gem. Art. 1 Abs. 3 RL 95/18/EG.

[100] VO 2407/92.

[101] Art. 4 VO 761/2001.

[102] Die Entscheidung über die Zulassung Benannter Stellen kann durch die EG-Kommission kontrolliert werden, wenn die harmonisierten Normen über Akkreditierung und Zertifizierung nicht beachtet sind.

[103] Dazu *Neßler*, Europäisches Richtlinienrecht (Fn. 78), 30; *Schmidt-Aßmann*, DVBl. 1993, 924 (936).

[104] Das Augenmerk jener Richtlinien liegt denn auch zusätzlich auf der Kontrolle des Unternehmerverhaltens. So kann z.B. nach Art. 4 Abs. 5 VO 2407/92 die laufende Kontrolle durch den zulassenden Mitgliedstaat auf Ersuchen eines anderen Mitgliedstaates durch die Kommission kontrolliert werden.

II. Legitimationsprobleme mitgliedstaatlicher Verwaltungen

Das so entstehende dezentrale Verwaltungsmodell erinnert an föderale Strukturen[105]. Hier bleiben die Entscheidungen Regelungen durch einen anderen Mitgliedstaat. Deren Hinnahme ist nach dem hergebrachten Legitimationskonzept prekär[106]. Die europäische Verwaltungslegitimation, die an die Stelle einer von den Mitgliedstaaten abgeleiteten Verwaltungslegitimation tritt, kann eine derartige dezentrale Hoheitsausübung nur dann rechtfertigen, wenn sie zulässigerweise anderen Grundsätzen folgt als das hergebrachte Legitimationskonzept. Dafür müßten die Mittel der Verwaltungslegitimation: Weisung, Kontrolle und lückenlose Kette von Ernennungen, durch andere, strukturelle Mechanismen ersetzt werden können, die gleichermaßen eine sowohl funktionierende als auch gemeinwohlkonforme Aufgabenerfüllung sicherstellen.

Ein solches Konzept struktureller Legitimation würde das Erfordernis demokratischer Legitimation nicht durch eine hierarchische Verknüpfung mit der zentralen Ebene erfüllen, sondern durch die Bereitstellung gemeinwohlsichernder Strukturen für Verwaltungseinheiten, denen die Verwaltung der durch die EG übertragenen Kompetenzen „anvertraut" ist. Das hierin angesprochene Vertrauensprinzip eignete sich dann u.U. besser als das Hierarchieprinzip als Grundlage der Konstruktion einer Verwaltungslegitimation in dezentralen Entscheidungszusammenhängen. Es findet sich bereits in Art. IV Sec. 1 der US-Verfassung[107]. Auch für das EG-Recht wird immer wieder das gegenseitige Vertrauen in die Verwaltungsstellen der Mitgliedstaaten als entscheidende Voraussetzung für die Einrichtung und das Funktionieren gemeinschaftsweiter Verwaltungsstrukturen ausgemacht[108].

---

[105] Die nicht mit bundesstaatlichen Strukturen gleichgesetzt werden müßten, vgl. die Verwendung des Begriffs für das Gefüge aus Union und Mitgliedstaaten bei *v. Bogdandy*, Supranationaler Föderalismus als Wirklichkeit und Idee einer neuen Herrschaftsform, 1999, 61 ff.

[106] *Schmidt-Aßmann*, DVBl. 1993, 924 (936).

[107] „Full faith and credit shall be given in each state to the public acts, records, and judicial proceedings of every other state." In Bezug genommen bei *Seidel*, in: Magiera, Entwicklungsperspektiven (Fn. 80), 169 (182); *Beyer*, Rechtsnormanerkennung (Fn. 76), 26.

[108] *Seidel*, in: Magiera, Entwicklungsperspektiven (Fn. 80), 169 (181); *Bleckmann*, JZ 1985, 1071 (1074 r. Sp.); *Happe*, Grenzüberschreitende Wirkung (Fn. 76), 111; *Troberg*, in: Groeben/Thiesing/Ehlermann (Hrsg.), Kommentar zum EU-/EG-Vertrag, Art. 57 Rn. 6; *Streinz*, WiVerw 1996, 129 (146); *Majone*, Mutual Trust - Credible Commitments and the Evolution of Rules for a Single European Market (EUI Working Paper), Badia Fiesolana 1995, *Beyer* (Fn. 76) 26, 53; *Oppermann*, Europarecht, 2. Aufl. 1999, Rn. 1299, 1590, 1613, 1620; *v. Bogdandy/Arndt*, EWS 2000, 1 (1 f.).

Zu diesem Zweck müßten dann Strukturen geschaffen werden, die, wie es Art. 10 EGV in der Interpretation des EuGH fordert, die mitgliedstaatlichen Verwaltungen in dem dezentral verteilten Entscheidungssystem der EG auf das Gemeinschaftsinteresse ausrichten, wenn sie als Sachwalter zur Erfüllung ihrer EG-rechtlichen Pflichten tätig werden[109]. Auf diese Weise würde die Zuweisung grenzüberschreitender Verwaltungsbefugnisse ermöglicht, ohne daß eine hierarchische Rückbindung, z.B. über ein durchgehendes Weisungsrecht für die Kommission, erforderlich wird[110]. Nur dann können die EG und ihre Mitgliedstaaten bei der Übertragung von Entscheidungsbefugnissen davon ausgehen, daß die eingesetzten Verwaltungseinheiten den gemeinwohlkonformen Vollzug europäischen Rechts garantieren.

Vertrauen in die Verwaltungsstrukturen der jeweiligen Mitgliedstaaten als rechtlich relevanter, die Überlassung von Entscheidungsbefugnissen vor dem Demokratieprinzip rechtfertigender Mechanismus läßt sich nicht anordnen[111], sondern muß durch konkrete Mechanismen erzeugt werden: Im nationalen Rahmen führt die ständige Handlungspraxis zur Vertrautheit mit bestimmten Strukturen, ihrer Kompetenz und ihren Ressourcen[112]. Ein solcher gemeinsamer Erfahrungshintergrund fehlt auf europäischer Ebene. In die Bewertungen, die bestimmte Stellen treffen, wird im europäischen Zusammenhang daher nicht alleine deshalb Vertrauen gesetzt, weil es sich bei diesen Stellen um Bestandteile der jeweiligen nationalen Verwaltungsorganisation handelt[113]. Die organisatorische Zugehörigkeit zur Verwaltung begründet u.U. sogar den Verdacht einer Neigung zur Bevorzugung nationaler Interessen[114]. Die Errichtung gemeinschaftsweiter Verwaltungsbefugnisse kann es also nicht einfach bei einem Anerkennungsmodell bewenden lassen[115]. Vertrauenserzeugende Mechanismen müssen vielmehr

---

[109] Dazu *Weatherill*, in: Micklitz/Roethe/Weatherill, Federalism and Responsibility, 1994, 153 (193 ff.).

[110] Dagegen z.B. *Pühs*, Vollzug (Fn. 86), 293 ff.

[111] *Majone*, Mutual Trust (Fn. 108), 15.

[112] Typisch die Berufung auf „bewährte Einrichtungen mit langer sicherheitstechnischer Tradition", z.B. bei *Becker*, in: FS für O. Wlotzke (Fn. 32), 445 (460). Zu den Grenzen der Exportfähigkeit deutschen Sicherheitsdenkens im Bereich der Maschinen EuGH v. 28.1.1986, Rs. 188/84, Slg. 1986, 419 (Rn. 15-22 - Holzbearbeitungsmaschinen).

[113] „Im Sinne des neuen Konzepts ist es wünschenswert, die direkte Intervention der Behörde auf die Maßnahmen zu beschränken, die zur Erfüllung der grundlegenden Anforderungen unerläßlich sind [...]. Dieses Prinzip schließt nicht aus, daß die Behörden weiterhin zur Überwachung des Marktes und der Verwendung der Erzeugnisse verpflichtet sind.", Kommission, Globales Konzept, ABl. EG 1989, Nr. C 267, S. 1 (23).

[114] Vgl. *Majone*, Mutual Trust (Fn. 108), 19.

[115] So der Ansatz von *v. Danwitz*, Verwaltungsrechtliches System (Fn. 76), 407 ff., 484 ff.

die Gemeinwohlfähigkeit der vorgefundenen Entscheidungsstrukturen garantieren, die Einhaltung der strukturellen Anforderungen muß also *institutionell abgesichert* sein und nach außen überprüfbar gemacht werden[116]. Ein erster Schritt sind vertrauensfördernde Techniken wie z.B. Begleitrechte für Beamte anderer Mitgliedstaaten der EG bei Inspektionen. Diese sollen dazu dienen, das notwendige Vertrauen in die Kontrollen in anderen Mitgliedstaaten zu erzeugen, um auf diese Weise die Anerkennung fremdstaatlicher Entscheidungen zu erleichtern[117]. Damit kann es jedoch nicht sein Bewenden haben. Es bedarf vielmehr der Verpflichtung auf die Erstellung von Handlungskonzepten, Durchführung transparenzfördernder Maßnahmen und Einrichtung von Kontrollen[118], die sich auf die Implementation der strukturellen Anforderungen, also Neutralitätsanforderungen, Verfahrensregeln für Informationsqualität und Rollenkompetenz richten. Ein fortgeschritteneres Konzept vertrauensfördernder Mechanismen verläßt sich auf die Errichtung sekundärer Strukturen. Diese institutionalisieren Mißtrauen, so daß sich das Vertrauen auf deren Leistungen richten kann. Solche sekundären Strukturen determinieren die Entscheidungen der Handlungsebene also nicht inhaltlich, sondern garantieren die Einhaltung der Organisations- und Verfahrensregeln[119]. Auf diese Weise gewährleisten sie die Einhaltung der strukturellen Legitimationsvoraussetzungen.

III. Das Legitimationskonzept im Falle der Benannten Stellen

Mit dem System der Benannten Stellen hat die EG eine Lösung gewählt, die auf der Handlungsebene ohne mitgliedstaatliche Verwaltungen auskommt und so eine genuin europäische Verwaltungsstruktur errichtet. Dies liegt nahe, weil sich weder eine verwaltungskooperative Lösung noch ein dezentrales, auf mitgliedstaatlichen Verwaltungen aufbauendes Verwaltungsmodell anbietet: Für die Produktzulassung als Massengeschäft wäre der Aufwand einer verwaltungskooperativen Lösung zu hoch, ohnehin ist nicht sicher, daß die einzelnen Mitgliedstaaten über hinreichend ausgebaute Verwaltungskapazitäten verfügen. Die Einschaltung privater, an Gewinn orientierter Einheiten wirkt aus der Perspektive der EG als Entkoppelung von nationalen Interessen und daher als Entpolitisierung, zumal Verfahren

---

[116] Vgl. auch die zu dem System der Akkreditierung und Zertifizierung ganz ähnliche Zulassung von Zahlstellen im Rahmen des Rechnungsabschlußverfahrens nach der Kommissions-VO 1663/95 (Durchführungsbestimmungen zu der Verordnung (EWG) Nr. 729/70).

[117] Dazu *Schlag,* Verwaltungsbefugnisse (Fn. 78), 14.

[118] Zu diesen Strukturanforderungen als Elementen des europäischen Umweltrechts *Schmidt-Aßmann/Ladenburger,* Umweltverfahrensrecht, EUDUR I (Fn. 12), § 18 Rn. 3 bei Fn. 23, Rn. 4 ff., 20 und 28. Zu Transparenzmechanismen ferner *Hatje,* Gemeinschaftsrechtliche Steuerung (Fn. 76), 120 f.

[119] Vgl. *Shapiro,* American Journal of Sociology 93 (1987), 623 (636 ff.).

und Organisation dieser Stellen durch europäische Normen vorgezeichnet werden. Organisationsanforderungen an Private mit sekundären Strukturen zu ihrer Überwachung lassen sich hier leichter durchsetzen, weil sie die vorhandene mitgliedstaatliche Verwaltungsorganisation nicht antasten müssen[120]. Die Errichtung einer solchen neuen Verwaltungsstruktur ist aber voraussetzungsvoll. Zur Zeit sind noch deutliche Defizite zu beobachten. Dem soll im folgenden nachgegangen werden.

D. Umsetzung und Weiterentwicklung des Neuen Konzepts und des Gesamtkonzepts

I. Vorgaben für die Benannten Stellen und ihre Umsetzung

Das Gesamtkonzept errichtet eine neue Verwaltungsstruktur zur Administration des Marktzugangs. Die Basis dieser Struktur bilden die Benannten Stellen, Einrichtungen, bei denen es sich in der Regel um Private handelt, die jedenfalls keine mitgliedstaatlichen oder europäischen Verwaltungsbehörden darstellen müssen[121]. Aus diesem Grunde verfügen die Benannten Stellen nicht von sich aus über die Qualitäten, mit denen behördliche Verwaltung gemeinhin verbunden wird, also Neutralität, Sachkunde und die Fähigkeit zur gleichmäßigen Interessenberücksichtigung. Als dezentralisierte Verwaltungsstruktur benötigt das Ensemble der Benannten auch einen Mechanismus, der die einheitliche Auslegung und Anwendung der handlungsleitenden Normen gewährleistet. Daher müssen das Gemeinschaftsrecht und die mitgliedstaatlichen Rechtsnormen die Anforderungen an die Benannten Stellen überhaupt erst formulieren und durchsetzen.

Die Formulierung inhaltlicher Vorgaben ist zum Teil geschehen: Ausgangspunkt sind die allgemeinen grundlegenden Vorgaben für die zu benennenden Stellen, die das Gesamtkonzept und der Ratsbeschluß 93/465/EWG[122] vorsehen. Letztlich verbindlich sind allerdings nur die in den speziellen Richtlinien enthaltenen Anforderungen an zu benennende

---

[120] Zu der bislang geringen Intensität gemeinschaftsrechtlicher Einwirkungen in die mitgliedstaatliche Verwaltungsorganisation *Hatje,* Gemeinschaftsrechtliche Steuerung (Fn. 76), 113, und *Kahl,* DV 29 (1996), 341 ff., der die indirekten Einflußwege betont. Anders die Wertung durch *v. Danwitz,* Verwaltungsrechtliches System (Fn. 76), 194 ff., bes. 201.

[121] Die Benennung von Verwaltungsbehörden ist nicht ausgeschlossen, allerdings kann sowohl die ausschließliche als auch die konkurrierende Benennung zu Rechtsproblemen führen, dazu *Röhl,* Akkreditierung (Fn. 8), 68 ff. Hinzu tritt das Erfordernis, Benannte Stellen hinreichend von den Marktüberwachungsbehörden zu trennen, Kommission, Leitfaden (Fn. 23), 44.

[122] Oben Fn. 28.

Stellen. Als materielle Voraussetzungen der Benennung zählen die Richtlinien ähnliche Kompetenzkriterien auf[123], die sich allerdings bei der Detailanalyse durchaus unterscheiden[124], ohne daß dahinter immer ein Anliegen in der Sache ersichtlich wäre.

Das entscheidende Problem ist aber nicht ein solches etwa fehlender oder unterschiedlicher materieller Kriterien für die Benennung, sondern die Tatsache, daß Verfahren und Organisation der Auswahl, Benennung und laufenden Überprüfung der Benannten Stellen, die in der Hand der Mitgliedstaaten liegen, nur unzureichend festgelegt ist[125]. Dahinter steht eine bewußte politische Entscheidung, auch insoweit auf den Grundsatz der gegenseitigen Anerkennung zu setzen und daher die Benennung der Stellen möglichst weit, d.h. auch hinsichtlich Organisation und Verfahren in der nationalen Zuständigkeit zu lassen[126].

1. Voraussetzungen für die Benennung

Eine gewisse Rolle spielt in diesem Zusammenhang immerhin das Institut der Akkreditierung. Hierbei handelt es sich um ein „Verfahren, nach dem eine autorisierte Stelle die formelle Anerkennung erteilt, daß eine Stelle oder Person kompetent ist, bestimmte Aufgaben auszuführen"[127]. Die Überprüfung, ob bestimmte Stellen über hinreichende Sachkunde und Unabhängigkeit für Konformitätsbewertungsverfahren verfügen, erfolgt hierbei anhand von Akkreditierungsstandards, die auf europäischer bzw. internationaler Ebene durch Normungsgremien erarbeitet werden[128]. Durchgeführt

---

[123] Zusammenstellung in Kommission, Leitfaden (Fn. 23), 40.

[124] *Ensthaler u.a.*, Akkreditierung von Prüf- und Zertifizierungsstellen (KAN-Bericht 30), 2003, 15, 56 ff. 66 u.ö.; Mitteilung der Kommission, Verbesserte Umsetzung der Richtlinien des neuen Konzepts, KOM (2003) 240 endg. S. 10 (unter 2.2.3).

[125] *Ensthaler u.a.*, Akkreditierung (Fn. 124), 19, 66, 70 u.ö.; als Problem bei *Scheel*, Privater Sachverstand (Fn. 9), 168 f.; für die niederländische Situation *G. Evers* (Fn. 71), TFLR 2003, 342 (356 f.).

[126] KOM-Mitteilung (2003) 240 endg. (Fn. 124), 9 (unter 2.2.3.).

[127] DIN EN 45020:1998 Normung und damit zusammenhängende Tätigkeiten – Allgemeine Begriffe, 12.11. Die Normenreihe 45000 wird überarbeitet und durch die Reise ISO 17000 ersetzt; vgl. hierzu die Überarbeitung durch ISO/IEC 17000:2004 Conformity assessment - Vocabulary and general principles.

[128] Zu den wesentlichen Standards zählen ISO/IEC 17000:2004 Conformity assessment - Vocabulary and general principles; ISO/IEC 17011:2004 Conformity assessment - General requirements for accreditation bodies accrediting conformity assessment bodies; diese Norm ersetzt die bisherigen Europäischen Normen DIN EN 45003:1995 Akkreditierungssysteme für Kalibrier- und Prüflaboratorien und DIN EN 45010:1998 Allgemeine Anforderungen an die Begutachtung und Akkreditierung von Zertifizierungsstellen; ISO/IEC 17020:1998 General criteria for the operation of various types of bodies performing inspection; ISO/IEC 17024:2003 Conformity assessment - General requirements for bodies operating certification of persons; ISO/IEC 17025:1999 General requirements for

wird eine solche Akkreditierung durch eine Akkreditierungsstelle. In Europa verfügen diese Stellen typischerweise über eine – allerdings ganz unterschiedlich konstruierte – staatliche Anbindung, am unübersichtlichsten in Deutschland, wo unter dem Dach des Deutschen Akkreditierungsrates eine größere Zahl ursprünglich sektoriell getrennter Akkreditierungsstellen tätig ist.

Nach dem Modul-Beschluß des Rates[129] begründet eine Akkreditierung nach der Reihe EN 45000 eine Vermutung für die Einhaltung der Anforderungen der Richtlinien für die Benannten Stellen. Ähnliche, wenn auch nicht eindeutige Vermutungswirkungen enthalten die Richtlinien, die ebenfalls auf diese Normenreihe verweisen[130]. Aus diesem Grunde greifen eine Vielzahl von Mitgliedstaaten – mit Unterschieden im Einzelnen – im Rahmen der Benennung der Stellen auf die Ergebnisse eines Akkreditierungsverfahrens zurück. Insgesamt weisen die Benennungsverfahren in der Mitgliedstaaten jedoch einen hohen Grad an Varianz auf[131]. Den jeweils anderen Mitgliedstaaten liegen zur Zeit eher wenig handfeste Informationen über die Zulassungssysteme der einzelnen Mitgliedstaaten vor[132]. Damit ist die zentrale Anknüpfung für das gegenseitige Vertrauen in die Benannten Stellen, ihre organisatorische und verfahrensmäßige Anknüpfung in den einzelnen Mitgliedstaaten zur Zeit noch defizitär.

2. Laufende Überwachung

Neben den uneinheitlichen Regeln über die Benennung ist weiterhin zu bemängeln, daß bislang Vorgaben für laufende Kontrollen nicht vorhanden sind. Zwar sehen die Richtlinien vor, daß die Mitgliedstaaten die Benennung zurückziehen müssen, wenn deren Voraussetzungen nicht mehr gegeben sind[133]. Die Beschaffung der informatorischen Grundlage für eine solche Entscheidung ist jedoch nicht geregelt. Eine ständige und wirksame Überwachung der Benannten Stellen findet nicht statt[134]. Der Leitfaden

---

the competence of testing and calibration laboratories; DIN EN 45011:1998 Allgemeine Anforderungen an Stellen, die Produktzertifizierungssysteme betreiben; DIN EN 45012:1998 Allgemeine Anforderungen an Stellen, die Qualitätsmanagementsysteme begutachten und zertifizieren.

[129] Oben Fn. 28, Anhang I A.m).

[130] Z.B. Art. 16 RL 93/42/EWG (Medizinprodukte); Art. 12 Abs. 2 RL 97/23/EG (Druckgeräte).

[131] KOM-Mitteilung (2003) 240 endg. (Fn. 124), 9 (unter 2.2.3); *Ensthaler u.a.*, Akkreditierung (Fn. 124), 13.

[132] KOM-Mitteilung, a.a.O.

[133] Z.B. Art. 12 Abs. 3 RL 97/23/EG (Druckgeräte), ähnlich Art. 16 Abs. 3 RL 93/42/EWG (Medizinprodukte).

[134] *Ensthaler u.a.*, Akkreditierung (Fn. 124), 73.

nennt die Überwachung zwar eine Obliegenheit der Mitgliedstaaten[135], zwingende Vorgaben hierfür fehlen jedoch. Immerhin führt eine – in vielen Fällen verwendete – Akkreditierung auch zu einer laufenden Überwachungspflicht[136]. Allerdings ist zur Zeit eine Akkreditierung noch nicht verpflichtend, ebenso ist zur Zeit wenig transparent, in welchen Fällen ein Akkreditierungsverfahren durchgeführt wird und damit auch laufende Kontrollen sichergestellt sind.

3. Tatsächliche Ausgestaltung: Keine Erfahrungen

Die Überlassung der Modalitäten der Auswahl, Benennung und Überwachung an die Mitgliedstaaten führt dazu, daß das System der Benannten Stellen als Gesamtsystem nicht einfach durchschaubar ist. Die Kommission bemüht sich zwar darum, durch Maßnahmen wie gegenseitige Besuche oder Workshops den gegenseitigen Informationsstand zu erhöhen. Das kann aber nicht genügen: Die Benannten Stellen lassen Produkte für den gesamten Gemeinschaftsraum und damit für jeden Mitgliedstaat zu. Es reicht daher nicht aus, daß es lediglich möglich ist, Kenntnisse über die unterschiedlichen Benennungssysteme in einer Vielzahl von Mitgliedstaaten zu ermitteln, vielmehr bedarf es einheitlicher und transparent überprüfter Benennungs- und Überwachungsverfahren.

II. Die Rolle der Marktüberwachung im Rahmen des Neuen Konzepts

Die Umgestaltung des Produktzulassungsregimes durch das Neue Konzept bringt auch für die Aufgaben der mitgliedstaatlichen Behörden nachhaltige Änderungen mit sich. Das Instrument präventiver Kontrolle ist ihnen aus der Hand genommen, sie sind lediglich auf Gefahrenabwehrmaßnahmen verwiesen. Für die Wahrnehmung dieser Gefahrenabwehraufgaben erweist sich aber die Trennung zwischen den zulassenden Benannten Stellen und den Marktüberwachungsbehörden als ein kritischer Punkt. Mit dem Instrument der Genehmigung, also der behördlichen Zulassung eines Produkts konnte der Gesetzgeber auf Situationen typischer oder potentieller Gefährlichkeit reagieren. Die Person, die die Sachherrschaft über eine potentielle Gefahrenquelle, also z.B. ein Produkt, hat, wird gezwungen, Informationen über diese potentielle Gefahrenquelle zunächst zu erzeugen und sie dann mit der Behörde zu teilen. Der Hersteller, der etwas zu gewinnen hat, den Marktzugang, liefert die Information in dieser Situation aus eigenem Antrieb. Das Genehmigungserfordernis löst also vor allem das

---

[135] Kommission, Leitfaden (Fn. 121), 42.
[136] KOM-Mitteilung (2003) 240 endg. (Fn. 124), S. 12 (unter 2.2.5). Die neuen ISO-Akkreditierungsstandards sehen solche Verpflichtungen vor, vgl. z.B. ISO/IEC 17011:2004 Conformity assessment - General requirements for accreditation bodies accrediting conformity assessment bodies, 7.11 Reassessment and Surveillance.

Informationsproblem, zu erfahren, welche Produkte in welcher Beschaffenheit auf den Markt kommen. Ohne diese Informationen nützen die besten Produktsicherheitsvorschriften nichts, weil ihr Vollzug nicht gelingt.

Genau vor dieses *Informationsproblem* sieht sich nun die Marktüberwachung durch mitgliedstaatliche Behörden gestellt, weil ihr keine systematischen Informationen über die Produkte auf dem Markt zur Verfügung stehen und der gesamte Markt für ein bestimmtes Produkt sehr viel schwieriger zu beobachten ist als lediglich der Marktzugang. Zwar ist es die Aufgabe der Mitgliedstaaten, alle erforderlichen Maßnahmen zu treffen, daß die Produkte nur in Verkehr gebracht und in Betrieb genommen werden dürfen, wenn sie entweder keine Gefahr darstellen[137] oder den Anforderungen der Richtlinie nicht entsprechen[138]. Für die Wahrnehmung dieser Aufgabe fehlen jedoch die hinreichenden Informationen, solange keine konkreten Hinweise auf Gefahrenquellen vorliegen.

Hier erweist sich zusätzlich die Heterogenität der von den Richtlinien erfaßten Produkte als ein Problem. So mag eine Marktüberwachung hinsichtlich von Fehlern, die auch für die Öffentlichkeit erkennbar sind, wie z.B. bei Spielzeug eben auch auf Information durch die Öffentlichkeit bauen können. Auch können Besichtigungs- und Betretungsbefugnisse hinreichende Informationen liefern. Gerade bei komplizierteren Produkten lassen sich jedoch Gefahrenquellen ohne Untersuchung nicht ermitteln. Dürfen diese erst bei konkreten Hinweisen auf Gefahren einsetzen, sind also Ermittlungsmaßnahmen ohne konkrete Anhaltspunkte unzulässig, sind die Chancen einer wirksamen Marktüberwachung vor allem für Produkte mit einem großen Schadenspotential stark reduziert.

Mit dem Wegfall des Genehmigungserfordernisses und dem Verbot präventiver Kontrollen entsteht zusätzlich ein Ressourcenproblem: Für den Aufbau eigener Untersuchungskapazitäten für gefährliche Produkte fehlen der öffentlichen Hand zumeist die finanziellen Mittel, damit kann aber auch innerhalb der staatlichen Organisation das erforderliche Wissen zum Umgang mit gefährlichen Produkten nicht mehr erzeugt werden. In der bundesstaatlichen Struktur Deutschlands tritt ein Koordinationsproblem durch die Zersplitterung der Zuständigkeiten hinzu, das die zur effektiven Marktüberwachung erforderliche europäische Abstimmung erschwert.

III. Weiterentwicklung

Die beschriebenen strukturellen Defizite sind auf der europäischen Ebene erkannt. Nach einer Mitteilung der Kommission[139] hat sich der Rat die Verbesserung des Produktsicherheitsrechts in einer Entschließung zur

---

[137] Z.B. Art. 2 Abs. 1 RL 98/37/EG (Maschinen).
[138] Z.B. Art. 2 RL 93/42/EWG (Medizinprodukte).
[139] KOM-Mitteilung (2003) 240 endg. (Fn. 124).

Aufgabe gemacht[140]. Insbesondere die defizitären Vorgaben für die Benannten Stellen sind als Problem beschrieben. Eine mögliche Weiterentwicklung könnte in einer horizontalen Richtlinie bestehen, die über alle Produktbereiche hinweg die strukturellen Vorgaben für das System der Konformitätsbewertung einheitlich festlegt[141]. Mit einer solchen Weiterentwicklung könnte zugleich auch den unter C. erläuterten Anforderungen an eine demokratische Rückbindung der Konformitätsbewertungsstruktur genüge getan werden.

E. Fazit

Die „Verwaltung des Gemeinschaftsraumes" als Thema des europäischen Verwaltungsrechts erfährt durch die auf der Grundlage der Richtlinien zum New Approach errichtete Verwaltungsstruktur eine Perspektivenerweiterung: War man bislang davon ausgegangen, als Verwaltungsstrukturen ausschließlich die Mitgliedstaaten und die Gemeinschaftsorgane behandeln zu müssen, zeigt sich jetzt, daß die EG weitere Strukturen des Vollzuges kennt. Die Analyse von deren Defiziten und Vorzügen kann zugleich zu einem vertieften Verständnis der anderen Vollzugskonzepte beitragen. Die Erfahrung der Praxis zeigt zugleich, daß die Errichtung solcher Vollzugsstrukturen eine voraussetzungsvolle Aufgabe ist. Hier ist die kritische Begleitung durch eine aufmerksame Verwaltungsrechtswissenschaft dringend geboten.

---

[140] Ratsentschließung v. 10.11.2003 zur Mitteilung der Europäischen Kommission „Verbesserte Umsetzung der Richtlinien des neuen Konzepts", ABl. EU 2003 Nr. C 282, S. 3.

[141] Ratsentschließung (Fn. 140), unter c).

Das allgemeine Verfahrensrecht der gemeinschaftsrechtlichen Amtshilfe[*]

FLORIAN WETTNER

A. Einführung: Die gemeinschaftsrechtliche Amtshilfe
B. Strukturmerkmale der gemeinschaftsrechtlichen Amtshilfe
   I. Amtshilfehandlung
   II. Amtshilferechtliches Hauptverfahren, insbesondere Abgrenzung zwischen Amtshilfe und Unterstützung in Aufsichtsverhältnissen
   III. Verfahren der Gewährung und Inanspruchnahme der Amtshilfe
C. Schichten des die Amtshilfe dirigierenden Rechts
   I. Amtshilfehandlung
   II. Amtshilfeleistung
D. Verfahrensrechtliche Standards der gemeinschaftsrechtlichen Amtshilfe
   I. Interadministrative Verfahrensstandards
      1. Amtshilferechtliche Äquivalenzregel als Ausprägung des Diskriminierungsverbotes
      2. Grenze rechtlicher Unmöglichkeit und Wirkung des Vereitelungsverbotes
      3. Grenzen aus dem Grundsatz interadministrativer Verhältnismäßigkeit
      4. Grenzen staatlicher Souveränität
   II. Individualschützende Verfahrensstandards
      1. Geltung gemeinschaftsrechtlicher Verteidigungsrechte und Verwertungsverbote
      2. Ordre public im Sinne nationaler Grundrechte
E. Fazit

---

[*] Der Beitrag basiert auf meiner demnächst im Druck erscheinenden Dissertation mit dem Titel „Die Amtshilfe im Europäischen Verwaltungsrecht".

A. Einführung: Die gemeinschaftsrechtliche Amtshilfe

Die grenzüberschreitende Amtshilfe zwischen mitgliedstaatlichen Behörden (horizontale Amtshilfe) sowie diesen und Gemeinschaftsstellen (vertikale Amtshilfe) zur ordnungsgemäßen Durchführung des Gemeinschaftsrechts ist ein auf Gemeinschaftsebene seit langem beachteter Regelungsgegenstand. Anders als im deutschen Recht oder Völkerrecht fehlt es jedoch an einer allgemeinen verwaltungsrechtlichen Regelung[1] – etwa in Gestalt einer allgemeinen Amtshilfeverordnung[2] –, vielmehr hat die Gemeinschaft zahlreiche Regelungen erlassen, die die Amtshilfe in einzelnen Verwaltungsbereichen normieren[3]. Einen besonderen Impuls erhielt das Thema der Amtshilfe durch die Einführung des Binnenmarktes zum 31.12.1992 und der damit einhergehenden Abschaffung der Grenzkontrollen, die in vielen Bereichen eine verstärkte Verwaltungskooperation erforderlich machte, um die ordnungsgemäße Durchführung des Gemeinschaftsrechts zu gewährleisten. Im Vorfeld und im Zuge der Binnenmarkteinführung wurden seit Ende der 1980er Jahre neue Amtshilferegeln geschaffen oder bestehende ausgebaut. Ausdifferenzierte gemeinschaftsrechtliche Amtshilferegelungen finden sich heute vor allem für die Steuer- und Zollverwaltung[4], die Sozialverwaltung[5] sowie die Wettbewerbsaufsichtsverwaltung[6].

---

[1] Für das deutsche Recht siehe §§ 4 ff. VwVfG; für das Völkerrecht *Europäisches Übereinkommen vom 24. November 1977 über die Zustellung von Schriftstücken in Verwaltungssachen im Ausland* (Europäisches Zustellungsübereinkommen 1977); *Europäisches Übereinkommen vom 15. März 1978 über die Erlangung von Auskünften und Beweisen in Verwaltungssachen im Ausland* (Europäisches Amts- und Rechtshilfeübereinkommen 1978).

[2] Siehe *Meier*, EuR 1989, 237 (248), der eine solche Verordnung bereits zur Einführung des Binnenmarktes 1993 für erforderlich hielt; vgl. auch *Becker*, DVBl. 2001, 855 (864) für die Schaffung allgemeiner Verwaltungskooperationsgesetze in den mitgliedstaatlichen Rechtsordnungen.

[3] Zur Amtshilfe in den Bereichen der europäischen *Zollverwaltung, Steuerverwaltung, Agrarverwaltung, Wettbewerbsaufsichtsverwaltung, Sozialverwaltung, Lebensmittel- und Veterinärverwaltung* sowie *Finanzmarktaufsichtsverwaltung* siehe *Wettner*, Die Amtshilfe im Europäischen Verwaltungsrecht, i.E., Kap. 1 C.; zur informationellen Amtshilfe in der europäischen Umweltverwaltung *Sommer*, Verwaltungskooperation am Beispiel administrativer Informationsverfahren im europäischen Umweltrecht, 2003, passim.

[4] Richtlinie Nr. 77/799/EWG des Rates v. 19.12.1977 über die gegenseitige Amtshilfe zwischen zuständigen Behörden der Mitgliedstaaten im Bereich der direkten Steuern, ABl. EG 1977 Nr. L 336, S. 15 ff.; Richtlinie Nr. 76/308/EWG des Rates v. 15.3.1976 über die gegenseitige Unterstützung bei der Beitreibung von Forderungen im Zusammenhang mit Maßnahmen die Bestandteil des Finanzierungssystems des Europäischen Ausrichtungs- und Garantiefonds für die Landwirtschaft sind, sowie von Abschöpfungen und Zöllen, ABl. EG 1976 Nr. L 73, S. 18 ff.; Verordnung Nr. 1798/2003/EG des Rates v.

Trotz der zunehmenden Verrechtlichung existiert ein konsistentes Verwaltungsrecht der gemeinschaftsrechtlichen Amtshilfe bisher nicht[7], die sekundärrechtlichen Regelungen weisen mitunter erhebliche Divergenzen hinsichtlich des Begriffsverständnisses der Amtshilfe sowie deren Voraussetzungen und Grenzen auf. Im Interesse der Rechtssicherheit und -klarheit sollte aber aus der bereichsspezifisch ausgebildeten Amtshilfe ein bereichsübergreifendes Rechtsinstitut entwickelt werden, das allgemeinen verwaltungsrechtlichen Regeln folgt[8]. Dieses allgemeine Verwaltungsrecht der gemeinschaftsrechtlichen Amtshilfe umfaßt neben organisationsrechtlichen Aspekten[9] sowie Rechtsschutz- und Haftungsfragen[10] das in diesem Beitrag zu untersuchende *Recht des Amtshilfeverfahrens* zwischen den beteiligten Behörden einerseits sowie im Verhältnis zu Privaten andererseits. Das setzt zunächst ein bereichsübergreifendes Verständnis der Strukturmerkmale der Amtshilfe voraus (B.). Daran schließt sich ein Überblick über die den Vorgang der Amtshilfe bestimmenden Rechtsschichten an (C.), um schließlich die einzelnen allgemeinen Verfahrensregeln, die Verfahrensstandards, darzustellen (D.).

7.10.2003 über die Zusammenarbeit der Verwaltungsbehörden auf dem Gebiet der Mehrwertsteuer, ABl. EU 2003 Nr. L 264, S. 1 ff.; Verordnung Nr. 515/97/EG des Rates v. 13.3.1997 über die gegenseitige Amtshilfe zwischen den Verwaltungsbehörden der Mitgliedstaaten und die Zusammenarbeit dieser Behörden mit der Kommission im Hinblick auf die ordnungsgemäße Anwendung der Zoll- und der Agrarregelung, ABl. EG 1997 Nr. L 82, S. 1 ff.

[5] Art. 76 ff. Verordnung Nr. 883/2004/EG des Europäischen Parlaments und des Rates v. 29.4.2004 zur Koordinierung der Systeme der sozialen Sicherheit, ABl. EU 2004 Nr. L 166, S. 1 ff. (gilt ab Inkrafttreten einer Durchführungsverordnung); zur Zeit noch Art. 84 ff. Verordnung Nr. 1408/71/EWG des Rates v. 14.6.1971 zur Anwendung der Systeme der sozialen Sicherheit auf Arbeitnehmer und deren Familien, die innerhalb der Gemeinschaft zu- und abwandern, ABl. EG 1971 Nr. L 149, S. 2 ff.; ergänzt durch Regelungen der zu deren Durchführung ergangenen Verordnung Nr. 574/72/EWG, ABl. EG 1972 Nr. L 74, S. 1 ff.

[6] Art. 11 f., 20 Abs. 5 und 6, 22 Verordnung Nr. 1/2003/EG des Rates v. 16.12.2002 zur Durchführung der in den Artikeln 81 und 82 des Vertrages niedergelegten Wettbewerbsregeln, ABl. EG 2003 Nr. L 1, S. 1 ff.

[7] So auch die Einschätzung von *v. Bogdandy/Arndt*, EWS 2000, 1 (1).

[8] Dazu *Wettner*, Amtshilfe (Fn. 3).

[9] Siehe zu den organisationsrechtlichen Aspekten des direkten oder indirekten *Behördenverkehrs* sowie der *Netzwerke* als Infrastruktur der Amtshilfe *Wettner*, Amtshilfe (Fn. 3), Kap. 3 C. Allgemein zum bisher eher stiefmütterlich behandelten europäischen Verwaltungsorganisationsrecht *Franchini*, Rivista trimestrale di diritto pubblico 2002, 651 ff.

[10] Siehe dazu *J. Hofmann*, Rechtsschutz und Haftung im europäischen Verwaltungsverbund, 2004; *ders.*, in diesem Band, 353 ff.

B. Strukturmerkmale der gemeinschaftsrechtlichen Amtshilfe

Die Amtshilfe weist Strukturmerkmale auf, die sie von anderen Kooperationsformen unterscheiden und das Eingreifen der speziellen amtshilferechtlichen Verfahrensregeln bedingen bzw. voraussetzen[11]. Die Struktur der Amtshilfe wird im wesentlichen durch die im folgenden kursorisch dargestellten Merkmale der Amtshilfehandlung einerseits (I.), des durch sie unterstützten Hauptverfahrens andererseits (II.) sowie schließlich durch das zwischen den Amtshilfepartnern ablaufende Verfahren der Gewährung und Inanspruchnahme der Hilfe bestimmt (III.).

I. Amtshilfehandlung

Die überwiegend auffindbaren *Amtshilfehandlungen* ergeben sich aus der bisweilen auftretenden Divergenz zwischen wahrzunehmender Verwaltungsaufgabe und dafür zur Verfügung stehenden Verwaltungsbefugnissen: Im Horizontalverhältnis zwischen mitgliedstaatlichen Verwaltungsbehörden folgt diese Divergenz aus dem auch zwischen den Mitgliedstaaten der Gemeinschaft geltenden völkerrechtlichen Territorialitätsprinzip, nach dem hoheitliches Handeln eines Staates auf dem Staatsgebiet eines anderen ohne völkerrechtliche Erlaubnis unzulässig ist; im Vertikalverhältnis folgt sie aus der Kompetenzverteilung zwischen Gemeinschaft und Mitgliedstaaten durch den EG-Vertrag. Vor diesem Hintergrund lassen sich drei typische staats- oder kompetenzgrenzenüberschreitende Akte identifizieren, die die jeweils kompetente Stelle für die zu unterstützende im Wege der Amtshilfe erbringen kann[12]: Die im Rahmen eines Verwaltungsverfahrens zunächst erforderliche *Ermittlung des entscheidungserheblichen Sachverhalts* markiert den wichtigen Bereich der Amtshilfe in Form der Er- und Übermittlung von Informationen (Informationshilfe)[13]. Der auf dieser Grundlage getroffenen Verwaltungsentscheidung muß dann zur Wirksamkeit verholfen werden, was unter Umständen ihre *Zustellung* erfordert (Zustellungshilfe). Letztlich bedarf es unter Umständen der *zwangsweisen Durchsetzung* mitgliedstaatlicher oder gemeinschaftsrechtlicher Verwaltungsent-

---

[11] Eingehend zu den Strukturmerkmalen der Amtshilfe in Abgrenzung zu alternativen Kooperationsformen *Wettner*, Amtshilfe (Fn. 3), Kap. 2.

[12] Die Ausgangssituation der kompetenziell wie territorial abgegrenzten Verwaltungsräume weist den Weg zu den für diese Fälle bestehenden Alternativen zur Amtshilfe: die Erweiterung der Kompetenzen der Behörde des Hauptverfahrens in Form der Zulassung trans- oder supranationalen Verwaltungshandelns. Dem sind jedoch u.a. durch das auch in der Gemeinschaftsrechtsordnung geltende Prinzip der Zuständigkeitsverteilung Grenzen gesetzt; siehe dazu EuGH, Rs. C-188/89 (Foster), Slg. 1990, I-3313 ff.; *Franchini*, Rivista trimestrale di diritto pubblico 2002, 651 (674).

[13] Zum Ermittlungsmittel der Inspektion *David*, Inspektionen im Europäischen Verwaltungsrecht, 2003 und *dies*., in diesem Band, 237 ff.

scheidungen (Vollstreckungshilfe)[14]. Auf diese Hilfehandlungen ist das Institut der Amtshilfe jedoch nicht beschränkt, vielmehr kommen in den Grenzen der weiteren Definition beliebige Real- wie Rechtshandlungen als Amtshilfe in Betracht.

Die genannten Amtshilfehandlungen bestehen lediglich in *ergänzenden Beiträgen* zu einem fremden Verfahren. Nicht um eine Unterstützung im Wege der gemeinschaftsrechtlichen Amtshilfe handelt es sich, wenn die *gesamte Aufgabe* einer fremden Behörde für diese wahrgenommen wird, indem die Hilfe leistende Behörde insgesamt in deren Position einrückt[15]. Dies kann auf der Grundlage einer sogenannten zwischenbehördlichen Delegation erfolgen[16].

Weiterhin ist die Amtshilfe von Beistandsleistungen zu unterscheiden, die der helfenden Behörde *als eigene Aufgaben zugewiesen* sind[17]. Beistandsleistungen sind dann „eigene Aufgaben" einer Behörde, wenn die betreffenden Amtshandlungen gerade als Aufgaben zur Unterstützung bestimmter anderer Stellen definiert sind, also nicht nur allgemein zu den Tätigkeiten der Behörde gehören, die sie befugtermaßen zur Erfüllung ihrer sonstigen Aufgaben vornehmen kann[18]. Beispielhaft ist die Tätigkeit gemeinschaftlicher sog. Informationsagenturen zu nennen[19], die Informationen sammeln, aufbereiten und anderen Behörden zur Verfügung stellen, wie etwa die wissenschaftliche Beratung mitgliedstaatlicher Lebensmittelüberwachungsbehörden durch die Europäische Behörde für Lebensmittel-

---

[14] Vier Vollstreckungshilfesituationen lassen sich ausmachen: die *Beitreibung gemeinschaftlicher Geldforderungen*, die sich nach Art. 256 EGV richtet; die *Beitreibung mitgliedstaatlicher Geldforderungen*, die teilweise bereichsspezifisch normiert ist, etwa in der RL 76/308 (EG-BeitreibungsRL); die *Durchsetzung gemeinschaftlicher Handlungsansprüche*, insbesondere in Form der Vollstreckung von Nachprüfungsbefugnissen der Kommission, etwa nach Art. 20 Abs. 5 und 6 VO 1/2003 (EG-KartellVO); die *Durchsetzung mitgliedstaatlicher Handlungsansprüche*, wie etwa im Falle grenzüberschreitender mitgliedstaatlicher Inspektionen im Finanzmarktaufsichtsrecht. Siehe zur Beitreibung von Bußgeldern der Kommission nach Art. 256 EGV jüngst *Terhechte*, EuZW 2004, 235 ff.

[15] Vgl. *Loebenstein*, International Mutual Assistance in Administrative Matters, Österreichische Zeitschrift für öffentliches Recht, Supplementum 2, 1972, 15.

[16] Zur gemeinschaftsrechtlichen Delegation *Wettner*, Amtshilfe (Fn. 3), Kap. 2 A. I. 2. b).

[17] So im deutschen Recht ausdrücklich § 4 Abs. 2 Nr. 2 VwVfG. Mißverständlich *v. Danwitz*, Verwaltungsrechtliches System und Europäische Integration, 1996, 197 ff., der unter der Überschrift „Gemeinschaftsrechtliche Aufgabenzuweisungen" Informations- und Kooperationspflichten und hier explizit *Amtshilfepflichten* nennt.

[18] Vgl. für das innerstaatliche Recht *Dreher*, Die Amtshilfe, 1959, 26.

[19] Siehe dazu *Riedel*, in diesem Band, 103 ff.

sicherheit (EFSA)[20]. Die Differenzierung zwischen der Hilfe in Erfüllung eigener Aufgaben und der Amtshilfe durch Maßnahmen, die nicht zum eigentlichen Aufgabenkreis gehören, ist durch den Umstand rechtlich gefordert[21], daß die Zuweisung einer Unterstützungsaufgabe an eine Behörde dieser nicht nur ein Recht zu ihrer Wahrnehmung gibt, sondern eine grundsätzlich unbedingte Pflicht dazu begründet[22]. Bestimmte Einwendungen, die der Amtshelfer seiner Unterstützungsverpflichtung entgegenhalten kann, passen somit nicht für die Distanzierung von der Verpflichtung zur Erfüllung einer eigenen Aufgabe[23].

Ein weiteres Strukturmerkmal der Amtshilfe ist, daß der Amtshelfer, obwohl er funktional in ein fremdes Verfahren inkorporiert wird, bei der Durchführung der Amtshilfehandlung *nicht den Weisungen* der unterstützten Behörde unterliegt. Die Hilfe empfangende Behörde bestimmt die Amtshilfehandlung nur durch ihr Ersuchen und kann lediglich Anregungen und Wünsche hinsichtlich der tatsächlichen Durchführung anbringen. Die Amtshilfehandlungen gelten daher auch nicht als Handlungen der unterstützten Behörde, sondern werden vom Amtshelfer *im eigenen Namen* durchgeführt. Dies unterscheidet die Amtshilfe von den auch im Gemeinschaftsrecht existierenden Kooperationsformen des *Mandats* und der *Organleihe*, im Rahmen derer die Hilfehandlung dem unterstützten Organ bzw. dessen Verband zugerechnet wird[24].

---

[20] Zu deren Aufgaben gehört, daß sie den Mitgliedstaaten die bestmöglichen wissenschaftlichen Gutachten in allen vorgesehenen Fällen und zu jeder Frage, die unter ihren Auftrag fällt, liefert (Art. 23 lit. a VO 178/2002). Da die EFSA die Gutachten gerade nur für den Fall der mitgliedstaatlichen Unterstützung und nicht auch für eigene Zwecke erstellt, leistet sie keine Amtshilfe, sondern erfüllt eine eigene Aufgabe. Zur EFSA siehe auch *Knipschild*, in diesem Band, 87 ff.

[21] Für die deutsche innerstaatliche Amtshilfe aber tendenziell anders *Denninger*, in: Lisken/ders. (Hrsg.), Handbuch des Polizeirechts, 3. Aufl., 2001, E Rn. 212, nach dem ohne die gesetzgeberische Klarstellung im deutschen Recht in § 4 II Nr. 2 VwVfG auch Fälle eigener Aufgabenerfüllung in das Institut der Amtshilfe einbezogen würden.

[22] Für das innerstaatliche Recht *Pitschas*, SGb. 1990, 233 (237).

[23] So für das innerstaatliche Amtshilferecht ausdrücklich *Schlink*, Die Amtshilfe, 1982, 202. So kann die Erfüllung einer eigenen Aufgabe nicht deshalb verweigert werden, weil sie einen „unverhältnismäßigen Aufwand" verursacht, was sich als amtshilferechtlicher Verweigerungsgrund aus dem gemeinschaftsrechtlichen Verhältnismäßigkeitsgrundsatz ergibt. Evident wird der strukturelle Unterschied im ebenfalls aus dem Verhältnismäßigkeitsgrundsatz ableitbaren amtshilferechtlichen Verweigerungsgrund des „Vorrangs eigener Aufgaben"; siehe zu beidem unten D. I. 3.

[24] Zu beiden Kooperationsformen *Wettner*, Amtshilfe (Fn. 3), Kap. 2 A. I. 4. und 5. a); zu entsprechenden Zurechnungs- und Haftungsfragen *J. Hofmann*, Rechtsschutz und Haftung (Fn. 10). Beide Rechtsfiguren haben im Gemeinschaftsrecht nur untergeordnete Bedeutung, es lassen sich kaum entsprechende Fälle finden. So führt zwar beispielsweise nach dem Wortlaut des Art. 22 Abs. 1 VO 1/2003 (KartellVO) eine Wettbewerbsbehörde im Hoheitsgebiet ihres Mitgliedstaates Inspektionen „im Namen und für Rechnung" der

II. Amtshilferechtliches Hauptverfahren, insbesondere Abgrenzung zwischen Amtshilfe und Unterstützung in Aufsichtsverhältnissen

Gegenstand des durch die gemeinschaftsrechtliche Amtshilfe zu unterstützenden Hauptverfahrens ist die Durchführung von Gemeinschaftsrecht[25], was die gemeinschaftsrechtliche Amtshilfe aufgrund des dadurch bewirkten Eingreifens Allgemeiner Rechtsgrundsätze des Gemeinschaftsrechts[26] von der klassischen völkerrechtlichen Amtshilfe unterscheidet. Zur Durchführung von Gemeinschaftsrecht zählt sowohl die Anwendung und Durchsetzung des Gemeinschaftsrechts *gegenüber Privaten*, als auch die Anwendung und Durchsetzung von Gemeinschaftsrecht *gegenüber den Mitgliedstaaten respektive die Aufsicht über den mitgliedstaatlichen Vollzug*. Im ersten Fall ist die Amtshilfe in Verwaltungssachen zur *Rechtshilfe in Strafsachen* abzugrenzen, was im Rahmen dieses Beitrags nicht weiter verfolgt werden soll[27]. Im zweiten Fall stellt sich die Frage nach einer Differenzierung zwischen Amtshilfe und der *Unterstützung in Aufsichtsverhältnissen*, etwa wenn die Mitgliedstaaten in Bereichen des indirekten Vollzugs, in denen die Kommission keine eigenständigen Verwaltungsverfahren gegenüber Privaten durchführt, auf Verlangen der Kommission Inspektionen vornehmen, um der Kommission Informationen zur Beurteilung des mitgliedstaatlichen Vollzugs zu verschaffen[28]. Weder in der ge-

---

Wettbewerbsbehörde eines anderen Mitgliedstaats durch, doch trotz dieser ein Mandat andeutenden Formulierung findet keine Handlungszurechnung statt, sondern erfolgt die Inspektion im Wege der Amtshilfe. Dies ergibt sich unter Heranziehung der Kommentierung des vorangehenden Verordnungsentwurfs, in dem die Kommission von der Gleichartigkeit der Inspektionen für die Kommission – die nach allgemeiner und richtiger Auffassung Amtshilfe darstellen – und für eine mitgliedstaatliche Stelle ausgeht und diese als „Ermittlungen im Namen der Kommission", jene als „Ermittlungen im Namen von Wettbewerbsbehörden anderer Mitgliedstaaten" bezeichnet, KOM (2000) 582 endg., IV. Kapitel, V, Artikel 21. Die Wendung „im Namen" ist hier also lediglich als sprachlicher Ausdruck dafür zu verstehen, daß die Inspektion für Zwecke einer anderen Behörde wahrgenommen wird.

[25] Siehe bereits *Meier*, EuR 1989, 237 (240).

[26] Dazu unten unter C. II.

[27] Zur Abgrenzung eingehender *Wettner*, Amtshilfe (Fn. 3), Kap. 2 A. II. 1. Umfassend zu den Übergängen von Amtshilfe in Verwaltungssachen und Rechtshilfe in Strafsachen nach den gemeinschaftsrechtlichen Bestimmungen *Vervaele/Klip* (Hrsg.), European Cooperation between Tax, Customs and Judicial Authorities, 2002; zur Rechtslage im Wettbewerbsrecht *O. Jansen*, in: Dannecker/ders. (Hrsg.), Competition Law Sanctioning in the European Union, 2004, 257 ff.

[28] Z.B. Art. 18 Abs. 3 i.V.m. Art. 7 VO 515/97 (Amtshilfe Zoll/Agrar). Generell kommt dem Verlangen mitgliedstaatlicher Kontrollen durch die Kommission in Bereichen des indirekten Vollzuges, in denen die Kommission das Gemeinschaftsrecht nicht selbst vollzieht und insofern die ermittelten Informationen nicht einem bei ihr betriebenen Verwaltungsverfahren gegenüber Dritten dienen, Aufsichtsfunktion zu, siehe *David*, Inspektionen (Fn. 13), 132; *dies.*, in diesem Band, 237 (246 ff.).

meinschaftsrechtlichen Gesetzesterminologie[29] noch in der Literatur ist diese Frage nach einer Qualifizierung der genannten Kooperation bisher eindeutig beantwortet[30].

Ein dogmatisch sinnvoller Ansatzpunkt einer Differenzierung zwischen Amtshilfe und der Unterstützung in Aufsichtsverhältnissen ergibt sich aus dem Befund, daß Amtshilfe in einem *Gleichordnungsverhältnis* stattfindet, das sich in einem Prüfungs- und Verweigerungsrecht der um Amtshilfe ersuchten Behörde hinsichtlich der ersuchten Hilfehandlung manifestiert: Zwar besteht eine grundsätzliche, durch gemeinschaftliches Sekundärrecht oder den Grundsatz loyaler Zusammenarbeit statuierte Verpflichtung zur Erbringung der ersuchten Amtshilfe, allerdings nur in bestimmten amtshilferechtlichen Grenzen[31]; die Einhaltung dieser Grenzen darf die ersuchte Behörde prüfen und die Hilfe gegebenenfalls verweigern. Somit gilt, wie für die völkerrechtliche Amts- und Rechtshilfe, auch für die gemeinschaftsrechtliche, daß zwischen einem Ersuchen um Amtshilfe und deren Erbringung kein Automatismus besteht[32]. Das Amtshilfeersuchen stellt daher mangels regelnder Wirkung weder einen Verwaltungsakt einer nationalen Behörde[33] noch eine Entscheidung einer Gemeinschaftsstelle[34] dar.

Ist das dargestellte Prüfungs- und Verweigerungsrecht nicht gegeben, erlangt ein entsprechendes Ersuchen die Qualität einer supra- bzw. transnationalen Vollzugsanordnung, und die daraufhin geleistete Unterstützung ist

---

[29] In der VO 515/97 (Amtshilfe Zoll/Agrar) wird nur die horizontale Zusammenarbeit als Amtshilfe bezeichnet (Titel I „Amtshilfe auf Antrag", Titel II „Amtshilfe ohne Antrag"), vertikale Unterstützungspflichten sind in Titel III „Beziehungen zur Kommission" geregelt; entsprechend in VO 1798/2003 (Amtshilfe MWSt). Dagegen wird in den Erwägungsgründen mancher Rechtsakte der Begriff der Amtshilfe auch für die vertikale Unterstützung in Bereichen des indirekten Verwaltungsvollzuges verwendet, z.B. 8. Erwägungsgrund VO 1258/1999 (Finanzierung GAP) „gegenseitige Amtshilfe zwischen den Mitgliedstaaten und der Kommission"; 5. Erwägungsgrund VO 2729/2000 (Weinkontrollverordnung), wonach „die einzelstaatlichen Behörden und die Kommission sich gegenseitig Amtshilfe leisten".

[30] Gegen eine Qualifizierung aufsichtsrechtlicher Unterstützung als Amtshilfe *Huber*, in: FS für Brohm, 2002, 127 (135); *Sommer*, Verwaltungskooperation (Fn. 3), 460 f. Dafür explizit *Meier*, EuR 1982, 154 (157, 161); siehe auch *Vervaele/Klip*, in: dies., European Cooperation (Fn. 27), 25, die aus der Überwachungsfunktion der Kommission schließen, daß die Kommission tauglicher Partner im Amtshilfeverkehr sei.

[31] Dazu unten D. I.

[32] So für die völkerrechtliche Rechtshilfe ausdrücklich BVerfGE 67, 9 (23 f.) zu einem Fall der internationalen Auslieferungshilfe der Schweiz für die Bundesrepublik.

[33] *Carl/Klos*, Leitfaden zur internationalen Amts- und Rechtshilfe in Steuersachen, 1995, 124.

[34] Siehe auch *David*, Inspektionen (Fn. 13), 346, die dies einheitlich für Ersuchen der Kommission um mitgliedstaatliche Inspektionen sowohl im Bereich des direkten Vollzugs als auch in Aufsichtskonstellationen feststellt.

nicht mehr Amtshilfe im Gleichordnungsverhältnis[35], sondern Unterstützung in einem – möglicherweise nur punktuellen – aufsichtsrechtlichen Über-Unterordnungsverhältnis[36]. Eine derartige Anordnung liegt jedenfalls in der Anforderung einer Hilfeleistung durch *mitgliedstaatengerichtete Entscheidung* der Kommission, wie sie sich im Rahmen der Beihilfenaufsicht findet[37]. Ob auch ein *einfaches, aufsichtsrechtliches Verlangen* der Kommission eine gegenüber der Amtshilfeverpflichtung stärkere Verbindlichkeit erzeugt, die eine Differenzierung beider Beistandsleistungen rechtfertigte, läßt sich dagegen nicht mit letzter Deutlichkeit bestimmen. Einerseits legen sekundärrechtliche Regelungen eine Einbeziehung aufsichtsrechtlicher Unterstützungen in das Institut der Amtshilfe nahe, da und soweit ihnen keine Hinweise auf eine divergierende Verbindlichkeit zu entnehmen sind[38]. Andererseits ist schwer vorstellbar, daß bestimmte ungeschriebene amtshilferechtliche Verweigerungsgründe, etwa ein mit der Amtshilfe verbundener unverhältnismäßiger Aufwand oder die Gefährdung eigener Aufgaben[39], auch einem Unterstützungsverlangen im Aufsichtsbereich entgegengesetzt werden können. Letzterer Einwand ist jedoch zu relativieren, denn einerseits ist der Verhältnismäßigkeitsgrundsatz auch im Aufsichtsbereich zu beachten[40], andererseits ist er im Amtshilferecht nur zurückhaltend einzusetzen[41].

Im Ergebnis ist daher allenfalls ein gradueller Unterschied zwischen aufsichtsrechtlichen und solchen Unterstützungshandlungen festzustellen, die einem drittgerichteten Verwaltungsverfahren dienen. Dieser Befund kann es rechtfertigen, auch mitgliedstaatliche Unterstützungen der Kom-

---

[35] Vgl. aber offenbar anders *Kadelbach*, Allgemeines Verwaltungsrecht unter europäischem Einfluß, 1999, 339 f.

[36] Vgl. *Hatje*, Die gemeinschaftsrechtliche Steuerung der Wirtschaftsverwaltung, 1998, 157.

[37] Im Rahmen der Überprüfung neuer Beihilfen kann die Kommission nach Art. 10 Abs. 3 VO 659/1999 (BeihilfeVO) Auskünfte bei einem Mitgliedstaat durch „Entscheidung" anfordern. Hierbei handelt es sich um eine Entscheidung im Sinne des Art. 249 Abs. 4 EGV.

[38] So erfolgen beispielsweise mitgliedstaatliche Inspektionen auf Ersuchen der Kommission im Wettbewerbsrecht, die dort einem von der Kommission geführten Verwaltungsverfahren dienen, nach dem Wortlaut der entsprechenden Sekundärrechtsakte unter den gleichen Bedingungen wie etwa im Agrarrecht, wo sie die Kontrolle des mitgliedstaatlichen Vollzugs durch die Kommission ermöglichen sollen; vgl. Art. 22 Abs. 2 UAbs. 1 VO 1/2003 (KartellVO) einerseits und Art. 6 Abs. 1 S. 3 VO 2729/2000 (WeinkontrollVO) andererseits.

[39] Dazu unten D. I. 3.

[40] Vgl. *David*, Inspektionen (Fn. 13), 239, die von einem „auf Kooperation bedachten Überwachungsansatz" spricht.

[41] Siehe unten D. I. (Einleitung).

mission, die der Beaufsichtigung des jeweiligen Mitgliedstaats dienen, als Amtshilfe für die Kommission zu begreifen.

III. Verfahren der Gewährung und Inanspruchnahme der Amtshilfe

Das Verfahren der Gewährung und Inanspruchnahme exekutiver Beistandsleistung läßt sich in drei mögliche Arten differenzieren, im Rahmen derer die Amtshilfe abzugrenzen ist[42]:

Den Hauptbestandteil des gemeinschaftsrechtlichen Amtshilfeverkehrs bildet die klassische durch ein *Ersuchen* gekennzeichnete Unterstützung[43].

Daneben gewinnt die *spontane Amtshilfe*[44] in Form vor allem der spontanen Informationsübermittlung[45] als Ausdruck einer gemeinsamen Verantwortung aller an der Verwaltung des Gemeinschaftsraums beteiligten Stellen für die ordnungsgemäße Durchführung des Gemeinschaftsrechts an Bedeutung[46]. Die spontane Informationshilfe kommt dann in Betracht, wenn die interessierte Behörde kein Ersuchen stellen kann, weil ihr der Sachverhalt unbekannt ist, sie also keinen Anhaltspunkt hat, an den sie ein Unterstützungsersuchen anknüpfen könnte. Entgegen anderslautenden Ansichten weicht die spontane Beistandsleistung nicht derart von der klassischen Amtshilfe auf Ersuchen ab, daß eine Abgrenzung aus dem Institut der Amtshilfe gerechtfertigt erschiene[47].

---

[42] Das bisweilen für diese verfahrensbezogene Differenzierung herangezogene Kriterium der *Intensität* der Unterstützung sollte als zu unklar und betrachterabhängig vernachlässigt werden: Während *Hatje*, in: Magiera/Sommermann (Hrsg.), Verwaltung in der Europäischen Union, 2001, 193 (203) die Unterstützung auf Ersuchen als die Unterstützung geringerer Intensität gegenüber der einseitigen Hilfebeschaffung einstuft, bezeichnet sie *v. Bogdandy*, in: Hoffmann-Riem/Schmidt-Aßmann (Hrsg.), Verwaltungsrecht in der Informationsgesellschaft, 2000, 133 (134 Fn. 3) als intensivere Form, da hier eine Kommunikation erforderlich sei.

[43] Vgl. für den zwischenstaatlichen Unterstützungsverkehr im Steuerrecht *Carl/Klos*, Leitfaden (Fn. 33), 181.

[44] Z.B. Titel II VO 515/97 (Amtshilfe Zoll/Agrar): „Amtshilfe ohne Antrag"; Art. 8 VO 2729/2000 (Weinkontrollverordnung): „Amtshilfe ohne vorheriges Ersuchen".

[45] Z.B. Art. 14 lit. b, 15 VO 515/97 (Amtshilfe Zoll/Agrar). Zu den sog. Unterrichtungspflichten als Oberbegriff spontaner Informationspflichten *Sommer*, Verwaltungskooperation (Fn. 3), 72 ff.

[46] Vgl. für die Bedeutung der spontanen Amts- und Rechtshilfe *v. Bogdandy*, in: Hoffmann-Riem/Schmidt-Aßmann, Informationsgesellschaft (Fn. 42), 133 (185).

[47] Dagegen aber *J. Hofmann*, Rechtsschutz und Haftung (Fn. 10), 140 ff., der die spontane Unterstützung aus der Amtshilfe ausgeklammert, weil sie kein laufendes Verfahren unterstütze, sondern vielmehr nur *Anstoßfunktion* habe, d.h. ein Verfahren aufgrund von durch Spontanhilfe erlangten Informationen erst in Gang gesetzt werde. Dies trägt jedoch nicht, denn auch ein *Ersuchen* um Unterstützung kann zu dem Zweck ergehen, die Einleitung eines Verfahrens zu prüfen. Darüber hinaus ist auch kein Unterschied in den rechtlichen Folgen zu verzeichnen. Zu denken wäre allenfalls an eine Exkulpierung der Empfangsbehörde für eine Rechtswidrigkeit des Verfahrens, das auf fehlerhafte

Nicht mehr um Amtshilfe handelt es sich dagegen bei der Gewährung eines in EDV-gestützten Informationssystemen[48] möglichen *Direktzugriffs (online)* auf Datenbestände einer anderen Behörde, wie er etwa im Mehrwertsteuerinformationssystem (MIAS) zugelassen werden kann[49]. In diesem Fall entfällt ein traditionelles Wesensmerkmal der Kooperation, die Kommunikation zwischen den Beteiligten, und weicht einem einseitig initiierten Informationsfluß[50]. Diese verfahrensrechtliche Besonderheit bringt weitergehende Gefahren für den Rechtsschutz derjenigen mit sich, auf die sich die online abrufbaren Daten beziehen. Denn während der klassischen Datenweitergabe ein Willensentschluß der übermittelnden Stelle vorangeht und dieser die Möglichkeit zur Prüfung der angestrebten Verwendung und des einzuhaltenden Daten- und Geheimnisschutzes bei der Empfangsstelle etc. verbleibt, liegt dies beim einseitigen Direktabruf allein in der Hand der abrufenden Behörde. Folglich werden in letzterem Fall über das Amtshilferecht hinausgehende spezielle Vorkehrungen hinsichtlich Datenschutz, Datensicherheit sowie Verantwortlichkeit und Haftung erforderlich.

C. Schichten des die Amtshilfe dirigierenden Rechts

Hinsichtlich der Frage nach den die Amtshilfe dirigierenden Rechtsschichten ist deren Erbringung begrifflich und sachlich in Amtshilfehandlung (I.) und Amtshilfeleistung (II.) zu differenzieren[51]. Die *Amtshilfehandlung* ist die Verwaltungsmaßnahme, welche die helfende Behörde vornimmt, um die Hilfe erbringen zu können. Der Umfang der Amtshilfeverpflichtung, d.h. die Unterstützungshandlung gegenüber der unterstützten Behörde un-

---

spontan mitgeteilte Informationen zurückzuführen ist, da sie das Verfahren gewissermaßen auf fremde – fehlerhafte – Anregung hin betreibt. Doch auch hier bleibt es bei dem aus dem Amtsermittlungsprinzip folgenden Grundsatz, daß die Verantwortung für die Richtigkeit der informationellen Basis, auf der Entscheidungen getroffen werden, bei der ein Verfahren betreibenden Behörde liegt.

[48] Ein solches *Informationssystem* zeichnet sich durch Vernetzung von Datenbanken, in denen Informationen zum Zweck ihrer Nutzung durch andere Stellen bereitgehalten werden, aus, siehe *Sommer*, Verwaltungskooperation (Fn. 3), 210.

[49] Art. 23, 24 VO 1798/2003 (Amtshilfe MWSt): Andere Behörden müssen die Daten „unverzüglich erhalten oder direkt abrufen" können. Soweit allerdings die in einem solchen System gespeicherten Informationen auf konservative Weise durch die die jeweilige Datenbank betreibende Stelle an die informationsbedürftige *weitergegeben* werden, besteht verfahrensrechtlich kein Unterschied zur sonstigen Amtshilfe.

[50] Vgl. v. *Bogdandy*, in: Hoffmann-Riem/Schmidt-Aßmann, Informationsgesellschaft (Fn. 42), 133 (134 Fn. 3).

[51] Zur entsprechenden Differenzierung im deutschen Recht *E. Schnapp*, DVBl. 1987, 561 (562).

ter den konkreten Voraussetzungen und Grenzen des Amtshilferechts, macht die *Amtshilfeleistung* aus.

I. Amtshilfehandlung

Als die Amtshilfehandlung dirigierendes Recht kommt sowohl das Recht der Amtshilfe leistenden, als auch, da die Hilfehandlung einen komplementären Teilbeitrag zu einem Verfahren einer anderen Behörde darstellt, das Recht dieser unterstützten Behörde in Betracht.

Im aktuellen gemeinschaftlichen Amtshilferecht wird die Amtshilfehandlung ganz überwiegend vollumfänglich durch das *eigene Recht der helfenden* Behörde dirigiert[52]. Das bedeutet, daß sich sowohl die *Handlungskompetenzen* als auch die *Form- und Verfahrensvorschriften* nach dem Recht richten, das die helfende Behörde auch außerhalb eines Amtshilfeverfahrens anzuwenden hat[53]. Im völkerrechtlichen zwischenstaatlichen Kooperationsverkehr wird die Handlungskompetenz kraft eigener, *nationaler* Rechtsordnung als Essentialium der Amtshilfe angesehen, da die Vornahme der Hilfehandlung nach Kompetenznormen einer fremden Rechtsordnung einen Fall der Organleihe darstellt[54]. In der Gemeinschaftsrechtsordnung als Mehrebenensystem kommt jedoch auch ohne Veränderung der Kooperationsform eine *gemeinschaftsrechtliche Kompetenzzuweisung* an den nationalen Amtshelfer in Betracht[55], wie sie in jüngerer Zeit etwa im Recht der Wettbewerbsaufsicht erfolgt ist[56]. Auch wenn es sich,

---

[52] Z.B. „nach Maßgabe des innerstaatlichen Rechts": Art. 22 Abs. 1 VO 1/2003 (KartellVO); Art. 5 Abs. 1 RL 76/308 (EG-BeitreibungsRL). Ein Verweis auf das Recht der ersuchten nationalen Behörde ergibt sich auch aus der Formulierung, daß die ersuchte nationale Stelle so verfährt, „als ob sie in Erfüllung eigener Aufgaben oder auf Ersuchen einer anderen Behörde ihres Landes handeln würde": Art. 5 Abs. 4 VO 1798/2003 (Amtshilfe MWSt); Art. 4 Abs. 2 und Art. 9 Abs. 1 VO 515/97 (Amtshilfe Zoll/Agrar). Nach Art. 7 VO 515/97 (Amtshilfe Zoll/Agrar) überwacht eine Behörde bestimmte Personen, Orte etc. auf Antrag einer anderen Behörde, „soweit ihr dies möglich ist", was neben den tatsächlichen auch die rechtlichen Möglichkeiten nach ihrem Recht umfaßt.

[53] Vgl. entsprechend für die innerstaatliche Amtshilfe *Dreher*, Amtshilfe (Fn. 18), 105; § 7 Abs. 1 VwVfG.

[54] So *Bünten*, Staatsgewalt und Gemeinschaftshoheit bei der innerstaatlichen Durchführung des Rechts der Europäischen Gemeinschaften durch die Mitgliedstaaten, 1977, 181 ff.

[55] Davon zu unterscheiden ist der Fall, daß nationales Verfahrensrecht durch Allgemeine Rechtsgrundsätze des Gemeinschaftsrechts ergänzt und modifiziert wird; siehe zu deren Geltung unter C. II.

[56] Nach Art. 20 Abs. 5 VO 1/2003 (KartellVO) unterstützen die Bediensteten der nationalen Wettbewerbsbehörde die Kommission bei deren Inspektionen auf deren oder auf eigenen Antrag und „verfügen hierzu über die in Absatz 2 genannten Befugnisse". Dies ist eine Neuerung im Vergleich zur Vorgängerregelung des Art. 14 Abs. 5 VO 17/62, nach der die Befugnisse der unterstützenden Beamten sich nach nationalem Recht richteten.

wie in dem wettbewerbsrechtlichen Beispiel, um die gleichen Befugnisse handelt, die auch das unterstützte Gemeinschaftsorgan bei eigener Aufgabenwahrnehmung innehat[57], bedingt dies, anders als im klassischen zwischenstaatlichen Verkehr, nicht das Vorliegen einer Organleihe[58]. Es handelt sich um eine *gemeinschaftsgesetzgeberische Zuweisung* von Befugnissen, die die rechtliche Konstruktion der geregelten Unterstützung nicht präjudiziert[59].

Neben dieser vollumfänglichen Anwendung des eigenen Rechts der helfenden Behörde – sei es originär nationalrechtlicher oder gemeinschaftsrechtlicher Provenienz – finden sich im völkerrechtlichen zwischenstaatlichen Amts- und Rechtshilferecht Regelungen, wonach die ersuchte Behörde das bloße *Form- und Verfahrensrecht der unterstützten* Stelle anzuwenden hat. Gängig ist die Beachtung besonderer Verfahrenswünsche der unterstützten Stelle im internationalen Zustellungsrecht[60]. Entsprechende allgemeine Regelungen enthalten auch Art. 4 EU-Rechtshilfeabkommen 2000[61] und Art. 9 Abs. 6 Neapel II-Abkommen[62] im Rahmen der Dritten Säule der EU[63]. Die helfende Stelle handelt in diesen Fällen nicht auf der Grundlage fremder Kompetenznormen, sondern übt lediglich nach ihrem

---

[57] Art. 20 Abs. 2 VO 1/2003: Befugnisse, die den Kommissionsbediensteten bei eigenen Inspektionen zugewiesen sind.

[58] Vgl. in diesem Sinne aber *Bünten*, Staatsgewalt und Gemeinschaftshoheit (Fn. 54), 181 ff.

[59] So bleiben auch im Beispiel des Wettbewerbsrechts die Hilfehandlungen der nationalen Stellen nationale Handlungen und werden nicht der Kommission bzw. der Gemeinschaft zugerechnet.

[60] Siehe nur Art. 6 Abs. 1 lit. b Europäisches Zustellungsübereinkommen 1977 (Fn. 1).

[61] Rechtsakt des Rates vom 29. Mai 2000 über die Erstellung des Übereinkommens – gemäß Art. 34 des Vertrages über die Europäische Union – über die Rechtshilfe in Strafsachen zwischen den Mitgliedstaaten der Europäischen Union, ABl. EG 2000 Nr. C 197, S. 1 ff.

[62] Rechtsakt des Rates v. 18.12.1997 über die Ausarbeitung des Übereinkommens aufgrund von Artikel K.3 des Vertrags über die Europäische Union über die gegenseitige Amtshilfe und Zusammenarbeit der Zollverwaltungen, ABl. EG 1998 Nr. C 24, S. 1 ff.

[63] Art. 4 EU-Rechtshilfeübereinkommen 2000 geht sogar noch weiter als das traditionelle völkerrechtliche Amts- und Rechtshilferecht, da er von der Verpflichtung zur Einhaltung der vom ersuchenden Mitgliedstaat „ausdrücklich angegebenen Formvorschriften und Verfahren" *nur* dann suspendiert, sofern diese „nicht den Grundprinzipien des Rechts des ersuchten Staates zuwiderlaufen". Große Bedeutung wird also zukünftig der Frage zukommen, was unter diesen *Grundprinzipien* zu verstehen ist. In Anlehnung an den amtshilferechtlichen *ordre public* könnten dies die wesentlichen Grundvorstellungen eines Staates sein, wie sie im Verfassungsrecht und insbesondere in den Grundrechten ihren Ausdruck finden, siehe dazu unten D. II. 2. Allgemein zur Zusammenarbeit der Polizei- und Zollbehörden nach den genannten Abkommen *Harings*, in diesem Band, 127 ff.

Recht bestehende Kompetenzen nach den Form- und Verfahrensregeln der unterstützten Behörde aus[64]. Zweck derartiger Regelungen ist die Geltung der Maßnahme im Hauptverfahren der unterstützten Behörde, insbesondere die Sicherung der dortigen Verwertbarkeit von im Amtshilfewege ermittelten Informationen[65]. Zum jetzigen Stand der Integration sind auch im Gemeinschaftsrahmen die nationalen Verfahrensrechte noch nicht derart synchronisiert, daß die grenzüberschreitende Verwertbarkeit grundsätzlich gesichert wäre. Bemerkenswerterweise trifft das Gemeinschaftsrecht allerdings keine entsprechenden Bestimmungen. Im Interesse der effektiven Durchführung des Gemeinschaftsrechts, die mit der Amtshilfe intendiert ist, erscheint die Beachtung des Verfahrensrechts der unterstützten Stelle bei der Amtshilfehandlung jedoch als wünschenswerter Weg, den künftige Gemeinschaftsregelungen gehen sollten[66].

II. Amtshilfeleistung

Die Amtshilfeleistung wird durch das Recht dreier Schichten dirigiert: Grundlegende Bestimmungen hinsichtlich der Voraussetzungen und Grenzen der Amtshilfeverpflichtung trifft gemeinschaftliches *Sekundärrecht* in Form von v.a. Richtlinien und Verordnungen. Diese lassen in bestimmten Verwaltungsbereichen *Vereinbarungen* zwischen den Mitgliedstaaten bzw. deren Behörden untereinander und mit der Kommission zur Konkretisierung der technisch-administrativen Modalitäten der Amtshilfe (z.B. im Amtshilfeverkehr anzuwendende Sprache, besondere Kostenerstattung, etc.) zu[67], bei denen es sich sowohl um verbindliche völkerrechtliche Ver-

---

[64] Daher liegt in diesen Fällen nicht die Rechtsfigur der Organleihe zugrunde.

[65] Vgl. Erläuternden Bericht zum EU-Rechtshilfeabkommen, ABl. EG 2000 Nr. C 379, S. 7 (11).

[66] Siehe dazu auch D. II. 1. b).

[67] Im *Zollbereich* findet sich mit Art. 47 VO 515/97 (Amtshilfe Zoll/Agrar) eine Art Generalklausel zur einvernehmlichen Regelung der Modalitäten der Amtshilfe: „Die Mitgliedstaaten können einvernehmlich beschließen, soweit erforderlich, die Modalitäten für die ordnungsgemäße Durchführung der in dieser Verordnung vorgesehenen gegenseitigen Amtshilfe festzulegen, damit insbesondere jedwede der Feststellung einer Zuwiderhandlung gegen die Zoll- und die Agrarregelung abträgliche Unterbrechung einer Überwachung von Personen oder Waren vermieden wird." Im *Steuerrecht* können z.B. nach Art. 38 VO 1798/2003 (Amtshilfe MWSt) die „zuständigen Behörden" – hierbei handelt es sich um die jeweiligen Finanzministerien – die im Amtshilfeersuchen anzuwendende Sprache vereinbaren. Auch das *Sozialrecht* kennt die „Vereinbarung" als gängige Regelungsform der näheren Amtshilfemodalitäten; so können etwa die Einzelheiten der Vollstreckungshilfe durch „Vereinbarungen zwischen den Mitgliedstaaten" geregelt werden, Art. 92 Abs. 2 VO 1408/71 (Sozialrechtskoordinierung) i.V.m. Art. 116 Abs. 1 VO 574/72 (Durchführung Sozialrechtskoordinierung). Auch im *Finanzmarktaufsichtsrecht* sind unverbindliche Verwaltungsvereinbarungen zur Amtshilfedurchführung – bekannt

träge zwischen den Mitgliedstaaten als auch überwiegend um informelle unverbindliche (Verwaltungs-)Vereinbarungen handelt[68]. Aus diesen hauptsächlich bilateral geschlossenen Vereinbarungen lassen sich zwar keine allgemeinen Verfahrensstandards herleiten, weshalb sie an dieser Stelle keiner Vertiefung bedürfen; sie haben jedoch in einem wachsenden europäischen Verwaltungsraum aufgrund größerer Flexibilität Vorteile gegenüber einer zentralen Durchführungsgesetzgebung der Kommission. Daher sollten künftige Amtshilferegelungen, gerade auch eine allgemeine Amtshilfeverordnung, die technisch-administrative Durchführung der Amtshilfe vermehrt derartigen Vereinbarungen anheim stellen.

Von fundamentaler Bedeutung für die Gewinnung allgemeiner Verfahrensstandards sind dagegen, was im Fortgang des Beitrages zu zeigen sein wird, die *Allgemeinen Rechtsgrundsätze des Gemeinschaftsrechts*, die der Europäische Gerichtshof im Wege wertenden Rechtsvergleichs aus den gemeinsamen Verfassungstraditionen der Mitgliedstaaten sowie deren völkerrechtlichen Verpflichtungen ermittelt und konkretisiert[69]. Sie gelten im Rang des Primärrechts[70] und ergänzen die oftmals nur unzureichend ausgebildeten sekundärrechtlichen Amtshilferegeln, denn neben gemeinschaftlichen Stellen sind auch nationale, sowohl Amtshilfe empfangende als auch leistende Behörden an die Allgemeinen Rechtsgrundsätze gebunden, da und soweit sie Gemeinschaftsrecht durchführen[71]. Die Bindung der Amtshilfe leistenden Stellen hat der EuGH ausdrücklich im Fall mitgliedstaatlicher Vollstreckungshilfe für Kommissionsinspektionen in der Rechtssache *Höchst* festgestellt[72] und in der Rechtssache *Roquette* bestätigt[73]. Dies paßt sich in die Fallgruppe der Bindung bei Durchführung des Gemeinschaftsrechts ein, denn die Amtshilfe ist als ergänzender Teilbeitrag zu einem zur klassischen direkten oder indirekten Gemeinschafts-

---

als memoranda of understanding – gängig, aber in den Gemeinschaftsrechtsakten nicht explizit vorgesehen. Siehe ausführlich *Wettner*, Amtshilfe (Fn. 3), Kap. 3 A. II. 1.

[68] Siehe zur rechtlichen Qualifizierung *Wettner*, Amtshilfe (Fn. 3), Kap. 3 A. II. 2.
[69] *Tridimas*, The General Principles of EC Law, 1999, 3.
[70] *Tridimas*, General Principles (Fn. 69), 32 ff.; *Schilling*, EuGRZ 2000, 3 (30 ff.).
[71] Zu umfangreichen Nachweisen aus der Rspr. des EuGH zu einer mitgliedstaatlichen Bindung bei „Durchführung des Gemeinschaftsrechts" siehe *Ranacher*, ZÖR 2003, 21 ff.
[72] EuGH, verb. Rsn. 46/87 und 227/88 (Höchst), Slg. 1989, I-2859 ff. (Rn. 33 i.V.m. Rn. 19): Der EuGH statuiert eine Bindung der Mitgliedstaaten an die allgemeinen Grundsätze des Vorbehalts des Gesetzes und der Verhältnismäßigkeit bei der Schaffung von Vorschriften und bei den konkreten exekutiven Vollstreckungsmaßnahmen zur Durchsetzung des Inspektionsrechts der Kommission.
[73] EuGH, Rs. C-94/00 (Roquette), Slg. 2002, I-9011 ff. Zu dieser Entscheidung auch *David*, in diesem Band, 237 (260 ff.).

rechtsdurchführung betriebenen Hauptverfahren ebenfalls als Durchführungsmaßnahme zu verstehen[74].

D. Verfahrensrechtliche Standards der gemeinschaftsrechtlichen Amtshilfe

Unter dem Begriff der Amtshilfestandards sollen die sich aus den zuvor genannten Rechtsquellen ergebenden allgemeinen Rechtsregeln, nach denen die beteiligten Behörden im Verhältnis zueinander zusammenarbeiten (interadministrative Verfahrensstandards, I.) und die die Rechtsstellung Privater in dieser Zusammenarbeit bestimmen (individualschützende Verfahrensstandards, II.), dargestellt werden[75].

I. Interadministrative Verfahrensstandards

Bereits oben wurde als Strukturmerkmal der Amtshilfe aufgezeigt, daß sich die grundsätzliche, aus sekundärrechtlichen Normen oder dem Grundsatz loyaler Zusammenarbeit folgende Verpflichtung zur Amtshilfe[76], in bestimmten Grenzen hält, deren Einhaltung die verpflichtete Behörde überprüfen und gegebenenfalls die Amtshilfe verweigern darf[77]. Neben formellen Verfahrensregeln hinsichtlich zu gebrauchender Form und Sprache, einzuhaltender Fristen sowie der Kostenverteilung zwischen den beteiligten Verwaltungen[78] bestehen die im folgenden darzustellenden materiellen Verfahrensregeln, die diese Grenzen und entsprechende Verweigerungsrechte der ersuchten Behörde bestimmen. Der grundsätzliche Umfang der geschuldeten Amtshilfe ergibt sich aus der sog. Äquivalenzregel (1.) sowie dem Verfahrensrecht der ersuchten Behörde, gegebenenfalls modifiziert durch das sog. Vereitelungsverbot (2.). Weitere wichtige Einwendungen lassen sich dem Gebot interadministrativer Verhältnismäßigkeit entnehmen (3.). Schließlich kann die grundsätzliche Amtshilfepflicht bisweilen unter Vorbehalten stehen, die in der Souveränität der Mitgliedstaaten wurzeln (4.).

---

[74] Auch *Kadelbach*, Allgemeines Verwaltungsrecht (Fn. 35), 19, versteht die horizontale Verwaltungskooperation als „Spielart des indirekten Vollzuges"; siehe auch *Kühling*, in: v. Bogdandy (Hrsg.), Europäisches Verfassungsrecht, 2003, 583 (607 f.).
[75] Vgl. dazu den auf *Schmidt-Aßmann*, EuR 1996, 270 (295) zurückgehenden allgemeinen Begriff der „Kooperationsstandards".
[76] Siehe zu einer ungeschriebenen Amtshilfeverpflichtung *Wettner*, Amtshilfe (Fn. 3), Kap. 3 B. I.
[77] Siehe oben unter B. II.
[78] Zu den formellen Verfahrensstandards *Wettner*, Amtshilfe (Fn. 3), Kap. 3 B. III.

Zu beachten ist, daß diese Verweigerungsmöglichkeiten der um Amtshilfe ersuchten Behörden im Europäischen Verwaltungsverbund materiell- sowie verfahrensrechtlich kooperativ abgefedert werden[79]: In materieller Hinsicht wird eine zurückhaltende Ausformung und Handhabung der Verweigerungsmöglichkeiten nun explizit durch die künftige Europäische Verfassung vom 29. Oktober 2004 gefordert, die unter dem Abschnittstitel „Verwaltungszusammenarbeit" in Art. III-285 Abs. 1 die „effektive Durchführung des Unionsrechts durch die Mitgliedstaaten [...] als Frage von gemeinsamem Interesse" bestimmt; dieses gemeinsame Interesse, das mit dem Einsatz von Amtshilfe verfolgt wird, überformt und verdrängt gegebenenfalls (nationale) Eigeninteressen der Amtshilfepartner. Neben dieser materiellen Leitlinie besteht eine aus Art. 10 EGV ableitbare allgemeine verfahrensrechtliche Pflicht der Amtshilfepartner, sich beim Auftreten von Schwierigkeiten hinsichtlich der ersuchten Amtshilfe um ein Einvernehmen zu bemühen und gegenseitig zu konsultieren[80].

1. Amtshilferechtliche Äquivalenzregel als Ausprägung des Diskriminierungsverbotes

Nach der sog. amtshilferechtlichen Äquivalenzregel[81] hat die *Amtshilfe leistende* Behörde so zu verfahren, „als ob sie zur Erfüllung eigener Aufgaben oder auf Ersuchen einer nationalen Behörde handeln würde"[82] oder „als handele es sich um die Anwendung ihrer eigenen Rechtsvorschriften"[83]. Dies wirkt zunächst als rechtliches Gleichbehandlungsgebot und bedeutet zum einen, daß die als grenzüberschreitende Amtshilfe für Stellen der Gemeinschaft oder anderer Mitgliedstaaten auszuführenden Maßnahmen keinen ungünstigeren Rechtsregeln unterliegen dürfen als die eigene Aufgabenerfüllung oder rein innerstaatliche Amtshilfe[84], zum anderen, daß die zur Verfügung stehenden rechtlichen Möglichkeiten auch aus-

---

[79] Vgl. zum Verwaltungsverbund als Erklärungsmodell gemeinschaftlicher Verwaltung *Schmidt-Aßmann*, in: FS für Steinberger, 2004, 1375 (1381 ff.).

[80] Siehe für eine entsprechende Pflicht bei der mitgliedstaatlichen Vollstreckungshilfe EuGH, Rs. C-94/00 (Roquette), Slg. 2002, I-9011 (Rn. 90 ff.).

[81] Vgl. dazu als Gestaltungsprinzip des gemeinschaftlichen Kooperationsrechts *Schmidt-Aßmann*, EuR 1996, 270 (297).

[82] Art. 5 Abs. 4 VO 1798/2003 (Amtshilfe MWSt); Art. 4 Abs. 2 RL 89/608 (Amtshilfe Veterinärwesen); Art. 4 Abs. 2 VO 515/97 (Amtshilfe Zoll/Agrar); Art. 7 Abs. 3 VO 2729/2000 (WeinkontrollVO).

[83] Art. 84 Abs. 2 VO 1408/81 (Sozialrechtskoordinierung). Vgl. auch Art. 4 Abs. 1 UAbs. 2 RL 76/308 (EG-BeitreibungsRL).

[84] *Pitschas*, in: Schmidt-Aßmann/Hoffmann-Riem (Hrsg.), Strukturen des Europäischen Verwaltungsrechts, 1999, 123 (147) spricht von einem „Meistbegünstigungsprinzip".

geschöpft werden müssen[85]. Darüber hinaus wird ein Sorgfaltsmaßstab für die Amtshilfehandlung etabliert, etwa hinsichtlich der Intensität von Befragungen oder des persönlichen Einsatzes der handelnden Personen. Die amtshilferechtliche Äquivalenzregel läßt sich als Ausprägung des gemeinschaftsrechtlichen Diskriminierungsverbotes verstehen und ist daher kein Indiz für die Intensität der Verwaltungszusammenarbeit in einem voll harmonisierten Bereich[86], sondern Ausdruck eines allgemeinen verfahrensrechtlichen Grundsatzes, der einer besonderen Normierung nicht bedarf[87].

2. Grenze rechtlicher Unmöglichkeit und Wirkung des Vereitelungsverbotes

Als Konsequenz des Umstandes, daß die Amtshilfehandlung grundsätzlich nach dem Recht der helfenden Behörde vorgenommen wird, müssen sämtliche Voraussetzungen des einschlägigen Rechts vorliegen, anderenfalls ist die ersuchte Stelle zu einer Verweigerung der Unterstützung berechtigt[88]. Während es im Rahmen der völkerrechtlichen zwischenstaatlichen Amtshilfe damit sein Bewenden hat, können in der Gemeinschaftsrechtsordnung der An- und Einwendung nationalen Rechts durch den nationalen Amtshelfer Grenzen durch das sog. *Vereitelungsverbot* gesetzt sein[89]. Danach darf die Anwendung staatlicher Vorschriften die Aktualisierung gemeinschaftsrechtlich vorgesehener Rechtsfolgen – hier die Verpflichtung zur Unterstützung – nicht praktisch unmöglich machen und müssen diese außer Acht bleiben, soweit dies nach den Kriterien der Effektivität und Gleichwertig-

---

[85] So sind beispielsweise erforderlich werdende Ermittlungsmaßnahmen vorzunehmen, soweit dies bei einem rein innerstaatlichen Sachverhalt auch der Fall wäre.

[86] So aber *v. Bogdandy/Arndt*, EWS 2000, 1 (2).

[87] Dies entspricht der allgemeinen Geltung eines solchen Grundsatzes im Recht der innerstaatlichen Amtshilfe, siehe *Dreher*, Amtshilfe (Fn. 18), 113.

[88] Dies bedeutet, daß sämtliche Voraussetzungen der jeweiligen Rechtsgrundlagen gegeben sein müssen und keine anderweitigen rechtlichen Schranken eingreifen dürfen. Vgl. etwa zu einer Informationsübermittlung nach der VO 1468/81 (Amtshilfe Zoll/Agrar a.F.) BFH NV 2000, 531 (534 f.): Übermittlung rechtswidrig, weil für Informationen ein nationales Verwertungsverbot besteht und auch die Übermittlung eine Verwertung darstellt.

[89] Hierbei handelt es sich um eine „abgeschwächte" Vorrangregel in Form eines Optimierungsgebotes an die nationalen Verwaltungen, vgl. *v. Danwitz*, Verwaltungsrechtliches System (Fn. 17), 115 f.; siehe aber auch *Jarass/Beljin*, NVwZ 2004, 1 (5), die auch im Fall der hier vorliegenden sog. indirekten Kollision die „Vorrangregel" anwenden, dieser aber andere Wirkungen als im Fall einer direkten Kollision zuerkennen, so daß es sich letztlich lediglich um eine terminologische Differenzierung handelt. Zur Bedeutung des Vereitelungsverbotes für das Kooperationsrecht siehe *Schmidt-Aßmann*, EuR 1996, 270 (295 f.).

keit geboten ist⁹⁰. Zwar ist die durch das Vereitelungsverbot aufgestellte Grenze im Einzelfall zu bestimmen⁹¹, doch wird man für die Amtshilfe, deren Durchführung von vornherein nur „im Rahmen der nationalen Befugnisse" erfolgen soll, im Regelfall von einer Durchsetzung des nationalen Rechts ausgehen können⁹².

3. Grenzen aus dem Grundsatz interadministrativer Verhältnismäßigkeit

Wichtige Grenzen der Amtshilfepflicht lassen sich dem gemeinschaftsrechtlichen Allgemeinen Rechtsgrundsatz der interadministrativen Verhältnismäßigkeit⁹³ entnehmen, den die Kommission als wesentlichen Eckpfeiler eines gemeinschaftlichen Verwaltungskooperationsrechts definiert hat⁹⁴. Der Verhältnismäßigkeitsgrundsatz gebietet, daß angestrebter Zweck – die effiziente Durchführung des jeweiligen Gemeinschaftsrechts im Hauptverfahren – und dafür eingesetztes Mittel – der mit der Amtshilfe einhergehende Verwaltungsaufwand – in einem angemessenen Verhältnis zueinander stehen. Die so definierte amtshilferechtliche Zweck-Mittel-

---

⁹⁰ Vgl. EuGH, Rs. 205-215/82 (Deutsche Milchkontor/Deutschland), Slg. 1983, I-2633 (Rn. 22). Der EuGH stellte in diesem Sinne in der Entscheidung *Höchst* bezüglich der mitgliedstaatlichen Vollstreckungshilfe bei Inspektionen der Kommission fest, daß die unterstützenden nationalen Verwaltungsstellen zwar nach nationalem Recht handeln und dabei die nationalen Verfahrensgarantien beachten müßten, dabei aber die Wirksamkeit des Vorgehens der Kommission sicherzustellen hätten, EuGH, verb. Rsn. 46/87 und 227/88 (Höchst), Slg. 1989, I-2859 (Rn. 33).

⁹¹ Vgl. zu Problemen in diesem Zusammenhang *Hatje*, Gemeinschaftsrechtliche Steuerung (Fn. 36), 58 f.

⁹² Der explizite Verweis auf das nationale Recht ist vor dem Hintergrund, daß nationale Stellen beim Vollzug des Gemeinschaftsrechts mangels anderweitiger Regelung ohnehin nach ihrem Recht handeln, dahingehend zu verstehen, daß nationales Recht auch in seinen der Amtshilfeverpflichtung widersprechenden oder diese erschwerenden Teilen grundsätzlich maßgeblich ist. Bisweilen finden sich sogar ausdrückliche Regelungen, wonach der jeweilige Rechtsakt nicht zu einer Verwaltungshandlung verpflichtet, die der ersuchte Staat nach seinen Rechtsvorschriften oder seiner Verwaltungspraxis für seine eigenen Zwecke nicht vornehmen dürfte, so z.B. Art. 40 Abs. 2 VO 1798/2003 (Amtshilfe MWSt); Art. 8 Abs. 1 RL 77/799 (Amtshilfe direkte Steuern).

U.a. hierdurch unterscheidet sich die Amtshilfe von der Durchführung einer Unterstützung aufgrund staatengerichteter Entscheidung; bei letzterer ist eine stärkere Wirkung des Vereitelungsverbotes zu konstatieren, da regelmäßig der in der Entscheidung geforderte Zustand herzustellen ist; siehe *Wettner*, Amtshilfe (Fn. 3), Kap. 3 B. II. 2. b).

⁹³ Im Unterschied zum deutschen Recht schützt der gemeinschaftsrechtliche Verhältnismäßigkeitsgrundsatz nicht nur individuelle (Grund-)Rechte, sondern auch die an dieser Stelle interessierenden hoheitlichen Interessen. Er ist somit eine allgemeine Handlungsschranke für jegliches hoheitliche Handeln, *Koch*, Der Grundsatz der Verhältnismäßigkeit in der Rechtsprechung des Gerichtshofs der Europäischen Gemeinschaften, 2003, 496 ff. Zur Qualifizierung als Allgemeiner Rechtsgrundsatz siehe nur EuGH, Rs. C-27/95 (Bakers of Nailsea), Slg. 1997, I-1847 (1867).

⁹⁴ KOM (94) 29 endg., S. 5.

Relation ist anhand der aus dem deutschen Recht bekannten Kriterien der Geeignetheit, v.a. aber der Erforderlichkeit und Angemessenheit herzustellen[95]. Danach lassen sich die drei folgenden amtshilferechtlichen Ausprägungen bestimmen:

Zunächst ergibt sich aus dem Kriterium der Erforderlichkeit, wonach unter mehreren gleich geeigneten Mitteln das am wenigsten belastende zu wählen ist[96], daß die Amtshilfe auf das zu beschränken ist, „was im jeweiligen Fall unbedingt notwendig ist"[97]. Als ein die Notwendigkeit der Amtshilfe ausschließendes milderes Mittel kommt generell die Ausschöpfung der eigenen Handlungsmöglichkeiten der um Amtshilfe ersuchenden Behörde in Betracht. Daher läßt sich auch ohne ausdrückliche sekundärrechtliche Normierung von einer grundsätzlichen *Subsidiarität grenzüberschreitender Amtshilfe gegenüber eigenen Handlungsmöglichkeiten* ausgehen, sofern die eigenständige Aufgabenerledigung gleichermaßen geeignet ist[98].

Weiterhin ergibt sich aus dem Aspekt der Angemessenheit, wonach ein ausgewogenes Verhältnis zwischen den Vorteilen einer Maßnahme in Anbetracht des verfolgten Zwecks und den gleichzeitig damit verbundenen Nachteilen bestehen muß[99], daß ein allgemeines Recht zur Verweigerung der Amtshilfe besteht, wenn mit ihr ein *unverhältnismäßiger Verwaltungsaufwand* verbunden wäre[100]. Der Aufwand ist in personeller, zeitlicher und finanzieller Hinsicht zu beurteilen[101], wobei die Kommission speziell den

---

[95] *Emmerich-Fritsche,* Der Grundsatz der Verhältnismäßigkeit als Direktive und Schranke der EG-Rechtsetzung, 2000, 207 ff. Die *Geeignetheit* der Amtshilfe zur Zweckerreichung spielt keine nennenswerte Rolle. Nach der allgemeinen Rechtsprechung des EuGH ist diese nur bei einer offensichtlichen Ungeeignetheit zu verneinen, siehe Nachweise bei *Koch,* Verhältnismäßigkeit (Fn. 93), 207; kritisch zu dieser Rechtsprechung *v. Danwitz,* EWS 2003, 393 (397).

[96] EuGH, Rs. C-101/98 (Union Deutsche Lebensmittelwerke), Slg. 1999, I-8841 (Rn. 30). Dagegen noch *GA Verloren van Themaat,* Schlußanträge, verb. Rs. 187 und 193/83 (Nordbutter), Slg. 1984, I-2553 (2572).

[97] KOM (1994) 29 endg., S. 5.

[98] An dieser Stelle kann der mit der Amtshilfe mitunter angestrebte Zweck der *Verwaltungseffizienz* zum Zuge kommen, so daß auch trotz eigener Handlungsmöglichkeiten die Amtshilfe einer anderen Behörde in Anspruch genommen werden kann, wenn dies effektiver erscheint. Dies entspricht der bisherigen (vor Geltung der VO 1/2003) Praxis der Kommission im Wettbewerbsrecht, Inspektionen nur dann durch mitgliedstaatliche Wettbewerbsbehörden durchführen zu lassen, wenn diese bereits mit dem Fall befaßt waren.

[99] Vgl. *Emmerich-Fritsche,* Verhältnismäßigkeit (Fn. 95), 213.

[100] Ein solches Verweigerungsrecht als allgemeiner Standards wird durch einen entsprechenden Grundsatz im deutschen Recht bestätigt, wie er in § 5 Abs. 3 Nr. 2 VwVfG seinen Ausdruck gefunden hat.

[101] Vgl. *Söhn,* in: Hübschmann/Hepp/Spitaler (Hrsg.), Kommentar zur AO/FGO, § 117 AO Rn. 306 i.V.m. § 112 AO Rn. 37.

Kostenaspekt als Leitmotiv der Angemessenheit der Verwaltungskooperation hervorgehoben hat[102].

Als besondere Ausprägung des Verweigerungsrechtes bei einem unverhältnismäßigen Verwaltungsaufwand ergibt sich schließlich, daß die ersuchte Behörde die Leistung der Amtshilfe verweigern darf, wenn dadurch die Erfüllung der eigenen Aufgaben ernstlich gefährdet würde, daß somit ein *Vorrang der eigenen Aufgabenwahrnehmung* besteht. Über die nur im Steuerrecht auffindbare Regelung einer solchen Begrenzung der Amtshilfepflicht hinaus[103] läßt sie sich aufgrund der Struktur der gemeinschaftsrechtlichen Amtshilfe als allgemeiner Standard feststellen[104]: Da Amtshilfe der ausnahmsweise Einsatz eigener Befugnisse für fremde Aufgaben ist und eine grundsätzliche Pflicht der unterstützten Behörde besteht, die zugewiesenen Aufgaben mit eigenen Mitteln zu erfüllen, liegt es nahe, einen Vorrang der Erfüllung der eigenen Aufgaben vor der Unterstützung einer fremden anzunehmen.

4. Grenzen staatlicher Souveränität

Die Leistung von Amtshilfe steht schließlich bisweilen unter Vorbehalten, die in der Souveränität der Mitgliedstaaten wurzeln: unter den aus dem völkerrechtlichen Amts- und Rechtshilferecht bekannten Vorbehalten der Gegenseitigkeit (a) und des *ordre public* (b).

a) Gegenseitigkeit

Sekundärrechtliche Vorbehalte der sog. Gegenseitigkeit, wonach die ersuchte Behörde zur Verweigerung der Amtshilfe berechtigt ist, wenn die ersuchende Behörde sie selbst im umgekehrten Fall nicht leisten könnte, finden sich nur im Abgabenrecht[105]. Danach muß die ersuchende Stelle imstande sein, die ersuchte Handlung in „gleicher Art und Güte" zu erbringen[106]. Anders als im völkerrechtlichen Amtshilferecht[107] besteht im Ge-

---

[102] KOM (1994) 29 endg., S. 5: „Die Kooperation sollte auch einen Gegenwert für die anfallenden Kosten sichern, indem sichergestellt wird, daß der Nutzen in einem angemessenen Verhältnis zu den aufgewendeten Ressourcen steht." Den generellen Charakter des Verhältnismäßigkeitsprinzips als ökonomisches Optimierungsgebot für die Verwaltungstätigkeit betont *Koch*, Verhältnismäßigkeit (Fn. 93), 518; siehe auch *v. Danwitz*, EWS 2003, 393 (395).

[103] Allerdings auch nur in der deutschen Umsetzungsnorm des § 3 Abs. 2 Nr. 4 EG-AHG (Umsetzungsgesetz zur RL 77/799).

[104] Auch dies wird durch einen entsprechenden allgemeinen Grundsatz im deutschen Amtshilferecht bestätigt, siehe § 5 Abs. 3 Nr. 3 VwVfG; *Dreher*, Amtshilfe (Fn. 18), 116.

[105] Art. 40 Abs. 3 S. 1 VO 1798/2003 (Amtshilfe MWSt); Art. 8 Abs. 3 RL 77/799 (Amtshilfe direkte Steuern).

[106] Vgl. *Söhn*, in: Hübschmann/Hepp/Spitaler, AO/FGO (Fn. 101), § 117 AO Rn. 173a.

meinschaftsrahmen ein darüber hinaus gehender ungeschriebener Vorbehalt der Gegenseitigkeit nicht. Soweit die Amtshilfe sekundärrechtlich ohne einen solchen Vorbehalt normiert ist, ergibt sich dies bereits aus der Überlegung, daß er als Regel des allgemeinen Völkerrechts durch entgegenstehendes Gemeinschaftsrecht verdrängt wird. Darüber hinaus tritt das *ausschließlich nationale* Gegenseitigkeitsinteresse, nämlich die Amtshilfe zu erbringen, um sie in der entsprechenden umgekehrten Situation in gleicher Weise erlangen zu können, im Gemeinschaftsrahmen vollständig hinter das gemeinsame europäische Interesse an der ordnungsgemäßen Durchführung des Gemeinschaftsrechts zurück[108].

b) Ordre public im Sinne wesentlicher Staatsinteressen

In einigen gemeinschaftlichen Rechtsakten finden sich aus dem völkerrechtlichen Amtshilferecht bekannte Regelungen, wonach die mitgliedstaatlichen Verwaltungsbehörden von der Verpflichtung zur *horizontalen* Amtshilfe entbunden sind, „wenn die Amtshilfe geeignet wäre, die öffentliche Ordnung ihres Sitzstaates oder andere wesentliche Interessen desselben, insbesondere im Bereich des Datenschutzes, zu beeinträchtigen"[109]. Die diesen sog. *ordre public* ausmachenden grundlegenden *nationalen* Ordnungsvorstellungen[110] umfassen neben verfassungsrechtlichen Strukturprinzipien und insbesondere den nationalen Grundrechten[111] auch sonstige wesentliche *staatliche* Interessen[112]. Zu letzteren gehören sowohl sol-

---

[107] Vgl. speziell zur Amtshilfe *Söhn*, in: Hübschmann/Hepp/Spitaler, AO/FGO (Fn. 101), § 117 AO Rn. 172 ff. Siehe generell zur Gegenseitigkeit als ein jegliche zwischenstaatliche Interaktion beherrschendes Prinzip des allgemeinen Völkerrechts *Verdross/Simma*, Universelles Völkerrecht, 1984, § 64; *Simma*, in: Bernhardt (Hrsg.), Encyclopedia of Public International Law, 2000, Stichwort „Reciprocity", 29 (29 f.); siehe *Parisi/Ghei*, Cornell International Law Journal 2003, 93 ff.

[108] Zum Gemeinschaftsinteresse siehe oben unter D. I. (Einleitung).

[109] So Art. 48 Abs. 1 VO 515/97 (Zusammenarbeit Zoll/Agrar); entsprechend (ohne Verweis auf Datenschutz) Art. 13 Abs. 1 RL 89/608 (Zusammenarbeit Veterinärwesen); Art. 8 Abs. 2 RL 77/779 (Amtshilfe direkte Steuern); Art. 40 Abs. 4 VO 1798/2003 (Amtshilfe MWSt); Art. 4 Abs. 3 lit. c) RL 76/308 (EG-BeitreibungsRL). Entgegen hier vertretener Auffassung erstreckte der BFH NV 2000, 531 (534) das Verweigerungsrecht aufgrund der Vorbehaltsklausel des Art. 17 VO 1468/81 (Amtshilfe Zoll/Agrar a.F.) auch auf die Auskunftserteilung gegenüber der Kommission, was jedoch bereits aufgrund des klaren Wortlautes der Vorschrift abzulehnen ist.

[110] *Seidl-Hohenveldern*, in: Bernhardt (Hrsg.), Encyclopedia of Public International Law, Band 3, Stichwort „Ordre public", 1997, „basic values".

[111] Siehe dazu D. II. 2.

[112] Siehe *Loebenstein*, International Mutual Assistance (Fn. 15), 57.

che der inneren wie äußeren staatlichen Sicherheit[113] als auch sonstige wesentliche Interessen unterschiedlicher Art[114].

Das im Ausgangspunkt rein nationale Begriffsverständnis des *ordre public* ist im Kontext des Gemeinschaftsrechts zu „europäisieren". Dies bedeutet, daß der EuGH die nationale Interpretation überprüfen und materiell einheitliche Grenzen für die Berufung auf die Vorbehalte ziehen kann, was er in der Entscheidung *Krombach* für den *ordre public*-Vorbehalt des Europäischen Gerichtsstands- und Vollstreckungsübereinkommens in Zivil- und Handelssachen (EuGVÜ) explizit festgestellt hat[115]. Zum einen ergibt sich dies aus der Auslegungskompetenz des EuGH für gemeinschaftsrechtliche Begriffe nach Art. 234 EGV, zum anderen aus der Intention der die Amtshilfe regelnden Gemeinschaftsrechtsakte, die verwaltungsbehördliche Zusammenarbeit zu erleichtern und zu stärken; das vorgegebene Ziel bestmöglichen Zusammenwirkens nationaler Stellen beim Vollzug des Gemeinschaftsrechts könnte in Frage gestellt werden, wenn der *ordre public*-Vorbehalt als reiner Verweis auf die jeweiligen nationalen Wertungen verstanden würde[116].

Während für die völkerrechtliche Amts- und Rechtshilfe ein *ordre public*-Vorbehalt auch ohne ausdrückliche Normierung als allgemeiner Grundsatz gilt[117], ist dies für die gemeinschaftsrechtliche Amtshilfe jedoch abzulehnen[118]. Denn die Mitgliedstaaten haben sich dem durch die Gemein-

---

[113] Zum Schutz wesentlicher Sicherheitsinteressen räumt aber bereits Art. 296 Abs. 1 lit. a EGV den Mitgliedstaaten ein Auskunftsverweigerungsrecht ein; die Vorschrift normiert damit einen primärrechtlichen speziellen Fall des amtshilferechtlichen *ordre public*-Vorbehaltes.

[114] Als spezielle Ausprägung eines *ordre public*-Vorbehaltes bestimmt etwa Art. 14 RL 76/308 (umgesetzt in § 4 Abs. 2 Nr. 1 EG-BeitrG), daß die Beitreibung von Geldforderungen verweigert werden kann, wenn diese geeignet wäre, erhebliche Schwierigkeiten wirtschaftlicher oder sozialer Art im Beitreibungsstaat hervorzurufen. Hier ist an die Gefährdung von Arbeitsplätzen als Folge eines Konkurses oder die ungünstige Veränderung regionaler Wirtschaftsstrukturen zu denken, siehe *Beermann*, in: Hübschmann/Hepp/Spitaler (Hrsg.), Kommentar zur AO/FGO, § 250 AO Rn. 155.

[115] EuGH, Rs. C-7/98 (Krombach), Slg. 2000, I-1935 (Rn. 22 f.); bestätigt in EuGH, Rs. C- 38/98 (Renault/Maxicar), Slg. 2000, I-2973 (Rn. 27 f.); instruktiv *GA Alber*, Schlußanträge in der Rs. C-38/98 (Renault/Maxicar), Slg. 2000, I-2973 (Rn. 57 ff.).

[116] Vgl. zum *ordre public* des Art. 27 Nr. 1 EuGVÜ *GA Alber*, Schlußanträge in der Rs. C-38/98 (Renault/Maxicar), Slg. 2000, I-2973 (Rn. 58); *Völker*, Zur Dogmatik des ordre public, 1998, 292 f., 300 ff.

[117] Umstritten; dafür *Loebenstein*, International Mutual Assistance (Fn. 15), 57. Für den *ordre public* im Sinne wesentlicher Grundrechte ergibt sich dies jedenfalls aus der auch im internationalen Rechtsverkehr fortbestehenden nationalen Grundrechtsbindung, siehe unten D. II. 2.

[118] Zur Begründung der Ablehnung eines Vorbehaltes im Sinne wesentlicher Grundrechtsverbürgungen siehe unten D. II. 2. Wie hier für die allgemeine Frage, ob die Mitgliedstaaten aus Gründen der öffentlichen Ordnung von Vertragspflichten Abstand neh-

schaftsverträge formierten *ordre public* unterstellt[119]. Wegen dieser gemeinsamen Grundlage und der sich daraus ergebenden Verpflichtungen der Mitgliedstaaten untereinander sowie gegenüber der Gemeinschaft zur loyalen Zusammenarbeit entfällt der entsprechende völkerrechtliche Vorbehalt[120].

II. Individualschützende Verfahrensstandards

Die Amtshilfe ist ein im Allgemeininteresse bestehendes Kooperationsmittel, auf dessen Einsatz Private keinen Anspruch haben[121]. Sie ist jedoch keinesfalls als rein innerbehördlicher Vorgang zu verstehen, sondern tangiert in vielfältiger Weise Rechtspositionen respektive Grundrechte Privater[122]. Die Rechtsstellung Privater im gemeinschaftsrechtlichen Amtshilfeverkehr ist dementsprechend durch Ansprüche gegen den Einsatz der Amtshilfe bzw. auf deren rechtsstaatliche Disziplinierung gekennzeichnet. Das Gemeinschaftsrecht neigt jedoch traditionell dazu, „die Funktionsfähigkeit der Gemeinschaft und ihres Rechts zum überragenden Auslegungstopos zu machen"[123] und demgegenüber die Individualinteressen hintanzustellen[124]. Sieht man vom Daten- und Geheimnisschutz, der ein in den Amtshilferechtsakten durchgängig beachtetes Thema ist[125], ab, läßt sich

---

men können, *Schneider*, Die öffentliche Ordnung als Schranke der Grundfreiheiten des EG-Vertrages, 1998, 53 ff.; anders für den kooperationsrechtlichen *ordre public* aber offenbar noch *David*, Inspektionen (Fn. 13), 271; auch *Schmidt-Aßmann*, EuR 1996, 270 (297 f.); *v. Bogdandy*, in: Schmidt-Aßmann/Hoffmann-Riem (Hrsg.), Informationsgesellschaft (Fn. 42), 133 (185). Alle genannten Autoren weisen jedoch darauf hin, daß es sich bei einem solchen Vorbehalt um eine *eng auszulegende* Ausnahme handele.

[119] *H.P. Ipsen*, Europäisches Gemeinschaftsrecht, 1972, § 26 Rn. 13.

[120] Vgl. zur entsprechenden Argumentation für die Rechtslage im Bundesstaat *Kopp/Kopp*, BayVBl. 1994, 229 (231 f.).

[121] Siehe *Wettner*, Amtshilfe (Fn. 3), Kap. 4 A.

[122] Aus dem Kanon der typischen Amtshilfehandlungen können nicht nur Vollstreckungs- und Ermittlungshandlungen Grundrechtseingriffe darstellen, sondern greift auch die interadministrative grenzüberschreitende Weitergabe personen- und unternehmensbezogener Daten bzw. von Geschäftsgeheimnissen in das gemeinschaftsrechtliche Datenschutzgrundrecht bzw. die Eigentumsgarantie ein, siehe ausführlich *Wettner*, Amtshilfe (Fn. 3), Kap. 4 B.

[123] *Schmidt-Aßmann*, DVBl. 1993, 924 (931); siehe in diese Richtung auch *Hegels*, EG-Eigenverwaltungsrecht und Gemeinschaftsverwaltungsrecht, 2001, 173 ff. mwN.

[124] Seit langem mahnen Literaturstimmen die rechtsstaatliche Disziplinierung der Effektivitätsvorstellungen an, *Schmidt-Aßmann*, DVBl. 1993, 924 (931); *Scheuing*, in: Hoffmann-Riem/Schmidt-Aßmann (Hrsg.), Innovation und Flexibilität des Verwaltungshandelns, 1994, 289 (351); *Pernice/Kadelbach*, DVBl. 1996, 1100 (1113); *Hegels*, EG-Eigenverwaltungsrecht und Gemeinschaftsverwaltungsrecht (Fn. 123), 176.

[125] Allerdings zeichnen sich die Regelungen durch eine bemerkenswerte Inkonsistenz aus. Siehe eingehend *Wettner*, Amtshilfe (Fn. 3), Kap. 4 C. IV; siehe auch *David*, in diesem Band, 237 ff.

dieser Befund auch im sekundärrechtlichen Amtshilferecht bestätigen. Allerdings lassen sich, wie bereits im Interadministrativverhältnis, auch hier aufgrund der Geltung Allgemeiner Rechtsgrundsätze einheitliche verfahrensrechtliche Leitlinien aufzeigen. So setzen etwa die Allgemeinen Rechtsgrundsätze eines Rechtssatzvorbehaltes sowie der individualschützenden Verhältnismäßigkeit der ungehinderten Vornahme der Amtshilfe Grenzen[126]. Im folgenden soll die Geltung gemeinschaftsrechtlicher Verfahrens- und Verteidigungsrechte sowie Verwertungsverbote im Rahmen des informationellen Amtshilfeverkehrs (1.) sowie des amtshilferechtlichen Vorbehalts des *ordre public* im Sinne wesentlicher Grundrechte (2.) aufgezeigt werden.

1. Geltung gemeinschaftsrechtlicher Verteidigungsrechte und Verwertungsverbote

Da sowohl die Amtshilfehandlung als auch die mit ihrer Hilfe zu treffende oder durchzusetzende Entscheidung im Hauptverfahren in Rechtspositionen Privater eingreifen können, kommt der Beachtung deren Verfahrens- und Verteidigungsrechte einerseits (a) sowie entsprechender Verwertungsverbote bei Nichtbeachtung der erforderlichen Verfahrens- und Verteidigungsrechte andererseits (b) erhebliche Bedeutung zu.

a) Geltung gemeinschaftsrechtlicher Verfahrens- und Verteidigungsrechte

Die sekundärrechtlichen Amtshilfebestimmungen treffen keinerlei Regelung hinsichtlich der im Amtshilfeverfahren zu beachtenden Verfahrens- und Verteidigungsrechte. Der EuGH hat diese aber als primärrechtlich geltende Allgemeine Rechtsgrundsätze des Gemeinschaftsrechts entwickelt[127]. Hinsichtlich ihrer Geltung im Amtshilfeverfahren ist jedoch zu beachten, daß sie für Verfahren entwickelt wurden, die mit einer belastenden Entscheidung abschließen, während es sich bei den Amtshilfemaßnahmen oftmals lediglich um *vorbereitende Verfahrenshandlungen* im Rahmen des Hauptverfahrens der unterstützten Behörde handeln wird. Der EuGH differenziert insofern. Es gibt Verfahrensrechte, wie das Recht auf Hinzuziehung eines Anwalts oder der Anspruch auf Wahrung der Vertraulichkeit des Schriftverkehrs zwischen Anwalt und Mandant, die jedenfalls bereits im Vorverfahren zu beachten sind[128]. Andere dagegen, wie etwa das Recht auf rechtliches Gehör, beziehen sich grundsätzlich nur auf das streitige

---

[126] Siehe *Wettner*, Amtshilfe (Fn. 3), Kap. 4 C. I. und II.
[127] Einen Überblick geben *Arnold*, EuR 1995, Beiheft 1, 7 (14 ff.); *Lenaerts/Vanhamme*, CML Rev. 1997, 531 ff.; *Dannecker*, ZStW 1999, 256 ff.; *Pernice/Kadelbach*, DVBl. 1996, 1100 (1103).
[128] EuGH, verb. Rs. 46/87 u. 227/88 (Höchst/Kommission), Slg. 1989, I-2919 (Rn. 16).

Verfahren im Anschluß an eine Mitteilung von Beschwerdepunkten[129]. Hintergrund dieser Rechtsprechung ist, daß es für den Rechtsschutz des Betroffenen ausreicht, wenn er seine Einwände gegen die vorbereitende Maßnahme im Hauptverfahren vorbringen kann, in dem eventuelle Beeinträchtigungen gegebenenfalls – etwa durch Nichtverwertung der erlangten Beweise – korrigiert werden können[130]. Eine wichtige Ausnahme von diesem Grundsatz wird allerdings dann gemacht, wenn mit der vorbereitenden Maßnahme *irreparable Belastungen* verbunden sind, die im Hauptverfahren nicht mehr ausgeräumt werden können[131]. Soweit die im Rahmen des Amtshilfeverfahrens vorzunehmenden Maßnahmen derartige irreparable Belastungen erzeugen, sind bei ihrer Vornahme daher die gemeinschaftlichen Verfahrens- und Verteidigungsrechte als Allgemeine Rechtsgrundsätze zu beachten[132].

b) Geltung gemeinschaftsrechtlicher Verwertungsverbote

Die Verwertbarkeit der im Amtshilfewege erlangten Informationen im Hauptverfahren bestimmt sich grundsätzlich nach dem Recht der empfangenden, das Hauptverfahren betreibenden Behörde[133]. Die somit in nationalen Hauptverfahren anwendbaren nationalen Beweisverwertungsregeln können jedoch durch zwei Arten gemeinschaftsrechtlicher Verwertungsverbote ergänzt werden: Zum einen können die sekundärrechtlichen Amtshilferegelungen den Umstand in den Blick nehmen, daß Informationserhebung und Informationsverwertung in unterschiedlichen nationalen Hoheitsbereichen vorgenommen werden und die zu beachtenden Verfahrens- und Verteidigungsrechte daher möglicherweise nicht unerheblich divergie-

---

[129] EuGH, a.a.O. (Rn. 15 f). Siehe EuGH, Rs. 136/79 (National Panasonic/Kommission), Slg. 1980, I-2033 ff., der in diesem Sinne die Rüge des Unternehmens Panasonic, die Nachprüfungsentscheidung sei u.a. deswegen rechtswidrig, weil ihm zuvor keine Gelegenheit zur Anhörung gegeben worden war, zurückwies.

[130] Vgl. auch *Schwarze*, Europäisches Verwaltungsrecht, Bd. 2, 1988, 1282; *Fengler*, Anhörung im europäischen Gemeinschaftsrecht und deutschen Verwaltungsverfahrensrecht, 2003, 74; unklar *Classen*, DVBl. 1995, 16 (19 f.), der trotz Eingehens auf das Urteil *Panasonic* diese Fallgruppe nicht als Grenzen des Anhörungsrechtes nennt. Generell ist der Gerichtshof mit der Gewährung vorgelagerten Rechtsschutzes sehr zurückhaltend, vgl. nur EuGH, Rs. 60/81 (IBM/Kommission), Slg. 1981, I-2639 ff.

[131] EuGH, verb. Rs. 46/87 u. 227/88 (Höchst/Kommission), Slg. 1989, I-2919 (Rn. 15); *Schwarze*, Europäisches Verwaltungsrecht II (Fn. 130), 1282.

[132] Siehe zum Anhörungsrecht bei Inspektionen *David*, Inspektionen (Fn. 13), 306 ff. Zu Unterrichtung und Anhörung bei interadministrativen Informationsübermittlungen *Wettner*, Amtshilfe (Fn. 3), Kap. 4 C. III. 1. b).

[133] Die Anwendung *nationaler* Verwertbarkeitsregeln der Amtshilfe leistenden Stelle in Verfahren bei Behörden anderer Mitgliedstaaten oder der Gemeinschaft ist grundsätzlich nicht denkbar, da diese nicht durch das nationale Recht eines (anderen) Mitgliedstaates verpflichtet werden, vgl. *Böse*, ZStW 2002, 148 (149).

ren[134]. So normieren neuere Regelungen in der Wettbewerbsaufsichts- und der Steuerverwaltung ein Verwertungsverbot in Sanktionsverfahren bei Nichtbeachtung der im Empfangsstaat geltenden *nationalen* Verteidigungsrechte durch die Amtshilfe leistende Behörde[135]. Zum anderen ergibt sich in konsequenter Folge der Bindung der Mitgliedstaaten an gemeinschaftsrechtliche Verfahrens- und Verteidigungsrechte als Allgemeine Rechtsgrundsätze die allgemeine Geltung gemeinschaftsrechtlicher Beweisverwertungsverbote in mitgliedstaatlichen Verfahren, wenn sich die Verwertungsverbote aus der Verletzung dieser Verfahrens- und Verteidigungsrechte ergeben[136]. Dies hat der EuGH in der Entscheidung *Steffensen* bestätigt[137]. Daß die zu verwertenden Informationen von einer Gemeinschafts-

---

[134] Die Divergenz der nationalen Verfahrens- und Verteidigungsrechte potenziert sich, wenn im Wege der Amtshilfe mit verwaltungsverfahrensrechtlichen Mitteln er- und übermittelte Informationen bei der Empfangsstelle oder generell im Empfangsstaat für Sanktionsverfahren mit strafrechtlichem Charakter, also *transprozedural*, verwendet werden können; hier stellt sich das zusätzliche Problem der Divergenz der Verfahrens- und Verteidigungsrechte zwischen den einzelnen Verfahrensarten. Zum Begriff der transsprozeduralen Verwendung *Widdershoven*, in: Vervaele (Hrsg.), Transnational Enforcement of the Financial Interests of the European Union, 1999, 131 (141): „a ‚transprocedural' use of information".

[135] Art. 12 Abs. 3 VO 1/2003 (KartellVO) läßt die Verwendung ausgetauschter Informationen zur Verhängung von Sanktionen gegen *natürliche* Personen nur unter der Voraussetzung zu, daß „das Recht der übermittelnden Behörde ähnlich geartete Sanktionen in Bezug auf Verstöße gegen Art. 81 oder 82 des Vertrages vorsieht", oder daß „die Informationen in einer Weise erhoben worden sind, die hinsichtlich der *Wahrung der Verteidigungsrechte natürlicher Personen* das *gleiche Schutzniveau* wie nach dem für die empfangende Behörde geltenden innerstaatlichen Recht gewährleistet" (Herv. d. Verf.). Entsprechend wird man die unklare Formulierung des Art. 41 Abs. 1 VO 1798/2003 (Amtshilfe MWSt) verstehen müssen; danach können auf Grundlage der Verordnung übermittelte Informationen „im Zusammenhang mit Gerichts- oder Verwaltungsverfahren verwendet werden, die *Sanktionen* wegen Nichtbeachtung der Steuergesetze zur Folge haben können, und zwar *unbeschadet* der *allgemeinen Regelungen und Rechtsvorschriften über die Rechte der Beklagten* und Zeugen in solchen Verfahren" (Herv. d. Verf.).

[136] So i.E. auch *Widdershoven*, in: Vervaele, Transnational Enforcement (Fn. 134), 131 (148); siehe auch *H.C. Röhl*, ZaöRV 60 (2000), 331 (361). Zu entsprechenden gemeinschaftsrechtlichen Verwertungsverboten siehe *Dannecker*, ZStW 1999, 256 ff.; *Arnold*, EuR 1995/Beiheft 1, 7 (23).

[137] EuGH, Rs. C-276/01 (Steffensen), Slg. 2003, I-3735 (Rn. 70 ff.): Der Gerichtshof hat eine deutsche prozessuale Beweisregel anhand des als Gemeinschaftsgrundrecht anerkannten Rechts auf ein faires Verfahren nach Art. 6 Abs. 1 EMRK ausgelegt und im Ergebnis ein Beweisverwertungsverbot für möglich gehalten (Rn. 72 ff.). Die Formulierung des Gerichtshofs, der – losgelöst von dem speziellen Grundrecht auf ein faires Verfahren – feststellt, daß nationale Beweisregeln im Anwendungsbereich des Gemeinschaftsrechts den sich aus den Gemeinschaftsgrundrechten ergebenden Anforderungen genügen müssen (Rn. 71), weist über den Fall hinaus. Die Auslegung nationaler Beweisregeln im Lichte des Gemeinschaftsrechts bedeutet letztlich nichts anderes als die Geltung gemeinschaftsrechtlich begründeter Verwertungsverbote.

behörde oder einer Behörde eines anderen Mitgliedstaats er- und übermittelt wurden, der Beweisverwertung mithin ein Akt vertikaler oder horizontaler Amtshilfe vorausgegangen ist, ändert an dieser Rechtslage nichts[138].

In der erstgenannten sekundärrechtlichen Normierung von Verwertungsverboten bei Nichtbeachtung nationaler Verteidigungsrechte ist immerhin eine begrüßenswerte Tendenz zur Beachtung des Individualrechtsschutzes zu erkennen. Dem Anliegen eines effektiven Vollzuges entspräche es allerdings eher, sekundärrechtlich eine Pflicht der Amtshilfe leistenden Behörde zu normieren, bei Vornahme der Amtshilfehandlung die verfahrensrechtlichen Anforderungen des Rechts der unterstützten Behörde auch hinsichtlich der Verfahrens- und Verteidigungsrechte Privater zu beachten, um es gar nicht erst zu Verwertungsproblemen kommen zu lassen[139]. Letztlich kann auf lange Sicht aber ohnehin nur eine sekundärrechtliche Verankerung der bereits jetzt als Allgemeine Rechtsgrundsätze geltenden ungeschriebenen Verfahrens- und Verteidigungsrechte und der daraus ableitbaren Verwertungsverbote die Rechtsschutzerwartungen erfüllen[140].

2. Ordre public im Sinne nationaler Grundrechte

Wie bereits oben ausgeführt finden sich in den sekundärrechtlichen Bestimmungen der horizontalen Amtshilfe bisweilen sog. *ordre public*-Vorbehalte[141]. Danach kann die Amtshilfe zum Schutz der betroffenen Privaten[142] verweigert werden, wenn das zu unterstützende Hauptverfahren

---

[138] Der Erstreckung gemeinschaftsrechtlicher Beweisverwertungsverbote auf nationale Verfahren stehen auch Normen in den gemeinschaftlichen Rechtsakten nicht entgegen, nach denen die übermittelten Informationen im Hinblick auf die Beweiszulassung und den Beweiswert den eigenen nationalen Beweismitteln gleichstehen, z.B. Art. 42 VO 1798/2003 (Amtshilfe MWSt). Daraus ergibt sich zwar, daß die nationalen Stellen die im Amtshilfewege erlangten Informationen grundsätzlich nur nach ihrem nationalen Beweisrecht würdigen. Dies gilt jedoch nur im Sinne eines Mindeststandards und kann keine Entbindung von den Allgemeinen Rechtsgrundsätzen und den sich daraus ergebenden Konsequenzen für die Informationsverwertung bewirken; in diese Richtung auch *Dannecker*, ZStW 1999, 256 (293).

[139] Siehe dazu oben C. I. a.E.

[140] So auch *Widdershoven*, in: Vervaele, Transnational Enforcement (Fn. 134), 131 (149). In Anbetracht des auf Gemeinschaftsebene mittlerweile erreichten rechtsstaatlichen Niveaus wäre es unter Rechtsschutzgesichtspunkten zu rechtfertigen, den Mitgliedstaaten dann den Vorbehalt weitergehenden nationalen Rechts zu verwehren.

[141] Siehe oben D. I. 4. b).

[142] Dagegen aber für einen rein staatsschützenden Charakter der *ordre public*-Vorbehalte auch in ihrer grundrechtlichen Dimension *Brenner*, FR 1989, 236 (238); *Harings*, Grenzüberschreitende Zusammenarbeit der Polizei- und Zollverwaltungen und Rechtsschutz in Deutschland, 1998, 223; BFH NV 2000, 531 (535), der den individualschützenden Charakter des *ordre public*-Vorbehaltes der VO 1468/81 (Amtshilfe Zoll/Agrar a.F.) verneint. Wie hier für völkerrechtliche Rechtshilfeabkommen *Hack-*

den wesentlichen nationalen Strukturprinzipien respektive dem Wesensgehalt der *Grundrechte* des ersuchten Staates widerspricht[143]. In dieser Schutzrichtung ist der amtshilferechtliche *ordre public* im internationalen Amtshilfeverkehr außerhalb des Gemeinschaftsrechts in jüngster Zeit erneut aktuell geworden[144].

An den nationalen Grundrechtsverbürgungen sind zum einen der Zweck des zu unterstützenden Verfahrens (*materieller ordre public*), zum anderen dessen formelle Ausgestaltung (*verfahrensrechtlicher ordre public*) zu messen. Während sich innerhalb der Gemeinschaft aufgrund der Übereinstimmung der materiell-rechtlichen Grundvorstellungen in den Mitgliedstaaten für ersteren kein praktisch relevanter Anwendungsfall mehr finden lassen wird, hat letzterer durchaus praktische Bedeutung: Zu denken ist etwa an einen im Empfängerstaat geringeren Schutz *unternehmensbezogener Daten* als im Übermittlungsstaat[145] oder an ein im Staat des Hauptverfahrens geltendes niedrigeres Niveau der *Verfahrens- und Verteidigungsrechte* als im helfenden Staat[146]. Die nationale Bestimmung der den *ordre public* ausmachenden Grundrechtsgewährleistungen ist im Gemeinschaftsrahmen, wie hinsichtlich der Bestimmung wesentlicher Staatsinte-

---

ner/Lagodny/Schomburg/Wolf, Internationale Rechtshilfe in Strafsachen, 2003, Rn. 50; *Rieser*, ÖJZ 1988, 713 (716).

[143] *R. Hofmann*, Grundrechte und grenzüberschreitende Sachverhalte, 1994, 332; *Vogel*, Doppelbesteuerungsabkommen, Kommentar, 3. Aufl., 1996, Art. 26 Rn. 112; *Papier/Olschewski*, DVBl. 1976, 475 (478); *Schomburg/Lagodny*, Kommentar zum Gesetz über die internationale Rechtshilfe in Strafsachen, 3. Aufl., 1998, § 73 IRG Rn. 7.

[144] Siehe BVerfG JZ 2003, 956 ff.: Unterbindung der Zustellung einer amerikanischen Klageschrift in Deutschland. Siehe dazu eingehend *v. Danwitz*, DÖV 2004, 501 ff.

[145] Für personenbezogene Daten besteht aufgrund der Harmonisierung der nationalen Datenschutzrechte durch die Datenschutzrichtlinie (RL 95/46) und der Einführung eines entsprechenden Standards für die Gemeinschaftsorgane durch die Datenschutzverordnung (VO 45/2001) kein Anwendungsbereich mehr. Mögen hier noch Unterschiede im Detail bestehen, sind doch die wesentlichen datenschutzrechtlichen Grundvorstellungen nun gemeinschaftsweit einheitlich kodifiziert. Anders dagegen verhält es sich für unternehmensbezogene Daten respektive Geschäftsgeheimnisse. Diese sind zwar gemeinschaftsgrundrechtlich und insofern theoretisch einheitlich geschützt (siehe *Wettner*, Amtshilfe (Fn. 3), Kap. 4 B. II.), allerdings ist bisher eine gemeinschaftsrechtliche Harmonisierung der einfachgesetzlichen Schutzbestimmungen nicht erfolgt, so daß grundrechtsrelevante Divergenzen in den nationalen Schutzvorschriften bestehen können.

[146] Ein Beispiel bietet EuGH, Rs. C-7/98 (Krombach), Slg. 2000, I-1935 ff. für einen vollstreckungsrechtlichen *ordre public*-Vorbehalt: Der französische Cour d'assises hatte Herrn Krombach zu Schadensersatz wegen eines Personenschadens verurteilt, ohne ihn, vertreten durch seine Anwälte, vorher anzuhören. Dies war im konkreten Fall nach französischem Recht zulässig. Der Bundesgerichtshof legte dem EuGH die Frage vor, ob die Vollstreckung des Urteils in Deutschland auf Grundlage des EuGVÜ wegen Verletzung des rechtlichen Gehörs und damit eines Verstoßes gegen den deutschen *ordre public* nach Art. 27 Abs. 1 EuGVÜ verweigert werden könne.

ressen bereits dargestellt, zu „europäisieren": In der Entscheidung *Krombach* stellt der EuGH für die Berufung auf nationale Grundrechte die Bedingung auf, daß diese in der Gemeinschaftsrechtsordnung eine Entsprechung finden[147]. Ein darüber hinausgehendes nationales Grundrechtsverständnis kann nicht zur Verweigerung der Amtshilfe berechtigen.

Ein so verstandener *ordre public*-Vorbehalt könnte sich als allgemeiner amtshilferechtlicher Standard aus der nationalrechtlichen Bindung der helfenden Behörde an die nationalen Grundrechte ergeben. Nach deutscher Grundrechtsdogmatik kommen Grundrechte im internationalen Amtshilfeverkehr in ihrer Funktion als Schutzrechte zum Einsatz[148]: Sie sollen einen zu erwartenden Grundrechtseingriff im fremden Verfahren im Vorfeld abwehren, weil und soweit dem Betroffenen in diesem Verfahren unter der Geltung der fremden Rechtsordnung ein entsprechender Schutz versagt ist; die Abwehr erfolgt, indem die geforderte Unterstützung versagt wird. Dieses Schutzes bedarf es zum mittlerweile erreichten Stand der Integration allerdings nicht mehr: Das *BVerfG* geht in einer Entscheidung zur Vollstreckung österreichischer Abgabentitel auf der Grundlage des deutschösterreichischen Rechtshilfevertrages von der Notwendigkeit eines Vorbehalts der öffentlichen Ordnung nur da aus, wo das Mindestmaß an Rechtsschutz „nicht *generell* gewährleistet erscheint"[149]. Dies korreliert auffälligerweise mit den Aussagen des Gerichts zum Grundrechtsschutz gegen auf deutschem Hoheitsgebiet anzuwendendes Gemeinschaftsrecht, wonach das Bundesverfassungsgericht seine Prüfungskompetenz nicht ausübt, wenn und solange der Grundrechtsschutz auf Gemeinschaftsebene *generell* ver-

---

[147] EuGH, Rs. C-7/98 (Krombach), Slg. 2000, I-1935 (Rn. 38 ff.): „Das in der Vorlagefrage angesprochene Recht auf einen Verteidiger ist für die Gestaltung und Durchführung eines fairen Prozesses von herausragender Bedeutung und gehört zu den Grundrechten, die sich aus den gemeinsamen Verfassungstraditionen der Mitgliedstaaten ergeben. So hat auch der Europäische Gerichtshof für Menschenrechte (EGMR) in mehreren Entscheidungen zu Strafverfahren festgestellt, daß das wenngleich nicht absolut gegebene Recht jedes Angeklagten [...] zu den grundlegenden Merkmalen eines fairen Prozesses gehört und daß ein Angeklagter dieses Recht nicht bereits dadurch verliert, daß er nicht in der Hauptverhandlung zugegen ist [...]. *Aus dieser Rechtsprechung folgt,* daß das nationale Gericht eines Vertragsstaats *berechtigt* ist, es als eine offensichtliche Grundrechtsverletzung anzusehen, wenn dem Verteidiger eines nicht in der Hauptverhandlung anwesenden Angeklagten verwehrt wird, für diesen aufzutreten." (Herv. d. Verf.).

[148] Zu dieser Wirkungsweise nationaler Grundrechte im internationalen Amtshilfeverkehr ausführlich *Schemmer*, Der ordre public-Vorbehalt unter der Geltung des Grundgesetzes, 1995, 130 ff.; *Ruegenberg*, Das nationale und internationale Steuergeheimnis im Schnittpunkt von Besteuerungs- und Strafverfahren, 2001, 340. Zumindest nach deutscher Grundrechtsdogmatik ist die Geltung eines amtshilferechtlichen *ordre public*-Vorbehaltes somit nicht an eine explizite Normierung gebunden.

[149] BVerfGE 63, 343 (378).

bürgt ist[150]. Diesen Anwendungsverzicht für deutsche Grundrechtsverbürgungen, der offenbar immer dann zugelassen wird, wenn und soweit ein entsprechender Grundrechtsschutz *generell* gewährleistet ist, wird man dann auch außerhalb der Vollstreckungshilfe für sämtliche Amtshilfeformen annehmen müssen. Da im Anwendungsbereich des Gemeinschaftsrechts sowohl die gemeinschaftlichen als auch die mitgliedstaatlichen Stellen an die Gemeinschaftsgrundrechte als Allgemeine Rechtsgrundsätze des Gemeinschaftsrechts gebunden sind[151], ist von einem *generell* gewährleisteten rechtsstaatlichen Minimum bei der zu unterstützenden Behörde auszugehen. Somit ist aus deutscher Sicht die Überprüfung des fremden Verfahrens am Maßstab nationaler Grundrechte grundsätzlich ausgeschlossen[152]. Daß der Schutz *im Einzelfall* dennoch nicht gewährleistet ist, weil ein Staat die an sich auch für ihn geltenden Gemeinschaftsgrundrechte nicht beachtet, ist insofern unschädlich, als dieser Rechtsverstoß jedenfalls dort vor den entsprechenden Gerichten geltend gemacht werden kann und es somit einer „Wächterstellung" der Amtshilfe leistenden nationalen Behörde nicht mehr bedarf.

Da auch gemeinschaftsrechtlich ein entsprechender Vorbehalt nationaler Grundrechte nicht verlangt ist, gehen sekundärrechtliche *ordre public*-Vorbehalte somit über das hinaus, was nach allgemeinen Regeln gefordert wäre und erscheinen daher als Anomalie. Ein ungeschriebener Vorbehalt des *ordre public* im Sinne des Wesensgehaltes nationaler Grundrechte als allgemeiner Grundsatz des gemeinschaftlichen Amtshilferechts existiert daher jedenfalls nicht.

E. Fazit

Die Divergenz der Amtshilferegelungen in den verschiedenen Bereichen europäischer Verwaltung scheint oftmals eher den Zufälligkeiten ihres Entstehungsprozesses als tatsächlich spezifischen Besonderheiten der jeweiligen Fachmaterie geschuldet. Unter Heranziehung v.a. der Allgemeinen Rechtsgrundsätze des Gemeinschaftsrechts lassen sich daher bereichsübergreifende Verfahrensregeln entwickeln. Dieses allgemeine Verfahrensrecht der gemeinschaftsrechtlichen Amtshilfe weist eine größere Affinität

---

[150] So BVerfGE 102, 147 (161, 164 f.).
[151] Siehe oben C. II.
[152] So für die Vollstreckung von Gemeinschaftstiteln nach Art. 256 EGV auch *Pernice*, RIW 1986, 353 (356); anders *Brenner*, DVBl. 1999, 877 (884).

zum innerstaatlichen als zum völkerrechtlichen Amtshilferecht auf[153], da es vielerorts ein Aufweichen der auch im Rahmen der Gemeinschaftsrechtsordnung noch fortbestehenden mitgliedstaatlichen Souveränität widerspiegelt; so finden sich etwa im völkerrechtlichen Amtshilfeverkehr generell geltende Vorbehalte der Gegenseitigkeit oder des *ordre public* im Gemeinschaftsrecht nur noch in Ausnahmefällen und besteht eine im Grundsatz der loyalen Zusammenarbeit zu verortende allgemeine Amtshilfepflicht der Verwaltungen im gemeinsamen Interesse der effektiven Durchführung des Gemeinschaftsrechts. Dieser verfahrensrechtlichen Herausbildung einer Einheit der europäischen Verwaltungen bei der Durchführung des Gemeinschaftsrechts[154] entspräche die eingangs ventilierte Kodifizierung des Amtshilferechts in einem allgemeinen Gemeinschaftsrechtsakt. Dahingehende einheitsstiftende Impulse sind von der Europäischen Verfassung zu erwarten, die der Verwaltungskooperation zur Durchführung des Unionsrechts ausdrückliche Beachtung schenkt[155].

---

[153] Siehe zu Vergleichen des gemeinschaftsrechtlichen Amtshilferechts mit den bundesstaatlichen und völkerrechtlichen Amtshilfemodellen eingehender *Wettner*, Amtshilfe (Fn. 3), passim und zusammenfassend Kap. 2 B., Kap. 3 D.

[154] Zur *organisatorischen* Einheitsbildung durch den zunehmenden direkten Kontakt zwischen den unmittelbar zuständigen Verwaltungsstellen und durch die Etablierung von Netzwerkstrukturen siehe *Wettner*, Amtshilfe (Fn. 3), Kap. 3 C.

[155] Siehe oben D. I. (Einleitung).

Die Rechtsform der Entscheidung als Mittel abstrakt-genereller Steuerung[*]

Matthias Vogt

A. Einführung in die Thematik

B. Die überkommene Konzeption der Entscheidung als Einzelfallregelung
   I. Das Erbe der individuellen Entscheidung des EGKS-Vertrages
   II. Die Konzeption der EG-Entscheidung als Äquivalent zur individuellen EGKS-Entscheidung
   III. Zur Kritik an der überkommenen Sichtweise

C. Zu Funktion und Wirkungsweise der Entscheidung in einem europäischen „legislativ-administrativen Verbund"
   I. Vertragsunmittelbare weiche Steuerung der Mitgliedstaaten
      1. Kooperative Steuerung durch programmatische Zielvorgaben
      2. Aufgeweichter Verbindlichkeitsgrad mangels konkret-imperativer Vorgaben
   II. Sekundärrechtlich gestützte Steuerung
      1. Die Entscheidung als „Durchführungsrecht" der Kommission
      2. Erscheinungsformen der „Durchführungsentscheidung"
      3. Zum Wirkungsmodus, insbesondere der Frage der unmittelbaren Wirkung

D. Fazit: Die Entscheidung als flexibelste aller Handlungsformen

---

[*] Der Beitrag basiert auf meiner demnächst im Druck erscheinenden Dissertation mit dem Titel „Die Entscheidung als Handlungsform des Europäischen Gemeinschaftsrechts".

A. Einführung in die Thematik

Die Europäische Gemeinschaft als eine vom Recht determinierte Gemeinschaft[1] verfolgt ihre in Art. 2 ff. des EG-Vertrages niedergelegten Ziele in den Formen und Verfahren des Rechts. Ihren Organen stehen dazu vor allem[2] die in Art. 249 EGV aufgezählten Handlungsformen[3] zur Verfügung. Wenn demnach dem gemeinschaftsrechtlichen Gesamtsystem eine dem deutschen Verwaltungsrecht durchaus vergleichbare aktionsrechtliche Struktur zugrundeliegt[4], so gewinnt eine dogmatische Durchdringung der Handlungsmittel und Instrumentarien, in denen sich diese Struktur manifestiert, eine zentrale Bedeutung. Ein Blick in die geschichtliche Entwicklung der „Europäischen Handlungsformenlehre" zeigt, daß von den in Art. 249 EGV genannten Rechtsakten bislang vor allem die Verordnung und die Richtlinie zum Gegenstand eines breiteren rechtswissenschaftlichen Interesses geworden sind[5]. Die Entscheidung im Sinne des Art. 249 Abs. 4 EGV dagegen führte ein Nischendasein und harrt bis heute einer umfangreichen dogmatischen Aufarbeitung[6]. Ziel dieses Beitrages soll es nun sein,

---

[1] Zur EG als „Rechtsgemeinschaft" siehe begriffsprägend *Hallstein*, Die Europäische Gemeinschaft, 5. Aufl. 1979, 51 ff.; ihre Entwicklung und Bedeutungsinhalte beschreibend *Zuleeg*, NJW 1994, 545 ff. Zur Herrschaft des Rechts in der EU *v. Bogdandy*, in: ders. (Hrsg.), Europäisches Verfassungsrecht, 2003, 149 (165 ff.).

[2] Der Katalog des Art. 249 EGV ist nicht abschließend; statt vieler *Schroeder*, in Streinz (Hrsg.), EUV/EGV, 2003, Art. 249 Rn. 2, 10, 26 ff.

[3] Der Begriff der Handlungsformen wird hier nicht in einer der deutschen Handlungsformenlehre vergleichbaren Weise in Unterscheidung zur Rechtsform verwendet. Dort bilden die Letztgenannten lediglich einen Teilausschnitt des größeren Kreises der Handlungsformen, der sich durch einen spezifischen normativen Gehalt auszeichnet; dazu *Pauly*, in: Becker-Schwarze/Köck/Kupka/v. Schwanenflügel (Hrsg.), Wandel der Handlungsformen im Öffentlichen Recht, 1991, 25 (31 ff.); *Burmeister*, VVDStRL 52 (1993), 190 (206 ff.); *Schmidt-Aßmann*, Das Allgemeine Verwaltungsrecht als Ordnungsidee, 2. Aufl. 2004, Kapitel 6 Rn. 33; *Schuppert*, Verwaltungswissenschaft, 2000, 141 ff. Im Folgenden werden die Begriffe der Handlungsform und der Rechtsform als Synonyme verwendet.

[4] Mit dieser Einschätzung bereits *v. Danwitz*, Verwaltungsrechtliches System und Europäische Integration, 1996, 168.

[5] Zu einem Abriß der dogmengeschichtlichen Entwicklung siehe *J. Bast*, in: v. Bogdandy, Europäisches Verfassungsrecht (Fn. 1), 479 (481 ff.).

[6] Zur frühen Konzentration der Literatur auf die EGKS-Entscheidung, die sich in ihrer Struktur allerdings ganz wesentlich von der EG-Entscheidung unterscheidet, sogleich unter B. I. Den Befund einer unzureichenden Aufmerksamkeit mit Blick auf die Entscheidung teilt auch *Bockey*, Die Entscheidung der Europäischen Gemeinschaften, 1998, 16. Sie begründet dies jedoch – wie sich zeigen wird zu Unrecht – mit dem Umstand, „daß die Entscheidung ausschließlich zur Regelung konkreter Einzelfälle ergeht und keinen Rechtssatzcharakter (i.S.e. abstrakt-generellen Rechtsnorm) hat." (Hinzufügung im Original).

die Bedeutung jener Handlungsform als Mittel der abstrakt-generellen Steuerung aufzuzeigen. Dazu wird in einem ersten Abschnitt zunächst eine kurze Einführung in das überkommene Verständnis der Entscheidung als gemeinschaftsrechtliches Äquivalent zum nationalen Verwaltungsakt zu geben sein (B), um vor dem Hintergrund dieser Folie die weiterreichende Perspektive eines komplexen und äußerst flexiblen Steuerungsinstruments aufzeigen zu können (C).

B. Die überkommene Konzeption der Entscheidung als Einzelfallregelung

I. Das Erbe der individuellen Entscheidung des EGKS-Vertrages

Bereits der Vertrag über die Gründung der Europäischen Gemeinschaft für Kohle und Stahl vom 18. April 1951 kannte den Rechtsakt der „Entscheidung" und verstand darunter gemäß Art. 14 Abs. 2 eine Handlungsform, die „in allen ihren Teilen verbindlich" sein sollte. Darüber hinaus differenzierte der nachfolgende Art. 15 Abs. 2 und 3 EGKS mit Blick auf das Zustellungserfordernis zwischen Entscheidungen (und Empfehlungen) einen Einzelfall betreffend einerseits und Maßnahmen „in den übrigen Fällen" andererseits[7] und führte damit die Dichotomie der individuellen und der allgemeinen Entscheidung für die Montanunion ein[8]. Eine Definition dieser beiden zu trennenden Erscheinungsformen der Entscheidung enthält der EGKS-Vertrag freilich nicht, so daß die Begriffsbildung insoweit der europäischen Rechtsprechung und der Literatur überantwortet blieb[9]. Unabhängig von der vorgelagerten Fragestellung, wann überhaupt ein rechtsverbindliches Handeln der Gemeinschaftsorgane vorliegen sollte[10], führten verschiedene vertragliche Bestimmungen im Rahmen der Abgrenzung der beiden Entscheidungstypen zu einiger Verunsicherung. Während rein for-

---

[7] Für diese sollte nach Art. 15 Abs. 3 EGKS eine Veröffentlichung die individuelle Zustellung ersetzen.

[8] *Jerusalem*, Das Recht der Montanunion, 1954, 29 f. Zur Bedeutung dieser Unterscheidung für die Frage der Vollstreckbarkeit der EGKS-Entscheidungen *Osterheld*, Die Vollstreckung von Entscheidungen, 1954, 24 f.

[9] Zu einem frühen Versuch der Begriffsklärung in der Literatur siehe *Wiesner*, Der Widerruf individueller Entscheidungen, 1966, 12 ff.

[10] Der Gerichtshof hatte sich insofern in der verb. Rs. 23/63, 24/63 und 52/63 (Usines Émile Henricot u.a./Hohe Behörde) Slg. 1963, 467 (483 f.) mit einem rein materiellen Entscheidungsbegriff sehr früh gegen den Versuch der Hohen Behörde gewendet, ihre Rechtsakte in der Überschrift selbst abschließend zu definieren; dazu Art. 1 der Entscheidung Nr. 22/60 v. 07.09.1960 über die Ausführung des Artikels 15 des Vertrages, ABl. 1960 Nr. B 61/1248 f.

mellrechtlich eine allgemeine Entscheidung stets im Falle einer Veröffentlichung im Amtsblatt vorzuliegen schien[11], legte die Rechtsschutzbestimmung des Art. 33 Abs. 2 EGKS eine materielle Abgrenzung der allgemeinen von der individuellen Entscheidung anhand des Kriteriums der individuellen Betroffenheit im Einzelfall nahe[12]. So ging denn auch Generalanwalt *Lagrange* in seinen Schlußanträgen in der Rs. 8/55[13] davon aus, daß eine Maßnahme, die „keinen normativen Charakter hat und die dazu bestimmt ist, eine konkrete Situation direkt zu regeln, in Bezug auf diejenigen Personen (Unternehmen oder Verbände), die von dieser Entscheidung als Ganzes gesehen unmittelbar und direkt betroffen werden", eine individuelle Entscheidung darstelle[14]. Für staatengerichtete Entscheidungen konnte aber eine solche dem Art. 33 Abs. 2 EGKS zu entnehmende Begriffsbestimmung aufgrund der Beschränkung des Erfordernisses einer Klagebefugnis auf individuelle Kläger nur einen begrenzten Aussagegehalt aufweisen. Deshalb wurde teilweise eine weitere Differenzierung vorgeschlagen. Danach sollte den allgemeinen Entscheidungen nicht nur die individuelle Entscheidung im Sinne des Art. 33 Abs. 2 EGKS gegenübergestellt werden, sondern darüber hinaus die größere Gruppe der sog. „Einzelentscheidungen", welche neben den individuellen auch die staatengerichteten speziellen Entscheidungen umfassen sollte[15]. Ein echter inhaltlicher Gewinn wurde indes durch diese weitere begriffliche Aufspaltung der Entscheidung nicht erzielt, so daß sie sich auch im nachfolgenden Schrifttum nicht durchzusetzen vermochte[16]. Es blieb dabei, daß die entscheidende Trennlinie am Kriterium des Einzelfallbezugs zu verlaufen hatte[17]. Dogma-

---

[11] In diesem Sinne aus Art. 15 Abs. 3 EGKS folgernd *Conrad*, Formen der Vollziehung, 1968, 156. Gegen eine dermaßen formelle Unterscheidung aber bereits *Fuss*, NJW 1964, 945 (949) mit dem Hinweis, die Zustellung sei nur Rechtsfolge, nicht Wesensmerkmal des Vorliegens einer individuellen Entscheidung.

[12] EuGH, verb. Rs. 7/54 und 9/54 (Groupement des industries siderurgiques), Slg. 1955, 55 (87 f.).

[13] EuGH, Rs. 8/55 (Fédération Charbonniere de Belgique), Slg. 1955, 199 ff.

[14] EuGH, Rs. 8/55 (Fédération Charbonniere de Belgique), Slg. 1955, 199 (250).

[15] Eine spezielle, im Gegensatz zur allgemeinen staatengerichteten Entscheidung sollte danach vorliegen, wenn die Maßnahme ihrem Inhalt nach darauf abzielte, eine konkrete Situation in Beziehung zu einem bestimmten Mitgliedstaat oder zu bestimmten Mitgliedstaaten zu regeln; *Conrad*, Vollziehung (Fn. 11), 156.

[16] Vgl. nur *Ipsen*, Europäisches Gemeinschaftsrecht, 1972, § 21 Rn. 2 und 12.

[17] Dabei war jedoch umstritten, anhand welcher Kriterien über das Vorliegen einer Einzelfallregelung zu entscheiden sein sollte. Während *Börner*, Die Entscheidungen der Hohen Behörde, 1965, 117 ff. unabhängig vom Adressatenkreis ausschließlich auf die Zahl der geregelten Sachverhalte abstellen und damit auch die nach deutscher Dogmatik als Allgemeinverfügung zu bezeichnenden Maßnahmen der allgemeinen Entscheidung zuschlagen möchte, stellt *Fuss*, NJW 1964, 945 (950 f.) umgekehrt allein darauf ab, ob die Adressaten bei Erlaß des Rechtsakts bereits zahlenmäßig feststehen.

tische Aufarbeitungen sahen daher von Beginn an die individuelle Entscheidung des EGKS-Vertrages in Parallele zum deutschen Verwaltungsakt, zur niederländischen *beschikking* oder dem französischen *acte individuel*[18], während für die allgemeine Entscheidung mit ihrer normativen Kraft die Vergleichbarkeit mit der Rechtsverordnung im deutschen Recht behauptet wurde[19].

II. Die Konzeption der EG-Entscheidung als Äquivalent zur individuellen EGKS-Entscheidung

Dieser Ausgangspunkt einer europäischen Handlungsformenlehre setzte sich auch in der späteren Auseinandersetzung mit den Rechtsakten des heutigen Art. 249 EGV fort. Während die mit den Handlungsformen der Gemeinschaften befaßte Literatur die Fortführung der allgemeinen Entscheidung üblicherweise in der Verordnung erblickte[20], sah man das Pendant zur aus dem EGKS-Vertrag bekannten Einzelfallentscheidung in der Entscheidung nach Art. 189 Abs. 4 EWGV[21] bzw. Art. 249 Abs. 4 EGV[22].

Daher kann es zunächst nicht verwundern, daß das deutschsprachige Schrifttum auch die EG-Entscheidung in einer engen Anlehnung an die bekannte Verwaltungsakts-Dogmatik als „Einzelfallentscheidung"[23] zu analysieren trachtete[24], indem es die Entscheidung auf hohem Abstrakti-

---

[18] So bereits *Wiesner*, Widerruf (Fn. 9), 12 ff. Dieser Vergleich konnte sich in der Folgezeit allgemein durchsetzen, *Grabitz*, in: Grabitz/Hilf (Hrsg.), Das Recht der Europäischen Union, Lsbl. Stand Januar 2004, Art. 189 Rn. 67.

[19] *Wiesner*, Widerruf (Fn. 9), 12. Dagegen spricht *Jerusalem*, Recht der Montanunion (Fn. 8), 29 grundsätzlich allen Entscheidungen, Empfehlungen und Stellungnahmen der Hohen Behörde den Charakter von Verwaltungsakten zu, so daß die allgemeinen Entscheidungen und Empfehlungen als Allgemeinverfügungen zu bezeichnen seien.

[20] *Rabe*, Das Verordnungsrecht der Europäischen Wirtschaftsgemeinschaft, 1963, 65 f. weist bereits ausdrücklich darauf hin, es sei nicht gerechtfertigt, die Rechtsnatur beider Rechtsakte unterschiedlich – einerseits eher als Verordnung, andererseits eher als Gesetz – zu beurteilen. In dieser Tradition auch *Daig*, in: Groeben/Boeckh/Thiesing, Kommentar zum EWG-Vertrag, 2. Aufl. 1974, Art. 189 Anm. III.2.A. (a.E.).

[21] *Conrad*, Vollziehung (Fn. 11), 155 ff.

[22] *Biervert*, in: Schwarze, EU-Kommentar, Art. 249 Rn. 4. So auch *P. Stelkens/U. Stelkens*, in: Stelkens/Bonk/Sachs, VwVfG, 6. Aufl. 2001, § 35 Rn. 252: „Inzwischen herrscht Einigkeit darüber, daß die Einzelfallentscheidung mit der Entscheidung i.S.d. Art. 249 Abs. 4 EGV und die allgemeine Entscheidung mit der Verordnung i.S.d. Art. 249 Abs. 2 EGV gleichzusetzen ist."

[23] So die Begriffswahl bei *Schweitzer*, in: FS für Klein, 1994, 85 (98), der den Einzelfallbezug gleichsam bereits in Art. 249 Abs. 4 EGV hineinliest: „Die Einzelfallentscheidungen gemäß Art. 189 IV EGV sind in allen ihren Teilen für diejenigen verbindlich, die sie bezeichnen."

[24] In diesem Sinne bereits *Bülow*, AWD 1963, 244: „Die Grenze zwischen Verordnung und Entscheidung dürfte nach dem EWG-Recht dort zu ziehen sein, wo sich auch nach deutschem Recht Rechtsetzung und Verwaltungsakt voneinander unterscheiden."

onsniveau zu beschreiben, allgemeine Wesensmerkmale zu erfassen und typische Wirkungsweisen darzustellen versuchte. Unter Verzicht auf eine nähere Untersuchung der tatsächlichen Einsatzfelder der Entscheidung in der Gemeinschaftspraxis wurden Darstellungen dieser Handlungsform meist in Anknüpfung an die aus der Verwaltungsrechtsdogmatik bekannten Kriterien vorgenommen[25]. Wie *H. C. Röhl* nachweisen konnte, wurde jene Entwicklung der Entscheidung als Einzelfallregelung maßgeblich durch die autonome, von Art. 249 Abs. 4 EGV unabhängige Begriffsprägung der anfechtbaren Entscheidung im Sinne des Art. 230 Abs. 4 EGV begünstigt[26]. Diese Tendenz stieß auch in der englischsprachigen Literatur auf breite Zustimmung[27] und hat sich bis in die jüngste Zeit fortgesetzt. Sie hatte zur Konsequenz, daß die Betrachtungen sich häufig auf den Bereich der privatgerichteten Entscheidung verengten[28], die zweifelsohne unter allen Handlungsformen des EG-Rechts die stärkste Ähnlichkeit mit dem Verwaltungsakt des deutschen Rechts aufweist[29].

III. Zur Kritik an der überkommenen Sichtweise

Soweit demnach die Entscheidung als typisches Instrument der EG-Organe zur Regelung von Einzelfällen betrachtet und eine Parallelität zum Verwaltungsakt des § 35 VwVfG behauptet wird, kann dies zweifelsohne nur einen Teilausschnitt der Rechtsetzungspraxis auf europäischer Ebene wiedergeben. Zwar trifft es zu, daß die Entscheidung durch die ihr eigene Verknüpfung von verbindlicher Rechtswirkung und personaler Limitierung

---

[25] Vgl. nur *Thierfelder*, Die Entscheidung im EWG-Vertrag, 1968. Siehe aber auch *P. Stelkens/U. Stelkens*, in: Stelkens/Bonk/Sachs, VwVfG (Fn. 22), § 35 Rn. 250 b ff.; besonders deutlich in Rn. 250 d: „Dies rechtfertigt, die Entscheidung nach Art. 249 Abs. 4 EG ihrer Funktion nach mit dem VA des § 35 VwVfG zu vergleichen."

[26] *H.C. Röhl*, ZaöRV 2000, 331; *ders.*, in diesem Band, 319 ff.

[27] Siehe insofern nur *Lauwaars*, Lawfulness and legal force of Community decisions, 1973, 50, der unter ausdrücklicher Ablehnung einer Differenzierung zwischen staaten- und privatgerichteter Entscheidung schlussfolgert: „The legal act itself is analogous with the administrative act known in national law."

[28] Besonders deutlich bei *Junker*, Der Verwaltungsakt im deutschen und französischen Recht und die Entscheidung im Recht der Europäischen Gemeinschaft, 1990. Hier gibt bereits der Titel Auskunft über die von der nationalen Handlungsformenlehre vorgeprägte Sichtweise der Entscheidung, welche diese in einer Linie mit der ausschließlich auf den Verwaltungsvollzug im Einzelfall bezogenen Verwaltungsaktsdogmatik behandelt. Ähnlich *Bockey*, Entscheidung (Fn. 6). Auch *Brenner*, Der Gestaltungsauftrag der Verwaltung in der Europäischen Union, 1996, 138 geht etwas voreilig davon aus, die Entscheidung ließe sich „zutreffend als der Verwaltungsakt des Gemeinschaftsrechts bezeichnen". *Bleckmann*, DÖV 1993, 837 (844 f.), stellt die Entscheidung ebenfalls in einen engen Zusammenhang mit dem Begriff des Verwaltungsaktes, an den in allen Rechtsordnungen der EG die Regeln über das Verwaltungsverfahren, das Verwaltungsgerichtsverfahren und bestimmter materieller Regeln anknüpften.

[29] Siehe nur *Schweitzer*, Europäisches Verwaltungsrecht, 1991, 37.

ihrer Rechtsfolgen dazu prädestiniert ist, als gemeinschaftsrechtlicher Verwaltungsakt gegenüber Bürgern und Unternehmen zu fungieren. In dieser Funktion begegnet sie uns etwa im Kartellrecht, in der Fusionskontrolle oder im europäischen Produktzulassungsrecht.

Soweit sie aber an die Mitgliedstaaten gerichtet ist, kann die einfache Verwaltungsaktsgleichung die differenzierte Wirkungsweise der Entscheidung bereits dort nicht mehr angemessen erfassen, wo sie sich tatsächlich noch als Regelung eines Einzelfalles darstellt. In manchen Rechtsgebieten – insbesondere im Beihilfenrecht – sind zwar auch die staatlichen Stellen den Gemeinschaftsorganen in einer dem Bürger-Staat-Verhältnis durchaus vergleichbaren Weise untergeordnet[30]. Dort ist die Entscheidung deutlicher Kristallisationspunkt einer sich etablierenden partiellen Hierarchie zwischen der Kommission als dem bedeutendsten Verwaltungsträger auf gemeinschaftlicher Ebene und den Mitgliedstaaten[31]. Insofern könnte man die Entscheidung tatsächlich als eine dem Gemeinschaftsrecht eigene Art des an einen Hoheitsträger gerichteten Verwaltungsakts betrachten. Anderenorts rücken die Mitgliedstaaten aber immer häufiger an die Stelle eines gleichberechtigten Partners der EG-Eigenverwaltung, so daß dem Privaten mitunter beide Ebenen „wie eine Verwaltung" gegenübertreten. In diesem Zusammenhang verliert auch die Einzelfallentscheidung ihren „Verwaltungsaktscharakter" zur Aufsicht über nationale Stellen und wird zu einem spezifischen Instrument koordinierender Steuerung konkreter Verwaltungsverfahren im europäischen Verwaltungsverbund. Deren Rechtsnatur läßt sich weder mit der Bezeichnung als „Weisung"[32] noch mit dem ver-

---

30 Ähnlich *Mager*, EuR 2001, 661 (669). Soweit auch Private in irgendeiner Form an solchen „Aufsichtsverhältnissen" beteiligt sind, treten einzelstaatliche und individuelle Interessen tendenziell als eine Einheit dem Gemeinschaftsinteresse antipodisch gegenüber. Dies ist etwa im Beihilfenrecht der eigentliche Grund für die Einschränkungen des nach nationalem Recht geltenden Vertrauensschutzniveaus im Falle einer entscheidungsrechtlich angeordneten Rückforderung. Siehe hierzu im einzelnen GA *Jacobs*, Rs. C-24/95 (Alcan II), Slg. 1997, I-1591 Rn. 26; *Berrisch*, EuR 1997, 155 (161); *Fastenrath*, DV 1998, 277 (293 f.)

31 Ähnlich bereits *Hatje*, Die gemeinschaftsrechtliche Steuerung der Wirtschaftsverwaltung, 1998, 167 f., der die Tendenz zu einer tatsächlichen Hierarchie jedoch noch auf den Agrarsektor beschränkt wissen will und sich zudem auf eine reine Hierarchie der Verwaltungen ohne Berücksichtigung der Aufsichtsbefugnisse über die nationale Rechtsetzung konzentriert. Zur französischen Sicht dieses Verhältnisses *Cartou*, Communautés européenne, 10. Aufl. 1991, 135; aus dem englischsprachigen Schrifttum *Gil Ibáñez*, The Administrative Supervision and Enforcement of EC Law: Powers, Procedures and Limits, 1999, 306: „ [...] from a legal point of view we can speak of a quasi-hierarchical relation between the Commission and national administrations considered individually [...]".

32 Von Weisungsbefugnissen der EG-Kommission gegenüber den mitgliedstaatlichen Behörden sprechen in diesem Zusammenhang etwa *Graf Vitzthum/Schenek*, in: Graf Vitz-

gleichenden Hinweis auf den „mehrstufigen Verwaltungsakt"[33] hinreichend erfassen. Diese Form der Entscheidung findet sich in erster Linie im Bereich gestufter Produktzulassungsverfahren, darüber hinaus aber etwa auch im Zollrecht in Form der Billigkeitsentscheidungen über Erlaß, Erstattung und Nacherhebung von Einfuhrabgaben.

Gegenstand dieser Untersuchung ist aber nicht vorrangig eine Darstellung unterschiedlicher Funktionsweisen der Entscheidung in ihrer Gestalt als Einzelfallregelung, sondern ein darüber hinausreichender Blick auf ihre Funktion als normatives Steuerungsinstrument. Spätestens an dieser Stelle löst sie sich aus ihrer Definition als rein verwaltungsrechtliche Handlungsform und tritt mit den beiden wichtigsten Rechtssatzformen der Richtlinie und der Verordnung in einen „legislativ-administrativen Verbund".

C. Zu Funktion und Wirkungsweise der Entscheidung in einem europäischen „legislativ-administrativen Verbund"

Eine Darstellung der Entscheidung als Handlungsform des EG-Rechts kann nur dann einen aussagekräftigen Gehalt aufweisen, wenn sie auch eine strukturierende Analyse derjenigen Maßnahmen der Gemeinschaft beinhaltet, die sich sowohl im Verhältnis zum Privaten als auch im Verhältnis zu den Mitgliedstaaten so weit von konkreten Lebenssachverhalten entfernt haben, daß man hinsichtlich ihrer Regelungswirkung nur noch von einer abstrakt-generellen Steuerung sprechen kann. Um die Vielzahl der anzutreffenden Entscheidungen in diesem Zusammenhang einer ordnenden Strukturierung zugänglich zu machen, soll im Rahmen der nachfolgenden Analyse danach differenziert werden, auf welcher Art von Rechtsgrundlage die jeweiligen Entscheidungen beruhen, ob sie sich also unmittelbar auf eine primärrechtliche (I.) oder auf eine sekundärrechtliche Bestimmung, d.h. eine Verordnung oder eine Richtlinien, stützen (II.).

I. Vertragsunmittelbare weiche Steuerung der Mitgliedstaaten

Der erste Typ abstrakt-genereller Steuerung durch Entscheidung setzt sich aus solchen Maßnahmen zusammen, deren Kompetenzgrundlage unmittel-

---

thum (Hrsg.) Europäische und Internationale Wirtschaftsordnung aus der Sicht der Bundesrepublik Deutschland, 1994, 47 (82).
[33] Vgl. *Caspar*, DVBl. 2002, 1437 ff.; *Lienhard*, NuR 2002, 13 (15 f.). Bereits *Kadelbach*, Allgemeines Verwaltungsrecht unter europäischem Einfluß, 1999, 336 vertritt die Auffassung, die Genehmigung des Inverkehrbringens gentechnisch veränderter Organismen sei „nach der Terminologie des allgemeinen Verwaltungsrechts als mehrstufiger Verwaltungsakt" zu bezeichnen.

bar dem Primärrecht zu entnehmen ist, bei denen es sich also nicht um sogenannte habilitierte, d.h. auf einer Richtlinie oder Verordnung beruhende Rechtsakte handelt[34], und die zudem – im Gegensatz etwa zu den Entscheidungen der Kommission nach Art. 86 EGV – unabhängig von einem konkreten Einzelfall ergehen. Derartige Entscheidungen auf primärrechtlicher Grundlage kommen grundsätzlich überall dort in Betracht, wo ein vertraglicher Kompetenztitel nicht zwingend den Erlaß von Verordnungen oder Richtlinien vorsieht, sondern sich darauf beschränkt, die Vornahme von Maßnahmen oder ein sonstiges Entscheiden im untechnischen Sinne einzuräumen[35]. Obwohl allgemeingültige Aussagen über die Rechtsqualität und die typischen Eigenschaften der unmittelbar auf den Vertrag gestützten abstrakt-generellen Entscheidungen angesichts ihrer Vielgestaltigkeit und der Unterschiedlichkeit der betroffenen Politikbereiche nur schwer möglich sind, lassen sich zumindest einige wesentliche, regelmäßig wiederkehrende Aspekte herausarbeiten.

1. Kooperative Steuerung durch programmatische Zielvorgaben

Unter formellen Gesichtspunkten fällt zunächst auf, daß es sich bei den hier in Frage stehenden Rechtsakten um Maßnahmen des europäischen Gesetzgebers handelt, ihr Zustandekommen also ausschließlich auf einem Zusammenwirken des Parlaments und des Rates beruht. Dabei wird in aller Regel vom Verfahren der Mitentscheidung des Art. 251 EGV Gebrauch gemacht. Unter inhaltlichen Gesichtspunkten haben die abstrakt-generellen Entscheidungen auf primärrechtlicher Grundlage typischerweise ein über mehrere Jahre sich erstreckendes politisch-administratives Programm – häufig als „Aktionsplan"[36], „Aktionsprogramm"[37], „Leitlinien"[38] oder

---

[34] Zu diesem Verständnis der „habilitierten Rechtsakte" siehe *v. Bogdandy/Bast/Arndt*, ZaöRV 2002, 77 (93). Der Begriff ist inhaltsgleich mit dem des „Durchführungsrechts", bietet aber den Vorteil, daß er im Unterschied zum letztgenannten in Anlehnung an die romanische Terminologie kein streng hierarchisches Verhältnis zwischen Basis- und Durchführungsrecht nahe legt, das in Wirklichkeit nicht existiert.

[35] In Betracht kommt also insbesondere die allgemeine Rechtsangleichungskompetenz des Art. 95 Abs. 1 EG, aber auch verschiedene Sachkompetenzen wie etwa Art. 37 EGV im Rahmen der Realisierung der Gemeinsamen Agrarpolitik, Art. 157 EGV in der Gemeinsamen Industriepolitik, Art. 175 EGV im Umweltbereich oder Art. 285 EGV im gemeinschaftlichen Statistikwesen.

[36] Z.B. E Nr. 276/1999/EG des Europäischen Parlaments und des Rates v. 25.01.1999 über die Annahme eines mehrjährigen Aktionsplans der Gemeinschaft zur Förderung der sichereren Nutzung des Internet durch die Bekämpfung illegaler und schädlicher Inhalte in globalen Netzen („Aktionsplan Internet"), ABl. EG 1999 Nr. L 33, S. 1.

[37] Z.B. E Nr. 253/2003/EG des Europäischen Parlaments und des Rates v. 11.02.2003 über ein Aktionsprogramm für das Zollwesen der Gemeinschaft („Zoll 2007"), ABl. EU 2003 Nr. L 36, S. 1.

schlicht „Programm"[39] bezeichnet – zum Gegenstand. Darin wird für einen spezifischen Politikbereich der EG festgelegt, welche Ziele die Gemeinschaftsorgane mittel- und langfristig innerhalb dieses Bereiches anstreben und auf welchem Wege sie erreicht werden sollen. Da für die Verwirklichung der gemeinschaftlichen Politiken und die dazu notwendigen rechtlichen wie tatsächlichen Schritte in erster Linie die Organe der EG verantwortlich sind, richten sich diese Entscheidungen – trotz ihrer formellen Adressierung an alle Mitgliedstaaten – zunächst einmal an die Gemeinschaftsorgane, d.h. vorrangig an die mit den erforderlichen administrativen Kapazitäten ausgestattete Kommission. Ihr wird etwa die Pflicht auferlegt bzw. das Recht zuerkannt, alle Maßnahmen zu entwickeln und anzuwenden, die zur Erreichung der Programmziele erforderlich oder wichtig sind[40], regelmäßige Berichte über den Stand der Arbeiten zu erstellen[41] sowie als Koordinationsstelle zu fungieren, um so die Programmaktivitäten auf nationaler oder regionaler Ebene besser aufeinander abstimmen zu können[42]. Teilweise ist allerdings auch eine Übertragung solcher laufenden Verwaltungsaufgaben wie die der Koordinierung auf sog. vertragsfremde Einrichtungen vorgesehen[43].

Aufgrund der Abhängigkeit der europäischen Verwaltung insgesamt von nationalen Ressourcen[44] können sich abstrakt-generelle Programmentscheidungen aber häufig nicht darauf beschränken, ausschließlich die Tätigkeit der Gemeinschaftsstellen in Bezug zu nehmen. Daher wird meist auch den Mitgliedstaaten ein eigener Verantwortungsbereich im Rahmen

---

[38] Z.B. E Nr. 1719/1999/EG des Europäischen Parlaments und des Rates v. 12.07.1999 über Leitlinien einschließlich der Festlegung von Projekten von gemeinsamem Interesse für transeuropäische Netze zum elektronischen Datenaustausch zwischen Verwaltungen („IDA"), ABl. EG 1999 Nr. L 203, S. 1.

[39] Z.B. E Nr. 1230/2003/EG des Europäischen Parlaments und des Rates v. 26.06.2003 zur Festlegung eines mehrjährigen Programms für Maßnahmen im Energiebereich: „Intelligente Energie – Europa" (2003-2006), ABl. EU 2003 Nr. L 176, S. 29.

[40] Art. 12 der E „Zoll 2007" (Fn. 37); Art. 2 lit. c) und Art. 10 der E Nr. 96/411/EG des Rates v. 25.06.1996 zur Verbesserung der Agrarstatistik der Gemeinschaft („Agrarstatistik"), ABl. EG 1996 Nr. L 162, S. 14.

[41] Art. 19 Abs. 3 der E „Zoll 2007" (Fn. 37); Art. 4 der E Nr. 2367/2002/EG des Europäischen Parlaments und des Rates v. 16.12.2002 über das Statistische Programm der Gemeinschaft 2003-2007 („Statistisches Programm"), ABl. EU 2002 Nr. L 358, S. 1; Art. 11 der E „Agrarstatistik" (Fn. 40).

[42] Art. 5 Abs. 5, Art. 11 Abs. 1 der E „Zoll 2007" (Fn. 36); Art. 3 der E „Agrarstatistik" (Fn. 40).

[43] Im Bereich des Statistikwesens etwa auf die Gemeinschaftsdienststelle Eurostat. Siehe hierzu die 11. Begründungserwägung der E „Statistisches Programm" (Fn. 41).

[44] Zu diesem Aspekt, der jedenfalls unter rein praktischen Gesichtspunkten die nationale Durchführung des Gemeinschaftsrechts begründet, vgl. *Schroeder*, Das Gemeinschaftsrechtssystem, 2002, 389.

Die Rechtsform der Entscheidung als Mittel abstrakt-genereller Steuerung 223

der programmatischen Zielverfolgung zugewiesen. So wird ihnen etwa aufgetragen, bei der Entwicklung von Kommunikations- und Informationsaustauschsystemen zusammenzuwirken[45], erforderliche Daten oder Statistiken zusammenzustellen[46] oder schlicht die zur Programmumsetzung als notwendig erachteten sowie die ihnen übertragenen Maßnahmen und Schritte einzuleiten[47].

Unabhängig von der Frage, wie detailliert die Rechtsakte auf diese unterschiedlichen Zuständigkeitsverteilungen zwischen mitgliedstaatlicher und gemeinschaftlicher Ebene eingehen, läßt sich den Entscheidungen jedenfalls stets ein im hohen Maße kooperativer Steuerungsansatz entnehmen. So wird einerseits die Kommission dazu verpflichtet, die ihr zukommenden Aufgaben in Zusammenarbeit oder in Abstimmung mit den mitgliedstaatlichen Stellen zu erfüllen[48]. In diesem Zusammenhang wird mitunter der Begriff der Partnerschaft verwendet[49], häufig werden aber auch nur die entsprechenden Aufgaben als gemeinsame bezeichnet[50]. Neben dieses Kooperationsgebot bei der Wahrnehmung einzelner Befugnisse tritt andererseits in allen Fällen eine institutionalisierte Zusammenarbeit im

---

[45] Art. 5 der E „Zoll 2007" (Fn. 37).

[46] Dies ergibt sich etwa aus der 9. Begründungserwägung der E „Statistisches Programm" (Fn. 41), auch wenn der Entscheidungstenor den Mitgliedstaaten keine ausdrücklichen Pflichten auferlegt, sondern lediglich schildert, welche Ziele im Rahmen des Programms zu verfolgen sind (Art. 2).

[47] Art. 6 Abs. 6 der E Nr. 1229/2003/EG des Europäischen Parlaments und des Rates v. 26.06.2003 über eine Reihe von Leitlinien betreffend die transeuropäischen Netze im Energiebereich und zur Aufhebung der Entscheidung Nr. 1254/96/EG („Leitlinien transeuropäische Netze"), ABl. EU 2003 Nr. L 176, S. 11; Art. 5 Abs. 1 der E Nr. 1152/2003/EG des Europäischen Parlaments und des Rates v. 16.06.2003 über die Einführung eines EDV-gestützten Systems zur Beförderung und Kontrolle der Beförderung verbrauchsteuerpflichtiger Waren („EDV-System"), ABl. EU 2003 Nr. L 162, S. 5: „Die Mitgliedstaaten stellen sicher, daß die ihnen übertragenen anfänglichen und regelmäßigen Aufgaben [...] erledigt werden."

[48] Art. 5 Abs. 5 der E „Zoll 2007" (Fn. 37). Art. 9 Abs. 1 spricht umgekehrt von einem Vorgehen der teilnehmenden Länder „in Zusammenarbeit mit der Kommission". Die 10. Begründungserwägung der E „Statistisches Programm" (Fn. 41) auferlegt Eurostat die Pflicht zu einer koordinierten und kohärenten Zusammenarbeit mit den nationalen Stellen.

[49] So in der 4. Begründungserwägung sowie in Art. 3 Abs. 2, Art. 5 Abs. 2, Art. 8, 10 Abs. 1 und Art. 12 der E „Zoll 2007" (Fn. 37). Der Begriff der „Verwaltungspartnerschaft" hat in einem anderen Zusammenhang auch Einzug in die deutsche Verwaltungsrechtsdogmatik gefunden. Hierbei geht es indes nicht um die Zusammenarbeit verschiedener Verwaltungsträger, sondern um eine gemeinsame Aufgabenerfüllung des Staates und gesellschaftlicher Akteure im Polizei- und Umweltrecht sowie im Subventionswesen; dazu *Pitschas*, DÖV 2004, 231 (237 f.).

[50] 18. Begründungserwägung der E „IDA" (Fn. 38).

Rahmen der erforderlichen Durchführungsmaßnahmen, die sich in der Beteiligung mitgliedstaatlich besetzter Ausschüsse niederschlägt[51].

2. Aufgeweichter Verbindlichkeitsgrad mangels konkret-imperativer Vorgaben

Die primärrechtlich gestützten abstrakt-generellen Entscheidungen sind ausnahmslos an die Mitgliedstaaten in ihrer Gesamtheit adressiert. Nach dem Grundkonzept des Art. 249 Abs. 4 EGV sind sie demnach auch nur für diese verbindlich. Nach dem überkommenen Verständnis der Verbindlichkeit sollten die Entscheidungen also erkennbar darauf angelegt sein, den Mitgliedstaaten Rechte zu gewähren oder Pflichten aufzuerlegen[52]. Anders als im Rahmen der Einzelfallregelung durch Entscheidung weicht der Inhalt hier jedoch in zweierlei Hinsicht von jenem offensichtlich an der Regelungswirkung des § 35 VwVfG angelehnten Verständnis der Verbindlichkeit[53] ab. Zunächst wird – darauf wurde bereits hingewiesen – zumindest auch, meist sogar vor allem die Kommission als zur Durchführung und Umsetzung des von Rat und Parlament ausgearbeiteten Programms zuständiges Gemeinschaftsorgan angesprochen. Ihr werden in der Entscheidung die zur Zielerreichung erforderlichen Maßnahmen als eigene Angelegenheit oder als mit den Mitgliedstaaten gemeinsam zu erfüllende Aufgabe zugewiesen. Doch auch dort, wo der formellen Adressierung entsprechend den Mitgliedstaaten ein eigenes Tätigwerden zur Erreichung der längerfristigen Gemeinschaftsziele vorgeschrieben wird, ergibt sich weder aus dem Entscheidungstenor noch aus den entsprechenden Begründungs-

---

[51] Meist handelt es sich dabei um Verwaltungsausschüsse nach Art. 4 des Komitologiebeschlusses: Art. 6 der E Nr. 2256/2003/EG des Europäischen Parlaments und des Rates v. 17.11.2003 zur Annahme eines Mehrjahresprogramms (2003-2005) zur Verfolgung der Umsetzung des Aktionsplans eEurope 2005, zur Verbreitung empfehlenswerter Verfahren und zur Verbesserung der Netz- und Informationssicherheit („MODINIS"), ABl. EU 2003 Nr. L 336, S. 1; Art. 4 Abs. 2 und Art. 7 der E „EDV-System" (Fn. 47); Art. 8 der E „IDA" (Fn. 38); Art. 8 der E „Intelligente Energie" (Fn. 39); seltener um Regelungsausschüsse: Art. 10 der E „Leitlinien transeuropäische Netze" (Fn. 47); Art. 5 der E „Aktionsplan Internet" (Fn. 36).

[52] So *Bockey*, Entscheidung (Fn. 6), 39; *Hetmeier*, in: Lenz/Borchardt (Hrsg.), EUV/EGV, 3. Aufl., 2003 Art. 249 Rn. 16. Ähnlich *Kraußer*, Das Prinzip begrenzter Ermächtigung im Gemeinschaftsrecht als Strukturprinzip des EWG-Vertrages, 1991, 87: „Verbindlichkeit bedeutet dabei die unmittelbare Begründung von Rechten und Pflichten der Adressaten aus dem Akt selbst heraus."

[53] Diese Parallele wird zwar weniger deutlich ausgesprochen, ergibt sich aber aus der insoweit eindeutigen Wortwahl etwa bei *Bockey*, Entscheidung (Fn. 6), 31 und 39; dort in enger Anlehnung an den Entscheidungsbegriff des Art. 4 Ziffer 5 des Zollkodex. Dieser Vergleich ist jedoch verwirrend, da sich die Definition des Zollkodex ausschließlich auf Maßnahmen nationaler Behörden, nicht auf Gemeinschaftsrechtsakte bezieht und damit auch nicht im Rahmen des Art. 249 Abs. 4 EGV unbesehen herangezogen werden sollte.

erwägungen, welche konkreten Schritte auf nationaler Seite vorzunehmen sind. Im Unterschied zu den konkreten Handlungsanweisungen oder -verboten der staatengerichteten „Verwaltungsakte" oder interadministrativen Anweisungen im Rahmen mehrstufiger Verfahren läßt sich den Rechtsakten nicht entnehmen, auf welchem Wege oder mit welchen Mitteln die Mitgliedstaaten zur Programmverwirklichung beizutragen haben. Die primärrechtlich gestützten Entscheidungen mit abstrakt-genereller Steuerungswirkung zeichnen sich so durch eine besondere Finalstruktur aus, die unter Verzicht auf klare subsumtionsfähige Tatbestandsmerkmale lediglich allgemeine Zielvorgaben normiert, welche es im Wege des Verwaltungsvollzugs oder weiterer normativer Durchführungsakte zu erreichen gilt[54]. In dieser „Zielverbindlichkeit"[55] erinnern die Entscheidungen an das für Richtlinien gemäß Art. 249 Abs. 3 EGV geltende Grundkonzept. Anders als diese haben Entscheidungen aber nicht die weitgehende Angleichung nationaler Rechtsvorschriften zum Gegenstand. Sie verpflichten die Mitgliedstaaten nicht dazu, ein bestimmtes Ziel oder Ergebnis[56] in Form eines erwünschten einheitlichen Rechtszustandes innerhalb einer festgelegten Frist zu erreichen[57]. Entgegen dem durch Art. 249 EGV erweckten Eindruck, der wegen der vorgesehenen Gesamtverbindlichkeit auf eine intensivere Verpflichtung der Mitgliedstaaten hindeutet[58], könnte man also insofern von einem gegenüber der Richtlinie „abgeschwächten Verbindlichkeitsgrad" der primärrechtlich gestützten, abstrakt-generellen Entscheidungen sprechen.

---

[54] Hier läßt sich in unerwarteter Deutlichkeit ausgerechnet am Beispiel der nach landläufiger Vorstellung „konkret-individuellen" Handlungsform der Entscheidung die vielfach dem EG-Recht insgesamt eigene Finalstruktur nachweisen. Zu dieser „eher weichen Form der Steuerung des Verwaltungshandelns" siehe auch *Schoch*, DVBl. 2004, 69 (72 f.).

[55] Begriff nach *Schliesky*, DVBl. 2003, 631 (637).

[56] Nach ganz überwiegender Auffassung wäre es genauer, in Anlehnung an andere Sprachfassungen und zu einer besseren Abgrenzung von den allgemeinen Vertragszielen des Art. 3 EGV von dem durch die Richtlinie bestimmten „Ergebnis" statt des „Ziels" zu sprechen; *Biervert*, in: Schwarze, EU-Komm., Art. 249 Rn. 25; *Grabitz*, in: Grabitz/Hilf, EUV/EGV (Fn. 18), Art. 189 Rn. 57; *Hilf*, EuR 1993, 1 (4); sowie bereits *Ipsen*, in: FS für Ophüls, 1965, 67 (73).

[57] Zu dieser auf eine zweistufige Normsetzung abzielenden Regelungsstruktur der Richtlinie statt vieler *Grabitz*, in: Grabitz/Hilf, EUV/EGV (Fn. 18), Art. 189 Rn. 51 und 57.

[58] So ausdrücklich *Ruffert*, in: Calliess/Ruffert (Hrsg.), EUV/EGV, 2. Aufl. 2002, Art. 249 Rn. 117: „Anders als Richtlinien sind staatengerichtete Entscheidungen nicht nur hinsichtlich des Ziels, sondern insgesamt verbindlich und ermöglichen so eine intensivere Verpflichtung der Mitgliedstaaten."

II. Sekundärrechtlich gestützte Steuerung

1. Die Entscheidung als „Durchführungsrecht" der Kommission

Neben die unmittelbar auf vertraglicher Basis beruhende abstrakt-generelle Steuerung tritt die Funktion der Entscheidung als Instrument einer normativen Durchführungsrechtsetzung im Sinne der Art. 202 UA 3, 211 UA 4 EGV. Der Begriff der „Durchführung" wird dabei vorliegend in einem engen Sinne verstanden, der von der vertraglichen Terminologie abweicht, oder jedenfalls insofern abweicht, als man zu ihrer Bestimmung die Rechtsprechung des Gerichtshofes[59] heranzieht. Das Primärrecht spricht im Rahmen der Zuständigkeitsverteilung zwischen Rat und Kommission davon, der Rat übertrage der Kommission in den von ihm angenommenen Rechtsakten die Befugnisse zur Durchführung der Vorschriften, die er erläßt[60]; die Kommission nehme dementsprechend die ihm übertragenen Durchführungsbefugnisse wahr[61]. Der Begriff der Durchführung erfaßt damit alle Rechtsakte der Kommission, die diese nicht auf unmittelbarer primärrechtlicher Grundlage erläßt, die vielmehr auf einer durch den europäischen Gesetzgeber getroffenen Maßnahme des Sekundärrechts beruhen. Er dient als Oberbegriff für die Ausführung der Verordnungen und Richtlinien des Rates sowohl durch Rechtsnormen als auch durch rechtliche Einzelakte[62]. Hier soll aber mit *Ch. Möllers*[63] nur die normative Konkretisierung des Sekundärrechts im Sinne einer gubernativen Rechtsetzung durch die Kommission als Durchführung bezeichnet werden. Diese stellt den mittleren Schritt einer stufenweisen Rechtskonkretisierung vom Pri-

---

[59] EuGH, Rs. 16/88 (Kommission/Rat), Slg. 1989, 3457 Rn. 11.
[60] Art. 202 UA 3 EG.
[61] Art. 211 UA 4 EG.
[62] *Schroeder*, AöR 29 (2004), 3 (9); *ders.*, Gemeinschaftsrechtssystem (Fn. 44), 387; *Adam*, Die Mitteilungen der Kommission: Verwaltungsvorschriften des Europäischen Gemeinschaftsrechts?, 1999, 5. Zu diesem Verständnis der Durchführung als Oberbegriff für Anwendung (im Einzelfall) und Ausführung (durch Rechtsnorm) bereits *Rengeling*, EuR 1974, 216 (217 f.) und *Kadelbach*, Allgemeines Verwaltungsrecht (Fn. 33), 17 f.; jeweils in Anlehnung an *Zuleeg*, Das Recht der Europäischen Gemeinschaften im innerstaatlichen Bereich, 1969, 47 f. Aus der englischsprachigen Literatur *Lenaerts/van Nuffel*, Constitutional Law of the European Union, 1999, Rn. 11-047. Kritisch mit Blick auf den dogmatischen Nutzen eines umfassenden Durchführungsbegriffs auch *v. Bogdandy/Bast/Arndt*, ZaöRV 2002, 77 (93).
[63] *Möllers*, EuR 2002, 483 ff., der etwa hinsichtlich der Kompetenzen der Gemeinschaft eine deutliche Abgrenzung zwischen der ganz überwiegend rechtssatzförmigen Durchführung und dem in der Regel durch die Mitgliedstaaten vorzunehmenden „Vollzug" für unverzichtbar hält (496 ff.); *ders.*, in diesem Band, 293 (313 ff.).

märrecht über sekundärrechtliche Basisrechtsakte und Durchführungsrechtsetzung hin zur konkret-individuellen Anwendung im Einzelfall dar[64].

Im Allgemeinen werden von der Literatur ausschließlich Verordnungen, darüber hinaus auch vereinzelt Richtlinien als typische Rechtsformen der in unserem Sinne normativen Durchführung angesehen[65]. Die Entscheidung findet in diesem Zusammenhang regelmäßig keine Erwähnung. Ein Blick in die Rechtsetzungspraxis zeigt aber, daß die staatengerichtete Variante dieser Handlungsform sich durchaus dazu anbietet, die sich aus Verordnungen oder Richtlinien für die Mitgliedstaaten ergebenden Pflichten näher zu konkretisieren[66].

2. Erscheinungsformen der „Durchführungsentscheidung"

a) Die Entscheidung als „Quasi-Verwaltungsvorschrift"

Die abstrakt-generellen, mit normativer Wirkung ausgestatteten Durchführungsentscheidungen der Kommission sind ausschließlich an Mitgliedstaaten adressiert und können sich dort zunächst an die nationalen Verwaltungen richten[67]. Vor allem verordnungsgestützte Maßnahmen zielen aufgrund der gesetzesgleichen Allgemeinverbindlichkeit ihrer Basisrechtsakte in aller Regel auf die Steuerung der mitgliedstaatlichen Administration[68]. Aber auch richtlinienkonkretisierende Entscheidungen geben sich häufig mit einer bloßen Anwendung zufrieden und verlangen nicht selbst nach einer normativen Umsetzung in nationales Recht[69]. Der Einwirkungsmodus

---

[64] Zu diesem Stufenbau siehe *Möllers*, EuR 2002, 483 (496 und 514 f.). Dies entspricht im Wesentlichen den Bestimmungen, die der Entwurf eines Vertrages einer Verfassung für Europa in Art. I-33 ff. für die künftigen Rechtsaktformen der Union vorsieht; dazu *Maurer*, integration 2003, 440 (442).

[65] *Möllers*, EuR 2002, 483 (496): „Das Gemeinschaftsrecht kennt sowohl Durchführungsrichtlinien als auch Durchführungsverordnungen."

[66] Es soll an dieser Stelle nicht unerwähnt bleiben, daß in seltenen Ausnahmefällen auch die Abänderung einer Verordnung in Betracht kommt. Dabei handelt es sich typischerweise um die Anpassung einzelner Bestimmungen an veränderte technische, naturwissenschaftliche oder auch rein tatsächliche Erkenntnisse; vgl. etwa E Nr. 2004/232/EG der Kommission v. 03.03.2004 zur Änderung der VO (EG) Nr. 2037/2000 im Zusammenhang mit der Verwendung von Halon 2402, ABl. EU 2004 Nr. L 71, S. 28.

[67] Adressat bleibt freilich stets der Mitgliedstaat als solcher, die EG-Organe können ihre Entscheidungen nicht an staatliche Untergliederungen, Organe oder Behörden richten.

[68] Z.B. E Nr. 2001/681/EG der Kommission v. 07.09.2001 über Leitlinien für die Anwendung der VO (EG) Nr. 761/2001 über die freiwillige Beteiligung von Organisationen an einem Gemeinschaftssystem für das Umweltmanagement und die Betriebsprüfung (EMAS), ABl. EG 2001 Nr. L 247, S. 24.

[69] Z.B. E Nr. 88/408/EWG des Rates v. 15.06.1988 über die Beträge der für die Untersuchungen und Hygienekontrollen von frischem Fleisch zu erhebenden Gebühren ge-

der Entscheidungen ist dabei äußerst vielgestaltig: Es kann sich – soweit der Regelfall einer an alle Mitgliedstaaten gerichteten Entscheidung vorliegt[70] – sowohl um *anwendungsbezogene Detailharmonisierung* als auch um eine rein *verwaltungstechnische Durchführungsharmonisierung* handeln. Einerseits können die Rechtsakte lediglich technische Details des Vollzugs gemeinschaftlicher Bestimmungen regeln. Dies ist etwa der Fall, wenn eine Entscheidung die äußere Gestaltung und den Inhalt eines behördlichen Formulars festlegt[71]. Solche Regelungen dienen der vereinfachten Abwicklung der gemeinschaftsweit zu harmonisierenden Verwaltungsabläufe und betreffen in erster Linie den inneren Dienstbetrieb der nach nationalem Recht zuständigen staatlichen Stellen. Sie weisen darin durchaus Ähnlichkeiten mit den sog. „Dienstvorschriften" auf, einer aus dem deutschen Verwaltungsrecht bekannten Variante der Verwaltungsvorschriften[72]. Darüber hinaus ist aber auch eine bis in Einzelheiten gehende Steuerung nationaler Verwaltungen bei der Anwendung materieller Verordnungsbestimmungen denkbar[73]. Diese Art der Konkretisierung ist im Ausgangsrechtsakt selbst vorgesehen und dient dazu, nicht bloß den technischen Vollzug zu harmonisieren, sondern unbestimmte gesetzliche Tatbestände in rechtssatzmäßiger Weise auszufüllen. Man könnte insofern also mit einiger Berechtigung von „normkonkretisierenden Verwaltungsvorschriften" sprechen[74].

Trotz der funktionalen Ähnlichkeit sollte der Begriff der Verwaltungsvorschriften in diesem Zusammenhang allerdings mit der gebotenen Vorsicht verwendet werden. Die an ihm festzumachende Diskussion im deut-

---

mäß der RL 85/73/EWG, ABl. EG 1988 Nr. L 194, S. 24; aufgehoben durch RL 93/118/EG des Rates v. 22.12.1993, ABl. EG 1993 Nr. L 340, S. 15.

[70] Die wenigen Ausnahmen einer an einzelne Staaten gerichteten, in unserem Sinne abstrakt-generellen Entscheidung finden sich etwa in solchen Maßnahmen, in denen die Kommission einen oder mehrere Mitgliedstaaten aufgrund besonderer Umstände von den harmonisierten Anforderungen einer Richtlinie befreit.

[71] Z.B. E Nr. 2003/803/EG der Kommission v. 26.11.2003 zur Festlegung eines Musterausweises für den Tiertransport, ABl. EU 2003 Nr. L 312, S. 1.

[72] Hierbei gelten freilich die sogleich darzustellenden Vorbehalte und Divergenzen im gleichen Maße. Zu den wesentlichen Eigenschaften der sog. „Organisations- und Dienstvorschriften" vgl. *Maurer*, Allgemeines Verwaltungsrecht, 13. Aufl. 2000, § 24 Rn. 8.

[73] So liegt es etwa bei der Leitlinien-Entscheidung nach der EMAS-VO (Fn. 68), die den nationalen Behörden erläutert, welche Einheiten eines Unternehmens als teilnehmende Organisation in das EMAS-Register einzutragen sind, wie das Verfahren der Begutachtung im einzelnen ausgestaltet sein sollte, in welchen Zeitabständen die Umweltinformationen zu aktualisieren sind und wie das EMAS-Zeichen durch die eingetragenen Organisationen verwendet werden darf.

[74] Vgl. zu einem ähnlichen Verständnis der staatengerichteten Entscheidungen als „verbindliche Auslegungsanweisungen" *Rengeling*, EuR 1974, 216 (234).

schen Verwaltungsrecht entspringt der klassischen Dichotomie zwischen Innen- und Außenrecht und kreist vor allem um die Frage der Außenwirkung, d.h. um die Bindungswirkung, die Verwaltungsvorschriften über den bloßen Innenbereich der Verwaltung hinaus entfalten können[75]. Insofern besteht im Gemeinschaftsrecht eine zweifache Divergenz im Vergleich zur deutschen Rechtslage: Zum einen können die Organe der EG und die Mitgliedstaaten, auch wenn sie in vielen Bereichen einen administrativen Verbund darstellen, nicht als hierarchisch organisierte Glieder eines einzigen Hoheitsträgers angesehen werden. Zum anderen sind die in Frage stehenden Entscheidungen stets an die Mitgliedstaaten als solche gerichtet, verpflichten damit also nicht nur gezielt die nach dem staatlichen Organisationsrecht zuständigen Behörden, sondern eben auch immer die nationalen Gerichte[76]. Selbst wenn man einer neueren Tendenz folgend auch die nationale Verwaltungsvorschrift aus ihrem Innenrechtsbezug befreien und sie als neben die Rechtsverordnung und die Satzung tretende, einheitliche Form der exekutiven Rechtsetzung etablieren möchte[77], so bleibt doch ein wesentlicher Unterschied: Die Verwaltungsvorschrift zeichnet sich durch einen ihr eigenen abgemilderten Verpflichtungsmodus aus, der es den Adressaten gestattet, die in ihr enthaltenen Sachregelungen in jedem Einzelfall aufs Neue auf ihre Sachangemessenheit hin zu überprüfen[78]. Eine solche Flexibilisierung widerspräche mit Blick auf die Entscheidung der unbedingten Verbindlichkeitsanordnung des Art. 249 Abs. 4 EG.

b) Die Entscheidung als Gesetzgebungsanweisung

Staatengerichtete Entscheidungen können aber jenseits ihrer Funktion als „Quasi-Verwaltungsvorschriften" auch den nationalen Gesetzgeber zu einem bestimmten Tätigwerden veranlassen. Dies ist im Falle einer Konkretisierung oder Änderung[79] der auf ein zweistufiges Rechtsetzungsverfahren

---

[75] Dazu *Rogmann*, Die Bindungswirkung von Verwaltungsvorschriften, 1998.

[76] Nach überkommener Auffassung fehlt den Verwaltungsvorschriften gerade eine solche Bindungskraft gegenüber den Gerichten; *Maurer*, Allgemeines Verwaltungsrecht (Fn. 72), § 24 Rn. 17.

[77] Hierzu *v. Bogdandy*, Gubernative Rechtsetzung, 2000, 449 ff. Ähnlich *Wahl*, in: FG 50 Jahre Bundesverwaltungsgericht, 2003, 571 ff. und *Schmidt-Aßmann*, Ordnungsidee (Fn. 3), Kapitel 6 Rn. 88, die die Verwaltungsvorschrift als eigenständige, neben Gesetz und Rechtsverordnung stehende „dritte Kategorie" staatlicher Rechtsetzung sehen.

[78] Zu diesem spezifischen Regelungsmodus der Verwaltungsvorschrift *v. Bogdandy*, Gubernative Rechtsetzung (Fn. 77), 467 ff.; *Schmidt-Aßmann*, Ordnungsidee (Fn. 3), Kapitel 6 Rn. 90.

[79] Eine Kompetenz zur Richtlinienergänzung oder -modifizierung wird der Kommission insbesondere bei der Normierung harmonisierter Sicherheits-, Hygiene- oder Gesundheitsstandards eingeräumt, bei denen davon auszugehen ist, daß die Bestimmungen des Basisrechtsakts auf aktuellen wissenschaftlichen Erkenntnissen beruhen, und daß sie

angelegten Richtlinienbestimmungen als Regelfall anzusehen. Eine vergleichbare Konstellation kommt aber auch dort in Betracht, wo eine Verordnung aufgrund ihrer sehr abstrakten und generellen Fassung teilweise Richtlinien-Charakter aufweist, d.h. ein normatives Umsetzungsprogramm der Mitgliedstaaten erfordert, und sich eine spätere Entscheidung auf diese Teile der Verordnung bezieht. Derartige richtliniengleiche Wirkungen von Verordnungsbestimmungen sind insbesondere in solchen Bereichen anzutreffen, in denen die materiellen Vorgaben und ihre praktische Anwendbarkeit in den Mitgliedstaaten umfangreichere organisatorische und institutionelle Vorkehrungen auf nationaler Ebene erforderlich machen[80].

3. Zum Wirkungsmodus, insbesondere der Frage der unmittelbaren Wirkung

Mit Blick auf den Wirkungsmodus staatengerichteter Entscheidungen ist die Frage ihrer unmittelbaren Wirkung zu Lasten Privater von besonderem Interesse[81]. Bei ihrer Beantwortung ist schrittweise vorzugehen: Aufgrund der ausschließlichen Adressierung der Entscheidung an die Mitgliedstaaten begrenzt sich die Verbindlichkeitswirkung nach dem Konzept des Art. 249 Abs. 4 EGV zunächst auf diese, so daß eine rechtliche *Verpflichtung* nur in jenem bilateralen Verhältnis zwischen Gemeinschaft und Staat begründet werden kann[82]. Das steht dem Gedanken einer unmittelbar bürgerbelasten-

---

unter Umständen sehr rasch an sich verändernde Umstände oder mit Blick auf nicht vorherzusehende Notfälle angepaßt werden müssen; dazu *Knipschild*, Lebensmittelsicherheit als Aufgabe des Veterinär- und Lebensmittelrechts, 2003, 197 ff.

[80] Als bekanntestes Beispiel sei auch hier auf die EMAS-Verordnung (Fn. 68) hingewiesen. Zu diesem „Zwittertypus" zwischen Verordnung und Richtlinie auch *Kahl*, DV 29 (1996), 341 (347 f.) mit weiteren Beispielen in Fn. 37; *Stober*, in: J. Ipsen (Hrsg.), Verfassungsrecht im Wandel, 1995, 639 (644 f.); *Emmerich*, in: FS für Ritter, 1997, 839 (842).

[81] Zu diesem seit langem umstrittenen Problemfeld siehe *Greaves*, E.L.Rev. 21 (1996), 3 (12, 16); *Scherzberg*, in: Siedentopf (Hrsg.), Europäische Integration und nationalstaatliche Verwaltung, 1991, 17 (37) und im Anschluß daran eine Tauglichkeit der staatengerichteten Entscheidung als Rechtsgrundlage für bürgerbelastendes Handeln bejahend *J. Bast*, in: v. Bogdandy, Europäisches Verfassungsrecht (Fn. 1), 479 (532). Die von der letztgenannten Ansicht zur Unterstützung ihrer These angeführte Rechtsprechung des EuGH ist indes wenig hilfreich. In dem zitierten Urteil EuGH, Rs. C-192/94 (El Corte Inglés), Slg. 1996, I-1281 Rn. 17 wird zwar darauf hingewiesen, daß eine unmittelbar verpflichtende Wirkung zu Lasten Einzelner nur dort möglich sei, wo die Gemeinschaft „die Befugnis zum Erlaß von Verordnungen oder Entscheidungen besitzt". Damit sind aber wohl ausschließlich privatgerichtete Entscheidungen in Bezug genommen. Zu einer unmittelbar belastenden Wirkung staatengerichteter Entscheidungen äußert sich das Gericht jedenfalls nicht ausdrücklich.

[82] Soweit zutreffend also *Greaves*, E.L.Rev. 21 (1996), 3 (12). Es sollte demnach nicht von einer unmittelbar bürgerbelastenden „Wirkung" gesprochen werden, soweit mit

den *Anwendbarkeit* aber keineswegs entgegen. Es wurde bereits festgestellt, daß die staatengerichteten Bestimmungen einer Entscheidung nicht unbedingt einer Umsetzung in nationale Rechtsvorschriften bedürfen, soweit sie das nicht selbst ausdrücklich vorsehen. Damit wird für das Verständnis des Rechtscharakters der Entscheidung die Rechtsprechung des EuGH von zentraler Bedeutung, wonach sich ihre uneingeschränkte Verpflichtungswirkung auf jede beliebige, nach nationalem Recht zuständige Stelle erstreckt[83]. Daraus folgt, daß die nationalen Behörden sich im Rahmen der ihr übertragenen Vollzugsaufgaben unmittelbar auf die staatengerichtete Entscheidung als materiellem Maßstab für ihr bürgergerichtetes Handeln stützen können und müssen. Wie im Beihilfenrecht die Rückforderungsentscheidung der Kommission die nationale Stelle dazu zwingt, im Einzelfall von einer im mitgliedstaatlichen Recht existierenden Ermächtigungsgrundlage zur Rücknahme eines Verwaltungsakts Gebrauch zu machen, so gibt die Entscheidung auch hier die verbindlichen – nunmehr abstrakt-generellen – Handlungsanweisungen für ein privatbelastendes behördliches Prüfungsprogramm. Über die in der innerstaatlichen Funktionengliederung bekannte Trennung zwischen rechtsetzender Tätigkeit einerseits und rechtsanwendender Tätigkeit andererseits, die für das Verständnis der Wirkungsweisen von Richtlinien und Verordnungen noch von elementarer Bedeutung ist, setzt sich die Entscheidung also ohne weiteres hinweg[84].

Mit der Annahme einer umfassenden unmittelbaren Anwendbarkeit ist freilich noch nichts darüber gesagt, ob die staatengerichtete Entscheidung mit Blick auf die Lehre vom Gesetzesvorbehalt[85] auch als alleinige Ermächtigungsgrundlage für individualbelastendes Behördenhandeln in Betracht kommt[86]. Diesem Problem, das sich in ähnlicher, wenn auch weniger

---

dieser „Wirkung" eine „Geltung" im Sinne der Begründung von Rechten und Pflichten gemeint sein soll.

[83] EuGH, Rs. 249/85 (Albako), Slg. 1987, 2345 Rn. 17.

[84] Unzutreffend daher das zu enge Verständnis bei *Thierfelder*, Entscheidung (Fn. 25), 142 f., der auch die Entscheidung auf eine ausschließlich das „Rechtsetzungsverhalten" anweisende Funktion beschränken möchte.

[85] Das Erfordernis einer gesetzlichen Rechtsgrundlage bei einem „Eingriff der öffentlichen Gewalt in die Sphäre der privaten Betätigung jeder – natürlichen oder juristischen – Person" gilt auch im Gemeinschaftsrecht als Allgemeiner Rechtsgrundsatz; EuGH, verb. Rs. 46/87 und 227/88 (Höchst/Kommission), Slg. 1989, 2859 Rn. 19. Dieser soll künftig als Art. II-112 Abs. 1 Eingang in eine europäische Verfassung finden, wobei sein Gehalt angesichts des eigenständig zu bestimmenden Gesetzesbegriffes und der institutionellen Eigenheiten des Gemeinschaftsrechts bislang wenig griffig erscheint; vgl. *Hilf/Classen*, in: FS für Selmer, 2004, 71.

[86] Dafür wohl *J. Bast*, in: v. Bogdandy, Europäisches Verfassungsrecht (Fn. 1), 479 (532). Ausdrücklich positiv *Weber*, Rechtsfragen der Durchführung des Gemeinschaftsrechts in der Bundesrepublik, 1988, 19 f. Auch *Sachs*, in: Stelkens/Bonk/Sachs, VwVfG

drängender Weise auch mit Blick auf die Richtlinie stellt[87], steht das Handlungsmittel der Entscheidung unter formendogmatischen Aspekten neutral gegenüber: Es gibt sich mit einer verbindlichen Anweisung an alle sachlich zuständigen nationalen Stellen zufrieden und überläßt es den Mitgliedstaaten, die nach ihrem Recht erforderlichen weiteren Voraussetzungen für eine wirksame Anwendung des Entscheidungsinhalts zu schaffen. An dieser insofern unmittelbar verpflichtenden *Geltung für* den Staat inklusive seiner Behörden und Gerichte kann jedenfalls nicht mit der Begründung gezweifelt werden, der nationale Gesetzesvorbehalt verbiete einen Eingriff aufgrund eines ausschließlich für den Mitgliedstaat verbindlichen Rechtsaktes[88]. Sollte zur Befolgung des Anwendungsbefehls nach nationalem Recht eine allgemeinverbindliche gesetzliche Grundlage erforderlich sein, so sind die Mitgliedstaaten zur Schaffung einer solchen bzw. der Heranziehung einer bereits vorhandenen Ermächtigungsgrundlage verpflichtet. Ob allein die Entscheidung mit ihrer auf die Adressaten begrenzten Verbindlichkeit dazu ausreicht, scheint jedenfalls zweifelhaft[89].

Eine Beschränkung der unmittelbaren, bürgerbelastenden Anwendbarkeit einer staatengerichteten Entscheidung in Parallele zur Richtlinie scheint demgegenüber unangebracht. Im Falle der Richtlinie ergibt sich diese Begrenzung daraus, daß den Mitgliedstaaten die Verpflichtung ob-

---

(Fn. 22), § 44 Rn. 91 geht davon aus, jede gültige Rechtsgrundlage des Gemeinschaftsrecht genüge dem Vorbehalt des Gesetzes, und will davon lediglich Richtlinien ausnehmen.

[87] Zu den Herausforderungen, die sich aus unmittelbar wirkenden Richtlinienbestimmungen für die Rechts- und Gesetzesbindung der nationalen Exekutive ergeben, siehe *Schmidt-Aßmann*, in: FS für Stern, 1997, 745 (754 f.).

[88] So aber *Royla/Lackhoff*, DVBl. 1998, 1116 (1119), die die unmittelbar drittbelastende Wirkung einer Richtlinie in multipolaren Beziehungen mit dem Hinweis ablehnen, die Richtlinie tauge nicht als Ermächtigungsgrundlage für einen Eingriff in die Rechtssphäre des Dritten; zum Fehlgehen dieser Annahme siehe nunmehr EuGH, Rs. C-201/02 (Delena Wells) v. 07.01.2004, EWS 2004, 232 Rn. 56 ff.

Entscheidend wird es sein, die deutsche Gesetzesvorbehaltslehre auf der Grundlage der Erkenntnisse einer europäischen Handlungsformlehre weiterzuentwickeln, nicht in umgekehrter Weise die Rechtsakte des EG-Rechts und ihre Wirkungsweisen in Formen zu zwingen, die sie mit verfassungsrechtlichen Traditionen der Mitgliedstaaten leichter kompatibel machen; Ansätze dazu mit Blick auf die Richtlinie bei *Triantafyllou*, Vom Vertrags- zum Gesetzesvorbehalt, 1996, 86 ff.

[89] Da sie keine Pflichten – auch keine Duldungspflichten – Einzelner enthalten kann, wäre der erste und einzige rechtliche Akt, der solche Pflichten begründete, der sie anwendende nationale Verwaltungsakt. Hier zeigt sich die Fragwürdigkeit der verbreiteten Aussage, „Gesetz" iSd Art. 20 Abs. 3 GG sei „jede geschriebene Rechtsnorm des unmittelbar anwendbaren EG-Rechts"; so *Sachs*, in: ders. (Hrsg.), GG, 3. Aufl. 2003, Art. 20 Rn. 107; *Jarass*, in: ders./Pieroth, GG, 7. Aufl. 2004, Art. 20 Rn. 38. Abzustellen ist wohl vielmehr auf die Fähigkeit des in Frage stehenden Rechtsaktes, auch unmittelbar Rechte und Pflichten Privater zu begründen.

liegt, einen europäischen Rechtsakt in nationales Recht umzusetzen, und ihnen aus dem Verstoß gegen diese Pflicht und der damit einhergehenden Vertragsverletzung keine Vorteile entstehen sollen[90]. Die limitierte subjektive unmittelbare Wirkung der Richtlinie ist damit Folge einer in komplementärer Weise limitierten – nämlich auf rechtssatzförmige Transformation begrenzten – Verpflichtung des Mitgliedstaats[91]. Eine solchermaßen vertragswidrig unterlassene Umsetzung spielt aber für bloß anwendungsbezogene Entscheidungen von vornherein keine Rolle[92]. Die in der sog. *Leberpfennig*-Rechtsprechung[93] des Gerichtshofes entwickelten Grundsätze für eine unmittelbar begünstigende Wirkung staatenadressierter Entscheidungen, die später auch als Grundlage für die lange Reihe der richtlinienbezogenen Judikate diente, kann folglich nur als Ausgangspunkt, nicht als Endpunkt einer Dogmatik der unmittelbaren Wirkung der staatengerichteten Entscheidung betrachtet werden.

D. Fazit:
Die Entscheidung als flexibelste aller Handlungsformen

In vielgestaltiger Wechselwirkung mit den Instrumentarien der Verordnung und der Richtlinie kommt der Entscheidung wie gezeigt eine bedeutende Rolle in einem rechtlichen Gesamtgebäude zu, das hier als legislativ-

---

[90] EuGH, Rs. 148/78 (Ratti), Slg. 1979, 1629 Rn. 20 ff.; EuGH, Rs. 152/84 (Marshall), Slg. 1986, 723 Rn. 46 f.; zusammenfassend *Götz*, NJW 1992, 1849 ff. (1855 f.). Die englischsprachige Literatur spricht in diesem Zusammenhang denn auch treffend vom sog. „community estoppel"; vgl. *Schermers/Waelbroeck*, Judicial Protection in the EU, 6. Aufl., 2001, § 366 ff. Eher zurückhaltend mit Blick auf den möglichen Verständnisgewinn durch den Vergleich mit dem Estoppel-Prinzip *Kadelbach*, Allgemeines Verwaltungsrecht (Fn. 33), 75 ff.

[91] Zu diesem Konnex zwischen der subjektiven unmittelbaren Wirkung eines Rechtsakts und dem Bestehen einer entsprechenden Verpflichtung auch *J. Bast*, in: v. Bogdandy, Europäisches Verfassungsrecht (Fn. 1), 479 (530). Er führt dazu, daß die Richtlinie – anders als die Entscheidung – zur Entfaltung unmittelbar privatbelastender Wirkungen stets auf eine Dreieckskonstellation angewiesen ist, in der sich ein Bürger auf eine für ihn günstige, gleichzeitig aber für einen Dritten belastende Bestimmung beruft; hierzu EuGH, Rs. C-201/02 (Delena Wells) v. 07.01.2004, EWS 2004, 232 Rn. 56 ff. Dieses Urteil kann als Fortschreibung der *Großkrotzenburg*-Rechtsprechung in EuGH, Rs. C-431/92 (Kommission/Deutschland), Slg. 1995, I-2189 in Kombination mit den Grundsätzen der Rs. C-443/98 (Unilever Italia), Slg. 2000, I-7535 Rn. 45 ff. betrachtet werden.

[92] Ähnlich wie hier bereits *Mager*, EuR 2001, 661 (679 f.). A.A. *Erichsen/Frenz*, Jura 1995, 422 (423), die eine unmittelbare Wirkung der Entscheidung nur in Parallele zur Richtlinie anerkennen.

[93] EuGH, Rs. 9/70 (Franz Grad), Slg. 1970, 825 Rn. 5 ff. Dazu ausführlich *Grabitz*, EuR 1971, 1 ff.

administrativer Verbund bezeichnet wurde. Eine klare Trennlinie zwischen der Handlungsform des Art. 249 Abs. 4 EGV und den beiden anderen im Rahmen der abstrakt-generellen Steuerung bedeutsamen Rechtsformen ist dabei nicht immer erkennbar.

Gegenüber der allgemeingültigen Verordnung[94] erscheint die Entscheidung aufgrund ihrer Bezogenheit auf spezifische Adressaten zwar auf den ersten Blick als in zweifacher Hinsicht begrenzte Handlungsform: Ist sie an Private gerichtet, so ist ihre Verbindlichkeitswirkung personal beschränkt. Ist ihr Adressat ein Mitgliedstaat, so tritt eine auf ein bestimmtes Staatsterritorium räumlich begrenzte Wirkung hinzu[95]. Eine weitgehende Angleichung der Entscheidung an das klassische Gesetzgebungsinstrument der Verordnung ergibt sich aber aus der fehlenden territorialen Wirkungsbegrenzung allstaatengerichteter Entscheidungen. Soweit die Entscheidung – wie im Bereich der abstrakt-generellen Steuerung meist der Fall – an die Mitgliedstaaten in ihrer Gesamtheit gerichtet ist, entfaltet sie ihre Rechtswirkungen ebenfalls im gesamten Gemeinschaftsraum. Auch die nach wie vor zu beachtende personale Limitierung wird durch die der Entscheidung eigene umfassende Verbindlichkeit für alle staatlichen Stellen einschließlich der Gerichte in bedeutendem Maße relativiert. Die Entscheidung bedarf zur Entfaltung ihrer vollen Wirksamkeit, ebenso wie die Verordnung und anders als die Richtlinie, eben keines nationalen (normativen) Umsetzungsaktes, es sei denn sie selbst bestimmt in ihrem Entscheidungstenor etwas anderes[96].

---

[94] Ihre allgemeine Geltung in den Mitgliedstaaten nähert die Verordnung dem nationalen Gesetz zwar an; *Biervert*, in: Schwarze (Hrsg.), EU-Kommentar, Art. 249 Rn. 18; ähnlich *Grabitz*, in: Grabitz/Hilf, EUV/EGV (Fn. 18), Art. 189 Rn. 43 (materiell dem Gesetz gleichstehend); unter dem Gesichtspunkt der Rechtssatzqualität zustimmend auch *Ruffert*, in: Calliess/Ruffert, EUV/EGV (Fn. 58), Art. 249 Rn. 38. Auch mit Blick auf die Verordnung gilt es aber, den eigenständigen Charakter der Handlungstypen des EG-Rechts zu beachten; *Schroeder*, in: Streinz, EUV/EGV (Fn. 2), Art. 249 Rn. 1 sowie *Grams*, Zur Gesetzgebung der Europäischen Union, 1998, 73: Verordnungen als „materielle verfahrensartabhängige Gesetzgebungsakte eigener Art".

[95] Zu diesem Potential einer territorialen und personalen Limitierung der Rechtswirkungen auch bereits *J. Bast*, in: v. Bogdandy, Europäisches Verfassungsrecht (Fn. 1), 479 (530).

[96] *Biervert*, in: Schwarze (Hrsg.), EU-Kommentar, Art. 249 Rn. 35. A.A. noch *Thierfelder*, Entscheidung (Fn. 25), 142 f. Mit dieser funktionalen Annäherung der Entscheidung an die Verordnung wird freilich noch keine wirkungsbezogene Äquivalenz beider Handlungsformen behauptet: Sie bestätigt lediglich die bereits an anderer Stelle geäußerte Vermutung, daß die Entscheidung als unmittelbar durch nationale Behörden und Gerichte anwendbare Rechtssatzform anzusehen ist; dazu *Ress*, in: Gedächtnisschrift Arens, 1993, 351 (353). Es bleibt allerdings der bedeutende Unterschied, daß nur die Verordnung als „europäisches Gesetz" gleichzeitig unmittelbar Bürger und staatliche Stellen in gleichem Maße zu verpflichten vermag.

Noch weitergehend scheint die Nivellierung der Handlungsformen mit Blick auf die Entscheidung im Vergleich zur Richtlinie zu gehen. Jedenfalls eignet sich die in Art. 249 Abs. 3 EGV angelegte, scheinbar spezifische Beschränkung der verbindlichen Wirkung auf eine bloße Zielverbindlichkeit nicht als taugliches Abgrenzungskriterium[97]. Auch das immer wieder herangezogene Merkmal des der Entscheidung eigenen Einzelfallbezugs[98] ist von äußerst begrenzter Aussagekraft. Insofern ist zwar tatsächlich zu konstatieren, daß in sachlicher Hinsicht der Regelungsgegenstand der überaus meisten Entscheidungen konkreter erscheint als der Inhalt der ihnen jeweils zugrundeliegenden Verordnungen und Richtlinien. Hierbei handelt es sich indes stets nur um einen relativ-graduellen Unterschied, der sich bereits aus dem Konkretisierungs- oder Durchführungszweck der Entscheidungen ergibt. Er ist aber keinesfalls phänomenologisch an der Handlungsform der Entscheidung als solcher festzumachen. Sie ist also nicht gleichsam strukturell darauf beschränkt, ausschließlich in Form von konkreten Anweisungen das tatsächliche Verwaltungshandeln anzugleichen[99], sondern kann auch der Harmonisierung der rechtlichen Grundlagen des Verwaltungshandelns dienen.

Bedeutendstes Spezifikum der Entscheidung als Handlungsform ist demnach ihr im Vergleich zur Richtlinie erhöhter Flexibilitätsgrad in Bezug auf ihre Einwirkungsmöglichkeiten auf den nationalen Rechtsraum: Sie kann einerseits ebenfalls wie diese einen Befehl zu einem normativen Umsetzungsprogramm aussprechen, verpflichtet aber andererseits alle staatlichen Hoheitsträger und begnügt sich insofern mit einer bloßen Befolgung, sei es in Form von Verwaltungsvorschriften, Verwaltungsakten oder bloßem Realhandeln. Die strikte Unterscheidung zwischen Rechtsetzung einerseits und Rechtsanwendung andererseits stößt hier an ihre Grenzen, weil der Entscheidung – je nachdem, wen sie im Einzelfall innerhalb des staatlichen Gefüges angeht – mit Hilfe derjenigen Handlungsformen

---

[97] Das ergibt sich bereits aus der Unmöglichkeit einer theoretischen Unterscheidung von Ziel, Form und Mitteln einer Richtlinie; *Bleckmann*, Europarecht, 6. Aufl. 1997, Rn. 422 ff.; darüber hinaus jedoch auch aus der zunehmenden Tendenz einer Vollregelung durch Richtlinien, die den Mitgliedstaaten kaum einen eigenen Umsetzungsspielraum überlässt; dazu *Scherzberg*, in: Siedentopf, Europäische Integration (Fn. 81), 17 (27 f.); *Grams*, Gesetzgebung (Fn. 94), 88.

[98] Dazu insbesondere *Mager*, EuR 2001, 661 (672 f.). Nach dieser Konzeption stellt sich die Richtlinie als Instrument der abstrakt-generellen, die staatengerichtete Entscheidung als Mittel der konkreten Rechtsangleichung im Einzelfall dar.

[99] In dieser Beschränkung auf die Harmonisierung des tatsächlichen Verwaltungshandelns erblickt *Mager*, EuR 2001, 661 (673) gerade das Spezifikum der Entscheidung gegenüber der Richtlinie.

zur Anwendung verholfen werden muß, welche dem betroffenen Organ zur Verfügung stehen[100].

Abschließend läßt sich somit konstatieren, daß die Entscheidung keinesfalls auf ihre Verwendungsalternative als administrative Handlungsform zur Regelung von Einzelfällen festgelegt ist[101]. Ganz im Gegenteil zeigt sich ihre besondere Flexibilität und funktionale Vielseitigkeit vor allem im Bereich der abstrakt-generellen Steuerung, wo sie einerseits eine der Richtlinie nahekommende Stellung als umsetzungsbedürftiger Rechtsakt einnehmen[102], darüber hinaus aber auch der Verordnung ähneln kann, soweit sie sich nicht ausdrücklich an die nationalen Normsetzungsinstanzen richtet, sondern verbindliche Handlungsanweisungen unmittelbar an die nach nationalem Recht zuständigen Verwaltungsträger erteilt. Vor diesem Hintergrund wird das Verständnis der Entscheidung als Handlungsform des Europäischen Gemeinschaftsrechts künftig neu zu entwickeln sein.

---

[100] Zur damit eng verbundenen Unterschiedlichkeit der unmittelbaren Wirkung von Richtlinie und Entscheidung siehe bereits oben bei Fn. 90 bis 92.

[101] Ganz verfehlt daher die Ausführungen des OVG Berlin, NuR 1999, 283 (285), das es für fraglich hält, „ob die Entscheidung [...] überhaupt einen abstrakt-generellen Inhalt haben" könne.

[102] *Sparwasser/Engel/Voßkuhle*, Umweltrecht, 5. Aufl. 2003, § 1 Rn. 128 sehen den „quasi-legislativen" Charakter der Entscheidung auf diese Fälle erforderlicher Umsetzungsmaßnahmen beschränkt.

Inspektionen als Instrument der Vollzugskontrolle im Europäischen Verwaltungsverbund*

ANTJE DAVID

A. Einleitung
B. Funktionale Einordnung
C. Rechtlicher Rahmen
   I. Inspektionen im *vertikalen* Interadministrativverhältnis: Aufsichtsstrukturen im europäischen Verwaltungsverbund
   II. Inspektionen im *horizontalen* Interadministrativverhältnis: Vertrauensbildung im europäischen Verwaltungsverbund
   III. Rechtsbeziehungen zum Wirtschaftsteilnehmer
      1. Verfahrens- und Verteidigungsrechte
      2. Individualrechtsschutz
D. Fazit

A. Einleitung

Die Funktionsfähigkeit und Glaubwürdigkeit der Gemeinschaft, aber auch der Mitgliedstaaten, hängt bekannterweise nicht nur von der Qualität ihrer Rechtsetzung, sondern auch maßgeblich von der Effektivität ihrer Rechtsdurchsetzung ab[1].

---

* Der Beitrag basiert auf der Dissertation der Verfasserin mit dem Titel „Inspektionen im Europäischen Verwaltungsrecht", Duncker & Humblot, Berlin 2003.

[1] *Majone*, Mutual Trust, Credible Commitments and the Evolution of Rules for a Single European Market, EUI Working Paper RSC No. 95/1, S. 24; ähnlich *Pühs*, Der Vollzug von Gemeinschaftsrecht – Formen und Grenzen eines effektiven Gemeinschaftsrechtsvollzugs und Überlegungen zu seiner Effektuierung, 1997, 46: „Dieser Zielsetzung liegt die Einsicht zugrunde, daß die Gemeinschaft langfristig nur bestehen kann, wenn es ihr gelingt, glaubhaft zu machen, daß sie die ihr übertragenen Kompetenzen und Aufgaben tatsächlich wirksam ausübt bzw. erfüllen kann." *v. Bogdandy*, in: Hoffmann-Riem/Schmidt-Aßmann (Hrsg.), Verwaltungsrecht in der Informationsgesellschaft, 2000,

Inspektionen können begrifflich als Vorgang der Sachverhaltsermittlung mittels Prüfungsbefugnissen vor Ort gekennzeichnet werden. Sie sind eine Erscheinungsform des funktionalen Zusammenwirkens der europäischen Verwaltungen mit dem Ziel einer Effektuierung des Vollzugs des europäischen Verwaltungsrechts. Aus dem nationalen öffentlichen Recht sind sie als behördliche Kontrollinstrumente in Form von Betretungsrechten und Nachschaubefugnissen vor Ort bekannt. Als Mittel der behördlichen Informationsbeschaffung bilden sie einen Ausschnitt aus dem umfangreichen Überwachungsinstrumentarium, das den Verwaltungsbehörden zur Kontrolle der Einhaltung öffentlich-rechtlicher Vorschriften zur Verfügung steht[2]. Im EG-Recht werden Inspektionen genutzt, um Wirtschaftsteilnehmer oder – und dadurch unterscheiden sie sich von den Nachprüfungsbefugnissen im rein nationalen Kontext – mitgliedstaatliche Verwaltungen vor Ort zu überwachen. Auf europäischer Ebene erfüllen Inspektionen – wie noch näher zu zeigen sein wird – eine Doppelfunktion: Mikroadministrativ bleiben sie Ausdruck von Direktkontrollen gegenüber den EU-Bürgern. Auf einer mittleren Ebene dienen sie zugleich dazu, einen Überblick über und Vertrauen in die Ordnungsmäßigkeit mitgliedstaatlichen Verwaltens zu schaffen.

Die Mitgliedstaaten müssen bei der Durchführung der Inspektionen in unterschiedlicher Weise mit der Kommission und den anderen Mitgliedstaaten zusammenarbeiten. Die Inspektionen gehen häufig mit vielfältigen weiteren Pflichten zum Informationsaustausch einher. Die Ergebnisse von Inspektionen können Eingang finden in die Entscheidungen anderer Verwaltungseinheiten. Sie erscheinen in unterschiedlichen Formen institutioneller Verfestigungen. Durch diese Funktionserweiterung und die Ergänzung um Elemente horizontaler und vertikaler Kooperation sind Inspektionen im EG-Recht im Vergleich zum nationalen Recht zu einem sehr viel

---

133, 139 spricht von „Legitimation durch Leistung". Das Erfordernis der Effizienz betont auch *Scharpf*, Regieren in Europa, 1999, 30; zu Vollzugsproblemen im EG-Recht auch *Swart*, in: Harding/Swart, Enforcing European Community Rules, 1996, 1 ff. Allgemein zum Vollzugsdefizit im EG-Recht *Jans/de Lange/Prechal/Widdershoven*, Inleiding tot het Europees bestuursrecht, 1999, 223 f. Ausführlich zur Bedeutung der Rechtsdurchsetzung für die europäische Integration *Magiera*, DÖV 1998, 173 ff.; vgl. auch *Majone*, 8 ff.: „The implementation deficit has become so serious over the years that the member states now realize that non-compliance threatens the credibility of their collective decisions." Auch *Schmidt-Aßmann*, in: ders./Hoffmann-Riem (Hrsg.), Strukturen des Europäischen Verwaltungsrechts, 1999, 9, 12 stellt als wichtige Aufgabe einer Verwaltung des Unionsraumes die Sorge für eine einwandfreie und gleichmäßige Anwendung der EG-Vorschriften heraus.

[2] Als Beispiele vgl. nur § 22 Abs. 1 Nr. 3 BtMG, § 64 Abs. 4 Nr. 1 AMG, § 45 BBiG, § 22b Abs. 1 Nr. 1 FlHG, § 14 Abs. 3 Nr. 3 KrWG, § 13 S. 1 GSG, § 44 Abs. 1 S. 2 KWG, § 25 S. 2 BSeuchG, § 93 Abs. 1 BNotO, § 44 Abs. 1 S. 4 AWG, § 45 Abs. 1 Nr. 2 PostG, § 19 Abs. 2 S. 1 AtomG, § 41 Abs. 1 S. 2 LMG.

komplexeren Institut geworden. Die Kernelemente der Verwaltungszusammenarbeit – informationelle, prozedurale und institutionelle Kooperation[3] – finden sich im Rechtsinstitut der Inspektion gebündelt wieder.

B. Funktionale Einordnung

Vorschriften über Inspektionen finden sich in nahezu allen Gebieten des europäischen Verwaltungsrechts. Beispielhaft seien lediglich das Agrarrecht, das Wirtschaftsrecht (z.B. Wettbewerbsrecht, Bankenaufsicht), das Lebensmittelrecht, das Umweltrecht sowie das Recht der Betrugsbekämpfung genannt[4]. Inspektionen stellen ein Instrument der Sachverhaltsermittlung zwischen Staatsaufsicht und Wirtschaftsaufsicht[5] dar.

– Im Rahmen von *Direktkontrollen* nehmen mitgliedstaatliche oder Kommissionsdienststellen Aufsichtsfunktionen direkt beim Unionsbürger wahr. Zweck der Inspektion ist hier die Überprüfung der Wirtschaftsteilnehmer im Hinblick auf gemeinschaftsrechtskonformes Verhalten. Hier läßt sich von „Wirtschaftsaufsicht" sprechen.
– Der zweite Ansatz hat den mitgliedstaatlichen Verwaltungsvollzug im Visier. Durch Kommissionsinspektionen vor Ort soll festgestellt werden, ob die Mitgliedstaaten den ihnen durch das Gemeinschaftsrecht zugewiesenen Verwaltungsaufgaben korrekt nachkommen (*Vollzugskontrolle* in der Form der Anwendungskontrolle). Bestehen diese Aufgaben der nationalen Verwaltungen darin, die Einhaltung der Vorschriften durch die Wirtschaftsteilnehmer zu überwachen, handelt es sich um

---

[3] Vgl. näher *Schmidt-Aßmann*, Das Allgemeine Verwaltungsrecht als Ordnungsidee, 2. Aufl. 2004, 384, 7/11; *ders.*, EuR 1996, 270 ff., 274.

[4] Ausführliche Darstellung anhand der genannten Referenzgebiete bei *David*, Inspektionen im Europäischen Verwaltungsrecht, 2003, 30 ff.

[5] Zu den Begriffen und zur Dichotomie von Staatsaufsicht und Wirtschaftsaufsicht *Kahl*, Die Staatsaufsicht, 2000, 362 ff.: Wirtschaftsaufsicht als „die staatliche Aufsicht über alle Wirtschaftssubjekte, also Hersteller, Anbieter oder Verteiler von Gütern oder Dienstleistungen, welche die selbstverantwortliche Teilnahme am Wirtschaftsverkehr mit den dafür geltenden Rechtsregeln in Einklang halten soll" (362). Staatsaufsicht iwS. als „Sammelbegriff für alle Aufsichtsvorgänge innerhalb des Staates im weiten Sinne. Als solcher vereint er die Bereiche der völker- und gemeinschaftsrechtlichen Aufsicht, der Bundesaufsicht, der Behördenaufsicht, der Dienstaufsicht sowie der Verwaltungsaufsicht unter einem Dach" (364); vgl. auch *Schmidt-Aßmann*, in: ders./Hoffmann-Riem (Hrsg.), Verwaltungskontrolle, 2001, 9, 13, 33 (Inspektionen als Verbindung von Wirtschaftsaufsicht und Verwaltungskontrollen); zum Thema Wirtschaftsaufsicht auch *Ehlers*, Ziele der Wirtschaftsaufsicht, 1997; *Bullinger*, VVDStRL 22 (1965), 264 ff. (jeweils im nationalen Kontext) sowie *Brenner*, Der Gestaltungsauftrag der Verwaltung in der Europäischen Union, 1996, 281 ff. und *Lühmann*, DVBl. 1999, 752 ff. (in der Union).

Kontrolle der Kontrolle. Hier läßt sich mit gebotener Vorsicht von „Staatsaufsicht" bzw. „Verbundaufsicht" sprechen.

Häufig sind in den einschlägigen Rechtsakten beide Ausprägungen nebeneinander nachweisbar[6]. Der Regelungsmechanismus eines derart kombinierten bzw. gestuften Kontrollregimes läßt sich am Beispiel des europäischen Rechts der Agrarfinanzierung aufzeigen: Die Zentralvorschrift für die mitgliedstaatlichen Vollzugspflichten im Bereich der durch den europäischen Ausrichtungs- und Garantiefonds für die Landwirtschaft (E-AGFL) finanzierten Maßnahmen ist Art. 8 der Verordnung Nr. 1258/1999 (EAGFL)[7]. Nach Art. 8 der Verordnung Nr. 1258/1999 (EAGFL) treffen die Mitgliedstaaten „gemäß den einzelstaatlichen Rechts- und Verwaltungsvorschriften die erforderlichen Maßnahmen, um sich zu vergewissern, daß die durch den Fonds finanzierten Maßnahmen tatsächlich und ordnungsgemäß durchgeführt worden sind, Unregelmäßigkeiten zu verhindern und zu verfolgen und die infolge von Unregelmäßigkeiten oder Versäumnissen abgeflossenen Beträge wieder einzuziehen". Nach Art. 8 Abs. 3 Verordnung Nr. 1258/1999 (EAGFL) erläßt der Rat auf Vorschlag der Kommission die Grundregeln für die Anwendung dieses Artikels. Auf dieser Basis findet die generalklauselartig weite Bestimmung des Art. 8 Abs. 1 ihre Ergänzung in vielfältigen detaillierten gemeinschaftlichen Vorgaben darüber, wie die Sicherstellung der ordnungsgemäßen Durchführung der aus dem Fonds finanzierten Maßnahmen zu erfolgen hat. Zahlreiche Gemeinschaftsregelungen enthalten Vorschriften über die Überprüfung von Geschäftsbüchern, über Mindestkontrollsätze, Kriterien für die Auswahl von Stichproben, Analysemethoden und allgemeine, am Betrugsrisiko ausgerichtete Kontrollkriterien[8]. Die von den mitgliedstaatlichen Behörden durchzuführenden Kontrollen umfassen Verwaltungskontrollen im engeren Sinn wie z.B. die Überprüfung von Anträgen auf rechnerische Richtigkeit und Plausibilität, körperliche Kontrollen und Inspektionen in den Betrieben[9]. Eigene Kontrollkompetenzen für Kommissionsbedienstete begründet Art. 9 der Verordnung Nr. 1258/1999: Die Mitgliedstaaten stellen der Kommission alle für das Funktionieren des Fonds erforderlichen Auskünf-

---

[6] Von *Vervaele* als First line und Second line Control bezeichnet, in: ders. (Hrsg.), Compliance and Enforcement of European Community Law, 1999, 361, 364.

[7] VO Nr. 1258/1999 v. 17. 5.1999 über die Finanzierung der Gemeinsamen Agrarpolitik, ABl. EG 1999 Nr. L 160, S. 103. Die Artt. 8 und 9 der neuen VO stimmen abgesehen von kleineren redaktionellen Änderungen wörtlich mit Artt. 8 und 9 der Vorgänger-VO Nr. 729/70 (EAGFL) überein, so daß sich, was die Kontrollvorschriften betrifft, keine Änderungen ergeben haben.

[8] Vgl. die Beispiele bei *Mögele*, Die Behandlung fehlerhafter Ausgaben im Finanzierungssystem der gemeinsamen Agrarpolitik, 1997, 108 f.; ders., in: Dauses (Hrsg.), Handbuch des EU-Wirtschaftsrechts (HbEUWiR), Lsbl. Stand Mai 2004, G, Rn. 144.

[9] Vgl. *Mögele*, in: Dauses, HbEUWiR (Fn. 8), G, Rn. 172 ff., 191.

te zur Verfügung und treffen alle Maßnahmen, die geeignet sind, etwaige Kontrollen – *einschließlich Prüfungen an Ort und Stelle* – zu erleichtern, deren Durchführung die Kommission im Rahmen der Abwicklung der gemeinschaftlichen Finanzierung als zweckmäßig erachtet. Die von der Kommission mit Prüfungen vor Ort beauftragten bevollmächtigten Vertreter können Bücher und Unterlagen einsehen und „prüfen, ob die Verwaltungspraxis im Einklang mit den Gemeinschaftsvorschriften steht, ob die erforderlichen Belege vorhanden sind, unter welchen Bedingungen die vom Fonds finanzierten Maßnahmen durchgeführt und geprüft werden." Diese Vorschrift ist die Grundlage für Prüfungen der Kommission, die sie aus eigener Initiative bei den nationalen Behörden durchführt. Diese müssen den Gemeinschaftskontrolleuren Zugang zu allen relevanten Dokumenten einräumen. Aber auch Kontrollen bei den begünstigten Marktteilnehmern selbst, d.h. vor allem Überprüfungen von Geschäftsbüchern und Betriebsabläufen, sind durch die Vorschrift gestattet[10]. Die Kontrollen bei den Marktteilnehmern haben allerdings nur ergänzenden Charakter[11]. Kontrollobjekt ist in erster Linie der Verwaltungsvollzug durch die nationalen Verwaltungsstellen, weniger das Verhalten der Marktbeteiligten. Ihre Kontrollbefugnisse nutzt die Kommission insbesondere für die Durchführung von Systemprüfungen, die sich auf die Wirksamkeit der mitgliedstaatlichen Kontrollregelungen und –systeme beziehen. Bei Indizien für gravierende Vollzugsmängel werden auch gezielt Sonderprüfungen durchgeführt[12].

Auf einer ersten Stufe weist somit das Gemeinschaftsrecht den Mitgliedstaaten die Verantwortung für die Durchführung möglichst wirksamer Kontrollen durch die nationalen Vollzugsorgane zu. Daneben ist die Kommission zur selbständigen Durchführung von Kontrollen befugt. Erst in ihrem Zusammenspiel stellen die Regelungen den effektiven Vollzug des Gemeinschaftsrechts sicher. Der Dualismus des europäischen Verwaltungsrechts mit seinen beiden Bezugsobjekten Mitgliedstaat und Unionsbürger spiegelt sich daher auch in den unterschiedlichen Kontrollformen wider. In beiden Funktionszusammenhängen sind die Inspektionen in ein komplexes System der Verwaltungskooperation eingebunden. Kooperationselemente finden sich in vielfältigen Formen sowohl bei den Direktkontrollen als auch im Rahmen der Ausformung als Kontrolle der Kontrolle[13].

---

[10] Vgl. die Darstellung bei *Mögele*, Fehlerhafte Ausgaben (Fn. 8), 112 ff.
[11] EuGH, Rs. C-366/88 (Frankreich/Kommission), Slg. 1990, I-3595, Rn. 20; EuGH, Rs. C-55/91 (Italien/Kommission), Slg. 1993, I-4858, Rn. 31.
[12] *Mögele*, in: Dauses, HbEUWiR (Fn. 8), G, Rn. 238.
[13] Einen Überblick über die administrative Zusammenarbeit bei der Kontrolle der Einhaltung des Gemeinschaftsrechts geben *Jans/de Lange/Prechal/Widdershoven*, Europees bestuursrecht (Fn. 1), 245 ff.

Die gefundenen Funktionszusammenhänge spiegeln sich vor allem in verschiedenen *Teilnahmeformen* wider. Im Rahmen ihrer Vollzugskontrolle können die Kommissionsbediensteten in vielen Fällen an den Kontrollen *teilnehmen*, die die Bediensteten der Mitgliedstaaten vor Ort bei den Wirtschaftsteilnehmern durchführen. Es handelt sich dann um eine Art *begleitender Kontrolle*, so vor allem im Agrarrecht[14], Fischereirecht[15], Lebensmittelrecht[16]. Die Befugnisse der Kommissionsbediensteten sind in allen diesen Fällen von denen der mitgliedstaatlichen Bediensteten abgeleitet, teilweise deutlich beschränkt. Daneben gibt es auch Regelungen, nach denen die Kommission den Mitgliedstaat um die Durchführung von Inspektionen *ersuchen* kann. Solche Inspektionen auf Ersuchen stellen eine Alternative zu autonomen Kommissionskontrollen dar. Sie sind häufig in ein und demselben Rechtsakt normiert. Inspektionen auf Ersuchen der Kommission können sowohl in den Bereichen, die die Kommission selbst vollzieht[17], als auch dort, wo der Vollzug den Mitgliedstaaten zugewiesen ist[18],

---

[14] Art. 40 Abs. 2 lit. a) VO Nr. 2200/96 v. 28.10.1996 über die gemeinsame Marktorganisation für Obst und Gemüse, ABl. EG 1996 Nr. L 297, S. 1; vgl. auch Art. 6 Abs. 3 VO Nr. 2048/89 v. 19.6.1989 mit Grundregeln über die Kontrollen im Weinsektor, ABl. EG 1989 Nr. L 202, S. 32.

[15] Art. 29 Abs. 2 VO Nr. 2847/93 v. 12.10.1993 zur Einführung einer Kontrollregelung für die gemeinsame Fischereipolitik, ABl. EG 1993 Nr. L 261, S. 1 (maßgeblich geändert durch die VOen Nr. 686/97/EG v. 14.4.1997, ABl. EG 1997, S. 1 und Nr. 2846/98/EG, ABl. EG 1998 Nr. L 358, S. 5).

[16] Art. 5 Abs. 2 RL Nr. 93/99 v. 29.10.1993 über zusätzliche Maßnahmen im Bereich der amtlichen Lebensmittelüberwachung, ABl. EG 1993 Nr. L 290, S. 14.

[17] So z.B. in der KartellVO Nr. 17 (Erste DurchführungsVO zu den Artt. 85 und 86 des Vertrages v. 6.2.1962, ABl. EG 1962 Nr. 13, S. 204): Die Kommission hat nicht nur die Befugnis, selbst autonome Kontrollen durchzuführen, sie kann auch die zuständigen Behörden der Mitgliedstaaten um die Durchführung von Nachprüfungen ersuchen (Art. 13 VO Nr. 17). Entsprechende, teilweise noch weitergehende Befugnisse finden sich in der ab dem 1.5.2004 in Kraft tretenden Nachfolgeregelung der VO (EG) Nr. 1/2003 des Rates vom 16.12.2002 zur Durchführung der in den Artt. 81 und 82 des Vertrags niedergelegten Wettbewerbsregeln, ABl. EG 2003 Nr. L 1, S. 1. Ähnliches gilt für das Querschnittsgebiet Betrugsbekämpfung: Neben der Durchführung eigenständiger Kontrollen vor Ort kann die Kommission die Mitgliedstaaten auch zur Durchführung von Inspektionen auffordern: Art. 6 Abs. 1 VO Nr. 595/91 v. 4. 3. 1991 betreffend Unregelmäßigkeiten und die Wiedereinziehung zu Unrecht gezahlter Beträge im Rahmen der Finanzierung der gemeinsamen Agrarpolitik sowie die Einrichtung eines einschlägigen Informationssystems und zur Aufhebung der VO Nr. 283/72/EWG, ABl. EG 1991 Nr. L 67, S. 11; Art. 18 Abs. 3 VO Nr. 515/97 v. 13.3.1997 über die gegenseitige Amtshilfe zwischen Verwaltungsbehörden der Mitgliedstaaten und die Zusammenarbeit dieser Behörden mit der Kommission im Hinblick auf die ordnungsgemäße Anwendung der Zoll- und der Agrarregelung, ABl. EG 1997 Nr. L 82, S. 1. Sowohl im Kartellrecht als auch im Recht der Betrugsbekämpfung kann die Kommission an diesen Inspektionen teilnehmen.

[18] Hauptreferenzgebiet ist das Recht der Agrarfinanzierung: Auf Ersuchen der Kommission und im Einvernehmen mit dem betreffenden Mitgliedstaat führen die zuständigen

stattfinden. Auch in den Fällen der Inspektionen auf Ersuchen können Bedienstete der Kommission daran teilnehmen[19]. Ihre Kompetenzen bleiben aber begleitender Art.

Nehmen Kommissionsbedienstete eigenständige Kontrollen in den Mitgliedstaaten vor, können daran Bedienstete des betreffenden Mitgliedstaats teilnehmen[20]. Diese Teilnahmemöglichkeit bietet für beide Seiten Vorteile. Die Kommissionsbediensteten haben jederzeit eine Anlaufstelle, an die sie sich bei Fragen wenden können. Den mitgliedstaatlichen Verwaltungen wird die Möglichkeit gegeben, die Tätigkeiten der Kommissionsinspektoren auf ihrem Territorium zu verfolgen. Die Begleitrechte der Mitgliedstaaten dienen damit zunächst der Herstellung von Transparenz. Unter Umständen kann die Teilnahmemöglichkeit auch zu einer Teilnahmepflicht werden. Das ist vor allem dann der Fall, wenn die Kommission auf die Vollzugshilfe durch die zuständigen Stellen der Mitgliedstaaten angewiesen ist.

Unter dem Gesichtspunkt *horizontaler* Teilnahmekonstellationen, d.h. der Zusammenarbeit zwischen Verwaltungsbediensteten verschiedener Mitgliedstaaten bei der Durchführung von Inspektionen vor Ort, fallen vor allem Teilnahmemöglichkeiten im Zusammenhang mit horizontalen Amtshilfeleistungen auf[21]: Wenn ein Mitgliedstaat einen anderen um die Durchführung bestimmter Inspektionen ersucht, dürfen seine eigenen Bediensteten häufig an diesen Untersuchungen teilnehmen. Diese Teilnahme setzt

---

mitgliedstaatlichen Stellen Prüfungen oder Nachforschungen durch (Art. 9 Abs. 2 UAbs. 4 VO Nr. 1258/1999 (EAGFL, Fn. 7); Art. 18 Abs. 3 VO Nr. 515/97 (EG-AmtshilfeVO, Fn. 17). Für die Strukturfonds vgl. Art. 38 Abs. 2 UAbs. 3 VO Nr. 1260/1999 v. 21.6.1999 mit allgemeinen Bestimmungen über die Strukturfonds, ABl. EG 1999 Nr. L 161, S. 1. Art. 6 VO Nr. 595/91 (Unregelmäßigkeiten Agrarfinanzierung, Fn. 17). Vgl. auch Art. 6 Abs. 3 VO Nr. 2048/89 (WeinkontrollVO, Fn. 14) und Art. 18 Abs. 4 VO Nr. 515/97 (EG-AmtshilfeVO, Fn. 17); Art . 30 Abs. 2 VO Nr. 2847/93 (FischereikontrollVO, Fn. 15).

[19] Art. 9 Abs. 2 UAbs. 4 VO Nr. 1258/1999 (EAGFL, Fn. 7); Art. 18 Abs. 4 VO Nr. 515/97 (EG-AmtshilfeVO, Fn. 17).

[20] Art. 9 Abs. 2 UAbs. 3 VO Nr. 1258/1999 (EAGFL, Fn. 17); Art. 11 VO Nr. 3887/92 v. 23.12.1992 mit Durchführungsbestimmungen zum integrierten Verwaltungs- und Kontrollsystem (Invekos) für bestimmte gemeinschaftliche Beihilferegelungen, ABl. EG 1992 Nr. L 391, S. 36; maßgebliche Änderungen der Durchführungsverordnung durch Verordnung Nr. 1678/98/EG, ABl. EG 1998 Nr. L 212, S. 23; Art. 14 Abs. 5 VO Nr. 17 (Fn. 17): Bedienstete der zuständigen Behörde des Mitgliedstaats können auf Antrag dieser Behörde oder auf Antrag der Kommission die Bediensteten der Kommission bei der Erfüllung ihrer Aufgaben unterstützen; Art. 38 Abs. 2 UAbs. 2 VO Nr. 1260/1999 (Strukturfonds, Fn. 18), Art. 4 Abs. 1 VO Nr. 2185/1996 v. 11.11.1996 betreffend die Kontrollen und Überprüfungen vor Ort durch die Kommission zum Schutz der finanziellen Interessen der Europäischen Gemeinschaften vor Betrug und anderen Unregelmäßigkeiten, ABl. EG 1996 Nr. L 292, S. 2.

[21] So vor allem im Agrar-, Veterinär- und Fischereirecht.

allerdings das Einverständnis des ersuchten Mitgliedstaats voraus[22]. Auch in diesem Zusammenhang wird betont, daß die Leitung bei den Bediensteten des ersuchten Mitgliedstaats liegt: Die Bediensteten des ersuchenden Mitgliedstaats haben keine eigenständigen Inspektionsrechte auf dem Territorium der ersuchten Mitgliedstaats[23]. Diese Teilnahmemöglichkeiten erfüllen letztlich Funktionen der Vertrauensbildung. Sie gehen über das hinaus, was im traditionellen Amtshilferecht üblich war, nämlich die Durchführung der Ersuchen durch die ersuchte Behörde ohne persönliche Teilnahmemöglichkeiten der ersuchenden Behörde[24]. Durch die Kontakte vor Ort können die Bediensteten der ersuchende Behörde auf Einzelheiten hinweisen, die für ihr Ersuchen von besonderer Bedeutung sind und erhalten gleichzeitig einen Einblick in die Verwaltungspraxis der anderen Mitgliedstaaten.

Eine neue Qualität erhält die horizontale Kooperation bei den Inspektionen im Recht der Bankenaufsicht. Den Regeln des europäischen Bankenaufsichtsrechts liegt ein Konzept stärkerer Entterritorialisierung zugrunde. Das Gemeinschaftsrecht weist einem Mitgliedstaat gemeinschaftsweite Überwachungsaufgaben zu. Die Bankenaufsicht eines Mitgliedstaats ist für die Überwachung aller Geschäftsaktivitäten der Banken mit Sitz auf seinem Territorium zuständig (sog. Prinzip der Herkunftslandkontrolle)[25]. Das gilt unabhängig davon, in welchem Mitgliedstaat die Bank ihre

---

[22] Vgl. z.B. die Artt. 7, 9, 19 der VO Nr. 515/97 (EG-AmtshilfeVO, Fn. 17); Art. 7 Abs. 2 und 4 VO Nr. 2729/2000 (WeinkontrollVO, Fn. 14);

[23] Vgl. z.B. den Wortlaut in Art. 7 Abs. 4 UAbs. 3 VO Nr. 2729/2000 (WeinkontrollVO, Fn. 14): „Die Bediensteten der ersuchten Stelle sind jederzeit für die Durchführung der Kontrollen zuständig." Siehe auch Art. 9 Abs. 2 UAbs. 2 VO Nr. 515/97 (EG-AmtshilfeVO, Fn. 17).

[24] Dieser Grundsatz gilt auch noch für einige der untersuchten Referenzgebiete: Obwohl sich die RL Nr. 89/608 v. 21.11.1989 (betreffend die gegenseitige Unterstützung der Verwaltungsbehörden der Mitgliedstaaten und die Zusammenarbeit dieser Behörden mit der Kommission, um die ordnungsgemäße Anwendung der tierärztlichen und tierzuchtrechtlichen Vorschriften zu gewährleisten, ABl. EG 1989 Nr. L 351, S. 34) ansonsten an die Regelungen der EG-AmtshilfeVO (Fn. 17) anlehnt, sind auf ihrer Grundlage zwar Anträge der ersuchenden Behörde auf Überwachung bestimmter Betriebe, Warenlager oder Beförderungsmittel durch die ersuchte Behörde zulässig (vgl. Art. 6 und 8 Abs. 2 lit. b) RL Nr. 89/608). Es ist aber keine Teilnahmemöglichkeit für die ersuchende Behörde normiert. Auch nach der FischereikontrollVO sind zwar Inspektionen auf Ersuchen möglich; in diesem Zusammenhang aber keine Teilnahmerechte normiert (Art. 34 Abs. 2 UAbs. 2 VO Nr. 2847/93 – FischereikontrollVO, Fn. 15). Die Mitgliedstaaten können allerdings untereinander auf eigene Inititative Programme zur Überwachung, Kontrolle und Beaufsichtigung der Fischereitätigkeiten durchführen (Art. 34 b Abs. 2 VO Nr. 2847/93 - FischereikontrollVO). Es ist denkbar, daß diese gemeinsamen Programme auch gemeinsame Inspektionen vorsehen.

[25] Art. 26 Abs. 1 RL Nr. 2000/12 v. 20.3.2000 über die Aufnahme und Tätigkeit der Kreditinstitute, ABl. EG 2000 Nr. L 126, S. 1.

Dienstleistungen erbringt. Auch die Tätigkeit der Zweigstellen einer bundesdeutschen Bank in den anderen EG-Ländern unterliegt damit der deutschen Bankenaufsicht. Entsprechend sind auch die Inspektionsbefugnisse durch eine stärkere Entgrenzung gekennzeichnet: Bedienstete des Herkunftsstaats dürfen aufsichtsrechtlich relevante Daten bei ausländischen Zweigstellen vor Ort nachprüfen. Diese grenzüberschreitende Prüfungsbefugnis wird generell eingeräumt und ist nicht an eine Zustimmung des Gastlandes gebunden. Lediglich eine vorherige Mitteilung ist erforderlich[26]. Es bleibt somit nicht bei der Möglichkeit eines Ersuchens an die Bankenaufsicht des Aufnahmemitgliedstaats. Lediglich im Falle der Notwendigkeit der Ausübung unmittelbaren Zwangs muß um die Unterstützung des Aufnahmemitgliedstaats ersucht werden. Die Ausübung von Hoheitsrechten durch Aufsichtsbeamte eines Mitgliedstaats auch in einem anderen stellt eine neue Stufe der Kooperation dar. In diesen Formen der grenzüberschreitenden Zusammenarbeit kommt die Europäisierung der Überwachungsverantwortlichkeiten in besonderer Weise zum Ausdruck: Mehrere Verwaltungen wirken zusammen zur Bewältigung *einer* Aufgabe, nämlich einer gemeinschaftsweit funktionierenden Wirtschaftsaufsicht.

C. Rechtlicher Rahmen

Auf der *Rechtsetzungsebene* bietet der EGV ein weites Kompetenzreservoir für die Einführung von Inspektionsregelungen und deren verfahrensmäßige und institutionelle Ausgestaltung. Angesichts der finalen Ausrichtung der meisten Ermächtigungsgrundlagen lassen sich Verfahrens- und Organisationsregelungen, die der Erreichung der materiellen Regelungsziele dienen, sowohl als Harmonisierung der mitgliedstaatlichen Verwaltungssysteme als auch als Verwaltungskompetenzen für die Gemeinschaft rechtfertigen. Neben den einzelnen Sachtiteln bieten Art. 308 EGV und Art. 284 EGV für Auskunfts- und Nachprüfungskompetenzen der Kommission gebietsübergreifende Ermächtigungsgrundlagen. Auch die Zuweisung von Inspektionsbefugnissen an unselbständige oder selbständige Ämter bzw. Agenturen auf EG-Ebene[27] oder die Verpflichtung der Mitgliedstaaten zur Einrichtung spezieller Verwaltungsstellen, die Inspektionsbe-

---

[26] Art. 29 Abs. 1 RL Nr. 2000/12 (Fn. 25).

[27] Ein Beispiel für eine zur Kommission gehörende, aber unabhängige Einrichtung mit sehr weitgehenden Inspektionsbefugnissen ist das Europäische Amt für Betrugsbekämpfung OLAF, vgl. näher *David*, Inspektionen (Fn. 4), 183 ff. Eine Agentur mit eigenständiger Rechtspersönlichkeit ist die Europäische Umweltagentur, die derzeit allerdings noch nicht mit Inspektionsaufgaben betraut ist. Im Zusammenhang mit der Forderung nach einem Umweltinspektorat auf europäischer Ebene wird dies aber diskutiert, vgl. näher *David*, aaO. 192 ff.; zu Agenturen vgl. *Riedel*, in diesem Band, 103 ff.

fugnisse wahrzunehmen haben[28], ist grundsätzlich mit den primärrechtlichen Vorgaben des EGV zu vereinbaren.

Auf der *Vollzugsebene* ist Ausgangspunkt die Charakterisierung der Inspektionsverhältnisse als mehrpolige und gestufte Rechtsverhältnisse: Es bestehen horizontal und vertikal verlaufende Rechtsbeziehungen sowohl zwischen den beteiligten Verwaltungsstellen im Interadministrativverhältnis (dazu unter I.) als auch im Außenverhältnis zu den kontrollunterworfenen Wirtschaftsteilnehmern (dazu unter II.). Kennzeichnend für die Rechtsbeziehungen im Interadministrativverhältnis ist die bereits dargestellte Zusammenarbeit der Verwaltungsstellen. Erst in jüngster Zeit wird zunehmend die Bedeutung erkannt, die die Ausbildung fester Kooperationsregeln für eine effektive und rechtsstaatliche Verwaltung des Gemeinschaftsraums hat. Allumfassendes Grundprinzip, an dem sich die Kooperation, ob horizontal oder vertikal, zu orientieren hat, ist der in Art. 10 EGV verankerte Grundsatz der loyalen Zusammenarbeit. Weitere Anknüpfungspunkte für die Ausbildung administrativer Kooperationsstandards sind die allgemeinen Grundsätze des Gemeinschaftsrechts.

I. Inspektionen im vertikalen Interadministrativverhältnis:
Aufsichtsstrukturen im europäischen Verwaltungsverbund

Inspektionen dienen der Vollzugskontrolle und damit einer gleichmäßigen Vollziehung und Einhaltung des Gemeinschaftsrechts. Nach dem Idealbild der klassischen zentralistisch organisierten *nationalen* Ministerialverwaltung wird ein gleichmäßiger Rechtsvollzug vor allem durch hierarchische Strukturen gewährleistet: Aufsichts- und Weisungsbefugnisse der Leitungsinstanzen richten alle Untergliederungen oder Systemteile auf die rationale und einheitliche Anwendung der Gesetze hin aus[29]. Als Elemente der Aufsicht sind verschiedene Befugnisse der jeweiligen Aufsichtsinstanz zu unterscheiden: Sachverhaltsermittlungsbefugnisse bilden das beobachtende, die Möglichkeit zur Erteilung von Weisungen oder sonstigen Korrekturmaßnahmen das berichtigende Element der Aufsicht[30]. Die Inspekti-

---

[28] Klassisches Beispiel sind die Kontrollstellen nach den Olivenöl- und Tabakmarktorganisationen. In beiden Sektoren wurde den Mitgliedstaaten durch EG-VO vorgeschrieben, spezielle administrativ unabhängige Kontrollstellen einzurichten. Die Bediensteten dieser Kontrollstellen sind nach einem von den Mitgliedstaaten vorab aufzustellenden Tätigkeitsprogramm für die Durchführung der Inspektionstätigkeiten im Rahmen der Olivenöl- und Tabakmarktorganisationen zuständig; vgl. näher *David*, Inspektionen (Fn. 4), 38 f.

[29] Vgl. umfassend *Dreier*, Hierarchische Verwaltung im demokratischen Staat, 1991; *Kahl*, Staatsaufsicht (Fn. 5) mit dem Versuch einer enthierarchisierenden Neubestimmung.

[30] Diese Unterscheidung findet sich sowohl für das nationale Recht (so z.B. *Lerche*, in: Maunz/Dürig, GG, Art. 84, Rn. 162 – im Anschluß an *Triepel*, auch *Maurer*, Allge-

onen der Kommission bei den mitgliedstaatlichen Verwaltungen vor Ort verkörpern im Anschluß an diese Differenzierung zwischen Beobachtung und Berichtigung das beobachtende Element einer Aufsicht in der EG. Ohne eigene Sachverhaltsermittlungsbefugnisse kann keine Überwachung ausgeübt werden[31]. Hier bilden die Inspektionen ein wichtiges Instrument: Die Kommissionsbediensteten können sich durch Besuche vor Ort ein Bild über die Vollzugstätigkeiten der Mitgliedstaaten machen.

Die Inspektionsbefugnisse der Kommission vor Ort stellen damit investigative Befugnisse dar, die ihr die Wahrnehmung ihrer Funktion als Hüterin des Gemeinschaftsrechts (Art. 211 EGV) ermöglichen sollen. Das Objekt der Kontrolle können entweder die Mitgliedstaaten oder die Wirtschaftsteilnehmer sein. Trotzdem ist die Stellung der Mitgliedstaaten nicht mit der der Wirtschaftsteilnehmer zu vergleichen. Das Verhältnis zwischen Wirtschaftsteilnehmer und Inspektionsperson ist ein subordinationsrechtliches. Mindestens die mitgliedstaatlichen Verwaltungsstellen können ihre Inspektionen durch Verwaltungszwang durchsetzen und nehmen auch für die Kommissionsinspektionen unterstützende Funktionen wahr. Im *Interadministrativverhältnis*, also gegenüber den mitgliedstaatlichen Verwaltungen, fehlt es an einem solchen Subordinationsverhältnis. Die Kommissionsbediensteten haben gegenüber den mitgliedstaatlichen Verwaltungen keine Möglichkeiten, ihre Inspektionsrechte mit Befehl und Zwang durchzusetzen. Sie sind vielmehr auf die freiwillige Mitarbeit der Mitgliedstaaten angewiesen. Dennoch bieten die Inspektionen zumindest indirekt ein effektives Aufsichtsmittel, das charakteristisch ist für die der Gemeinschaft eigene Kombination aus „weichen Aufsichtsmitteln" und Kooperation.

In ihrer Funktion als Vollzugskontrolleure führen die Kommissionsbediensteten Inspektionsbesuche bei den Verwaltungen der Mitgliedstaaten durch. Sie sind dabei befugt, Unterlagen einzusehen und Kopien anzufertigen[32]. Daneben können sie Erläuterungen und Auskünfte verlangen. Häufig dürfen sie die mitgliedstaatlichen Kontrollbediensteten bei ihren Arbeiten

---

meines Verwaltungsrecht, 13. Aufl. 2000, § 23, Rn. 19 ff.) als auch für das Völkerrecht (so z.B. *Hahn*, in: Strupp-Schlochauer, Band I, 69; *Conrad*, Formen der Vollziehung, 1968, 178). Sie wird auch für das EG-Recht übernommen, vgl. *Pühs*, Vollzug (Fn. 1), 133.

[31] *Van Rijn*, in: FS für Schermers, 409 stellt zutreffend fest: „Supervision can only be properly exercised if the supervision organ has the necessary powers to investigate into the matter. Investigatory and supervisory powers are intrinsically linked. Therefore, I will assume them both under the notion ‚supervision'."

[32] So z.B. gem. Art. 6 Abs. 4 VO Nr. 595/91 (Unregelmäßigkeiten Agrarfinanzierung, Fn. 17), Art. 6 Abs. 2 i.V.m. Art. 4 VO Nr. 2729/2000 v. 14.12. 2000 mit Durchführungsbestimmungen für die Kontrollen im Weinsektor, ABl. EG 2000 Nr. L 316, S. 16.

vor Ort begleiten[33]. Korrespondierend dazu müssen die Verwaltungsstellen der Mitgliedstaaten als „Objekt" der Kommissionskontrollen die Inspektionsbesuche der Kommissionsbediensteten dulden und aktiv unterstützen. Im Rahmen ihrer eigenen Vorortkontrollen bei den Wirtschaftsteilnehmern müssen sie die Kommissionsbediensteten weitgehend beteiligen. Teilweise müssen sie auf Ersuchen der Kommissionsbediensteten Proben entnehmen und diesen zur Verfügung stellen[34]. Wenn den Kommissionsbediensteten eigene Direktkontrollbefugnisse bei den Wirtschaftsteilnehmern zustehen, sind die mitgliedstaatlichen Verwaltungen verpflichtet, Unterstützung und Vollzugshilfe zu leisten: Sie haben eventuelle Widerstände durch die Anwendung von Zwangsmitteln zu überwinden. Teilweise ist in den Rechtsakten auch bestimmt, daß sie auf Ersuchen der Kommission eigenständig Inspektionen durchführen und die dabei erhaltenen Informationen der Kommission mitteilen[35].

Im Vertikalverhältnis verlangt der Grundsatz der loyalen Zusammenarbeit in seiner Ausprägung als *Rücksichtnahmegebot* von der Kommission, die Belange der Mitgliedstaaten in zeitlicher oder örtlicher Hinsicht in ihre Kontrollaktivitäten und -planungen einzubeziehen. Sie muß alle Mitgliedstaaten hinsichtlich Häufigkeit und Intensität gleichermaßen überwachen und darf nur in begründeten Fällen davon abweichen. Sie kann das z.B. durch die Erstellung von Kontrollkonzepten und -plänen nach außen deutlich machen. Das *Verhältnismäßigkeitsprinzip* verlangt, daß im konkreten Einzelfall die Belastung des Mitgliedstaats, in dem die Inspektionen durchgeführt werden und das Interesse der Kommission an der Ermittlung von Vollzugsdefiziten in einem angemessen Verhältnis zueinander stehen. Angesichts der gemeinsamen Verantwortlichkeit der mitgliedstaatlichen Verwaltungen und der Kommission für die Verwaltung des Gemeinschaftsraums gibt es nur sehr beschränkte Möglichkeiten für die Mitgliedstaaten, ihre Mitarbeit und Unterstützung zu verweigern, etwa durch die Geltendmachung von *Auskunftsverweigerungsrechten* unter den engen Voraussetzungen des Art. 296 EGV.

---

[33] „Begleitende Kontrolle", so z.B. im Agrarrecht (Art. 40 Abs. 2 lit. A) VO Nr. 2200/96 (Marktorganisation Obst und Gemüse, Fn. 14), Art. 6 Abs. 3 VO Nr. 2048/89 (WeinkontrollVO, Fn. 14); Fischereirecht (Art. 29 Abs. 2 VO Nr. 2847/93 (FischereikontrollVO, Fn. 15); Lebensmittelrecht (Art. 5 Abs. 2 RL Nr. 93/99 (Zusätzliche Maßnahmen Lebensmittelüberwachung, Fn. 16).

[34] Z.B. nach Art. 15 VO Nr. 2729/2000 (Kontrollen im Weinsektor, Fn. 32).

[35] Alternative zu den autonomen Kommissionskontrollen, z.B. gem. Art. 6 Abs. 1 VO Nr. 595/91 (Unregelmäßigkeiten Agrarfinanzierung, Fn. 17), Art. 18 Abs. 3 VO Nr. 515/97 (EG-AmtshilfeVO, Fn. 17) oder eine Art Aufsichtsmaßnahme im indirekten Vollzug, z.B. gem. Art. 9 Abs. 2 VO Nr. 1258/1999 (EAGFL, Fn. 8), Art. 38 Abs. 2 VO Nr. 1260/1999 (Strukturfonds, Fn. 18), Art. 30 Abs. 2 VO Nr. 2847/93 (FischereikontrollVO, Fn. 15); näher *David*, Inspektionen (Fn. 4), 129 ff.

Auch in flexiblen Systemen ist *Aufsicht als ein Mittel zur Einheitsbildung* notwendig. Aufsicht im europäischen Verwaltungsverbund kann aber von vornherein nicht nach einem rein hierarchischen Aufsichtskonzept entwickelt werden. Sie besteht vielmehr aus einer Mischung hierarchischer und kooperativer Bestandteile[36], was sich an den Inspektionen gut illustrieren läßt: Die kooperative Ausgestaltung der Inspektionen mit ihrer Tendenz zu Systemkontrollen, die vom Einzelfall abstrahieren, mit Teilnahmemöglichkeiten und wechselseitiger Unterstützung darf nicht darüber hinwegtäuschen, daß das Recht der Kommission zu gezielter Vor-Ort-Repräsentanz für sich genommen stärkere Eingriffsmöglichkeiten bietet als die aus dem nationalen Recht bekannten Instrumente der Bundesaufsicht[37].

Auch ohne die Möglichkeit einer direkt an die Inspektion anschließenden Berichtigung durch die Kommission selbst[38] ist den Inspektionen eine beaufsichtigende Wirkung zu attestieren. Allein die Möglichkeit, daß Kommissionsbedienstete die Aufsichts- und Vollzugstätigkeiten der Mitgliedstaaten vor Ort in Augenschein nehmen, wird den Druck auf die Mitgliedstaaten zum ordnungsgemäßen Vollzug erhöhen. Sie werden dann ihrerseits bestrebt sein, ihre Kontrollaufgaben korrekt zu erfüllen und Mängel im Kontrollsystem zu beheben[39]. Daneben dienen die Inspektionen als Instrument der Sachverhaltsermittlung für die Entscheidung darüber, ob ein Vertragsverletzungsverfahren einzuleiten ist. Die enge Verbindung mit diesem verleiht bereits den Inspektionen eine Art „Drohpotential".

Auch die weiteren Elemente, durch die die Inspektionen im Vertikalverhältnis flankiert sind, illustrieren eine *Kombination von Hierarchie und Kooperation*: Die Verpflichtung der Mitgliedstaaten zur Errichtung selbständiger Kontrollstellen und die Möglichkeiten der Kommission, auf deren Tätigkeit(sprogramme) Einfluß zu nehmen, werden nicht zu Unrecht als „quasi-aufsichtliche Eingriffe" in die Verwaltungsstruktur der Mit-

---

[36] *Schmidt-Aßmann*, in: FS für Steinberger, 2002, 1375, 1389, kennzeichnet die Europäische Verwaltung als „kooperativ abgefederte Hierarchie"; *ders.*, in diesem Band, 1 (14 ff.).

[37] Auch *Pühs*, Vollzug (Fn. 1), 328, betont die „erweiterten Ressourcen zur Datenfeststellung" der Kommission, die trotzdem keine übergeordnete Überwachungsinstanz mit Weisungsbefugnissen, sondern „lediglich" ein Organ der Rechtsaufsicht im Interesse eines einheitlichen Verwaltungsvollzugs darstelle.

[38] Besonders herausgestellt von *Pühs*, Vollzug (Fn. 1), 323: „Doch ergibt ein genauer Blick auf die tatsächlichen Kompetenzen der Bediensteten, daß keinesfalls feststellbar ist, daß die Kommission hier eine gleichsam „berichtigende" Aufsichtsgewalt wahrnimmt."

[39] So auch *van Rijn*, in: Vervaele (Hrsg.), Administrative Law Application and Enforcement of Community Law, 1994, 143, 157. Die Auslösung von Kontrolleffekten durch die Ausübung von Beobachtungsfunktionen betont auch *Kadelbach*, in: Schmidt-Aßmann/Hoffmann-Riem, Verwaltungskontrolle (Fn. 5), 205, 227.

gliedstaaten qualifiziert[40]. Die häufig vorgesehene Verpflichtung der Mitgliedstaaten zur Erstellung von Kontrollplänen und Inspektionsberichten hat einerseits für die Mitgliedstaaten selbst rationalisierende und edukative Funktionen zu erfüllen. Diese Pläne und Berichte sind aber gleichzeitig ein Mittel der Rechenschaftslegung gegenüber der Kommission. Sie können deshalb ebenfalls als eine besondere Gestaltungsform hierarchischer Verhältnisse eingeordnet werden[41]. Gleichzeitig dienen die Berichte der Selbstdisziplinierung und schaffen *Transparenz* für alle Beteiligten. Das gilt auch für die in umgekehrter Richtung bestehenden Mitteilungs- und Berichtspflichten der Kommission. Transparenz und gegenseitige Information über Vollzugsformen und -standards ersetzen so die traditionellen Steuerungsmittel der Hierarchie: Information und Kommunikation zwischen der Kommission und den mitgliedstaatlichen Verwaltungen schaffen bewußte Zustimmung und sichern damit den Bestand einer Gemeinschaft, die auf die traditionellen Mittel der Weisung verzichten muß.

II. Inspektionen im horizontalen Interadministrativverhältnis:
Vertrauensbildung im europäischen Verwaltungsverbund

Anhand der Betrachtung der *Rechtsbeziehungen im Horizontalverhältnis* läßt sich der Anpassungsprozeß, dem ein aus dem nationalen Verwaltungsrecht bekanntes Instrument der Wirtschaftsaufsicht im Zuge der Europäisierung ausgesetzt ist, illustrieren. Die Möglichkeiten grenzüberschreitender Inspektionen oder der Teilnahme daran, die Ausarbeitung und Durchführung bi- oder multilateraler Inspektionsprogramme und die mannigfaltigen Informationsaustauschregelungen sind Ausdruck einer *gemeinsamen Verantwortung* der Mitgliedstaaten für die Verwaltung des Gemeinschaftsraums. Wirtschaftsaufsicht ist keine Aufgabe mehr, die jeder Mitgliedstaat für sich allein zu erfüllen hat. Sie hat sich zu einer gemeinsamen Wirtschaftsaufsicht im europäischen Verbund entwickelt.

Die Standards, an denen sich die Zusammenarbeit zu orientieren hat, sind im Horizontalverhältnis noch wenig ausdifferenziert. Neben dem unmittelbar aus dem Grundsatz des freien Warenverkehrs folgenden (negativen) *Verbot diskriminierender Kontrollpraktiken* lassen sich dennoch einige allgemeine positive Standards der Zusammenarbeit entwickeln. Aus dem Gebot der loyalen Zusammenarbeit hat der EuGH eine *Pflicht zur Information über Kontrollpraxisänderungen* abgeleitet[42]. Ferner dürften eine

---

[40] So *Götz*, EuR 1986, 29, 34, der die VO als „in jeder Hinsicht ungewöhnlich" bezeichnet; kritisch *v. Danwitz*, Verwaltungsrechtliches System und Europäische Integration, 1996, 202 f.

[41] *Hatje*, Die gemeinschaftsrechtliche Steuerung der Wirtschaftsverwaltung, 1998, 155.

[42] EuGH, Rs. 42/82, Slg. 1983, 1013, Rn. 36.

Pflicht zur Begründung von Informations-, Inspektions- und sonstigen Amtshilfeersuchen, deren *Beantwortung oder Durchführung ohne unbillige Verzögerung* sowie ein *prozedurales Äquivalenzprinzip* inzwischen als allgemeiner Standard anzusehen sein[43].

Vor allem die den Mitgliedstaaten verbliebene *Souveränität* setzt den grenzüberschreitenden Kontrollaktivitäten Grenzen. Diese Grenzen können auch durch entgegengesetzt wirkenden Grundsätze, wie z.B. das Prinzip der loyalen Zusammenarbeit, nicht ohne weiteres überwunden werden. Ohne Erlaubnis im Einzelfall bleiben Inspektionstätigkeiten eines Mitgliedstaats auf dem Territorium eines anderen Mitgliedstaats grundsätzlich unzulässig. Ausnahmen gibt es lediglich, wenn das durch das Sekundärrecht ausdrücklich festgelegt worden ist, wie z.B. im Bankenaufsichtsrecht. Sogar die nur beobachtende Teilnahme setzt in ihren verschiedenen Ausprägungen in der Regel die vorherige Zustimmung des betroffenen Mitgliedstaats voraus[44]. In diesem Zusammenhang entfaltet der Gemeinschaftstreuegrundsatz seine Wirkung, indem er die Erteilung dieses Einverständnisses grundsätzlich gebietet und Ablehnungen nur in begründeten Ausnahmefällen zuläßt. In jedem Fall bestehen auf diesem Gebiet noch Entwicklungsmöglichkeiten. Das Einverständniserfordernis sollte mit der Zeit abgebaut werden: Es paßt nicht (mehr) zu einem europäischen Verwaltungsraum, in dem die Überwachungsbehörden eine gemeinsame Verantwortung zu erfüllen haben.

Als weitere Faktoren, die die horizontale Kooperation im Zusammenhang mit Inspektionen einschränken können, wirken der *Verhältnismäßigkeitsgrundsatz*, dessen Wirkungen von der konkreten Fallgestaltung abhängen, und – ebenfalls streng einzelfallbezogen – der *Vorbehalt des ordre public*. Letzterer dürfte nur in seltenen Ausnahmefällen einschlägig sein[45].

Bei aller weiteren Ausbaufähigkeit und -bedürftigkeit des rechtlichen Regimes, an dem sich die Kooperation im Horizontalverhältnis zu orientieren hat, leistet die Zusammenarbeit der Mitgliedstaaten bei ihren Überwa-

---

[43] Ausführliche Herleitung bei *David*, Inspektionen (Fn. 4), 264 ff.
[44] Vgl. z.B. Art. 9 Abs. 2 VO Nr. 515/97 (EG-AmtshilfeVO, Fn. 17), Art. 7 Abs. 4 VO Nr. 2729/2000 (Kontrollen im Weinsektor, Fn. 32); erste Aufweichungen des Einvernehmenserfordernisses z.B. im Veterinärrecht: Dort können sich die Kommissionsinspektoren von Inspektionsbediensteten dritter Mitgliedstaaten als Beobachter begleiten lassen. Der Mitgliedstaat, in dem die Inspektion stattfinden soll, hat nur noch ein einmaliges Ablehnungsrecht. Gewissermaßen als Kompensation müssen die begleitenden Sachverständigen vorher auf eine Liste aufgenommen werden, die von der Kommission geführt wird, Art. 4 Abs. 1 Entsch. Nr. 98/139 v. 4.2.1998 mit Durchführungsbestimmungen zu den von Sachverständigen der Kommission in den Mitgliedstaaten vor Ort durchgeführten Kontrollen im Veterinärbereich, ABl. EG 1998 Nr. L 38, S. 10; näher *David*, Inspektionen (Fn. 4), 267 ff.
[45] Ausführliche Herleitung bei *David*, Inspektionen (Fn. 4), 269 ff.

chungstätigkeiten bereits jetzt einen wichtigen Beitrag zur Herstellung von *Vertrauen in gemeinschaftsweit funktionsfähige Verwaltungsstrukturen.* Vertrauen als solches kann nur zu einem Teil durch Rechtsakte angeordnet werden. Die Vertrauensbildung muß vielmehr durch vertrauensbildende Techniken unterstützt werden[46]. Insbesondere die Möglichkeit, sich vor Ort ein Bild über die Art und Weise des Vollzugs in anderen Mitgliedstaaten machen zu können, wirkt vertrauensbildend und erhöht die Bereitschaft zur Anerkennung der Überwachung durch die anderen Mitgliedstaaten, zum Verzicht auf zusätzliche eigene Kontrollen sowie die Bereitschaft zum ordnungsgemäßen Vollzug im eigenen Land[47].

Die Entwicklung von Vertrauen in die Leistungsfähigkeit der nationalen Verwaltungsbehörden ist insgesamt ein nicht zu unterschätzender Legitimationsfaktor in einem durch grenzüberschreitende Vernetzungen gekennzeichneten europäischen Verwaltungsraum, in dem die traditionellen rein nationalen Strukturen ihre Legitimationskraft verlieren und eine genuin europäische Legitimationsstruktur sich erst im Aufbau befindet. Neben die klassischen Instrumente zur Erzeugung von Verwaltungslegitimation treten damit neue Strukturen, mit denen den Besonderheiten europaweiter Verwaltungstätigkeit Rechnung getragen werden kann[48].

---

[46] Grundlegend *Majone*, Mutual Trust (Fn. 1), 9 ff.: „Without concrete measures to increase the level of mutual trust, therefore, the obligation of Community loyalty [...] remains dead letter and cannot serve as a basis for a system of effective enforcement." Information und Kommunikation sind damit die Leistungen, durch die der Anspruch auf grenzüberschreitende Wirkung des Verwaltungsvollzuges gewissermaßen „verdient" wird, vgl. *Schoch*, in: Schmidt-Aßmann/Hoffmann-Riem, Strukturen (Fn. 1), 279, 308 f.; *Wahl/Groß*, DVBl. 1998, 2, 3. Bezogen auf den Faktor Vertrauen der Mitgliedstaaten untereinander in eine funktionierende Lebensmittelüberwachung *Streinz*, WiVerw 1993, 1, 57 f.

[47] Einordnung der Kontrollharmonisierung als Fundament für Vertrauensbildung und Prinzip der gegenseitigen Anerkennung auch bei *Falke*, in: Hill/Hof (Hrsg.), Wirkungsforschung zum Recht II – Verwaltung als Adressat und Akteur, 2000, 265, 266.

[48] Ausführlich zu Vertrauen als Element der Verwaltungslegitimation in einer dezentralisierten Europäischen Union *Röhl*, Akkreditierung und Zertifizierung im Produktsicherheitsrecht, 2000, 44 ff. Siehe auch *Magiera*, DÖV 1998, 173, 183: „Entscheidend für den neuen kooperativen Kontrollmechanismus und seine Wirksamkeit spricht, daß eine verbesserte Zusammenarbeit zwischen den Verwaltungen der Mitgliedstaaten untereinander und mit der Kommission geeignet ist, das gegenseitige Verständnis und Vertrauen zu fördern. [...] Eine wesentliche Voraussetzung dafür ist, das Gemeinschaftsrecht nicht als eine fremde, sondern als Teil der eigenen Rechtsordnung zu erkennen, deren Durchsetzung im gemeinsamen und zugleich im eigenen Interesse liegt." Den Faktor Vertrauen als wichtige Voraussetzung für eine funktionierende europäische Verwaltung betonen auch *Majone*, Mutual Trust (Fn. 1); *Happe*, Die grenzüberschreitende Wirkung von nationalen Verwaltungsakten, 1987, 111; *v. Bogdandy/Arndt*, EWS 2000, 1.

III. Rechtsbeziehungen zum Wirtschaftsteilnehmer

Die zuvor beschriebenen ausdifferenzierten Mechanismen der Teilnahme und des Informationsaustauschs mit vertrauensbildenden und kontrollverschränkenden Zielsetzungen nehmen breiten Raum in den verschiedenen Inspektionsvorschriften ein. Die Kooperation zwischen den Mitgliedstaaten und der Kommission soll dem immer wieder bemühten Ziel des effektiven Vollzuges des Gemeinschaftsrechts dienen. Das große Gewicht dieses Effektivitätsgebots ist kennzeichnend für die Finalstruktur des europäischen Verwaltungsrechts. Hierdurch hebt es sich von den mitgliedstaatlichen Verwaltungsrechten ab. Während die mitgliedstaatlichen Verwaltungsrechte dem Interesse an der Funktionsfähigkeit staatlichen Handelns und dem Freiheitsschutz der Bürger gleichermaßen verpflichtet sind, tendiert die „spezifische Zweckrationalität" des Gemeinschaftsrechts dazu, „die Funktionsfähigkeit der Gemeinschaft und ihres Rechts zum überragenden Auslegungstopos zu machen"[49]. Je intensiver durch Vollzugsvorschriften und -aktivitäten in Rechtspositionen der Wirtschaftsteilnehmer eingegriffen wird, desto stärker stellt sich allerdings die Frage nach den Möglichkeiten ihrer rechtsstaatlichen Begrenzung und Einbindung. Das Funktionsargument gilt nicht grenzenlos. Die Effektivitätsvorstellungen können nur in rechtsstaatlich gebundenen Formen verwirklicht werden[50].

Im Zusammenhang mit Inspektionen sind zahlreiche Maßnahmen zulässig, die in grundrechtlich geschützte Individualrechtsgüter eingreifen. Das gilt sowohl für die konkreten Kontrollen vor Ort als auch für die u.U. erheblichen Sanktionen, die an die Feststellung von Verstößen geknüpft werden können. Auf den ersten Blick ist demgegenüber die Anzahl der Bestimmungen, die der Begrenzung der Kooperationsmöglichkeiten und der Gewährleistung der Rechte der Kontrollunterworfenen gewidmet sind, relativ gering. Von einigen Kritikern wird ihnen diesbezüglich ausdrücklich ein Defizit bescheinigt[51]. Der Frage, ob das tatsächlich der Fall ist, soll

---

[49] *Schmidt-Aßmann*, DVBl. 1993, 924, 931; *Schoch*, JZ 1995, 109, 117; vgl. auch *Hegels*, EG-Eigenverwaltungsrecht und Gemeinschaftsverwaltungsrecht, 2001, 159 ff.; relativierend *Classen*, DV 31 (1998), 307, 318 f.

[50] *Scheuing*, in: Hoffmann-Riem/Schmidt-Aßmann (Hrsg.), Innovation und Flexibilität des Verwaltungshandelns, 1994, 289, 351; *Pernice/Kadelbach*, DVBl. 1996, 1100, 1113. Auf die Schwierigkeiten der Entwicklung rechtsstaatlicher Prinzipien im Rahmen der Finalstruktur des europäischen Gemeinschaftsrechts weist auch *Rengeling* hin, VVDStRL 53 (1994), 202, 222 ff.

[51] Vgl. für das Beispiel der VOen Nr. 515/97 (EG-AmtshilfeVO, Fn. 17) und Nr. 2185/96 (KontrollVO, Fn. 20) *Widdershoven*, in: Vervaele (Hrsg.), Transnational Enforcement of the Financial Interests of the European Union, 1999, 131, 138 ff.; auch *Vervaele*, in: ders., Compliance of Enforcement (Fn. 6), 361, 381: „ [...] but also at this point we have to underline the fact that the necessary rules concerning legal protection (privacy, principles of due law) are rather soft and under-developed"; *Berg*, Implement-

im Folgenden nachgegangen werden. Dabei ist an diejenigen Maßnahmen im Zusammenhang mit Inspektionen, die in grundrechtlich geschützte Individualrechtsgüter eingreifen können, anzuknüpfen.

Die einzelnen Prüfungsbefugnisse – sei es durch Kommissionsbedienstete, sei es durch Bedienstete der Mitgliedstaaten – vor Ort bilden die Basis für unmittelbare Eingriffe in die Rechte der Kontrollunterworfenen. Die wichtigsten Prüfungsbefugnisse im Zusammenhang mit Inspektionen sind die folgenden:
- Recht auf Zugang zu gewerblich genutzten Räumlichkeiten,
- Durchsuchungsrecht,
- Recht auf Einsicht in Akten und Dokumente,
- Auskunftsverlangen vor Ort,
- Entnahme von Proben,
- Beschlagnahme von Gegenständen oder Unterlagen sowie Versiegelung von Räumen,
- Verhängung von Geldbußen und Anwendung unmittelbaren Zwangs zur Durchsetzung der Inspektionsbefugnisse.

Durch die Inspektionstätigkeiten vor Ort wird unmittelbar Hoheitsgewalt gegenüber dem Wirtschaftsteilnehmer ausgeübt. Auf der Basis der Inspektionsergebnisse können anschließend einschneidende Sanktionsentscheidungen getroffen werden. Aus diesen Gründen kommt der rechtsstaatlichen Eingrenzung der Inspektionshandlungen und damit der Einhaltung der Verfahrens- und Verteidigungsrechte ein besonderes Gewicht zu.

1. Verfahrens- und Verteidigungsrechte

In den einzelnen *nationalen* Rechtsordnungen sichern ausdifferenzierte Systeme die Verfahrens- und Verteidigungsrechte der Bürger. Das *Gemeinschaftsrecht* enthält keine umfassende normative Regelung der Rechte, die Privaten im Verwaltungsverfahren zustehen. Einzelne Verfahrens- und Verteidigungsrechte sind als Antworten auf spezifische Konstellationen in Einzelbereichen des materiellen Rechts ausdrücklich festgeschrie-

---

ing and Enforcing European Fisheries Law, 1999, 292: „Still, it is often questionable whether in striving towards more effective enforcement, principles of law are sufficiently guaranteed and individual rights adequately protected. In striving for the general observance of Community law, in particular in the fields of enforcement of common policies such as agriculture and fisheries the near total subordination of individual interests to the objectives of market regulation becomes clear" und *Dannecker*, ZStW 108 (1996), 577, 606 ff. (aus strafrechtlicher Sicht). Kritisch zur offensiven Anwendung des Gebots einheitlicher Rechtsanwendung auch *v. Danwitz*, Verwaltungsrechtliches System (Fn. 40), 118 ff.; relativierend *Wittkopp*, Sachverhaltsermittlung im Gemeinschaftsverwaltungsrecht, 1999, 242.

ben worden⁵². Daneben wurden vor allem durch die Rechtsprechung des EuGH allgemeine Rechtsgrundsätze entwickelt, die einen Grundstock an Verfahrens- und Verteidigungsrechten bilden⁵³ und sowohl im direkten als auch im indirekten Vollzug des Gemeinschaftsrechts Geltung beanspruchen.

In den Inspektionsbestimmungen des europäischen Verwaltungsrechts sind Verfahrens- und Verteidigungsrechte nur äußerst rudimentär oder gar nicht ausdrücklich normiert. Während die Gemeinschaftsrechtsakte beispielsweise idR eine Bestimmung enthalten, daß die Kommission den betroffenen *Mitgliedstaat* im voraus über die geplante Durchführung von Inspektionen zu unterrichten hat⁵⁴, fehlen solche Regelungen zu Zeitpunkt und Art der vorherigen Ankündigung ebenso wie Bestimmungen hinsichtlich einer Mitteilung der Vorwürfe und einer Begründungspflicht gegenüber dem betroffenen Wirtschaftsteilnehmer in den meisten der einschlägigen Inspektionsrechtsakte. Teilweise sehen die Vorschriften ausdrücklich die Durchführung unangemeldeter Kontrollen vor⁵⁵. Das kann mit Blick auf die Erreichung der jeweiligen Kontrollzwecke beispielsweise im Recht der Betrugsbekämpfung oder im Lebensmittelrecht gerechtfertigt sein. Dies entbindet die zuständigen Stellen aber nicht von der Notwendigkeit, spätestens unmittelbar vor der Durchführung der Inspektion dem Betroffenen Mitteilung über Inhalt und Zweck der geplanten Inspektion zu machen. Die Einhaltung dieser Erfordernisse hat der EuGH als grundlegend für die Garantie der Verteidigungsrechte der betroffenen Unternehmen eingeord-

---

⁵² Diesen vereinzelten gebietsbezogenen Verfahrensregelungen, auf die bei der Besprechung der allgemeinen Grundsätze ergänzend hingewiesen wird, bescheinigt *Vervaele*, in: ders., Transnational Enforcement (Fn. 51), 53, 88 „a strong ad-hoc quality".
⁵³ Einen Überblick bieten beispielsweise *Pernice/Kadelbach*, DVBl. 1996, 1100, 1103 und *Arnold*, EuR 1995, Beiheft 1, 7 ff.; siehe auch *Lenaerts*, EuR 1997, 17, 26 ff., *Classen*, DV 31 (1998), 307, 310 ff.; *Harding*, European Community Investigations and Sanctions, 1993, 41 ff.; *Jans/de Lange/Prechal/Widdershoven*, Europees bestuursrecht (Fn. 1), 208 ff.; bezogen auf die Ermittlungstätigkeit der Kommission als Wettbewerbsbehörde der EG *Schwarze*, in: ders. (Hrsg.), Der Gemeinsame Markt – Bestand und Zukunft in wirtschaftsrechtlicher Perspektive, 1987, 159 ff. und *Dannecker*, ZStW 111 (1999), 256, 269 ff.
⁵⁴ Vgl. nur Art. 14 Abs. 2 VO Nr. 17 (Fn. 17), Art. 4 VO Nr. 2185/96 (KontrollVO, Fn. 20), Art. 9 Abs. 2 VO Nr. 1258/99 (EAGFL, Fn. 8), Art. 5 Abs. 2 RL Nr. 93/99 (Zusätzliche Maßnahmen Lebensmittelüberwachung, Fn. 16), Art. 3 Entsch. Nr. 98/129 (Veterinärkontrollen, Fn. 44).
⁵⁵ Z.B. Art. 17 VO Nr. 2419/2001 mit Durchführungsbestimmungen zum mit der Verordnung (EWG) Nr. 3508/92 des Rates eingeführten integrierten Verwaltungs- und Kontrollsystem für bestimmte gemeinschaftliche Beihilferegelungen, ABl. EG 2001 Nr. L 327, S. 11; Art. 29 Abs. 2 lit. a) VO Nr. 2847/93 (FischereikontrollVO, Fn. 15), Art. 4 Abs. 4 RL Nr. 89/397 v. 14.6.1989 über die amtliche Lebensmittelüberwachung, ABl. EG 1989 Nr. L 186, S. 23.

net[56]. Der Umfang der Pflicht zur Begründung der Nachprüfungsentscheidung könne nicht aufgrund von Erwägungen eingeschränkt sein, die die Wirksamkeit der Untersuchung betreffen. Zwar brauche die Kommission weder dem Adressaten einer Nachprüfungsentscheidung alle ihr vorliegenden Informationen über vermutete Zuwiderhandlungen zu übermitteln, noch müsse sie eine strenge rechtliche Qualifizierung dieser Zuwiderhandlungen vornehmen; sie habe aber klar anzugeben, welchen Vermutungen sie nachzugehen beabsichtige. Die zitierte Entscheidung des EuGH betrifft Nachprüfungen nach Art. 14 der mittlerweile durch die VO Nr. 1/2003 zur Durchführung der in den Artikeln 81 und 82 des Vertrags niedergelegten Wettbewerbsregelungen abgelöste KartellVO Nr. 17. Danach bestimmt die Nachprüfungsentscheidung der Kommission Gegenstand, Zweck und Zeitpunkt der Nachprüfung und weist auf mögliche Zwangsmaßnahmen sowie das Recht hin, vor dem Gerichtshof gegen die Entscheidung Klage zu erheben. Die Kontrollverordnung Nr. 2185/96 enthält keine vergleichbare Vorschrift. Die Kommissionsbediensteten müssen aber vor der Wahrnehmung ihrer Befugnisse eine schriftliche Ermächtigung vorlegen, die über ihre Person und ihre Dienststellung Auskunft gibt und der ein Dokument beigefügt ist, aus dem Ziel und Zweck der Kontrolle oder Überprüfung vor Ort hervorgehen[57]. Bei den (teilweise) selbständigen Inspektionen im Agrar- und Veterinärrecht fehlen Vorschriften über die Begründung der Prüfungsmaßnahmen. Der schriftliche Prüfungsauftrag ist aber gebietsübergreifend das angemessene Instrument, den Kontrollunterworfenen über Inhalt, Zweck und Umfang der geplanten Untersuchungsmaßnahmen zu informieren[58].

Durch die Normierung von Auskunftspflichten sowie der Pflicht, behördlichen Kontrollbeamten den Zugang zu Betriebs- und Geschäftsräumen zu ermöglichen und ihnen die Einsicht in Unterlagen oder die Entnahme von Proben zu ermöglichen, kann es zu einer Offenbarung von persönlichen Daten, Betriebs- und Geschäftsgeheimnissen kommen. Ein *absoluter* Geheimnisschutz in Form von Erhebungsverboten existiert in den untersuchten Rechtsakten nicht. Er wäre auch nur dort denkbar, wo die Offenbarung aufgrund eines gegenüber dem staatlichen Informationsinteresse als höherrangig anzusehenden Rechtsguts unzulässig wäre. Die Rechte der Informationspflichtigen werden vielmehr durch ausdifferenzierte

---

[56] EuGH, verb. Rs. 46/87 u. 227/88 (Hoechst/Kommission), Slg. 1989, 2859, 2919, Rn. 41.
[57] Art. 6 Abs. 1 VO Nr. 2185/96 (KontrollVO, Fn. 20); dazu *Ulrich*, Kontrollen der EG-Kommission bei Wirtschaftsbeteiligten zum Schutz der finanziellen Interessen der Gemeinschaft, 1999, 203, *Kuhl/Spitzer*, EuZW 1998, 37, 42.
[58] Näher *David*, Inspektionen (Fn. 4), 303 ff.

Regelungen eines *relativen* Geheimnisschutzes gesichert[59]. Die Daten, Betriebs- und Geschäftsgeheimnisse sind gegenüber den zuständigen Stellen offen zu legen. Diese dürfen diese Geheimnisse unter Beachtung des *Zweckbindungsgrundsatzes*, des *Äquivalenzprinzips* sowie der sonstigen Anforderungen, die das *nationale Recht*, auf das im Einzelfall verwiesen wird, festlegt, verwenden.

Der insgesamt zu konstatierende Mangel an ausdrücklichen Verfahrensregeln zum Schutz der kontrollunterworfenen Wirtschaftsteilnehmer in den sekundärrechtlichen Regelungen kann durch die *Allgemeinen Rechtsgrundsätze des Gemeinschaftsrechts* in gewisser Weise kompensiert werden[60]. Diese Allgemeinen Rechtsgrundsätze sind zwar vom EuGH in erster Linie für das *Eigenverwaltungsrecht* entwickelt worden. Sie entfalten aber Wirkung auch für die *Vollzugstätigkeiten der Mitgliedstaaten* und können damit einen *Mindeststandard* bieten. Das hindert die Mitgliedstaaten nicht, mit ihrem nationalen Verfahrensrecht über diesen Mindeststandard hinauszugehen. Ein im Einzelfall höherer Schutz durch nationales Verfahrensrecht sollte nicht vorschnell mit Effektivitätserwägungen und dem Anwendungsvorrang des Gemeinschaftsrechts außer Betracht gelassen werden.

Insgesamt bietet der aus den Allgemeinen Rechtsgrundsätzen des Gemeinschaftsrechts abgeleitete Mindeststandard ein ausreichendes Schutzniveau. Allerdings ist es für die Wirtschaftsteilnehmer in den Mitgliedstaaten mißlich, daß sich die ihnen zustehenden Rechte nicht unmittelbar aus den einer Inspektion zugrunde liegenden Rechtsakten ergeben. Im Sinne größerer Rechtsklarheit und Transparenz wäre es wünschenswert, diese Rechte zumindest in die wichtigsten Inspektionsrechtsakte mit aufzunehmen.

2. Individualrechtsschutz

Die Inspektion und mit ihr im Zusammenhang stehende Handlungen (insbesondere die Prüfungsanordnung oder Durchsuchungen, aber auch die Weitergabe erlangter Informationen) greifen wie bereits dargelegt in Rechtspositionen des jeweiligen Kontrollunterworfenen ein. Sowohl das deutsche Verfassungsrecht als auch das europäische Gemeinschaftsrecht verlangen einen effektiven Rechtsschutz gegen Akte der öffentlichen Gewalt. Das Rechtsschutzsystem im europäischen Verwaltungsrecht geht von

---

[59] Vgl. zu der Differenzierung zwischen absolutem und relativem Geheimnisschutz W. *Berg*, GewArch 1996, 177, 179; s. auch *Engel/Freier*, EWS 1992, 361, 365 (bezogen auf den Umfang der Auskunftspflicht nach der VO Nr. 17).

[60] Das gilt nicht nur für die hier besprochenen Begründungs- und Geheimnisschutzerfordernisse, sondern auch für weitere Verteidigungsrechte wie das Recht auf rechtliches Gehör, das Recht auf Schutz vor Selbstbezichtigung sowie das Recht auf Hinzuziehung eines Anwalts und Schutz der verteidigungsrelevanten Anwaltskorrespondenz (legal professional privilege), ausführlich dazu *David*, Inspektionen (Fn. 4), 306 ff.

einem Trennungsmodell aus: Die Aufteilung der Aufgaben und Zuständigkeiten zwischen den Mitgliedstaaten und der Gemeinschaft beim Vollzug des Gemeinschaftsrechts setzt sich auch in den Haftungs- und Rechtsschutzbereich hinein fort. Staatliche Gerichte bieten Schutz gegen Exekutivhandlungen der Behörden dieses Staates. Gegen Akte der europäischen öffentlichen Gewalt ist dagegen Rechtsschutz vor dem EuGH und dem EuG zu suchen.

Bei der Durchführung von Inspektionen besteht jedoch wie dargelegt oftmals ein verflochtenes System der Zusammenarbeit. Wenn Inspektionen auf Ersuchen oder gemeinsam durchgeführt werden, können Zuordnungsschwierigkeiten entstehen. Es stellt sich die Frage, ob die einzelnen Rechtsschutzebenen bei einer Kombination unterschiedlicher Verantwortungsbeiträge hinreichend voneinander abgrenzbar sind. Das gilt in verstärktem Maße, wenn Handlungen der Verwaltungsakteure verschiedener Ebenen aufeinander aufbauen. Angesichts zunehmender horizontaler und vertikaler Zusammenarbeit der Behörden untereinander ist zu überlegen, ob diesen Formen administrativer Kooperation nicht auch eine justizielle Kooperation nachzufolgen hat[61].

Für den Rechtsschutz gegen *gemischte Inspektionen in horizontaler oder vertikaler Kooperation* gilt Folgendes: Diejenigen Inspekteure, die nur in begleitender bzw. beobachtender Funktion an einer Kontrolle vor Ort teilnehmen, haben gegenüber dem zu kontrollierenden Wirtschaftsteilnehmer keine eigenen Eingriffsbefugnisse. Sie können demzufolge keine eigenen Maßnahmen mit Regelungswirkung erlassen, gegen die der Betroffene Rechtsschutz suchen könnte. Dementsprechend ist der (u.U. auch vorläufi-

---

[61] Umfassend zu Rechtsschutzfragen im Europäischen Verwaltungsverbund *J. Hofmann*, Rechtsschutz und Haftung im Europäischen Verwaltungsverbund, 2004, 215 ff.; *ders.*, in diesem Band, 353 ff. Auch *Priebe*, ZLR 1990, 266, 286 sieht die Gefahr von Zuordnungsschwierigkeiten einzelner Handlungen der Kontrollbediensteten und mahnt an, daß eine Verbesserung der Kontrollen nicht um den Preis eines verminderten Rechtsschutzes oder einer ungewissen Haftung für Amtsfehler durchgesetzt werden könne. In dieselbe Richtung gehen die Überlegungen von *Vervaele* in: ders., Transnational Enforcement (Fn. 51), 53, 89 („integrated legal protection must be strived for") und *Widdershoven*, in: Vervaele, Transnational Enforcement (Fn. 51), 131, 143 ff. Auch *Harings*, Grenzüberschreitende Zusammenarbeit der Polizei- und Zollverwaltungen und Rechtsschutz in Deutschland, 1998, 225 (für die grenzüberschreitende Zusammenarbeit der Polizei- und Zollverwaltungen); *ders.* EuR Beiheft 2/1998, 81, 96 f.; *ders.*, in diesem Band, 127 ff.; *Burgi*, Verwaltungsprozeß und Europarecht, 1996, 56 (für transnationales Verwaltungshandeln) und *Schmidt-Aßmann*, JZ 1994, 832, 833 (mit weiteren Beispielen für die unterschiedlichen Formen „administrativer Verzahnungen" beim Verwaltungsvollzug) betonen die Notwendigkeit der Entwicklung eines adäquaten Systems transnationalen Rechtsschutzes; zu „gegenläufigen Strukturprinzipien", denen der „kooperative Vollzug" und das gemeinschaftliche Rechtsschutzsystem folgen, auch *Klepper*, Vollzugskompetenzen der Europäischen Gemeinschaft aus abgeleitetem Recht, 2001, 173 f.

ge) Rechtsschutz entsprechend den nationalen Vorschriften gegen die nationale Stelle zu suchen, wenn diese federführend ist, gegen die Gemeinschaft, wenn es sich um eine autonome Kommissionskontrolle handelt[62].

Fragen wirft die Rechtsschutzdimension bei echten *„gemeinsamen Kontrollen"* beispielsweise nach Art. 4 UAbs. 2 der Verordnung Nr. 2185/96 (Kontrollverordnung) auf. Diese gemeinsamen Kontrollen sind eine eigenständige Kontrollform neben den Kommissionskontrollen, an denen mitgliedstaatliche Kontrollbedienstete „nur" begleitend teilnehmen. Hier stellt sich die Frage, ob bei den gemeinsamen Kontrollen Rechtsschutz sowohl durch das EuG als auch durch nationale Gerichte zu gewähren ist. Fest steht, daß der nationalen Beteiligung an einer gemeinsamen Kontrolle eine über die bloße Teilnahme hinausgehende Bedeutung zukommen muß – sonst wäre diese zusätzliche Möglichkeit nicht eingeführt worden[63]. Der Verordnungstext bestimmt als Besonderheit für die gemeinsamen Kontrollen lediglich, daß die einzelstaatlichen Kontrolleure im Anschluß an eine gemeinsame Kontrolle ersucht werden, den von den Kontrolleuren der Kommission erstellten Bericht gegenzuzeichnen[64]. Die sonstigen Bestimmungen differenzieren nicht danach, ob eine Inspektion als gemeinsame Kontrolle durchgeführt wird oder nicht. Insbesondere aus den Artikeln 4 und 6 geht hervor, daß die Vorbereitung und Durchführung der Kontrollen vor Ort unter der Leitung und Verantwortung der Kommission in enger Zusammenarbeit mit den Mitgliedstaaten erfolgt. Mangels ausdrücklicher Differenzierung wird das auch für die gemeinsamen Kontrollen gelten. Auch die gemeinsamen Kontrollen bleiben daher Gemeinschaftskontrollen. Als Konsequenz ist Rechtsschutz gegen diese Gemeinschaftskontrollen ausschließlich vor den europäischen Gerichten zu suchen. Die Ausgestaltung als gemeinsame Kontrolle mit der Gegenzeichnung der Kontrollberichte durch die Kontrollbediensteten der Mitgliedstaaten dient damit lediglich der besseren Vorbereitung der Sanktions- und sonstigen Folgemaßnahmen, die exklusiv durch die Mitgliedstaaten zu treffen sind.

Im Zusammenhang mit den Rechtsschutzfragen zeigt sich, wie problematisch es ist, wenn die Mitgliedstaaten zusätzlich zu der Kontrolle der Kommission *parallele eigene Verfahren* einleiten[65]: Beschränken sich die Mitgliedstaaten, in denen die Kommission autonome Kontrollen bei den Wirtschaftsteilnehmern durchführt, nicht auf ihre begleitende Rolle, sieht sich der Kontrollunterworfene zwei Instanzen mit jeweils autonomen Kon-

---

[62] Hierzu auch *Hofmann*, Rechtsschutz und Haftung (Fn. 61), 226 f.
[63] So auch *Ulrich*, Kontrollen (Fn. 57), 187.
[64] Art. 8 Abs. 3 VO Nr. 2185/96 (KontrollVO, Fn. 20).
[65] Vgl. zu dieser Praxis der Mitgliedstaaten das Arbeitspapier der Kommissionsdienststellen über die Anwendung der VO Nr. 2185/96 SEC (2000) 844.

trollbefugnissen gegenüber und muß unter Umständen zwei Prozesse führen. Mit Verfahrensklarheit und -ökonomie hat das nichts mehr zu tun.

Weitere für die Verwaltungskooperation typische und damit aus Rechtsschutzgesichtspunkten problematische Kooperationskonstellationen sind die Durchführung von Inspektionen auf Ersuchen und die Leistung von Vollzugshilfe in horizontaler oder vertikaler Hinsicht. Auch in diesen Zusammenhängen sind verschiedene Rechtsschutzebenen voneinander abzugrenzen. Inspektionen auf Ersuchen oder die Leistung von Vollzugshilfe in horizontaler (z.B. Bankenaufsicht) und vertikaler (z.B. Kartellrecht) Hinsicht erfolgt durch den jeweils ersuchten Mitgliedstaat in eigener Zuständigkeit, nicht etwa auf Weisung des ersuchenden Mitgliedstaats oder der Kommission. Die Maßnahmen haben damit selbständigen Eingriffscharakter, weil sie in Inhalt und Ausführung nicht vollständig durch die ersuchende Stelle, sondern erst durch die ausführende Behörde determiniert sind[66].

In seinem Nachprüfungen der Kommission nach der Kartellverordnung Nr. 17 betreffenden Hoechst-Urteil[67] hat der EuGH die Rechtsschutzebenen wie folgt voneinander abgegrenzt: Die *Nachprüfungsentscheidung* der Kommission darf nur auf europäischer Ebene, d.h. in erster Linie durch das *EuG*, auf ihre Rechtmäßigkeit hin untersucht werden. Das EuG untersucht, ob sich diese als willkürliche oder unverhältnismäßige Maßnahme darstellt. Das *nationale Gericht* ist demgegenüber für die Kontrolle der *Durchsetzung* dieser Maßnahme im Wege des unmittelbaren Zwangs zuständig. Es darf die Echtheit der Nachprüfungsentscheidung feststellen und prüfen, ob die beabsichtigte Zwangsmaßnahme willkürlich oder, gemessen am Gegenstand der Nachprüfung, unverhältnismäßig ist. Die Sach- und Rechtmäßigkeitserwägungen, die die Kommission zur Anordnung der Nachprüfung bewogen haben, sind allerdings der Beurteilung durch das nationale Gericht entzogen[68]. Sie unterliegen lediglich der Rechtmäßigkeitskontrolle durch den EuGH (bzw. das EuG)[69].

---

[66] *Rengeling/Middeke/Gellermann*, Rechtsschutz in der Europäischen Union, 1994, Rn. 149; *Kadelbach*, Allgemeines Verwaltungsrecht unter europäischem Einfluß, 1999, 339 f. will Rechtsschutz gegen das Amtshilfeersuchen zulassen, sofern die Amtshilfehandlung ohne eigenes Verweigerungsrecht der aushelfenden Stelle durch das Amtshilfeersuchen determiniert ist. Zur Amtshilfe siehe *Wettner*, in diesem Band, 181 ff. Weiterführend zu Konstellationen der Haftungskonkurrenz im Verwaltungsverbund *Hofmann*, Rechtsschutz und Haftung (Fn. 61), 330 ff.

[67] EuGH, verb. Rs. 46/87 und 227/88 (Hoechst), Slg. 1989, 2919 ff.

[68] EuGH, ebenda. An seine Hoechst- Entscheidung hat der EuGH in einem neueren Urteil vom 22.10.2002 (Rs. C-94/00 Roquette Frères, EuZW 2003, 14 ff. m. Anm. *Feddersen*) angeknüpft: Es ging um den Umfang der Prüfungskompetenz eines nationalen (hier französischen) Gerichtes, das nach nationalem Recht für die Genehmigung von Durchsuchungen in Unternehmen, bei denen ein Verdacht auf Verstöße gegen Wettbe-

Diese Zuständigkeitsverteilung läßt sich dahingehend verallgemeinern, daß der Grundakt – also im konkreten Fall die Nachprüfungsentscheidung – als Akt der Kommission allein der Kontrolle der europäischen Rechtsschutzinstanzen unterliegt. Die Zuständigkeit für den Erlaß von Vollstreckungsmaßnahmen in der Form unmittelbaren Zwangs wird dagegen den nationalen Stellen zugewiesen. Deren Rechtmäßigkeitskontrolle obliegt damit den nationalen Gerichten[70]. Halten diese im Rahmen der Überprüfung eines Vollstreckungsaktes die zugrunde liegende Nachprüfungsentscheidung für rechtswidrig, müssen sie eine Entscheidung des EuGH hierüber im Wege des Vorlageverfahrens herbeiführen.

Für die Amts- und Vollstreckungshilfe im *Horizontalverhältnis* spricht viel dafür, auch in diesem Verhältnis die Einschätzung der ersuchenden Behörde sowohl für die ersuchte Behörde als auch für ein mit der Kontrolle der Vollzugshilfeakte befaßtes Gericht als bindend anzusehen, soweit die Notwendigkeit der Vollzugshilfeakte als solche betroffen ist[71]. Die gerichtliche Kontrolle durch die Gerichte des um Amtshilfe ersuchten Mitgliedstaats beschränkt sich also auf die Rechtmäßigkeit dieser Amtshilfehandlungen. Die Rechtmäßigkeit der zugrunde liegenden Ersuchen um die Durchführung von Inspektionen oder die Leistung von Vollzugshilfe unterliegt dagegen nicht der Kontrolle der Gerichte des ersuchten Mitgliedstaats.

An seine Grenzen stößt das Trennungsprinzip in den Fällen, in denen Rechtsschutz nicht nur gegen die Inspektionsmaßnahmen selbst, sondern auch – und das wird sogar der häufigere Fall sein – gegen die Maßnahmen gesucht wird, die die Verwaltung aufgrund der bei den Inspektionen erhaltenen Informationen getroffen hat (z.B. Rückforderung von Geldern, Auflagen für Betriebe, aber auch die Aufnahme in gemeinschaftliche Informationssysteme wie z.B. die Verzeichnung als unzuverlässiger Marktteilneh-

---

werbsregeln besteht, zuständig war. Danach hat das nationale Gericht sich im Wesentlichen zu vergewissern, daß ernsthafte Indizien vorliegen, die für den Verdacht eines Verstoßes gegen die Wettbewerbsregeln ausreichen und eine Kontrolle der Verhältnismäßigkeit der Zwangsmaßnahmen gemessen am Gegenstand der Nachprüfung vorzunehmen. Damit es dazu in der Lage ist, hat die Kommission das nationale Gericht über die wesentlichen Merkmale der behaupteten Zuwiderhandlung zu informieren. Dagegen kann das nationale Gericht nicht die Übermittlung der in den Akten der Kommission enthaltenen Informationen und Indizien verlangen, auf denen ihr Verdacht beruht.

[69] Ausführlich zur Verteilung der Zuständigkeiten beim Rechtsschutz durch das Hoechst-Urteil vgl. *Lenz/Mölls*, WuW 1991, 771, 790 f.
[70] *Kamburoglou/Pirrwitz*, RIW 1990, 263, 266 ff.
[71] So auch *Hatje*, Gemeinschaftsrechtliche Steuerung (Fn. 41), 137; ausführlich *Schlag*, Grenzüberschreitende Verwaltungsbefugnisse im EG-Binnenmarkt, 1998, 227 ff., bes. 233 ff.; *Groß*, JZ 1994, 596, 604.

mer auf der sog. Schwarzen Liste⁷²). Der Betroffene wird hier argumentieren, Verfahrensfehler bei der Durchführung der Kontrollen vor Ort führten zur Rechtswidrigkeit der Folgemaßnahme.

Die Befugnis, Verstöße gegen das EG-Recht zu sanktionieren, liegt idR bei den Mitgliedstaaten[73]. Rechtsschutz gegen diese Sanktionsmaßnahmen ist infolgedessen vor den Gerichten des jeweiligen Mitgliedstaats zu suchen. Bei ihren Entscheidungen über die Sanktionsmaßnahmen können die mitgliedstaatlichen Verwaltungen die Inspektionsergebnisse der Kommission oder anderer Mitgliedstaaten als Tatsachengrundlage mit heranziehen. Das Auseinanderfallen von Sachverhaltermittlungs- und Sanktionsbefugnis muß in einem kohärenten Rechtsschutzsystem berücksichtigt werden. Im Einzelnen stellen sich Fragen nach der *Beweiswürdigung durch die mitgliedstaatlichen Gerichte*, nach dem zulässigen *Prüfungsumfang* bzw. nach der Bindung an die Inspektionsergebnisse anderer Verwaltungsstellen, auf die an dieser Stelle nur hingewiesen werden kann. In einigen Gebieten des Gemeinschaftsrechts fehlen Vorschriften darüber, welcher Beweiswert den Ermittlungen und insbesondere den Inspektionsberichten der Kommission oder der zuständigen Behörden anderer Mitgliedstaaten zukommt, völlig[74]. Aufgrund zahlreicher Einzelvorschriften in anderen Bereichen ist dem Beweismaterial, das durch Bedienstete der Kommission oder der anderen Mitgliedstaaten gesammelt worden ist (idR wird es sich um Kontrollberichte handeln, in Betracht kommen aber auch sonstige Auskünfte oder Mitteilungen) der gleiche Beweiswert zuzumessen wie den Berichten der nationalen Beamten[75]. Damit ist gegenüber dem gänzlichen

---

[72] Speziell zu Rechtsschutzfragen im Zusammenhang mit der Aufnahme in die sog. Schwarze Liste vgl. *Krüger*, ZfZ 1999, 74, 81 ff.

[73] Das betont auch *Priebe*, ZLR 1990, 266, 270. Zu den (wenigen) Sanktionskompetenzen der Kommission gegenüber Privaten vgl. *Lenaerts*, EuR 1997, 17, 18 ff.; kurz auch *Bleckmann*, Europarecht, 6. Aufl. 1997, Rn. 258.

[74] Das gilt z.B. für das Fischereirecht, vgl. dazu die Kritik von *Berg*, European Fisheries Law (Fn. 51), 286 und *Vervaele*, in: ders., Transnational Enforcement (Fn. 51), 53, 88. *Priebe*, ZLR 1990, 266, 277, hält die Zuerkennung des gleichen Beweiswertes an die Feststellungen fremder und eigener Kontrolleure demgegenüber für eine Selbstverständlichkeit – man sollte keinem Richter in der Gemeinschaft unterstellen, daß er den Beweiswert einer behördlichen Feststellung nach der „Herkunft" des kontrollierenden Beamten allein differenziere; zu transnationalen Beweiskraftfragen auch *Jans/de Lange/Prechal/Widdershoven*, Europees bestuursrecht (Fn. 1), 252 ff.

[75] Art. 8 Abs. 3 VO Nr. 2185/96 (KontrollVO, Fn. 20), dazu *Kuhl/Spitzer*, EuZW 1998, 37, 41; Art. 12, 16 VO Nr. 515/97 (EG-AmtshilfeVO, Fn. 17); siehe auch Art. 17 VO Nr. 2729/2000 (Durchführung Kontrollen im Weinsektor, Fn. 32): „Die von den speziellen Bediensteten der Kommission oder den Bediensteten einer zuständigen Stelle eines Mitgliedstaats in Anwendung dieses Titels getroffenen Feststellungen können von den zuständigen Stellen der anderen Mitgliedstaaten oder von der Kommission geltend gemacht werden. In diesem Fall darf diesen Feststellungen nicht allein deshalb ein gerin-

Fehlen von Beweisregeln schon ein Schritt nach vorne getan. Dennoch kann es auf Dauer nicht ausreichen, wenn die EG-Regelungen auf die nationalen Beweisvorschriften verweisen. Diese können nämlich durchaus unterschiedlich sein[76], so z.B. wenn in einigen Ländern die Unterschrift des Betroffenen unter den Inspektionsbericht erforderlich ist und in anderen nicht. Diese Unterschiede können dazu führen, daß Inspektionsberichte nicht einheitlich als Beweismaterial verwertbar sind. Es sollte daher für die Zukunft angestrebt werden, die Verweise auf die nationalen Rechtsordnungen durch einheitliche Beweisregeln auf Gemeinschaftsebene zu ersetzen.

Ein konsistentes System des *Indiviualrechtsschutzes* darf angesichts der beschriebenen Kooperationsvorgänge nicht undifferenziert auf dem hergebrachten Trennungsdogma verharren[77].

D. Fazit

Hinter den verschiedenen Ausgestaltungen der Inspektionen wird ihr Ziel deutlich, vor allem der interadministrativen Vertrauensbildung zu dienen. Die Inspektionen kennzeichnen Verwaltung im Verwaltungsverbund der EG als eine Verbindung hierarchischer und kooperativer Elemente. Im *Vertikalverhältnis* können die Inspektionen zusammenfassend als Instrument kooperativer Aufsicht charakterisiert werden. Für das *Horizontalverhältnis* ist besonders der Aspekt der Vertrauensbildung hervorzuheben. Diese Kennzeichnungen stehen jedoch nicht isoliert nebeneinander. Die im administrativen Inspektionsverhältnis deutlich werdenden Aufsichtsstrukturen weisen *Kontrollverschränkungen* auf, die gerade auch der Bildung von Vertrauen dienen: Der Erfolg eines Projektes hängt in maßgeblicher Weise davon ab, daß die Teilnehmer sich an die selbst gesetzten Regeln auch halten. Die Zuweisung von Aufsichtsbefugnissen an eine zentrale Kontrollinstanz fördert das Vertrauen darauf, daß jeder Mitgliedstaat seinen administrativen Verpflichtungen auch tatsächlich nachkommt. Die Teilnahmemöglichkeiten für Sachverständige aus anderen Mitgliedstaaten an den Kommissionsinspektionen dienen nicht nur der Einbeziehung von externem Sachverstand, sondern fungieren zudem als Multiplikatoren für

---

gerer Wert zukommen, weil sie nicht von dem betreffenden Mitgliedstaat ausgehen."; allgemein zur Beweiswürdigung bei transnationalen Sachverhalten *Hatje*, Gemeinschaftsrechtliche Steuerung (Fn. 41), 215 f.

[76] Das betont auch *Vervaele*, in: ders., Transnational Enforcement (Fn. 51), 53, 83.

[77] Für die weitere Entwicklung schlägt *Schmidt-Aßmann*, JZ 1994, 832, 839 nicht nur klare Zuweisungen nach Maßgabe des jeweiligen Kooperationsbeitrags, sondern auch Formen der Rechtsschutzkonzentration vor.

Vertrauen. Umgekehrt wirken die beschriebenen Mechanismen horizontaler Kooperation nicht nur vertrauensbildend, sondern enthalten gleichzeitig Kontrollelemente: Jede Einforderung von Kooperationsbeiträgen ist wieder ein neuer „Testfall" für die Funktionsfähigkeit eines horizontal vernetzten Verwaltungssystems[78]. Verwaltungskooperation ist der Ausdruck einer gemeinsamen Verantwortung für den effektiven Vollzug des Gemeinschaftsrechts. Bei aller gewünschten Flexibilität ist eine gewisse Verrechtlichung der interadministrativen Kooperationsstandards bereits erfolgt und weiterer Entwicklung fähig.

Mit der gemeinsamen Verantwortung für die Verwaltung des Gemeinschaftsraums korrespondiert eine gemeinsame Verantwortung für die Einhaltung rechtsstaatlicher Grundsätze gegenüber denjenigen, die diesen Gemeinschaftsraum verkörpern, den Unionsbürgern. Der Ausbau und die Entwicklung eines den Struktureigenheiten kooperativer Verwaltung angepaßten Individual(rechts)schutzsystems bleibt eine vordringliche Aufgabe für Rechtsanwendung und Rechtswissenschaft.

---

[78] Die vertrauensstiftende Wirkung von Kontrollverschränkungen analysiert *Schmidt-Aßmann*, in: FS für Steinberger (Fn. 36), 1375 (1396 f.); *ders.*, in diesem Band, 1 (20 ff.); vgl. auch *ders.*, in: Schmidt-Aßmann/Hoffmann-Riem, Verwaltungskontrolle (Fn. 5), 9 (32 f.).

Die Leistungsverwaltung der EG als Herausforderung für das Europäische Verwaltungsrecht[*]

Wolfgang Schenk

A. Gemeinschaftliche Finanzhilfen

B. Das Recht der Vergabe gemeinschaftlicher Finanzhilfen: Das gemeinschaftliche Leistungsverwaltungsrecht
    I. Grundmodelle für die Vergabe gemeinschaftlicher Finanzhilfen
        1. Vorstellung der einzelnen Modelle
        2. Die übergreifende Bedeutung des Art. 274 Abs. 1 S. 1 EGV
    II. Die zentrale Mittelverwaltung
        1. Allgemeine Regelungen über das Verfahren und die Finanzierungsvereinbarungen
        2. Schaffung einer neuartigen Organisationsform: Die Exekutivagenturen
    III. Die geteilte Mittelverwaltung
        1. Strukturen der Verwaltung der Agrarmarkt- und der Strukturfondsausgaben
        2. Rechnungsabschluß- und gemeinschaftliches Finanzkorrekturverfahren

C. Schlußbetrachtung

Die Europäische Leistungsverwaltung bedient sich in erster Linie der Vergabe vielfältiger europäischer Finanzhilfen (A). Durch die Reform der Haushaltsordnung im Jahre 2002 hat das Recht der gemeinschaftlichen Leistungsverwaltung erstmals einen umfassenden Rechtsrahmen erhalten, der auch beachtliche Systemvorgaben für das allgemeine Europäische Verwaltungsrecht enthält (B).

---

[*] Der Beitrag faßt erste Ergebnisse meiner in Arbeit befindlichen Dissertation zusammen.

A. Gemeinschaftliche Finanzhilfen

Der Gesamthaushaltsplan der Europäischen Gemeinschaften[1] sieht Mittel für Finanzhilfen in den verschiedensten gemeinschaftlichen Politikbereichen vor. Diese Mittel können drei großen Ausgabenblöcken zugeordnet werden:

Nach wie vor stehen die Ausgaben im Rahmen der Gemeinsamen Agrarpolitik und der Politik zur Stärkung des wirtschaftlichen und sozialen Zusammenhalts (Kohäsionspolitik) ganz im Vordergrund. Über drei Viertel der der Gemeinschaft zur Verfügung stehenden Mittel fließen jährlich in diese beiden Politikbereiche. Dies erklärt sich nicht zuletzt damit, daß der Gemeinsame Markt diese Ausgaben nahezu zwangsläufig nach sich zieht. In Art. 32 EGV kommt dies bezüglich der Landwirtschaft klar zum Ausdruck; ein Großteil der Agrarausgaben hängt weiterhin mit den im Bereich der Landwirtschaft bestehenden erheblichen Unterschieden zwischen den, aber auch innerhalb der Mitgliedstaaten zusammen. Die Ausgaben zur Erreichung des Kohäsionsziels (Art. 158 EGV) sollen vor allem auch dazu beitragen, daß mit dem Gemeinsamen Markt verbundene Nachteile abgefedert werden und sich durch ihn bietende Chancen wahrgenommen werden können.

Daneben finanziert die Gemeinschaft über ihren Haushaltsplan in durchaus beachtlichem Umfang aber auch Maßnahmen in den Bereichen Forschung und technologische Entwicklung, Bildung, Kultur und Umwelt. In diesen internen Politikbereichen sind Finanzhilfen mangels weitergehender Rechtsetzungskompetenzen häufig das einzige der Gemeinschaft zur Verfügung stehende Steuerungs- und Gestaltungsmittel[2].

Die Gemeinschaft ist schließlich ein bedeutsamer Akteur im Bereich der Finanzierung von Maßnahmen in Drittstaaten. Dabei handelt es sich keineswegs nur um Maßnahmen der Entwicklungshilfe, sondern beispielsweise auch um Maßnahmen zum Wiederaufbau im ehemaligen Jugoslawien sowie zur Unterstützung von Staaten im Hinblick auf eine mögliche Mitgliedschaft in der Gemeinschaft (Heranführungshilfen).

Die Finanzhilfen der Gemeinschaft decken häufig nicht die Gesamtkosten einer Maßnahme. Vielmehr soll die Aussicht auf eine Gemeinschaftsfi-

---

[1] Siehe den im Hinblick auf die Erweiterung angepaßten „Gesamthaushaltsplan der Europäischen Union für das Haushaltsjahr 2004", ABl. EU 2004 Nr. C 105, 2 Bände.

[2] Besonders deutlich Erwgrd. 13 Entscheidung Nr. 1230/2003/EG des Europäischen Parlaments und des Rates vom 26.06.2003 zur Festlegung eines mehrjährigen Programms für Maßnahmen im Energiebereich: „Intelligente Energie – Europa" (2003-2006) (ABl. EU 2003 Nr. L 176, S. 29): „Da viele Maßnahmen der Gemeinschaft im Bereich der Energieeffizienz [...] für die Mitgliedstaaten nicht verbindlich sind, besteht ein Bedarf an speziellen Förderprogrammen auf Gemeinschaftsebene zur Schaffung der Voraussetzungen für die Entwicklung nachhaltiger Energiesysteme".

nanzierung Anstoß zur Bereitstellung privater oder öffentlicher Finanzmittel in den jeweiligen Mitglied- und Drittstaaten geben. Diese tragen auf diese Weise auch zur Erreichung des mit der gemeinschaftlichen Gewährung verbundenen Ziels bei und multiplizieren die Wirksamkeit des Einsatzes der Gemeinschaftsmittel. In der öffentlichen Kofinanzierung, insbesondere im Bereich der Kohäsionspolitik, spiegelt sich aber auch eine gemeinsame Verantwortung von Gemeinschaft und Mitgliedstaat für bestimmte im Allgemeininteresse liegende Ziele wider.

B. Das Recht der Vergabe gemeinschaftlicher Finanzhilfen: Das gemeinschaftliche Leistungsverwaltungsrecht

Die Vergabe dieser Finanzhilfen[3] stellt an das Europäische Verwaltungsrecht und die Europäische Verwaltung hohe Anforderungen. Auf zwei Aspekte soll hier kurz hingewiesen werden:

Zum einen haben der eigentlichen Gewährung an einen Empfänger aufgrund des Charakters der Finanzhilfen zumeist komplexe Analyse-, Planungs-, Bewertungs- und Auswahlvorgänge voranzugehen; lediglich im Bereich der Agrarmarktausgaben stehen aufgrund der Vorgaben des Sekundärrechts Empfänger und Höhe einer Finanzhilfe schon im einzelnen fest.

Zum anderen bringen es die öffentliche Kofinanzierung und die Kompetenzverteilung zwischen der Gemeinschaft und den Mitgliedstaaten hinsichtlich des Verwaltungsvollzugs mit sich, daß mitglied- und drittstaatliche Verwaltungen zur Gewährung von aus gemeinschaftlichen Mitteln finanzierten Leistungen zuständig sind und so auch gemeinschaftliche Finanzmittel bewirtschaften müssen. Sie sind dabei zwar zur Einhaltung der gemeinschaftsrechtlichen Vorgaben verpflichtet. Sie haben jedoch gleichfalls ein Interesse daran, daß möglichst viele Gemeinschaftsmittel in ihrem Territorium eingesetzt werden[4]. Dieses Spannungsverhältnis kann nur zugunsten der Rechtmäßigkeit des Verwaltungshandelns aufgelöst werden.

Diese Anforderungen sind bislang nicht in vollem Umfang erfüllt worden. Aufgedeckte Mißstände[5] im Bereich der Vergabe gemeinschaftlicher Finanzhilfen haben maßgeblich zum Rücktritt der Kommission im Jahre

---

[3] Zur Europäischen Verwaltung als Leistungsverwaltung *Schmidt-Aßmann*, in: Cremer u.a. (Hrsg.), FS für Steinberger, 2002, 1375 (1378); *ders.*, in diesem Band, 1 (2 ff.).

[4] In diesem Zusammenhang sei auf die politische Dauerdiskussion über die Rolle der Mitgliedstaaten als Nettozahler bzw. -empfänger verwiesen.

[5] *Ausschuß unabhängiger Sachverständiger*, Erster Bericht über Anschuldigungen betreffend Betrug, Mißmanagement und Nepotismus in der Europäischen Kommission, 15.03.1999 (http://www.europarl.eu.int/experts/report1_de.htm; Stand: 24.1.2004).

1999 beigetragen und den Prozeß der „Reform der Kommission"[6], der die Amtszeit der nachfolgenden Kommission prägte, mit ausgelöst. Im Rahmen der Reform sind Grundmodelle für die Vergabe gemeinschaftlicher Finanzhilfen kodifiziert worden (I). Des weiteren sind Organisation und Verfahren der Vergabe auf Gemeinschaftsebene reformiert worden (II). Nicht Gegenstand der Reform, jedoch von herausragender Bedeutung sind die Mechanismen, die erforderlich sind, wenn die Entscheidung über die Finanzierung einer konkreten Maßnahme auf mitgliedstaatlicher Ebene getroffen wird (III). Besonders wichtig für die Fortentwicklung der gemeinschaftlichen Leistungsverwaltung war der Erlaß einer neuen Haushaltsordnung[7]. Schon hieran wird deutlich, daß die gemeinschaftliche Leistungsverwaltung durch das auch auf Gemeinschaftsebene überaus komplizierte Verhältnis von Verwaltungsvollzug und Haushaltsvollzug wesentlich geprägt wird. Dieses Verhältnis wird auch im Rahmen der nachfolgenden Ausführungen eine zentrale Rolle einnehmen.

I. Grundmodelle für die Vergabe gemeinschaftlicher Finanzhilfen

Gemäß Art. 53 Abs. 1 der neuen Haushaltsordnung erfolgt der Haushaltsvollzug durch die Kommission nach dem Prinzip der zentralen Mittelverwaltung, nach dem Prinzip der geteilten oder dezentralen Mittelverwaltung oder nach dem Prinzip der gemeinsamen Mittelverwaltung mit internationalen Organisationen. In den sich hieran anschließenden Normen[8] und den Durchführungsbestimmungen zur Haushaltsordnung[9] werden diese Grundmodelle erklärt und eingehender beschrieben[10].

Diese Normen bringen zwar wenige grundlegende Neuerungen mit sich. Sie systematisieren in erster Linie die Verwaltungsstrukturen, die sich in den bereichsspezifischen Rechtsakten über mehr als drei Jahrzehnte hinweg ausgebildet haben. Sie sind aber deshalb besonders zu beachten, weil mit ihnen erstmals im Bereich des Europäischen Verwaltungsrechts der Versuch unternommen worden ist, in einer Verordnung im Sinne von

---

[6] Hierzu insbesondere *Kommission*, Die Reform der Kommission – ein Weißbuch, KOM(2000) 200 endg./2 (2 Teile); zuletzt *dies.*, Mitteilung der Kommission – Erfüllung des Reformauftrags: Fortschrittsbericht und 2004 durchzuführende Maßnahmen, KOM(2004) 93 endg.

[7] VO (EG, Euratom) Nr. 1605/2002 des Rates vom 25.06.2002 über die Haushaltsordnung für den Gesamthaushaltsplan der Europäischen Gemeinschaften (ABl. EG 2002 Nr. L 248, S. 1; im folgenden: HO 2002).

[8] Art. 53 Abs. 2 – 57 HO 2002.

[9] Art. 35 – 43 VO (EG, Euratom) Nr. 2342/2002 der Kommission vom 23.12.2002 mit Durchführungsbestimmungen zur VO (EG, Euratom) Nr. 1605/2002 des Rates über die Haushaltsordnung für den Gesamthaushaltsplan der Europäischen Gemeinschaft (ABl. EG 2002 Nr. L 357, S. 1, im folgenden: DVO HO 2002).

[10] Dazu sogleich unten B.I.1 und ausführlicher zu Einzelfragen B.II. und III.

Art. 249 Abs. 2 EGV und damit einem verbindlichen Rechtsakt verschiedene, von speziellen Ausgabengebieten losgelöste Verwaltungsmodelle rechtlich zumindest in ihren Grundzügen zu erfassen[11].

1. Vorstellung der einzelnen Modelle[12]

a) Zentrale Mittelverwaltung

Werden gemeinschaftliche Finanzhilfen auf Gemeinschaftsebene vergeben, so erfolgt die Mittelverwaltung zentral. Dabei ist zwischen der zentralen direkten und der zentralen indirekten Mittelverwaltung zu unterscheiden.

Bei der *zentralen direkten Mittelverwaltung* gewährt die Kommission selbst die Finanzhilfen[13]. Aufgrund der kommissionsinternen Zuständigkeitsverteilung sind zumeist die jeweiligen Generaldirektoren für die Finanzierungsbeschlüsse und das Eingehen der rechtlichen Verpflichtung gegenüber den Empfängern zuständig.[14] Zentral direkt verwaltet werden insbesondere die Finanzhilfen, die zur Förderung der Forschung und der technologischen Entwicklung erbracht werden[15]. Rechtsgrundlagen für diese Förderung sind derzeit der Beschluß über das Sechste Rahmenprogramm im Bereich der Forschung, technologischen Entwicklung und Demonstration[16] sowie die zu dessen Durchführung ergangenen spezifischen Programme[17] (vgl. Art. 166 EGV).

Bei der *zentralen indirekten Mittelverwaltung* hingegen überträgt die Kommission Verwaltungsaufgaben und die Bewirtschaftung gemeinschaftlicher Finanzmittel auf rechtlich selbständige Einrichtungen[18]. Als derarti-

---

[11] Vgl. *Craig*, ELRev 2003, 840 (841): „The new Financial Regulation now provides a legal framework for the structure of Community administration". Diese Aussage sollte allerdings im Grundsatz auf die Europäische Leistungsverwaltung beschränkt bleiben.

[12] Siehe auch *Craig*, ELRev 2003, 840 (841 ff.).

[13] Art. 53 Abs. 2 Alt. 1 HO 2002.

[14] Vgl. *Reichenbach/von Witzleben*, Verwaltungsmodernisierung in der EU-Kommission, in: Siedentopf (Hrsg.), Der Europäische Verwaltungsraum, 2004, 39 (41).

[15] Zum Verfahren der zentralen direkten Verwaltung unten B.II.1.

[16] Beschluß Nr. 1513/2002/EG des Europäischen Parlaments und des Rates vom 27.06.2002 über das Sechste Rahmenprogramm der Europäischen Gemeinschaft im Bereich der Forschung, technologischen Entwicklung und Demonstration als Beitrag zur Verwirklichung des Europäischen Forschungsraums und zur Innovation (2002-2006) (ABl. EG 2002 Nr. L 232, S. 1).

[17] Entscheidungen des Rates vom 30.09.2002 über spezifische Programme im Bereich der Forschung, technologischen Entwicklung und Demonstration „Integration und Stärkung des Europäischen Forschungsraums" (2002-2006) (2002/834/EG, ABl. EG 2002 Nr. L 294, S. 1) und „Ausgestaltung des Europäischen Forschungsraums" (2002-2006) (2002/835/EG, ABl. EG 2002 Nr. L 294, S. 44) sowie über ein spezifisches Programm (Euratom) für Forschung und Ausbildung auf dem Gebiet der Kernenergie (2002-2006) (2002/837/Euratom, ABl. EG 2002 Nr. L 294, S. 74).

[18] Art. 53 Abs. 2 Alt. 2, Art. 54 Abs. 2, Abs. 3, Art. 56 HO 2002.

ge Einrichtungen kommen Exekutivagenturen, Gemeinschaftsagenturen sowie sog. nationale Agenturen in Betracht.

Die *Exekutivagentur*[19] ist ein im Rahmen der Reform geschaffener Organisationstyp des Gemeinschaftsrechts speziell für die gemeinschaftliche Leistungsverwaltung. Exekutivagenturen werden durch Beschluß der Kommission errichtet. Die „Exekutivagentur für intelligente Energie" ist die erste derartige Einrichtung[20]; sie ist für die Durchführung bestimmter Aufgaben im Zusammenhang mit der Gemeinschaftsförderung im Rahmen des Programms „Intelligente Energie – Europa"[21] zuständig.

Gemeinschaftsagenturen[22] sind zwar auch juristische Personen des Gemeinschaftsrechts; sie unterscheiden sich jedoch von den Exekutivagenturen schon dadurch, daß sie durch eine Verordnung gegründet werden, die je nach Rechtsgrundlage ausschließlich vom Rat oder gemeinsam von Rat und Parlament erlassen wird. Gemeinschaftsagenturen können verschiedenen Typen zugeordnet werden[23]. Derzeit ist die Europäische Agentur für Wiederaufbau[24] mit Sitz in Thessaloniki die einzige Gemeinschaftsagentur, die in nennenswertem Umfang leistungsverwaltungsrechtliche Aufgaben wahrnimmt. Sie ist für die Verwaltung der wichtigsten Hilfsprogramme[25] für das ehemalige Jugoslawien verantwortlich. Hierfür unterhält sie operative Zentren in Belgrad, Pristina, Podgorica und Skopje. Die Europäische Agentur für Wiederaufbau stellt aufgrund ihrer Aufgabenstellung derzeit einen Fremdkörper unter den Gemeinschaftsagenturen dar. Sie kann am

---

[19] Art. 55 HO 2002. Ausführlicher zu den Exekutivagenturen unten B.II.2.

[20] Beschluß der Kommission vom 23.12.2003 zur Einrichtung einer als „Exekutivagentur für intelligente Energie" bezeichneten Exekutivagentur für die Verwaltung von Gemeinschaftsmaßnahmen im Energiebereich gemäß der Verordnung (EG) Nr. 58/2003 des Rates (ABl. EU 2004 Nr. L 5, S. 85).

[21] Entscheidung Nr. 1230/2003/EG (Fn. 2).

[22] Zum Begriff *Schmidt-Aßmann*, in: Blankenagel u.a. (Hrsg.), FS für Häberle, 2004, 395 (401).

[23] *Riedel*, in diesem Band, 103 (110 ff.); siehe auch *Kommission*, Mitteilung der Kommission - Rahmenbedingungen für die europäischen Regulierungsagenturen, KOM(2002) 718 endg.

[24] VO (EG) Nr. 2667/2000 des Rates vom 5.12.2000 über die Europäische Agentur für Wiederaufbau (ABl. EG 2000 Nr. L 306, S. 7).

[25] Aufgrund VO (EG) Nr. 2666/2000 des Rates vom 5.12.2000 über die Hilfe für Albanien, Bosnien und Herzegowina, Kroatien, die Bundesrepublik Jugoslawien und die ehemalige jugoslawische Republik Mazedonien (ABl. EG 2000 Nr. L 306, S. 1). Mangels besonderer primärrechtlicher Ermächtigung ist diese VO wie auch die VO (EG) Nr. 2667/2000 (Fn. 24) auf Art. 308 EGV gestützt. Dies erscheint nicht unproblematisch, da die Wiederaufbauhilfe kaum dazu beiträgt, daß die Gemeinschaft „im Rahmen des Gemeinsamen Marktes" eines ihrer Ziele verwirklichen kann. Das politisch gewünschte Tätigwerden der Gemeinschaft ist also rechtlich nicht abgesichert.

ehesten dem weitgefaßten Typ „Zusätzliche Verwaltungsressource der Gemeinschaft" zugeordnet werden.

Die Vergabe gemeinschaftlicher Finanzhilfen unter Einschaltung *nationaler Agenturen* schließlich ist ein Modell, bei dem die Kommission öffentliche Einrichtungen der Mitgliedstaaten oder, sofern sie bestimmte Anforderungen hinsichtlich ihrer Organisation und ihres Finanzmanagements erfüllen, privatrechtliche Einrichtungen in die Vergabe der Finanzhilfen einbezieht[26]. Dieses Modell wird derzeit beispielsweise im Bereich der Vergabe von Erasmus-Mobilitätszuschüssen für Studierende aufgrund des Sokrates-Programms[27] praktiziert. Die Mitgliedstaaten benennen eine nationale Sokrates/Erasmus-Agentur, die an teilnahmeberechtigte Hochschulen Globalzuschüsse für Mobilitätszuschüsse zuweist. Teilnahmeberechtigt sind (öffentliche oder private) Hochschulen, die eine sog. Erasmus-Hochschulcharta von der Kommission erhalten und mit Partnerhochschulen die notwendigen Austauschstudienplätze vereinbart haben. Bei der Zuweisung der Globalzuschüsse wird die nationale Agentur, in der Bundesrepublik der DAAD, aufgrund von Vereinbarungen mit der Kommission tätig. Die Hochschulen ihrerseits vergeben die individuellen Stipendien und betätigen sich dabei funktional als Gemeinschaftsverwaltungsbehörde. Im Kern besteht diese komplizierte, durch vertragliche Beziehungen gekennzeichnete Verwaltungsstruktur in einer – von der Kommission so bezeichneten – „Verwaltung über ein Netz nationaler Agenturen"[28]. Allerdings bildet sich dieses Netz primär nur zwischen Kommission und den jeweiligen nationalen Agenturen aus, in nur geringem Umfang jedoch zwischen den nationalen Agenturen. Vielleicht wäre es deshalb treffender, wenn man diese Verwaltungsstruktur bildhaft beschreiben möchte, von einer „Sternverwaltung" zu sprechen.

---

[26] Siehe insbesondere *Craig*, ELRev 2003, 840 (852).

[27] Beschluß Nr. 253/2000/EG des Europäischen Parlaments und des Rates vom 24.01.2000 über die Durchführung der zweiten Phase des gemeinschaftlichen Aktionsprogramms im Bereich der allgemeinen Bildung Sokrates (ABl. EG 2000 Nr. L 28, S. 1).

[28] Siehe *Kommission*, Mitteilung der Kommission – Verwaltung der Gemeinschaftsprogramme über ein Netz nationaler Agenturen, KOM(2001) 648 endg. Der Gedanke der Netzverwaltung ist nicht nur im Europäischen Leistungsverwaltungsrecht anzutreffen: Nach der grundlegenden Reform des Kartellverfahrensrechts durch die VO (EG) Nr. 1/2003 (des Rates vom 16.12.2002 zur Durchführung der in den Artikeln 81 und 82 des Vertrags niedergelegten Wettbewerbsregeln [ABl. EG 2003 Nr. L 1, S. 1]) sollen die Kommission und die Wettbewerbsbehörden der Mitgliedstaaten „gemeinsam ein Netz von Behörden bilden, die die EG-Wettbewerbsregeln in enger Zusammenarbeit anwenden", so Erwgrd. 15; hierzu insbesondere *Kommission*, Bekanntmachung über die Zusammenarbeit innerhalb des Netzes der Wettbewerbsbehörden, ABl. EU 2004 Nr. C 101, S. 43; *Schweda*, WuW 2004, 1133 ff.; *Böge*, EWS 2003, 441 ff.; *ders./Scheidgen*, EWS 2002, 201 ff.

b) Geteilte Mittelverwaltung

Bei der geteilten Mittelverwaltung ist der Mitgliedstaat als solcher für die Aufgaben im Rahmen der Vergabe gemeinschaftlicher Finanzhilfen zuständig[29]. Auf welcher staatlichen Ebene sie erfüllt werden, richtet sich nach der innerstaatlichen Zuständigkeitsverteilung. Es erfolgt also im Grundsatz kein Durchgriff der Gemeinschaft auf bestimmte Einrichtungen in den Mitgliedstaaten. Hierin besteht der grundlegende Unterschied zur zentralen indirekten Mittelverwaltung unter Einschaltung nationaler Agenturen. Geteilt ist die Mittelverwaltung bei den meisten Finanzhilfen im Rahmen der Gemeinsamen Agrar- und der Kohäsionspolitik[30]. Da die Haushaltsordnung im übrigen nur auf diese beiden Bereiche verweist, geht sie davon aus, daß dieses Verwaltungsmodell darüber hinaus nicht zur Anwendung kommen kann.

c) Dezentrale und gemeinsame Mittelverwaltung

Bei der dezentralen Mittelverwaltung schließlich nehmen Drittstaaten, bei der gemeinsamen Mittelverwaltung internationale Organisationen Aufgaben bei der Vergabe gemeinschaftlicher Finanzhilfen wahr[31]. Eine dezentrale Mittelverwaltung ist derzeit bei den Finanzhilfen zur Heranführung von Beitrittsländern anzutreffen.

2. Die übergreifende Bedeutung des Art. 274 Abs. 1 S. 1 EGV

Nach Art. 53 Abs. 1 der Haushaltsordnung erfolgt der „Haushaltsvollzug durch die Kommission" nach den genannten Modellen. Damit ist Art. 274 Abs. 1 S. 1 EGV angesprochen: Die Kommission führt hiernach den von Rat und Parlament nach Art. 272 EGV gemeinsam aufgestellten Haushaltsplan[32] in eigener Verantwortung aus. Die zentrale Rolle, die Art. 274 Abs. 1 S. 1 EGV im Bereich der gemeinschaftlichen Leistungsverwaltung einnimmt, soll im folgenden näher aufgezeigt werden.

a) Art. 274 Abs. 1 S. 1 EGV als Kompetenznorm

Für die Ausgestaltung des Europäischen Leistungsverwaltungsrechts hat Art. 274 Abs. 1 S. 1 EGV besondere Bedeutung. Diese Bestimmung enthält eine Verbandskompetenz der Gemeinschaft und zugleich eine Organkompetenz der Kommission. Sie legt deren Autonomie bei der Ausführung des gemeinschaftlichen Haushaltsplans fest[33]. Bei Maßnahmen, die dem

---

[29] Vgl. Art. 53 Abs. 3 HO 2002.
[30] Siehe unten B.III.
[31] Art. 53 Abs. 4 - Abs. 6 bzw. Art. 53 Abs. 7 HO 2002.
[32] Vgl. *Streinz*, Europarecht, 6. Aufl. 2003, Rn. 586 ff.
[33] EuGH, Rs. 93/85 – Kommission/Vereinigtes Königreich, Slg. 1986, 4011 (Rn. 21); *Magiera*, in: Grabitz/Hilf (Hrsg.), Recht der Europäischen Union, Altband II, Art. 205

Haushaltsvollzug zuzurechnen sind, kann die Kommission insbesondere nicht an ein über das Anhörungsverfahren hinausgehendes Verfahren aufgrund des Komitologie-Beschlusses[34] gebunden werden[35].

Aus Art. 274 Abs. 1 S. 1 EGV ergibt sich jedoch keine besondere Verwaltungsvollzugskompetenz der Gemeinschaft und der Kommission für die Gewährung gemeinschaftlicher Finanzhilfen. In diesem Sinne hat auch der Gerichtshof in einem grundlegenden Urteil entschieden[36]. Die in der Literatur an diesem Urteil geäußerte Kritik[37] vermag nicht zu überzeugen. Die Kompetenz der Kommission bezieht sich – lediglich – auf die Ausführung des Haushaltsplans entsprechend dem Grundsatz der Wirtschaftlichkeit der Haushaltsführung. Sie bezieht sich hingegen nicht auf die administrative Durchführung der Rechtsakte, die die Grundlagen der gemeinschaftlichen Leistungen regeln (sog. Basisrechtsakte). Aus diesem Grunde hat der Gerichtshof zu Recht entschieden, „daß die Zuständigkeit der Kommission für die Ausführung des Haushaltsplans die Zuständigkeitsverteilung nicht ändern kann, wie sie sich aus den verschiedenen Vorschriften des EG-Vertrags, die den Rat und die Kommission zum Erlaß allgemeiner oder individueller Rechtsakte in bestimmten Bereichen ermächtigen, und aus den Vorschriften der Artikel 202 dritter Gedankenstrich und 211 über die Organe ergibt"[38].

Der gemeinschaftliche Haushaltsvollzug besteht in erster Linie darin, die im Verwaltungsvollzug getroffenen Entscheidungen über gemeinschaftliche Ausgaben finanztechnisch abzuwickeln. Verwaltungsvollzug

---

EGV (EL 7) Rn. 1; *Niedobitek*, in: Streinz (Hrsg.), EUV/EGV, 2003, Art. 274 EGV Rn. 2.

[34] Beschluß des Rates vom 28.06.1999 zur Festlegung der Modalitäten für die Ausübung der der Kommission übertragenen Durchführungsbefugnisse (1999/468/EG) (ABl. EG 1999 Nr. L 184, S. 23; im folgenden: Komitologie-Beschluß); dazu *Lenaerts/Verhoeven*, CMLR 2000, 645 ff.; *Mensching*, EuZW 2000, 268 ff.; zur Komitologie-Praxis *Schmidt-Aßmann*, in diesem Band, 1 (17 ff.); *ders.*, in: FS für Steinberger (Fn. 3), 1375 (1393 ff.); *Möllers*, in diesem Band, 293 (311 ff.).

[35] *Magiera*, in: Grabitz/Hilf, EUV/EGV (Fn. 33), Art. 205 EGV (EL 7) Rn. 1.

[36] EuGH, Rs. 16/88 – Kommission/Rat, Slg. 1989, 3457; dazu *Forman*, CMLR 1990, 872 ff.

[37] Insbesondere *Bieber*, in: von der Groeben/Schwarze (Hrsg.), EU-/EG-Vertrag, 6. Aufl. 2004, Art. 274 EGV Rn. 15 f. Weiterhin *Magiera*, in: Grabitz/Hilf, EUV/EGV (Fn. 33), Art. 205 EGV (EL 7) Rn. 1; *Niedobitek*, in: Streinz, EUV/EGV (Fn. 33), Art. 274 EGV Rn. 10; *Schoo*, in: Schwarze (Hrsg.), EU-Kommentar, 2000, Art. 274 EGV Rn. 10 f.

[38] EuGH, Rs. 16/88 – Kommission/Rat, Slg. 1989, 3457 (Rn. 16). Zustimmend *Rechnungshof*, Stellungnahme Nr. 2/2001 zu einem Vorschlag für eine Verordnung des Rates zur Änderung der Haushaltsordnung für den Gesamthaushaltsplan der Europäischen Gemeinschaften, ABl. EG 2001 Nr. C 162, S. 1 (44 f.). Zum Begriff der Durchführung im Sinne von Art. 202, Art. 211 EGV *Möllers*, EuR 2002, 483 ff.; *ders.*, in diesem Band, 293 ff.

und Haushaltsvollzug auf Gemeinschaftsebene sind demgemäß zwar notwendig aufeinander bezogen. Eine bestimmte Maßnahme gehört jedoch nach der primärrechtlichen Konzeption nicht zugleich zum Verwaltungs- und zum Haushaltsvollzug[39]. Art. 274 Abs. 1 S. 1 EGV steht also dem Verwaltungsvollzug und der Bewirtschaftung von Gemeinschaftsmitteln durch Dritte und insbesondere durch die Mitgliedstaaten nicht entgegen. Vielmehr geht schon Art. 274 Abs. 1 S. 2 EGV gerade von letzterem Verwaltungsmodell aus. Wenn die Mitgliedstaaten Gemeinschaftsmittel bewirtschaften, führen sie allerdings nicht den Haushaltsplan im Sinne von Art. 274 Abs. 1 S. 1 EGV aus[40]. Der Gesamthaushaltsplan wird nur[41] durch die Kommission vollzogen. Die Kompetenz der Kommission aus Art. 274 Abs. 1 S. 1 EGV ist eine ausschließliche, die nicht, auch nicht zur bloßen Ausübung, auf die Mitgliedstaaten delegiert werden kann. Auch dies ergibt sich schon aus Art. 274 Abs. 1 S. 2 EGV, der in bezug auf die Mitgliedstaaten von der Verwendung der Mittel, nicht aber von der Ausführung des Haushaltsplans spricht. Es ergibt sich weiterhin daraus, daß das Europäische Parlament im Rahmen der letzten Phase des gemeinschaftlichen Haushaltskreislaufs nur der Kommission, nicht aber den Mitgliedstaaten oder gar sonstigen Dritten gemäß Art. 276 Abs. 1 S. 1 EGV Entlastung zur Ausführung des Haushaltsplans erteilt[42].

b) *Verantwortungszurechnung nach Art. 274 Abs. 1 S. 1 EGV*

Die Kommission führt nach Art. 274 Abs. 1 S. 1 EGV den Haushaltsplan „in eigener Verantwortung" aus. Infolgedessen muß jede aus dem Gemeinschaftshaushaltsplan finanzierte Finanzhilfe der Kommission in der Weise zurechenbar sein, daß sie die Verantwortung für diese Ausgabe gegenüber dem Parlament als Entlastungsbehörde übernehmen kann. Art. 274 Abs. 1 S. 1 EGV hat insofern auch eine bedeutende organisations- und verfahrensrechtliche Dimension.

In den Bereichen, in denen die Kommission selbst über eine konkrete Förderung entscheidet, kann sie diese Verantwortung in aller Regel unproblematisch übernehmen. Sie kann unmittelbar bei dieser Entscheidung

---

[39] Dies schließt jedoch nicht aus, daß das Sekundärrecht eine derartige Doppelzuordnung besonders anordnet.

[40] Siehe *Ausschuß unabhängiger Sachverständiger*, Zweiter Bericht über die Reform der Kommission, 9. September 1999 (http://www.europarl.eu.int/experts/default_de.htm; Stand: 24.1.2004), I.3.1.6.: „Es ist die Kommission, die für die Ausführung des Haushaltsplans zuständig ist, eine Zuständigkeit, die sie sich nicht mit anderen Organen oder den Mitgliedstaaten teilt".

[41] Eine Ausnahme bildet lediglich die verselbständigte Stellung der anderen Organe bei der Ausführung ihrer Einzelpläne gemäß Art. 274 Abs. 2 EGV.

[42] Siehe *Niedobitek*, in: Streinz, EUV/EGV (Fn. 33), Art. 276 EGV Rn. 6.

auf die Einhaltung der maßgeblichen rechtlichen, insbesondere der normativen[43] Vorgaben achten.

Die Übernahme der Verantwortung in den Bereichen, in denen die individuellen Förderentscheidungen von Dritten getroffen werden, also insbesondere aufgrund der fehlenden gemeinschaftlichen Verwaltungsvollzugskompetenz bei den Mitgliedstaaten, ansonsten aufgrund Übertragung bei einem sonstigen Dritten liegen, ist hingegen problematischer. Für diese Bereiche fordert Art. 274 Abs. 1 S. 1 EGV, daß der Kommission ein bestimmtes rechtliches Instrumentarium zur Verfügung steht. Dieses muß es ihr ermöglichen, Ausgaben, die der Dritte zu Lasten des Gemeinschaftshaushaltsplans vornehmen möchte oder schon vorgenommen hat, auf ihre Rechtmäßigkeit hin zu überprüfen und gegebenenfalls von der gemeinschaftlichen Finanzierung auszuschließen. Die Kommission muß also entweder die Finanzierung gegenüber dem Dritten verweigern oder bereits an diesen zur weiteren Bewirtschaftung zur Verfügung gestellte gemeinschaftliche Mittel zurückfordern können[44]. Bewirtschaftet der Dritte die Haushaltsmittel aufgrund gemeinschaftlichen Sekundärrechts, so ist der Gemeinschaftsgesetzgeber verpflichtet, die Beziehungen zwischen Kommission und Drittem in diesem Sinne auszugestalten. Überträgt die Kommission selbst die Bewirtschaftung von gemeinschaftlichen Haushaltsmitteln auf Dritte[45], so ist sie aufgrund der zwingenden Vorgabe aus Art. 274 Abs. 1 S. 1 EGV verpflichtet, sich bei der Übertragung die entsprechenden rechtlichen Möglichkeiten vorzubehalten. Steht der Kommission ein derartiges Instrumentarium nicht zur Verfügung, so erfolgt die Bewirtschaftung von Haushaltsmitteln durch den Dritten unter Verstoß gegen Art. 274 Abs. 1 S. 1 EGV. Mittelbar wird in dem Fall, daß der Rat als alleiniger Gemeinschaftsgesetzgeber das Sekundärrecht unzureichend ausgestaltet, auch die Entlastungskompetenz des Europäischen Parlaments in unzulässiger Weise eingeschränkt, da die Kommission nicht für dessen Unvereinbarkeit mit dem Primärrecht zur Verantwortung gezogen werden kann. Voll zur Verantwortung gezogen werden kann die Kommission hingegen, wenn ihr zwar das rechtliche Instrumentarium zur Verfügung steht, sie

---

[43] Andere rechtliche Vorgaben können sich insbesondere aufgrund des Komitologie-Verfahrens ergeben; vgl. EuGH, Rs. 16/88 – Kommission/Rat, Slg. 1989, 3457.

[44] Dieses Verständnis des Art. 274 Abs. 1 S. 1 EGV liegt auch Art. 53 Abs. 5 HO 2002 zugrunde; vgl. auch *Ausschuß unabhängiger Sachverständiger*, Zweiter Bericht (Fn. 40), I.3.1.6.: „Die gemeinschaftlichen Rechtsvorschriften [...] müssen diese vertraglichen Bestimmungen beachten und der Kommission die Mittel an die Hand geben, dieser Verantwortlichkeit und ihrer Verpflichtung zur Rechenschaftspflicht gegenüber der entlastenden Behörde gerecht zu werden".

[45] Ein derartiger Übertragungsbeschluß stellt noch keine Ausführung des Haushaltsplans dar; zum Haushaltsvollzug gehört in diesem Fall lediglich die Zahlung konkreter Beiträge zur weiteren Bewirtschaftung.

davon aber nicht konsequent Gebrauch macht, indem sie etwa in Verhandlungen mit Mitgliedstaaten zu Zugeständnissen trotz klarer Verstöße gegen das Gemeinschaftsrecht bereit ist[46].

c) Unterscheidung zwischen Haushaltsvollzug und Mittelbewirtschaftung

Vor diesem Hintergrund sind bestimmte Formulierungen in der neuen Haushaltsordnung über die Grundmodelle für die Vergabe gemeinschaftlicher Finanzhilfen problematisch. Nicht der „Haushaltsvollzug der Kommission" erfolgt nach den genannten Prinzipien[47], und die Kommission überträgt auch keine Haushaltsvollzugsaufgaben auf Dritte[48]. Dritte können, wie soeben dargelegt, zwar Gemeinschaftsmittel bewirtschaften, sie vollziehen jedoch niemals den Haushaltsplan. Eine Erklärung für diese Formulierungen könnte darin liegen, daß sie kompetenzrechtliche Bedenken überdecken sollen. Die Haushaltsordnung ist auf Art. 279 Abs. 1 U-Abs. 1 lit. a EGV gestützt. Dieser ermächtigt nach seinem Wortlaut lediglich dazu, die Ausführung des Haushaltsplans im einzelnen zu regeln. Nicht ausdrücklich erfaßt sind demgegenüber Regelungen des allgemeinen Verwaltungs(organisations)rechts[49].

II. Die zentrale Mittelverwaltung

Aus dem Bereich der zentralen Mittelverwaltung soll im Rahmen dieses Beitrags auf zwei Aspekte eingegangen werden. Zum einen soll auf die allgemeinen Regelungen über das Verfahren der zentralen direkten Mittelverwaltung und die in diesem Rahmen abgeschlossenen Finanzierungsvereinbarungen aufmerksam gemacht werden (1). Zum anderen soll der neue gemeinschaftliche Organisationstyp der Exekutivagentur näher vorgestellt werden (2).

1. Allgemeine Regelungen über das Verfahren und die Finanzierungsvereinbarungen

Zur Vornahme einer Ausgabe erfordert die Ausführung des Haushaltsplans eine Mittelbindung, eine Feststellung, eine Zahlungsanordnung und eine Zahlung[50]. Die Mittelbindung ist primärrechtlich in Art. 248 Abs. 2 U-Abs. 3 EGV angesprochen. Sie besteht darin, die Mittel vorzumerken, die erforderlich sind, um Zahlungen, die sich aus einer rechtlichen Verpflich-

---

[46] Prägnant *Ausschuß unabhängiger Sachverständiger*, Zweiter Bericht (Fn. 40), I.3.1.7.: „Die gemeinschaftlichen Errungenschaften in diesem Bereich sollten sich nicht auf Rechtstexte beschränken".
[47] So aber Art. 53 Abs. 1 HO 2002.
[48] So aber Art. 53 Abs. 3, Abs. 4, Art. 54 Abs. 2 HO 2002. Zu einer scheinbaren Ausnahme bei den Exekutivagenturen unten B.II.2.
[49] Siehe auch unten B.II.1.d).
[50] Art. 75 Abs. 1 HO 2002.

tung ergeben, zu einem späteren Zeitpunkt leisten zu können[51]. Eine Mittelbindung ist also Voraussetzung dafür, daß die Gemeinschaft eine rechtliche Verpflichtung eingehen darf. Im Rahmen der zentralen direkten Mittelverwaltung verpflichtet sich die Gemeinschaft rechtlich gegenüber dem Empfänger einer gemeinschaftlichen Finanzhilfe.

a) Gewährungsverfahren

Für das Gewährungsverfahren, das dem Eingehen einer rechtlichen Verpflichtung voranzugehen hat, sieht die neue Haushaltsordnung erstmals allgemeine Vorschriften vor[52]. Diese legen besonderen Wert auf Transparenz des Verfahrens und Gleichbehandlung der potentiellen Finanzhilfeempfänger[53] sowie die Verhinderung von Interessenkonflikten bei den in das Verfahren der Kommission eingeschalteten Personen. Der Ablauf des Gewährungsverfahrens soll im folgenden kurz vorgestellt werden.

Für die in aller Regel auf eine mehrjährige Laufzeit angelegten Förderprogramme ist ein veröffentlichungsbedürftiger Jahresplan anzunehmen[54]. In den Jahresplan werden die Prioritäten und Ziele der Förderung sowie eine vorläufige Aufteilung der durch den Haushaltsplan zur Verfügung gestellten Mittel aufgenommen. Als in erheblichem Umfange politische Entscheidung ist die Annahme des Jahresplans dem Kommissionskollegium vorbehalten. Sie gehört zur normativen Durchführung des Basisrechtsakts[55]; daher beschließt die Kommission in der Regel im Verfahren der Komitologie[56]. Nach den – allerdings unverbindlichen[57] – Kriterien des Komitologie-Beschlusses soll der Basisrechtsakt das Verwaltungsverfahren vorsehen[58].

---

[51] Art. 76 Abs. 1 UAbs. 1 HO 2002. Durch eine Mittelbindung wird eine Verpflichtungsermächtigung bei getrennten Mitteln im Haushaltsplan in Anspruch genommen; bei nicht getrennten Mitteln ist die Mittelbindung der erste Abschnitt der Ausführung des Haushaltsplans. Zum System der getrennten und der nicht getrennten Mittel und der Verpflichtungs- und Zahlungsermächtigungen Art. 7 Abs. 1 HO 2002.
[52] Art. 108 ff. HO 2002, Art. 160 ff. DVO HO 2002.
[53] Art. 109 Abs. 1 HO 2002; *Kommission*, Vorschlag für eine Verordnung (EG, EGKS, EAG) des Rates zur Regelung der Haushaltsordnung für den Gesamthaushaltsplan der Europäischen Gemeinschaften, KOM(2000) 461 endg., S. 24.
[54] Z.B. „Beschluß der Kommission vom 25.02.2004 zur Annahme des Arbeitsplans für 2004 zur Durchführung des Aktionsprogramms der Gemeinschaft im Bereich der öffentlichen Gesundheit (2003-2008), einschließlich des Jahresplans für Finanzhilfen (2004/192/EG)" (ABl. EU 2004 Nr. L 60, S. 58).
[55] Zum Begriff des Basisrechtsakts oben B.I.2.a).
[56] Vgl. Erwgrd. 6 des Beschlusses Nr. 2004/192/EG (Fn. 54).
[57] EuGH, Rs. C-378/00 – KOM/Parlament und Rat, Slg. 2003, I-937 (Rn. 43 ff.); *Lenaerts/Verhoeven*, CMLR 2000, 645 (666).
[58] Art. 2 lit. a Alt. 2 des Komitologie-Beschlusses (Fn. 34).

Der Jahresplan bildet die Grundlage für die erste Phase des Gewährungsverfahrens, die Aufforderung zur Einreichung von Vorschlägen. Damit der Kreis potentieller Antragsteller umfassend angesprochen wird, muß die Aufforderung zumindest im Internet und im Amtsblatt der EU veröffentlicht werden. Sie muß insbesondere schon die Auswahl- und Gewährungskriterien aufzeigen, anhand derer die Vorschläge anschließend beurteilt werden. Die Angabe dieser Kriterien soll einerseits die Erstellung der Vorschläge, die schon mit erheblichem Aufwand verbunden sein kann, zielgerichteter gestalten. Andererseits soll dadurch die spätere Begründung des Auswahlbeschlusses nachvollziehbar werden.

Eine erste Beurteilung der Vorschläge erfolgt durch einen Ausschuß, der sich aus Kommissionsbeamten zusammensetzt und von Sachverständigen unterstützt werden kann. „Im Lichte" dieser Beurteilung ergeht der Auswahlbeschluß, der eine Liste der Empfänger mit den für sie beschlossenen Beträgen umfaßt und unter Bezugnahme auf die Auswahl- und Gewährungskriterien zu begründen ist. Derartige Beschlüsse sind nach der Rechtsprechung anfechtbare Entscheidungen im Sinne von Art. 230 Abs. 4 EGV[59]. Von ihnen gehen insofern verbindliche Rechtswirkungen[60] aus, als die Nichtaufnahme eines Vorschlags in die Liste dessen endgültige Ablehnung bedeutet[61]. Auch dieser Auswahlbeschluß ergeht in der Regel in einem Verfahren der Komitologie. Die Festlegung des einschlägigen Verfahrens hat in dem jeweiligen Basisrechtsakt zu erfolgen.

Das Gewährungsverfahren endet mit einer schriftlichen Mitteilung an die Antragsteller, wie über die Anträge beschieden worden ist. Die Mitteilung über eine Ablehnung enthält die Gründe hierfür. Dadurch erlangt der Betroffene genaue Kenntnis vom Inhalt und von der Begründung des Beschlusses[62]; die Mitteilung genügt deshalb den Anforderungen, die für den Beginn der Klagefrist des Art. 230 Abs. 5 EGV erfüllt sein müssen.

b) Finanzierungsvereinbarungen

Als Handlungsform für das Eingehen der rechtlichen Verpflichtung im Rahmen der zentralen direkten Mittelverwaltung ist eine schriftliche Finanzierungsvereinbarung, d.h. ein zwischen der Gemeinschaft und dem Empfänger der Finanzhilfe abgeschlossener Vertrag, vorgesehen. Dies bedeutet zugleich, daß mit der Aufnahme in die Liste noch kein Anspruch auf eine gemeinschaftliche Förderung begründet wird. Die Mitteilung an den ausgewählten Antragsteller ist deshalb lediglich eine Aufforderung zum

---

[59] EuGH, Rs. C-48/96 P – Windpark Groothusen, Slg. 1998, I-2873 (Rn. 25 f.).
[60] Zu dieser Voraussetzung der Entscheidung i.S.v. Art. 230 Abs. 4 EGV *Röhl*, ZaöRV 2000, 331 (341 ff.); *ders.*, in diesem Band, 319 (329 ff.).
[61] Vgl. EuGH, Rs. C-48/96 P – Windpark Groothusen, Slg. 1998, I-2873 (Rn. 19).
[62] EuGH, Rs. C-48/96 P – Windpark Groothusen, Slg. 1998, I-2873 (Rn. 25).

Eintritt in Vertragsverhandlungen mit der Kommission. Allerdings ist der Verhandlungsspielraum gering. Die Kommission muß auf die Übernahme etlicher zwingender Vorgaben aus der Haushaltsordnung achten; weiterhin ist die zu finanzierende Maßnahme durch den Vorschlag im Gewährungsverfahren weitestgehend vorherbestimmt.

Zur Kontrolle der ordnungsgemäßen Verwendung der Gemeinschaftsmittel durch den Empfänger müssen die Finanzierungsvereinbarungen insbesondere die Befugnis der Kommission und des Rechnungshofs vorsehen, Kontrollen bei den Empfängern sowie gegebenenfalls deren Auftragnehmern vorzunehmen[63]. Durch letzteres sollen die Finanzierungsvereinbarungen sogar Einfluß auf die Gestaltung von Verträgen nehmen, die im Rahmen der Durchführung der von der Gemeinschaft finanzierten Maßnahme geschlossen werden. Nicht mehr in den vertraglichen Rahmen der Beziehung zwischen Gemeinschaft und dem Empfänger passen jedoch die einseitigen Anordnungsrechte[64], die der Kommission zustehen, wenn der Empfänger seine in den Rechtsvorschriften und der Finanzierungsvereinbarung vorgesehenen Pflichten (scheinbar) verletzt. In diesen Fällen kann die Kommission die Finanzhilfe aussetzen, kürzen oder streichen, nachdem dem Empfänger Gelegenheit zur Stellungnahme gegeben worden ist. Dies führt dazu, daß die Kommission eine privilegierte Stellung innehat und die Einleitung eines eventuellen Prozesses stets dem Empfänger der Finanzhilfe obliegt. Ein effektives Finanzmanagement ist zwar wünschenswert. Da in Streitfällen jedoch ohnehin eine gerichtliche Klärung zu erwarten ist, hätte die dem vertraglichen Rahmen angemessene Normierung von Leistungsverweigerungsrechten bzw. Rückforderungsansprüchen genügt; sie hätte aber in erster Linie nicht zu einem derartigen Fremdkörper im Rahmen einer vertraglichen Beziehung geführt.

Die Befugnis der Gemeinschaft zum Abschluß von Verträgen wird im Primärrecht in Art. 238 und Art. 288 Abs. 1 EGV vorausgesetzt. Beim Abschluß eines Vertrages handelt die Kommission für die Gemeinschaft, Art. 282 S. 2 EGV. Von der Gemeinschaft abgeschlossene Verträge können öffentlich-rechtlicher oder privatrechtlicher Natur sein[65]. Da die Finanzierungsvereinbarungen – im Gegensatz zur Auftragsvergabe der Gemeinschaft[66] – unmittelbar zur Durchführung einer primärrechtlich vorge-

---

[63] Zu derartigen Inspektionen *David*, in diesem Band, 237 ff.
[64] *J.-P. Schneider*, VVDStRL 2005, i.E.
[65] Die Verwaltungsverträge der Gemeinschaft sind bislang ein von der Wissenschaft wenig beachtetes Gebiet; siehe aber *Bleckmann*, DVBl. 1981, 889 ff.; *Grunwald*, EuR 1984, 227 ff. Auch nachfolgende Überlegung soll einer ausführlichen Auseinandersetzung keineswegs vorgreifen.
[66] Art. 88 ff. HO 2002, Art. 116 ff. DVO HO 2002; diese Vorschriften orientieren sich an den Vorgaben für die Auftragsvergabe durch die Mitgliedstaaten. Zu der damit

sehenen Gemeinschaftspolitik geschlossen werden[67], liegt die Einordnung als öffentlich-rechtlicher Vertrag der Gemeinschaft nahe. Dem steht auch nicht von vornherein entgegen, daß in den Verträgen ergänzend auf das Privatrecht eines Mitgliedstaates verwiesen wird. Daß auf einen öffentlich-rechtlichen Vertrag ergänzend Privatrecht Anwendung findet, sieht § 62 S. 2 VwVfG für das deutsche Recht beispielsweise gerade ausdrücklich vor. Allerdings ist die Kommission der Ansicht, derartige Finanzierungsvereinbarungen seien ausschließlich privatrechtlicher Natur[68].

c) Die Rolle des Anweisungsbefugten

Für die Mittelbindung, für die Durchführung des Gewährungsverfahrens, insbesondere für den Auswahlbeschluß, und für das Eingehen der rechtlichen Verpflichtung soll nunmehr eine einzige Person zuständig sein. Diese Person, der „zuständige Anweisungsbefugte"[69], ist in der Regel der jeweilige Generaldirektor und damit ein ranghöchster Beamter. Er trägt die volle Verantwortung für die Vergabe der Finanzhilfe gegenüber dem Kommissionskollegium und ist umfassend rechenschaftspflichtig. Es soll dadurch ein Klima geschaffen werden, in dem die Führungskräfte sich nicht ihrer Verantwortung entziehen können[70]. Dies soll die Verwaltungskultur innerhalb der Kommission[71] wesentlich verbessern. Die frühere Zuständigkeitsaufteilung auf verschiedene Personen innerhalb der Kommission hatte hingegen zu einem System geführt, in dem sich die verschiedenen Beteiligten nicht wirklich verantwortlich fühlten.

d) Kodifikation allgemeinen Leistungsverwaltungsrechts

Die Kodifikation allgemeinen Leistungsverwaltungsrechts in einer Verordnung ist zu begrüßen. Sie kann mit dazu beitragen, daß die Verfahren

---

verbundenen „Parallelisierung" *Schmidt-Aßmann*, Das allgemeine Verwaltungsrecht als Ordnungsidee, 2. Aufl. 2004, Kap. 7 Tz. 16.

[67] *Karpenstein*, in: Grabitz/Hilf (Hrsg), Das Recht der Europäischen Union, Lsbl., Band II, Art. 238 EGV (EL 16) Rn. 17. Im Ergebnis anhand dieses Kriteriums die Einordnung als öffentlich-rechtlichen Vertrag vornehmend auch *Pfeiffer*, Die Forschungs- und Technologiepolitik der Europäischen Gemeinschaften als Referenzgebiet für das europäische Verwaltungsrecht, 2003, 206 ff.

[68] Vgl. die Wiedergabe ihres Vortrags in EuG, Rs. T-85/01 – Kommission/SNUA, noch nicht in amtl. Slg. (Rn. 21 ff.).

[69] Die Anweisungsbefugnis betrifft die Befugnis zur Vornahme bestimmter Rechtsakte im Haushaltsvollzug; in der Haushaltsordnung wird dem Anweisungsbefugten zugleich die Zuständigkeit zur Vornahme von Handlungen des Verwaltungsvollzugs zugewiesen.

[70] *Kommission*, Reform Teil I (Fn. 6), insbes. S. 8, 24. Ausführlich und mit Darstellung der vorherigen Rechtslage *Craig*, ELRev 2003, 840 (845 ff.). Siehe auch die umfassende Untersuchung von *Harlow*, Accountability in the European Union, 2002.

[71] *Priebe*, DV 2000, 379 ff.; *Mehde*, ZEuS 2001, 403 ff.; *ders.*, CMLR 2003, 423 ff.

transparenter und Mißstände verhindert werden. Jedoch erscheint es problematisch, ob Art. 279 Abs. 1 UAbs. 1 lit. a EGV die Rechtsgrundlage für diese den Verwaltungsvollzug betreffenden Regelungen bilden kann. Daß die Europäische Gemeinschaft ermächtigt ist, allgemeine Regelungen für den Bereich des direkten Vollzugs zu erlassen, darf zwar als gesichert gelten. Als vertragliche Rechtsgrundlage soll hierfür allerdings nur Art. 308 EGV in Betracht kommen[72]. Die Haushaltsordnung hat sich jedoch wegen des notwendigen Ineinandergreifens von Haushalts- und Verwaltungsvollzug als Regelungsort für die betreffenden Vorschriften geradezu aufgedrängt. Insofern könnte man erwägen, daß Art. 279 Abs. 1 EGV den Erlaß allgemeinen Leistungsverwaltungsrechts für den direkten Vollzug kraft Sachzusammenhangs mit umfaßt.

2. Schaffung einer neuartigen Organisationsform: Die Exekutivagenturen

Die Schaffung der Exekutivagenturen ist in den Rahmen der Externalisierungspolitik der Kommission[73] einzuordnen. Unter dem Begriff der Externalisierung wird die Übertragung bestimmter Aufgaben auf andere Einrichtungen durch die Kommission zusammengefaßt[74]. Dies ist zwar keine neuartige Erscheinung[75]. Die Externalisierung soll nun aber nicht mehr konzeptlos erfolgen und zu einer völlig intransparenten Aufgabenverteilung zwischen Kommission und in die Verwaltung eingeschalteten Dritten führen, sondern kohärent und kontrolliert ablaufen[76]. Hintergrund der Externalisierung ist zum einen die durch die Kommission viel beklagte unzureichende Personalausstattung, die sich nicht entsprechend der Zunahme der ihr übertragenen Aufgaben erhöht haben soll[77]. Zum anderen verfügt die Kommission oftmals auch nicht über die notwendige Fachkompetenz[78]. Speziell die Exekutivagenturen sollen an die Stelle sogenannter Büros für technische Unterstützung (bureaux d'assistance technique, kurz: BAT)

---

[72] *Schwarze*, Europäisches Verwaltungsrecht, Band I, 1988, 47; *Kahl*, NVwZ 1996, 865 (869).
[73] Hierzu ausführlich *Koch*, Die Externalisierungspolitik der Kommission, 2004. Speziell im Hinblick auf Demokratiedefizite *Lübbe-Wolff*, VVDStRL 2001, 246 (267 ff.).
[74] *Planungs- und Koordinierungsgruppe Externalisierung*, Externalisierung der Verwaltung der Gemeinschaftsprogramme, 2.1.
[75] Schon der berühmten Meroni-Entscheidung des Gerichtshofs (Rs. 9/56, Slg. 1958, 9) liegt eine Externalisierungsproblematik zugrunde.
[76] *Kommission*, Mitteilung der Kommission – Externalisierung der Verwaltung der Gemeinschaftsprogramme und Vorlage einer Rahmenverordnung für eine neuartige Exekutivagentur, KOM(2000) 788 endg., S. 3.
[77] Dieser Hinweis klingt plausibel. Die Kommission verfügt trotz ihrer umfangreichen Aufgabenstellung in einer Europäischen Gemeinschaft mit 25 Mitgliedstaaten über weniger als 30.000 Planstellen. Dies entspricht nur ungefähr der dreifachen Personalausstattung der Stadt Stuttgart.
[78] *Craig*, ELRev 2003, 840 (843).

treten. Hunderte dieser Einrichtungen nahmen in den verschiedensten Organisationsformen teilweise bedeutsame Aufgaben für die Kommission war, ohne daß sie dabei wirksam kontrolliert werden konnten.

a) Begriff der Exekutivagentur

Exekutivagenturen sind nach der Legaldefinition „von der Kommission geschaffene juristische Personen des Gemeinschaftsrechts, die beauftragt werden können, für Rechnung und unter Aufsicht der Kommission ein gemeinschaftliches Programm oder Vorhaben ganz oder teilweise durchzuführen"[79]. Die Kommission ist bei der Errichtung von Exekutivagenturen an eine auf Art. 308 EGV[80] gestützte Ratsverordnung[81] gebunden. Diese regelt die Voraussetzungen und Modalitäten einer Agenturgründung und gibt weitestgehend den Aufbau und die Arbeitsweise der Exekutivagenturen vor. Alle zukünftigen Exekutivagenturen werden sich – ganz im Sinne der Forderung nach Kohärenz – folglich nur darin unterscheiden, in welchem Bereich der gemeinschaftlichen Leistungsverwaltung sie Aufgaben wahrnehmen werden. Anders als bei den Gemeinschaftsagenturen kann sich deshalb der Gründungsrechtsakt im wesentlichen auf die Festlegung beschränken, welche Aufgaben im einzelnen der Exekutivagentur übertragen werden sollen[82].

b) Errichtung der Exekutivagentur

Die Kommission darf eine Exekutivagentur nur einrichten, wenn eine Kosten-Nutzen-Analyse positiv ausfällt. Der mit der Gründung und Unterhaltung verbundene Aufwand muß in einem angemessenen Verhältnis zu der Verbesserung der Qualität der Verwaltung stehen, die mit der Schaffung einer spezialisierten, rechtlich selbständigen, aber nicht auf Dauer angelegten Einrichtung verbunden ist[83]. Dabei muß insbesondere der Aufwand der Kommission berücksichtigt werden, der sich aus der ihr obliegenden Kontrolle der Exekutivagentur ergibt.

---

[79] Art. 55 Abs. 1 HO 2002.

[80] Zu Art. 308 EGV als Grundlage einer Gründungskompetenz *Remmert*, EuR 2003, 134 (137 ff.).

[81] VO (EG) Nr. 58/2003 des Rates vom 19.12.2002 zur Festlegung des Statuts der Exekutivagenturen, die mit bestimmten Aufgaben bei der Verwaltung von Gemeinschaftsprogrammen beauftragt werden können (ABl. EG 2003 Nr. L 11, S. 1; im folgenden: Statut der Exekutivagenturen).

[82] So umfaßt der Beschluß zur Einrichtung der „Exekutivagentur für intelligente Energie" (Fn. 20) lediglich zwei Seiten im Amtsblatt. Fünf der acht Artikel beschränken sich weiterhin auf eine Wiederholung von Regelungen des Statuts der Exekutivagenturen (Fn. 81).

[83] Art. 2 Abs. 1 des Statuts der Exekutivagenturen (Fn. 81); *Craig*, ELRev 2003, 840 (847 f.).

Die scheinbar selbständige Stellung der Kommission bei der Einrichtung der Exekutivagentur wird dadurch beeinträchtigt, daß sie bei der Beschlußfassung an das strenge Regelungsverfahren des Komitologie-Beschlusses[84] gebunden ist. Die entsprechenden Beschlüsse können also nur mit ausdrücklicher oder zumindest stillschweigender Zustimmung der Mitgliedstaaten ergehen. Hierin zeigt sich deren Mißtrauen gegenüber einer eigenständigen Organisationsgewalt der Kommission, die zur Entwicklung einer immer ausdifferenzierteren gemeinschaftlichen Verwaltungsorganisation führen könnte.

c) Organisation der Exekutivagentur

Nach dem Blick auf die Gründungsphase der Exekutivagenturen soll nun deren Organisation näher betrachtet werden. Sie weisen eine ähnliche dualistische Leitungsstruktur wie die Gemeinschaftsagenturen[85] auf. Diese setzt sich aus einem Lenkungsausschuß und einem Direktor zusammen.

Die Hauptaufgabe des Lenkungsausschusses besteht in der Annahme des jährlichen Arbeitsprogramms der Exekutivagentur[86]. Weiterhin stellt er den Verwaltungshaushaltsplan der Einrichtung auf, beschließt über deren weiteren organisatorischen Aufbau und legt Anwendungsbestimmungen für die Verwaltung des Personals fest[87]. Somit liegt die strategische Grundausrichtung der Exekutivagentur bei dem Lenkungsausschuß. Diesem gehören fünf Mitgliedglieder an, die von der Kommission ernannt werden[88]. In den Verwaltungsräten der Gemeinschaftsagenturen spielen hingegen die Vertreter der Kommission im Verhältnis zu den mitgliedstaatlichen Vertretern eine untergeordnete Rolle[89]. Sollen diese somit den Einfluß der Mitgliedstaaten auf die EG-Verwaltung sichern[90], bilden jene ein Element der Anbindung der Exekutivagenturen an die Kommission.

---

[84] Art. 5 des Komitologie-Beschlusses (Fn. 34); dazu *Wichard*, in: Calliess/Ruffert (Hrsg.), EUV/EGV, 2. Aufl. 2002, Art. 202 EGV Rn. 17.

[85] Vgl. *Fischer-Appelt*, Agenturen der Europäischen Gemeinschaft, 1999, 221; *Riedel*, in diesem Band, 103 (110 ff.).

[86] Art. 9 Abs. 2 S. 1 des Statuts der Exekutivagenturen (Fn. 81).

[87] Art. 9 Abs. 3, Abs. 5, Art. 18 Abs. 3 des Statuts der Exekutivagenturen (Fn. 81).

[88] Art. 8 Abs. 1 des Statuts der Exekutivagenturen (Fn. 81). In den Lenkungsausschuß der „Exekutivagentur für intelligente Energie" hat die Kommission ausschließlich hochrangige Beamte aus den thematisch einschlägigen Generaldirektionen berufen, siehe „Mitteilung der Kommission vom 26.03.2004 zur Ernennung der fünf Mitglieder des Lenkungsausschusses der Exekutivagentur für intelligente Energie" (ABl. EU 2004 Nr. C 79, S. 12).

[89] Z.B. Art. 26 Abs. 1 VO (EG) Nr. 881/2004 des Europäischen Parlaments und des Rates vom 29.04.2004 zur Errichtung einer Europäischen Eisenbahnagentur (ABl. EU 2004 Nr. L 164, S. 1): Stimmberechtigt sind je ein Vertreter jedes Mitgliedstaats und vier Vertreter der Kommission.

[90] *Schmidt-Aßmann*, in: FS für Häberle (Fn. 22), 395 (401).

Ein weiteres Element ist darin auszumachen, daß der Direktor der Exekutivagentur von der Kommission ernannt und auch jederzeit wieder abberufen werden kann[91]. Er führt das jährliche Arbeitsprogramm durch und vollzieht den Verwaltungshaushaltsplan; weiterhin untersteht ihm das Personal der Exekutivagentur[92]. Er ist somit für das operative Tagesgeschäft zuständig. Dies gilt zwar gleichfalls für die Direktoren der Gemeinschaftsagenturen[93]. Diese werden jedoch von den Verwaltungsräten und damit in erster Linie aufgrund der Zustimmung der mitgliedstaatlichen Vertreter ernannt und abberufen[94].

d) Kontrolle durch die Kommission

Die enge Anbindung an die Kommission kann gleichfalls hinsichtlich der Tätigkeit der Exekutivagentur festgestellt werden. So bedarf zum einen die Annahme des jährlichen Arbeitsprogramms der Zustimmung der Kommission[95]. Zum anderen kann sie auch umfassend auf das Tagesgeschäft Einfluß nehmen. Auf Beschwerde eines Dritten muß sie Handlungen der Exekutivagentur auf ihre Rechtmäßigkeit hin überprüfen. Der Dritte muß allerdings in der Regel durch die jeweilige Handlung unmittelbar und individuell betroffen sein. Die Voraussetzungen der Beschwerdebefugnis sind also denjenigen der Klagebefugnis nach Art. 230 Abs. 1 EGV[96] nachgebildet. Die Beschwerdebefugnis hindert die Kommission dennoch nicht daran, die Handlungen der Exekutivagentur umfassend zu kontrollieren. Sie kann sich nämlich auch von Amts wegen mit jeglicher Handlung der Exekutivagentur befassen und gegebenenfalls Weisungen zu deren Änderung erlassen[97]. Während bei Gemeinschaftsagenturen, die nicht über eigene Beschwerdekammern verfügen[98], teilweise gleichfalls ein Beschwerdever-

---

[91] Art. 10 des Statuts der Exekutivagenturen (Fn. 81).
[92] Art. 11 Abs. 3 S. 1, Abs. 4, Abs. 6 des Statuts der Exekutivagenturen (Fn. 81).
[93] *Fischer-Appelt*, Agenturen (Fn. 85), 238 f.
[94] Z.B. Art. 31 Abs. 1 VO (EG) Nr. 881/2004 (Fn. 89).
[95] Art. 9 Abs. 2 S. 1 des Statuts der Exekutivagenturen (Fn. 81).
[96] Hierzu *Röhl*, Jura 2003, 830 (832 ff.).
[97] Art. 22 Abs. 2, Abs. 3 des Statuts der Exekutivagenturen (Fn. 81).
[98] Beschwerdekammern sind bei derzeit drei Gemeinschaftsagenturen vorgesehen, die über selbständige Entscheidungsbefugnisse gegenüber Dritten verfügen; z.B. Art. 31 ff. VO (EG) Nr. 1592/2002 des Europäischen Parlaments und des Rates vom 15.07.2002 zur Festlegung gemeinsamer Vorschriften für die Zivilluftfahrt und zur Errichtung einer Europäischen Agentur für Flugsicherheit (ABl. EG 2002 Nr. L 240, S. 1). Zu den Beschwerdekammern des Harmonisierungsamtes für den Binnenmarkt und des gemeinschaftlichen Sortenamtes *Dammann*, Die Beschwerdekammern der europäischen Agenturen, 2004.

fahren vor der Kommission vorgesehen ist[99], besteht eine umfassende Rechtsaufsicht der Kommission nur über die Exekutivagenturen. Die im Rahmen von Beschwerdeverfahren getroffenen Kommissionsentscheidungen sind im übrigen nicht nur Aufsichtsinstrumente. Sie dienen zugleich der mittelbaren Eröffnung des Rechtswegs gegen Handlungen der Exekutivagenturen[100].

Schließlich soll noch auf eine höchst interessante Regelung eingegangen werden. Der Exekutivagentur werden keine operativen Mittel für die Programmverwaltung zugewiesen; sie verfügt lediglich über einen Verwaltungshaushaltsplan. Dafür ist der jeweilige Direktor der Exekutivagentur von Amts wegen bevollmächtigter Anweisungsbefugter der Kommission[101]. Er führt folglich unmittelbar den Teileinzelplan der Kommission aus. Dabei ist er an die für die Kommission geltenden Regelungen über den Haushaltsvollzug gebunden[102] und unterliegt deshalb auch der Kontrolle des Internen Prüfers. Zahlungen erfolgen nicht einmal mehr im organisatorischen Rahmen der Exekutivagentur, sondern durch den Rechnungsführer der Kommission[103]. Die Kommission bindet also den Direktor, ein Organ einer rechtlich selbständigen Gemeinschaftseinrichtung, in ihren eigenen Haushaltsvollzug ein. Hierin liegt aber gerade keine Übertragung von Haushaltsvollzugsaufgaben auf Dritte[104].

e) Fazit

Schon dieser Überblick über die Organisation und die Tätigkeit der Exekutivagenturen sollte deutlich gemacht haben, daß deren herausstechendes Merkmal die überaus enge Anbindung an die Kommission ist[105]. Somit bilden die Exekutivagenturen trotz rechtlicher Selbständigkeit tatsächlich nachgeordnete Instanzen der Kommission; sie unterscheiden sich darin grundlegend von den Gemeinschaftsagenturen[106].

---

[99] Z.B. Art. 22 VO (EG) Nr. 2062/94 des Rates vom 18.07.1994 zur Errichtung einer Europäischen Agentur für Sicherheit und Gesundheitsschutz am Arbeitsplatz (ABl. EG 1994 Nr. L 216, S. 1). *Fischer-Appelt*, Agenturen (Fn. 85), 309 ff.

[100] Vgl. *Fischer-Appelt*, Agenturen (Fn. 85), 311 f.; *Craig*, ELRev 2003, 840 (850 f.).

[101] Art. 11 Abs. 3 S. 3, Art. 16 Abs. 2 des Statuts der Exekutivagenturen (Fn. 81). Zur Anweisungsbefugnis siehe oben Fn. 69.

[102] *Craig*, ELRev 2003, 840 (849).

[103] Art. 82 HO 2002.

[104] Siehe oben B.I.2.b).

[105] *Koch*, Externalisierungspolitik (Fn. 73), 82 f.

[106] *Schmidt-Aßmann*, in: FS für Häberle (Fn. 22), 395 (401 mit Fn. 31a); *ders.*, ZHR 168 (2004), 125 (128 mit Fn. 16).

III. Die geteilte Mittelverwaltung

Bei den meisten Finanzhilfen im Rahmen der Gemeinsamen Agrar- und Kohäsionspolitik ist die Mittelverwaltung geteilt. Finanzierungsinstrumente in diesen Politikbereichen sind die großen gemeinschaftlichen Fonds: der auf Art. 34 Abs. 3 EGV gestützte Europäische Ausrichtungs- und Garantiefonds für die Landwirtschaft (EAGFL), der auf Art. 146 EGV gestützte Europäische Sozialfonds (ESF), der auf Art. 160 EGV gestützte Europäische Fonds für regionale Entwicklung (EFRE) und der auf Art. 161 Abs. 2 EGV gestützte Kohäsionsfonds. Diese Fonds verfügen über keine eigene Rechtspersönlichkeit, sondern sind Teil des Gesamthaushaltsplans[107]. Darum ist die Kommission auch hinsichtlich der aus diesen Fonds finanzierten Ausgaben für den Haushaltsvollzug gemäß Art. 274 Abs. 1 S. 1 EGV zuständig.

Aus der Abteilung Garantie des Landwirtschaftsfonds (EAGFL-Garantie) werden in erster Linie Maßnahmen der Agrarmarktpolitik, aus der Abteilung Ausrichtung (EAGFL-Ausrichtung) hingegen Maßnahmen der Agrarstrukturpolitik finanziert. Aus diesem Grunde rechnet das Primärrecht (Art. 159 Abs. 1 S. 3 EGV) die EAGFL-Ausrichtung neben dem ESF und dem EFRE auch zu den gemeinschaftlichen Strukturfonds. Die Funktionsweise der Fonds ist in zwei grundlegenden Verordnungen[108] und zahlreichen weiteren Rechtsakten geregelt.

1. Strukturen der Verwaltung der Agrarmarkt- und der Strukturfondsausgaben

a) Parallelen und Unterschiede

Sowohl im Bereich der Agrarmarkt- als auch im Bereich der Strukturfondsausgaben entscheiden die Mitgliedstaaten über die Finanzierung einer konkreten Maßnahme aus gemeinschaftlichen Mitteln und zahlen diese aus; dafür stellt ihnen die Gemeinschaft die notwendigen Finanzmittel zur Verfügung. Hierin liegt denn auch die wichtigste Parallele zwischen diesen beiden Ausgabenbereichen. Sie stellt das Kennzeichen der geteilten Mittelverwaltung dar.

Im übrigen jedoch lassen sich jedoch nur wenige Parallelen ausmachen. Während im Bereich der Agrarmarktausgaben die Entscheidungen auf der

---

[107] Vgl. Art. 268 Abs. 1 EGV. Daß in dieser Bestimmung nur der ESF genannt ist, erklärt sich folgendermaßen: Art. 268 Abs. 1 EGV ist inhaltlich seit dem Inkrafttreten des EWGV unverändert. Im ursprünglichen EWGV war aber nur die Errichtung des ESF als obligatorisch vorgesehen.

[108] Für EAGFL-Garantie VO (EG) Nr. 1258/1999 des Rates vom 17.05.1999 über die Finanzierung der Gemeinsamen Agrarpolitik (ABl. EG 1999 Nr. L 160, S. 103); für die Strukturfonds VO (EG) Nr. 1260/1999 des Rates vom 21.06.1999 mit allgemeinen Bestimmungen über die Strukturfonds (ABl. EG 1999 Nr. L 161, S. 1).

Grundlage des Sekundärrechts getroffen werden können, gehen denjenigen im Bereich der Strukturfondsausgaben grundlegende Festlegungen durch die Kommission[109] und insbesondere eine aufwendige Planungsphase voran[110]. Die Programmplanung, „das mehrstufige Organisations-, Entscheidungs- und Finanzierungsverfahren zur mehrjährigen Durchführung der gemeinsamen Aktionen der Gemeinschaft und der Mitgliedstaaten"[111], macht den großen Unterschied zur Verwaltung der Agrarmarktausgaben aus. Die Erforderlichkeit einer gemeinsamen Abstimmung zwischen Gemeinschaft und Mitgliedstaat ergibt sich nicht zuletzt aus dem Grundsatz der Kofinanzierung. Wenn die Gemeinschaft einerseits und ein Mitgliedstaat und/oder eine seiner Untergliederungen andererseits gemeinsam Maßnahmen finanzieren, dann muß auch beiden maßgeblicher Einfluß auf die Art der finanzierten Maßnahmen zugestanden werden. Bei den Agrarmarktausgaben hingegen gilt der Grundsatz der ausschließlichen Gemeinschaftsfinanzierung[112]. Einfluß auf die Art der finanzierten Maßnahmen nehmen die Mitgliedstaaten lediglich über den Rat, der aber als Gemeinschaftsorgan handelt.

b) Die beteiligten Behörden

Für den Bereich der Agrarmarktausgaben[113] teilen die Mitgliedstaaten der Kommission die Dienststellen und Einrichtungen mit, die zur Zahlung der Ausgaben als sog. Zahlstellen zugelassen sind[114]. Die Dienststellen oder Einrichtungen müssen umfangreichen gemeinschaftsrechtlichen Anforderungen, insbesondere im Hinblick auf ihr Finanzmanagement genügen[115].

---

109 Ausführlich *Schöndorf-Haubold*, Die Strukturfonds der Europäischen Gemeinschaft, 2005, 144 ff.

110 Der den voraufgehenden Absatz einleitende Satz könnte also folgendermaßen präzisiert werden: Die mitgliedstaatlichen Förderentscheidungen im Bereich der Agrarmarktausgaben werden zur Ausführung der Sekundärrechtsakte, diejenigen im Bereich der Strukturfondsausgaben zur Durchführung der erstellten Pläne getroffen.

111 Art. 9 lit. a VO (EG) Nr. 1260/1999 (Fn. 108); *Holzwart*, Der rechtliche Rahmen für die Verwaltung und Finanzierung der gemeinschaftlichen Strukturfonds am Beispiel des EFRE, 2003, 197 ff.; *Schöndorf-Haubold*, Strukturfonds (Fn. 109), 158 ff.; *dies.*, in diesem Band, 25 (35 ff.).

112 Vgl. EuGH, Rs. C-239/01 – Deutschland/Kommission, Slg. 2003, I-10333 (Rn. 69 ff.); *Busse*, VerwArch 2003, 483 ff.

113 Siehe auch *Craig*, ELRev 2003, 840 (859 ff.).

114 Art. 4 Abs. 1 lit. a VO (EG) Nr. 1258/1999 (Fn. 108). Überblick über die Zahlstellen in der EU-15 in *Rechnungshof*, Jahresbericht zum Haushaltsjahr 2002, ABl. EU 2003 Nr. C 286, S. 1 (123).

115 Siehe Art. 1 Abs. 3 S. 2 und den Anhang der VO (EG) Nr. 1663/95 der Kommission vom 7.07.1995 mit Durchführungsbestimmungen zu der VO (EWG) Nr. 729/70 des Rates bezüglich des Rechnungsabschlußverfahrens des EAGFL, Abteilung Garantie (ABl. EG 1995 Nr. L 158, S. 6); zur Verbindlichkeit dieser „Orientierungen für Zulas-

Die Hauptaufgabe der Zahlstellen besteht in der Bewilligung und der Vornahme der Zahlungen[116]. Die Bewilligungsaufgabe kann dabei unter strengen Voraussetzungen ganz oder teilweise auf andere Einrichtungen übertragen werden[117].

Auch für die Strukturfondsausgaben müssen die Mitgliedstaaten Zahlstellen benennen[118]. Diese leiten in erster Linie die von der Kommission entgegengenommenen Zahlungen an die Endempfänger weiter. Im Mittelpunkt der Durchführung der jeweiligen abgeschlossenen Programmplanung steht jedoch die sog. Verwaltungsbehörde[119]. Diese gewährt zwar nicht notwendig selbst die Finanzhilfen, Bewilligungen können durch jeweils nach innerstaatlichem Recht zuständige Einrichtungen vorgenommen werden[120]. Sie trägt jedoch die Verantwortung für die Wirksamkeit und Ordnungsmäßigkeit der Verwaltung und Durchführung des Programms[121]. Überwacht wird sie dabei von einem ihr und damit der mitgliedstaatlichen Ebene zugeordneten Begleitausschuß, bei dessen Arbeiten ein Vertreter der Kommission mit beratender Stimme teilnimmt[122].

Schon dieser kurze Überblick hat ergeben, daß der deutlich komplexeren Aufgabenstellung der Strukturfonds entsprechend auch die Verwaltungsstruktur im Bereich der Strukturfondsausgaben[123] wesentlich komplizierter ausgestaltet ist als diejenige im Bereich der Agrarmarktausgaben. In beiden Fällen nimmt das Gemeinschaftsrecht jedoch durch viele, auch kleinste Einzelheiten betreffende Regelungen erheblichen Einfluß auf die mitgliedstaatlichen Verwaltungsstrukturen. Ein Grundsatz der Organisationsautonomie der Mitgliedstaaten bei der Durchführung des Gemeinschaftsrechts[124] wäre nicht nur in seinem Randbereich, sondern bis weit in seinen Kern hinein nachteilig betroffen.

---

sungskriterien einer Zahlstelle" *Mögele*, Die Behandlung fehlerhafter Ausgaben im Finanzierungssystem der gemeinsamen Agrarpolitik, 1997, 53 f.

[116] Art. 4 Abs. 2, Abs. 3 VO (EG) Nr. 1258/1999 (Fn. 108), Nr. 2 Anhang der VO (EG) Nr. 1663/1995 (Fn. 115).

[117] Vgl. § 29d Abs. 1 des bad.-württ. Landwirtschafts- und Landeskulturgesetzes: Das Ministerium für Ernährung und Ländlichen Raum „als [...] zugelassene Zahlstelle kann durch Verwaltungsvorschrift die ihr obliegende Bewilligungsfunktion [...] den unteren Landwirtschaftsbehörden übertragen".

[118] Art. 9 lit. o VO (EG) Nr. 1260/1999 (Fn. 108).

[119] Art. 9 lit. n VO (EG) Nr. 1260/1999 (Fn. 108).

[120] *Schöndorf-Haubold*, Strukturfonds (Fn. 109), 260; *Holzwart*, Gemeinschaftliche Strukturfonds (Fn. 111), 283.

[121] Art. 34 Abs. 1 VO (EG) Nr. 1260/1999 (Fn. 108).

[122] Art. 35 Abs. 1, Abs. 2 VO (EG) Nr. 1260/1999 (Fn. 108).

[123] Vgl. z.B. „Einziges Programmplanungsdokument für die Gebiete Baden-Württembergs 2000-2006", 8.1.

[124] *Schöndorf-Haubold*, in diesem Band, 25 (47).

2. Rechnungsabschluß- und gemeinschaftliches Finanzkorrekturverfahren

Die Zuständigkeit der Mitgliedstaaten zur Entscheidung über die Finanzierung einer konkreten Maßnahme aus gemeinschaftlichen Mitteln und zu deren Auszahlung einerseits und die Verantwortung der Kommission für die Ausführung des Haushaltsplans nach Art. 274 Abs. 1 S. 1 EGV andererseits müssen miteinander in Einklang gebracht werden[125]. Das Instrument, das das Gemeinschaftsrecht hierfür bereithält, ist im Bereich der Agrarmarktausgaben das Rechnungsabschlußverfahren[126], im Bereich der Strukturfondsausgaben das gemeinschaftliche Finanzkorrekturverfahren[127]. Dieser Zusammenhang kommt auch in der neuen Haushaltsordnung klar zum Ausdruck[128].

Beide Verfahren sind Verwaltungsverfahren der Kommission gegenüber einem Mitgliedstaat. Sie führen zu einer Entscheidung im Sinne von Art. 249 Abs. 4 EGV[129]. Zu der Konformitätsentscheidung im Rahmen des Rechnungsabschlusses muß die Kommission den aus mitgliedstaatlichen Vertretern zusammengesetzten Ausschuß des EAGFL lediglich anhören[130]; bei der Finanzkorrekturentscheidung ist eine Ausschußbeteiligung überhaupt nicht vorgesehen. Somit legt die Kommission selbständig den Inhalt der Entscheidungen fest. Die Anordnung einer über eine bloße Anhörung hinausgehenden Ausschußbeteiligung wäre aufgrund des Zusammenhangs beider Verfahren mit Art. 274 Abs. 1 S. 1 EGV auch nicht zulässig gewesen.

Bei den Agrarmarktausgaben erstattet die Kommission den Mitgliedstaaten monatlich die von diesen vorfinanzierten Beträge[131]. Die Zahlungen erfolgen allerdings stets vorbehaltlich der endgültigen Entscheidung über die tatsächliche Erstattungsfähigkeit, also der ein bestimmtes Haushaltsjahr betreffenden Konformitätsentscheidung. Mit dieser Entscheidung schließt die Kommission Ausgaben von der gemeinschaftlichen Finanzierung aus, die von den Mitgliedstaaten nicht in Übereinstimmung mit den Gemeinschaftsvorschriften getätigt worden sind[132]. Werden durch die Kon-

---

[125] Siehe oben B.I.2.b).
[126] Art. 7 VO (EG) Nr. 1258/1999 (Fn. 108).
[127] Art. 39 Abs. 3 VO (EG) Nr. 1260/1999 (Fn. 108). Finanzkorrekturen sind bei der Durchführung der Strukturfondsprogramme auch und in erster Linie von den Mitgliedstaaten vorzunehmen (Art. 39 Abs. 1 UAbs. 1 VO (EG) Nr. 1260/1999); deshalb ist hier von dem „gemeinschaftlichen" Finanzkorrekturverfahren die Rede.
[128] Insbesondere Art. 53 Abs. 5 HO 2002. Siehe auch *Nicolaysen*, Europarecht I, 2. Aufl. 2002, 259.
[129] Hinsichtlich der gemeinschaftlichen Finanzkorrekturentscheidung *Schöndorf-Haubold*, Strukturfonds (Fn. 109), 339.
[130] Art. 7 Abs. 1 VO (EG) Nr. 1258/1999 (Fn. 108).
[131] Art. 5, Art. 7 Abs. 2 VO (EG) Nr. 1258/1999 (Fn. 108).
[132] Vgl. Art. 7 Abs. 4 UAbs. 1 VO (EG) Nr. 1258/1999 (Fn. 108).

formitätsentscheidung bestimmte Ausgaben von der gemeinschaftlichen Finanzierung ausgeschlossen, so muß der Mitgliedstaat die in der Entscheidung festgesetzten Beträge an die Gemeinschaft zurückerstatten. Kann er zu Unrecht getätigte Zahlungen nicht erfolgreich von den Begünstigten zurückfordern, so trägt er das finanzielle Risiko.

Bei den Strukturfondsausgaben setzt die Kommission mit der Genehmigung eines Programms zugleich den Betrag der Gemeinschaftsbeteiligung fest, den der Mitgliedstaat in Anspruch nehmen kann. Der Mitgliedstaat fördert mit den Mitteln konkrete Projekte. Das Gemeinschaftsrecht verpflichtet ihn zur Kontrolle und gegebenenfalls zu Finanzkorrekturen durch Kürzung und Streichung von Zuschüssen. Allerdings kann er, da in dem Programm noch keine konkreten Projekte enthalten sind[133], die Gemeinschaftsbeteiligung für ein Projekt, das nicht die Voraussetzungen einer gemeinschaftlichen Finanzierung erfüllt, streichen und auf ein anderes Projekt übertragen[134]. Auch eine durch die Kommission im Rahmen ihrer Kontrollen[135] festgestellte Unregelmäßigkeit führt deshalb nicht automatisch dazu, daß sich die Höhe des Anspruchs des Mitgliedstaats gegen die Gemeinschaft reduziert. Der Mitgliedstaat kann vielmehr die Feststellung der Kommission zum Anlaß für eine derartige Umverteilung nehmen. Eine gemeinschaftliche Finanzkorrekturentscheidung, die eine Verringerung oder Streichung der Gemeinschaftsbeteiligung an einem Programm zur Folge hat, ist deshalb nur in Ausnahmefällen erforderlich. Weiterhin ist die Frage der Gemeinschaftsrechtswidrigkeit angesichts der offenen Formulierungen in den genehmigten Programmen ohnehin ungleich schwerer zu beantworten als im Bereich der Agrarmarktausgaben.

Im Grundsatz stellt somit die Konformitätsentscheidung die konsequente Reaktion der Gemeinschaft auf eine vom Mitgliedstaat zu Unrecht getätigte Ausgabe dar, während eine gemeinschaftliche Finanzkorrekturentscheidung die Reaktion auf einen aus Sicht der Kommission beharrlich uneinsichtigen Mitgliedstaat bildet, der nicht selbst die erforderlichen Finanzkorrekturen vornimmt.

In der Praxis hat bislang lediglich das Rechnungsabschlußverfahren eine Rolle gespielt. Regelmäßig gehen die Mitgliedstaaten gerichtlich gegen die an sie gerichteten Konformitätsentscheidungen vor. Hierbei zeigt sich allerdings, daß die gesamte Verfahrensgestaltung und insbesondere auch die Beweislastverteilung der Kommission sehr zugute kommen[136]. Sie kann so ihrer Haushaltsverantwortung im Bereich der Agrarmarktausgaben umfas-

---

[133] *Schöndorf-Haubold*, in diesem Band, 25 (40).
[134] Art. 39 Abs. 1 UAbs. 2 VO (EG) Nr. 1260/1999 (Fn. 108).
[135] Zu diesem System der First- und Second-Line-Kontrollen *David*, Inspektionen im Europäischen Verwaltungsrecht, 2003, 102 f.
[136] Vgl. *Craig*, ELRev 2003, 840 (862 ff.).

send gerecht werden. Daneben hat sich das Rechnungsabschlußverfahren als effizientes Instrument der „faktischen Rechtsaufsicht" der Kommission über die mitgliedstaatlichen Verwaltungen erwiesen[137].

C. Schlußbetrachtung

Die Vergabe gemeinschaftlicher Finanzhilfen ist nicht zu Unrecht in der jüngeren Vergangenheit verstärkt auch in das Blickfeld des wissenschaftlichen Interesses geraten[138]. Schon der Umfang der eingesetzten Mittel ist erheblich. Daneben hat das Europäische Verwaltungsrecht durch die Kodifikation allgemeinen Leistungsverwaltungsrechts neuerdings sehr bedeutsame Entwicklungen erfahren. Mit dem Rechnungsabschluß- und dem gemeinschaftlichen Finanzkorrekturverfahren sind spezifisch gemeinschaftsrechtliche Verwaltungsverfahren zur Sicherung der Wahrnehmung der Haushaltsverantwortung der Kommission vorhanden. Sie stellen Bauformen eines sich stetig weiter entwickelnden Europäischen Verwaltungsrechts dar. Erneute grundlegende Veränderungen lassen die Legislativvorschläge[139] für die nächste, 2007 beginnende Finanzierungsphase erwarten.

---

[137] Siehe nur *Priebe*, in: Hill/Pitschas (Hrsg.), Europäisches Verwaltungsverfahrensrecht, 2004, 337 (343); *Schmidt-Aßmann*, in: FS für Steinberger (Fn. 3), 1375 (1398 f.).

[138] Siehe die bereichsspezifischen Abhandlungen von *Mögele*, Behandlung fehlerhafter Ausgaben (Fn. 115); *Pfeiffer*, Forschungspolitik (Fn. 67); *Holzwart*, Gemeinschaftliche Strukturfonds (Fn. 111); *Schöndorf-Haubold*, Strukturfonds (Fn. 109) und in diesem Band, 25 ff.; sowie den umfassenderen Ansatz von *Rodi*, Die Subventionsrechtsordnung, 2000.

[139] Insbesondere *Kommission*, Vorschlag für eine Verordnung des Rates über die Finanzierung der Gemeinsamen Agrarpolitik, KOM(2004) 489 endg.; *dies.*, Vorschlag für eine Verordnung des Rates über die Förderung der Entwicklung des ländlichen Raums durch den Europäischen Landwirtschaftsfonds für die Entwicklung des ländlichen Raums (ELER), KOM(2004) 490 endg.; *dies.*, Vorschlag für eine Verordnung des Rates mit allgemeinen Bestimmungen über den EFRE, den ESF und den Kohäsionsfonds, KOM(2004) 492 endg.

Tertiäre exekutive Rechtsetzung im Europarecht[*]

CHRISTOPH MÖLLERS

A. Einführung und Fragestellung
B. Durchführung als Rechtsbegriff
   I. Vertraglicher Ausgangspunkt und Rechtsprechung des EuGH
   II. Der Rechtsbegriff der Durchführung – Delegation oder Akzessorietät zum Sekundärrecht?
   III. Durchführung und mitgliedstaatlicher Vollzug des Gemeinschaftsrechts
   IV. Zwischenergebnis: zur normativen und deskriptiven Bedeutung von Durchführung
C. Durchführung als Element einer europäischen Verfassungstheorie
   I. Durchführung als Element eines gemeinschaftlichen Föderalisierungskonzepts
   II. Durchführung als Element eines gemeinschaftlichen Gewaltengliederungskonzepts
   III. Durchführung als Element eines künftigen Rechtsformkonzepts
D. Fazit und Ausblick zum Verfassungsvertragsentwurf

A. Einführung und Fragestellung

Die – nach den Verträgen und den Basisrechtsakten – tertiäre Rechtsetzung der europäischen Institutionen, namentlich der Kommission, trifft nach wie vor nicht auf großes wissenschaftliches Interesse[1]. Dies verwundert, denn die eigenständige exekutive Rechtsetzung, um deren europarechtliche Form es im folgenden gehen wird, ist in den verschiedensten nationalen Rechtsordnungen ein großes Thema des Verwaltungsrechts. Dies hängt

---

[*] Gekürzte, überarbeitete und aktualisierte Fassung von *C. Möllers*, EuR 2002, 483 ff.
[1] Aus der neueren Literatur noch *T. Groß*, DÖV 2004, 20.

auch mit begrifflichen Unklarheiten zusammen, die sich nicht zuletzt aus der föderalen Vollzugsstruktur des Europarechts ergeben. Der vorliegende Beitrag ist der Kompetenz der Kommission zur Durchführung des Gemeinschaftsrechts gewidmet, bezeichnet damit aber nicht jedwede Verwaltungshandlung, sondern den Erlaß von aus Sekundärrechtsakten abgeleiteten Normen. Dazu ist zunächst ein Blick auf die vertraglichen Grundlagen, auch in der Auslegung durch den EuGH, zu werfen (B.), der ins Verhältnis zu den mitgliedstaatlichen Administrativkompetenzen zu setzen ist (C.). Abschließend können die Ergebnisse in einen verfassungstheoretischen Kontext versetzt werden, der auch einen Blick auf den Verfassungsvertragsentwurf gestattet (D.).

B. Durchführung als Rechtsbegriff

I. Vertraglicher Ausgangspunkt und Rechtsprechung des EuGH

Nach Art. 202 UA 3 EGV überträgt der Rat der Kommission die Befugnis zur Durchführung der Vorschriften, die er erläßt. Nach Art. 211 UA 4 EGV übt die Kommission die Befugnisse aus, die ihr vom Rat zur Durchführung der ihrerseits vom Rat erlassenen Vorschriften übertragen wurden[2]. Dem in den Kontexten des nationalstaatlichen Verfassungsrechts geschulten (oder auch befangenen) Leser mag an dieser Vorschrift zunächst folgendes auffallen: Der Rat wird in beiden Normen als rechtssetzendes Organ konzipiert, als – wie es in Art. 207 Abs. 3 EGV ausdrücklich heißt[3] – Gesetzgeber der Gemeinschaft. Zusätzlich zu dieser legislativen Funktion scheint der Wortlaut der Normen den Rat aber auch als ursprüngliches Exekutivorgan einzusetzen. Denn die Durchführung (engl. implementation, frz. exécution) der Normen steht der Kommission in der Regel nicht vertragsoriginär zu, es bedarf hierzu vielmehr nach Art. 202 UA 3 EGV eines Rechtsaktes, mit dem der Rat diese Kompetenz der Kommission „überträgt" (engl. shall ... confer; frz. confère). Nimmt man diesen Umstand für

---

[2] Zu den hier interessierenden Problemen dieser beiden Normen *M. P. Chiti*, Diritto Amministrativo Europeo, 1999, 177; Commentaire J. Mégret, vol. 9, 2000, 150 f.; *Hix*, in: J. Schwarze (Hrsg.), EU-Kommentar, 2000, Art. 202, Rn. 10-14; *Kalbheim/Winter*, in: G. Winter (Hrsg.), Sources and Categories of European Union Law, 1996, 583 (588 ff.); *Schmitt v. Sydow*, in: von der Groeben/Schwarze (Hrsg.), EU-/EG-Vertrag, Bd. 4, 6. Aufl. 2004, Art. 211, Rn. 71-104; *J. Schwarze*, Europäisches Verwaltungsrecht, Band I, 1988, 425 ff.; *Schweitzer*, in: Grabitz/Hilf (Hrsg.), Das Recht der Europäischen Union, Altband II, Art. 155, Rn. 64-72; *Wichard*, in: Calliess/Ruffert (Hrsg.), EGV/EUV, 2. Aufl. 2002, Art. 202, Rn. 5-11.

[3] Bezuggenommen wird auf diese Formulierung in Art. 6 S. 1 Geschäftsordnung des Rates v. 31. 5. 1999, ABl. EG 1999 Nr. L 147, S. 13.

sich, so bleibt der bemerkenswerte Befund, daß der Rat die durch ihn selbst erlassenen Normen vorbehaltlich weiterer Übertragungsakte[4] selbst durchführt, primärrechtlich auf den ersten Blick Legislative und Exekutive der Gemeinschaft in einem Organ jedenfalls dann zusammenfallen, wenn man den Begriff der Durchführung als Synonym für exekutives Handeln versteht.

Allerdings offenbart die Binnenstruktur von Art. 202 UA 3 EGV anderes: Die schlichte Feststellung in Satz 1, daß der Rat die Durchführungsbefugnisse „überträgt", kann durchaus als Verpflichtung zur Übertragung verstanden werden. Dies wird in Satz 3 dadurch unterstrichen, daß sich der Rat ausdrücklich nur „in spezifischen Fällen" die Durchführungsbefugnisse selbst vorbehalten kann. Diese Struktur gibt dem Rat also die Rolle einer Durchgangsstation, der in dem Augenblick, in dem eine politische Entscheidung Rechtsform erhält, die Pflicht erwächst, die damit entstandenen Durchführungsbefugnisse an die Kommission weiterzuleiten.

Dieser Wortlautbefund findet seine Bestätigung durch einen Blick auf die Normgeschichte. Art. 202 UA 3 EGV in seiner heutigen Form wurde durch die Einheitliche Europäische Akte in den Vertrag eingeführt[5]. In ihrer ursprünglichen Version[6] betonte die Vorschrift deutlicher die originären Durchführungskompetenzen des Rates. Dagegen war es ein ausdrückliches Reformziel der EEA, die Rolle der Kommission als vertraglich gewollter Regelexekutive im Vertragstext stärker zum Ausdruck zu bringen[7]. Freilich wurde dieser Wunsch nicht in der von der Kommission angeregten Weise verwirklicht[8]. Die mit dem Rat faktisch identischen vertragsändernden Parteien[9] wollten auf eine ausdrückliche Möglichkeit einer eigenhändigen Durchführung durch den Rat nicht verzichten. So bleibt die Durchführungskompetenz der Kommission auch im geltenden Vertragsrecht vom Erlaß entsprechender Übertragungsakte des Rates abhängig.

Läßt man einerseits die sekundärrechtlich geregelte Vollzugs*praxis*, die sich weitgehend auf Ressourcen der Mitgliedstaaten verläßt, außer Be-

---

[4] Im folgenden wird mit dem Begriff der „Übertragung" die Sprache des Vertrags zunächst beibehalten, um diese anschließend mit der tradierten Begrifflichkeit, insbes. dem Begriff der Delegation abgleichen zu können.

[5] Art. 10 EEA (BGBl. II 1986, 1102).

[6] Zur Rechtslage vor der EEA *Däubler*, DVBl. 1966, 660 (661 ff.); *Hummer*, in: Grabitz/Hilf, EUV/EGV (Fn. 2), vor Art. 155, Rn. 32-35; Art. 155, Rn. 88-90; *Jacqué*, in: Groeben/Thiesing/Ehlermann (Hrsg.), EUV/EGV, Art. 202, Rn. 9 f.; *Kraushaar*, DÖV 1959, 726 (729 f.).

[7] Dazu *Bruha/Münch*, NJW 1987, 542 (543 f.); *Glaesner*, EuR 1986, 119 (145 f.); *Klösters*, Kompetenzen der EG-Kommission im innerstaatlichen Vollzug von Gemeinschaftsrecht, 1994, 40 ff.

[8] *Bruha/Münch*, NJW 1987, 543, insbes. in Anm. 18 f.

[9] *M. Kaufmann*, Der Staat 36 (1997), 521 (533).

tracht und beachtet man andererseits, daß der Vertrag eigenständige Durchführungsbefugnisse der Mitgliedstaaten zunächst einmal nicht ausdrücklich anerkennt[10], so ist damit festzuhalten, daß die originäre – gewissermaßen verfassungsrechtliche[11] – Kompetenz zur Durchführung des Gemeinschaftsrechts bei der Kommission liegt. Die Kommission kann ihrerseits diese Kompetenz freilich nur im Anschluß an einen normativen Zwischenschritt des Rates wahrnehmen. Diese Lesart wird durch die Rechtsprechung des EuGH bestätigt. Als gefestigte Grundlinien der Durchführungsrechtsprechung des EuGH lassen sich festhalten: Der Rat hat im Bereich seiner Kompetenzen zum Erlaß von Sekundärrecht die Pflicht, „wesentliche" Grundentscheidungen eigenständig zu treffen, und damit zugleich nicht das Recht, diese Entscheidungen an die Kommission weiterzugeben. Diese – der deutschen Wesentlichkeitsrechtsprechung wohl nur dem Namen nach ähnliche – Judikatur[12] hat lediglich in wenigen Fällen dazu geführt, daß eine Kompetenzübertragung an die Kommission als zu weitgehend verworfen wurde[13]. Anders als in der deutschen Tradition ist es insbesondere nicht erforderlich, mit Rechtseinbußen versehene Sanktionen auf die Basis einer „Gesetzgebung" des Rates zu stellen[14]. Durchführungsmaßnahmen sind in so gut wie allen Fällen Rechtsnormen. Die erweiternde Anwendung „auch" auf den Erlaß von individuellen Rechtsakten bezieht sich auf einen speziellen hier vorgestellten Fall und wäre zur Begründung wohl nicht notwendig gewesen[15].

Die Übertragung von Durchführungsbefugnissen umfaßt in einer vom Gericht viel verwendeten Formulierung ausdrücklich die Möglichkeit für die Kommission, die allgemeinen Modalitäten der Anwendung der Vorschriften des Rates zu erlassen[16]. Dabei interpretiert der Gerichtshof den

---

[10] Zu den Konsequenzen von Art. 5 EGV für das vertragliche Durchführungsmodell siehe *Möllers*, EuR 2002, 483 (501 ff.).

[11] Auf die Debatte um den Verfassungscharakter der Verträge ist insoweit nicht näher einzugehen. Entscheidend ist hier die funktionale Frage, welche Kompetenzen in einer normhierarchisch angelegten Rechtsordnung durch die höchste Normebene geregelt werden.

[12] *Ipsen*, in: FS für Lerche, 1993, 425 (431).

[13] Bezugspunkt der Argumentation ist eher, daß die Regelung des Rates abschließend war und damit keine Spielräume für die Kommission mehr ließ: EuGH Rs. 265/85 (Van den Bergh), Slg. 1987, 1155, Tz. 14; EuGH Rs. 264/86 (Frankreich ./. Kommission), Slg. 1988, 973, Tz. 21; EuGH Rs. 338/85 (Pardini), Slg. 1988, 2041, Tz. 37.

[14] EuGH Rs. C-240/90 (Deutschland ./. Kommission), Slg. 1992, I-5383, Tz. 37. Dazu *M. Böse*, Strafen und Sanktionen im Europäischen Gemeinschaftsrecht, 1996, 95 ff.; *D. Triantafyllou*, Vom Vertrags- zum Gesetzesvorbehalt 1996, 186 ff.

[15] EuGH Rs. 16/88 (Komission ./. Rat), Slg. 1989, 3457, Tz. 11.

[16] Vgl. EuGH Rs. 25/70 (Köster), Slg. 1970, 1161, Tz. 6 sowie EuGH verb. Rs. 279, 280, 285 u. 286/84 (Rau), Slg. 1987, 1069, Tz. 14; EuGH Rs. 46/86 (Romkes), Slg. 1987, 2671, Tz. 16; EuGH Rs. 291/86 (Central-Import Münster), Slg. 1988, 3679, Tz. 13;

Begriff der Durchführung in Art. 211 UA 4 EGV wie gezeigt weit[17]. Die dazu nicht selten angeführte Begründung, einzig die Kommission sei in der Lage, auf die Entwicklung (in dieser Rechtsprechung: der Agrarmärkte) schnell zu reagieren, verwendet einen klassischerweise auf nationalstaatliche Exekutiven angewandten Notstands-Topos, der sich allerdings in manchen der zitierten Entscheidungen vom engeren Kontext der Auslegung des Primärrechts löst und auf die sekundärrechtlichen Ermächtigungen der Kommission Bezug nimmt. Da das Gericht Notmaßnahmen, die von den mitgliedstaatlichen Verwaltungen im Falle eines vertragswidrigen Unterlassens des Rates vorgenommen werden, über die Figur des „Sachwalters des gemeinsamen Interesses"[18] löst, wird klar, daß die schnelle Zugriffsmöglichkeit der Exekutive nicht etwa den Mitgliedstaaten, sondern letztlich der Kommission zugute kommt. Die weite Auslegung der Übertragungsmöglichkeiten des Rates auf die Kommission beschränkt der Gerichtshof zwar auf den Bereich der Agrarpolitik[19]. Doch hält sich das Gericht wie dargestellt in seiner späteren Rechtsprechung nicht an diese Einschränkung. In der Praxis des Sekundärrechts löst die weite Auslegung des Durchführungsbegriffs die Unterscheidung zwischen der Konkretisierung und der Änderung von Basis-Rechtsakten durch die Kommission auf. Die Übertragung einer Befugnis zur Änderung des der Übertragung zugrundeliegenden und diese erst ermöglichenden Rechtsaktes bildet einen praktisch häufigen Fall, ohne daß dies – soweit ersichtlich – zum Gegenstand prinzipieller rechtlicher Erwägungen geworden wäre.

Deutliche Grenzen zieht der Gerichtshof dagegen einer Übertragung von Vollzugskompetenzen durch den Rat auf den Rat selbst. Zwar wurde die der Gemeinschaft seit ihren Anfängen bekannte[20] Praxis der Komitolo-

---

EuGH Rs. 167/88 (Association générale), Slg. 1989, 153, Tz. 13; EuGH Rs. C-240/90 (Deutschland ./. Kommission), Slg. 1992, I-5383, Tz. 41 f.; EuGH Rs. C-374/96 (Vorderbrüggen), Slg. 1998, I-8385, Tz. 36; EuGH Rs. C-356/97 (Molkereigenossenschaft Wiedergeltingen), Slg. 2000, I-5461, Tz. 36 f.; EuGH Rs. C-48/98 (Söhl & Söhlke), Slg. 1999, I-7877, Tz. 36; EuGH Rs. 159/96 (Portugiesische Republik ./. Komission), Slg. 1998, I-7379, Tz. 40 f. Ähnlich EuGH Rs. 121/83 (Zuckerfabrik Franken), Slg. 1984, 2039, Tz. 13; EuGH verb. Rs. C-9/95, C-23/95 u. C- 156/95 (Belgien, Deutschland ./. Kommission), Slg. 1997, I-645, Tz. 37; EuGH Rs. C-104/97 P (Atlanta), Slg. 1999, I-6983, Tz. 76. Vgl. auch Schlußantrag von GA Lenz v. 14. 1. 1988, Slg. 1988, 981, Tz. 11.

[17] EuGH Rs. 23/75 (Rey Soda), Slg. 1975, 1279; EuGH Rs. 7/76 (IRCA), Slg. 1976, 1213, Tz. 11; EuGH Rs. 27/85 (Vandemoortele), Slg. 1987, 1129, Tz. 14. Vgl. auch die eingehende Untersuchung bei *Schwarze*, Verwaltungsrecht (Fn. 2), 426 ff., 437 f.

[18] EuGH Rs. 804/79 (Kommission ./. Vereinigtes Königreich), Slg. 1981, 1045, Tz. 23 ff.; dazu *Pechstein*, Die Mitgliedstaaten der EG als „Sachwalter des gemeinsamen Interesses", 1987, 108 ff.

[19] EuGH Rs. 22/88 (Vreugdenhil) Slg. 1989, 2049, Tz. 17 (zum Zollrecht).

[20] *E. Vos*, European Law Journal 3 (1997), 210 (211 f.).

gie-Ausschüsse[21] für das Verwaltungsausschußverfahren[22] vom Gerichtshof in ständiger Rechtsprechung bestätigt[23]. Bemerkenswert ist aber dabei, mit welcher Begründung dies geschah: Die für das Verwaltungsausschußverfahren ergangenen Entscheidungen heben darauf ab, daß den Ausschüssen eine eigene Entscheidungskompetenz nicht zustehe, daß vielmehr die Kommission *beträchtliche Durchführungsbefugnisse* behalte, und der Rat *im Einzelfall* befugt sei, diese an sich zu ziehen. Diese Rechtsprechung ist also keineswegs Ausdruck einer Delegationsfeindlichkeit des Gerichtshofes, wie sie seit der Meroni-Entscheidung[24] unterstellt wird, sondern vielleicht eher Ausdruck des Mißtrauens gegenüber der Wahrnehmung von Durchführungskompetenzen durch den Rat selbst. Deutlich wird dies in einer etwas späteren Rechtfertigung des Verwaltungsausschußverfahrens durch den Gerichtshof[25], in der die Kommission ausdrücklich als Vertreterin des „Allgemeininteresses" bezeichnet wird, die zwischenstaatliche Interessenkonflikte auszugleichen habe[26]. Auf der Ebene des Gemeinschaftsrechts seien nationale Interessen Partikularinteressen. Zugleich wird die Einhaltung der Komitologie-Verfahrensregeln vom Gerichtshof mit zunehmender Intensität überprüft[27].

Die Zurückhaltung des Gerichts gegenüber Durchführungsmaßnahmen des Rates kulminiert schließlich in der bereits zitierten Feststellung, nach der durch die EEA geschaffenen Rechtslage könne sich der Rat „nur in spezifischen Fällen vorbehalten, Durchführungsbefugnisse selbst auszu-

---

[21] Beschluß des Rates zur Festlegung der Modalitäten für die Ausübung der der Kommission übertragenen Durchführungsbefugnisse v. 28. 6. 1999, ABl. EG 1999 Nr. L 184, S. 23. Zum neuen Komitologie-Beschluß *Hauschild*, ZG 1999, 248 (250 ff.); *Lenaerts/Verhoeven*, CMLRev 37 (2000), 645.

[22] Nunmehr Art. 4 Beschluß des Rates (Fn. 21); zuvor Art. 2 Beschluß des Rates zur Festlegung der Modalitäten für die Ausübung der der Kommission übertragenen Durchführungsbefugnisse v. 13. 1987 (ABl. EG 1987 Nr. L 197, S. 33) (Verfahren II).

[23] EuGH Rs. 25/70 (Fn. 16), Tz. 9; EuGH Rs. 30/70 (Scheer), Slg. 1970, 1197, Tz. 18; EuGH Rs. 98/80 (Romani), Slg. 1981, 1241, Tz. 20 (zur nur beratenden Funktion der Verwaltungsausschüsse).

[24] EuGH Rs. 9/56 (Meroni), Slg. 1958, 11; EuGH Rs. 98/90 (Fn. 23); EuG verb. Rs. T-369/94 u. T-85/95 (DIR International Film), Slg. 1998, II-357, Tz. 52. Zum Begriff der Delegation und zum Anwendungsbereich von Meroni sogleich unten bei Fn. 48.

[25] EuGH Rs. 57/72 (Westzucker), Slg. 1973, 321, Tz. 17.

[26] Eine Deutung, die recht genau einer deliberativen Rechtfertigung des Komitologie-Systems entspricht. Dazu *Joerges*, in: C. Joerges/J. Falke (Hrsg.), Das Ausschußwesen der Europäischen Union, 2000, 17 (35 ff.); *ders./Neyer*, European Law Journal 3 (1997), 273 (292 ff.).

[27] Dazu *E. Vos*, in: Vos/Joerges (Hrsg.), EU-Committees, 1999, 19 (28 f.); *St. Clair Bradley*, ebda., 71 (88 ff.). Vgl. EuG Rs. T-188/97 (Rothmans International ./. Kommission), Slg. 1999, II-2463.

üben. Diese Entscheidung ist ausführlich zu begründen"[28]. Aus dieser Rechtfertigungslast wird man e contrario zumindest in der Sicht des Gerichts tatsächlich eine prozedural abgesicherte Pflicht zur Delegation der Durchführungskompetenzen vom Rat an die Kommission erkennen können[29].

Dagegen sind Versuche der Mitgliedstaaten, die im Vertrag unmittelbar vorgesehenen Rechtsetzungskompetenzen der Kommission unter gewaltenteilender Hinsicht eng auszulegen oder einzuschränken, vom Gerichtshof ausdrücklich zurückgewiesen worden[30]. Die vertragliche Einräumung von Rechtsetzungsbefugnissen an die Kommission verhindert es auch nicht, daß dieser zusätzlich weitergehende Durchführungskompetenzen übertragen werden dürfen[31], selbst wenn abschließende sekundärrechtliche Regelungen des Rates weitere Kommissionsbefugnisse ausschließen[32]. Solche Vollregelungen können aber umgekehrt eine Selbstbindung des Rates erzeugen, die dessen Zugriffsmöglichkeiten im Einzelfall beschränkt[33]. Neben der Präferenz des Gerichtshofes für Handlungen der Kommission dürfte dies aber auch mit dem klaren Wortlaut der betroffenen Befugnisnormen zusammenhängen, die sich schwerlich überzeugend durch einen Rückgriff auf prinzipielle Erwägungen überspielen lassen dürften. Dies gilt um so mehr, weil sich in der Prüfung der Durchführungsbefugnisse ein primär- und sekundärrechtlicher Prüfungsmaßstab kaum unterscheiden läßt, wie nun auszuführen sein wird.

II. Der Rechtsbegriff der Durchführung – Delegation oder Akzessorietät zum Sekundärrecht?

Auf den ersten Blick handelt es sich bei der Übertragung von Durchführungskompetenzen vom Rat auf die Kommission um Delegationsakte[34].

---

[28] EuGH Rs. 16/88 (Fn. 15), Tz. 10. Dazu *Lenaerts*, European Law Review 18 (1993), 34.

[29] Diese ausdrücklich befürwortend *Blumann*, R.T.D.E. 24 (1988), 23 (30 ff., 40 ff.); *Glaesner*, EuR 1986, 146; *St. Clair Bradley*, CMLRev 29 (1992), 693 (703, 714 ff.). Kritisch mit Blick auf die Justitiabilität *Wichard*, in: Calliess/Ruffert, EUV/EGV (Fn. 2), Art. 202, Rn. 5.

[30] EuGH verb. Rs. 188, 190/88 (Frankreich u.a. ./. Kommission), Slg. 1982, 2545, Tz. 6, 12.

[31] EuGH Rs. 41/69 (Chemiefirma), Slg. 1970, 661, Tz. 60/62 zu den wettbewerbsrechtlichen Kommissions-Kompetenzen in Art. 85, 86 a.F. EGV.

[32] Vgl. oben Fn. 13.

[33] EuGH Rs. 119/77 (Nippon Seiko), Slg. 1979, 1303, Tz. 20, 24; EuGH Rs. C-303/94 (Parlament ./. Rat), Slg. 1996, I-2943, Tz. 23 ff. auch zur „Wesentlichkeit".

[34] Der Ausdruck findet sich sowohl in der Rechtsprechung des Gerichtshofs als auch in der Literatur. Vgl. für einen Großteil der europarechtlichen Literatur verschiedener Mitgliedstaaten etwa *Däubler*, DVBl. 1966, 660; *Lübbe-Wolff*, VVDStRL 60 (2001), 246

Dafür spricht auch, daß der Begriff der Delegation nicht nur im Gemeinschaftsrecht, sondern auch in den Rechtsordnungen der Mitgliedstaaten[35] Verwendung findet. Doch hält diese Begriffsverwendung einer näheren Untersuchung der Art. 202, 211 EGV nicht stand[36]: Definiert man Delegation als die rücknehmbare Übertragung einer außerordentlichen Zuständigkeit, die das Bestehen einer im Grundsatz geltenden Kompetenzordnung voraussetzt[37], so kann man diesen Begriff im untersuchten Kontext nicht gebrauchen. Schon die zur Beschreibung der Rechtslage in den Art. 202, 211 EGV in der Literatur häufig benutzte Figur der „Regeldelegation"[38] ist selbstwidersprüchlich, wenn Delegation gerade als reversible *Ausnahme* vom eigentlichen Kompetenzbestand definiert wird. Anders als auf der mitgliedstaatlichen Ebene kann das Gemeinschaftsrecht seinen Vollzugsapparat, seine „Verwaltung", nicht voraussetzen, sondern muß sich diese einerseits durch Akte der Übertragung auf gemeinschaftliche Organe, andererseits durch die Verpflichtung der Mitgliedstaaten erst konstruieren. Daher fallen für die Verwaltung des Gemeinschaftsrechts Durchführung und „Delegation" dieser Durchführung zusammen, und zwar unabhängig davon, ob es sich bei der übertragenen Befugnis um Rechtsetzung oder Rechtsanwendung im materiellen Sinn handelt. Anders als im nationalen Recht verdankt sich damit jede Durchführung einem Delegationsakt, womit der Rechtsbegriff der Delegation seine Bedeutung verliert.

Zudem verbindet sich mit dem Begriff der Delegation[39] das allen demokratischen Verfassungsstaaten bekannte verfassungsrechtliche Problem der

---

(267 in Anm. 54); *Jacqué*, in: Vos/Joerges, EU-Committees (Fn. 27), 59 (61 ff.); *Lenaerts/Arts*, Procedural Law of the European Union, 1999, 187.

[35] Vgl. für Frankreich die Relativierung für die Verfassung der V. Republik *Pezant*, in: O. Duhamel/J.-L. Parodi (Hrsg.), La constitution de la Cinquième République, 1988, 342 (364 ff.). Für Spanien *García de Entrería*, Curso de Derecho Administrativo I, 7. Ed. 1995, 243 ff. Für England *P. P. Craig*, Administrative Law, 4. Aufl. 1999, 364 ff. sowie unten bei Fn. 39.

[36] Zweifel an diesem Sprachgebrauch auch bei *Chiti*, Diritto (Fn. 2), 179; *Triantafyllou*, Gesetzesvorbehalt (Fn. 14), 227 f.

[37] Für die deutsche Theorie entwickelt bei *Triepel*, Delegation und Mandat, 1941, 80 ff. Für das Gemeinschaftsrecht *Schindler*, Delegation von Zuständigkeiten in der Europäischen Gemeinschaft, 1972, 67 f.

[38] Vgl. *Hummer*, in: Grabitz/Hilf, EUV/EGV (Fn. 2), Art. 155, Rn. 26, 88, 98; *Schweitzer*, in: Grabitz/Hilf (Fn. 2), Band 1, Art. 145, Rn. 26; *Wichard*, in: Calliess/Ruffert, EUV/EGV (Fn. 2), Art. 202, Rn. 5.

[39] Für die europäischen Mitgliedstaaten *v. Bogdandy*, Gubernative Rechtsetzung, 1999, 304 ff. Für Frankreich auch *R. Grote*, Das Regierungssystem der V. französischen Republik, 1994, 1995, 93 ff., 107 ff. Für die Vereinigten Staaten *Pünder*, Exekutive Normsetzung in den Vereinigten Staaten von Amerika und der Bundesrepublik Deutschland, 1995, 39 ff. Für die Zwischenkriegszeit siehe den Vergleich bei *C. Schmitt*, ZaöRV 6 (1936), 252.

demokratischen Legitimation administrativer Normsetzung, die mit dem universellen Normsetzungsanspruch des Parlaments in Widerspruch geraten kann. Dieser Problemkomplex stellt sich aber im Kontext des Gemeinschaftsrechts aus zwei Gründen anders dar als in den Mitgliedstaaten: Mit der Verortung der Durchführung bei der Kommission ist die Notwendigkeit einer über die „Gesetzgebung" des Rates hinausgehenden Normsetzung im Vertrag weitgehender anerkannt, als dies in vielen nationalstaatlichen Verfassungen der Fall ist. Durchführung durch die Kommission ist eben kein verfassungsrechtlich vorgesehener, aber zugleich eingeschränkter Ausnahmefall, sondern die Regel. Hierbei dürften drei praktische Faktoren eine Rolle spielen: zum einen die Größe und Heterogenität der Vollzugsstrukturen des Gemeinschaftsrechts, zum zweiten der Umstand, daß es sich bei den Entscheidungen des Rates nicht um die Durchsetzung von Programmen durch Mehrheitsentscheidung[40], sondern um paktierte Kompromisse handelt, sowie zum dritten die Tatsache, daß der Vertragstext selbst in nicht wenigen Fällen wichtige Bausteine des politischen Programms enthält. Diese Faktoren legen es nahe, daß Vollregelungen[41] durch den Rat, die der Kommission keinen eigenen Konkretisierungsspielraum geben, nicht in gleicher Weise als verfassungsrechtlicher Idealzustand der institutionellen Ordnung der Gemeinschaft gelten können wie parlamentsgesetzliche Vollregelungen im demokratischen Verfassungsstaat[42]. Dies gilt um so mehr, wenn man hinzu nimmt, daß der Rat zwar der Gesetzgeber der Gemeinschaft sein mag, aber als solcher nicht über die organisatorischen Eigenschaften verfügt, die es im nationalstaatlichen Kontext gebieten, den Aufgabenbestand des Parlaments zu schützen. Der Rat tagt noch nicht einmal öffentlich[43]. Der Sprachgebrauch, der mit dem Wort „Übertragung" einen anderen Rechtsbegriff als Delegation gewählt hat, behält daher seinen guten Sinn.

Dies führt zum wichtigsten Unterschied zwischen mitgliedstaatlicher und gemeinschaftlicher Rechtslage: der Art. 202 UA 3 Satz 3 EGV zu entnehmenden Verpflichtung des Rates zur Übertragung der Durchführungsbefugnisse an die Kommission. Die vom EuGH entwickelte Deutung dieser Pflicht als Begründungsbedürftigkeit einer unterlassenen Übertragung[44] dürfte der Allgemeinheit und Kriterienlosigkeit der Vorschrift am besten gerecht werden. In den meisten Fällen dürften darüber hinaus die einschlä-

---

[40] Zu den Beschränkungen dieses Idealtypus im Bundesstaat Bundesrepublik Deutschland s. unten 310.

[41] Zum Begriff s. Text bei Fn. 32 f.

[42] Zum notwendigen Entscheidungsspielraum der Exekutive aus demokratietheoretischer Sicht aber *Lepsius*, in: M. Bertschi u.a. (Hrsg.), Demokratie und Freiheit, 1999, 123 (167 ff.).

[43] Dazu *Lübbe-Wolff*, VVDStRL 60 (2001), 256 f. m. Anm. 22.

[44] Vgl. oben Fn. 28.

gigen vertraglichen Normen weitere Hinweise auf die Kompetenzverteilung zwischen Rat und Kommission geben, so etwa Art. 37 Abs. 2, 3 EGV für den Agrarsektor. Anders als in der klassischen Delegationsprüfung, die Weite und Bestimmtheit des Grundaktes und Vereinbarkeit der Konkretisierung mit diesem untersucht, bleibt für die Übertragung von Durchführungsbefugnissen zu prüfen, ob es überhaupt eine politische Entscheidung des Rates gibt und ob eine Durchführungsregelung der Kommission gegen die Grundregelung des Rates verstößt. Diese Punkte werden vom Gerichtshof vergleichsweise großzügig behandelt[45], eben weil dieses Übertragungsrechtsverhältnis nicht mit der vom Vertrag etablierten Kompetenzverteilung in Spannung steht.

Rechtsprobleme, die sich als klassische Delegationsprobleme beschreiben lassen, finden sich auf einer anderen Ebene[46]: Sie tauchen insbesondere im Anschluß an eine *bereits erfolgte* Kompetenzübertragung auf, wenn die Kommission die ihr eingeräumten Befugnisse an eine andere Stelle weiterleiten will. Die Prüfung solcher Delegationen nimmt der Gerichtshof mit deutlich größerer Aufmerksamkeit vor, und dies entspricht eben deswegen der Struktur des Vertrags, weil erst mit diesen Weiterleitungsakten Ausnahmen von der vertraglichen *Regel*zuweisung vorgenommen werden, die man deswegen mit der mitgliedstaatlichen Verfassungstradition in der Tat als Delegation bezeichnen sollte. Ob eine solche Weitergabe von Kommissionsbefugnissen zulässig ist, wird man erst einmal bezweifeln müssen. Dies gilt insbesondere, wenn die Delegatare im Vertrag nicht vorgesehen sind – dies ist der Gehalt der Meroni-Doktrin[47]. Dieser Gesichtspunkt erklärt auch die Zurückhaltung des Gerichtshofs gegenüber der Delegation von Durchführungsbefugnissen an die Mitgliedstaaten[48]. Ein ähnliches Bild zeigt sich mit Blick auf die Komitologie-Ausschüsse, denen jedenfalls keine eigenen Entscheidungsbefugnisse übertragen werden dürfen[49].

---

[45] Vgl. oben bei Fn. 17 und Fn. 13.

[46] Anders *Fischer-Appelt*, Agenturen der Europäischen Gemeinschaft, 1999, 113 f., die die Rechtsprechung zur Durchführung auch auf die Delegation an Agenturen anwendet und dadurch die Meroni-Doktrin relativiert.

[47] Vgl. oben Fn. 24.

[48] Vgl. zur Delegation an die Mitgliedstaaten unten bei Fn. 53 ff. Zur Subdelegation an andere juristische Personen oben, sowie aus der Literatur *M. Berger*, Vertraglich nicht vorgesehene Einrichtungen des Gemeinschaftsrechts mit eigener Rechtspersönlichkeit, 1999, 73 ff.; *Helfritz*, Verselbständigte Verwaltungseinheiten der Europäischen Union, 2000, 158 f.; *J. Hilf*, Dezentralisierungstendenzen in der Europäischen Union, 1999, 98 ff.; *Uerpmann*, AöR 125 (2000), 551 (560 f., 566 ff.).

[49] Vgl. oben bei Fn. 23. Zu einer föderalen Rechtfertigung der Komitologie, vgl. unten C.I.

Mit dem nicht näher definierten Begriff der Durchführung bezeichnet das Gemeinschaftsrecht also die praktisch zumeist rechtssatzförmige Konkretisierung der vom Rat rechtsverbindlich gemachten politischen Entscheidungen. Der Erlaß der Durchführungsakte obliegt im Regelfall der Kommission. Es läßt sich insoweit zutreffend von einem „Kommissionsvorbehalt" sprechen[50]. In der Rechtsprechung des Gerichtshofs werden nicht nur die Durchführungsbefugnisse großzügig ausgelegt. Auch tendiert das Gericht – in Übereinstimmung mit der Systematik von Art. 202 UA 3 Satz 1 u. 3 EGV – dazu, die Durchführungsbefugnisse sowohl des Rates als auch der Mitgliedstaaten einzuschränken oder unter Rechtfertigungsvorbehalte zu stellen. Der genaue normative Gehalt der Durchführungsbefugnisse in Art. 202, 211 EGV ist nicht einfach zu bestimmen. Art. 202 UA 3 EGV begründet zunächst im Regelfall die Pflicht des Rates, Durchführungsbefugnisse an die Kommission weiterzugeben. Art. 211 UA 4 EGV enthält für die Kommission keinen weitergehenden Regelungsgehalt, denn die Übertragung ist wegen Art. 202 EGV in jedem Fall zulässig und die Ausübung der übertragenen Befugnisse ist schon nach dem übertragenden Sekundärrecht eine Aufgabe der Kommission. Über die bloße Regelung dieser Zulässigkeit geht die Norm jedoch nicht hinaus. Weder regelt sie Grenzen noch Rechtsformen für den Übertragungsakt. Diese Offenheit führt dazu, daß sich die entscheidenden Rechtsfragen der Durchführung auf sekundärrechtlicher Ebene abspielen.

III. Durchführung und mitgliedstaatlicher Vollzug des Gemeinschaftsrechts

Auch für die Kompetenzverteilung zwischen Mitgliedstaaten und Gemeinschaft ist die Regelung der Durchführung von Bedeutung. Dabei ist nochmals zu betonen, daß mit Durchführung im Sinne der Art. 202, 211 EGV etwas anderes gemeint ist als die allgemeine administrative Anwendung des Gemeinschaftsrechts. Einem nicht seltenen Gebrauch des Terminus, der jede Form von gemeinschaftsrechtlichem Verwaltungsrecht als Durchführung bezeichnet[51], wird hier nicht gefolgt. Statt dessen versteht sich

---

[50] Ausdruck bei *Triantafyllou*, Gesetzesvorbehalt (Fn. 14), 250.
[51] Undeutlich zuletzt *Jarass/Beljin*, NVwZ 2004, 1 (6 f.); *W. Schroeder*, AöR 129 (2004), 3 (9 f.). Aus der älteren Literatur *Zuleeg*, Das Recht der Europäischen Gemeinschaften im innerstaatlichen Bereich, 1969, 47 f. Dem folgend *Kadelbach*, Allgemeines Verwaltungsrecht unter europäischem Einfluß, 1999, 17 f.; *Rengeling*, EuR 1974, 217 f.; *Scheuing*, in: Hoffmann-Riem/Schmidt-Aßmann (Hrsg.), Innovation und Flexibilität des Verwaltungshandelns, 1994, 289 (294 ff.). Ähnlich wie hier: *M. Klepper*, Vollzugskompetenzen der Europäischen Gemeinschaft aus abgeleitetem Recht, 2001, 24; *Stettner*, in: Dauses (Hrsg.), Handbuch des EU-Wirtschaftsrechts (HbEUWiR), Bd. 1, B.III.3. Vgl. auch die Unterscheidung zwischen execution und implementation bei *Pescatore*, The Law of Integration, 1974, 44. Weitere Nachweise bei *H. Adam*, Die Mitteilungen der Kommission: Verwaltungsvorschriften des Europäischen Gemeinschaftsrechts?, 1999, 4.

Durchführung in der hier vorgenommenen Analyse des Vertrags und der Rechtsprechung des EuGH als Zwischenstufe der Konkretisierung der Rechtsetzung des Rates, der im Regelfall eine weitere Konkretisierungsstufe folgt, also als eine Form exekutiver Rechtsetzung. Der dieser Rechtsetzung folgende Konkretisierungsschritt soll im weiteren als „Vollzug" bezeichnet werden.

Die Notwendigkeit einer Abgrenzung von Durchführung und Vollzug wird um so dringlicher, wenn man bedenkt, daß der EuGH einer Weiterleitung von Durchführungsbefugnissen an die Mitgliedstaaten skeptisch gegenübersteht: Jegliche Übertragung von Anwendungsbefugnissen an die Mitgliedstaaten kann dem Gericht zufolge als solche geeignet sein, eine diskriminierende Verwaltungspraxis zu begründen[52]. Der Wesentlichkeitsvorbehalt zugunsten des Rates gilt nicht nur gegenüber der Kommission, sondern in intensiverer Weise auch gegenüber Kompetenzweiterleitungen an die Mitgliedstaaten[53]. Die Grundfreiheiten begründen darüber hinaus Delegationsgrenzen an die Mitgliedstaaten, denen es nicht durch die Übertragung von Durchführungskompetenzen faktisch ermöglicht werden darf, sich ihren vertraglichen Verpflichtungen zu entziehen[54]. So muß sich die Verwaltung von Agrarquoten durch die Mitgliedstaaten auf technische Fragen beschränken[55], und die in Art. 134 Abs. 1 EGV geregelte Beteiligung der Mitgliedstaaten an der gemeinsamen Handelspolitik bedarf einer einschränkenden Auslegung[56]. Auch den Mitgliedstaaten gesteht der Gerichtshof also nur ausnahmsweise die Durchführung des Gemeinschaftsrechts im Sinne einer konkretisierenden Verrechtlichung zu[57].

Diese Rechtsprechung zur mitgliedstaatlichen Durchführung wirft ein anderes Licht auf die Äußerungen des Gerichtshofes zur mitgliedstaatlichen Anwendung von Gemeinschaftsrecht im allgemeinen, die – entgegen vielfacher Behauptung in der Literatur[58] – eben keinen ausdrücklichen Schutz der mitgliedstaatlichen Verwaltungshoheit[59] kennt, sondern es vielmehr mit der Feststellung sein Bewenden läßt, daß die Mit-

---

[52] Vgl. EuGH Rs. 23/75 (Rey Soda), Slg. 1975, 1279. Dazu *Lenaerts*, European Law Review 18 (1993), 29 ff.; *Triantafyllou*, Gesetzesvorbehalt (Fn. 14), 241 ff.

[53] EuGH Rs. 23/75 (Rey Soda), Slg. 1975, 1279, Tz. 25/26. Dazu *Hartley*, Foundations of Community Law, 1998, 199 f.

[54] EuGH Rs. 5/77 (Tedeschi), Slg. 1977, 1555, Tz. 48 ff.

[55] EuGH Rs. 131/73 (Grosoli), Slg. 1973, 1555, Tz. 7-9; EuGH Rs. 35/79 (Grosoli), Slg. 1980, 177, Tz. 7-10; EuGH verb. Rs. 213-215/81 (Norddeutsches Vieh- und Fleischkontor), Slg. 1982, 3583, Tz. 9 f.

[56] EuGH Rs. 41/76 (Donckerwolcke), Slg. 1976, 1921, Tz. 24/29.

[57] Vgl. auch oben bei Fn. 17.

[58] Vgl. sogleich unten bei Fn. 63.

[59] Hierunter sollen Verfahrens- und Organisationsautonomie zusammengefaßt werden.

gliedstaaten zur Anwendung des Gemeinschaftsrechts berufen sind, „soweit nicht" gemeinschaftsrechtlich eine abweichende Regelung vorliegt[60]. Der in diesem Zusammenhang gelegentlich vom Gericht zitierte Art. 10 EGV verdeutlicht, daß die Gemeinschaftsrechtslage sich für den Mitgliedstaat primär als Verpflichtung, nicht als Berechtigung darstellt[61]. Die mitgliedstaatliche Anwendung von Gemeinschaftsrecht ist nicht Resultat einer Delegation[62]. Daher sind die Mitgliedstaaten zwar keine organisatorischen Untereinheiten der Gemeinschaftsverwaltung, sie bleiben aber als Vollzugsapparate Verpflichtete des Gemeinschaftsrechts.

In der deutschen Literatur weithin verbreitet[63], wenn auch wohl im Rückzug begriffen[64], ist dagegen die Annahme einer den Mitgliedstaaten gebührenden administrativen Verfahrens- oder Organisationsautonomie. Wie gerade die neue verwaltungsrechtliche Diskussion gezeigt hat, sind weder Verfahren[65] noch Organisation[66] schlicht neutrale Bedingungen für jede Form materieller Programmierung, so daß materielles Gemeinschaftsrecht nie ohne Einfluß auf die mitgliedstaatliche Verwaltungsstruktur blei-

---

[60] EuGH verb. Rs. 51-54/71 (International Fruit Company), Slg. 1971, 1107, Tz. 3/4; EuGH verb. Rs. 205-215/82 (Deutsche Milchkontor GmbH), Slg. 1983, 2633, Tz. 17; EuGH Rs. 210/87 (Padovani), Slg. 1988, 6177, Tz. 16.

[61] Anders wohl *v. Danwitz*, DVBl. 1998, 421 (430 f.) unter Hinweis auf *Ipsen*, Europäisches Gemeinschaftsrecht, 1972, 9/17, 26.

[62] *Everling*, DVBl. 1983, 649 (651); *Rengeling*, VVDStRL 53 (1994), 202 (211).

[63] So *Bernhardt*, Verfassungsprinzipien – Verfassungsgerichtsfunktionen – Verfassungsprozeßrecht im EWG-Vertrag, 1987, 188 f.; *v. Danwitz*, Verwaltungsrechtliches System und Europäische Integration, 1996, 375 f., 484 ff.; *Rodríguez Iglesias*, EuGRZ 1997, 289 (289); *Rengeling*, VVDStRL 53 (1994), 231; *W. Kahl*, Die Verwaltung, 29 (1996), 341 (346).

[64] Deutlich vordringend ist die ablehnende Ansicht: *v. Bogdandy/Nettesheim*, in: Grabitz/Hilf, EUV/EGV (Fn. 2), Art. 5, Rn. 43; *W. Kahl*, in: Calliess/Ruffert, EUV/EGV (Fn. 2), Art. 10, Rn. 24; *Scheuing*, DV 34 (2001), 107 (110); *F. Schoch*, Die Verwaltung Beiheft 2 (1999), 135 (135 f.); *Wegener*, Rechte des Einzelnen, 1998, 83 („Anwendung" statt Autonomie). Differenziert zur sekundärrechtlichen Lage im Ergebnis wohl auch *Jarass*, AöR 121 (1996), 182. Relativierend gerade mit Blick auf die Durchführungsbefugnisse *Trute*, in: v. Mangoldt/Klein/Starck (Hrsg.), Bonner Grundgesetz, Bd. 3, 4. Aufl. 2001, Art. 83, Rn. 59; vgl. auch *Blanquet*, L´article 5 du traité C.E.E., 1994, 77 f., der EuGH Rs. 205-215/82 (Deutsche Milchkontor), Slg. 1983, 2633 gerade den „caractère subsidiaire de la compétence nationale pour déterminer les règles commandant l'exécution" entnimmt; *Ibáñez*, The Administrative Supervision and Enforcement of EC Law, 1999, 56, differenzierend ebda, 211 ff.

[65] Deutlich wird dies auf dem Feld des europäischen Umweltrechts. Prozedurale Regulierungsformen stellen die Unterscheidung zwischen materiellem und Verfahrensrecht gerade in Frage; *Schmidt-Aßmann/Ladenburger*, in: Rengeling (Hrsg.), Handbuch zum europäischen und deutschen Umweltrecht (EUDUR), Bd. I, 2. Aufl. 2003, § 18, Rn. 4-21.

[66] *Trute*, in: Schmidt-Aßmann/Hoffmann-Riem (Hrsg.), Verwaltungsorganisationsrecht als Steuerungsressource, 1997, 249.

ben kann. Zudem ist dem Vertrag auf solchen Feldern, auf denen eine Gemeinschaftskompetenz besteht, eine Pflicht, die Integrität der mitgliedstaatlichen Verwaltung zu schützen, nicht zu entnehmen. Insbesondere setzt die Gemeinschaftstreue in Art. 10 EGV erst dort an, wo die Kompetenzfrage bereits gelöst ist. Dies bedeutet zwar nicht, wie prononciert formuliert wurde, daß die „Strukturen des mitgliedstaatlichen Verwaltungsrechts in einer demokratischen Gesellschaft keinen Eigenwert haben"[67]. Es bedeutet aber doch, daß Verluste dieses Eigenwerts durch die Durchführungsintegration rechtlich zulässig sein können. Die Verwaltungsstruktur der Mitgliedstaaten bleibt insoweit normativ eine Funktion des Inhalts der jeweils anzuwendenden Norm des Gemeinschaftsrechts[68] und faktisch eine Frage der tatsächlich zur Verfügung stehenden Vollzugsressourcen der verschiedenen hoheitlichen Ebenen. Der vergleichende Blick auf andere administrative Föderalstrukturen zeigt im übrigen eindeutig, wie wenig wirksam eine Konzeption ist, die den Mitgliedstaaten administrative Kernbereiche, Hoheiten oder Autonomien als Schutzgüter zuweist[69]. Vielmehr ist vom Gemeinschaftsrecht her zu denken. Für die hier behandelte Fragestellung begründet dies die Aufgabe, die Durchführungskompetenzen der Gemeinschaft begrifflich so einzufangen, daß die Integrität der mitgliedstaatlichen Verwaltungsstrukturen möglichst wenig beeinträchtigt wird.

Wie wenig konsistent dabei die Versuche sind, die mitgliedstaatlichen Verwaltungen durch erweiterte vertragliche Kompetenzerfordernisse oder institutionelle Autonomien vor dem Einfluß des Europarechts zu schützen[70], zeigt sich deutlich anhand des Versuchs, das Subsidiaritäts- und das Verhältnismäßigkeitsprinzip in Art. 5 Abs. 2, 3 EGV zugunsten einer mitgliedstaatlichen Anwendung des Gemeinschaftsrechts zu entfalten.

Der Gehalt des Subsidiaritätsprinzips wurde für Durchführungs- und Vollzugskompetenzen noch nicht vollständig dogmatisch ausgelotet[71]. So wird wohl überwiegend angenommen, daß es lediglich das „ob" einer gemeinschaftlichen Aufgabenwahrnehmung regelt, nicht aber das „wie" sei-

---

[67] So *Zuleeg*, VVDStRL 53 (1994), 154 (177 f., 199: LS 31).

[68] Vgl. auch *Lenaerts*, European Law Review, 18 (1993), 25.

[69] *C. Möllers*, Gewaltengliederung, 2005, § 6, I 2. (i.E.).

[70] Dies bedeutet nicht, daß diese Versuche mit Blick auf den entwickelteren Stand der mitgliedstaatlichen Dogmatik und auf die Verwaltungslegitimation keine Berechtigung hätten, vgl. zur Dogmatik *v. Danwitz*, Verwaltungsrechtliches System (Fn. 63), 467 ff., zur Verwaltungslegitimation für das deutsche Recht *Schmidt-Aßmann*, AöR 116 (1991), 329. Das spezifische Problem der gemeinschaftlichen Verwaltungslegitimation harrt noch eingehender Behandlung, zu einem besonderen Fall *Röhl*, Akkreditierung und Zertifizierung im Produktsicherheitsrecht, 2000, 44 ff.; *ders.*, in diesem Band, 153 ff. Vgl. auch *Lübbe-Wolff*, VVDStRL 60 (2001), 267 ff.

[71] So *Röhl*, Akkreditierung (Fn. 70), 35 in Anm. 65. Vgl. jetzt aber *Klepper*, Vollzugskompetenzen (Fn. 51), 110 ff.

ner Ausgestaltung⁷². Vor diesem Hintergrund könnte man das Subsidiaritätsprinzip als funktions- und damit auch vollzugsblind bezeichnen. Es erscheint andererseits auch nicht unplausibel, dem Verhältnismäßigkeitsprinzip in Art. 5 Abs. 3 EGV ein eigenes Rechtfertigungserfordernis zumindest für den Vollzug des Gemeinschaftsrechts zu entnehmen, jedenfalls wenn man in der gemeinschaftsrechtlichen Modifikation der mitgliedstaatlichen Verwaltungen eine weitergehende Einschränkung ihrer Bewegungsfreiheit erkennt als in einer rein materiellen Programmierung⁷³.

In der Praxis des Sekundärrechts läßt sich eine gestaffelte Eingriffsintensität rekonstruieren, die von materiellen Regelungen ausgehend die mitgliedstaatlichen Verwaltungsverfahrensregeln, vor allem aber die mitgliedstaatlichen Verwaltungsorganisationen relativ unangetastet läßt. Aus der Sicht des Gemeinschaftsrechts dürfte diese Staffelung aber kaum normativ zu unterfüttern sein⁷⁴, zumal sich sekundärrechtliche Eingriffe in mitgliedstaatliche Verwaltungsverfahren⁷⁵ und auch in die Verwaltungsorganisation⁷⁶ ohne weiteres finden lassen, ohne daß zu erkennen wäre, unter welchem Gesichtspunkt diese in einem normativen Sinn als Ausnahmen zu verstehen sein sollten. Wollte man das Verhältnismäßigkeitselement für die Durchführung des Gemeinschaftsrechts trotz der Subsidiaritätsabstinenz des Europäischen Gerichtshofes⁷⁷ weitergehend entfalten, so ließen sich diese drei Stufen – materielle Regelung, Verfahrensregelung, Organisationsregelung – für das Subsidiaritätsprinzip als Stufen der Rechtfertigungslast konzipieren. Dies böte zumindest einen griffigeren und flexibleren Schutz der mitgliedstaatlichen Verwaltungsstruktur als irgendeine Form einer administrativen Kernbereichslehre.

---

⁷² Zur Frage der „Mittelhierarchie" in Art. 5 Abs. 3 EGV zunächst nur *Calliess*, Subsidiaritäts- und Solidaritätsprinzip in der Europäischen Union, 2. Aufl. 2000, 108 ff.; *ders.*, in: Calliess/Ruffert, EUV/EGV (Fn. 2), Art. 5, Rn. 51 f. Kritisch *Pescatore*, in: FS für Everling, Bd. 2, 1995, 1071 (1079).
⁷³ So ausdrücklich *Kadelbach*, Allgemeines Verwaltungsrecht (Fn. 51), 110.
⁷⁴ *Scheuing*, DV 34 (2001), 110: „deskriptiv, nicht präskriptiv".
⁷⁵ *V. Danwitz*, Verwaltungsrechtliches System (Fn. 63), 266 ff. Anders *Kadelbach*, Allgemeines Verwaltungsrecht (Fn. 51), 270 ff.
⁷⁶ Schulbeispiel ist Art. 1 VO (EWG) 2262/1984, ABl. EG 1984 Nr. L 208, S. 11, der die Einrichtung einer Kontrolldienststelle für Oliven vorsieht. Grundsätzlich dazu *Kahl*, DV 29 (1996), 341.
⁷⁷ Aus neuerer Zeit EuGH Rs. C-127/95 (Noubrok Laboratories), Slg. 1998, I-1531, Tz. 86 ff.; EuGH Rs. C-84/94 (United Kingdom u.a. ./. Rat), Slg. 1996, I-5755, Tz. 50 ff. Kritisch zu dieser Zurückhaltung: *Everling*, ZHR 162 (1998), 403 (419); *Herdegen*, Europarecht, 4. Aufl. 2002, Rn. 227. Dies zeigen auch einschlägige Prüfungen der Verhältnismäßigkeit, die zwischen grundrechtlicher und kompetenzieller Prüfung nicht unterscheiden: EuGH Rs. 359/92 (Deutschland ./. Rat), Slg. 1994, I-3681, Tz. 45 ff., 48; EuGH Rs. C-174/89 (Hoche), Slg. 1990, I-2681, Tz. 19; EuGH Rs. 137/85 (Maizena), Slg. 1987, 4587, Tz. 19 ff.

Dabei ist allerdings die folgende Zweideutigkeit zu bedenken: Eingriffe in die mitgliedstaatlichen Verfahrens- und Organisationsordnungen werden gerade dann notwendig, wenn der Vollzug des Gemeinschaftsrechts den Mitgliedstaaten übertragen wird. Würden Durchführung und Vollzug des Gemeinschaftsrechts ausschließlich von gemeinschaftseigenen Organen wahrgenommen, bliebe das mitgliedstaatliche Verfahrens- und Organisationsrecht unberührt. Gerade die Überlassung von Vollzugskompetenzen an die Mitgliedstaaten führt im einzelnen – bei der Auslegung von Verfahrensrecht oder bei der Verwaltungsorganisation – zu einer Perforierung des mitgliedstaatlichen Verwaltungsrechts.

Diese Antinomie zeigt, daß der Schutz des Verwaltungsrechts der Mitgliedstaaten nicht zugleich Vollzugskompetenzen sichern und gemeinschaftsrechtliche Eingriffe beim Vollzug verhindern kann. „Vollzug" durch die Mitgliedstaaten und Intensität der Durchführung verhalten sich wie kommunizierende Röhren zueinander: je intensiver die Beteiligung der mitgliedstaatlichen Verwaltungen am Vollzug, desto dringlicher die Ausgestaltung von Durchführungsregeln, die die Einheitlichkeit des Vollzugs sicherstellen. Ob aber die Hochzonung von Verwaltungskompetenzen auf die Gemeinschaftsebene oder die Durchdringung der mitgliedstaatlichen Verwaltung den geringeren Eingriff in die mitgliedstaatliche Verwaltungsautonomie darstellt, dürfte sich schwerlich als eine juridifizierbare Frage im Sinne von Art. 5 EGV rekonstruieren lassen. Andernfalls stünde das schwierige Problem einer angemessenen Organisation der Durchführung des Gemeinschaftsrechts, das offensichtlich für verschiedene Politikbereiche vom Vertrag verschieden gelöst wird, unter einem allgemeinen gerichtlichen Abwägungsvorbehalt.

IV. Zwischenergebnis: zur normativen und deskriptiven Bedeutung von Durchführung

Die Regelung der Durchführung ist eine der seltenen generellen Regelungen im Vertrag, die sich mit der Konkretisierung der rechtsförmigen Entscheidungen des Rates beschäftigen, die also einen Gegenstand regeln, den man auf mitgliedstaatlicher Ebene der „Exekutive", der „Verwaltung" oder der „Zweiten Gewalt" zuweist, und den man in eben diesem Kontext als „Verwaltungshandeln" oder Vollzug bezeichnet. Daß Durchführung nicht die Gesamtheit der Exekution des Gemeinschaftsrechts bezeichnet, wurde im vorigen deutlich: In der Praxis des Sekundärrechts sind die allermeisten Durchführungsakte ihrerseits rechtssatzförmig und die Konkretisierung dieser Konkretisierung obliegt in den meisten Fällen den Mitgliedstaaten allein oder in Kooperation mit der Kommission. Durchführung ist insoweit von der weitergehenden Anwendung des Gemeinschaftsrechts („Vollzug") zu unterscheiden. Diese sich aus dem Gehalt des Sekundärrechts ergebende

Einschränkung ermöglicht freilich noch keine weitergehende begriffliche Bestimmung des Konzepts der Durchführung. Die hier auftauchenden Ungewißheiten laden dazu ein, den Begriff der Durchführung im folgenden in eine weitere Fragestellung einzubetten.

C. Durchführung als Element einer europäischen Verfassungstheorie

Versucht man die hier zunächst auf den Vertrag und die Rechtsprechung des Gerichtshofs zugeschnittenen Überlegungen zum Begriff der Durchführung in einen weiteren Zusammenhang zu stellen, so lassen sich drei Problemkontexte herausheben, die die gemeinschaftsspezifischen Konzepte der Föderalisierung (I.), der Gewaltengliederung (II.) und der Rechtsform (III.) betreffen. Dies führt auch zu den Inhalten des kommenden Verfassungsvertrags.

I. Durchführung als Element eines gemeinschaftlichen Föderalisierungskonzepts

Anstatt die deutsche Diskussion um die statische Unterscheidung zwischen Bundesstaat und Staatenbund[78] begriffsjuristisch fortzusetzen[79], erlaubt das beweglichere Konzept der Föderalisierung[80] einen Vergleich von Strukturelementen bundesstaatlicher und supranationaler Vergemeinschaftung[81], die als „administrative Föderalisierung"[82] verstanden auch die Entwicklung der Verwaltungsstrukturen beschreiben können.

Für die Durchführung des Gemeinschaftsrechts ermöglicht dies namentlich, Parallelen zwischen der Europäischen Union und dem als System des

---

[78] *Preuß*, Gemeinde, Reich und Staat als Gebietskörperschaften, 1889, 11 ff.

[79] Stichwort: Staatenverbund, BVerfGE 89, 155 (184). Zur Kritik *Ipsen*, EuR 1994, 1 (8 f.).

[80] Aus der Literatur seien genannt *v. Bogdandy*, Supranationaler Föderalismus als Wirklichkeit und Idee einer neuen Herrschaftsform, 1999, 61 ff.; *Hay*, Federalism and Supranational Organization: pattern for new legal structures, 1966; *Lenaerts*, Constitutionalism and the many faces of federalism, AJCL (1990), 205. Der Begriff des Föderalismus gestattet eine Abwendung von klassischen staatsbezogenen Beschreibungsformen, ohne vollständig auf den staatstheoretischen Erkenntnisfundus verzichten zu müssen, dazu *v. Bogdandy*, Replik, EuR 2000, 690 f.

[81] Zu den methodischen Problemen solcher Vergleiche *Dehousse*, The American Journal of Comparative Law, 42 (1994), 761 (768 ff.); insbes. mit Blick auf die Föderalstruktur auch *Everling*, in: FS für Doehring, 1989, 179 (183).

[82] *T. Groß*, JZ 1994, 596.

„Vollzugsföderalismus"[83] bezeichneten deutschen Bundesstaat zu ziehen. In beiden Fällen obliegt der unteren Handlungsebene das Gros der Anwendung des Rechts, das durch die obere Ebene gesetzt wurde[84]. Damit ist allerdings noch nichts darüber gesagt, wie die Strukturen funktionieren, die eine gleichmäßige Anwendung im gesamten föderalen Territorium ermöglichen. Für die Untersuchung des Konzepts der Durchführung ist auf die Sicherstellung eines einheitlichen Vollzugs durch *gerichtliche* Überprüfung nicht weiter einzugehen. Daß diese Form der Vollzugserzwingung durch Klagen der höheren Ebene im Fall der Europäischen Verwaltung wesentlich häufiger der Fall sein dürfte[85] als im Bundesstaat Bundesrepublik Deutschland[86], illustriert allerdings die deutlich stärkeren zentrifugalen Tendenzen der gemeinschaftlichen Verwaltung, die geringere Homogenität im Verfahren, die jede föderale Struktur anstrebt[87].

Sucht man dagegen nach *inneradministrativen* Formen einer Verfahrenshomogenisierung, so tauchen weitere differenzierte Parallelen zwischen dem deutschen Bundesstaat und der Gemeinschaftsverwaltung auf. Ein großer Teil der Vollzugshomogenisierung in der Bundesrepublik geschieht durch administrative Normsetzung in Form von durch die Bundesregierung mit Zustimmung des Bundesrates erlassenen Allgemeinen Verwaltungsvorschriften nach Art. 84, 85 Abs. 1 GG[88]. Trotz der unterschiedlichen Struktur der Kompetenznormen ergeben sich im Ergebnis Ähnlichkeiten mit dem gemeinschaftsrechtlichen System[89]: Auf der einen Seite fehlt es dem Bund wie der Gemeinschaft an der Kompetenz zur Regelung des Allgemeinen Verwaltungsverfahrens auch mit Wirkung für die Glieder[90]. Auf der anderen Seite sind verfahrensrechtliche Implikationen kompetenzmäßig möglich, ja unvermeidlich. Die Glieder regeln das Verfahren eben, „soweit nicht" die höhere Ebene eine Regelung trifft[91]. Dies ist eine

---

[83] *Frowein*, in: M. Cappelletti/M. Secombe/J. Weiler (ed.), Integration through Law, 1/1, 1986, 573 (586 f.).

[84] *J. Schwarze*, Die Implementation von Gemeinschaftsrecht, 1993, 52: „wichtigste strukturelle Gemeinsamkeit".

[85] Zum Phänomen *Masing*, Die Mobilisierung des Bürgers für die Durchsetzung des Rechts, 1997.

[86] Signifikant ist hier namentlich das politisch umstrittene Atomrecht, vgl. BVerfGE 81, 310; 84, 25. Dazu *Lerche*, in: Maunz/Dürig (Hrsg.), Grundgesetz, Art. 85, Rn. 53; *Steinberg*, AöR 110 (1985), 419 (443); *Tschentscher*, Bundesaufsicht in der Bundesauftragsverwaltung, 1992.

[87] *Lerche*, VVDStRL 21 (1964), 66 (84 ff.).

[88] Dazu *Lerche*, in: Maunz/Dürig, GG (Fn. 86), Art. 84, Rn. 30 ff.

[89] *Oeter*, ZaöRV 59 (1999), 901 (909 f.).

[90] Zur deutschen Rechtslage *Kopp/Ramsauer*, VwVfG, 7. Aufl. 2000, Einleitung, Rn. 5 f. Zur europäischen Rechtslage *Kahl*, NVwZ 1996, 865; *Vedder*, EuR Beiheft 1 (1995), 75.

[91] Vgl. oben bei Fn. 60.

Formulierung, die sich nicht nur in der Rechtsprechung des Gerichtshofs, sondern wortlautidentisch und funktional entsprechend in den Ermächtigungen zur Verfahrenshomogenisierung durch Allgemeine Verwaltungsvorschriften der Art. 84 Abs. 1, 85 Abs. 1 GG wiederfindet.

Eine weitere Parallele findet sich in der zur Durchführungsrechtsetzung gehörenden Komitologie-Struktur: Hier nehmen die Kommission eine der Bundesregierung entsprechende, die Vertreter der Mitgliedstaaten in den Ausschüssen eine dem Bundesrat ähnliche Funktion ein[92]. Die Komitologie dient der Koordination von durchführungsbezogener Normsetzung im administrativen Verwaltungsverbund. Auch hier will das Konzept der Delegation nicht recht passen. Erst die systematische Kontaktnahme beider Ebenen ermöglicht die vollzugsgerechte Konkretisierung der grundsätzlichen rechtlichen Vorgaben. Formal sind diese Koordinierungsregeln im Bundesstaat Bundesrepublik Deutschland der Bundesregierung, also der föderalen Gubernative zuzurechnen, während es sich bei den von der Komitologie betroffenen Akten zumeist um Durchführungsnormen der Kommission handelt[93]. Zustimmungs- bzw. Beteiligungsrechte einerseits des Bundesrates, andererseits der Komitologie-Ausschüsse stellen sicher, daß die Konkretisierung des Rechts Ergebnis eines Aushandlungsprozesses[94], also eines konkordanzdemokratischen Verfahrens ist[95]. Die Komitologie ist Teil des gemeinschaftsrechtlichen Konzepts der Durchführung: Art. 202 UA 3 EGV wurde ja gerade als spezielle Ermächtigungsnorm für die Komitologie in den Vertrag eingeführt[96]. Durchführungsmaßnahmen der Kommission unter Beteiligung der Komitologie-Ausschüsse sind förderaltypische Formen der Vollzugshomogenisierung.

Will man aufsichtsförmige Eingriffe in Verfahren und Organisation der Mitgliedstaaten als besonders empfindlich vermeiden, so dürfte sich das unter Beteiligung der Mitgliedstaaten entstandene System von Durchführungsrechtssätzen der Kommission als schonenderer Weg der Koordination erweisen als punktuell harte Aufsichtsmaßnahmen[97]. Dies folgt auch aus der Befugnisstruktur des Vertrages, die der Kommission jedenfalls aus Art. 211 UA 1 EGV keine bestimmten Einzelzugriffsrechte auf den mitglied-

---

[92] Die Parallele zwischen Komitologie und der Zustimmung des Bundesrates nach Art. 80 Abs. 2 GG bei *Haibach*, VerwArch. 90 (1999), 98 (106).

[93] Wenn die Entscheidung nicht zum Rat gelangt. Zu Parallelen zwischen Gubernative und Kommission sogleich, II.

[94] Zur Aushandlungslogik der Komitologie *Steunenberg/Koboldt/Schmidtchen*, International Revue of Law & Economics 16 (1996), 329.

[95] Zum Begriff *Lehmbruch*, Parteiendemokratie im Bundesstaat, 3. Aufl. 2000, 14 ff.

[96] *Jacqué*, in: Groeben/Thiesing/Ehlermann, EUV/EGV (Fn. 6), Art. 145, Rn. 16 ff.

[97] Zur Unterscheidung zwischen selektiv-harter und permanent-weicher Steuerung *Voßkuhle*, in: Schuppert (Hrsg.), Jenseits von Privatisierung und „schlankem" Staat, 1999, 47 (89).

staatlichen Vollzug gestattet[98]. Eine Einschränkung der Durchführungsbefugnisse der Kommission würde dagegen vermutlich nur an anderer Stelle im Einzelfall ventiliert werden. Dies spricht für einen der Systematik von Art. 211 EGV entsprechenden Primat der materiellen Programmierung des Gemeinschaftsrechts, der es allerdings gerade ausschließt, von einem „Gestaltungsauftrag" des Gemeinschaftsrechts an die Verwaltungen der Mitgliedstaaten zu sprechen[99]. Für einen solchen ist jenseits der Programmierungsstufen Gesetzgebung (des Rates) und Durchführung (der Kommission) wenig Raum zu erkennen. Auch die Umsetzung einer Richtlinie des Rates ist zwar nach dem Formenkanon der Mitgliedstaaten ein (allerdings kaum noch aus einer politischen Deliberation hervorgegangenes) parlamentarisches Gesetz. In der Logik des administrativen Verbunds der Gemeinschaft entspricht ein solches Gesetz aber materiell eher einem Akt konkretisierender administrativer Normsetzung. Es ist paradoxerweise gerade die Befolgung der materiellen Vorgaben, die der Eigenlogik – der „Autonomie" – der mitgliedstaatlichen Verfahrens- und Organisationsformen die weitestgehende Schonung angedeihen lassen würde. Die Konstruktion von Kernbereichen zum Schutz der Mitgliedstaaten dagegen – dies lehrt die föderale Erfahrung sowohl in Deutschland[100] wie auch in den USA[101] – hilft den Gliedern auf die Dauer wenig, wenn nicht der politische Wille auf der höheren Ebene besteht, den Eigenbereich der Glieder möglichst weitgehend zu erhalten. Dagegen hat die Annahme eines allgemeinen Weisungsrechts der Kommission gegenüber den vollziehenden mitgliedstaatlichen Verwaltungen[102] nicht nur keine Grundlage im Vertrag, sondern sie scheint durch die Durchführungskonzeption auch überflüssig, nehmen doch die Durchführungsregelungen die Funktion der als generelle

---

[98] Soweit nicht bestritten: *Ruffert*, in: Calliess/Ruffert, EUV/EGV (Fn. 2), Art. 211, Rn. 5 f. Zum Streitstand bei der Frage eines allgemeinen Weisungsrechts sogleich Fn. 102.

[99] So aber *Brenner*, Der Gestaltungsauftrag der Verwaltung in der Europäischen Union, 1996, 363 ff. Dem zustimmend *Hoffmann-Riem*, in: Schmidt-Aßmann/Hoffmann-Riem (Hrsg.), Strukturen des Europäischen Verwaltungsrechts, 1999, 360 (373).

[100] Zum schwachen Stand der Staatlichkeit der Länder als verfassungsrechtlichem Schutzgut *C. Möllers*, Staat als Argument, 2000, 350 ff.

[101] Vgl. die eingehende und skeptische Analyse *Tribe*, American Constitutional Law, 3. Aufl. 2000, 858 ff.

[102] Dafür *Biaggini*, Theorie und Praxis des Verwaltungsrechts im Bundesstaat, 1996, 75 ff.; *Kadelbach*, in: Schmidt-Aßmann/Hoffmann-Riem (Hrsg.), Verwaltungskontrolle, 2001, 205 (224); *Klösters*, Kompetenzen (Fn. 7), 86 ff.; dagegen *Adam*, Mitteilungen (Fn. 51), 94 ff., 126 ff.; *Pühs*, Der Vollzug von Gemeinschaftsrecht, 1997, 297 f.; *Rengeling*, EuR 1974, 219 f.; *A. Weber*, Rechtsfragen der Durchführung des Gemeinschaftsrechts in der Bundesrepublik, 1987, 66 f.; *V. Schiller*, RIW 1985, 36. Anders wohl auch noch *Kadelbach*, Allgemeines Verwaltungsrecht (Fn. 51), 110.

Weisung funktionierenden Allgemeinen Verwaltungsvorschriften im bundesstaatlichen Verwaltungsgefüge ein.

Durchführung läßt sich somit föderal am besten als rechtssatzförmige, wechselseitige Anpassung einer gesetzgeberischen Entscheidung des Rates und den Vollzugsstrukturen der Mitgliedstaaten verstehen. Parallel zum deutschen Verfahren erfolgt diese Konkretisierung unter Beteiligung der Vollzugsebene. In Widerspruch mit der Logik föderaler Verwaltungsgebilde steht dagegen sowohl die Befugnis der Kommission zu Einzelfallentscheidungen an die Adresse der Mitgliedstaaten, als auch die unmittelbare Verpflichtung von EU-Bürgern durch Durchführungsregeln. Die diskutierte Einrichtung eines allgemeinen Weisungsrechts für die Kommission schließlich erscheint vor diesem Hintergrund weder notwendig noch durch Sachzwänge gerechtfertigt.

II. Durchführung als Element eines gemeinschaftlichen Gewaltengliederungskonzepts

Die Anwendbarkeit des klassischen Gewaltengliederungskonzepts auf die Europäische Gemeinschaft wird nicht selten bestritten[103], ja selbst der vom Europäischen Gerichtshof entworfenen gemeinschaftsspezifischen Formel des „institutionellen Gleichgewichts"[104] wird als „Leerformel" jeder normative Mehrwert für das Gemeinschaftsrecht abgesprochen[105]. Es ist aber fraglich, ob man es bei diesem, auch für die grundgesetzliche Diskussion typischen, eher defensiven Umgang[106] mit dem Prinzip der Gewaltengliederung belassen sollte oder ob es nicht gerade Gesichtspunkte der angemessenen Funktionenzuordnung sind, die auch der dargestellten Rechtsprechung des Europäischen Gerichtshofs einen systematischen Sinn verleihen und das Konzept der Durchführung begrifflich schärfen und normativ fundieren können[107].

Untersucht man die Funktionen der Kommission im Kompetenzgefüge der Gemeinschaft, so fallen drei Aufgaben ins Auge: die Fähigkeit, Vorschläge für neue Rechtsakte zu machen (das durch Art. 250 Abs. 1 EGV geschärfte Initiativrecht), die hier primär interessierende Zuständigkeit für die Durchführung des Gemeinschaftsrechts (Art. 202, 211 UA 4 EGV) und ihre Pflicht zur Aufsicht über die Anwendung des Gemeinschaftsrechts

---

[103] Vgl. als Versuch einer allgemeinen Theorie samt Anwendung auf Europa *C. Möllers*, Gewaltengliederung, 2005, § 7, I. (i.E.).

[104] Seit EuGH Rs. 9/56 (Fn. 24).

[105] Vgl. etwa *Brenner*, Gestaltungsauftrag (Fn. 99), 177.

[106] Vgl. nur die weiterhin zutreffende ernüchternde Bilanz bei *Leisner*, DÖV 1969, 405.

[107] Prinzipiell für eine Anwendung bei ganz verschiedenen Konzepten *Badura*, VVDStRL 23 (1966), 34 (70 f.); *Lenaerts*, CMLRev 28 (1991), 11 (13 ff.); *J. Schwarze*, DVBl. 1999, 1677 (1684).

durch die Mitgliedstaaten (Art. 211 UA 1 EGV). Sucht man in den nationalstaatlichen Verfassungstraditionen nach Parallelen für ein solches Bündel an Aufgabenzuweisungen, so wird man schnell fündig[108]: Es handelt sich um *gubernative* Aufgaben, also um Aufgaben, die üblicherweise der politisch durch das Parlament unmittelbar legitimierten Leitung des Verwaltungsapparates, der Ministerialspitze, zugeordnet werden. Zwar hat die Unterscheidung zwischen Gubernative und Exekutive keinen nahtlosen Eingang in die Dogmatik des deutschen Staatsorganisationsrechts gefunden[109]; insbesondere darf sie nicht dazu verleiten, die Rechtsbindung der Regierung unter einen Vorbehalt des politisch Möglichen zu stellen[110]. Doch wird man auf die Unterscheidung zwischen Gubernative und Exekutive kaum verzichten können, um das normative Anforderungsprofil an die zweite Gewalt in zugleich demokratisch und rechtsstaatlich verfaßten Rechtssystemen theoretisch und organisatorisch differenziert darstellbar zu machen[111]. Verlangt diese doch sowohl demokratische legitimierte politische Initiative wie auch rechtsstaatliche Rechtsbindung. So fallen als zunächst einmal nur heuristisch zu bezeichnende Funktionen der Gubernative, im Unterschied zu denen der Exekutive[112], zumindest zwei der drei der Kommission zugeordneten Aufgabenfelder auf: Die ministeriale Spitze ist für die Aufsicht über den Gesetzesvollzug der Glieder verantwortlich[113], und sie hat normativ (und praktisch sogar in den meisten Fällen) das Gesetzesinitiativrecht[114].

Läßt sich die Kommission als Gubernative der Gemeinschaft verstehen, die durch die Vollzugs-„Aufsicht" über die Mitgliedstaaten, aber vor allem durch ihr Initiativrecht die Aufgaben einer politischen Gubernative übernimmt, so hat dieses Verständnis auch Rückwirkungen auf die Befugnis

---

[108] Vgl. schon *Pescatore*, CDE 1978, 387 (392 f.).

[109] Zur Unterscheidung für das Grundgesetz *Jarass*, Politik und Bürokratie als Elemente der Gewaltenteilung, 1975. Kritik an dieser Konzeption bei *Scheuner*, DÖV 1978, 533. Diese Kritik orientiert sich an den Eigenheiten des parlamentarischen Systems, was seinerseits *für* eine Anwendung der Unterscheidung auf der Ebene der nichtparlamentarisierten Gemeinschaftsorganisation spricht. Für die Validität der Unterscheidung im gemeineuropäischen Kontext *v. Bogdandy*, Gubernative Rechtsetzung (Fn. 39), 112 ff.

[110] Diese Warnung schon bei *Merkl*, Allgemeines Verwaltungsrecht, 1927, 45 ff.

[111] Grundlegend *Jarass*, Politik und Bürokratie (Fn. 109). Für das gemeineuropäische Recht *v. Bogdandy*, Gubernative Rechtsetzung (Fn. 39), 114 ff. unter Hinweis auf *H. Seiler*, Gewaltenteilung, 1994, 264 ff.

[112] Insoweit kann die Diskussion um den Begriff einer Europäischen Verwaltung hier zunächst außen vor bleiben. Vgl. zu Verwaltungsfunktionen in Europa *Ibáñez*, Supervision (Fn. 64), 17 ff.

[113] Vgl. dazu schon *Triepel*, Die Reichsaufsicht, 1917.

[114] Vgl. *Schulze-Fielitz*, Theorie und Praxis parlamentarischer Gesetzgebung, 1988, 280 ff.; *v. Beyme*, Der Gesetzgeber, 1997, 177 f.

zur Durchführung des Gemeinschaftsrechts, soweit sie in den Händen der Kommission liegt oder liegen sollte: Als der Kommission angemessene Durchführungsaufgabe wird man auch aus dieser Sicht die über den Einzelfall hinausgehende rechtssatzförmige Konkretisierung der politischen Entscheidungen des Rates verstehen müssen: So wie die nationale Gubernative für administrative Normsetzung zuständig ist, so ist dies im Gemeinschaftsrecht die Kommission, die mit Durchführungsverordnungen oder Richtlinien operiert, die ihrerseits eines weiteren Anwendungsaktes, des Vollzugs, bedürfen. Weniger funktionsgerecht erscheint dagegen die Allokation von echten Vollzugskompetenzen bei der Kommission, also die Befugnis zum Erlaß nicht weiter konkretisierbarer Entscheidungen[115], die mit direkter Außenwirkung ergehen. Dabei ist mit Funktionsgerechtigkeit hier weniger der Mangel an Verwaltungsressourcen gemeint, der, wie die Beispiele Wettbewerbsrecht[116] und Beihilfenaufsicht[117] zeigen, die faktischen Möglichkeiten der Kommission in der Tat zu übersteigen drohen, sondern ein normativer Gesichtspunkt: Für die Entscheidung von nach außen gerichteten Einzelfällen soll nicht die Kommission als Urheber in Erscheinung treten, weil ihre vertragliche Funktion in der gemeinschaftsbezogenen Gemeinwohlkonkretisierung besteht, eine Funktion, die mit der unmittelbaren Zurechenbarkeit von Einzelentscheidungen funktional in Spannung steht. Wie schon die Untersuchung der föderalen Zusammenhänge spricht auch eine solche Gewaltenteilungsbetrachtung gegen die erweiternde Rechtsprechung des EuGH, die auch Einzelmaßnahmen unter die Durchführungsbefugnisse der Kommission einordnet[118].

Eher mit Skepsis wird man auch einer Beteiligung des Europäischen Parlaments an der Durchführungsrechtsetzung begegnen müssen. Innerhalb der institutionellen Logik des Gemeinschaftsrechts wird man eine solche Beteiligung ähnlich beurteilen wie die Teilnahme des Rates an der Durchführung. Zwar vertritt das Parlament ähnlich wie die Kommission das Gemeinschaftsinteresse, doch dürfte die Beteiligung des Parlaments an der Ausgestaltung materieller Regelungsdetails für die Profilierung als gemeinschaftliches demokratisches Forum wenig ergiebig sein. Nicht jeder institutionelle Einflußgewinn des Parlaments ist ein Schritt in Richtung Parlamentarisierung. Auf der nationalen Ebene wäre eine solche Beteiligung mit der Beteiligung des Bundestages an der Rechtsverordnungsgebung vergleichbar, die sowohl aus demokratietheoretischen[119] als auch aus

---

[115] *Röhl*, ZaöRV 60 (2000), 331; ders., in diesem Band, 319 ff.
[116] *H. Weyer*, ZHR 164 (2000), 611 (626 ff.).
[117] *Sinnaeve*, EuZW 2001, 69 (75 ff.).
[118] Vgl. EuGH Rs. 16/88, Slg. 1989, 3457 und Rs. 359/92, Slg. 1994, I- 3681 (zu Art. 95 EGV).
[119] *Lepsius*, in: Bertschi, Demokratie und Freiheit (Fn. 42), 171 ff.

verfassungsrechtlichen[120] Gründen Zweifel aufwirft. Eine Verlängerung des politischen Prozesses in die Verordnungsgebung ist, wenn man ihn überhaupt wünscht, durch die verfahrenstechnische Ausgestaltung des Normsetzungsverfahrens zu erreichen[121].

III. Durchführung als Element eines künftigen Rechtsformkonzepts

Ein wesentliches Problem der Einbettung des vertraglichen Begriffs der Durchführung dürfte im begrenzten Rechtsformenkanon des Gemeinschaftsrechts liegen. Durchführungsrechtssätze unterscheiden sich von Basisrechtssätzen nicht mit Blick auf ihre Rechtsform, sondern nur hinsichtlich ihrer sekundärrechtlichen Rechtsgrundlage[122]. Dies entspricht der allgemeinen Abkopplung der Rechtsformen von Rechtsetzungsverfahren und Normenhierarchien im Europarecht[123]. Sowohl eine gewaltenteilende wie auch eine föderale Strukturierung des Begriffs der Durchführung bedarf jedoch eigener Rechtsformen. Im Kontext der Gewaltenteilung hat das Phänomen der „untergesetzlichen" Normsetzung anders als in den Mitgliedstaaten keinen Platz im Rechtsformenkanon des Gemeinschaftsrechts. Zwar kennt die europarechtswissenschaftliche Literatur eine Vielzahl von Versuchen, die unterschiedlichen Stufen der Rechtskonkretisierung des Gemeinschaftsrechts skalierend zu erfassen[124] – diesen Stufen korrespondiert jedoch kein Angebot an dogmatisierbaren Rechtsformen, das es erst ermöglichen würde, Grenzen der Durchführung enger zu konturieren[125]. Auch wenn die Durchführungsbefugnisse der Kommission von der traditionellen Delegationsproblematik in demokratischen Verfassungsstaa-

---

[120] *Bauer*, in: Dreier (Hrsg.), Grundgesetz, Bd. 2, 1998, Art. 80, Rn. 26 mwN.

[121] Zur dahinter stehenden demokratietheoretischen Diskussion vgl. *C. Möllers*, VerwArch. 90 (1999), 187 (188 ff.). Für das anglo-amerikanische Recht *Craig*, Public Law and Democracy in the United Kingdom and the United States of America, 1990. Für das Gemeinschaftsrecht *Harlow*, in: Craig/de Búrca (Hrsg.), The Evolution of EU Law, 1999, 261 (263 ff.).

[122] *Lenaerts*, European Law Review 18 (1993), 27; *Bücker/Schlacke*, in: Joerges/Falke, Ausschußwesen (Fn. 26), 161 (233 f.), die von einer „formal einwandfreien" Unterscheidungsmöglichkeit ausgehen. Dies löst freilich das Problem nicht, eine Grenze der Durchführungsbefugnisse zu definieren.

[123] *Bast*, in: v. Bogdandy (Hrsg.), Europäisches Verfassungsrecht, 2003, 479 (499 f.).

[124] Verschiedene Typisierungen bei *Kristov/Ehlermann/Weiler*, in: Cappelletti/Secombe/Weiler, Integration (Fn. 83), 3 (62 f.); *Snyder*, The Modern Law Review 56 (1993), 19 (25 f.); *Becker*, JöR n.F. 39 (1990), 90 f.

[125] Zu Ansätzen einer Normenhierarchie im Gemeinschaftsrecht mit Blick auf die Unterscheidung zwischen Basis- und Durchführungsrechtssätzen EuG Rs. T-285/94 (Pfloeschner), Slg. 1995, II-3029, Tz. 51. Aus der Literatur *H. Hofmann*, Normenhierarchien im europäischen Gemeinschaftsrecht, 2000, 115 ff.; *Bieber/Salomé*, CMLRev 33 (1996), 907 (920 f., 926 f.).

ten zu unterscheiden sind[126], bietet sich die dort bestehende Unterscheidung verschiedener Formen für legislative und gubernative Rechtsetzung, also zwischen Gesetz und Verordnung, auch für das Gemeinschaftsrecht an. Auch in föderaler Hinsicht läßt sich ein Zusammenhang zwischen Rechtsformen und föderaler Aufsichtsaufgabe erkennen. Der Bedarf der Kommission, unmittelbar auf das Handeln der mitgliedstaatlichen Verwaltung zuzugreifen und das vom Gerichtshof anerkannte Fehlen einer entsprechenden Kompetenz[127], haben zu zahlreichen Fällen von „Formenmißbrauch" geführt, in denen die Kommission entweder Einzelweisungen in die Form von Rechtsnormen gekleidet hat oder Mitteilungen mit Rechtswirkung ausstatten wollte. Die Frage, inwieweit die Kommission dazu berechtigt ist, Vollzugsmaßnahmen zu determinieren, wird aber vom Primärrecht kaum beantwortet. Es fehlt sowohl an primärrechtlich gesetzten Grenzen wie auch an entsprechenden Formen der Aufsicht, die über die zu allgemein gehaltenen Befugnisse des Vertrags hinausgingen. Daher spielen sich die in den Mitgliedstaaten üblicherweise mit Verfassungsrang versehenen Fragen auf der Ebene des Sekundärrechts ab. Formen und Grenzen der Vollzugskontrolle liegt damit vollständig in den Händen des die Basis-Rechtssätze setzenden Rates, wodurch die Struktur des administrativen Verbunds von nationalem Vollzug und gemeinschaftlicher Durchführung ad hoc entschieden wird. Dieser Ad-hoc-Charakter dürfte aber sowohl der Transparenz und Systematik der Verwaltungsstruktur im Gemeinschaftsraum wie auch den Möglichkeiten einer Dogmatik des Allgemeinen Gemeinschaftsverwaltungsrechts abträglich sein[128]. Hier läßt sich die Notwendigkeit erkennen, das Verhältnis beider Ebenen an eigenen vertraglichen Maßstäben gerichtlich überprüfbar zu machen. Die Präsenz des Sekundärrechts dagegen könnte man in diesem Zusammenhang (mit einem aus der völkerrechtlichen Diskussion entlehnten Ausdruck) durchaus als unabgeschlossene Konstitutionalisierung des Europarechts verstehen[129].

---

[126] Dazu oben II.
[127] Nachweise bei *Biervert*, Der Mißbrauch von Handlungsformen im Gemeinschaftsrecht, 1998, 114 ff., 126 ff.; *Gundel*, Anmerkung zu EuGH Rs. C-57/95, EuR 1998, 90. Vgl. auch *T. Groß*, DÖV 2004, 22 ff.
[128] Zu diesem Konnex auch *Schönberger*, EuR 2003, 600 (613 ff.).
[129] *Möllers*, in: v. Bogdandy, Europäisches Verfassungsrecht (Fn. 123), 1 (42 ff.). Vgl. in Parallelisierung zur GATT/WTO-Rechtsordnung: *Nettesheim*, JbNPO 19 (2000), 48 (59).

D. Fazit und Ausblick zum Verfassungsvertragsentwurf

Unter dem Begriff der „Durchführung" firmiert im EGV die im Regelfall der Kommission obliegende Konkretisierung von Rechtssätzen des Rates. Fast immer erfolgt diese Konkretisierung ihrerseits in der Form von Rechtssätzen, die zumeist erst auf der Ebene der Mitgliedstaaten auf Einzelfälle angewendet werden. Die Rechtsprechung des Gerichtshofes verstärkt die im Vertragstext angelegte Zuordnung der Durchführungsbefugnisse zur Kommission, in dem er einerseits an den Bestimmtheitsgehalt der Übertragungsnormen des Rates geringe Anforderungen stellt, andererseits Durchführungskompetenzen des Rates und der Mitgliedstaaten vergleichsweise intensiv überprüft. Das Konzept der Durchführung läßt sich in eine föderale und gewaltenteilende Perspektive des Gemeinschaftsrechts integrieren, jedenfalls insoweit man die Durchführungsbefugnis – entgegen der Rechtsprechung des Gerichtshofs – auf den Erlaß von an die Mitgliedstaaten oder die Eigenverwaltung adressierten Rechtssätzen beschränkt.

Der Entwurf über einen Verfassungsvertrag[130] verleiht dieser Konzeption in mehrerer Hinsicht Gestalt: Durch die Einführung der Rechtsform der europäischen Verordnung in Art. I-33 VVE wird für die exekutive Rechtsetzung eine eigene Form des Rechtsakts in ausdrücklicher Abgrenzung zur Gesetzgebung bereitgestellt. Schon der Hinweis, daß Verordnungen nicht allein der Durchführung europäischer Gesetze, sondern auch der Durchführung der Verfassung dienen, zeigt allerdings, daß damit die dem französischen Verfassungsrecht bekannte Form gesetzesfreier Verordnungen ermöglich wird[131], die im Entwurf tatsächlich an verschiedensten Stellen vorgesehen sind. Für die Übertragung von Durchführungsbefugnissen kennt der VVE zwei Möglichkeiten. Zum einen eine allgemeine Delegationsnorm, die in ihrer Ausgestaltung wohl nicht zufällig an Art. 80 GG erinnert und wie dieser in Art. 35 VVE Bestimmtheitsstandards enthält. Zum anderen in Art. I-37 Abs. 2 VVE eine allgemeine an eine Bedürfnisklausel geknüpfte Kompetenz zur Regelung einer einheitlichen Durchführung des Gemeinschaftsrechts, die im Regelfall der Kommission und nur in begründeten Ausnahmen dem Rat zugesprochen wird. Damit wird die Ebene exekutiver Rechtsetzung auf europäischer Ebene durch eine eigene Rechtsform kenntlich gemacht und umgrenzt. Die verfassungsvertragliche Einführung dieser Rechtsformen kann damit auch einen Beitrag zur Entstehung von allgemeinen Strukturen im europäischen Verwaltungsrecht leisten[132].

---

[130] 2004/C310/01.

[131] Dies hat aber weniger Konsequenzen für die Gesetzgebungskompetenzen des Parlaments als gemeinhin angenommen: *Claassen*, DÖV 2004, 269 (270 ff.).

[132] *Schmidt-Aßmann*, Das allgemeine Verwaltungsrecht als Ordnungsidee, 2. Aufl. 2004, 7/48.

Die anfechtbare Entscheidung nach Art. 230 Abs. 4 EGV als Rechtsschutzform[*]

Hans Christian Röhl

A. Europäisches Prozeßrecht zwischen Konvergenz und Differenz
B. Zum Begriff der Entscheidung im EG-Vertrag
    I. Wortlaut des Art. 230 Abs. 4 EGV
    II. Die Beklagtenstellung des Parlaments
    III. Rechtsschutzform und Rechtsschutzauftrag
        1. Zum französischen Verwaltungsprozeßrecht: Die „décision" als Klagegegenstand
        2. Der Rechtsschutzauftrag des Art. 220 EGV
    IV. Individualrechtsschutz nach dem Verfassungsentwurf
C. Die anfechtbare Entscheidung nach Art. 230 Abs. 4 EGV in der Rechtsprechung des EuGH
    I. Maßnahme eines EG-Organs
    II. Verbindliche Rechtswirkungen
    III. Maßnahmen außerhalb von Vertragsverhältnissen
    IV. Die Bedeutung der Rechtsform für die Anfechtbarkeit
        1. Das Problem der Anfechtbarkeit von Normativakten
        2. Trennung zwischen Rechtsform und Rechtswirkungen
        3. Anfechtbarkeit von Verordnungen
        4. Anfechtbarkeit von Richtlinien
        5. An Mitgliedstaaten gerichtete Entscheidungen mit Rechtssatzcharakter
        6. Rechtsform als bloße Vorfrage
    V. Den Kläger betreffend – Individuelle Betroffenheit
    VI. Unmittelbarkeit

---

[*] Ergänzte und aktualisierte Fassung von *Röhl*, ZaöRV 60 (2000), 331 ff.

D. Probleme eines rein prozessual bestimmten Entscheidungsbegriffs
 I. Anfechtungsfrist
 II. Wirksamkeit und Bestandskraft
  1. Deggendorf-Rechtsprechung
  2. Von der Bestandskraft erfaßte Verfahren
  3. Von der Bestandskraft erfaßte Rechtshandlungen
E. Zusammenfassung, Ergebnis und Ausblick
 I. Zusammenfassung
 II. Zur Rechtsformenlehre in einem Europäischen Verwaltungsrecht
 III. Zur normativen Grundlage des EG-Prozeßrechts

A. Europäisches Prozeßrecht zwischen Konvergenz und Differenz

Die Rechtsschutzfrage der „Verwaltung des Gemeinschaftsraumes" können in unterschiedlichen nationalen Rechtsordnungen unterschiedliche Antworten erhalten. Angesichts einheitlicher Sachprobleme liegt die Suche nach einer Konvergenz des Verwaltungsrechtsschutzes in Europa auf der Hand[1]. Umgekehrt verhält es sich mit dem Rechtsschutz nach den Regeln des EG-Vertrages. Hier müssen für einheitlich geltende Normen über Rechtsschutz und seine Institutionen unterschiedliche Interpretationsansätze aufgedeckt werden, die sich insbesondere aus gegensätzlichen Grundverständnissen der mitgliedstaatlichen Rechtsordnungen speisen können.

Einen solchen Gegensatz bildet das rechtsformorientierte Denken des deutschen Verwaltungsrechts im Vergleich zu dem rechtsschutzformorientierten Ansatz der romanischen, insbesondere französischen Verwaltungsrechtsdogmatik:

– Die deutsche Verwaltungsrechtsdogmatik weist ihren Rechtsformen, insbesondere dem Verwaltungsakt, eine „Speicherfunktion" zu[2]: So ruft die Qualifikation einer Verwaltungshandlung als Verwaltungsakt prozessual die Anfechtungsklage und das Institut der formellen Bestandskraft auf, verfahrensrechtlich die Vorschriften der §§ 9 ff. VwVfG und mate-

---

[1] *Groß*, DV 2000, 415; *Spiliotopoulos* (Hrsg), Towards a unified judicial protection of citizens in Europe (?), London 2000.
[2] *Ossenbühl*, JuS 1979, 681 ff.; *Pauly*, in: Becker-Schwarze/Köck/Kupka/v. Schwanenflügel (Hrsg.), Wandel der Handlungsformen im Öffentlichen Recht, 1991, 25 (35-37); *v. Danwitz*, Verwaltungsrechtliches System und Europäische Integration, 1996, 35, 67 ff.; *Schmidt-Aßmann*, Das allgemeine Verwaltungsrecht als Ordnungsidee, 2. Aufl. 2004, 6. Kap., Tz. 34.

riell-rechtlich z.B. die Aufhebungsvorschriften der §§ 48 ff. VwVfG. Die Frage, *ob* Rechtsschutz gegen eine Maßnahme gegeben ist, ist hingegen von ihrer Rechtsnatur unabhängig.

– Demgegenüber ist der Begriff der „décision" im französischen Verwaltungsrecht ein prozessualer Zweckbegriff. Er wirkt rechtsschutzeröffnend, indem die Qualifikation einer Handlung als décision den „recours pour excès de pouvoir" ermöglicht[3]. Andere Handlungen als „décisions" können grundsätzlich nicht zum Gegenstand einer gerichtlichen Kontrolle mit dem Ziel ihrer Aufhebung oder Beseitigung gemacht werden. Verfahrens- und materiell-rechtliche Konsequenzen knüpfen dagegen nicht an diese Qualifikation, sondern z.B. an Unterkategorien der décision an, etwa die Differenzierung in „actes réglementaires" und „actes individuels"[4].

Diese Unterscheidung spiegelt sich in der Interpretation des Art. 230 Abs. 4 EGV wider. So wird die „Entscheidung" nach dem EGV in einem Teil der deutschen Lehre gerne als Pendant zum Verwaltungsakt und damit als Rechtsformbegriff verstanden. Art. 230 Abs. 4 EGV und Art. 249 Abs. 4 EGV scheinen die Grundlage einer einheitlichen Rechtsform zu bilden[5].

---

[3] *Chapus*, Droit administratif général, T 1, 15e ed., Paris, 2001, No. 670. Dieser Rechtsbehelf entspricht einer Anfechtungsklage und stellt neben der Schadensersatzklage den zentralen Rechtsbehelf des französischen Verwaltungsprozeßrechts dar, vgl. *Pacteau*, in: Spiliotopoulos, Judical Protection (Fn. 1), 290 (330 ff.); *Koch*, Verwaltungsrechtsschutz in Frankreich, 1998, 104 ff.

[4] Dazu *Ladenburger*, Verfahrensfehlerfolgen im französischen und im deutschen Verwaltungsrecht, 1999, 196 ff.

[5] *Ule*, Gutachten für den 46. DJT, 1966, Band 1 Teil 4, 12; *Thierfelder*, Die Entscheidung im EWG-Vertrag, 1968, 94, 135; *Daig*, Nichtigkeits- und Untätigkeitsklagen im Recht der Europäischen Gemeinschaften, 1985, Tz. 21, 101 (der sich im Rahmen dieser Ausführungen aber nur mit der Abgrenzung zur Verordnung beschäftigt; weiter demgegenüber Tz. 32 ff.); *Dauses*, Gutachten D für den 60. DJT, 1994, D 21; *W. Cremer*, Forschungssubventionen im Lichte des EGV, 1995, 206 ff.; *Oppermann*, Europarecht, 2. Aufl. 1999, Rn. 725. Parallel behandelt z.B. bei *Junker*, Der Verwaltungsakt im deutschen und französischen Recht und die Entscheidung im Recht der Europäischen Gemeinschaften, Diss. Münster 1990; *Dörr*, in: Sodan/Ziekow (Hrsg.), Nomos-Kommentar zur VwGO, Lsbl. Stand Januar 2003, EVR, Rn. 105: Die angefochtenen Rechtsakte müßten „*materiell-rechtlich Entscheidungen*" im Sinne von Art. 189 Abs. 4 EGV darstellen." (Hervorhebung dort); jetzt wohl auch *Borowski*, EuR 2004, 879 (882 m. Fn. 21)..
Eine größere Anzahl von Stimmen weist jedoch darauf hin, daß es sich nicht um einen identischen Begriff handelt: *Burgi*, in: Rengeling/Middeke/Gellermann (Hrsg.), Handbuch des Rechtsschutzes in der Europäischen Union, 2003, § 7 Rn. 37; *Gaitanides*, in: von der Groeben/Schwarze (Hrsg.), EU-/EG-Vertrag, 6. Aufl., 2004, Art. 230 Rn. 13; *Booß*, in: Grabitz/Hilf (Hrsg.), EUV/EGV, Lsbl. Stand 2004, Art. 230 EGV Rn. 12, 16, 47, 55; *Ehlers*, VerwArch 84 (1993), 139 (150); *Schmidt-Aßmann*, in: Schoch/Schmidt-Aßmann/Pietzner (Hrsg.), VwGO, Lsbl. Stand 2003, Einl. Rn. 116; Commentaire Mégret, Le droit de la CEE, Vol. 10, 2eme ed., Bruxelles 1993, Art. 189 No. 72; *Lenaerts/Arts*, Procedural Law of The European Union, London 1999, No. 7-009.

Diese Vorstellung ist jedoch unzutreffend[6]: Dem Text des Vertrages ist keine eindeutige Aussage für oder gegen eine einheitliche Rechtsform zu entnehmen (unter B). Auch die Rechtsprechung des EuGH hat sich von einem einheitlichen Rechtsformbegriff entfernt (unter C), vor allem weil dem Entscheidungsbegriff des Art. 230 Abs. 4 EGV rechtsschutzeröffnende Funktion zukommt[7]. Die durch den Verfassungsentwurf angestrebten Änderungen bestätigen diesen Befund, indem sie auf den Entscheidungsbegriff verzichten.

Die Analyse aus dem Blickwinkel der Rechtsformenlehre bleibt gleichwohl in zweierlei Hinsicht bedeutsam: Mit einem rein prozessualen Verständnis der anfechtbaren Entscheidung i.S.d. Art. 230 Abs. 4 EGV sind für das europäische Prozeßrecht die Probleme der Abstimmung mit dem materiellen Recht nicht gelöst, wie sich exemplarisch an der Figur der Bestandskraft zeigen läßt (unter D). Auf der anderen Seite wird deutlich, daß die Lehre von den Rechtsformen des Verwaltungshandelns auf das Verwaltungsrecht des EG-Vertrages nicht einfach übertragbar ist[8] (unter E).

B. Zum Begriff der Entscheidung im EG-Vertrag

Die Formulierungen des EGV legen auf den ersten Blick eine Identität der in Art. 249 genannten Rechtsformen mit den von Art. 230 erfaßten Handlungen nahe. Eine sorgfältigere Analyse weckt jedoch Zweifel (unter I), die eine jüngere Vertragsänderung bestärkt hat (unter II). Vor allem sprechen Rechtsschutzerwägungen gegen ein formelles Verständnis des prozessualen Entscheidungsbegriffs im EG-Vertrag (unter III). Die Fassung des Rechtsschutzartikels im Verfassungsentwurf schließt diese Entwicklung ab (unter IV).

I. Wortlaut des Art. 230 Abs. 4 EGV

Art. 230 Abs. 1 EGV eröffnet für die institutionellen Kläger des Abs. 2 die Klage gegen alle *Handlungen*[9], die keine Stellungnahmen und Empfehlun-

---

[6] Hinweis darauf bei *Bleckmann*, DÖV 1993, 837 (844). Für einen zu schaffenden Entscheidungsbegriff optimistischer *Schmidt-Aßmann*, Ordnungsidee (Fn. 2), 7. Kap. Tz. 48, 50, auch 6. Kap. Tz. 34 bei Fn. 86; *Kadelbach*, Allgemeines Verwaltungsrecht unter europäischem Einfluß, 1999, 326 f.; zur Entscheidung iSv Art. 249 Abs. 4 EGV siehe auch *Vogt*, in diesem Band, 213 ff.

[7] Die angestrebten Änderungen durch den Verfassungsvertrag bestätigen diesen Befund, indem sie auf den Entscheidungsbegriff vollständig verzichten (unter B.IV).

[8] Weiterführende Analyse der Handlungsformen des EGV bei *v. Bogdandy/Bast/Arndt*, ZaöRV 2002, 78, und bei *Bast*, in: v. Bogdandy (Hrsg.), Europäisches Verfassungsrecht, 2003, 479.

[9] Frz.: „actes"; it.: „atti"; ndl.: „handelingen"; engl.: „acts".

gen sind. Diese Formulierung bezieht sich nicht eindeutig auf den Katalog des Art. 249 EGV. Damit ist dieser Vorschrift keine Aussage für oder gegen die Identitätsthese zu entnehmen. Dementsprechend erstreckt die Rechtsprechung in ständiger Praxis Art. 230 Abs. 1 EGV auf „alle Handlungen, die dazu bestimmt sind, Rechtswirkungen zu erzeugen"[10].

Der für private Kläger einschlägige vierte Absatz des Art. 230 EGV verwendet den selben Ausdruck wie Art. 249 Abs. 4 EGV: Anfechtbar sind nur *Entscheidungen*[11]. Die ursprüngliche Rechtsprechung des EuGH ging von einer Identität der Begriffe aus[12]: Es sei „undenkbar, daß der Ausdruck 'Entscheidung' in Artikel 173 in einem anderen als dem sich aus Artikel 189 ergebenden technischen Sinne gebraucht sei." Vor allem auf diese Rechtsprechung wird verwiesen, wenn in der Literatur ein einheitlicher Entscheidungsbegriff vertreten wird[13]. Dies scheint durch eine Fortführung der Judikatur bestätigt zu werden[14]. Dieser Rechtsprechungslinie geht es jedoch nur um die Abgrenzung der Einzelfallregelung von einer allgemeinen Regelung, also vor allem der Verordnung. Hierfür will sie sich auf das aus Art. 249 Abs. 2 EGV gewonnene Kriterium der „allgemeinen Geltung"[15] stützen. Eine vollständige Identität wird mit dieser Aussage nicht begründet. Art. 230 Abs. 4 EGV enthält vielmehr mit der 2. Alt. bereits selbst – jedenfalls in der deutschen Fassung – einen Hinweis auf einen nicht nur formellen Entscheidungsbegriff[16]: Er spricht von „Entscheidungen, die, obwohl sie als Verordnung [...] ergangen sind, sie unmittelbar

---

[10] EuGH Rs. 22/70, Slg. 1971, 263 (277 Rn. 38/42) - AETR; EuGH Rs. 366/88, Slg. 1990, I-3571 (3598 f. Rn. 89) – Frankreich/KOM.

[11] Frz.: „décisions"; it.: „decisioni"; ndl.: „beschikkingen" ; engl.: „a decision".

[12] EuGH Rs. 16 u. 17/62, Slg. 1962, 963 (978) - Confédération nationale des producteurs de fruits et légumes. Auch GA Roemer in EuGH Rs. 8-11/66, Slg. 1967, 99 (133) – Cimenteries B.D.R. u.a./Noordwijks Cement Accoord.

[13] *Thierfelder*, Entscheidung (Fn. 5), 94; *Schwarze*, in: FS für Schlochauer, 1981, 927 (930); *Allkemper*, Der Rechtsschutz des einzelnen nach dem EG-Vertrag, 1995, 61; *Bockey*, Die Entscheidung der Europäischen Gemeinschaft, 1998, 160; *Lengauer*, Nichtigkeitsklage vor dem EuGH, Wien 1998, 94 f., die auf das Problem der „atypischen" Rechtsakte (dazu a.a.O., 56-61) mit einer Umdeutung in eine Entscheidung antworten will (95).

[14] EuGH Rs. C-298/89, Slg. 1993, I-3605 (Rn. 15 f.) – Gibraltar I; Rs. C-336/90, Slg. 1993, I-3961 (Rn. 15) – Gibraltar Development Corporation; Rs. C-128/91, Slg. 1993, I-3971 (Rn. 14) – Gibraltar II; Rs. C-397/92, Slg. 1993, I-3981 (Rn. 13) – Gibraltar III; Rs. C-10/95 P, Slg. 1995, I-4149 (Rn. 28) – Asocarne; Rs. C-87/95, Slg. 1996, I-2003 (Rn. 33) – CNPAAP; EuG Rs. T-116/94, Slg. 1995, II-1 (Rn. 22) – CNPAAP; vgl. auch EuG Rs. T-472/93, Slg. 1995, II-421 (Rn. 29) – Isoglukose; zul. EuG Rs. T-166/99, Slg. 2001, II-1857 (Rn. 35); Rs. T-17/00, Slg. 2002, II-579 (Rn. 58 f.) – Rothley u.a.; Rs. T-45/02, Slg. 2003, II-1973 (Rn. 31) – DOW AgroSciences.

[15] Frz.: „une portée générale"; it.: „portata generale"; ndl.: „een allgemene strekking"; engl.: „general application".

[16] Ebenso *Vandersanden*, CDE 31 (1995), 535 (546 No. 24).

und individuell betreffen"[17]. Dieses materielle Kriterium ist denn auch zum wichtigsten Schauplatz der Auseinandersetzung um den Gegenstand der Nichtigkeitsklage geworden[18].

II. Die Beklagtenstellung des Parlaments

Eine frühere Vertragsänderung hatte bestätigt, daß der Gegenstand der Nichtigkeitsklage nach Art. 230 Abs. 4 EGV den Rahmen des Art. 249 Abs. 4 EGV überschreiten kann: Der Maastrichter Vertrag hatte in Übernahme der Rechtsprechung des EuGH[19] Art. 173 Abs. 1 [jetzt: 230] EGV um eine weitere Alternative ergänzt. Hiernach sind Handlungen des Europäischen Parlaments *mit Rechtswirkungen gegenüber Dritten* anfechtbar[20]. Das bezieht sich auch auf die Individualklage des Abs. 4, wie sich aus der die Vertragsänderung anstoßenden Rechtssache Les Verts ./. Parlament ergibt. Gegen die angefochtenen Rechtshandlungen des Europäischen Parlaments gingen nicht lediglich im Parlament vertretene Fraktionen, sondern auch andere politische Gruppierungen vor. Eine Gleichsetzung mit den privilegierten Klägern des Abs. 1 war daher unzulässig[21]. Eine Klageberechtigung war nur aus dem damaligen Abs. 2, dem heutigen Abs. 4 herzuleiten. Wenn nunmehr Art. 230 Abs. 1 3. Alt. EGV Handlungen mit Rechtswirkungen gegenüber Dritten als Gegenstand der Rechtmäßigkeitskontrolle durch den EuGH nennt, dann geschieht dies auch im Hinblick auf die nicht privilegierten Kläger des Abs. 4. Die Handlungen, für die auf diese Weise eine Anfechtungsmöglichkeit eröffnet werden sollte, stellen – wie der angefochtene Parlamentsbeschluß – jedoch keine formellen Entscheidungen im Sinne des Art. 249 EGV dar. Dies folgt schon daraus, daß hier als Autor der Rechtsakte das Parlament alleine nicht genannt ist. Damit ergibt sich ein weiterer Hinweis darauf, daß der Entscheidungsbegriff in Art. 230 Abs. 4 EGV nicht in einem formellen Sinne zu verstehen ist[22].

---

[17] „bien que prises sous l'apparence d'un règlement [...], la concernent directement et individuellement"; „le decisioni, che, pur apparendo come un regolamento [...], la riguardano direttamente ed individualmente"; „beschikkingen, die, hoewel genomen in de vorm van een verordening, [...], hem rechtstreeks en individueel raken"; „although in the form of a regulation, is of direct and individual concern to the former".

[18] Vgl. noch unten C.IV.

[19] EuGH Rs. 294/83, Slg. 1986, 1339 (1365 f., Rn. 23-25) – Les Verts/EP; Rs. 78/85, Slg. 1986, 1753 (Rn. 10) – Groupe des droites Européennes/EP.

[20] Vgl. aber die anderen Sprachfassungen, die keine Relation zum Kläger, sondern eine Eigenschaft des Rechtsakts beschreiben: „*destinés* à produire des effets juridiques vis-à-vis des tiers"; „*destinati* a produrre effetti giuridici nei confronti dei terzi"; „handelingen van het Europees Parlement die *beogen* rechtsgevolgen ten aanzien van derden te hebben"; „*intended* to produce legal effects vis-à-vis third parties". Hervorhebungen von mir.

[21] Schlußanträge GA Mancini, 1353.

[22] Ebenso jetzt *Arnull*, CMLR 38 (2001), 7 (14 f.).

III. Rechtsschutzform und Rechtsschutzauftrag

Rechtsschutz von dem Vorliegen eines objektiv zu bestimmenden Klagegegenstandes abhängig zu machen läßt sich mit einem subjektiv bestimmten Rechtsschutzauftrag der Gerichte nur schwer vereinbaren. Im deutschen Verwaltungsprozeßrecht ist daher eine solche objektive Zugangsbestimmung, wie sie mit dem Enumerationsprinzip vorlag, mittels der Generalklausel des § 40 VwGO überwunden. Für das Prozeßrecht des EGV steht hingegen als Aufhebungs- bzw. Beseitigungsklage wie im französischen Recht nur eine einzige Verfahrensart zu Gebote, was nicht ohne Auswirkungen auf die Definition des Klagegegenstandes bleiben kann.

Zwar kennt auch das deutsche Verwaltungsprozeßrecht im Rahmen der Zulässigkeitsvoraussetzungen die Frage nach der formellen Qualifikation des Rechtsaktes. Es trennt zwischen Gegenstand der Klage und Klagebefugnis, also einer Relation des Klagegegenstandes zum Kläger. Unterschiedlichen Klagegegenständen werden unterschiedliche Klagearten zugeordnet und an diese spezielle Prozeßvoraussetzungen geknüpft. Nur ist das „Ob" des Zugangs zum Gericht mit dem Gegenstand der Klage nicht verbunden[23] und darf es von Verfassungs wegen nicht sein: Greift eine Verwaltungsmaßnahme gleich welcher Form in die subjektiven Rechte des Klägers ein, muß wegen Art. 19 Abs. 4 GG Rechtsschutz offenstehen[24]. Weil aus diesem Grunde die Qualifikation des Klagegegenstandes nicht mit der Frage belastet ist, ob Rechtsschutz besteht[25], können die einzelnen Rechtsformen präziser definiert und gleichzeitig mit verfahrens- und materiell-rechtlichen Konsequenzen verbunden werden.

1. Zum französischen Verwaltungsprozeßrecht: Die „décision" als Klagegegenstand

Im französischen Anfechtungsprozeß des „recours pour excès de pouvoir" ist Rechtsschutz vom Vorliegen einer „décision" abhängig: Grundsätzlich erfordert das französische Verwaltungsprozeßrecht eine Entscheidung, bevor die Verwaltungsgerichte angerufen werden können[26]: Als prozessuales Instrument läßt sich die so bezeichnete décision nicht ausschließlich nach formellen Kriterien abgrenzen, sondern erhält einen weiten Anwen-

---

[23] Dazu *Erichsen*, in: ders./Ehlers (Hrsg.), Allgemeines Verwaltungsrecht, 12. Aufl. 2002, § 12 Rn. 3.
[24] *Pietzcker*, in: Schoch/Schmidt-Aßmann/Pietzner, VwGO (Fn. 5), Vorb. § 42 Rn. 21. Dieser muß und kann u.U. gegen untergesetzliche Rechtsnormen mangels zulässiger Normenkontrolle im Wege der Feststellungsklage gesucht werden, *Gerhardt*, in: Schoch/Schmidt-Aßmann/Pietzner, VwGO (Fn. 5), Vorb. § 47 Rn. 10.
[25] Zum Verwaltungsakt m. Nachw. BVerwGE 60, 144 (148 f.); E 77, 268 (274 f.).
[26] Dazu *Chapus*, Droit du contentieux administratif, 10e ed., Paris 2002, No. 629 ff.

dungsbereich²⁷. Gleichwohl ist nicht alles Verwaltungshandeln erfaßt. So wird die décision als eine Rechtshandlung verstanden, die auf eine Änderung oder Bestätigung der Rechtslage gerichtet ist. Rein tatsächliches Handeln stellt keine Entscheidung in diesem Sinne dar²⁸. Rechtsschutz müßte in einem solchen Falle in einem Staatshaftungsprozeß gesucht werden.

Weil weitgehend alles, aber auch nur regelndes Handeln der Exekutive der Anfechtung unterliegt, ist im französischen Verwaltungsprozeßrecht eine klare Trennung zwischen Gegenstand der Klage und Relation des Klagegegenstandes zum Kläger in den Zulässigkeitsvoraussetzungen schwierig: Zum einen drängt die Rechtsschutzperspektive auf eine Erweiterung des Entscheidungsbegriffs. Sie veranlaßt dazu, die Frage der Betroffenheit des Klägers durch den angefochtenen Akt in die Tatbestandsmerkmale der Entscheidung mit einzubeziehen und davon die Rechtsschutzgewährung abhängig zu machen. Weil die décision im Rahmen des recours pour excès de pouvoir auf diese Weise nur eine prozessuale Funktion bekleidet, ist es auf der anderen Seite weitgehend gleichgültig, ob ein subjektives Erfordernis zur Definition eines Klagegegenstandes hinzugefügt oder erst als Element weiterer Zulässigkeitsvoraussetzungen verstanden wird.

2. Der Rechtsschutzauftrag des Art. 220 EGV

Sobald das Ziel des Verwaltungsprozesses zumindest auch der Schutz klägerischer Rechte ist, muß für jeden Fall der Beeinträchtigung solcher Rechte auch eine Klagemöglichkeit offenstehen. Dementsprechend hat z.B. das spanische Verwaltungsprozeßrecht, das sich lange Zeit an dem französischen Modell orientierte, wohl unter dem Einfluß der verfassungsrechtlichen Rechtsschutzgarantie eine Abkehr von dem Anfechtungsmodell vollzogen. Dort ist nicht mehr das Vorliegen einer Entscheidung Voraussetzung des Rechtsschutzes, vielmehr besteht Rechtsschutz auch gegen andere Handlungen der Verwaltung („actuaciones materiales")²⁹. Für das europäische Prozeßrecht müßte der Rechtsschutzauftrag des Art. 220 EGV ebenfalls eine Gewährung von Rechtsschutz in Abhängigkeit von einer formellen Qualifikation der angefochtenen Maßnahme verbieten³⁰. Unter Berufung auf diese Vorschrift hat der EuGH denn auch die Definition der anfechtbaren Maßnahme in der Rechtssache IBM weit gefaßt: Danach sind „alle Maßnahmen, die verbindliche Rechtswirkungen erzeugen, welche die Interessen des Klägers durch einen Eingriff in seine Rechtsstellung beein-

---

[27] Im einzelnen noch unten unter C.II.2.
[28] *Chapus*, Droit administratif général (Fn. 3), No. 670, 695.
[29] Art. 25 des Ley 29/1998, reguladora de la Jurisdicción Contencioso-administrativa (B.O.E. v. 14.7.1998), dazu *González-Varas*, DÖV 2000, 240 (240 f.).
[30] Dieses Dilemma benennt *Vandersanden*, CDE 31 (1995), 535 (537 Nos. 8 f. und 546 Nos. 25 ff.); ferner *Lenaerts/Arts*, Procedural Law (Fn. 5), No. 7-009.

trächtigen, Handlungen oder Entscheidungen, gegen die die Anfechtungsklage nach Artikel 173 gegeben ist. Die Form, in der diese Handlungen oder Entscheidungen ergehen, ist dagegen grundsätzlich ohne Einfluß auf ihre Anfechtbarkeit."[31] Diese weitgehende, letztlich auf einer Rechtsfortbildung beruhende Formel beschreibt allerdings nur eine konsequent durchgeführte Position in der Rechtsprechung des EuGH. Das vollständige Bild der Rechtsprechung stellt sich durchaus differenzierter dar. Dem wird unter C eingehend nachgegangen.

IV. Individualrechtsschutz nach dem Verfassungsentwurf

Art. III–270 des Europäischen Verfassungsentwurfs (VVE) vollzieht nunmehr die endgültige Trennung zwischen Rechtsform und Rechtsschutzform. Art. I–32 VVE zählt entsprechend Art. 249 EGV die möglichen Rechtsformen, die den Organen der Union zur Verfügung stehen, anhand einzelner Begriffen auf[32]. Diese werden jedoch im Rechtsschutzartikel III–270 VVE nicht wieder aufgenommen. Danach besteht vielmehr eine Klagemöglichkeit gegen alle „Handlungen"[33]. Damit spielt die Qualifikation der Maßnahme keine Rolle für die Zulässigkeit der Klage mehr, abgesehen von dem Sonderfall der „Rechtsakte mit Verordnungscharakter", die „keine Durchführungsmaßnahmen nach sich ziehen".

C. Die anfechtbare Entscheidung nach Art. 230 Abs. 4 EGV in der Rechtsprechung des EuGH

Die Rechtsprechung des EuGH zur anfechtbaren Entscheidung nach Art. 230 Abs. 4 EGV hat sich von dem Gedanken einer einheitlichen Rechtsform deutlich entfernt. Das soll im folgenden anhand der Tatbestandsmerkmale nachgezeichnet werden, die sich der Rechtsprechung des EuGH für das Vorliegen einer anfechtbaren Entscheidung entnehmen lassen: Es muß eine Handlung eines EG-Organs vorliegen (unter I), die verbindliche Rechtswirkungen entfaltet (unter II) und außerhalb eines Vertragsverhältnisses ergangen ist (unter III). Sie muß den Kläger individuell (unter V) und unmittelbar betreffen (unter VI). Nicht entscheidend ist demgegenüber, ob die Handlung allgemeine Geltung aufweist (unter IV).

---

[31] EuGH Rs. 60/81, Slg. 1981, 2639 (2651, Rn. 9) – IBM; EuG Rs. T-3/93, Slg. 1994, II-121 (149, Rn. 43, 57) – Air France; Rs. T-452/93 u.a., Slg. 1994, II-229 (Rn. 29) – Pevasa; Rs. T-377/00 u.a., Slg. 2003, II-1 (Rn. 76 f.) – Philip Morris u.a.

[32] Europäisches Gesetz, Europäisches Rahmengesetz, Europäische Verordnung, Europäischer Beschluß.

[33] Aus Abs. 1 wird man ergänzen müssen: „[...] soweit es sich nicht um Empfehlungen oder Stellungnahmen handelt".

I. Maßnahme eines EG-Organs

Anfechtbare Entscheidungen müssen grundsätzlich von den in Art. 230 Abs. 1 EGV erfaßten Klagegegnern erlassen worden sein[34]. Der EuGH hat aus Rechtsschutzgründen allerdings auch Klagen gegen andere Organe zugelassen, wenn ihr Handeln die Rechte des Klägers beeinträchtigen konnte[35], ebenso wurden selbständige Handlungen untergeordneter Stellen als anfechtbare Handlungen eingestuft[36]. Schließlich können der Kommission u.U. Handlungen zugerechnet werden, die von ihr geschaffene Einrichtungen[37] oder ihr vertraglich verbundene Stellen erlassen[38].

Demgegenüber kommen für die (im folgenden so bezeichneten) förmlichen Entscheidungen i.S.d. Art. 249 Abs. 4 EGV andere Organe als die dort Genannten als Autor nicht in Betracht. Z.B. bedürfen förmliche Entscheidungen der Kommission der Beschlußfassung durch die Kommission als Kollegialgremium. Eine Delegation ist nur für eindeutig umschriebene Maßnahmen der Geschäftsführung und der einfachen laufenden Angelegenheiten der Verwaltung zulässig[39], nicht hingegen für die wichtigeren, insbesondere verfahrensabschließenden Entscheidungen[40].

Diese Differenzierung zwischen Rechtsschutzform und Rechtsform wird durch den Verfassungsentwurf noch deutlicher: Die Autorschaft der in Art. I-32 genannten Rechtsformen ist den einzelnen Organen in den folgenden Artikeln genau zugewiesen; Rechtsschutz wird hingegen in Art. III-270 Abs. 1 S. 2 VVE auch gegen Handlungen der Einrichtungen, Ämter und Agenturen gewährt.

---

[34] Dazu *Booß*, in: Grabitz/Hilf, EUV/EGV (Fn. 5), Art. 230 Rn. 6; EuG Rs. T-113/89, Slg. 1990, II-797 (820 Rn. 81) – Nefarma.

[35] So EuGH Rs. 87/193, Slg. 1989, 1045 (Rn. 41 ff.) – Maurissen, für eine Beamtenklage gegen den Präsidenten des Rechnungshofs, und in Les Verts gegenüber dem Parlament (vgl. oben bei Fn. 19).

[36] Vgl. bereits EuGH Rs. 8-11/66, Slg. 1967, 99 (122 ff.) – Cimenteries: „Mitteilung" der Kommission nach Art. 15 Abs. 6 VO Nr. 17 als anfechtbare Entscheidung, obwohl nicht von Kommissionsmitglied ausgefertigt. GA Roemer war aus diesem Grund von der Inexistenz der Entscheidung ausgegangen (Schlußanträge, 145). Dazu wie hier Commentaire Mégret (Fn. 5), Art. 173 No. 11. Ähnlich EuG Rs. T-84/97, Slg. 1998, II-795 (LS 3) – BEUC II.

[37] EuGH Rs. 32 u.a./58, Slg. 1958/59, 287 (312) – SNUPAT.

[38] EuG Rs. T-369/94 u.a., Slg. 1998, II-357 (Rn. 53) – DIR Int. Film.

[39] EuGH Rs. 5/85, Slg. 1986, 2585 (Rn. 37) – Akzo; EuG Rs. T-450/93, Slg. 1994, II-1177 (1191 f., Rn. 34 ff.) – Lisretal.

[40] EuG Rs. T-80/89 u.a., Slg. 1995, II-729 (Rn. 95-107) – BASF u.a./KOM, bestätigt durch EuGH Rs. C-137/92 P, Slg. I-2555 (Rn. 69 ff.) – BASF: Entscheidungen nach Art. 81 [85 aF] EGV; EuG Rs. T-435/93, Slg. 1995, II-1281 (Rn. 102 ff.) – ASPEC; Entscheidung nach Art. 88 Abs. 3 [93 aF] EGV. Dazu *Ritter*, in: Immenga/Mestmäcker, EG-Wettbewerbsrecht, Bd. II, 1997 ff., VO Nr. 17 Art. 3, Rn. 27 ff.

II. Verbindliche Rechtswirkungen

Die Anfechtungsklage des Art. 230 EGV richtet sich nur gegen Handeln, das *verbindliche Rechtswirkungen* erzeugen kann[41]. Entscheidend ist damit ein materielles Kriterium, auf eine Form oder Bezeichnung der Maßnahme kommt es nicht an[42]. Anhand dieses Kriteriums wird die anfechtbare Entscheidung von bloß vorbereitenden Handlungen (unter C.II.1.a) und Realhandeln (unter C.II.1.b) abgegrenzt. Die Einordnung dieses Merkmals als Bestandteil der Definition einer anfechtbaren Entscheidung gelingt – wie auch im Falle des unten erläuterten Merkmals der *unmittelbaren* Wirkung – nicht völlig trennscharf, weil es als objektive Eigenschaft der Handlung oder als eine Relation zum Kläger verstanden werden kann. Wegen des einzigen Qualifikationsziels, der Zulässigkeit der Klage, hat diese Undeutlichkeit im Begriffsverständnis zu keinen praktischen Folgen geführt.

Grundsätzlich keine verbindlichen Rechtswirkungen erzeugen vorbereitende oder verfahrensleitende Maßnahmen der Kommission[43]. Dahinter steht der Gedanke einer funktionalen Abstimmung zwischen Verfahren und gerichtlicher Kontrolle: In der Regel soll das Gericht nicht in laufende Verfahren eingreifen[44]. Von dieser Grundregel existieren einige Ausnahmen.

---

[41] EuGH Rs. 133/79, Slg. 1980, 1299 (1309 Rn. 15) – Sucrimex; EuG Rs. T-130/02 – Kronoply; Rs. T-377/00 u.a., Slg. 2003, II-1 (Rn. 76 f.) – Philip Morris u.a.; Rs. T-93/00, Slg. 2003, II-1635 (Rn. 59 ff.). Hierzu ausführlich *Kirschner*, Die Abgrenzung des Verwaltungsaktes von anderen behördlichen Handlungen, vor allem zur Beeinflussung wirtschaftlicher Abläufe, in der Rechtsprechung des Gerichts erster Instanz der EG, 1991; *Booß*, in: Grabitz/Hilf, EUV/EGV (Fn. 5), Art. 230 EGV Rn. 16 ff.

[42] Commentaire Mégret (Fn. 5), Art. 173 No. 11. Versuchen der Hohen Behörde der EGKS, formelle Kriterien für die Qualifikation der Entscheidung nach dem EGKSV einzuführen (Entscheidung der Kommission Nr. 22/60, ABl. 1960, S. 1248 und die dazu ergangene Mitteilung, ABl. 1960, S. 1250), hatte der EuGH bereits früher eine Absage erteilt, EuGH Rs. 23 u.a./63, Slg. 1963, 439 (454) – Henricot, dazu Commentaire Mégret, aaO., 113; vgl. auch EuGH Rs. 275/80 u.a., Slg. 1981, 2489 (Rn. 9) – Krupp.

[43] EuGH, Slg. 1981, 2639 (2651-2654 Rn. 8-24) – IBM: Eröffnung des Verfahrens und Mitteilung der Beschwerdepunkte im Kartellverfahren; EuG Rs. T-64/89, Slg. 1990, II-367 (381 ff. Rn. 42-58) – Automec: Schreiben an Beschwerdeführer im Kartellaufsichtsverfahren; EuG Rs. T-37/92, Slg. 1994, II-285 (Rn. 34 ff.) – BEUC I; EuG Rs. T-596/97, Slg. 1998, II-2383 (LS 3) – Dalmine: Zwangsgeldfestsetzung nach Art. 16 Abs. 1 VO Nr. 17, weil die Kommission die gesamte Höhe des Zwangsgeldes erst noch feststellen muß.

[44] EuG Rs. T-64/89, Slg. 1990, II-367 (381 ff. Rn. 46) – Automec. Gleichermaßen sind bloß organisationsinterne Maßnahmen nicht anfechtbar: EuGH Rs. 78/85, Slg. 1986, 1753 (Rn. 10) – Groupe des droites Européennes/EP: Einsetzung eines Untersuchungsausschusses.

– Anfechtbar sind Entscheidungen im Verfahren, die eine endgültige Beschwer enthalten, vor allem weil sie Verfahrensrechte betreffen. Solches trifft für Maßnahmen zu, mit denen der Zugang zum Verfahren verweigert wird[45] oder mit denen Akteneinsicht in Unterlagen des Klägers an Dritte gewährt wird[46]. In diesem Fall kommt es nicht darauf an, ob die angefochtene Maßnahme eine förmliche Entscheidung i.S.d. Art. 249 Abs. 4 EGV darstellt bzw. eine solche ihr vorausgegangen sein sollte.

– Anfechtbar sind auch Zwischenmaßnahmen mit vorläufiger Regelungswirkung, welche die Kommission in den vor ihr laufenden Verfahren erlassen kann[47]. In der Regel steht den hierdurch belasteten Personen die Nichtigkeitsklage zu, auch wenn es sich nicht um förmliche Entscheidungen i.S.d. Art. 249 EGV handelt.

Die Grenze zwischen nicht anfechtbarem Realhandeln und anfechtbaren Entscheidungen spielt im EG-Recht insbesondere für Äußerungen der Kommission eine Rolle. Im Grundsatz sind bloße Verlautbarungen als Realhandeln nicht anfechtbar[48]. Existiert für das Handeln der Kommission keine Rechtsgrundlage, wird darüber hinaus vermutet, daß auch keine Rechtswirkungen erzeugt werden sollten[49]. Auch die Begründung einer Entscheidung kann nicht isoliert zum Gegenstand einer Nichtigkeitsklage gemacht werden[50]. Häufig werden aber Mitteilungen eine dahinterstehende Entscheidung der Kommission erkennen lassen[51]. Daher können auch mündliche Äußerungen anfechtbare Entscheidungen darstellen, wenn sie die Rechtslage abschließend feststellen[52].

---

[45] EuG Rs. T-84/97, Slg. 1998, II-795 (LS 3) – BEUC II: Kläger wird mitgeteilt, daß er nicht zum Verfahren hinzugezogen werde und folglich auch keine Akteneinsicht erhalte.

[46] EuGH Rs. 53/85, Slg. 1986, 1965 (1989 f.) – AKZO.

[47] EuGH Rs. 8-11/66, Slg. 1967, 99 (122 ff.) – Cimenteries; EuG Rs. T-19/91, Slg. 1992, II-415 (Rn. 16) – Vichy: „Mitteilung" der KOM nach Art. 15 Abs. 6 VO Nr. 17; Rs. T-120/96, Slg. 1998, II-2571 (Rn. 54) – Lilly Industries Ltd; Rs. T-241/97 Slg. 2000, II-309 (Rn. 49 ff.) – Stork.

[48] Zum folgenden *Daig*, Nichtigkeitsklagen (Fn. 5), Tz. 32 ff.

[49] Z.B. EuGH Rs. 182/80, Slg. 1982, 799 (Rn. 16 f.) – Gauff.

[50] EuG Rs. T-138/89, Slg. 1992, II-2181 (Rn. 31) – NBV.

[51] EuGH Rs. C-135/92, Slg. 1994, I-2885 – Fiskano: Ein schwedisches Fischereifahrzeug wird für ein Jahr von der Erteilung einer Lizenz zum Fang in Gemeinschaftsgewässern ausgeschlossen. Die Klage richtet sich gegen das Schreiben der Kommission, mit dem der Staat Schweden unterrichtet wird.

[52] EuGH Rs. 316/82 u.a., Slg. 1984, 641 (656 Rn. 9) – Kohler: Der Klägerin wurde mündlich mitgeteilt, das Auswahlverfahren, an dem sie teilgenommen hatte und bei dem sie auf dem ersten Platz der Einstellungsliste stand, werde ohne Einstellung abgebrochen. Nach Auffassung des EuGH schlossen es weder eine allgemeine Rechtsvorschrift noch besondere Bestimmungen des Beamtenstatuts aus, daß gegen mündliche Entscheidungen Klage erhoben werden könne. EuG Rs. T-3/93, Slg. 1994, II-121 (149, Rn. 43, 57) – Air

Formelle Entscheidungen i.S.d. Art. 249 Abs. 4 EGV können dagegen nur schriftlich ergehen[53] und sind den Adressaten, also „denjenigen, für die sie bestimmt sind", nicht allen, die unmittelbar und individuell betroffen sind, bekanntzugeben[54]. Eine Veröffentlichung im Amtsblatt ist nicht in jedem Falle erforderlich, arg. ex Art. 254 Abs. 1 und 2 EGV. Einige Vorschriften sehen sie aber vor, z.B. Art. 26 Beihilfeverfahrens-VO[55].

Auch anhand des Kriteriums der verbindlichen Rechtswirkungen läßt sich also zeigen, daß die anfechtbare Entscheidung nach Art. 230 Abs. 4 EGV und die formelle Entscheidung des Art. 249 Abs. 4 EGV unterschiedliche Gegenstände im Auge haben[56]. Das entscheidende Argument des EuGH ergibt sich aus Art. 220 EGV: Eine Beschränkung auf Entscheidungen i.S.d. Art. 249 EGV würde der Rechtsschutzfunktion nicht gerecht[57]. Weil mit der Qualifikation als Entscheidung – parallel zu anderen Ländern, die nur ein Anfechtungssystem kennen – der Rechtsschutz eröffnet wird[58], läßt der Gerichtshof die Nichtigkeitsklage auch gegen solche Handlungen zu, die keine Entscheidungen i.S.d. Art. 249 EGV sind[59]. Art. III-270 Abs. 4 VVE, der Rechtsschutz gegen alle „Handlungen" gewährt, nimmt diese Rechtsprechung konsequent auf.

III. Maßnahmen außerhalb von Vertragsverhältnissen

Für Entscheidungen über Vertragsstreitigkeiten ist nach Art. 288 Abs. 1 i.V.m. Art. 240 EGV grundsätzlich der nationale Richter zuständig, solange keine Zuständigkeitsvereinbarung gem. Art. 238 EGV getroffen ist[60]. Daher läßt der EuGH trotz des weiten Verständnisses der anfechtbaren Entscheidung eine Anfechtungsklage gegen öffentlich-rechtliche oder privatrechtliche Verträge der Europäischen Gemeinschaften nicht zu. Eben-

---

France: Anfechtbar ist die durch Pressesprecher übermittelte Feststellung der Kommission, sie sei für nicht angemeldete Zusammenschlüsse nicht zuständig, weil die Fusionskontroll-VO auf den fraglichen Zusammenschluß keine Anwendung finde.

[53] So *G. Schmidt*, in: v.d. Groeben/Schwarze, EU-/EG-Vertrag (Fn. 5) Art. 254 Rn. 18.

[54] *G. Schmidt*, in: v.d. Groeben/Schwarze, EU-/EG-Vertrag (Fn. 5) Art. 254 Rn. 17.

[55] VO Nr. 659/1999 v. 22.3.1999 „Über besondere Vorschriften für die Anwendung von Artikel 93 des EG-Vertrags", ABl. EG 1999, Nr. L 81, S. 1.

[56] AA wohl *Borowski*, EuR 2004, 879 (883): Art. 249 Abs. 4 EGV werde mit Blick auf Art. 230 Abs. 4 EGV ausgelegt.

[57] EuGH Rs. 60/81, Slg. 1981, 2639 (2651 Rn. 8) – IBM; allerdings war diese Aussage letztlich nicht entscheidungserheblich, weil die Klage unzulässig war. *Schweitzer*, in: FS für F. Klein, 1994, 85 (100).

[58] *Bleckmann*, Europarecht, 6. Aufl. 1997, § 7 Rn. 462.

[59] *Schwarze*, Europäisches Verwaltungsrecht, 1988, Bd. 2, 934; *Schmidt-Aßmann*, JZ 1994, 832 (835 f.).

[60] Daran ändert der Verfassungsentwurf nichts, vgl. Art. III-337 i.V.m. Art. III-281 und Art. III-279.

falls von der Anfechtung durch den Vertragspartner ausgeschlossen sind Maßnahmen der Kommission mit regelndem Gehalt, die im Rahmen solcher vertraglichen Beziehungen ergehen, also Mahnungen, Zahlungsaufforderungen etc.[61] Die Entscheidung hierüber ist wegen ihrer vertraglichen Grundlage dem nationalen Richter in seiner Funktion als Vertragsrichter vorbehalten. Anfechtbare Entscheidungen sind also nur einseitige Handlungen außerhalb von Vertragsverhältnissen[62].

Der Rechtsschutz im Zusammenhang mit Verträgen nach Art. 230 Abs. 4 EGV folgt damit dem französischen Modell. Eine anfechtbare Entscheidung kann danach dann vorliegen, wenn sich einseitige Handlungen identifizieren lassen, die nicht dem Vertragsverhältnis zuzurechnen sind. Dies wird etwa angenommen für die Entscheidung, einen Vertrag, z.B. über eine Forschungssubvention oder die Vergabe von Arbeiten abzuschließen und damit implizit andere Bewerber auszuschließen. Wie im französischen Verwaltungsprozeßrecht läßt sich diese Handlung als vom Vertrag „ablösbar" und damit als anfechtbar qualifizieren[63]. Die in solchen Vertragsschlußhandlungen mit anderen liegenden impliziten Entscheidungen sind allerdings selten förmlich ausgesprochen und in der Regel nicht begründet, wie es für eine förmliche Entscheidung i.S.d. Art. 249 Abs. 4 EGV erforderlich wäre. Ihre Rechtmäßigkeit berührt dies nach der Rechtsprechung des EuGH nicht[64].

IV. Die Bedeutung der Rechtsform für die Anfechtbarkeit

Bei unbefangener Lektüre des Art. 230 Abs. 4 EGV scheint der Entscheidungscharakter der angefochtenen Maßnahme eine weitere Zulässigkeitsvoraussetzung der Nichtigkeitsklage zu bilden. Das schlösse die Anfechtbarkeit normativen Handelns der Europäischen Gemeinschaft, insbesondere in der Form der Verordnung aus.

---

[61] EuGH Rs. 43/84, Slg. 1985, 2581 (Rn. 26) – Maag; Rs. 251/84, Slg. 1986, 217 – CMA; Rs. C-142/91, Slg. 1993, I-553 (Rn. 18) – Cebag; EuG Rs. T-44/96, Slg. 1997, II-1331 (1343 ff. Rn. 36 ff.) – Oleifici Italiani; Rs. T-186/96, Slg 1997, II-1633 (1644 Rn. 45-52) – Mutual Aid II. Zur parallelen Rechtslage in Frankreich *Chapus*, Contentieux administratif (Fn. 26), No. 825 ff.

[62] *Booß*, in: Grabitz/Hilf, EUV/EGV (Fn. 5), Art. 230 EGV Rn. 18. *Bockey*, Entscheidung (Fn. 13), 31 f. schlägt für die Bezeichnung dieses Erfordernisses die durch Art. 4 Nr. 5 Zollkodex für die Entscheidung im Zollrecht eingeführte Formulierung „hoheitliche Maßnahme" vor. Andere Sprachfassungen des Zollkodex (E, F, I) weisen jedoch keinen dieser Bezeichnung entsprechenden Ausdruck auf.

[63] EuGH Rs. 23/76, Slg. 1976, 1807 (1820 f. Rn. 23/25 u. 26/30) – Pellegrini, vgl. auch dort S. 1827 die Ausführungen von GA Mayras; EuGH Rs. 56/77, Slg. 1978, 2215 (Rn. 12) – Agence européenne; Rs. C-48/96 P, Slg. 1998, I-2873 (Rn. 16 f.) – Windpark Groothusen; EuG Slg. 1998, II-357 (Rn. 22) – DIR Int. Film.

[64] EuGH Slg. 1978, 2215 (Rn. 12) – Agence européenne; EuGH Slg. 1998, I-2873 – Windpark Groothusen.

1. Das Problem der Anfechtbarkeit von Normativakten

Die Anfechtbarkeit von Verordnungen ist eine der am intensivsten diskutierten Fragen im Europäischen Prozeßrecht[65]. Eine einheitliche und gleichwohl systematisch befriedigende Antwort zu finden, wird schon deshalb schwerfallen, weil sich wegen der fehlenden Normenhierarchie des EG-Rechts[66] unter den Kategorien Verordnungen und Richtlinien Rechtsakte von weitestgehender Bedeutung, die im Zusammenwirken von Parlament, Rat und Kommission zustande gekommen sind, wie unbedeutende Durchführungsvorschriften der Kommission gleichermaßen wiederfinden. Im Grundsatz ist Art. 230 Abs. 4 EGV ein Ausschluß der Anfechtbarkeit von Normativakten zu entnehmen. Dies ergibt sich bereits aus dem Wortlaut, historisch auch aus dem Vergleich zur früher entstandenen Vorschrift des Art. 33 Abs. 2 EGKS, die noch eine, wenn auch eingeschränkte Anfechtbarkeit der Normativakte der Hohen Behörde, der „generellen Entscheidungen", vorgesehen hatte. Eine solche Anfechtbarkeit sollte der EWGV gerade nicht enthalten[67]. Unter Berufung auf den Rechtsschutzauftrag aus Art. 220 EGV ist immer wieder eine großzügigere Interpretation des Art. 230 Abs. 4 EGV gefordert worden[68]. Demgegenüber wird darauf hingewiesen, daß Verordnungen wegen ihrer Tragweite und ihrer allgemeinen Geltung nicht zur Disposition einer unübersehbaren Zahl Rechtsschutz suchender privater Kläger gestellt werden sollen[69]. Weiterhin wird auf andere Rechtsschutzmöglichkeiten verwiesen, die gegenüber normati-

---

[65] Nachweise bei *Nihoul*, RTDE 1994, 171 (187 N. 41). Weiterhin *Waelbroeck/Verheyden*, CDE 31 (1995), 399 ff.; *Vandersanden*, CDE 31 (1995), 535 ff.; *Sedemund/Heinemann*, DB 1995, 1161 (1162 f.); *Nettesheim*, in: Micklitz/Reich (eds.), Public Interest Litigation before European Courts, 1996, 225 ff.; *Hedemann-Robinson*, EPL 2 (1996), 127 ff.; *Cooke*, Conflict of Principle and Pragmatism – Locus standi under Article 173 (4) ECT, 1996; *Craig/de Búrca*, EU Law, 3rd ed., Oxford 2003, 493 ff.; *W. Cremer*, in: Calliess/Ruffert (Hrsg.), Kommentar zu EU-Vertrag und EG-Vertrag, 2. Aufl. 2002, Art. 230 Rn. 27-36. Aus rechtspolitischer Sicht bereits *Börner*, in: Referat 46. DJT, G 32 ff.; dagegen *Matthies*, in: Referat 46. DJT, G 62 ff.

[66] Dazu *H. Hofmann*, Normenhierarchien im europäischen Gemeinschaftsrecht, 2000. Vgl. auch *Waelbroeck/Verheyden*, CDE 31 (1995), 399 (436 ff. No. 61 ff.). Art. I–32 VVE bereitet diesem Zustand durch die Einführung zusätzlicher Rechtsformen ein Ende.

[67] Dazu *Börner*, Die Entscheidungen der Hohen Behörde, 1965, 114-117; *Schwarze*, in: FS für Schlochauer, 1981, 927 (930). Dieses Argument in EuGH Rs. 16 u. 17/62, Slg. 1962, 963 (978) – Confédération nationale des producteurs de fruits et légumes; krit. *Erichsen/Weiß*, Jura 1990, 528 (532 f.).

[68] Ausführlich mit rechtsvergleichenden Hinweisen *Waelbroeck/Verheyden*, CDE 31 (1995), 399 ff. Zuletzt insbesondere die Schlußanträge von GA *Jacobs*, in: EuGH Rs. C-50/00 P, Slg. 2002, I-6677 – Unión des Pequeños Agricultores.

[69] Zustimmend referiert bei *Schwarze*, FS für Schlochauer (Fn. 67), 927 (932); weiterhin *Classen*, Die Europäisierung der Verwaltungsgerichtsbarkeit, 1996, 68; *J.-P. Schneider*, AöR 119 (1994), 294 (303).

vem Handeln zur Verfügung stehen[70], nämlich in erster Linie – wegen des vor allem mitgliedstaatlichen Vollzuges – das Vorabentscheidungsverfahren nach Art. 234 EGV, ferner die durch Art. 241 EGV ermöglichte Inzidentkontrolle und die von der Nichtigkeitsklage unabhängige Schadensersatzklage nach Art. 288 Abs. 2 EGV. Die Klagemöglichkeit vor nationalen Gerichten und das hier eröffnete Vorabentscheidungsverfahren sind allerdings mit einer Anzahl von Nachteilen verbunden. Diese lassen es als zweifelhaft erscheinen, ob hierin wirklich ein angemessener Ausgleich für Klagemöglichkeiten vor den Europäischen Gerichten liegt[71].

Obwohl diese Kritik in ausführlich begründeten Schlußanträgen des Generalanwalts Jacobs noch einmal eindringlich wiederholt wurde[72], und sich auch das Gericht Erster Instanz in der Sache Jégo-Quéré dem Verlangen nach einer Rechtsprechungsänderung angeschlossen hatte[73], blieb der Gerichtshof in der Sache UPA bei seiner hergebrachten Rechtsprechung. Den zentralen Punkt der Entscheidung bildet die Überlegung, daß die auch von Generalanwalt und EuG konstatierte Rechtsschutzlücke nicht besteht. Der EG-Vertrag sehe ein vollständiges Rechtsschutzsystem vor, das sich aus dem Zusammenspiel von mitgliedstaatlichen und europäischen Gerichten ergebe. Eventuelle Rechtsschutzlücken zu schließen sei Aufgabe der Mitgliedstaaten. Diese hätten hinreichende Rechtsbehelfe vorzusehen und insbesondere ihr innerstaatliches Rechtsschutzsystem so anzuwenden, daß über die mitgliedstaatlichen Gerichte und eine Vorlage an den EuGH in jedem Falle die Inzidentkontrolle europäischer Rechtsnormen ermöglicht werde. Eine Neuinterpretation des Art. 230 Abs. 4 EGV würde zudem nach Auffassung des EuGH die Befugnisse des Gemeinschaftsrichters übersteigen, weil sie zum Wegfall des Erfordernisses individueller Betroffenheit

---

[70] *Schwarze*, FS für Schlochauer (Fn. 67), 927 (938 ff.); *Dauses*, DJT-Gutachten (Fn. 5), D 109; *Classen*, Europäisierung (Fn. 69), 68 f.

[71] Dazu z.B. GA Jacobs, in: EuGH Rs. C-358/89, Slg. 1991, I-2501 – Extramet, dort Tz. 69-74; ders., in den Schlußanträgen UPA (Fn. 68), dort Tz. 38 ff.; *v. Burchard*, EuR 26 (1991), 140 (144 f.); *Allkemper*, Rechtsschutz (Fn. 13), 205 ff.; *v. Danwitz*, NJW 1993, 1108 (1112 f.); *Sedemund/Heinemann*, DB 1995, 1161 (1163 f.); *Rengeling*, in: FS für Everling, Bd. 2, 1995, 1187 (1192-1197); *Waelbroeck/Verheyden*, CDE 31 (1995), 399 (433 ff.). Gegen diese Einwände wiederum *Nihoul*, RTDE 1994, 171 (188-193), der aber m.E. die praktischen Schwierigkeiten und hierunter insbesondere die Zeitdauer des Vorlageverfahrens zu gering bewertet.

[72] EuGH Rs. C-50/00 P, Slg. 2002, I-6677 – Unión des Pequeños Agricultores ./. Rat; dazu u.a. *Nettesheim*, JZ 2002, 928; *Wölker*, DÖV 2003, 570; *Röhl*, Jura 2003, 830; *Gillaux*, CDE 2003, 177; *Ragolle*, ELRev 28 (2003), 90; zur Umsetzung der daraus resultierenden Rechtsschutzanforderungen im deutschen Recht *Lenz/Staeglich*, NVwZ 2004, 1428.

[73] EuG Rs. T-177/01, Slg. 2002, II-2365 – Jégo-Quéré et Cie SA ./. Kommission; konsequenterweise aufgehoben durch EuGH Rs. C-263/02 P – Kommission ./. Jégo-Quéré et Cie. SA, Bspr. *Röhl*, GPR 2004, 178.

führen würde und damit einer nur von den Mitgliedstaaten vorzunehmenden Vertragsänderung gleichkäme.

2. Trennung zwischen Rechtsform und Rechtswirkungen

Das Fehlen einer kategorialen Trennung[74] zwischen Rechtsform und Rechtswirkungen belastet auch die Diskussion um die Anfechtbarkeit von Normativakten im Rahmen des Art. 230 Abs. 4 EGV, insbesondere im Zusammenhang mit der Frage der individuellen und unmittelbaren Betroffenheit[75]. Bezeichnet wird hiermit zum einen die Eigenschaft einer Handlung, regelnde Wirkung zu zeigen – also eine Eigenschaft, die man eher zu einem Punkt Klagegegenstand zählen würde –, zum anderen ihre Auswirkungen auf rechtlich geschützte Positionen des Klägers, was eher zur Frage einer subjektiven Beziehung zum Gegenstand der Klage paßt[76]. In bezug auf die Abgrenzung von Einzelfallregelung und Norm mag dieser Unklarheit historisch eine Begriffsverschiebung vom EGKSV zum EWGV zugrunde liegen: Der EGKSV spricht in Art. 33 Abs. 2 von der Anfechtung individueller Entscheidungen, welche die Kläger betreffen: „un recours contre les décisions et recommandations individuelles les concernant", bezieht sich also auf den „caractère individuel" des Art. 15 Abs. 2 EGKSV[77]. Art. 230 Abs. 4 EGV verwendet dagegen das Merkmal des individuellen Betreffens, um eine Beziehung zum Kläger zu beschreiben. Indem der EuGH nun zur Auslegung des Kriteriums der individuellen Betroffenheit nach dem EGV an die Rechtsprechung zur Abgrenzung zwischen individueller und genereller Entscheidung nach dem EGKSV anknüpfte, übernahm er Argumente, die der Abgrenzung zwischen normativem Rechtsakt und Einzelfallregelung dienen, also der Frage nach einer allgemeinen Eigenschaft des angefochtenen Rechtsaktes, und verwendete sie für die Kategorie der individuellen Betroffenheit und damit die Frage

---

[74] Auch englische Autoren fassen unter die Zulässigkeitsvoraussetzung „locus standi" sowohl die Frage der Entscheidungseigenschaft wie die der individuellen und unmittelbaren Betroffenheit; z.B. *Hartley*, The Foundations of European Community Law, 5th ed., Oxford 2003, 355 ff.

[75] Vgl. die Unterscheidung zwischen „form" und „substance" bei *Nettesheim*, in: Micklitz/Reich, Public Interest Litigation (Fn. 65), 225 (226).

[76] Gegen die zweifache Verwendung des Individualitätskriteriums bereits *Matthies*, in: Referat 46. DJT, G 60 f.; jetzt deutlich auch *Arnull*, CMLR 38 (2001), 7 (40 f.).

[77] Die deutsche Übersetzung des Vertragstextes: „Klage gegen die sie individuell betreffenden Entscheidungen und Empfehlungen", bezieht das Kriterium „individuell" dagegen unzutreffend auf die Relation des angefochtenen Rechtsaktes zum Kläger; *Erichsen/Weiß*, Jura 1990, 528 (532); *Drewes*, Entstehen und Entwicklung des Rechtsschutzes vor den Gerichten der Europäischen Gemeinschaften, 2000, 65, 80; klarstellend EuGH Rs. 7/54 u.a., Slg. 1955/56, 51 (87) – Groupement des Industries Sidérurgiques Luxembourgeoises.

der Beziehung zum Kläger[78]. Da aus der Unterscheidung zwischen normativem Rechtsakt und Einzelfallregelung Folgen nur für die Frage der Anfechtbarkeit gezogen wurden, fiel diese Verschiebung zunächst nicht weiter auf[79].

3. Anfechtbarkeit von Verordnungen

Das Problem der Anfechtbarkeit von Normativakten stellt sich typischerweise bei Verordnungen. Die Grundaussage der Rechtsprechung war hier zunächst eindeutig: „Echte" Verordnungen unterlägen nicht der Anfechtung. Sie ließen sich nicht als Entscheidung i.S.d. Art. 230 Abs. 4 EGV verstehen; diese Vorschrift sehe nur die Anfechtbarkeit von „Entscheidungen" vor, die, wie Art. 249 Abs. 4 EGV zeige, von Verordnungen zu unterscheiden seien und zwar anhand des Merkmals der Allgemeinheit[80]. Allerdings komme es hierbei auf die einzelne angegriffene Vorschrift an, es könne durchaus sein, daß ein als Verordnung erlassener Rechtsakt auch einzelne Vorschriften mit Entscheidungscharakter enthalte, die dann als einzelne Gegenstand einer Nichtigkeitsklage sein könnten.

a) „Schein"-Verordnungen und Rückwirkungsfälle

Nach der 2. Alt. des Art. 230 Abs. 4 EGV können ebenfalls „als Verordnung"[81] ergangene Entscheidungen angefochten werden. Gemeint sind Regelungen, die der Sache nach Einzelfallregelungen darstellen, aber in das Gewand, die äußere Form, von Verordnungen gekleidet sind. Hierauf bezieht sich die Aussage des EuGH, die Organe dürften Rechtsschutz nicht durch die Wahl der Rechtsform ausschließen können[82]. Als Entscheidungen im Gewande von Verordnungen hat der EuGH insbesondere Regelungen qualifiziert, die sich auf ermittelbar viele abgeschlossene Tatbestände beziehen[83], nicht hingegen solche Fälle, in denen die von der Verordnung Betroffenen zwar ermittelt werden können, der Kreis aber - jedenfalls prinzipiell - unabgeschlossen ist. Ein Bruch in der Systematik unterlief

---

[78] Krit. *Matthies*, in: Referat 46. DJT, G 60 f.

[79] Krit. aber bereits *Börner*, in: Referat 46. DJT, G 23-32 zu der Rechtsprechung, die über das Kriterium der individuellen Betroffenheit auch die Klage gegen Entscheidungen mit normativer Wirkung (dazu unten unter C.IV.4) für unzulässig erklärt. Ebenso *Hedemann-Robinson*, EPL 2 (1996), 127 (136-140) und *Craig/de Búrca*, EU Law (Fn. 65), 487.

[80] EuGH Rs. 16 u. 17/62, Slg. 1962, 963 (978) – Confédération nationale des producteurs de fruits et légumes; bestätigt durch EuGH in den Fällen oben Fn. 14.

[81] Präziser ist die französische Textfassung: „sous l'apparence d'un règlement".

[82] Z.B. EuGH Rs. 789/80, Slg. 1980, 1949 (Rn. 7) – Calpak; EuG Rs. T-476/93, Slg. 1993, II-1187 (Rn. 19) – FRSEA.

[83] EuGH Rs. 41-44/70, Slg. 1971, 411 (421 f. Rn. 15-22) – International Fruit Company.

dieser Rechtsprechungslinie jedoch, als sie Verordnungen für anfechtbar erklärte, *soweit* sie sich auf abgeschlossene Tatbestände beziehen[84]. Eine besondere Behandlung dieser auch aus dem deutschen Recht bekannten Rückwirkungsproblematik mochte angezeigt sein, allerdings lassen sich solche Fälle einer *auch* individuellen Wirkung nur schwer in ein rechtsformbestimmtes Konzept des Art. 230 EGV einfügen, das eine eindeutige Qualifikation erfordert[85]. Daß diese Judikatur auf Sonderfälle bezogen war, hat möglicherweise die Reflexion über deren Bedeutung im Rahmen des Art. 230 EGV gehindert.

b) Verordnungen mit (auch) individueller Wirkung

Zu einer offensichtlichen Abkehr von einem rechtsformbestimmten Verständnis des Art. 230 EGV boten die Anti-Dumping-Fälle Anlaß[86]. Hier erklärte der EuGH Verordnungen für anfechtbar, deren Regelungen er normativen *Charakter*, aber gleichwohl auch individuelle *Wirkung* beimaß[87]. Es wurde also nicht etwa einzelnen Bestimmungen aus einer ansonsten allgemein geltenden Verordnung Entscheidungscharakter zugeschrieben. Eingeräumt wurde die Klagemöglichkeit nach Art. 230 Abs. 4 EGV in erster Linie den Unternehmen, die Ziel der Anti-Dumping-Untersuchungen waren. Maßgeblich dürfte vor allem gewesen sein, daß den in die Gemeinschaft exportierenden Unternehmen eine andere Rechtsschutzmöglichkeit nicht zu Gebote steht[88], da die Anti-Dumping-Zölle bei

---

[84] EuGH Rs. 62/70, Slg. 1971, 897 (908 Rn. 10) – Bock; Rs. 11/82, Slg. 1985, 207 (242 ff., Rn. 12-31) – Piraiki-Patraiki; Rs. C-152/88, Slg. 1990, I-2477 (2507 Rn. 10-12) – Sofrimport; *Scherzberg*, in: Siedentopf (Hrsg.), Europäische Integration und nationalstaatliche Verwaltung, 1991, 17 (23 f.); *Hedemann-Robinson*, EPL 2 (1996), 127 (133-135).

[85] „Ein und dieselbe Bestimmung kann nämlich nicht zugleich ein Rechtsakt von allgemeiner Geltung und eine Einzelfallmaßnahme sein", EuGH Rs. 45/81, Slg. 1982, 1129 (1144 Rn. 18) – Moksel.

[86] Allied Corporation I und II, EuGH Rs. 239 u.a./82, Slg. 1984, 1005; Rs. 53/83, Slg. 1985, 1621; EuG Rs. T-2/95, Slg. 1998, II-3939 (Rn. 49-52) – Industrie des Poudres Sphériques; dazu u.a. *Rabe*, EuR 26 (1991), 236 ff.

[87] *Waelbroeck/Verheyden*, CDE 31 (1995), 399 (401).

[88] Allied Corporation I (Fn. 86), Rn. 13. Gleiches gilt etwa für die betroffenen Konkurrenzfirmen in der Gemeinschaft, falls der Erlaß einer Anti-Dumping-Verordnung abgelehnt wird [EuGH Rs. 264/82, Slg. 1985, 849 (865 f., Rn. 11-16) – Timex], aber auch für die Firmen in der Gemeinschaft, die ein Interesse an dem günstigen Bezug der Güter haben. Zum Rechtsschutzgedanken als Grundlage für die Zulässigkeit, *Scherer/Zuleeg*, in: Schweitzer (Hrsg.), Europäisches Verwaltungsrecht, 1991, 197 (213 f.); *Lenaerts/Arts*, Procedural Law (Fn. 5), No. 7-067.

den Importeuren erhoben werden[89]. Für das Anti-Dumping-Recht stand damit fest, daß auch Regelungen mit normativem Charakter einzelne individuell betreffen und daher zur Nichtigkeitsklage berechtigen können[90].

Diese Rechtsprechung wurde auf andere Bereiche des Gemeinschaftsrechts übertragen, als der EuGH im Fall Codorniu die Klage gegen eine genuine Verordnung zuließ[91]. Damit wurde die Regel befestigt und verallgemeinert, daß die Anfechtungsklage gegen einen Rechtsakt mit normativem Gehalt nicht schon wegen dieser Rechtsnatur ausgeschlossen sein muß, sondern es maßgeblich auf die Frage der individuellen Betroffenheit ankommt[92]. Diese Grundaussage wurde im folgenden wiederholt, zunächst ohne daß noch einmal eine Verordnung für anfechtbar erklärt wurde[93]. Erst später hat auch das EuG eine Nichtigkeitsklage gegen eine Verordnung zugelassen, deren Charakter es ausdrücklich als normativ qualifizierte und die es daher nicht als Entscheidung i.S.d. Art. 249 Abs. 4 EGV einstufen konnte[94]. Insgesamt sind damit auch echte Verordnungen anfechtbar, wenn sie Einzelne individuell betreffen. Wesentlicher Grund dafür ist der in Art. 220 EGV festgelegte Rechtsschutzauftrag des EuGH[95].

4. Anfechtbarkeit von Richtlinien

Weil im Gegensatz zu Verordnungen Richtlinien der Umsetzung durch den nationalen Gesetzgeber bedürfen, steht dem Kläger in der Regel Rechtsschutz auf nationaler Ebene im Zusammenwirken mit dem Vorlageverfahren zur Verfügung[96]. Auf den ersten Blick scheint es in bezug auf Richtli-

---

[89] Dementsprechend steht diesen Importeuren kein Klagerecht zu, weil sie über die Anfechtung des Zollbescheids die Verordnung inzident zur Kontrolle stellen können, EuGH, Allied Corporation I (Fn. 86), Rn. 15.

[90] EuGH Rs. C-358/89, Slg. 1991, I-2501 – Extramet.

[91] EuGH Rs. C-309/89, Slg. 1994, I-1835 – Codorniu. Rn. 19 des Urteils: „Zwar hat die streitige Vorschrift im Hinblick auf die Kriterien des Artikels 173 Absatz 2 des Vertrages nach ihrer Rechtsnatur und ihrer Tragweite normativen Charakter, da sie für die beteiligten Wirtschaftsteilnehmer im allgemeinen gilt; es ist jedoch nicht ausgeschlossen, daß sie einige von ihnen individuell betreffen kann."

[92] Vgl. oben Fn. 91. *Hedemann-Robinson*, EPL 2 (1996), 127 (151); *Neuwahl*, ELRev 21 (1996), 17 (22 f.).

[93] EuGH Rs. C-142/00, Slg. 2003, I-3483 – Nederlandse Antillen. EuG Rs. T-116/94, Slg. 1995, II-1 (Rn. 26) – Cassa nazionale di previdenza ed assistenza; Rs. T-481 u.a./93, Slg. 1995, II-2941 (Rn. 50) – Vereniging van Exporteurs in Levende Varkens u.a.; Rs. T-482/93, Slg. 1996, II-609 (Rn. 56) – Weber; Rs. T-158/95 (Rn. 56) – Eridania. Als Argument verwandt in EuGH Rs. C-68/95, Slg. 1996, I-6065 (Rn. 59) – T. Port. *Lenaerts/Arts*, Procedural Law (Fn. 5), No. 7-043.

[94] EuG Rs. T-125/96 u.a. (Rn. 161-169, insbes. 162 f.) – Boehringer.

[95] Vgl. GA Jacobs in: EuGH Rs. C-358/89, Slg. 1991, I-2501 (Tz. 34 ff., bes. 50-53) – Extramet; *Nettesheim*, in: Micklitz/Reich, Public Interest Litigation (Fn. 65), 225 (230).

[96] Ausführlich *J.-P. Schneider*, AöR 119 (1994), 294 (302-308).

nien bei einer formbezogenen Abgrenzung bewenden zu können. Allerdings ist auch insoweit in der Rechtsprechung des EuGH Unsicherheit eingetreten[97]. Jedenfalls in der jüngeren Rechtsprechung scheint das EuG von einer Anfechtungsmöglichkeit gegenüber „echten" Richtlinien, die also keine „Schein-Richtlinien" sind, unter der Voraussetzung der individuellen und unmittelbaren Betroffenheit auszugehen[98].

5. An Mitgliedstaaten gerichtete Entscheidungen mit Rechtssatzcharakter

Zur Kategorie der Rechtsakte mit normativen Wirkungen gegenüber dem Kläger sollen nach der Rechtsprechung des EuGH auch Entscheidungen rechnen können, nämlich insbesondere dann, wenn sie an einen oder mehrere Mitgliedstaaten gerichtet sind und dort die Gültigkeit oder Zulässigkeit nationaler Rechtsnormen betreffen. Grundfall für diese Konstellation einer auf eine Norm bezogenen Entscheidung an einen Mitgliedstaat ist die Rechtssache Plaumann[99]: Hier wurde der BRD durch die Kommission die Genehmigung zur Änderung eines Zolltarifs versagt. Dagegen wandte sich ein Wirtschaftsteilnehmer, der von einer solchen Änderung begünstigt gewesen wäre. Auch in diesen Fällen[100] hatte der EuGH zunächst die Zulässigkeit der Anfechtungsklage wegen der allgemeinen Geltung des angefochtenen Rechtsaktes verneint, wobei die Abgrenzung zur Einzelfallregelung anhand des Kriteriums der „allgemeinen Geltung" wie bei der Abgrenzung zur Verordnung erfolgte. Die Ausnahmen zu dieser Grundregel entwickelten sich parallel zur Rechtsprechung für Verordnungen: Anfechtbar war die Regelung dann, wenn durch die besondere Fallgestaltung bei ihrem Erlaß die hiervon Betroffenen bereits feststanden[101], also wiederum in den Rückwirkungsfällen[102]. Daneben wurde eine individuelle Betroffenheit aber auch in anderen Fällen, insbesondere einer Verfahrensbeteiligung

---

[97] Offengelassen in EuGH Rs. C-10/95 P, Slg. 1995, I-4149 (Rn. 31 f.) – Asocarne, dazu *Klüpfel,* EuZW 1996, 393 ff. Zum Ganzen *Vandersanden,* CDE 31 (1995), 535 (541 f. No. 17-19); *W. Cremer,* EWS 1999, 48 (50 f.) und *ders.* in: Calliess/Ruffert, EUV/EGV (Fn. 65), Art. 230 Rn. 37-43. Für eine analoge Anwendung des Art. 230 Abs. 4 EGV *Allkemper,* Rechtsschutz (Fn. 13), 95 ff. m. ausf. Nachw. in Fn. 374.

[98] EuG Rs. T-135/96, Slg. 1998, II-2335 (Rn. 68 f.) – UEAPME, dort wegen fehlender individueller Betroffenheit abgelehnt; EuG Rs. T-172/98 u.a., Slg. 2000, II-2487 (Rn. 27 ff.) – Salamander; *Lenaerts/Arts,* Procedural Law (Fn. 5), No. 7-044.

[99] EuGH Rs. 25/62, Slg. 1963, 215 – Plaumann; bestätigend EuGH Rs. 67 u.a./85, Slg. 1988, 219 (267 f., Rn. 14 f.) – van der Kooy. Kritisch zu einer solchen Interpretation des Merkmals der individuellen Betroffenheit *Börner,* in: Referat 46. DJT, G 23-32.

[100] Symptomatisch EuGH Rs. 206/87, Slg. 1989, 275 (289 Rn. 12-19) – Lefebvre, wo es um eine Genehmigung an Frankreich geht, Bananen aus dem Dollarraum von der Gemeinschaftsbehandlung auszuschließen.

[101] EuGH Rs. 106 u.a./63, Slg. 1965, 548 – Töpfer.

[102] So benannt von EuGH Rs. 206/87, Slg. 1989, 275 (289 Rn. 17) – Lefebvre.

akzeptiert[103]. In der aktuellen Rechtsprechung ist entsprechend der oben dargestellten Grundlinie die Qualifikation der Regelung nicht mehr entscheidend, sondern es wird danach gefragt, ob der Kläger individuell und unmittelbar betroffen ist[104].

6. Rechtsform als bloße Vorfrage

Dieses Ergebnis einer Anfechtbarkeit von Normativakten läßt sich dogmatisch nur über den Verzicht auf eine Identität der Entscheidungsbegriffe in Art. 230 Abs. 4 EGV und Art. 249 Abs. 4 EGV begründen. Ausgeschlossen ist dagegen eine Umqualifikation des anfechtbaren Normativaktes in eine Entscheidung, wenn damit auch eine solche des Art. 249 Abs. 4 EGV gemeint sein sollte[105]. Träfe letzteres zu, müßten z.B. Verordnungen, die auch einzelne individuell betreffen, nicht im Amtsblatt veröffentlicht werden, Art. 254 Abs. 2 EGV. Eine bloße Umbenennung der Maßnahme ist dagegen ohne Erkenntnisgewinn. Teilweise vertreten wird eine Doppelnatur des Rechtsakts: In solchen Fällen handele es sich z.B. um eine Verordnung und gleichzeitig um eine Entscheidung[106]. Ein solcher Ansatz erweist sich jedoch systematisch als unbefriedigend. Erreicht wäre lediglich eine Anpassung an den Wortlaut des Art. 230 Abs. 4 EGV, ohne daß aber ein Sinn der Wortlautgrenze, die Erhaltung der Absicht des Normgebers, erreicht würde. Weil der Entscheidungsbegriff ohnehin im Hinblick auf vorbereitende und Verfahrensmaßnahmen erweitert ist (oben unter C.II), wäre damit wenig gewonnen.

Als sinnvolles Ergebnis läßt sich nur der Schluß ziehen, daß der EuGH auf das Erfordernis einer Entscheidung i.S.d. Art. 249 Abs. 4 EGV als Voraussetzung einer Anfechtungsklage auch im Hinblick auf die Abgrenzung zu normativen Rechtsakten verzichtet hat, maßgeblich ist ausschließ-

---

[103] EuGH Rs. 67 u.a./85, Slg. 1988, 219 (268 f., Rn. 20-25) – van der Kooy.

[104] EuGH Rs. C-390/95 P, Slg. 1999, I-769 (Rn. 25-28) – Antillean Rice Mills; EuG Rs. T-480/93, Slg. 1995, II-2305, Rs. T-481/93 und T-484/93, Slg. 1995, II-2941 – Vereniging van Exporteurs in Levende Varkens u.a.; Rs. T-398/94, Slg. 1996, II-477 (Rn. 38) – Kahn Scheppvaart; Rs. T-482/93, Slg. 1996, II-609 – Weber; Rs. T-70/94, Slg. 1996, II-1741 – Comafrica; Rs. T-298/94, Slg. 1996, II-1531 – Roquette Frères; Rs. T-60/96, Slg. 1997, II-849 (Rn. 5) – Merck u.a.; Rs. T-86/96, Slg. 1999, II-179 (Rn. 45) – ADL.

[105] Entgegen *Allkemper*, Rechtsschutz (Fn. 13), 61 und 99; *Gesser*, Die Nichtigkeitsklage nach Artikel 173 EGV, 1995, 29; *Lengauer*, Nichtigkeitsklage (Fn. 13), 95.

[106] So EuG Rs. T-481 u.a./93, Slg. 1995, II-2941 (2961 Rn. 50) – Levende Varkens; Rs. T-47/95, Slg. 1997, II-481 (494 Rn. 43) – Terres Rouges; Rs. T-122/96, Slg. 1997, II-1559 (1580 f. Rn. 58) – Federolio. Dagegen GA Jacobs, in: EuGH Rs. C-358/89, Slg. 1991, I-2501 (2517 Tz. 39-49) – Extramet; GA Lenz, in EuGH Slg. 1994, I-1835 (1865 Tz. 33) – Codorniu; *Sedemund/Heinemann*, DB 1995, 713 (717); *Arnull*, CMLR 32 (1995), 7 (24); *Nettesheim*, in: Micklitz/Reich, Public Interest Litigation (Fn. 65), 225 (228). Anders auch schon EuGH Rs. 45/81, Slg. 1982, 1129 (1144 Rn. 18) – Moksel, vgl. oben Fn. 85.

lich die individuelle und unmittelbare Betroffenheit des Klägers[107]. Einen eigenen Prüfungspunkt „Klagegegenstand", der an die Rechtsformen des Art. 249 Abs. 4 EGV anknüpft, und von einer subjektiven Klageberechtigung zu trennen wäre, die aus dem Merkmal der individuellen und unmittelbaren *Betroffenheit* entnommen werden müßte, kennt die Anfechtungsklage nach Art. 230 EGV damit nicht mehr[108]. Die Qualifikation des Rechtsaktes ist in diesem Zusammenhang nur noch insofern von Bedeutung, als ein Kläger bei an ihn adressierten Entscheidungen im Gegensatz zu Verordnungen oder Richtlinien des Nachweises einer unmittelbaren und individuellen Betroffenheit enthoben ist[109]. Handelt es sich hingegen um eine Verordnung, Richtlinie oder an einen Mitgliedstaat gerichtete Entscheidung mit normativer Wirkung, ist eine Prüfung auf individuelle und unmittelbare Betroffenheit erforderlich, die nur in Ausnahmefällen zur Zulässigkeit führen wird, einen Ausschluß der Anfechtbarkeit kann eine solche Qualifikation jedoch alleine nicht tragen[110]. Ein eigener dogmatischer Gehalt kommt der Einordnung unter eine Rechtsform nicht mehr zu[111]. Die Entkoppelung des Rechtsschutzes von den Handlungsformen durch den Verfassungsentwurf schließt diese Entwicklung ab[112].

V. Den Kläger betreffend – Individuelle Betroffenheit

Sowohl für Normativakte als auch für Entscheidungen, die an Dritte adressiert sind, bedarf es für die Zulässigkeit der Klage des Nachweises einer

---

[107] GA Jacobs, in: EuGH Rs. C-358/89, Slg. 1991, I-2501 (2517 Tz. 50-53) – Extramet; GA Lenz, in EuGH Slg. 1994, I-1835 (1865 Tz. 32-37) – Codorniu; deutlich auch *Ehlers*, VerwArch 84 (1993), 139 (150 f.); *Arnull*, CMLR 32 (1995), 7 (39 f.); *Sedemund/Heinemann*, DB 1995, 1161 (1165); *Waelbroeck/Verheyden*, CDE 31 (1995), 399 (412 No. 16); *Vandersanden*, CDE 31 (1995), 535 (547 f., No. 28 f.); *Neuwahl*, ELRev 21 (1996), 17 (19-23, 31); *Cooke*, Principle and Pragmatism (Fn. 65), 25-29, 33; *Nettesheim*, in: Micklitz/Reich, Public Interest Litigation (Fn. 65), 225 (230); *Arnull*, CMLR 38 (2001), 7 (14 ff.); im Ergebnis wohl auch *Borowski*, EuR 2004, 879 (888).

[108] *Booß*, in: Grabitz/Hilf, EUV/EGV (Fn. 5), Art. 230 EGV Rn. 55 f. Als Tendenz angedeutet bei *Sedemund/Heinemann*, DB 1995, 713 (719); anders z.B. GA Warner, in: EuGH Rs. 789/79 u.a., Slg. 1980, 1949 (1970 f.) – Calpak; *Erichsen/Weiß*, Jura 1990, 528 (531); *Scherzberg*, in: Siedentopf, Europäische Integration (Fn. 84), 17 (23); *Allkemper*, Rechtsschutz (Fn. 13), 57 ff.; *Dörr*, in: Sodan/Ziekow, VwGO (Fn. 5), EVR Rn. 111; *W. Cremer*, EWS 1999, 48 ff.; *Burgi*, in: Rengeling/Middeke/Gellermann, Handbuch des Rechtsschutzes in der EU (Fn. 5), § 7 Rn. 49: „dogmatisch eigentlich vorrangige Bestimmung der Rechtsnatur". Die Differenzierung übergehend *Schwarze*, in: ders. (Hrsg.), EU-Kommentar, Art. 239 Rn. 12 a.E.

[109] *Neuwahl*, ELRev 21 (1996), 17 (22 f.).

[110] Wie *Neuwahl*, ELRev 21 (1996), 17 (22 f.).

[111] Ebenso *Booß*, in: Grabitz/Hilf, EUV/EGV (Fn. 5), Art. 230 EGV Rn. 12, 16, 47, 55; *Bast*, in: v. Bogdandy, Europäisches Verfassungsrecht (Fn. 8), 521.

[112] Oben unter B.IV.

individuellen Betroffenheit des Klägers. Im Detail richtet sie sich nach der jeweils einschlägigen Materie, es lassen sich aber einige allgemeine Merkmale festhalten, anhand derer der EuGH sowohl für Normativakte wie für Drittklagen die individuelle Betroffenheit feststellt[113]. Sie beschreiben jeweils die Beziehung des Klagegegenstandes zum Kläger, können also nicht als Element eines - objektiv zu bestimmenden - Klagegegenstandes verstanden werden.

Wichtigstes Kriterium zur Ermittlung der individuellen Betroffenheit ist die Beteiligung des Klägers im Verwaltungsverfahren: War das Verhalten des Klägers Gegenstand des Verwaltungsverfahrens oder standen diesem im Verwaltungsverfahren Verfahrensrechte aufgrund normativer Zuweisung bzw. - wie bisher im Beihilferecht[114] - auf der Grundlage allgemeiner Rechtsgrundsätze zu, ist er i.d.R. auch zur Anfechtung des aufgrund des Verfahrens ergangenen Rechtsaktes befugt. Ob die tatsächliche Betroffenheit bereits zur hinreichenden Individualisierung ausreichen kann[115], ist demgegenüber zweifelhaft: Inwieweit auch Gemeinschaftsgrundrechte oder andere materielle Rechtspositionen eine hinreichende Initiativbefugnis vermitteln mögen, läßt sich der Rechtsprechung nicht mit hinreichender Sicherheit entnehmen[116]. Im Ergebnis verhält sich der EuGH äußerst zurückhaltend. Dies mag insbesondere im Falle der Normativakte daran liegen, daß sonst der dem Art. 230 Abs. 4 EGV zugrundeliegende Grundsatz ihrer Nichtanfechtbarkeit weitgehend in sein Gegenteil verkehrt würde. So ist für Normativakte die Hürde der Anfechtbarkeit in der Regel kaum zu überwinden[117]. Dies jedoch nicht, weil diese Regelungen bereits aufgrund ihrer Rechtsform einer Anfechtung entzogen wären, sondern weil der EuGH in diesen Fällen nur ausnahmsweise von einer individuellen Betroffenheit ausgehen will[118]. Ob sich diese restriktive Haltung völlig mit einem Rechtsschutzkonzept vereinbaren läßt, wie es der EuGH abstrakt dem Art. 220 EGV entnehmen will, erscheint allerdings nicht sicher.

---

[113] *Lenaerts/Arts*, Procedural Law (Fn. 5), No. 7-059 ff.

[114] Jetzt aufgrund Art. 20, Art. 6 Abs. 1 S. 2, Art. 1 lit h) VO Nr. 659/1999, vgl. oben Fn. 55.

[115] So *Classen*, Europäisierung (Fn. 69), 83; auch *Schwarze*, RIW 1996, 893 (897).

[116] Befürwortend z.B. *W. Cremer*, EWS 1999, 48 (52); rechtspolitisch bereits *Ule*, 46. DJT-Gutachten, 21 f.

[117] *Craig/de Búrca*, EU Law (Fn. 65), 510 ff., rechtfertigen die zurückhaltende Zulassung von Klagen gegen Normativakte mit einer Rücksicht des EuGH auf Gestaltungsspielräume des Gemeinschaftsgesetzgebers und die Vielzahl möglicher Klagen. Die dort verwandten Argumente wären aus deutscher Sicht im Rahmen des subjektiven öffentlichen Rechts abzuhandeln.

[118] In der Grundsatzentscheidung UPA (oben Fn. 72) noch einmal bestätigt. Ausführliche Analysen bei *Lenaerts/Arts*, Procedural Law (Fn. 5), No. 7-052 - 7-074 und *Craig/de Búrca*, EU Law (Fn. 65), 500 ff.

VI. Unmittelbarkeit

Der angefochtene Rechtsakt muß den Kläger weiterhin „unmittelbar" betreffen[119]. Dieses vor allem im Zusammenhang mit Entscheidungen angewandte Kriterium erfüllt ähnliche Funktionen, wie das Erfordernis der „unmittelbaren Rechtswirkung nach außen" in § 35 S. 1 VwVfG. Sein Zweck ist die verantwortungsgerechte Verteilung der Rechtsprechungskompetenzen bei der Zusammenarbeit mehrerer Verwaltungsträger. Das Merkmal der unmittelbaren Betroffenheit spielt damit eine wesentliche Rolle bei der Zuweisung der Zuständigkeiten im europäischen Rechtsschutzsystem. Es bezieht sich allerdings auf die Bedeutung des Aktes für den Kläger, sagt also zu einem Klagegegenstand nichts aus[120].

D. Probleme eines rein prozessual bestimmten Entscheidungsbegriffs

Art. 230 Abs. 4 EGV knüpft nicht an eine an anderer Stelle definierte Rechtsform an, sondern verwendet einen eigenen, auf den ersten Blick rein prozessualen Begriff der Entscheidung. Die Erfahrungen mit der deutschen Rechtsformenlehre lassen es allerdings als fraglich erscheinen, ob sich ein rein prozessuales Verständnis durchhalten läßt, das verfahrensrechtliche und materiell-rechtliche Implikationen ausblendet. Das soll im folgenden anhand der Figur der Bestandskraft erläutert werden.

I. Anfechtungsfrist

Eine wichtige prozessuale Konsequenz der Einstufung einer Handlung als anfechtbare Entscheidung ist die Anwendbarkeit der Fristvorschrift des Art. 230 Abs. 5 EGV: Zulässig ist die Nichtigkeitsklage nur innerhalb von zwei Monaten nach Bekanntgabe oder Mitteilung der Handlung oder von dem Zeitpunkt an, zu dem der Kläger von dieser Handlung und ihren maßgeblichen Gründen Kenntnis erlangt hat. Die kurze Zwei-Monats-Frist ohne Rechtsbehelfsbelehrung[121] läuft anders als im deutschen Recht nicht nur ab Bekanntgabe. Ist eine Bekanntgabe nicht erfolgt[122], kann bereits die

---

[119] Dazu *Daig*, Nichtigkeitsklagen (Fn. 5), Tz. 131-134.
[120] Daß sich im Gegensatz dazu das Kriterium des § 35 S. 1 VwVfG auf ein objektives Merkmal bezieht, berücksichtigt nicht, wer die Möglichkeit einer Doppelnatur annimmt, dagegen mit Recht *Stelkens/Stelkens*, in: Stelkens/Bonk/Sachs (Hrsg.), Verwaltungsverfahrensgesetz, 6. Aufl. 2001, § 35 Rn. 19.
[121] Bestätigt in: EuGH Rs. C-153/98 P, Slg. 1999, I-1441 – Guérin.
[122] In diesem Fall läuft die Frist erst von deren Zeitpunkt an, EuG Rs. T-110/97 (Rn. 41 f.) – Kneissl; Rs. T-14/96, Slg. 1999, II-139 (Rn. 32 ff.) – BAI; auch wenn diese nicht vorgeschrieben oder ständige Praxis ist, EuG Rs. T-264/03 (Rn. 51 ff.).

Kenntnis von der Existenz eines den Kläger betreffenden Rechtsakts genügen, um Fristfolgen auszulösen[123].

II. Wirksamkeit und Bestandskraft

Die Qualifikation einer Maßnahme als anfechtbar i.S.d. Art. 230 Abs. 4 EGV impliziert im Gegenschluß, daß sie ohne Aufhebung durch Gestaltungsurteil wirksam bleibt, bzw. ihre Wirksamkeit vermutet wird[124]. Das beinhaltet, daß andere Behörden und vor allem auch nationale Gerichte an die Regelung gebunden sind.

Eine maßgebliche Folge dieser Wirksamkeit ist die Möglichkeit, daß anfechtbare Entscheidungen in Bestandskraft erwachsen, wenn sie nicht innerhalb der Klagefrist des Art. 230 Abs. 5 EGV angefochten wurden[125]. Eine solche Bestandskraft[126], d.h. der Ausschluß der Anfechtbarkeit, wäre unproblematisch, wenn diese prozessuale Konsequenz die einzige bliebe. Wegen der Verknüpfung mit materiell-rechtlichen Folgen, nämlich der Wirksamkeit der Entscheidung, hat die Fristversäumung jedoch Konsequenzen in den Fällen, in denen die anfechtbare Handlung Vorfrage für die Entscheidung eines Gerichts oder einer Behörde ist. Im Zusammenhang mit Prozessen vor nationalen Gerichten entsteht dieses Problem im Rahmen des Vorlageverfahrens oder im Staatshaftungsprozeß vor dem EuGH, weil nur dieser Rechtsakte der EG-Organe für unwirksam erklären kann[127].

1. Deggendorf-Rechtsprechung

Im Urteil Rau war der EuGH scheinbar noch von einer Unabhängigkeit von Vorlageverfahren und Anfechtungsklage in bezug auf ein und dieselbe Entscheidung ausgegangen und hatte so der Versäumung der Frist nach Art. 230 Abs. 5 EGV rein prozessuale Konsequenzen beigemessen[128]. Die

---

[123] EuGH Rs. 236/86, Slg. 1988, 3761 (Rn. 14) – Dillinger Hüttenwerke; Rs. C-180/88, Slg. 1990, I-4413 (Rn. 22-24) – Wirtschaftsvereinigung Eisen- und Stahlindustrie; Rs. C-102/92, Slg. 1993, I-801 (Rn. 18) – Ferriere Acciaierie Sarde; EuG Rs. T-465/93, Slg. 1994, II-361 (Rn. 29) – Murgia Messapica; Rs. T-155/95, Slg. 1998, II-2751 –LPN.

[124] *Gaitanides*, in: v.d. Groeben/Schwarze, EU-/EG-Vertrag (Fn. 5), Art. 230 Rn. 5, Art. 231 Rn. 2. *Annacker*, Der fehlerhafte Rechtsakt im Gemeinschafts- und Unionsrecht, 1999, 79 f.; EuGH Rs. 7/56 u.a., Slg. 1957, 85 (126) – Algera; Rs. 101/78, Slg. 1979, 623 (Rn. 5) – Granaria; Rs. 15/85, Slg. 1987, 1005 (1036); EuGH Rs. C-137/92, Slg. 1994, I-2555 (Rn. 48) – KOM/BASF.

[125] Vgl. insbesondere EuGH Rs. 20/65, Slg. 1965, 1112 (1117) – Collotti; Rs. 156/77, Slg. 1978, 1881 (Rn. 21/24); Rs. C-183/91, Slg. 1993, I-3131 (Rn. 9 f.); Rs. C-310/97 P, Slg. 1999, I-5363 (Rn. 57-61) – AssiDomaen Kraft Products.

[126] Dazu *Kamann/Selmayr*, NVwZ 1999, 1041.

[127] EuGH Rs. 314/85, Slg. 1987, 4199 (Rn. 20) – Foto-Frost.

[128] EuGH Rs. 133 u.a./85, Slg. 1987, 2289 (2338, Rn. 11 f.) – Rau. Dazu erläutert der EuGH allerdings in EuGH Slg. 1994, I-833 (Rn. 20) – Deggendorf und Slg. 1997, I-585

Anerkennung auch materieller Wirkung der Bestandskraft hat der EuGH jedoch in dem Urteil „Textilwerke Deggendorf"[129] vollzogen: Ein Beihilfeempfänger hatte die an den Mitgliedstaat gerichtete Rückforderungsentscheidung der Kommission nach Art. 88 Abs. 2 EGV nicht innerhalb der Frist nach Art. 230 Abs. 5 EGV angefochten, obwohl er dazu berechtigt und in der Lage gewesen wäre. In einem späteren Prozeß gegen die nationale Rückforderungsentscheidung wurde er mit seinem Einwand, die Kommissionsentscheidung sei rechtswidrig, nicht mehr gehört. Prozessual hatte das zur Folge, daß das nationale Gericht dem EuGH die Frage nach der Gültigkeit der Kommissionsentscheidung nicht mehr nach Art. 234 EGV vorlegen konnte. Diese Konsequenz läßt sich nur ziehen, wenn die anfechtbare Entscheidung als mit Regelungswirkung versehen verstanden wird und damit materielle Wirkungen in nachfolgenden Prozessen erzeugen kann. Dogmatisch bedeutet dies die Annahme einer materiellen Bestandskraft für anfechtbare Entscheidungen.

2. Von der Bestandskraft erfaßte Verfahren

Die Bestandskraft der anfechtbaren Entscheidung erstreckt sich auf Verfahren vor den europäischen wie den nationalen Gerichten, soweit hier die Gültigkeit der Regelung in Frage steht. Unabhängig hiervon ist allerdings die auf Art. 288 Abs. 2 EGV gestützte Schadensersatzklage, die nach ständiger Rechtsprechung des EuGH einen eigenständigen Rechtsbehelf darstellt[130], so daß eine bestandskräftig gewordene Einzelfallentscheidung einem Schadensersatzanspruch nicht entgegensteht[131], wenn sie nicht dazu

---

(Rn. 22) – Wiljo, daß sich die hier im folgenden angesprochene Frage einer materiellen Bestandskraft nicht gestellt habe, weil die im Verfahren des Art. 234 EGV vorgelegten Entscheidungen wegen einer rechtzeitigen Anfechtung nicht in Bestandskraft erwachsen seien. Vgl. aber auch schon EuGH Rs. 156/77, Slg. 1978, 1881 (Rn. 25).

[129] EuGH Rs. C-188/92, Slg. 1994, I-833 – TWD Textilwerke Deggendorf. In der Folgezeit bestätigt: EuGH Slg. 1997, I-585 (Rn. 19-23) – Wiljo NV; EuG Rs. T-227/95, Slg. 1997, II-1185 (Rn. 58) – Zellstoff II. Diese Rechtsprechung findet gleichermaßen Anwendung gegenüber Mitgliedstaaten, EuGH Rs. C-241/01, Slg. 2002, I-9079 (Rn. 34 ff.) – National Farmers Union.

[130] EuGH Rs. 281/82, Slg. 1984, 1969 (1982 Rn. 11) – Unifrex. Dazu *van der Woude*, in: Heukels/McDonnell, The Action for Damages in Community Law, Den Haag 1997, 109 (116).

[131] EuGH Rs. 4/69, Slg. 1971, 325 (336 Rn. 6) – Lütticke: zur Untätigkeitsklage. EuGH Rs. 5/71, Slg. 1971, 975 (Rn. 3) – Schöppenstedt: Schadensersatz auch für Normativakte, insoweit selbständig gegenüber Nichtigkeitsklage, vor allem EuGH Rs. 175/84, Slg. 1986, 753 (770, Rn. 32) – Krohn. Anders noch EuGH Rs. 4/67, Slg. 1967, 487 (498) – Collignon.

dienen soll, die Unzulässigkeit der Anfechtungsklage zu umgehen[132]. Das entspricht der französischen Rechtslage[133].

3. Von der Bestandskraft erfaßte Rechtshandlungen

Können anfechtbare Handlungen in Bestandskraft mit ihren materiellen Konsequenzen erwachsen, kann sich die Zubilligung einer Anfechtungsmöglichkeit gegenüber anderen als formellen Entscheidungen des Art. 249 Abs. 4 EGV als Danaergeschenk erweisen[134]. Das gilt zum einen für nichtförmliche Entscheidungen (a), zum anderen auch für normatives Handeln der EG-Organe (b).

a) Sonstige Rechtshandlungen

In der Sache Windpark Groothusen[135] hatte sich die Klägerin bei der Kommission um eine Subvention bemüht. Sie hatte jedoch einer von mehreren Mitteilungen der Kommission über den Stand des Verfahrens nicht die Information entnommen, daß bereits über einen endgültigen Ausschluß ihres Vorhabens entschieden war. Dementsprechend war die Anfechtungsfrist gegen diese Entscheidung versäumt. An dem Inhalt dieser nunmehr bestandskräftigen Entscheidung hielt der EuGH die Klägerin im folgenden fest. Denkbar ist z.B. auch, daß die Kommission Unterlagen an eine nationale Behörde weiterleitet. Macht der Kläger nun im Verfahren gegen die nationale Behörde geltend, Kenntnisse aus diesen Unterlagen unterlägen einem Verwertungsverbot, weil sie von der Kommission nicht hätten weitergegeben oder erhoben werden dürfen, stellt sich die Frage, ob die Erhebung der Daten oder Weitergabe der Unterlagen eine anfechtbare Handlung darstellt und daher - ist die Anfechtungsfrist versäumt - das nationale Gericht in dieser Hinsicht präjudiziert[136].

b) Normative Handlungen

Wird die Anfechtbarkeit auf normative Rechtshandlungen, z.B. Verordnungen erweitert, kann auch insoweit einem Betroffenen eine Bestands-

---

[132] EuG Rs. T-514/93, Slg. 1995, II-624 (Rn. 59) – Cobrecaf; Rs. T-72/99, Slg. 2000, II-2521 (Rn. 36). Dazu *van der Woude*, in: Heukels/McDonnell, Action for Damages (Fn. 130), 109 (116).

[133] *Auby/Drago*, Contentieux administratif, 3e ed., 1984, T. 1, No. 798, 946.

[134] Vgl. bereits *Börner*, Entscheidungen (Fn. 67), 51 ff.; und *Daig*, Nichtigkeitsklagen (Fn. 5), Tz. 46; auch *Röben*, Die Einwirkung der Rechtsprechung des Europäischen Gerichtshofs auf das Mitgliedstaatliche Verfahren in öffentlich-rechtlichen Streitigkeiten, 1998, 72.

[135] EuGH Rs. C-48/96 P, Slg. 1998, I-2873 – Windpark Groothusen.

[136] Gründlich untersucht für die Fälle interadministrativer Verbindungen nunmehr bei *J. Hofmann*, Rechtsschutz und Haftung im Europäischen Verwaltungsverbund, 2004, 219 ff.

kraft drohen. Im französischen Recht gilt allerdings als Grundsatz, daß der Einwand der Rechtswidrigkeit einer Verwaltungshandlung gegen actes réglementaires immer möglich bleibt, auch wenn eine eventuelle Klagefrist abgelaufen sein mag[137]. Im Europäischen Prozeßrecht führt die Suche nach einer Antwort zunächst zu Art. 241 EGV, der eine Bestandskraft von Verordnungen ebenfalls grundsätzlich auszuschließen scheint[138]. Die Rechtsprechung hat jedoch Art. 241 EGV um ein materielles Kriterium erweitert. Sie hat diese Vorschrift aus Rechtsschutzgründen auf alle Rechtshandlungen allgemeinen Charakters für anwendbar erklärt, die gleichartige Wirkungen wie Verordnungen haben und bei denen daher für Private keine Anfechtungsmöglichkeit besteht[139]. Die Kehrseite dieses materiellen Kriteriums kehrt in der Aussage des Generalanwalts in der Deggendorf-Entscheidung[140] wieder, wenn es heißt: „Dem Urteil des Gerichtshofes in der Rechtssache Simmenthal/Kommission ist zu entnehmen, daß Artikel 184 nur bei Rechtsakten herangezogen werden kann, die von natürlichen und juristischen Personen nicht gemäß Artikel 173 angegriffen werden könnten."

Demgemäß hat der Gerichtshof eine Bestandskraft von Verordnungen oder anderen für anfechtbar erklärten Rechtshandlungen, die nicht formelle Entscheidungen sind, nicht kategorisch ausgeschlossen. Die Bestandskraft soll vielmehr davon abhängig sein, ob die Anfechtungsmöglichkeit „offenkundig" oder „unstreitig" war[141]. Das ist sie zwar in aller Regel bei Verordnungen[142] und Richtlinien[143] nicht. Ausnahmen sind aber möglich, wie der Fall der Anti-Dumping-Verordnungen zeigt, die trotz ihres normativen Charakters in Bestandskraft erwachsen können[144]. Das Offenkundigkeitskriterium ist als Anknüpfungspunkt für Fristen daher denkbar ungeeignet[145]. Insgesamt zeigt sich hier, wie schwierig es ist, materiell-rechtliche

---

[137] *Auby/Drago*, Contentieux administratif (Fn. 133), No. 799, 947 f.; *Pacteau*, in: Spiliotopoulos, Judicial Protection (Fn. 3), 327; Einschränkungen allerdings nunmehr z.B. bei Bebauungsplänen.
[138] Entspricht Art. III-285 Verfassungsentwurf.
[139] EuGH Rs. 92/78, Slg. 1979, 777 (Rn. 35-43) – Simmenthal; vgl. auch EuGH Slg. 1994, I-833 (Rn. 23) – Deggendorf. Bereits *Börner*, in: Referat 46. DJT, G 38.
[140] Dort Tz. 14.
[141] Den Widerspruch zu Art. 241 EGV schlichtweg negierend EuGH Rs. 11/00, Slg. 2003, I-7147 (Rn. 72 ff.) – Kommission ./. EZB.
[142] Dazu EuGH Rs. C-241/95, Slg. 1996, I-6699 (Rn. 15) – Accrington Beef. Aus diesem Grunde gegen eine Übertragung der Deggendorf-Rechtsprechung auf Verordnungen auch *Gröpl*, EuGRZ 1995, 583 (588).
[143] Dazu EuGH Rs. C-408/95, Slg. 1997, I-6315 (Rn. 29) – Eurotunnel; dort auch Generalanwalt Tesauro, Tz. 17-21.
[144] EuGH Rs. C-239/99, Slg. 2001, I-1197 – Nachi.
[145] Positiver *Kamann/Selmayr*, NVwZ 1999, 1041 (1045).

Konsequenzen mit dem rechtsschutzbestimmten Begriff der anfechtbaren Entscheidung zu verknüpfen.

E. Zusammenfassung, Ergebnis und Ausblick

I. Zusammenfassung

Die dem Begriff der anfechtbaren Entscheidung nach Art. 230 Abs. 4 EGV gewidmete Abhandlung stellte sich die Frage, welchem prozessualen Modell das Prozeßrecht des EG-Vertrages folgt: Dem rechtsformorientierten Ansatz des deutschen Verwaltungsprozeßrechts oder dem rechtsschutzformorientierten Weg des französischen Rechts. Für einen Rechtsformbegriff der „Entscheidung" nach dem EGV spricht zwar, daß die Vorschriften des Art. 230 Abs. 4 EGV und des Art. 249 Abs. 4 EGV jeweils das Vorliegen einer „Entscheidung" zur Voraussetzung haben. Allerdings ließ bereits eine genauere Analyse des Vertragstextes an einem solchen einheitlichen Verständnis zweifeln (oben B). Vor allem liegt der Rechtsprechung des EuGH zur anfechtbaren Entscheidung nach Art. 230 Abs. 4 EGV kein einheitlicher Rechtsformbegriff zugrunde (oben C). Der EuGH konzentriert sich in Anlehnung an das französische verwaltungsprozessuale Denken auf die Einstufung einer Handlung als anfechtbare Entscheidung i.S.d. Art. 230 Abs. 4 EGV. Dies ist auch erforderlich, weil dem Entscheidungsbegriff rechtsschutzeröffnende Funktion zukommt. Ein solches Verständnis der Entscheidung als Rechtsschutzform kann aber Schwierigkeiten der Abstimmung mit dem materiellen Recht hervorrufen, was sich exemplarisch an der Figur der Bestandskraft aufzeigen läßt (oben D).

II. Zur Rechtsformenlehre in einem Europäischen Verwaltungsrecht

Zur Erfüllung des Rechtsschutzauftrages aus Art. 220 EGV ist daher mit dem IBM-Urteil von einer weiten Fassung des Begriffs der anfechtbaren Entscheidung i.S.d. Art. 230 Abs. 4 EGV auszugehen: Mit der Qualifikation als anfechtbar im Sinne dieser Vorschrift steht und fällt der einzige direkte Rechtsschutz gegen Handlungen der EG-Organe. In dieser rechtsschutzeröffnenden Funktion erschöpft sich die Bedeutung der anfechtbaren Entscheidung nach Art. 230 Abs. 4 EGV, vergleichbar der décision im französischen Rechtsschutzsystem. Weitergehende dogmatische Bedeutung für verfahrensrechtliche oder materiell-rechtliche Fragen („Speicherfunktion") kommt ihr nicht zu. Diese Interpretation entspricht Tendenzen der früheren Rechtspraxis in Deutschland, die die Qualifikation als Verwaltungsakt als den Rechtsschutz eröffnend behandelte und daher den Verwaltungsaktsbegriff ebenfalls extensiv handhaben mußte.

Insbesondere unterscheidet sich der Begriff der anfechtbaren Entscheidung nach Art. 230 Abs. 4 EGV von dem Rechtsformbegriff der Entscheidung nach Art. 249 Abs. 4 EGV und ist unabhängig von diesem zu bestimmen. Rechtsfolgen, die an die Qualifikation einer Maßnahme als rechtsförmliche Entscheidung i.S.d. Art. 249 Abs. 4 EGV anknüpfen, können nicht als Argument bei der Abgrenzung von anfechtbaren Entscheidungen i.S.d. Art. 230 Abs. 4 EGV gegenüber nicht anfechtbaren Handlungen eingesetzt werden. Umgekehrt läßt sich die Rechtsprechung des Gerichtshofs zur Definition der anfechtbaren Entscheidung nach Art. 230 Abs. 4 EGV nicht für die Auslegung des Art. 249 Abs. 4 EGV verwenden. Da die Qualifikation als anfechtbare Entscheidung nur prozessuale Konsequenzen nach sich zieht, muß auf die präzise Abgrenzung der Ebene des Klagegegenstands von der Klagebefugnis kein vorrangiges Augenmerk gerichtet werden.

Der „Entscheidung" kommt damit als Rechtsform im EG-Recht in dogmatischer Hinsicht nicht die Bedeutung zu, die dem Verwaltungsakt im deutschen Recht zugemessen wird: Prozessuale wie verfahrensrechtliche Normen oder Rechtsgrundsätze knüpfen nicht an die Identifikation einer Rechtsform an, sondern vorrangig an materielle Kriterien, wie insbesondere die individuelle und unmittelbare Betroffenheit[146]. Ein solches Vorgehen erlaubt den Zugang zur Speicher- und Ordnungsfunktion, wie es die Begriffe der deutschen Rechtsformenlehre gestatten, nicht. Angesichts der unterschiedlichen Funktionen des Entscheidungsbegriffs in den verschiedenen Vorschriften des EGV ist die Entwicklung einer „widerspruchsfreien und sachgerechten Handlungsformenlehre"[147] nicht möglich. Auf der anderen Seite ermöglicht ein solches Vorgehen einen flexibleren Einsatz der allgemeinen Rechtsgrundsätze: Indem durch §§ 9 ff. VwVfG z.B. verfahrensrechtliche Grundsätze mit den Rechtsformen des Verwaltungsaktes und des öffentlich-rechtlichen Vertrages verknüpft wurden, wurde eine Anwendung der diesen Vorschriften zugrundeliegenden allgemeinen Rechtsgrundsätze auf anderes Handeln durch das Begründungsgebot für

---

[146] *Arnull*, CMLR 32 (1995), 7 (16). Vgl. z.B. GA Cosmas in EuGH Rs. C-48/96 P, Slg. 1998, I-2873 (Tz. 70 ff.) – Windpark Groothusen: Keine Anhörung, weil kein Eingriff in Rechte, sondern lediglich Verweigerung einer Begünstigung. Vgl. auch dort Rn. 73 Fn. 37: „Diese Frage ist unabhängig von derjenigen, ob die Voraussetzungen für eine Klage gegen die Handlung nach Artikel 173 Absatz 4 des Vertrages erfüllt sind." Ebenso Urteil, Rn. 47.

[147] *Scherzberg*, in: Siedentopf, Europäische Integration (Fn. 84), 17 (42). Aus der von ihm zutreffend analysierten Tendenz des EuGH, die Handlungsformabhängigkeit der Nichtigkeitsklage zu relativieren, folgert *Scherzberg* das Bedürfnis nach einem einheitlichen, aber nicht allein an Art. 249 EGV orientierten Begriff der Entscheidung. Diesen will er aus Zusammenschau aller handlungsformbezogenen Vorschriften entwickeln (a.a.O., 26).

Analogien erschwert[148]. Schließlich erlaubt die gedankliche Trennung von Art. 230 Abs. 4 EGV und damit von der Fixierung auf eine Einzelfallentscheidung auch die dogmatische Weiterentwicklung der Entscheidung des Art. 249 Abs. 4 EGV als Handlungsform[149].

Das Prozeßrecht des EG-Vertrages, aber auch ein Teil der Prozeßordnungen der anderen Mitgliedstaaten, für die das französische Recht symptomatisch ist, gestatten die Identifikation von Rechtsformen auf der Ebene des europäischen Verwaltungsrechts nicht[150]. Daher läßt sich die Lehre von den Rechtsformen des Verwaltungshandelns nicht einfach auf das europäische Verwaltungsrecht übertragen. Immerhin könnte sich das europäische Verwaltungsrecht von den Überlegungen der Rechtsformenlehre zumindest als analytische Konzeption anregen lassen: Auf der Grundlage dieses Ansatzes vermochte diese Untersuchung zu zeigen, daß die Erweiterung der Nichtigkeitsklage des Art. 230 Abs. 4 EGV auch auf normative Rechtsakte keinen Einzelfall einer Rechtsfortbildung darstellt. Auf diese Weise waren methodische Gegenargumente[151] zu entkräften. Ebenso war es möglich, auf Schwachpunkte eines rein prozessual verstandenen Entscheidungsbegriffs aufmerksam zu machen. Um diese systematisierende Leistung der Rechtsformenlehre auch in einer europäischen Verwaltungsrechtswissenschaft zur Geltung zu bringen, ist jedoch eine weitere Schärfung ihres Profils nach innen und eine offenere Darstellung nach außen notwendig[152].

III. Zur normativen Grundlage des EG-Prozeßrechts

Wesentlicher Grund für die interpretatorischen Schwierigkeiten im Rahmen des EG-Prozeßrechts ist die ungeeignete und unzulängliche normative Grundlage des EG-Prozeßrechts und des EG-Eigenverwaltungsrechts. Mit den prozessualen Instrumenten des EG-Vertrages ist angesichts der zunehmenden Aktivitäten der EG-Organe, vor allem der Kommission, nicht weiterzukommen, ohne daß systematisch unbefriedigende Ergebnisse oder aber ein deutliches Überschreiten der einer richterlichen Rechtsfortbildung gezogenen Grenzen die Konsequenz sind. Dies wird sich solange nicht

---

[148] So z.B. für die §§ 28, 29 und 39 VwVfG *Stelkens/Schmidt*, in: Stelkens/Bonk/Sachs, VwVfG (Fn. 120), Einleitung Rn. 135; offener dagegen *Bonk/Schmitz*, in: Stelkens/Bonk/Sachs, VwVfG (Fn. 120), § 1 Rn. 280.

[149] Dazu weiterführend *Vogt*, in diesem Band, 213 ff.

[150] Gegen *v. Danwitz*, Verwaltungsrechtliches System (Fn. 2), 67 ff., 168 ff. Vgl. aber jetzt die Entwicklung im spanischen Verwaltungsprozeßrecht, dazu oben bei Fn. 29.

[151] Z.B. *W. Cremer*, EWS 1999, 48 (50) und *ders.*, in: Calliess/Ruffert, EUV/EGV (Fn. 65), Art. 230 Rn. 36.

[152] Wichtige Beiträge dazu jetzt von *v. Bogdandy/Bast/Arndt*, ZaöRV 2002, 78, und *Bast*, in: v. Bogdandy, Europäisches Verfassungsrecht (Fn. 8); *Vogt*, in diesem Band, 213 ff.

ändern, wie sich die wesentlichen Aussagen des EG-Prozeßrechts im Text des EG-Vertrages finden und an dessen Rang teilhaben. Sinnvoll wäre es hingegen, nur die grundlegenden „verfassungsrechtlichen" Aussagen zum Rechtsschutzauftrag, der Rechtsschutzgarantie und weitere rechtsstaatliche Anforderungen in den Vertragstext aufzunehmen. Hinzu könnten Aussagen zu einer Normenkontrolle für solche Rechtsakte treten, die vom Rat, auch im Zusammenwirken mit dem Parlament erlassen sind. Das wären in der Diktion des Verfassungsentwurfs vor allem die Europäischen Gesetze und Rahmengesetze, aber evtl. auch manche Europäischen Beschlüsse. Für alle weiteren Fragen bedürfte es einer flexibleren und differenzierteren Ausgestaltung auf sekundärrechtlicher Ebene in Form eines allgemeinen EG-Verwaltungsprozeß- und Verwaltungsrechts. Da auch der Verfassungsentwurf insoweit keine Abhilfe geschaffen hat, werden die Mühen des Interpreten auch in den kommenden Jahren fortbestehen. Immerhin hat Art. III–270 VVE insoweit für Klarheit gesorgt, als nunmehr feststeht, daß auch vor den Europäischen Gerichten der Rechtsschutz keinem rechtsformbezogenen Konzept folgt.

Rechtsschutz und Haftung im Europäischen Verwaltungsverbund*

Jens Hofmann

A. Der Europäische Verwaltungsverbund
  I. Konzeptionelle Entwicklung
  II. Interadministrative Verbindungen
    1. Begriff
    2. Verhältnis zum transnationalen Verwaltungshandeln
    3. Typen interadministrativer Verbindungen
B. Interadministrative Verbindungen als Herausforderung für die Effizienz des abwehrenden Rechtsschutzes
  I. Grundlage der Rechtswegabgrenzung: Prozessuales Trennungsprinzip
  II. Frage nach der Sicherstellung effektiven Rechtsschutzes auf der Grundlage des gegenwärtigen Rechtsschutzkonzeptes
    1. Bei der Jurisdiktionsabgrenzung im Hinblick auf den Klagegegenstand
    2. Bei der Jurisdiktionsabgrenzung in Bezug auf präjudiziell bedeutsame Handlungen eines anderen Hoheitsträgers
C. Interadministrative Verbindungen als Herausforderung für die Effizienz des Haftungsregimes
  I. Grundlagen der Rechtswegabgrenzung
  II. Mangel an Rechtswegklarheit als Rechtsschutzproblem
  III. Mögliche Lösung
D. Fazit

---

* Der Beitrag basiert auf der gleichnamigen Dissertation des Verfassers, Duncker & Humblot, Berlin 2004.

A. Der Europäische Verwaltungsverbund

I. Konzeptionelle Entwicklung

Bei der Beschreibung des Verwaltungskonzepts der Gemeinschaft wurde lange Zeit eine rein dichotomisierende Perspektive gewählt und entsprechend der Verteilung der Verwaltungskompetenzen in den Gemeinschaftsverträgen zwischen Vollzug durch die EG-Administration[1] und mitgliedstaatlichem Vollzug[2] unterschieden[3]. Weil darüber hinaus die Zuständigkeit für die Anwendung und Durchsetzung des Gemeinschaftsrechts in erster Linie bei den Mitgliedstaaten liegt, wurde das Vollzugskonzept der Gemeinschaft als *dualistisch* und *dezentral* bezeichnet.

Ein allein vom Trennungsdenken geprägtes Vollzugskonzept bildet jedoch die Verwaltungswirklichkeit in der Gemeinschaft nicht mehr zutreffend ab. Betrachtet man das Verwaltungskonzept der Gemeinschaft nicht allein unter organisations- und zuständigkeitsrechtlichen, sondern auch unter funktionellen Gesichtspunkten, tritt die Verknüpfung der organisatorisch getrennten Verwaltungseinheiten und ihre Zusammenarbeit untereinander in den Vordergrund. Die Zusammenarbeit der Verwaltungsbehörden ist das wichtigste Instrument zur Gewährleistung einer wirksamen und einheitlichen Anwendung des Gemeinschaftsrechts[4].

Zur Gewährleistung einer effizienten Verwaltung sind die Verwaltungseinheiten in der Gemeinschaft durch interadministrative Verbindungen miteinander verkoppelt. Sie reichen vom Informationsaustausch[5] bis hin zur gemeinsamen Entscheidungsfindung[6] und Konzeptentwicklung[7]. Die Verbindungen verlaufen nicht nur in vertikaler Richtung zwischen mit-

---

[1] Auch „direkter Vollzug" genannt, dazu *Stettner*, in: Dauses (Hrsg.), Handbuch des EU-Wirtschaftsrechts (HbEUWiR), Lsbl. Stand Mai 2004, B III., Rn. 18; *Streinz*, Europarecht, 6. Aufl. 2003, Rn. 464 ff., nennt ihn „gemeinschaftsunmittelbaren Vollzug".

[2] Auch „indirekter Vollzug" genannt: *Stettner*, in: Dauses, HbEUWiR (Fn. 1), B III., Rn. 11.

[3] Vgl. nur *Pühs*, Der Vollzug von Gemeinschaftsrecht, 1997, 73 ff.; Sydow, DV 34 (2001), 517 ff. (542); *Nehl*, Europäisches Verwaltungsverfahren und Gemeinschaftsverfassung, 2002, 30 ff.; *Hegels*, EG-Eigenverwaltungsrecht und Gemeinschaftsverwaltungsrecht, 2001, 27 ff.

[4] Mitteilung der Kommission an den Rat „Die Optimale Gestaltung des Binnenmarktes" – Strategisches Programm, KOM (93) 632 endg., S. 2; *Schmidt-Aßmann*, in: FS für Häberle, 2004, 395 (397).

[5] Z.B. nach Art. 3 ff. VO (EWG) Nr. 595/91, ABl. EG 1991 Nr. L 67, S. 11.

[6] Z.B. Verfahren nach Art. 7, 13 VO (EG) Nr. 258/97, ABl. EG 1997 Nr. L 43, S. 1 (Novel-Food-Verordnung).

[7] Wie bei der gemeinsamen Errichtung des Schutzgebietsnetzes „Natura 2000" nach der RL 92/43/EWG, ABl. EG 1992 Nr. L 206, S. 7 (Flora-Fauna-Habitat-Richtlinie).

gliedstaatlichen Verwaltungen und der EG-Administration, sondern auch horizontal zwischen den mitgliedstaatlichen Verwaltungen untereinander[8].

Neben die soeben vorgestellten Organisationsprinzipien des gemeinschaftlichen Verwaltungskonzepts *„Trennung"* und *„Verbindung"* tritt noch das der *supranationalen Hierarchie*[9]. Das durch diese drei Ordnungsprinzipien beschriebene komplexe Gefüge kann als Europäischer Verwaltungsverbund bezeichnet werden[10]. Hiermit wird deutlich gemacht, daß das dualistische Verwaltungsmodell, das zu sehr die Unterscheidung zwischen Eigenverwaltung und mitgliedstaatlicher Verwaltung betont, der Vollzugswirklichkeit nicht mehr entspricht[11]. Der Begriff knüpft an den vom Bundesverfassungsgericht geschaffenen Terminus des „Staatenverbunds"[12] an und macht deutlich, daß die Europäische Verwaltung einerseits kein unitarisches Gesamtsystem ist, aber andererseits auch nicht aus getrennt nebeneinander arbeitenden Einheiten besteht. Er wird inzwischen auch schon von der Kommission verwendet[13].

II. Interadministrative Verbindungen

1. Begriff

Unter „interadministrativen Verbindungen" werden *völkerrechtssubjektsübergreifende rechtliche Verkoppelungen von Verwaltungseinheiten* verstanden[14]. Sie verwirklichen nicht nur eines der drei Organisationsprinzi-

---

[8] Als Beispiele seien hier die Amtshilfe, die sich die mitgliedstaatlichen Behörden nach Art. 4 ff. VO (EG) Nr. 515/97, ABl. EG 1997 Nr. L 82, S. 1 (Amtshilfe im Agrar- und Zollbereich) zu leisten haben, und die Beteiligung von Behörden des Versandortstaats an der Erteilung einer Abfallverbringungsgenehmigung durch die Behörden des Bestimmungsortstaats nach Art. 4 VO (EWG) Nr. 259/93, ABl. EG 1993 Nr. L 30, S. 1 (Abfallverbringungsverordnung) genannt. Zur Amtshilfe siehe *Wettner*, in diesem Band, 181 ff.

[9] Zur Herausbildung von Hierarchien in der Gemeinschaft s. *Schmidt-Aßmann*, in diesem Band, 1 ff.; *ders.*, in: FS für Steinberger, 2002, 1375 ff. (1383); *Gil Ibáñez*, The Administrative Supervision and Enforcement of EC Law, 1999, 251 ff.; *Möllers*, EuR 2002, 483 ff. (505 ff.); *ders.*, in diesem Band, 293 ff.; *Pühs*, Vollzug (Fn. 3), 293.

[10] So auch *Schmidt-Aßmann*, in diesem Band, 1 ff.; *ders.*, in: Schmidt-Aßmann/Hoffmann-Riem (Hrsg.), Verwaltungsverfahren und Verwaltungsverfahrensgesetz, 2002, 429 ff. (445 f.); *Sydow*, DV 34 (2001), 517 ff.

[11] So auch *Sydow*, DV 34 (2001), 517 ff. (542) und *Nehl*, Europäisches Verwaltungsverfahren (Fn. 3), 30 ff.

[12] BVerfGE 89, 155 ff. (182 ff.); auch *Kirchhof*, in: v. Bogdandy (Hrsg.), Europäisches Verfassungsrecht, 2003, 893 ff. (insbes. 904 ff.).

[13] Sie spricht von „Verbundverwaltung", vgl. Mitteilung der Kommission v. 13.11.2001, Verwaltung der Gemeinschaftsprogramme über ein Netz nationaler Agenturen, KOM (2001) 648 endg., 4 f.

[14] Ausführlich hierzu *J. Hofmann*, Rechtsschutz und Haftung im Europäischen Verwaltungsverbund, 2004, 29 ff.

pien des Verwaltungskonzepts der Gemeinschaft, sondern sind das *wesensnotwendige* Element des Europäischen Verwaltungsverbunds. Das mit ihnen beschriebene Phänomen firmiert bisher unter Begriffen wie Verwaltungskooperation[15], Mischverwaltung[16] oder Netzwerkbildung[17].

Die Begriffsvielfalt macht deutlich, daß die europäische Rechtswissenschaft[18] nach einer passenden Beschreibung des Phänomens der Verkoppelung sucht, ohne jedoch um eine für die Systembildung unerläßliche begriffliche Genauigkeit bemüht zu sein[19]. Hier wurde die Umschreibung „interadministrative Verbindungen" gewählt, weil dies der umfassendste Begriff ist, der jegliche Form der Kooperation und Interaktion erfaßt. Er bezieht insbesondere auch „rechtsaufsichtliche" Verhältnisse mit ein, bei denen wegen der dort bestehenden Interessenkonflikte von „Zusammenarbeit" nur schwerlich gesprochen werden kann, wie etwa bei der Aufsicht der Kommission über die Einführung neuer Beihilfen durch die Mitgliedstaaten nach Art. 88 Abs. 2 EGV. Denn auch bei diesen Konstellationen entstehen Rechtsschutz- und Haftungsfragen, die gleiche Strukturen aufweisen, wie Konstellationen, die als „Zusammenarbeit" qualifiziert werden können[20].

2. Verhältnis zum transnationalen Verwaltungshandeln

Weil insbesondere der „transnationale Verwaltungsakt" immer wieder mit der Verwaltungskooperation in Zusammenhang gebracht wird[21], ist auch

---

[15] Vgl. beispielhaft nur *Schmidt-Aßmann,* EuR 1996, 270 ff.; *Sommer,* Verwaltungskooperation am Beispiel administrativer Informationsverfahren im Europäischen Umweltrecht, 2003, 13 ff.; *dies.,* in diesem Band, 57 ff.; *Trute,* in: von Mangoldt/Klein/Starck, Bonner Grundgesetz, Bd. 3, 4. Aufl. 2001, Art. 83, Rn. 68 ff.

[16] *Schreiber,* Verwaltungskompetenzen der Europäischen Gemeinschaft, 1997, 40 f.; *Stettner,* in: Dauses, HbEUWiR (Fn. 1), B. III. 3. d); *Kadelbach,* Allgemeines Verwaltungsrecht unter europäischem Einfluß, 1999, 19; *Priebe,* in: Schmidt-Aßmann/Hoffmann-Riem (Hrsg.), Strukturen des Europäischen Verwaltungsrechts, 1999, 71 ff. (97); *Galetta,* in: Magiera/Sommermann (Hrsg.), Verwaltung in der Europäischen Union, 2001, 63 ff. (69, 75).

[17] *Schmidt-Aßmann,* in: Schmidt-Aßmann/Hoffmann-Riem, Verwaltungsverfahren (Fn. 10), 429 ff. (445 f.); *ders.,* in: FS für Häberle (Fn. 4), 395 (397).

[18] Und darüber hinaus auch die *Politikwissenschaft* (Stichwort: „Regieren in Mehrebenensystemen"). Vgl. hierzu *Jachtenfuchs/Kohler-Koch,* in: dies. (Hrsg.), Europäische Integration, 1996, 15 ff.; auch *Wessels,* Die Öffnung des Staates, 2000, 53 ff.

[19] Zu diesem Mangel in der rechtswissenschaftlichen Diskussion *Möllers,* VerwArch. 93 (2002), 22 ff. (37 f.); *ders.* VerwArch 90 (1999), 187 ff.

[20] Vgl. nur EuGH, Rs. C-188/92, Slg. 1994, S. I-833 ff. (Textilwerke Deggendorf/Deutschland).

[21] *Schmidt-Aßmann,* in: Schmidt-Aßmann/Hoffmann-Riem, Verwaltungsverfahren (Fn. 10), 429 ff. (446); *Fastenrath,* DV 31 (1998), 277 ff. (299); *Becker,* DVBl. 2001, 855 ff.

das Verhältnis der interadministrativen Verbindungen zum sog. „transnationalen Verwaltungshandeln" klarzustellen. Letzteres kann man definieren als staatliches Handeln, *das nicht nur im jeweils eigenen, sondern die Staatsgrenzen überschreitend auch auf dem Hoheitsgebiet eines anderen Staates wirkt*[22]. Zusammen mit dem supranationalen Verwaltungshandeln der Gemeinschaftsorgane in vertikaler Richtung und der rein innerstaatlichen Hoheitsausübung der Mitgliedstaaten komplettiert es die möglichen Arten der Hoheitsausübung im Europäischen Verwaltungsverbund[23]. Während interadministrative Verbindungen zu einer organisatorischen oder verfahrensrechtlichen Verkoppelung der Verwaltungseinheiten führen, ist das „transnationale Verwaltungshandeln" durch seine grenzüberschreitende hoheitliche Wirkung gekennzeichnet. Es ist ebenso wie das supranationale Handeln dogmatisch eigenständig, auch wenn es oft in Kombination mit interadministrativen Verbindungen auftritt und sich darüber hinaus bezüglich bestimmter Rechtsfragen Schnittmengen mit den Rechtsfragen der interadministrativen Verbindungen ergeben, wie etwa bei der Frage der Zumutbarkeit der Verweisung an ein ausländisches Gericht[24].

3. Typen interadministrativer Verbindungen

In fast allen Bereichen der Europäischen Verwaltung treten interadministrative Verbindungen auf, wie etwa in der Agrarmarkt- und Zollverwaltung, der Steuerverwaltung, der Gemeinsamen Strukturpolitik, im Rahmen des Schutzes der finanziellen Interessen der Gemeinschaft, bei der Beihilfeaufsicht, im Zusammenhang mit Kartellverfahren, bei Zulassungs- und Überwachungsverfahren im Bereich der Grundfreiheiten sowie bei der Errichtung des Schutzgebietsnetzes „Natura 2000"[25]. Sie lassen sich in einem ersten Zugriff in organisatorische, verfahrensrechtliche und vollzugsbegleitende Verbindungen einteilen. Letztere bestehen vorwiegend aus gemeinsamen Aus- und Fortbildungsmaßnahmen und sind ohne rechtlichen Einfluß auf die Sachentscheidung.

---

22 Hierzu *Ehlers,* Die Europäisierung des Verwaltungsprozeßrechts, 1999, 8 ff.; *Ruffert,* DV 34 (2001), 453 ff. (455, 457); *Fastenrath,* DV 31 (1998), 277 ff. (299, 301).
23 So auch *Schmidt-Aßmann,* in: FS für Häberle (Fn. 4), 395 (400).
24 Ausführlich zur Abgrenzung siehe *J. Hofmann,* Rechtsschutz und Haftung (Fn. 14), 53 ff. Das hinter dem „transnationalen Verwaltungshandeln" stehende Sachproblem findet sich ebenso wie das der interadministrativen Verbindungen unter anderen Vorzeichen, aber in vergleichbarer Weise auch in Bundesstaaten. Beispiele hierfür sind §§ 78, 79 PolG/Baden-Württemberg sowie der Fall der exterritorialen Durchführung des Erörterungstermins in einem Planfeststellungsverfahren, hierzu BVerwG, DVBl. 2002, 1118 ff. (1121); *Kersten,* UPR 2001, 405 ff.
25 Ausführlich werden diese Gebiete dargestellt in *J. Hofmann,* Rechtsschutz und Haftung (Fn. 14), 55 ff. Dort auch im Detail zur Typisierung und Strukturierung interadministrativer Verbindungen, 128 ff.

Nur begrenzte Relevanz für Rechtsschutz und Haftung haben *organisatorische interadministrative Verbindungen*. Sie werden v.a. über Ausschüsse hergestellt, wie etwa über die der EG-Ebene zuzuordnenden Komitologieausschüsse[26] oder über die der mitgliedstaatlichen Ebene zuzuordnenden Begleitausschüsse im Rahmen der Strukturfondsverwaltung[27]. Auch Vorschriften zur Handhabung vertikaler wie horizontaler Zuständigkeitskonkurrenzen, wie z.B. im Rahmen der Anwendung des EG-Kartellrechts, führen zu organisationsrechtlichen Verbindungen[28].

Der weitaus größte Teil der interadministrativen Verbindungen ist allerdings *verfahrensrechtlicher Natur*. Sie ziehen auch die meisten Rechtsschutz- und Haftungsfragen nach sich. Als Verbindung in Form eines ganzen Regelungskonglomerats ist die Amts- und Vollzugshilfe schon besonders weit in der Entwicklung zu einem Rechtsinstitut fortgeschritten[29]. Die möglichen Hilfehandlungen reichen bei der Amtshilfe von der einfachen Informationsübermittlung über die Zustellung von Entscheidungen hin zur Durchführung behördlicher Ermittlungsmaßnahmen. Der Informationsaustausch kann aber auch selbständig und unabhängig von einem Auskunftsersuchen vorgenommen werden. Mitunter erfolgt er über zentrale Datenbanksysteme, wie im Rahmen des Zollinformationssystems (ZIS)[30] oder im Rahmen von Eurodac[31], für die sich auch umfassende Regelungen für den Datenschutz, den Rechtsschutz und die Haftung finden. Weitere Verbindungen existieren in Verfahren, die der Koordinierung und Kontrolle des mitgliedstaatlichen Handelns dienen. In der Regel handelt es sich dabei um Pflichten zur Übermittlung bestimmter Sachverhalte. Zu Kontroll- und Koordinierungszwecken kann die Kommission teilweise auch Stellungnahmen abgeben oder Entscheidungen erlassen, wie im Rahmen der Beihilfeaufsicht[32] oder nach Art. 13 der Allgemeinen Produktsicherheitsrichtlinie[33]. Unterschiedliche Arten interadministrativer Verbindungen gibt es ferner in Verfahren zum Erlaß mehrstufiger Entscheidungen, wie etwa im Rahmen des dezentralen Arzneimittelzulassungsverfahrens[34]. Dort können die nicht verfahrensführenden Mitgliedstaaten Einwände erheben; bei Uneinigkeit zwischen Mitgliedstaaten entscheidet die Kommission. Im Zu-

---

[26] *Schmidt-Aßmann*, in FS für Häberle (Fn. 4), 395 (401 f.); *Möllers*, in diesem Band, 293 ff.

[27] Art. 35 VO (EG) Nr. 1260/1999, ABl. EG 1999 Nr. L 161, S. 1 (Strukturfondsverordnung); dazu *Schöndorf-Haubold*, in diesem Band, 25 ff.

[28] Art. 4 f. VO (EG) Nr. 1/2003, ABl. EG 2003 Nr. L 1, S. 1 (Kartellverordnung).

[29] Hierzu *Wettner*, in diesem Band, 181 ff.

[30] Art. 23 ff. VO (EG) Nr. 515/97 (Fn. 8).

[31] VO (EG) Nr. 2725/2000, ABl. EG 2000 Nr. L 316, S. 1.

[32] Art. 4, 7, 10 Abs. 3, 11, 13 und 14 VO (EG) Nr. 659/1999, ABl. EG Nr. L 83, S. 1.

[33] RL 2001/95/EG, ABl. EG 2001 Nr. L 11, S. 4.

[34] RL 2001/83/EG, ABl. EG 2001 Nr. L 311, S. 67.

sammenhang mit supra- und transnationalen sowie rein nationalen Inspektionen kommen ebenfalls bestimmte Verbindungen typischerweise vor, wie Möglichkeiten zum Anstoß von Inspektionen und zur Teilnahme an diesen sowie die Leistung von Vollzugshilfe[35].

B. Interadministrative Verbindungen als Herausforderung für die Effizienz des abwehrenden Rechtsschutzes

I. Grundlage der Rechtswegabgrenzung: Prozessuales Trennungsprinzip

Auch wenn das Verwaltungskonzept der Gemeinschaft mittlerweile treffender als „Verwaltungsverbund" anstatt als dualistisches System zu qualifizieren ist, hat ein solcher Perspektivenwechsel bislang für das Rechtsschutzkonzept noch nicht stattgefunden. Das Rechtsschutzkonzept ist noch maßgeblich durch die Unterscheidung zwischen Vollzug durch die Gemeinschaft (direkter Vollzug) und Vollzug durch die mitgliedstaatlichen Verwaltungen (indirekter Vollzug) geprägt und deshalb dualistisch ausgerichtet[36]. Vollzugshandlungen der EG-Organe, durch die sich der Betroffene beeinträchtigt sieht, müssen vor den Gemeinschaftsgerichten angegriffen werden, Vollzugsakte der Mitgliedstaaten vor mitgliedstaatlichen Gerichten (*prozessuales Trennungsprinzip*)[37]. Eine echte Handlungszurechnung, die zu Verschiebungen im Hinblick auf das zu wählende Forum führen würde, findet grundsätzlich nicht statt. Eine Ausnahme hiervon stellt der Fall der Mandatierung mitgliedstaatlicher Behörden durch die Gemeinschaft dar[38].

Die *vertikale Abgrenzung der Jurisdiktionsbereiche*[39] zwischen der Gemeinschaft und den Mitgliedstaaten hat ihre Grundlage in den Art. 220 ff. EGV. Sie enthalten eine enumerative Aufstellung ausschließlicher Zuständigkeiten der Gemeinschaftsgerichte. Soweit der dort aufgestellte Zuständigkeitskatalog reicht, ist es den mitgliedstaatlichen Gerichten grundsätzlich untersagt, ihre Gerichtsbarkeit über Handlungen der Gemeinschaftsor-

---

[35] Dazu *J. Hofmann*, Rechtsschutz und Haftung (Fn. 14), 154 ff

[36] S. nur die entsprechende Qualifizierung von *Dörr*, in: Sodan/Ziekow (Hrsg.), Nomos-Kommentar zur VwGO, Lsbl. Stand Januar 2003, EVR, Rn. 353 f.; *Schmidt-Aßmann*, in: Schoch/Schmidt-Aßmann/Pietzner (Hrsg.), VwGO, Lsbl. Stand 2003, Einleitung, Rn. 102.

[37] Dazu *Ehlers,* Europäisierung (Fn. 22), 16 ff.

[38] Z.B. EuG, Rs. T-94/95 (Landuyt/Kommission), Slg. 1998, S. II-213 ff., Rn. 33 ff.; EuG, Rs. T-93/95 (Laga/Kommission), Slg. 1998, S. II-195 ff., Rn. 33 ff. Zu weiteren Zurechnungsfragen s. *J. Hofmann*, Rechtsschutz und Haftung (Fn. 14), 218 ff.

[39] Zu Einzelheiten der Abgrenzung der Jurisdiktionsbereiche s. *J. Hofmann,* Rechtsschutz und Haftung (Fn. 14), 215 ff.

gane auszuüben und Rechtsakte der Gemeinschaft zu verwerfen[40]. Soweit jedoch keine Zuständigkeit des Gerichtshofs aufgrund des EG-Vertrages besteht, sind Streitigkeiten, bei denen die Gemeinschaft Partei ist, der Zuständigkeit der mitgliedstaatlichen Gerichte nicht entzogen[41]. Die im EG-Vertrag geregelte „Zuständigkeitsabgrenzung" ist eine Jurisdiktionsabgrenzung und keine bloße Abgrenzung sachlicher Zuständigkeiten.

Das prozessuale Trennungsprinzip gilt im Vertikalverhältnis nicht nur für die Jurisdiktionsabgrenzung im Hinblick auf den Klagegegenstand, sondern auch für die Jurisdiktionsabgrenzung bezogen auf *präjudiziell bedeutsame Handlungen* einer anderen Einheit[42]. Präjudiziell bedeutsam sind interadministrative Verbindungen, wenn ihre Rechtswidrigkeit oder ihr Vorhandensein bzw. ihre Gültigkeit von Bedeutung für die Entscheidung des Gerichts ist[43]. Mit Ausnahme nichtiger Akte oder von Fällen offensichtlicher Unbeachtlichkeit der Handlung eines Mitgliedstaats dürfen die Gemeinschaftsgerichte präjudiziell bedeutsame Akte der Mitgliedstaaten nicht überprüfen und verwerfen. Für die mitgliedstaatlichen Gerichte gilt im Hinblick auf solche Handlungen der Gemeinschaft Entsprechendes. Weitere Ausnahmen vom Trennungsprinzip bestehen bei Überschreitung des Integrationsvorbehalts und im Fall des Art. 68 Abs. 1 EGV sowie zeitlich begrenzt beim einstweiligen Rechtsschutz[44]. Darüber hinaus haben die mitgliedstaatlichen Gerichte die Möglichkeit, aber auch die Pflicht, den Gerichtshof nach Art. 234 EGV über die Gültigkeit bzw. über die Rechtmäßigkeit präjudiziell bedeutsamer Handlungen der Gemeinschaft entscheiden zu lassen. Dieses Verfahren ist unzulässig, wenn es der Betroffene unterlassen hat, die Gemeinschaftshandlung mit der Nichtigkeitsklage

---

[40] EuGH, Rs. C-314/85 (Foto-Frost/HZA Lübeck-Ost), Slg. 1987, 4199 ff., Rn. 12 ff. Teilweise anders ist die Rechtslage im Rahmen des Europäischen Patentübereinkommens, BGBl. 1976 II, S. 826. Trotz vorhandener Rechtsschutzmöglichkeiten auf der Ebene der ebenfalls supranationalen Europäischen Patentorganisation läßt es Art. 138 EPÜ ausdrücklich zu, daß Europäische Patente auch von mitgliedstaatlichen Gerichten mit Wirkung für den Bereich des jeweiligen Mitgliedstaates für unwirksam erklärt werden können. Gegen Prüfungsentscheidungen im Rahmen der Eignungsprüfung für die Aufnahme in die Liste zugelassener Vertreter ist hingegen Rechtsschutz ausschließlich auf der Ebene der Europäischen Patentorganisation möglich, sofern der dort gewährte Grundrechtsschutz im Wesentlichen dem des GG entspricht, BVerfG DVBl. 2001, 1130 ff.

[41] Art. 240 EGV.

[42] Vgl. etwa EuGH, Rs. C-6/99 (Association Greenpeace France/Ministère de l'Agriculture et de la Pêche u.a.), Slg. 2000, S. I-1651 ff., Rn. 48 ff.

[43] EuGH, Rs. C-6/99 (Fn. 42), Rn. 48 ff. (55) und GA *Mischo*, Schlussantrag zu dieser Rs., Rn. 106 ff. Zu weiteren interadministrativen Verbindungen mit präjudizieller Bedeutung s. *J. Hofmann*, Rechtsschutz und Haftung (Fn. 14), 242 ff.

[44] Zu diesen Ausnahmen vom Trennungsprinzip siehe *J. Hofmann*, Rechtsschutz und Haftung (Fn. 14), 255, 256 und 279.

anzugreifen, obwohl die Möglichkeit hierzu evident vorgelegen hatte, und die Gemeinschaftshandlung dadurch bestandskräftig geworden ist[45].

Im *Horizontalverhältnis* sind die Gerichte aufgrund des prozessualen Trennungsprinzips gehindert, Akte eines anderen Mitgliedstaats als Klagegegenstand zuzulassen. Denn hier führt der Grundsatz der Staatenimmunität zu einem Verfahrenhindernis. Ist dagegen der Hoheitsakt eines anderen Mitgliedstaates *präjudiziell* im Rahmen eines Verfahrens, das sich gegen einen Akt des Gerichtsstaates richtet, von Bedeutung, schließt der Grundsatz der Staatenimmunität wie im zwischenstaatlichen Verhältnis außerhalb des Gemeinschaftsrechts eine Überprüfung nicht aus[46]. Die mitgliedstaatlichen Gerichte verfügen dann über die Gerichtsgewalt, den Handlungen eines anderen Mitgliedstaates die Anerkennung zu versagen. Demgemäß konnte auch der französiche Conseil d'État in Verfahren, die die Ablehnung der Erteilung eines Visums durch französische Behörden aufgrund einer Ausschreibung zur Einreiseverweigerung im Schengener Informationssystem durch Deutschland betrafen, die Rechtmäßigkeit der Ausschreibung durch die deutschen Behörden überprüfen und die Ausschreibungen unangewendet lassen, weil sie auf falscher Tatsachenbasis beruhten[47]. Diese uneingeschränkte Verwerfungsbefugnis existiert im Horizontalverhältnis aber auch nur bezüglich von Realhandeln. Bei (transnationalen) Verwaltungsakten und sonstigen Einzelfallregelungen scheitert die Verwerfung an deren Tatbestandswirkung. Auch dies führt zur Trennung im Rechtsschutz, allerdings aus materiell-rechtlichen Gründen.

II. Frage nach der Sicherstellung effektiven Rechtsschutzes auf der Grundlage des gegenwärtigen Rechtsschutzkonzeptes

1. Bei der Jurisdiktionsabgrenzung im Hinblick auf den Klagegegenstand

Ob die am Trennungsprinzip ausgerichtete Abgrenzung der Gerichtsbarkeiten in Bezug auf den Klagegegenstand, nach der vor einem Gericht nur Akte des eigenen Hoheitsträgers Verfahrensgegenstand sein können, den Anforderungen genügt, die das durch Grundgesetz, Gemeinschaftsrecht und EMRK gewährleistete Recht auf effektiven Rechtsschutz aufstellt, bedarf der Überprüfung. Problematische Aspekte sind hier die Gewährleistung eines geeigneten und effektiven Zugangs zu Gericht überhaupt (a) und speziell das Gebot der Rechtswegklarheit (b).

---

45 EuGH, Rs. C-188/92 (Fn. 20), Rn. 10 ff.
46 *Seidl-Hohenveldern/Stein*, Völkerrecht, 10. Aufl. 2000, Rn. 1487 ff.; *K. Ipsen*, Völkerrecht, 4. Aufl. 1999, § 26, Rn. 10.
47 CE Nr. 224877 v. 13.12.2002; CE Nr. 220419 v. 13. 12.2002.

a) Zugang zu Gericht

Alle drei Rechtsschutzgarantien verlangen, daß gegen belastende Verwaltungsentscheidungen Zugang zu einem Gericht überhaupt besteht. Dieser muß außerdem geeignet und effektiv sein und darf nicht unzumutbar eingeschränkt werden[48]. Gegen Akte der Gemeinschaft stellt der Gerichtshof gemäß Art. 220 ff. EGV einen Rechtsschutz sicher, der diesen Anforderungen entspricht. Insbesondere genügt der von ihm gewährleistete Grundrechtsschutz den Anforderungen des Art. 19 Abs. 4 GG, weil er im Wesentlichen mit dem deutschen vergleichbar ist[49]. Für den Rechtsschutz durch Gerichte anderer Mitgliedstaaten gilt Entsprechendes[50]. Mit Art. 6 Abs. 1 EMRK ist es vereinbar, daß bei der Schaffung einer supranationalen Organisation Rechtsschutz durch andere Gerichte als die des Heimatstaates des Betroffenen sichergestellt wird[51].

Dennoch stellt der Verweis an Gerichte anderer Mitgliedstaaten oder an den Gerichtshof eine Beschränkung des Individualrechtsschutzes im Vergleich zum Rechtsschutz vor Gerichten des Heimatstaates dar. Der Einzelne wird durch den Verweis vor praktische Schwierigkeiten gestellt, die einen Privatbürger – weniger dagegen ein international operierendes Unternehmen – gegebenenfalls davon abhalten, um Rechtsschutz im Ausland nachzusuchen. Als mögliche Probleme kommen in Betracht: Die fehlende Beherrschung der Gerichtssprache, ein ungewohntes Verfahrensrecht, die Unkenntnis der möglichen Rechtsbehelfe, die räumliche Entfernung sowie Schwierigkeiten bei der Anwaltssuche[52]. Hinzu kommt vielleicht noch, daß

---

[48] Zu Art. 19 Abs. 4 GG *Schmidt-Aßmann,* in: Maunz/Dürig, GG, Bd. 2, Art. 19 Abs. 4, Rn. 230 ff.; BVerfGE 57, 9 ff. (22). Zur gemeinschaftsrechtlichen Rechtsschutzgarantie EuGH, Rs. 178/84 (Kommission/Deutschland) – „Bier-Urteil", Slg. 1987, 1227 ff., Ziff. 4; EuGH, Rs. C-340/89 (Vlassopoulou/Justiz- und Europaministerium Baden-Württemberg), Slg. 1991, 2357 ff., Rn. 22. Zu Art. 6 EMRK EGMR, Urteil v. 28.05.1985, Nr. 8225/78 (Ashingdane/VK), Series A 93, § 57; EGMR, Urteil v. 16.12.1992, Nr. 12964/87 (Geouffre de la Pradelle/Frankreich), Series A 253 B, §§ 27 ff. (28); *Meyer-Ladewig,* EMRK, 2003, Art. 6, Rn. 20 f.

[49] BVerfGE 102, 147 ff. („Bananenmarkt"); BVerfGE 89, 155 ff. („Maastricht").

[50] Auch dort verlangen materiell zur Verfassung gehörende Normen die Sicherstellung effektiven Rechtsschutzes, s. *Schmidt-Aßmann,* in: FS für Bernhardt, 1995, 1283 ff. (1285). *Tonne,* Effektiver Rechtsschutz durch staatliche Gerichte als Forderung des Europäischen Gemeinschaftsrechts, 1997, 47 ff., weist dies für alle Mitgliedstaaten einzeln nach.

[51] EGMR, Urt. v. 18.02.1999, Nr. 26083/94 (Waite u. Kennedy/Deutschland), NJW 1999, 1173 ff., § 67; EGMR, Urt. v. 18.02.1999, Nr. 28934/95 (Beer u. Regan/Deutschland), § 57, zu finden unter http://www.echr.coe.int.

[52] Hierauf weisen auch hin: *Ruthig,* Staatliche Realakte, i.E., S. 449 des Manuskripts; *Harings,* Grenzüberschreitende Zusammenarbeit der Polizei- und Zollverwaltungen und Rechtsschutz in Deutschland, 1998, 340 f.; *ders.,* in diesem Band, 127 ff.; *Beyerlin,* Rechtsprobleme der lokalen grenzüberschreitenden Zusammenarbeit, 1988, 262 ff.

der einzelne nicht einen dem Rechtsschutz im Heimatmitgliedstaat äquivalenten, sondern nur einen dem dortigen im Wesentlichen vergleichbaren Rechtschutz geboten bekommt[53].

Diese Rechtsschutzbeschränkungen müssen sich nach Art. 6 Abs. 1 EMRK zwar an den Geboten der Verhältnismäßigkeit und Zumutbarkeit messen lassen. Deren Anforderungen wird hier jedoch genüge getan. Die Immunität der Gemeinschaft gegenüber der Gerichtsbarkeit der Mitgliedstaaten sichert ihre Selbständigkeit gegenüber den Mitgliedstaaten. Sie ist ein legitimes Ziel[54] und im EG-Vertrag grundgelegt. Die Beibehaltung der Immunität der anderen Mitgliedstaaten durch den EG-Vertrag dient ebenfalls der Sicherung von deren Unabhängigkeit. Der Verweis an die Gerichte des handelnden Hoheitsträgers ist das geeignete Mittel, dieses Ziel zu erreichen. Zwar würde die fiktive Aufrechterhaltung oder Einräumung von Klagerechten gegen den Heimatmitgliedstaat parallel zu möglichem Rechtsschutz im Ausland dem Rechtsschutzsuchenden die Probleme nehmen, die durch eine Klage im Ausland entstehen. Eine solche Lösung existiert für die Datenbanksysteme Eurodac[55] und ZIS[56] und wird vom Europarat für die grenzüberschreitende Zusammenarbeit zwischen Gebietskörperschaften vorgeschlagen[57]. Bei dieser Lösung stellte sich dann aber die Frage, welches materielle Recht für die fiktiv verantwortliche Heimatlandbehörde maßgeblich wäre. Nähme man die Fiktion ernst, wäre dies ihr eigenes Verwaltungsrecht[58], das in der Regel nur teilweise durch Gemeinschaftsrecht harmonisiert wurde. Müßte der handelnde Mitgliedstaat die Entscheidungen gegen den fiktiv verantwortlichen Heimatstaat anerkennen, würden daher seine Behörden vor Gericht teilweise nach fremdem Recht beurteilt, obwohl für sie bei der Vornahme der Handlung deren eigenes Recht galt[59]. Dies widerspräche dem vom Gemeinschaftsrecht vorgesehenen Konzept trans- und supranationalen Handelns und griffe über die Maßen in die Unabhängigkeit der handelnden Ebene ein. Der Verweis ins Ausland bei der Suche nach Rechtsschutz ist daher auch grundsätzlich erforderlich. Wenn im Auslang ein Rechtsschutz zur Verfügung steht, der

---

53 *Baldus*, Transnationales Polizeirecht, 2001, 349 ff. hält sogar einen dem GG äquivalenten Grundrechtsschutz von Art. 19 Abs. 4 GG für gefordert.
54 EGMR, Urt. v. 18.02.1999, Nr. 26083/94 (Fn. 51), § 63 f.
55 Art. 18 VO (EG) Nr. 2725/2000 (Fn. 31).
56 Art. 36 VO (EG) Nr. 515/97 (Fn. 8).
57 Art. 3 Abs. 4 der Modellvereinbarung 1.4 im Anhang zum Europäischen Rahmenübereinkommen über die grenzüberschreitende Zusammenarbeit zwischen Gebietskörperschaften, BGBl. II v. 6.11.1981, S. 965 ff. (982). Hierzu auch *Harings*, Zusammenarbeit (Fn. 52), 341 f.
58 Ähnlich *Beyerlin*, Rechtsprobleme (Fn. 52), 264.
59 Vgl. *Royla*, Grenzüberschreitende Finanzmarktaufsicht in der EG, 2000, 157 ff.; *Burbaum*, Rechtsschutz gegen transnationales Verwaltungshandeln, 2003, 59 f.

im Wesentlichen mit dem vom GG verlangten vergleichbar ist, ist der Verweis für den Rechtsschutzsuchenden auch grundsätzlich zumutbar. Die oben erwähnten Beschränkungen, die manche davon abhalten könnten, im Ausland zu klagen, sollten allerdings abgefedert werden. Dies könnte durch ausführlichere Rechtsbehelfsbelehrungen und die Vorhaltung von Informationen über die fremden Rechtsschutzsysteme geschehen.

b) Insbesondere: Gebot der Rechtswegklarheit

Besondere Regeln zur Umgehung oder Abfederung des Trennungsprinzips sind im Hinblick auf das Recht auf effektiven Rechtsschutz die allein angemessene Lösung in Fällen, in denen für den rechtsschutzsuchenden Einzelnen nicht klar ist, wer für seine Belastung verantwortlich ist. Kann er nicht erkennen, wer gehandelt hat – wie z.B. in den Fällen der interadministrativen Verbindung über Datenbanksysteme, wo für den Einzelnen nicht erkennbar ist, wer die Daten eingegeben hat – ist es ihm fast unmöglich, den richtigen Rechtsschutzgegner und somit das richtige Forum zu identifizieren. Die fehlende Verantwortungsklarheit führt hier auch zu einer Unklarheit über den Rechtsweg[60]. Daher finden sich zu Recht für diese Fälle besondere Rechtsschutzvorschriften, die das Trennungsprinzip umgehen oder abfedern[61]. Diese Vorschriften betreffen allerdings nur die Rechte auf Auskunft, Löschung oder Berichtigung. Für sie gibt es nur einen begrenzten Umfang an Normen, die für die an dem Datenbanksystem teilnehmenden Partner durch die betreffenden besonderen Rechtsschutzvorschriften harmonisiert wurden[62]. Daher stellt sich bei ihnen nicht das Problem des Auseinanderfallens des maßgeblichen Rechts, wie in den sonstigen oben unter a) beschriebenen Fällen.

Insgesamt ist festzuhalten, daß Verantwortungsklarheit im Hinblick auf die Handlungen der Verwaltung auch zu Klarheit im Hinblick auf den Rechtsweg führt. Die Zurechnung von Handlungen zu einer anderen Verwaltungseinheit als der Handelnden ist der Rechtswegklarheit nicht zuträglich, weil sie die Verhaltensverantwortung verschiebt. Findet ausnahmsweise gleichwohl eine Zurechnung statt, sind Rechtsbehelfsbelehrungen über die verantwortliche Einheit geboten. In den sonstigen Fällen vermittelt das Trennungsprinzip dem Rechtsschutzsuchenden mit einer einfachen

---

[60] Das Gebot der Verantwortungsklarheit wurde in Bezug auf die Verwaltungskooperation erstmals klar herausgestellt von *Schmidt-Aßmann*, EuR 1996, 270 ff. (296 f.). Ihm folgend *Royla*, Finanzmarktaufsicht (Fn. 59), 170 f.

[61] Art. 36 VO (EG) Nr. 515/97 (Fn. 8), Art. 18 VO (EG) Nr. 2725/2000 (Fn. 31).

[62] Vgl. die Vorschriften bzgl. des ZIS: Art. 36 VO (EG) Nr. 515/97 (Fn. 8) i.V.m. RL 95/46/EG, ABl. EG 1995 Nr. L 281, S. 31 (Datenschutzrichtlinie) bzgl. der Mitgliedstaaten bzw. VO (EG) Nr. 45/2001, ABl. EG 2001 Nr. L 8, S. 1 (Datenschutzverordnung) bzgl. der Kommission. Für Eurodac s. Art. 18 Abs. 2-12 VO (EG) Nr. 2725/2000 (Fn. 31) i.V.m. RL 95/46/EG.

Regel Rechtswegklarheit: Er soll die Gerichte des Hoheitsträgers um Rechtsschutz ersuchen, gegen dessen Handlung er vorgehen will, weil er sich durch sie beeinträchtigt sieht. Wegen des Trennungsprinzips ist jedoch oft auch erforderlich, daß der einzelne gegen – ihm teilweise in ihrer Existenz unbekannte – präjudiziell bedeutsame Handlungen vorgeht.

2. Bei der Jurisdiktionsabgrenzung in Bezug auf präjudiziell bedeutsame Handlungen eines anderen Hoheitsträgers

a) Zugang zu Gericht

Das Recht auf effektiven Rechtsschutz erfordert die Möglichkeit der vollständigen gerichtlichen Überprüfung jeder belastenden Entscheidung.

(i) Notwendigkeit von Veränderungen bei der Prüfungsbefugnis

Zu untersuchen ist, ob das Recht auf *vollständige* gerichtliche Überprüfung jeder belastenden Entscheidung verlangt, daß die Gerichte auch die Befugnis haben, alle präjudiziell bedeutsamen Handlungen auf ihre Rechtmäßigkeit überprüfen und rechtswidrige Handlungen gegebenenfalls selbst ersetzen zu können. Im *Horizontalverhältnis* stellt sich diese Frage nur noch für Verbindungen mit Regelungswirkung, insbesondere für transnationale Verwaltungsakte. Realhandeln eines anderen Mitgliedstaates hingegen darf auf seine Rechtmäßigkeit geprüft und ggf. ersetzt werden. Die Frage nach einer Ersetzungsbefugnis für transnationale Verwaltungsakte ist zu verneinen. Denn mit dem Recht auf vollständige gerichtliche Überprüfung ist es vereinbar, daß Gerichte im Wege der Tatbestandswirkung an Feststellungen und Entscheidungen der Verwaltungsbehörden gebunden sind[63]. Zulässig ist diese Bindung, wenn gegen die präjudiziell bedeutsame Handlung eine den Grundsätzen des Rechts auf effektiven Rechtsschutz entsprechende direkte Klage möglich war. Dementsprechend können auch in Deutschland die Gerichte aus Gründen der Rechtsschutzeffektivität nur interne Mitwirkungshandlungen ohne Verwaltungsaktsqualität ersetzen[64], weil deren gesonderte Anfechtbarkeit mit prozessualen Unsicherheiten belastet ist[65], nicht jedoch präjudiziell bedeutsame Verwaltungsakte[66].

---

[63] *Schmidt-Aßmann,* in: Schoch/Schmidt-Aßmann/Pietzner, VwGO (Fn. 36), Rn. 183; BVerfGE 78, 214 ff. (226); Urteil v. 28.06.1990, Nr. 11761/85 (Obermeier/Österreich), Series A 179, § 70; *Peukert,* in: Frowein/Peukert, EMRK, 2. Aufl. 1996, Art. 6, Rn. 61.

[64] Z.B. bzgl. des gemeindlichen Einvernehmens nach § 36 BauGB oder bzgl. der nach § 9 Abs. 2 und 3 FStrG notwendigen Zustimmung der obersten Landesstraßenbaubehörde zur Baugenehmigung. Siehe zu den Rechtsschutzfragen hierbei allgemein *Engelhard,* Der mehrstufige Verwaltungsakt und seine prozessuale Behandlung, 1974, insbes. 55 ff.

[65] Eine Anfechtungsklage scheidet hier aus. In Betracht kommt nur eine Leistungs- oder Feststellungsklage, der aber § 44a VwGO entgegenstehen könnte. Dazu

In den Fällen *vertikaler interadministrativer Verbindungen* steht einer Ersetzungsbefugnis die im EG-Vertrag grundgelegte Beschränkung der Jurisdiktion der jeweiligen Gerichte auf Akte ihres Hoheitsträgers entgegen[67]. Zwar umgehen die Gemeinschaftsgerichte zur Effektivierung des Rechtsschutzes in beamtenrechtlichen Einstellungsfällen die Bestandskraft durch die Figur der sog. „komplexen Entscheidung". Aufgrund dieser kann die Rechtswidrigkeit von Handlungen, die in einem früheren Stadium dieses Verfahrens erlassen wurden, geltend gemacht werden, wenn sie mit der angefochtenen Handlung eng verbunden sind. Andernfalls müßte dort der Kläger so viele Klagen erheben, wie das Verfahren ihn beschwerende Handlungen umfaßt[68]. Dies ist bei den sog. „komplexen Entscheidungen" aber nur möglich, weil alle zu überprüfenden Handlungen von EG-Organen erlassen wurden. Die Annahme einer Verwerfungs- und Ersetzungsbefugnis für vertikale interadministrative Verbindungen durch Auslegung des in Art. 220 ff. EGV enthaltenen Systems würde insbesondere die von Wortlaut und Systematik des Art. 234 Abs. 1 lit. b EGV gesetzte Grenze durchbrechen[69]. Eine solche Durchbrechung kann mit dem gemeinschaftsrechtlichen Grundsatz des effektiven Rechtsschutzes nur in Einzelfällen erreicht werden, nämlich dann, wenn ohne ein Abweichen vom Verwerfungsmonopol des Gerichtshofs effektiver Rechtsschutz überhaupt nicht mehr gewährleistet wäre. In umgekehrter Richtung ist eine Durchbrechung des Trennungsprinzips durch Annahme einer Ersetzungsbefugnis des Gerichtshofs bezüglich mitgliedstaatlicher Akte wegen des Prinzips der begrenzten Ermächtigung (Art. 5 Abs. 1 EGV) selbst in Ausnahmefällen nicht möglich[70]. Die Durchbrechung des Trennungsprinzips wird vom gemeinschaftlichen Recht auf Zugang zu Gericht auch gar nicht zwingend verlangt. Denn dem Recht auf vollständige gerichtliche Kontrolle belastender Verwaltungsentscheidungen wird auch durch die Möglichkeit einer Direktklage gegen jeden Einzelakt genüge getan. Dies gilt auch für das von

---

Kopp/Schenke, VwGO, 13. Aufl. 2003, § 44a, Rn. 6; *Lasotta*, Das Einvernehmen der Gemeinde nach § 36 BauGB, 1998, 49 ff.

[66] Wie z.B. dann, wenn die Erteilung einer Baugenehmigung die Zulassung einer Ausnahme, wie etwa nach § 9 Abs. 8 FStrG, voraussetzt.

[67] Dazu *J. Hofmann*, Rechtsschutz und Haftung (Fn. 14), 166 ff.

[68] EuGH, Rs. 448/93 P (Kommission/Noonan), Slg. 1995, S. I-2321 ff., Rn. 17; *H.C. Röhl*, ZaöRV 60 (2000), 331 ff. (360, insbes. Rn. 168); *ders.*, in diesem Band, 319 ff.; *David*, Inspektionen im Europäischen Verwaltungsrecht, 2003, 350 ff.; *dies.*, in diesem Band, 237 ff.

[69] *Klepper*, Vollzugskompetenzen der Europäischen Gemeinschaft aus abgeleitetem Recht, 2001, 210 f., fordert eine solche Verwerfungsbefugnis der mitgliedstaatlichen Gerichte für Einzelakte – wie etwa Gemeinschaftsentscheidungen - und eine Beschränkung des Verwerfungsmonopols des EuGH auf Gemeinschaftsverordnungen.

[70] Zu den Einzelheiten dazu siehe *J. Hofmann*, Rechtsschutz und Haftung (Fn. 14), 190 ff.

Art. 6 Abs. 1 EMRK und Art. 19 Abs. 4 GG gewährte Recht auf Zugang zu Gericht.

(ii) Verbesserung des Rechtsschutzes durch Ausbau der prozessualen Kooperation

Auch die Beschränkung des Zugangs zum Vorabentscheidungsverfahren muß sich am Recht auf Zugang zu Gericht messen lassen[71]. Im Hinblick hierauf ist problematisch, daß der einzelne eine Vorlage nach Art. 234 EGV nur bedingt und unter großen Mühen erzwingen kann. Bei Zweifeln an der Gültigkeit eines Gemeinschaftsakts ist das nationale Gericht zwar verpflichtet, den Gerichtshof anzurufen[72]. Dem Kläger steht hierfür aber kein besonderes Antragsrecht zu; er kann die Vorlage nur anregen[73]. Anders als über die Vorlage ergeht über deren Ablehnung kein Beschluß oder keine sonstige, vom Urteil gesonderte Entscheidung, die dann gegebenenfalls angefochten werden könnte[74]. In Deutschland bleibt zur Erzwingung einer Vorlage nur der Weg über die Rechtsmittel der Berufung und der Revision sowie danach als letztes Mittel die Verfassungsbeschwerde wegen Verletzung des Rechts auf den gesetzlichen Richter (Art. 101 Abs. 1 S. 2 GG). Die für einen „Entzug des gesetzlichen Richters" erforderliche Voraussetzung der „Handhabung der Vorlagepflicht in offensichtlich unhaltbarer Weise"[75] wurde vom BVerfG bisher restriktiv angewandt, weil es den Gerichten keine hohen Darlegungsanforderungen hinsichtlich der Begründung der Nichtvorlage abverlangte[76]. Nun nimmt es die Fachgerichte stärker in die Pflicht und verlangt von ihnen, daß sie sich hinsichtlich des europäischen Rechts ausreichend kundig machen[77] und dies durch Zitate belegen[78]. Darüber hinaus nimmt es das von ihm entwickelte Modell der „Kooperation in Grundrechtsfragen"[79] ernster und stärkt den Rechtsschutz des Einzelnen, weil es eine Vorlage schon dann für notwendig hält, wenn eine Gemeinschaftshandlung möglicherweise gegen ein Gemeinschafts-

---

[71] Zur Einbeziehung des Vorabentscheidungsverfahrens in den Schutzbereich von Art. 6 Abs. 1 EMRK s. EKMR, Entscheidung v. 12.05.1993, Nr. 20631/92 (Divagsa S.A./Spanien), Decisions and Reports (D.R.) Bd. 74, 274.
[72] EuGH, Rs. C-314/85 (Fn. 40), Rn. 11 ff.
[73] BVerwGE 73, 369 ff.
[74] *Kopp/Schenke*, VwGO (Fn. 65), § 94, Rn. 22. Und selbst wenn ein die Vorlage ablehnender Beschluß gefaßt werden könnte, spräche der Rechtsgedanke des § 146 Abs. 2 VwGO gegen dessen Anfechtbarkeit.
[75] BVerfGE 82, 159 ff. (194 ff.), BVerfG, NVwZ 1993, 883 (884).
[76] Vgl. BVerfGE 82, 159 ff. (195 f.); BVerfG, NVwZ 1997, 481.
[77] BVerfG, DVBl. 2001, 720 f., Rn. 21.
[78] *Füßer*, DVBl. 2001, 1574 ff. (1575).
[79] BVerfGE 89,155 ff.

grundrecht verstößt[80]. Insgesamt ist es jedoch eine Schwäche des Vorabentscheidungsverfahrens, daß es nicht als Rechtsbehelfsverfahren für die Parteien ausgestaltet ist und die Prüfung der Erforderlichkeit der Vorlage der alleinigen Verantwortung der mitgliedstaatlichen Gerichte überläßt[81]. Wünschenswert wäre es, wenn Art. 234 EGV stärker im Lichte des Rechts auf effektiven Rechtsschutz ausgelegt würde mit dem Ergebnis, daß eine Vorlagepflicht auch dann besteht, wenn der Kläger schlüssig behauptet, eine Gemeinschaftshandlung sei ungültig[82].

Für Konstellationen mit Verbindungen in „aufsteigend" vertikaler Richtung, auf die das Vorabentscheidungsverfahren keine Anwendung findet, ist die Einführung eines Verfahrens zu fordern, mit dem die Gerichte zusammenarbeiten und in dem die Gemeinschaftsgerichte die Gerichte eines Mitgliedstaats um die Entscheidung über die Rechtmäßigkeit und Gültigkeit präjudiziell bedeutsamer Handlungen ersuchen können. Entsprechendes ist in horizontaler Richtung für Handlungen mit Tatbestandswirkung zu fordern. Zumindest sollte den Gerichten die Handhabe dafür gegeben werden, solange mit ihrer Entscheidung abwarten zu können, bis die Gerichte der anderen Ebene entschieden haben. Ansonsten droht die Gefahr einander widersprechender Entscheidungen, oder der Kläger wird – weil seine Klage als (zurzeit) unbegründet abgewiesen wurde[83] – unnötig in Rechtsmittel- und Wiederaufnahmeverfahren getrieben. Daher sind vorhandene Aussetzungsmöglichkeiten[84] besser zu nutzen oder gegebenenfalls neue einzuführen. Insbesondere auf Gemeinschaftsebene reichen die vorhandenen Aussetzungsvorschriften nicht aus. Vor dem EuG ist eine Aussetzung von Amts wegen nur sehr eingeschränkt möglich[85].

---

[80] BVerfG DVBl. 2001, 720, Rn. 22 ff. Dazu *Kube*, JuS 2001, 858; *Nowak*, in: ders./ Cremer (Hrsg.), Individualrechtsschutz in der EG und der WTO, 2002, 47 ff. (65 ff.).

[81] Zu diesem Charakter des Vorabentscheidungsverfahrens: EuGH, Rs. 283/81 (C.I.L.F.I.T./Ministero della Sanita), Slg. 1982, 3415 ff., Rn. 9; *Dauses*, in: ders.; HbEUWiR (Fn. 1), P II., Rn. 105.

[82] Ebenso *Allkemper*, Der Rechtsschutz des einzelnen nach dem EG-Vertrag, 1995, 171 ff., sowie zu einem zu schaffenden erweiterten Antragsrecht 205 ff. Für eine Stärkung der Stellung der Parteien in Bezug auf die Eröffnung des Vorlageverfahrens plädiert auch *Schwarze*, DVBl. 2002, 1297 ff. (1304).

[83] Hierauf weist *Gundel*, in: Ehlers (Hrsg.), Europäische Grundrechte und Grundfreiheiten, 2003, § 18 Rn. 59, Fn. 141, zu Recht hin.

[84] Z.B. § 94 VwGO, Art. 77 VerfO-EuG oder Art. 82a VerfO-EuGH.

[85] Vgl. Art. 77 VerfO-EuG i.V.m. Art. 54 EuGH-Satzung idF des Vertrages von Nizza. Weitergehender ist die Regelung für Verfahren vor dem EuGH: Art. 82a § 1 lit. b) VerfO-EuGH.

(iii) Notwendigkeit von Veränderungen im Hinblick auf die Zulässigkeit von Klagen

Problematisch im Hinblick auf das Recht auf Zugang zu gerichtlicher Kontrolle gegen belastende Entscheidungen ist ferner, daß präjudiziell bedeutsame interadminstrative Verbindungen oft vorbereitenden Charakter haben, welche nur eingeschränkt tauglicher Klagegegenstand sind. Dies gilt insbesondere auch deshalb, weil dann, wenn die Gerichte an präjudiziell bedeutsame Handlungen eines anderen Verwaltungsträgers gebunden sind, wegen des Rechts auf Zugang zu Gericht eigentlich jeder solche Akt angegriffen werden können müßte.

Nach der Rechtsprechung des Gerichtshofs ist ein vorbereitender Akt in einem mehrstufigen Verwaltungsverfahren nur anfechtbar, wenn es sich um eine Maßnahme handelt, die den Standpunkt des Organs zum Verfahrensabschluß endgültig festlegt; nicht anfechtbar sind Zwischenmaßnahmen, welche die abschließende Entscheidung lediglich vorbereiten[86]. Es liegt nahe, diese Rechtsprechung des EuGH zu Art. 230 Abs. 4 EGV im Licht des gemeinschaftlichen Rechts auf effektiven Rechtsschutz so zu modifizieren, daß im Rahmen der verbundenen Verwaltung alle präjudiziell bedeutsamen Handlungen als solche mit verbindlicher Rechtswirkung anzusehen sind, welche die Interessen des von der Folgemaßnahme Betroffenen durch einen Eingriff in seine Rechtsstellung beeinträchtigen. Der Wortlaut des Art. 230 Abs. 4 EGV stünde dieser Auslegung nicht entgegen[87], weil der Begriff der „Entscheidung" i.S.v. Art. 230 Abs. 4 EGV vom Gerichtshof anders verstanden wird als der in Art. 249 Abs. 4 EGV[88].

Da der Gerichtshof bei den Anforderungen an die Qualität des Gegenstands im Rahmen der Zulässigkeitsprüfung einer Vorlage nach Art. 234 Abs. 1 lit. b EGV aber schon jetzt großzügiger ist als im Rahmen der Nichtigkeitsklage[89], stellt sich die Frage, ob das Recht auf effektiven Rechtsschutz wirklich die Erweiterung der Klagemöglichkeiten vor dem Gerichtshof in den Fällen der verbundenen Verwaltung fordert, oder ob nicht der dezentrale Klageweg vor den mitgliedstaatlichen Gerichten kombiniert mit einer Vorabentscheidungsklage ausreichend ist.

---

[86] St. Rspr., vgl. EuGH, Rs. 60/81 (IBM Corp./Kommission), Slg. 1981, 2639 ff., Rn. 10; EuG, Rs. T-55/01 R (Asahi Vet SA/Kommission), Slg. 2001, S. II-1933 ff., Rn. 62; EuG, Rs. T-37/92 (BEUC u. NCC/Kommission), Slg. 1994, S. II-285 ff., Rn. 27; EuG, Rs. T-277/94 (AITEC/Kommission), Slg. 1996, S. II-351 ff., Rn. 51.

[87] Anders als etwa im Fall EuGH, Rs. C-50/00 P (Unión de Pequeños Agricultores/Rat), Slg. 2002, S. I-6677 ff., Rn. 44, wo es um die Frage ging, ob gegen echte Verordnungen aus Gründen des effektiven Rechtsschutzes die Nichtigkeitsklage zulässig sein muß. Dazu *Röhl*, in diesem Band, 319 ff.

[88] Vgl. *H.C. Röhl*, ZaöRV 60 (2000), 331 ff. (362 f.); *ders.*, in diesem Band, 319 ff.; EuGH, Rs. 60/81 (Fn. 86), Rn. 9 ff.

[89] Vgl. *J. Hofmann*, Rechtsschutz und Haftung (Fn. 14), 259 ff.

Dezentraler Rechtsschutz[90] sichert grundsätzlich die Rechte des Einzelnen; er hat allerdings zwei Schwächen, die im Vorabentscheidungsverfahren begründet sind[91]: Die eine ist das fehlende Recht des Einzelnen, ein Vorabentscheidungsverfahren initiieren und erzwingen zu können. Die zweite Schwäche des Vorabentscheidungsverfahrens hat ihre Ursache darin, daß sich der Einfluß der Parteien des Ausgangsverfahrens vor dem Gerichtshof auf die Abgabe von Stellungnahmen und bei begründetem Antrag auf die Anhörung in der mündlichen Verhandlung beschränkt[92]. Sie können jedoch weder eigene Anträge stellen noch auf die Formulierung und Begründung der Vorlagefrage durch das mitgliedstaatliche Gericht Einfluß ausüben[93].

Kein Argument, das allein gegen den dezentralen Rechtsschutz spricht, ist hingegen die Zeitverzögerung, die durch das Vorlageverfahren entsteht[94]. Denn auch die Direktklage vor dem EuG und gegebenenfalls anschließend vor dem EuGH kann viel Zeit kosten. Der Ausbau der Zulässigkeit der Nichtigkeitsklage in Fällen der verbundenen Verwaltung ist für den Kläger vielmehr ein zweischneidiges Schwert. Bei evidenter Anfechtungsmöglichkeit droht die Ausweitung der „Deggendorf"-Rechtsprechung; er müßte dann auch gegen vorbereitende, unverbindliche Akte Nichtigkeitsklage erheben, um zu vermeiden, daß das Vorabentscheidungsverfahren wegen des Eintritts von „Bestandskraft" unzulässig würde[95]. Ein weiterer Nachteil der Obliegenheit, jede Mitwirkungshandlung angreifen zu müssen, ist die Vervielfachung des Prozeßkostenrisikos. Die Erweiterung der Anfechtungsmöglichkeiten auf Gemeinschaftsebene gegen interadministrative Verbindungen ist daher vom Recht auf effektiven Rechtsschutz nicht gefordert, wenn dezentraler Rechtsschutz in Kombination mit dem Vorabentscheidungsverfahren möglich ist[96].

Auch nach dem Prozeßrecht vieler Mitgliedstaaten sind vorbereitende Mitwirkungshandlungen in mehrstufigen Verwaltungsverfahren gar nicht oder nur begrenzt selbständig vor Gericht angreifbar. So wurden beispielsweise Klagen gegen Handlungen deutscher Stellen zum Zwecke der

---

[90] Dieser Begriff stammt von *Nowak*, EuR 2000, 724 ff. und *ders.* in: Nowak/Cremer, Individualrechtsschutz (Fn. 80), 47 ff.

[91] So auch *Klepper*, Vollzugskompetenzen (Fn. 69), 181 ff.

[92] Vgl. Art. 23 Abs. 2 EuGH-Satzung. Auf begründeten Antrag sind die Beteiligten auch in der mündlichen Verhandlung zu hören, Art. 104 § 4 VerfO-EuGH.

[93] *Klepper*, Vollzugskompetenzen (Fn. 69), 182.

[94] So aber *Klepper*, Vollzugskompetenzen (Fn. 69), 182 f.

[95] Ebenso *Röben*, Die Einwirkung der Rechtsprechung des Europäischen Gerichtshofs auf das Mitgliedstaatliche Verfahren in öffentlich-rechtlichen Streitigkeiten, 1998, 72; *H.C. Röhl*, ZaöRV 60 (2000), 331 ff. (361).

[96] Ebenso für den Rechtsschutz gegen echte Gemeinschaftsverordnungen EuGH, Rs. C-50/00 P (Fn. 87), Rn. 39 ff. und *Gundel*, VerwArch 92 (2001), 81 ff.

Gebietsmeldung im Verfahren zur Errichtung des Schutzgebietsnetzes „Natura 2000" aus verschiedenen Gründen für unzulässig angesehen[97]. Probleme bereiteten hier insbesondere die Klagebefugnis, das Feststellungsinteresse und § 44a VwGO. Aber auch das spanische, französische und italienische Prozeßrecht unterscheidet zwischen anfechtbaren Akten und Handlungen, die als Vorbereitungs- und Teilhandlungen keine Außenwirkung entfalten und deshalb nicht selbständiger Klagegegenstand sein sollen[98]. Diese mitgliedstaalichen Regelungen können in Fällen der verbundenen Verwaltung mit dem Recht auf effektiven Rechtsschutz in Konflikt treten, weil es eine – insbesondere von Art. 6 Abs. 1 EMRK aufgestellte[99] – Voraussetzung der Bindung der Gerichte an präjudiziell bedeutsame Handlungen einer anderen Ebene ist, daß diese Handlungen selbständig anfechtbar sind.

Deutlich wurde dieser Konflikt in der Rechtssache „Oleificio Borelli"[100]. Dort hatten es die italienischen Stellen abgelehnt, einen Antrag der Klägerin auf einen Zuschuß aus dem EAGFL, Abteilung Ausrichtung, zu befürworten, weshalb die Kommission den Zuschuß nach der betreffenden Gemeinschaftsverordnung verweigern mußte. Nach dem Vortrag der Klägerin war gegen diese negative Stellungnahme vor den italienischen Gerichten kein selbständiger Rechtsschutz zu erreichen, da es sich um eine vorbereitende Maßnahme handele, die nur zusammen mit der das Verfahren abschließenden Handlung anfechtbar sei, in der alle im Verlauf des Verfahrens ergangenen Entscheidungen der Organe und Stellen zusammengefaßt seien[101]. Weil aber der Gerichtshof nicht sich, sondern nur die mitgliedstaatlichen Gerichte für zuständig hielt, über die mitgliedstaatliche Stellungnahme zu entscheiden, mußte nach seiner Ansicht im Mitgliedstaat eine Klage in jedem Fall zulässig sein, auch wenn die innerstaatlichen Vorschriften dies in einem solchen Fall nicht vorsehen[102]. Zur Begründung verwies er auf den allgemeinen Rechtsgrundsatz des Gemeinschaftsrechts,

---

[97] VG Oldenburg, NuR 2000, 296 ff.; VG Gießen, NuR 2000, 112 f.; VG Oldenburg, NuR 2000, 713 f.; VG Frankfurt a.M., NuR 2001, 414 ff.; VG Schleswig, NVwZ 2001, 348 f.; VG Oldenburg, NVwZ 2001, 349 f.; VG Lüneburg, NVwZ 2001, 590 f.; VG Düsseldorf, NVwZ 2001, 591 f.; OVG Lüneburg, NuR 2000, 298 f., 299 und 711 ff.
[98] *Röben*, Einwirkung der Rechtsprechung (Fn. 95), 219.
[99] Urteil v. 28.06.1990, Nr. 11761/85 (Fn. 63), § 70; *Peukert,* in: Frowein/Peukert, EMRK (Fn. 63), Art. 6, Rn. 61.
[100] EuGH, Rs. C-97/91 (Oleificio Borelli SpA/Kommission), Slg. 1992, S. I-6313 ff., Rn. 7 ff.
[101] Klagegründe und Argumente der Parteien, Sitzungsbericht zu Rs. C-97/91 (Fn. 100), S. 6318.
[102] EuGH, Rs. C-97/91 (Fn. 100), Rn. 13.

nach dem gegen alle Entscheidungen einer nationalen Behörde gerichtliche Kontrolle möglich sein muß[103].

Dieses Urteil ist im Zusammenhang mit anderen Urteilen zu sehen, mit denen der Gerichtshof v.a. aufgrund der Vorrangregel und des Art. 10 EGV die Mitgliedstaaten in die Pflicht genommen hat, nationales Prozeßrecht zu modifizieren, das die praktische Wirksamkeit des Gemeinschaftsrechts und der dem Einzelnen hierdurch verliehenen Rechte unmöglich macht[104]. Mit diesem Begründungsmuster wurde bereits in der Vergangenheit das Verwaltungsprozeßrecht der Mitgliedstaaten europäisiert[105]. Mit ihm kann auch in Zukunft, zusammen mit der subjektiv-rechtlichen Garantie effektiven Rechtsschutzes[106], die Schaffung neuen Prozeßrechts verlangt werden. Teilweise kann es auch genügen, das nationale Verfahrensrecht den Verhältnissen der verbundenen Verwaltung angepaßt auszulegen und anzuwenden. So sind z.B. vorbereitende Handlungen im Rahmen mehrstufiger Verwaltungsverfahren des Europäischen Verwaltungsverbunds – anders als eventuell bei rein nationalen Verfahren – als *endgültig beschwerende* Handlungen anzusehen, die selbständig gerichtlich angreifbar sein müssen, wenn sie für die andere Behörde präjudiziell bedeutsam sind[107]. Dagegen können sich die mitgliedstaatlichen Gerichte aufgrund der Rechtsschutzgarantie grundsätzlich selbst keine Verwerfungsbefugnisse hinsichtlich des Handelns der Gemeinschaft beimessen, denn dies überschritte anders als die Schaffung neuen Prozeßrechts ihre Befugnis zur Ausübung von Hoheitsgewalt.

b) Gebot der Rechtswegklarheit

Das Gebot der Rechtswegklarheit als spezielle Ausprägung des Rechts auf Zugang zu Gericht verlangt, daß die Rechtsschutzverfahren so klar und übersichtlich aufgebaut sind, daß der rechtlich beratene Einzelne Klarheit

---

[103] EuGH, Rs. C-97/91 (Fn. 100), Rn. 14.

[104] EuGH, Rs. C-213/89 (The Queen/Secretary of State for Transport, ex p.: Factortame Ltd. u.a.), Slg. 1990, S. I-2433 ff., Rn. 19 ff.; EuGH, verb. Rs. C-6 u. 9/90 (Francovich u. Bonifaci u.a./Italien), Slg. 1991, S. I-5357 ff., Rn. 36; EuGH, Rs. C-208/90 (Emmott/Minister for Social Welfare und Attorney General), Slg. 1991, S. I-4269 ff., Rn. 23; EuGH, Rs. C-312/93 (Peterbroeck, van Campenhout & Cie. SCS/Belgien), Slg. 1995, S. I-4599 ff., Rn. 12 ff.; EuGH, verb. Rs. C-430 u. 431/93 (van Schijndel u. van Veen/Stichting Pensioensfonds voor Fysiotherapeuten), Slg. 1995, S. I-4705, Rn. 17 ff.

[105] Vgl. nur *Schoch*, Die Europäisierung des verwaltungsgerichtlichen Rechtsschutzes, 2000, insbes. 19 ff.; *Ehlers*, Europäisierung (Fn. 22), insbes. 45 ff.

[106] Dazu EuGH, Rs. C-50/00 P (Fn. 87), Rn. 39 ff.

[107] Bereits angedeutet von GA *Darmon*, Schlußantrag zu EuGH, Rs. C-97/91 (Fn. 100), Rn. 32.

über den einzuschlagenden Rechtsweg gewinnen kann[108]. Im Hinblick auf diese Ausprägung der Rechtsschutzgarantie bereitet der Rechtsschutz in Verfahren mit interadministrativen Verbindungen große Schwierigkeiten[109]. Zwar ist es vom Grundsatz her klar, daß Maßnahmen, durch die sich der einzelne belastet fühlt, vor den Gerichten des Hoheitsträgers anzufechten sind, von dem die Maßnahme stammt. Dies gilt grundsätzlich auch für Maßnahmen, die von präjudizieller Bedeutung für Maßnahmen anderer Verwaltungseinheiten sind. Wichtigste Ausnahmen hiervon sind im Horizontalverhältnis Realhandlungen, also Handlungen ohne Tatbestandswirkung, sowie im Vertikalverhältnis Handlungen der Gemeinschaft, die über das Vorabentscheidungsverfahren überprüft werden können und die nur bei evidenter Zulässigkeit der Nichtigkeitsklage selbständig angegriffen werden müssen. Das vom Gerichtshof entwickelte Evidenzkriterium[110] kann insofern als Ausfluß des Gebots der Rechtswegklarheit verstanden werden. Es sollte daher auch eng gehandhabt werden.

Unter Gesichtspunkten der Rechtswegklarheit problematisch ist allerdings, daß der einzelne zum einen oft nicht weiß, daß im Vorfeld einer an ihn gerichteten Maßnahme interadministrative Verbindungen bestanden haben, und zum anderen – wenn er von diesen Kenntnis hat – in der Regel nicht überschauen kann, ob sie in irgendeiner Weise für die Entscheidung der ihm gegenüber handelnden Stelle präjudiziell bedeutsam waren, ob also deren Rechtswidrigkeit oder Vorhandensein Einfluß auf die gegen ihn gerichtete Entscheidung hatte. Es fehlt folglich in vielen Fällen an Verantwortungsklarheit[111]. Der Kläger trägt ein erhebliches Auslegungsrisiko. Greift er eine Maßnahme nicht an, obwohl er dies müßte, droht der Eintritt von Bestandskraft[112]. Im umgekehrten Fall wird die Klage zu seinen Lasten kostenpflichtig abgewiesen. Diesem Dilemma kann dadurch abgeholfen werden, daß die Behörde, die gegenüber dem Betroffenen handelt, in der Begründung ihres Rechtsakts auf die interadministrativen Verbindungen

---

[108] *Schmidt-Aßmann*, in: Maunz/Dürig, GG (Fn. 48), Rn. 230 ff.; EGMR, Urteil v. 16.12.1992, Nr. 12964/87 (Fn. 48), §§ 27 ff. (34 f.); *Tonne*, Effektiver Rechtsschutz (Fn. 50), 167 ff.

[109] So schon *Schmidt-Aßmann*, JZ 1994, 839 ff. (836).

[110] EuGH, Rs. C-188/92 (Fn. 20), Rn. 10 ff. Bestätigt durch EuGH, Rs. C-178/95 (Wiljo NV/Belgien), Slg. 1997, S. I-585 ff., Rn. 21; EuGH, Rs. C-241/01 (National Farmers' Union/Secrétariat général du gouvernement), Slg. 2002, S. I-9079 ff., Rn. 34 ff. Siehe zum Ganzen: *Kamann/Selmayr*, NVwZ 1999, 1041 ff. und *H.C. Röhl*, ZaöRV 60 (2000), 331 ff. (358 ff.); *ders.*, in diesem Band, 319 ff.

[111] Darauf weisen auch hin: *Schmidt-Aßmann*, EuR 1996, 270 ff. (296); *Royla*, Finanzmarktaufsicht (Fn. 59), 170 f.; *Winkelmüller*, Verwaltungskooperation bei der Wirtschaftsaufsicht im EG-Binnenmarkt, 222 f.; *Franchini*, Dir. Amm. 2000, 81 ff. (88 f.); *Gundel*, in: Ehlers, Europäische Grundrechte (Fn. 83), § 18 Rn. 59.

[112] EuGH, Rs. C-188/92 (Fn. 20), Rn. 10 ff.

hinweist[113]. Ferner ist der Betroffene über die Notwendigkeit der Einlegung eines Rechtsbehelfs und dessen Modalitäten zu belehren.

c) Rechtzeitiger Rechtsschutz

Die Doppelung der Rechtsschutzwege führt dann, wenn auf beiden Wegen bis zur letzten Instanz geklagt werden muß, zu einer beträchtlichen Verfahrensdauer. Denn beide Verfahrensstränge werden in der Regel nicht zeitgleich, sondern gestuft aufeinander folgen. Die eine Ebene wird das Verfahren aussetzen, bis die andere rechtskräftig über die vorgreiflichen Fragen entschieden hat. Zudem kann es zur zweifachen Anrufung des Gerichtshofs kommen. Legt man beispielsweise die Fallkonstellation der Rechtssache „Oleificio Borelli" zugrunde[114], dann muß der Betroffene vor den mitgliedstaatlichen Gerichten gegen die negative Stellungnahme klagen. Hat das mitgliedstaatliche Gericht Zweifel, ob die negative Stellungnahme die Kommission dazu zwingt, den beantragten Zuschuß aus dem EAGFL abzulehnen, und ob es deshalb verpflichtet ist, das eigene Prozeßrecht zu modifizieren, kann es das Verfahren aussetzen und den Gerichtshof nach Art. 234 EGV anrufen. Parallel hierzu muß der Kläger innerhalb der Zwei-Monatsfrist des Art. 230 Abs. 5 EGV gegen die ablehnende Entscheidung der Kommission vor dem EuG Nichtigkeitsklage erheben. Bis zum rechtskräftigen Abschluß des Verfahrens auf nationaler Ebene, das, wie gezeigt, auch eine Vorlage zum EuGH beinhalten kann, sollte das Verfahren vor dem EuG ausgesetzt werden (nach Art. 77 lit. c VerfO-EuG). Erst danach kann das Verfahren auf Gemeinschaftsebene, gegebenenfalls über zwei Instanzen hinweg, fortgesetzt werden.

Der soeben dargestellte Verfahrensgang muß zugegebenermaßen nicht der regelmäßige Ablauf eines Rechtsschutzverfahrens in einem Fall mit interadministrativen Verbindungen sein. Er ist aber auch nicht unwahrscheinlich. An ihm wird deutlich, daß das gegenwärtige Rechtsschutzkonzept der Gemeinschaft mit dem Recht auf Entscheidung innerhalb angemessener Frist in Widerspruch geraten kann. Wenn darüber hinaus, anders als im Beispielsfall, an einem Verwaltungsverfahren neben der Kommission noch die Behörden mehrerer Mitgliedstaaten beteiligt sind, wird diese Gefahr noch gesteigert.

Für Abhilfe könnte neben den schon oben für das Horizontal- und umgekehrte Vertikalverhältnis geforderten Vorlageverfahren v.a. eine Ausweitung der Jurisdiktionsbefugnisse der Gerichte im Vertikalverhältnis bezüglich präjudiziell bedeutsamer interadministrativer Verbindungen sorgen. Sie sollte und könnte aber auf Realhandeln und von den Mitgliedstaa-

---

[113] Ebenso Conseil d'État, InfAuslR 2000, 166 f.; *Klepper*, Vollzugskompetenzen (Fn. 69), 210.

[114] EuGH, Rs. C-97/91 (Fn. 100), Sachverhaltsschilderung s. oben 2. a) (iii).

ten umzusetzende Kommissionsentscheidungen beschränkt bleiben; im Wege der Tatbestandswirkung zu berücksichtigende Entscheidungen wären auszunehmen. Durch eine dementsprechende Ausweitung der Jurisdiktionsbefugnisse würde das prozessuale Trennungsprinzip des EG-Vertrages geändert.

Im Ergebnis wird eine Verbesserung der jetzigen Rechtsschutzsituation von der Rechtsschutzgarantie auch gefordert. So hat der EGMR für Art. 6 Abs. 1 EMRK schon ausdrücklich entschieden, daß das Recht auf Entscheidung innerhalb angemessener Frist die Vertragsstaaten der EMRK dazu verpflichtet, ihr Rechtssystem so zu organisieren, daß die Entscheidungsorgane den von der Rechtsschutzgarantie geforderten zeitlichen Anforderungen gerecht werden können[115].

Als Methode hierfür ist die Vertragsauslegung durch Gerichte allerdings ungeeignet. Denn zum einen könnte das vertragliche Trennungsprinzip aufgrund des Rechts auf effektiven Rechtsschutz nur in Extremfällen und nur zulasten der Immunität der Gemeinschaft durchbrochen werden[116]. Zum anderen ist das Recht auf Rechtsschutz in angemessener Frist von seinem Inhalt her nur bedingt in der Lage, die erforderliche Durchbrechung generell begründen zu können. Denn ob es verletzt ist, stellt sich auch in den Fällen des Verwaltungsverbundes trotz der strukturellen Schwächen des Rechtsschutzkonzeptes erst nach Abschluß des jeweiligen Rechtsschutzverfahrens heraus. Es führte auch nicht zu Rechtswegklarheit und Rechtssicherheit, wenn man den Gerichten gestattete, aufgrund einer Prognose zu beurteilen, ob sie ihre Jurisdiktionsbefugnisse im betreffenden Einzelfall ausweiten dürfen oder nicht. Anstelle der Gerichte sollte daher der „Gemeinschaftsgesetz- bzw. -verfassungsgeber" tätig werden.

d) Ergebnis

Die im Hinblick auf präjudiziell bedeutsame Handlungen beschränkte Prüfungsbefugnis der Gerichte zieht erhebliche Probleme für den effektiven Rechtsschutz des Einzelnen nach sich. Daher sollte das Trennungsprinzip durch eine Änderung des EG-Vertrags modifiziert werden. Die Gerichte sollten – zumal dies im Horizontalverhältnis jetzt schon möglich ist – auch im Vertikalverhältnis präjudiziell bedeutsames Realhandeln eines anderen Hoheitsträgers sowie von den Mitgliedstaaten umzusetzende Kommissionsentscheidungen selbst prüfen, verwerfen oder ersetzen dürfen. Eine Alternative wäre die Einführung von Vorlageverfahren entsprechend dem nach Art. 234 EGV für die übrigen vertikalen Fälle sowie für die Fälle

---

[115] EGMR, Urteil v. 24.08.1993, Nr. 12986/87 (Scuderi/Italien), Series A, 265-A, § 16; EGMR; Urteil v. 26.11.1992, Nr. 11519/85 (Francesco Lombardo/Italien), Series A 249-B, § 23.

[116] Dazu *J. Hofmann*, Rechtsschutz und Haftung (Fn. 14), 183 ff., 190 ff. und 203 ff.

transnationaler Verwaltungsakte. Ergänzt werden müßte dies durch ein Initiativrecht des Klägers für die Vorabentscheidungsverfahren. Außerdem sind bereits jetzt die mitgliedstaatlichen Prozessrechtsvorschriften so auszulegen und anzuwenden, daß Rechtsschutz gegen jede Maßnahme mit präjudizieller Bedeutung möglich ist. Gab es eine solche interadministrative Verbindung vor dem Erlaß einer Maßnahme gegenüber dem Bürger, ist er darauf in der Begründung der Maßnahme hinzuweisen und über die Notwendigkeit der Einlegung eines Rechtsbehelfs zu belehren.

C. Interadministrative Verbindungen als Herausforderung für die Effizienz des Haftungsregimes

I. Grundlagen der Rechtswegabgrenzung

Für die Abgrenzung der Jurisdiktion über Schadensersatzansprüche im Vertikalverhältnis gilt das *Trennungsprinzip*[117]. Nach Art. 235, 288 Abs. 2 EGV ist der Gerichtshof ausschließlich zuständig dafür, über die außervertragliche Haftung der Gemeinschaft für Schäden zu entscheiden, den ihre Organe oder Bedienstete in Ausübung ihrer Amtstätigkeit verursachen[118]. Mitgliedstaatliche Gerichte dürfen nicht einmal einstweilige Anordnungen erlassen oder Beweiserhebungen anordnen, mit denen in Verbindung mit einer zusätzlichen Streitverkündung im Hinblick auf eine spätere Klage nach Art. 235 EGV bestimmt werden soll, welche Rolle ein Organ der EG bei der Entstehung eines Schadens gespielt hat[119]. Umgekehrt hat aber auch der Gerichtshof keine Kompetenz, über Schadensersatzklagen Einzelner gegen die Mitgliedstaaten zu entscheiden[120].

EG-vertragliches Abgrenzungskriterium der Gerichtsbarkeiten ist die „unmittelbare Schadensverursachung" (i.S. einer Zurechung) durch ein Gemeinschaftsorgan bzw. durch einen Mitgliedstaat[121]. Wurde der Schaden

---

[117] Auf diese strikte Trennung jüngst dezidiert hinweisend EuGH, Rs. C-275/00 (EG/First NV und Franex NV), EuZW 2003, 54 ff., Rn. 43 ff. sowie GA *Léger* in seinem Schlußantrag zu dieser Rs., Rn. 44 ff.; bereits früher EuGH, Rs. C-97/91 (Fn. 100), Rn. 20 f.

[118] EuGH, Rs. C-55/90 (Cato/ Kommission), Slg. 1992, I-2533 ff., Rn. 17; EuGH, verb. Rs. 106-120/87 (Asteris AE u.a./Griechische Republik und EWG), Slg. 1988, 5515 ff., Rn. 14 f.; EuGH, Rs. 281/84 (Zuckerfabrik Bedburg AG u.a./Rat und Kommission), Slg. 1987, 49 ff., Rn. 12.

[119] EuGH, Rs. C-275/00 (Fn. 117), Rn. 43 ff.

[120] EuGH, verb. Rs. 106-120/87 (Fn. 118), Rn. 15; *Oliver*, in: Heukels/McDonnell (Hrsg.), The Action for Damages in Community Law, 1997, 285 ff. (286 f.).

[121] Ebenso *Meij*, in: Heukels/McDonnell, Action for Damages (Fn. 120), 273 ff. (284) und *Koenig/Pechstein/Sander*, EU-/EG-Prozessrecht, 2. Aufl. 2002, Rn. 688 ff.; *v.*

durch ein Organ der EG verursacht, ist der Gerichtshof zuständig. Ansonsten kommen nur mitgliedstaatliche Gerichte als Forum für Haftungsklagen in Betracht. Maßgebend für die Zurechnung des Schadens ist, wer nach der Rechtsordnung für einen Schaden verantwortlich sein soll[122]. Für die Abgrenzung der Verantwortlichkeiten im Detail lassen sich insbesondere aus der Rechtsprechung Leitlinien entwickeln[123]. Eine Regel, die sich hieraus entwickeln läßt, ist z.B. die, daß dann, wenn eine Ebene verbindliche Vorgaben einer anderen Ebene ausführt, trotz des unmittelbaren Handelns der ausführenden Ebene nach außen der Schaden der Ebene zuzurechnen ist, die die Vorgaben gemacht hat[124]. Allgemeine Leitlinie für die Zuweisung der Schadensverantwortlichkeit nach der Rechtsordnung ist, daß derjenige für einen Schaden einstehen soll, der das Handeln eines Konglomerats mehrerer Handelnder inhaltlich verbindlich determiniert.

Ist derselbe Schaden mehreren Ebenen zurechenbar, wie etwa in Fällen, in denen die zur Überwachung verpflichtete Kommission das rechtswidrige Verhalten eines Mitgliedstaates genehmigte oder ihn hierzu ermächtigte[125], liegt gemeinsame Verantwortlichkeit vor. Die hierdurch entstehende Haftungskonkurrenz ist nicht mit einer materiell-rechtlichen Haftung *pro rata* kombiniert mit einem prozessualen Subsidiaritätsverhältnis zu lösen, sondern über die Regeln der Gesamtschuld, die als allgemeine Rechtsgrundsätze auch auf Gemeinschaftsebene existieren[126].

Im Horizontalverhältnis richtet sich die Abgrenzung der Gerichtsgewalten ebenfalls nach der Schadenszurechnung. Die mitgliedstaatlichen Gerichte können auch dort nur über den Ersatz von Schäden entscheiden, den die Behörden ihres Staats zu verantworten haben. Dies folgt aus dem das Rechtsschutzkonzept bestimmenden prozessualen Trennungsprinzip[127]. Für die Zurechnung und die Lösung von Haftungskonkurrenzsituationen gelten die Ausführungen für das Vertikalverhältnis entsprechend[128].

Bogdandy, in: Grabitz/Hilf (Hrsg.), Das Recht der Europäischen Union, Lsbl. Stand 2004, Art. 288 EGV, Rn. 48.

122 Ähnlich *Detterbeck*, AöR 125 (2000), 202 ff. (251).

123 Ausführlich *J. Hofmann*, Rechtsschutz und Haftung (Fn. 14), 308 ff.

124 EuGH, Rs. 175/84 (Krohn & Co. Import-Export/Kommission), Slg. 1986, 753 ff., Rn. 16 ff.; EuG, Rs. T-30/99 (Bocchi Food Trade International GmbH/Kommission), Slg. 2001, S. II-943 ff., Rn. 31; *v. Bogdandy*, in: Grabitz/Hilf, EUV/EGV (Fn. 121), Art. 288 EGV, Rn. 56.

125 EuGH, verb. Rs. 5, 7, 13-24/66 (Fa. Kampffmeyer u.a./Kommission), Slg. 1967, 331 ff.

126 Ausführlich *J. Hofmann*, Rechtsschutz und Haftung (Fn. 14), 330 ff.

127 Ebenso *Royla*, Finanzmarktaufsicht (Fn. 59), 162 f.; *David*, Inspektionen (Fn. 68), 370 f.; *dies.*, in diesem Band, 237 ff.

128 Im Einzelnen s. *J. Hofmann*, Rechtsschutz und Haftung (Fn. 14), 340 ff.

II. Mangel an Rechtswegklarheit als Rechtsschutzproblem

Auch bei Amtshaftungsklagen darf wegen der Garantie des Art. 6 Abs. 1 EMRK der Zugang zu Gericht nicht unzumutbar erschwert sein, sondern muß „geeignet und effektiv" sein[129]. Rechtsschutzverfahren dürfen nicht so unübersichtlich aufgebaut sein, daß über den einzuschlagenden Rechtsweg keine Klarheit zu gewinnen ist (Gebot der Rechtswegklarheit)[130].

Keine Probleme hinsichtlich der Rechtswegklarheit ergeben sich bei gemeinsamer Verantwortung mehrerer Verwaltungsträger, weil hier nach den Grundsätzen der Gesamtschuld gegen jeden geklagt werden kann. Der Einzelne kann also auch gegen denjenigen vorgehen, der erkennbar ihm gegenüber gehandelt hat. Schwieriger sind dagegen die Fälle der ausschließlichen Verantwortung. Hier weiß der Geschädigte oft nicht einmal, daß im Hintergrund noch ein anderer Mitgliedstaat oder die Kommission am Verfahren beteiligt war. Diesem Problem könnte man dadurch abhelfen, daß der nach außen Handelnde in der Begründung seines Rechtsakts diese Tatsache offen legt und dem Geschädigten den Inhalt des Teilnahmeakts mitteilt bzw. daß der im Hintergrund Beteiligte selbst den Betroffenen über den Inhalt seiner Beteiligung informiert. Beides geschieht z.T. auch[131]. Aber selbst dann ist es für den Geschädigten sehr schwierig, an Hand der oben aus der Rechtsprechung herausgearbeiteten Zurechnungsleitlinien in seinem Fall den verantwortlichen Verwaltungsträger auszumachen. Dies liegt v.a. daran, daß die Zurechnung nach den oben dargestellten Kriterien sehr stark von der Bedeutung der jeweiligen interadministrativen Verbindung im gesamten Verfahrenskontext abhängt. Zu prüfen ist, ob der interadministrative Akt rechtlich verbindlich war, ob der Akt zwingend zu einem bestimmten Verhalten führte oder ob ein Entscheidungsspielraum bestand. Gerade die Qualifizierung eines Mitwirkungsaktes als verbindliche Entscheidung oder als unverbindliche Meinungsäußerung kann äußerst schwierig sein. Wenn nicht ausdrücklich der Terminus „Entscheidung" von der Gemeinschaftsvorschrift benutzt wird, ist eine komplexe systematische und teleologische Auslegung notwendig[132]. Verfahrensinterna können bei der Zurechnung ebenfalls eine Rolle spielen, wie

---

[129] EMGR, Urt. v. 08.07.1987, Nr. 10092/82 (Baraona/Portugal), Series A 122, 18, § 44; Urt. 27.04.1989, Nr. 11213/84 (Neves e Silva/Portugal), Series A 153-A, 14, §§ 35 ff.; *Peukert*, in: Frowein/Peukert, EMRK (Fn. 63), Art. 6, Rn. 22.

[130] EGMR, Urteil v. 16.12.1992, Nr. 12964/87 (Fn. 49), §§ 27 ff. (34 f.).

[131] Siehe EuGH, Rs. 175/84 (Fn. 124); EuGH, verb. Rs. C-121/91 u. C-122/92 (CT Control BV u.a./Kommission), Slg. 1993, S. I-3873 ff., Rn. 10. Z.T. besteht auch schon eine Pflicht zur Veröffentlichung im Amtsblatt, wie nach Art. 26 VO (EG) Nr. 659/1999 (Fn. 32).

[132] Vgl. EuGH, Rs. 175/84 (Fn. 124), 753 ff.

z.B. dann, wenn die ersuchende und ausführende Behörde wußte, daß der ihr mitgeteilte Sachverhalt falsch war.

Das Zurechnungskriterium der Verhaltensdetermination ist zwar grundsätzlich für die Rechtsprechung geeignet den Handlungsverantwortlichen und damit den Schadensverantwortlichen herauszufinden. Dem Einzelnen hingegen kann, auch wenn er anwaltlich beraten ist, nicht zugemutet werden, „jeden Winkel des Verfahrens zu durchstöbern, aufgrund dessen die schädigende Maßnahme ergangen ist, um festzustellen, ob zu deren Erlaß die nationale Behörde oder die Dienststelle der Gemeinschaft in höherem Maße beigetragen hat"[133]. Denn selbst der Gerichtshof zeigt Unsicherheiten, den richtigen Schadensverantwortlichen herauszufinden, wie sich in den Fällen mit faktisch zwingenden Vorgaben der Kommission zeigt[134]. Das gegenwärtige Modell der Abgrenzung der Gerichtsbarkeiten für den Sekundärrechtsschutz bei interadministrativen Verbindungen zeichnet sich daher nicht durch Verantwortungsklarheit aus, was zu fehlender Rechtswegklarheit und mangelnder Rechtssicherheit führt[135].

III. Mögliche Lösung

Für Rechtswegklarheit kann eine Lösung sorgen, für die es keiner Durchbrechung des prozessualen Trennungsprinzips und keiner Änderung der Gemeinschaftsverträge bedarf. So sollte das Modell der Stellvertreterhaftung, das bereits bei einem Teil des Informationsaustauschs über Datenbanksysteme, wie dem ZIS[136] oder im Bereich der dritten Säule beim SIS[137] und im Rahmen von Europol[138], angewandt wird, auf alle übrigen Fälle mit interadministrativen Verbindungen übertragen werden. Demgemäß sollte neben dem verantwortlichen Hoheitsträger, dem der Schaden nach dem Kriterium der Verhaltensdetermination zuzurechnen ist, auch immer derjenige Hoheitsträger stellvertretend (mit)haften, der gegenüber dem Bürger gehandelt hat.

Dieses Ergebnis kann durch eine Ausweitung des Zurechnungskriteriums der Verantwortlichkeit erreicht werden. Ein Schaden ist demjenigen

---

133 So GA *Mancini*, Schlußantrag zu Rs. 175/84 (Fn. 124), 753 ff. (761).
134 Siehe *J. Hofmann*, Rechtsschutz und Haftung (Fn. 14), 316 ff.
135 Ebenso GA *Mancini*, Schlußantrag zu Rs. 175/84 (Fn. 124), 753 ff. (761) und in schwächerer Form auch: *Grévisse/Combrexelle/Honorat,* in: Estudios en homenaje al Don Manuel Díez de Velasco, 1993, 933 ff. (943 f.). Angedeutet auch von *David*, Inspektionen (Fn. 68), 372.
136 Art. 40 VO (EG) Nr. 515/97 (Fn. 8).
137 Art. 116 Schengen-Durchführungs-Übereinkommen, BGBl. 1993 II, S. 1013 ff.; dazu *Harings*, in diesem Band, 127 ff.
138 Art. 38 ff. Europol-Übereinkommen, ABl. EG 1995 Nr. C 316, S. 2 idF der Änderung durch den Rechtsakt des Rates v. 28.11.2002, ABl. EG 2002 Nr. C. 312, S. 1; dazu *Harings*, in diesem Band, 127 ff.

zuzurechnen, der nach der Rechtsordnung für einen Schaden einstehen *soll*. Zur Rechtsordnung gehört auch das Recht auf effektiven Rechtsschutz. Dieses wird durch die alleinige Zurechnung nach der Regel, daß derjenige, der das Verhalten determiniert, auch für den Schaden verantwortlich sein soll, nicht ausreichend berücksichtigt, weil es zu Rechtswegunklarheit führt. Würde immer auch der nach außen Handelnde haften, würde dies ein Höchstmaß an Einfachheit und Klarheit im Hinblick auf die Wahl des richtigen Rechtswegs bedeuten[139]. Maßgeblich für die Haftung wären die Vorschriften des betreffenden Hoheitsträgers, wobei solche Voraussetzungen nicht berücksichtigt werden dürften, welche die vom gemeinschaftlichen Recht auf effektiven Rechtsschutz und von Art. 6 Abs. 1 EMRK geforderte Zurechnung trotz fehlender Verantwortung praktisch unmöglich machen würden[140], wie z.B. das Verschuldenserfordernis nach § 839 Abs. 1 S. 1 BGB oder das Erfordernis eines hinreichend qualifizierten Verstoßes beim gemeinschaftsrechtlichen Haftungsanspruch. Zwischen mithaftendem und verantwortlichem Verwaltungsträger entsteht dann eine Haftungskonkurrenzsituation, die nach den Regeln der Gesamtschuld zu lösen ist. Die Regeln der Gesamtschuld ergeben sich aus einem allgemeinen Rechtsgrundsatz des Gemeinschaftsrechts[141]. Wurde die mithaftende Verwaltungseinheit in Anspruch genommen, ohne nach den bisher entwickelten Zurechnungskriterien für den Schaden verantwortlich zu sein, kann sie bei dem Verantwortlichen nach den Regeln der Gesamtschuld Regreß nehmen. Zur Sicherung des Rechts auf effektiven Rechtsschutz sollte der Gerichtshof seine Rechtsprechung dementsprechend ändern.

D. Fazit

Insgesamt ist festzuhalten, daß auch auf der Grundlage des Trennungsprinzips für effektiven Rechtsschutz gesorgt werden kann. Es muß nicht in Gänze verworfen werden. Punktuell besteht allerdings erheblicher Anpassungsbedarf. Bis zum Erlaß der geforderten Vorschriften sind Rechtswissenschaft und Rechtsprechung besonders gefordert, durch systematische Durchdringung des Europäischen Verwaltungsverbunds für mehr Verantwortungsklarheit zu sorgen sowie das vorhandene Rechtsschutzkonzept

---

[139] Diese Lösung deutete auch schon GA *Mancini*, Schlußantrag zu Rs. 175/84 (Fn. 124), 753 ff. (761) an.

[140] EuGH, Rs. C-228/96 (Aprile Srl i. l./Amministrazione delle Finanze dello Stato), Slg. 1998, S. I-7141 ff., Rn. 13 ff.; EuGH, Rs. C-336/00 (Österreich/Huber), Slg. 2002, S. I-7699 ff., Rn. 60 ff.; EuGH, Rs. C-255/00 (Grundig Italiana SpA/Ministero delle Finanze), Slg. 2002, S. I-8003 ff., Rn. 33 ff.

[141] Dazu *J. Hofmann*, Rechtsschutz und Haftung (Fn. 14), 332 ff. und 341 ff.

durch Auslegung im Lichte des Rechts auf Gewährung effektiven Rechtsschutzes soweit als möglich anzupassen, damit es den Anforderungen, die der Verwaltungsverbund an es stellt, gerecht werden kann. Für die Zukunft ist jedenfalls die Weiterentwicklung des Rechtsschutzkonzepts der Gemeinschaft ein unabweisbares Erfordernis: Das dualistische Rechtsschutzsystem ist zu einem Verbundsystem umzubauen.

Stichwortverzeichnis

Agenturen, Europäische 103 ff., 270 f., 282 ff.
- Aufsicht 285
- Beschwerdekammern 284 f.
- Europäisches Arbeits- und Sozialrecht 120
- Exekutivagenturen 270, 281 ff.
- Expertisefunktion 113 f.
- Informationsagenturen 120 f.
- Inspektionsagenturen 118 f.
- Kontrollfunktionen 117 ff.
- Wesensmerkmale 106
→ Europäische Agentur für Flugsicherheit
→ Europäische Arzneimittelagentur
→ Europäische Umweltagentur
Agrarpolitik, Gemeinsame 266, 286 ff., 297
Akkreditierung 176
- Akkreditierungsverfahren 177
Allgemeine Rechtsgrundsätze 187, 195, 205
- Rechtssatzvorbehalt 205
- Verfahrens- und Verteidigungsrechte 205
- Verhältnismäßigkeit 205
Amtsermittlungsgrundsatz 74
Amtshilfe, gemeinschaftsrechtliche 96 f., 181 ff.
- Amtshilfehandlung 184 ff., 191 ff.
- Amtshilfeleistung 191, 194 ff.
- Amtshilfeverordnung 182
- Gleichordnungsverhältnis 188
- Grundrechte 204, 208 ff.
- Informationskooperation 82
- Neapel II-Übereinkommen 140
- polizeiliche 131
- spontane 190
- Strukturmerkmale 184 ff.
- ungeschriebene Verpflichtung 196
- Verfahren 190
- Verfahrensstandards 196 ff., 204 ff.

Anfechtbarkeit
- von Verordnungen 333 ff.
→ Bestandskraft
→ Rechtsschutz
Anti-Dumping 337 f.
Anweisungsbefugnis 280
→ Haushaltsvollzug
Äquivalenzregel 197
Aufsicht 20 ff.
- Aufsichtsbehörde 67
- Fach- oder Rechtsaufsicht 58, 70
- Kontrollverschränkungen 263
- Strukturfonds 45 ff.
- und Amtshilfe 187
- und Inspektionen 246 ff.
- Vollzug 314
- Weisungen 46
→ Kontrolle
Auskunftspflicht 61
Auskunftsverweigerungsrechte 248
Auslegungs- und Anwendungsleitlinien 70
Auslieferung 131
→ Europäisches Auslieferungsabkommen
Ausschreibung 137, 140
→ Polizeiliche Zusammenarbeit
Ausschußwesen 17 ff., 48 ff., 112 ff., 273, 277 ff., 289, 358
- Begleitausschüsse 52 ff.
- Inkompatibilitätsvorschriften 113
- Regelungsausschuß 111
- Weisungsfreiheit 113
- wissenschaftliche Ausschüsse 112
→ Komitologie

Begleitausschüsse 52 ff.
begrenzte Einzelermächtigung, Prinzip der 82
Behördennetzwerke 118
→ Netzwerke
Beihilfeaufsicht 4, 21

Benannte Stelle 156, 163 ff.
- Akkreditierung 176
- Verantwortung 164
- Zuständigkeitsordnung 168
- →Konformitätsbewertung
- →Produktsicherheitsrecht
Beschwerdekammern 106, 115 f., 123, 284 f.
- →Rechtsschutz
Bestandskraft 344 ff., 370, 373
- von Entscheidungen 344 ff.
- von Verordnungen 347
- →Handlungsformen
- →Rechtsschutz
Betroffenheit, individuelle 342
Binnengrenzen, Abschaffung der 129
Bund-Länder-Zuständigkeitsvereinbarung 133
Bundesamt für Seeschiffahrt und Hydrographie 25

CE-Zeichen 156, 158
- →Produktsicherheitsrecht

Daten- und Geheimnisschutz 204
- Grundrecht 204
- personenbezogene Daten 209
- unternehmensbezogene Daten 209
Décision 325 f.
- im französischen Verwaltungsrecht 321
- →Entscheidung
Delegation 299 ff.
- zwischenbehördliche 185
- →Durchführung
- →Mandat
Demokratieprinzip 170 ff., 173
DIN-Normen 161
Diskriminierungsverbot 198
Dringlichkeitsverfahren 100
Durchführung (des Gemeinschaftsrechts) 187, 226 ff., 293 ff.
- Befugnisse 14, 294 ff.
- Beteiligung der EASA 108
- Delegation 299 ff.
- durch Entscheidung 226 ff.
- Durchführungsrecht 226 ff.
- Gewaltengliederung 313 ff.
- Rechtsprechung 296
- und Vollzug 304

- Wesentlichkeit 296
- →Delegation
- →Komitologie

Effektivitätsgebot 253
EG-Kommission
- Durchführungskompetenzen 14, 293 ff.
- Exekutivorgan 12
- Hüterin des Gemeinschaftsrechts 109
- Informationsverwaltung 77
- Initiativmonopol 108
- Krise 124
- Reform 267 f.
- →Rechtsetzung, exekutive
- →Rechtsetzung, tertiäre
EG-Recht
- Durchführung 293 ff.
- Vollzug 295, 303 ff.
Eigenverwaltung 2
Einheitliche Europäische Akte 295
Entscheidung 213 ff., 319 ff.
- allgemeine 215 ff.
- Einzelfallregelung 215 ff.
- EGKS-Vertrag 215 ff.
- individuelle 215 ff.
- i.S.d. Art. 249 Abs. 4 EGV 331
- Gesetzgebungsanweisung 229 ff.
- Quasi-Verwaltungsvorschrift 227 ff.
- staatengerichtete 189, 213 ff., 339 f.
- und Richtlinie 235 f.
- und Verordnung 234
- unmittelbare Wirkung 230 ff.
- unmittelbare Anwendbarkeit 230 ff.
- Verwaltungsakt 217 ff.
- →Décision
- →Europäische Verwaltung
- →Handlungsformen
- →Rechtsformen
epistemic communities 77, 84
Ermittlung, grenzüberschreitende 127 ff.
- Beweisverwertungsverbote 149
- Eingriffsbefugnisse 128
- Ermittlungsteams und -gruppen, gemeinsame 139, 141, 145, 151

- Europol 139
- Verfahrenshindernisse 149
- Verwertungsverbote 206
- →Polizeiliche Zusammenarbeit
Ersetzungsbefugnis 365
EU-Rechtshilfeabkommen 193
- →Amtshilfe
Eurodac 358, 363
Europäische Agentur für chemische Stoffe 124
- →Agenturen
Europäische Agentur für die Sicherheit des Seeverkehrs 117 ff.
- Informationssystem 117
- Inspektionsagentur 118 f.
- Netzwerke 117
- →Agenturen
Europäische Agentur für Flugsicherheit (EASA) 103 ff.
- Beschwerdekammern 106, 123
- Exekutivdirektor 106
- Forschungstätigkeit 110
- Informationsnetzwerk 110
- Verfahrensautonomie 122 ff.
- Verwaltungsrat 106
- Zulassungen 106 f., 123
- Zulassungsspezifikationen 107
- →Agenturen
Europäische Agentur für Netz- und Informationssicherheit 118
Europäische Arzneimittelagentur (EMEA) 94, 111 ff., 123
- Arzneimittelzulassung 123
- Expertisefunktion 112 f.
- Sachverständigennetzwerk 112
- →Agenturen
Europäische Behörde für Lebensmittelsicherheit (EBLS) 89, 95 ff., 100, 111
Europäische Beobachtungsstelle für Drogen und Drogensucht 120 ff.
- Informationsnetz 120
Europäische Eisenbahnagentur 118
Europäische Gemeinschaft
- Institutionen der Gemeinschaft 74
- tertiäre Organisationsstruktur 106
- →Agenturen
- →EG-Kommission
- →Europäische Verwaltung

Europäische Umweltagentur (EEA) 75 f., 117, 121
- epistemic communities 77
- Gründungsverordnung 76
- Meroni Rechtsprechung 76
- →Agenturen
Europäische Verwaltung
- Agrarrecht 4
- Aufgabentypen 3 ff.
- Bauformen 15 ff.
- Beihilfeaufsicht 4, 21
- Benannte Stellen 156, 163 ff.
- demokrat. Legitimation 170 ff.
- effet-utile-Rechtsprechung 7
- Eigenverwaltung 2
- Finanzierungsverbund 31, 34, 55
- gegenseitiges Vertrauen 21
- gemeinsame Verwaltung 25 ff., 54 ff.
- Gestaltungsprinzipien 14
- Gewaltengliederung 313 ff.
- gewaltenteilende Strukturen 9 ff.
- Informations-, Entscheidungs- und Kontrollverbund 1 ff.
- Informationsagenturen 16
- Informationsnetzwerke 16 f.
- Informationsverbünde 17
- Inspektionen 22
- interadministrative Beziehungen 4, 353 ff.
- kodependente Organismen 2
- kodependentes Verwaltungshandeln 5
- Konformitätsbewertung 163 ff.
- Kontrollen 9 ff., 21
- Kontrollstrukturen 22
- Modellierung 6 ff.
- Produktsicherheitsrecht 3, 153 ff.
- Strukturfonds 25 ff.
- Verbund als Ordnungsidee 8
- Verbundmodell 7 ff
- Vertrauen 172 ff.
- Vollzugskonzept des Gemeinschaftsrechts 2
- Vollzugsaufgaben 12
- Wettbewerbsaufsicht 4
- wissenschaftliche Ausschüsse 19 f.
- Zusammenarbeit 6
- Zuständigkeitsordnung 168

→Europäisches Verwaltungsrecht
→Handlungsformen
→Informationskooperation
→Leistungsverwaltung
Europäischer Verwaltungsverbund 1 ff.
  →Europäische Verwaltung
  →Kooperation
  →Verbundverwaltung
  →Verwaltungskooperation
  →Verwaltungsverbund
Europäisches Auslieferungsabkommen 137
  – Ausschreibung 137
  – Ersuchen um vorläufige Festnahme 137
  →Amtshilfe
Europäisches Rechtshilfeübereinkommen 133 f., 137
  – gemeinsame Ermittlungsgruppen 141
  →Amtshilfe
  →Polizeiliche Zusammenarbeit
Europäisches Verwaltungsrecht
  – Aufgaben 22 f.
  – Grundfragen des Verbundes 15
  – Recht im Mehrebenen-System 15
  – Rechtsformen(lehre) 320, 322, 353
  – Vollzug 295
  →Europäische Verwaltung
  →Gemeinschaftsverwaltungsrecht
  →Rechtsformen
Europäisches Zentrum für die Prävention und die Kontrolle von Krankheiten 120
Europol
  – -Abkommen 138 f.
  – Bundeskriminalamt, Rolle des 139
  – Exekutivbefugnisse 139
  – gemeinsame Ermittlungsteams und -gruppen 139
  – Verbindungsstellen, nationale 138
  →Polizeiliche Zusammenarbeit
Exekutivagenturen 270, 281 ff.
  →Agenturen
Expertenausschüsse 17 ff.
  →Ausschußwesen
  →Komitologie

Federal Aviation Authority (FAA) 105
Finanzierungsverbund 31, 34, 55
  →Verbundverwaltung
  →Verwaltungskooperation
Finanzierungsvereinbarungen 276, 278 ff.
Finanzkorrekturverfahren 43 ff., 289 ff.
  →Kontrolle
  →Rechnungsabschlußverfahren
Föderalisierung, administrative 309 ff.

Gefahrenabwehr 88, 97 ff.
  – Eingriffsschwelle 99 ff.
  – Dringlichkeitsverfahren 100
  – Krisenstab 100
Gegenseitigkeit 201
Geheimnisschutz
  – Inspektionen 256 f.
Gemeinsame Agrarpolitik 266, 286 ff.
Gemeinsame Europäische Verwaltung 25 ff., 54 ff.
  →Strukturfonds
  →Verwaltungskooperation
Gemeinschaftliches Sortenamt 114
Gemeinschaftsaufsicht 20 ff.
  →Aufsicht
  →Kontrolle
Gemeinschaftsrecht
  – Durchführung 293 ff.
  – Vollzug 295, 303 ff.
  →Europäisches Verwaltungsrecht
Gemeinschaftssubventionen 25 ff., 266 ff.
  →Leistungsverwaltung
  →Strukturfonds
Gemeinschaftstreue 305
Gemeinschaftsverwaltungsrecht
  – Dogmatik 317
  →Europäisches Verwaltungsrecht
  →Handlungsformen
Genehmigungen 90 ff., 94 ff.
  – Fluggeräte 123
  – Produktzulassungen 111, 124
  →Zulassungen
Geräte- und Produktsicherheitsgesetz (GPSG) 160
Gesetzesvorbehalt 231 f.
Gesundheitsschutz 86 ff.
Gewaltengliederung 313 ff.

Gewaltenteilende Strukturen im Europäischen Verwaltungsverbund 9 ff.
- Gerichtskontrollen 10
- Haushalts- und Wirtschaftlichkeitskontrollen 11
- Kontrollaufgaben 10 ff.
- parlamentarische Kontrollen 12
→ Kontrolle
Gleichgewicht, institutionelles 313
Grenzkontrollen, Abbau der 129
- Ausgleichsmaßnahmen 130
Grundrechte
- und Amtshilfe 204, 208 ff.
- und Ordre public 208 ff.
→ Datenschutz
Grundsatz loyaler Zusammenarbeit 188, 196, 250
Gubernative 314
- föderale 311

Haftungskonkurrenz 377
Handelshemmnisse 88
Handlungsformen(-lehre) 48 ff., 214 ff., 321 f., 348 f.
- atypische 51 f.
- einvernehmliche Entscheidung 50 f.
- Entscheidung 213 ff.
- Genehmigungen 90 ff., 94 ff.
- informelles Verwaltungshandeln 51 f.
- Pläne und Programme 40 ff., 49 ff., 221 ff.
- Weisungen 46 ff.
- Vertrag 331
- Zulassungen 90 ff., 94 ff.
→ Entscheidung
→ Planung
→ Programm
→ Rechtsformen
Harmonisierung 88
- durch Entscheidung 228
Harmonisierungsamt für den Binnenmarkt 114 ff., 122 f.
- Aufsicht 115 f.
- Beschwerdekammern 115 f.
- nationales und Gemeinschaftsmarkenrecht 114
- Selbständigkeit 115
Haushaltsplan 266

Haushaltsvollzug 272 ff.
- Anweisungsbefugnis 280
- und Mittelbewirtschaftung 276
- und Verwaltungsvollzug 275 f., 289
- Verantwortungszurechnung 274 ff.
→ Leistungsverwaltung
Herkunftslandkontrolle 59, 66
Hoheitsakte
- auf fremden Staatsgebiet 128
- extraterritoriale Wirkung 128

Immunität
- ausländischer Staaten 144, 146, 152
- -sverzicht 145 f., 152
→ Staatenimmunität
Individualrechtsschutz 362 ff.
- Inspektionen 257 ff.
→ Rechtsschutz
Informationsagenturen 16, 118 f., 120 f., 185
→ Agenturen
Informationsaustausch 97
- Europol 138
- Koordinierungsstellen 142
- Polizei- und Zollzusammenarbeit 142
- Spontaninformation 132
→ epistemic communities
→ Informationsagenturen
→ Informationskooperation
Informationsbeschaffungspflichten 65 ff.
- Anmelde- und Genehmigungsverfahren 65
- Kontrollpflichten 66
- Umweltmonitoringpflichten 65
Informationskooperation 59 ff., 82
- Amtsermittlungsgrundsatz 74
- Auslegungs- und Anwendungsleitlinien 70
- Chemikalienausfuhrverordnung 84
- CITES-Verodnung 84
- Europäische Umweltagentur 75 f.
- gemischt national-europäische Verwaltungsverfahren 69

- Informationen als Signal und Symbol 85
- Informationsrahmendaten 70
- Informelle 69
- Mitteilungspflichten 61 ff.
- Netzwerke 69
- Ozonschichtverordnung 84
- PIC-Verfahren 84
- Rechtsgrundlagen 82
- Streitbeilegungsverfahren 70
- Transaktionskosten 69
- Typenmuster für Informationsverfahren 60
- Verhältnismäßigkeit 81 f.
- Völkerrecht 83
- Vollzug 74 ff.
- Zustimmungsverfahren 70
→ Amtshilfe
→ Mitteilungspflichten
→ Sanktionierung
→ Verwaltungskooperation

Informationsnetz(werk) 16 f., 71, 110, 120
- Umweltinformationsrichtlinie 71

Informationssysteme 62
- Abgrenzung zu Amtshilfe 191
- Europäische Agentur für die Sicherheit des Seeverkehrs 117
- Schengen 137 ff.
- Seveso-Richtlinien 72
- ZIS 140, 358, 363
→ Informationskooperation
→ Schengener Informationssystem

Informationsverbünde 17
innere Sicherheit 128
Inspektionen 22, 95 f., 237 ff.
- Anfangsverdacht 65
- Aufsicht 246 ff.
- Begriff 238
- Direktkontrolle 239
- EASA 107, 109
- Inspektionsagentur 118 f.
- Inspektionsrechte 64 f.
- gemischte Inspektion 70
- Kontrolle der Kontrolle 240
- Rechtsschutz 257 ff.
- Satellitenfernerkundung 65
- Teilnahmeformen 242 ff.
- Verhältnismäßigkeit 65, 81

- Vollzugskontrolle 239
→ Aufsicht
→ Gemeinschaftsaufsicht
→ Kontrolle

Interadministrative Verbindungen 355 ff.
→ Verwaltungskooperation

Interadministrativverhältnis
- horizontal 250 ff.
- vertikal 246 ff.

Interpol-Fahndung 137
→ Polizeiliche Zusammenarbeit

IVU-Richtlinie 61, 66

Jurisdiktion 146, 359, 366, 374
→ Rechtsschutz

Kofinanzierung 31, 267, 287
Komitologie 17 ff., 297, 302, 310 f.
- Verwaltungsausschußverfahren 298
→ Ausschußwesen

Kommission
→ EG-Kommission

Konformitätsbewertung 163 ff.
- Verfahren 158
→ Benannte Stellen
→ Produktsicherheitsrecht

Kontrolle 66, 91 ff., 95 f., 99 ff.
- Agenturen 117 ff.
- Finanzkorrekturverfahren 43 ff., 289 ff.
- First-Line-Kontrolle 44
- Gerichtskontrollen 10
- Haushalts- und Wirtschaftlichkeitskontrollen 11
- Inspektionen 22, 95, 237 ff.
- institutionelle Autonomie 67
- Kontrollaufgaben 10 ff.
- Kontrolle der 43 ff., 96, 240
- Kontrollpflichten 66
- Kontrollstrukturen 22
- parlamentarische 12
- Qualität der mitgliedstaatlicher 66
- Rechnungsabschlußverfahren 21 f.
- reflexive 22
- Second-Line-Kontrolle 44
- und Finanzkorrekturen 43 ff.

– Verschränkungen 263
→ Aufsicht
→ Gewaltenteilende Strukturen
→ Inspektionen
→ Rechtsschutz
Kooperation 96 f., 171
– Grundsatz der 188, 196, 250
– informelle 6
– informationelle Kooperationsstrukturen 142
– institutionelle 6
– intergouvernementale 138
– Polizei und Zoll 127 ff.
– prozedurale 6
– Rechtsschutz 144
– Spontanobservation 144
→ Informationskooperation
→ Verwaltungskooperation
Krisenstab 100
Kyoto-Protokoll 85

Lebensmittel- und Veterinäramt (FVO) 95
Lebensmittelrecht 86 ff.
Lebensmittelsicherheit 86 ff.
– Schnellwarnsystem (RASFF) 97
– Skandale 88
→ Europäische Behörde für Lebensmittelsicherheit
Legitimation, demokratische 170 ff.
Leistungsverwaltung 265 ff.
– Grundmodelle 268 ff.
– Kodifikation 280 f.
– Recht der 267 ff.
– Strukturfonds 25 ff.
Luftsicherheit 103 ff.

Maastricht-Urteil 143
Mandat
– Abgrenzung zu Amtshilfe 186
→ Delegation
Marktüberwachung 157, 165
Medizinproduktegesetz 162 f.
Mehrebenensystem 46
→ Verwaltungsverbund
Meroni-Entscheidung 76, 298, 302
Mischverwaltung 25 ff., 356
Mitteilungspflichten 61 ff.
– Auskunftspflichten 61
– Berichtspflichten 63

– IVU-Richtlinie 61
– Konsultationspflichten 63
– Ozonrichtlinie 64
– Unterrichtungspflichten 61
– Völkerrecht 63
– Warnungen 62
– Wasserrahmenrichtlinie 64
→ Informationskooperation
Mittelverwaltung
– dezentrale 272
– geteilte 43, 272, 286 ff.
– gemeinsame 272
– zentrale 269 ff., 276 ff.
Musterzulassung für Fluggeräte 123

Nacheile, grenzüberschreitende 135 f.
– Festhalterecht 135
→ Amtshilfe
→ Observation
→ Polizeiliche Zusammenarbeit
NATO-Truppenstatut 145
Neapel II-Übereinkommen 140
– gemeinsame Ermittlung 141
Netzwerke 69, 112, 117
– Behördennetzwerke 118
– informelle 72
– Transaktionskosten 69
→ Informationsnetzwerke
new approach 154
→ Produktsicherheitsrecht

Observation, grenzüberschreitende 132 ff., 140, 146 f.
– Anordnung als innerdienstlicher Akt 147
– Außenwirkung 147
– Bewilligungsbehörde 133
– Eilbedürftigkeit 134
– Festhalterecht 135
– Spontanobservation 144
→ Amtshilfe
→ Nacheile
→ Polizeiliche Zusammenarbeit
Oleificio Borelli 371, 374
Ordnungsverwaltung 86 ff.
Ordre public 201 ff., 208 ff.
– und Inspektionen 251
Organisationsrecht 183
→ Verwaltungsorganisationsrecht

Organleihe
- Abgrenzung zu Amtshilfe 186, 192
- völkerrechtliche 144

Partnerschaft 223
- Prinzip der 30, 52 ff.
→ Strukturfonds

Planung 30, 35 ff.
- Funktionen 40 ff.

Planungspflichten 67 f.
- Abfallrichtline 68
- Beurteilungsspielraum 68 f.
- Gewässerschutzrichtlinie 68
- Notfallpläne 67 f.
- Sanierungspläne 67 f.

Planungsverbund 25 ff., 34, 55

Polizeiliche Zusammenarbeit 127 ff.
- Amtsdelikte 136
- Amtshilfe 131
- Europol 138 f.
- Fahndungssystem, gemeinsames 130
- gemeinsame Ermittlung 140
- grenzüberschreitende Observation und Nacheile 131 ff.
- Haftung 136
- Interpol 137
- Zentralstelle, nationale 137
→ Europol
→ Ermittlung
→ Nacheile
→ Observation
→ Schengen

Produktsicherheitsrecht 3 f., 153 ff.
- Akkreditierung 176
- Benannte Stelle 156
- CE-Zeichen 156, 158
- DIN-Normen 161
- Geräte- und Produktsicherheitsgesetz (GPSG) 160
- grundlegende Anforderungen 154
- Medizinproduktegesetz 162 f.
- new approach 154
- Selbstregulierung 163
- technische Normen 156
- transnationaler Verwaltungsakt 167 f.
- Verwaltungskompetenzen 168
→ Benannte Stellen

→ Konformitätsbewertung

Produktzulassungsverfahren, europäische 111, 124

Programm
- Einheitliches Programmplanungsdokument (EPPD) 39 f.
- Gemeinschaftliches Förderkonzept (GFK) 36 ff.
- Operationelles Programm (OP) 38 f.
- Programmplanung 30, 35 ff.
→ Handlungsformen
→ Planung
→ Strukturfonds

Rechnungsabschlußverfahren 21 f., 189 ff.
→ Kontrolle

Rechtsetzung
- tertiäre 293 ff.
- exekutive 293 ff.

Rechtsformen(-lehre) 213 ff., 319 ff., 322, 353
- Strukturfondsverwaltung 49 ff.
→ Handlungsformen

Rechtshilfe 131
- Ausschreibung 137
- -ersuchen 133, 140, 147
- Europäisches Rechtshilfeübereinkommen 133 f., 137
- in Strafsachen 187
- Zollverwaltungen 140
→ Amtshilfe
→ Europäisches Rechtshilfeübereinkommen

Rechtssatzvorbehalt 205

Rechtsschutz 353 ff.
- Amtspflichtverletzung 151
- Bestandskraft 344 ff., 370, 373
- dezentraler 370
- forum shopping 150
- gegen Verordnungen 333 f.
- gemeinsame Ermittlungsgruppen 145, 151
- im Zusammenhang mit Verträgen 332
- individuelle Betroffenheit 342
- Inspektionen 257 ff.
- interadministrative Verbindungen 359 ff.

- Observation, grenzüberschreitende 146
- Polizei- und Zollzusammenarbeit 143
- Primärrechtsschutz 150
- Rechtshilfeersuchen 147
- Rechtsschutzform 325, 329
- Rechtzeitigkeit 374 f.
- Sekundärrechtsschutz 151
- Staatenimmunität 144
- Zugang 362 ff., 365 ff.
- Zurechnung 144 f., 150 f.
→ Beschwerdekammern
→ Verwaltungsrechtsschutz
Rechtswegklarheit 54, 364 f., 372 ff., 378 ff.
Rechtswirkungen, verbindliche 329
Risiko
- Begriff 100
- Bewältigung 88
→ Lebensmittelsicherheit
Rücksichtnahmegebot 248

Sanktionierung 78 ff.
- Normeninformationsrichtlinie 79
- Unwirksamkeit staatlicher Vorschriften 78 ff.
→ Kontrolle
Schengen 129 ff.
- Auslieferung 131
- Besitzstand 130
- Bundeskriminalamt, Rolle des 133, 137, 139
- Drittwirkung 148
- Durchführungsübereinkommen (SDÜ) 129
- gemeinsames Fahndungssystem 130
- grenzüberschreitende Observation und Nacheile 131 f., 140
- Informationssystem (SIS) 130, 137 f.
- Rechtshilfe 131
- Vertrag von Amsterdam 130
- Zollfahndungsdienst 139
→ Polizeiliche Zusammenarbeit
Schengener Informationssystem (SIS) 137 ff., 361
- Ausschreibung 137, 140

- Bundeskriminalamt, Rolle des 137
- Festnahme, vorläufige 137
- Kontrolle, gezielte 137
- Registrierung, verdeckte 137
- Zentralstelle, nationale 137
→ Informationskooperation
Schnellwarnsystem für Lebensmittel (RASFF) 97
Schutzklauselverfahren 157
Selbstregulierung 163
Sicherheit, innere 128
Souveränität, staatliche 128, 148, 201
- als Grenze für Inspektionen 251
- innere Sicherheit 128
- Tätigkeit auf fremden Staatsgebiet 148
Speicherfunktion 320
→ Handlungsformen
→ Rechtsformen
Staatenimmunität, Grundsatz der 144, 146, 152, 361, 363
- Immunitätsverzicht 145 f., 152
→ Immunität
Stelle zur Beobachtung von Rassismus und Fremdenfeindlichkeit 120
Steuerung
- abstrakt-generelle 213 ff.
- durch atypische Kommissionsdokumente 33
- durch Entscheidung 213 ff.
- kooperative 221 ff.
Streitbeilegungsverfahren 70
→ Rechtsschutz
Strukturfonds 25 ff., 266, 286 ff.
- Begleitung und Bewertung 42 f.
- Begriff 27
- Durchführung 42 ff.
- Einheitliches Programmplanungsdokument (EPPD) 39 f.
- Gemeinschaftliches Förderkonzept (GFK) 36 ff.
- Operationelles Programm (OP) 38 f.
- Partnerschaft, Prinzip der 30, 52 ff.
- Programmplanung 30, 35 ff.
- Verwaltungsmodell 33 f.
- Ziele 28 f.
→ Leistungsverwaltung

→Planung
Subsidiaritätsprinzip 306 f.
Subventionen
   →Beihilfeaufsicht
   →Gemeinschaftssubventionen
   →Leistungsverwaltung
   →Strukturfonds

Tatbestandswirkung 361, 365, 368, 373, 375
technische Normen 156
technisches Sicherheitsrecht 123
transnationaler Verwaltungsakt 167 f., 356
transnationales Verwaltungshandeln 356 f.
Trennungsmodell 258 ff.
Trennungsprinzip 48, 359 ff., 375 f., 379

Übersetzungszentrum für die Einrichtungen der EU 121 f.
   – Verwaltungsrat 122
Umweltagentur
   →Europäische Umweltagentur
Umweltrecht
   – Umsetzungs- und Vollzugsdefizit 119
   →Informationskooperation

Verantwortung 164
Verantwortungsklarheit 17, 71, 364, 373, 378 ff.
Verbund, legislativ-administrativer 220 ff.
Verbundverwaltung 1 ff., 45 ff.
   – Verbund als Ordnungsidee 7
   →Europäische Verwaltung
   →Verwaltungskooperation
   →Verwaltungsverbund
Vereitelungsverbot 198
Verfahrens- und Organisationsautonomie 47, 67
Verfahrenshindernis 149
Verfahrensrechte 205
   – bei Inspektionen 254 ff.
Verfassung der Europäischen Union 57, 197, 212
   – Durchführung 317 f.

Verhältnismäßigkeit(sgrundsatz) 65, 73, 81 f., 248, 251, 306 f.
   – individualschützend 205
   – inneradministrativ 199
   – Kosteneffizienz 82
Verordnung
   – Anfechtbarkeit 333 ff.
   – Anti-Dumping 337 f.
   →Handlungsformen
   →Rechtsformen
Verteidigungsrechte 205
   – Anhörungsrecht 206
   – bei Inspektionen 254 ff.
Vertrag 331
   – Rechtsschutz 332
   →Handlungsformen
   →Rechtsformen
Verträge, völkerrechtliche 194 f.
Vertrauen 172 ff.
   – Vertrauensbildung 244, 250 ff.
Verwaltung des Gemeinschaftsraumes 20
   →Europäische Verwaltung
Verwaltungsakt
   – transnationaler 167 f.
Verwaltungskompetenzen 168
Verwaltungskooperation 96 f., 356
   – Amtshilfe 181 ff.
   – gemeinsame Ermittlungsteams 139, 141, 145, 151
   – Gemeinsame Verwaltung 25 ff.
   – Gesamtschuld 379 f.
   – Haftung 376 ff.
   – horizontal 244
   – Informationsaustausch 142
   – Inspektionen 237 ff.
   – inter-administrative Beziehungen 4
   – Polizei und Zoll 127 ff.
   – Rechtsschutz 143, 359 ff.
   – Steuerung 33
   – Strukturfonds 25 ff.
   – Verwaltungskooperationsrecht 33 f., 199
   – vertikal 246
   – Veterinär- und Lebensmittelrecht 96 f.
   – Völkerrecht 83
   – Warenverkehrsbeschränkungen 73

- Weisungsbefugnis 145
- Zurechnung 145 f., 150 f., 376 ff.
  → Europäische Verwaltung
  → Informationskooperation
  → Polizeiliche Zusammenarbeit
  → Verwaltungsverbund
Verwaltungsorganisationsrecht 169, 183
Verwaltungsprozeßrecht
- französisches 325 f.
  → Décision
  → Rechtsschutz
Verwaltungsrechtsschutz in Europa 320 ff.
- Anfechtbarkeit von Verordnungen 333 ff.
  → Rechtsschutz
Verwaltungsverbund 34, 55, 104, 312, 354 ff.
- Finanzierungsverbund 31, 34, 55
- Informations-, Handlungs- und Kontrollverbund 1 ff.
- Planungsverbund 25 ff., 34, 55
  → Verwaltungskooperation
Verwaltungsvereinbarungen 194 f.
Verwerfungsbefugnis 360, 366, 374
Verwertungsverbote 206
Veterinärrecht 86 ff.
- Exportverbote 98
- Schutzmaßnahmen 98
- Verbringungsverbote 99
Völkerrecht
- Chemikalienausfuhrverordnung 83
- CITES-Verordnung 83
- Informationskooperation 63, 83 ff.
- Kyoto-Protokoll 83
- Ozonschichtverordnung 83
- PIC-Verfahren 83 f.
Vollzug 295, 304
- des Gemeinschaftsrechts 303 ff.
- indirekter 89 ff.
- Vergleich mit Bundesstaat 309 ff.
  → Europäische Verwaltung
Vorabentscheidungsverfahren 367 f.
  → Rechtsschutz

Warenverkehrsfreiheit 154 f.
- Beschränkungen 73 f.
- systematische Warenkontrollen 74
- Verwaltungskooperation 73 f.
Wesentlichkeit 296
Wissenschaftliche Ausschüsse 19 f.
  → Ausschußwesen
  → Komitologie

Zollinformationssystem (ZIS) 16 f., 362, 363
Zollverwaltung
- Zollfahndungsdienst 139
- gemeinsame Ermittlung 140
- grenzüberschreitende Observation und Nacheile 140
- kontrollierte Lieferungen 140
- Kontrollmitteilungen 140
- Neapel II-Übereinkommen 140
- Rechtshilfe 140
- verdeckte Ermittlung 140
- ZIS-Übereinkommen 140
- Zusammenarbeit 139 ff.
  → Polizeiliche Zusammenarbeit
Zulassungen
- Arzneimittel 111 f., 123
- EASA 106 f., 123
  → Genehmigungen
Zulassungsspezifikationen
- EASA 107
- Selbstbindung 108
Zulassungsverfahren 90, 94 ff.
Zurechnung(snormen) 145 f., 150 f., 376 ff.
Zusammenarbeit
- Grundsatz der 188, 196, 250
- intergouvernementale 138
  → Kooperation
  → Verwaltungskooperation
Zuständigkeitsordnung, europäische 168
Zustimmungsverfahren 70

Autorenverzeichnis

David, Antje, Dr. iur., Richterin am Sozialgericht, Sozialgericht Karlsruhe.

Harings, Lothar, Dr. iur., Rechtsanwalt in der Kanzlei Graf von Westphalen Bappert & Modest, Hamburg.

Hofmann, Jens, Dr. iur., Richter, Verwaltungsgericht Karlsruhe.

Knipschild, Klaus, Dr. iur., Rechtsanwalt in der Kanzlei IUR-REALIS Rechtsanwälte, Frankfurt a.M.

Möllers, Christoph, Prof. Dr. iur., Professor für Öffentliches Recht an der Universität Münster.

Riedel, Daniel, wissenschaftlicher Mitarbeiter am Institut für deutsches und europäisches Verwaltungsrecht, Universität Heidelberg.

Röhl, Hans Christian, Prof. Dr. iur., Professor für Öffentliches Recht an der Universität Konstanz.

Schenk, Wolfgang, wissenschaftlicher Mitarbeiter am Institut für deutsches und europäisches Verwaltungsrecht, Universität Heidelberg.

Schmidt-Aßmann, Eberhard, Prof. Dr. iur. Dr. h.c., Professor für Öffentliches Recht an der Universität Heidelberg, Direktor des Instituts für deutsches und europäisches Verwaltungsrecht.

Schöndorf-Haubold, Bettina, Dr. iur., wissenschaftliche Assistentin am Institut für deutsches und europäisches Verwaltungsrecht, Universität Heidelberg.

Sommer, Julia, Dr. iur., Rechtsanwältin in der Kanzlei Freshfields Bruckhaus Deringer, Frankfurt a.M.

Vogt, Matthias, Rechtsreferendar am Hanseatischen Oberlandesgericht, Hamburg.

Wettner, Florian, Rechtsreferendar am Landgericht Frankfurt a.M.